KB021306

# 고조선 연구

하

윤내현 지음

고조선 연구

하

만권당

■ **일러두기**

· 인명과 지명, 학교명, 서적명 등은 원칙적으로 한글 맞춤법에 따랐다.

· 문헌 사료명의 경우 원칙적으로 본문 맨 처음에 나올 때만 한자를 병기했다.

· 문헌이나 논문을 직접 인용한 경우에도 독자들의 혼란을 막기 위해 인명 표기는 통일했다. 단, 논문명에서는 원문 표기를 존중했다.

· 중국의 지명이나 인명, 문헌명의 경우 한자음대로 표기하고 맨 처음에 나올 때 한자를 병기했다. 생소한 한자어나 인명, 지명 등은 필요에 따라 반복 병기했다. 단, 하얼빈 등 우리에게 익숙한 지명은 한자어 표기 원칙에 따르지 않았다.

　예) 사마천, 요동, 황하, 북경

· 북한의 인명이나 논문명의 경우, 북한 표기를 존중했다.

　예) 리지린, 론문집

· 러시아 역사학자 U. M. 부틴의 경우, 기존 한국어판 저서에는 유엠부찐이라고 표기되어 있으나 외래어 표기법에 따라 U. M. 부틴으로 표기했다.

· 전집이나 단행본, 정기간행물은 『　』, 신문이나 잡지명, 연구보고서 등은 「　」로 표기했다.

· 각주에서 원서의 경우 번역본이 있으면 우리 식으로 표기하고 번역본이 없으면 원서 그대로 표기했다.

· 『삼국지』「오환선비동이전」의 경우, 우리 고대사 연구에 필요한 부분은 '동이' 부분이므로 줄여서 「동이전」으로 표기했다.

**차례**

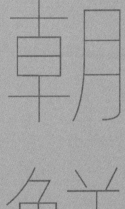

제
2
편

◎

고
조
선

연
구

각
론

# 제 1 장

◉

## 고조선의 구조와 정치

# I                                                        고조선의 국가 구조

## 1. 들어가며

국가 구조는 사회 성격을 만드는 중요한 요소 가운데 하나다. 그러므로 고조선의 사회 성격을 바르게 이해하기 위해 고조선의 국가 구조에 대해 먼저 알 필요가 있다. 그렇기 때문에 필자는 일찍이 이 문제에 대해 검토한 바 있다. 그 결과 필자는 고조선은 중국의 상(商)이나 서주(西周)와 같이 많은 제후국을 거느린 봉국제 국가(봉건제 국가 또는 분봉제 국가라고도 부른다)였음을 확인한 바 있다.[1] 그러나 이러한 필자의 견해에 대해 고조선은 서양의 도시국가와 같은 성읍국가(城邑國家)로 보아야 한다는 반론이 제기되었다.[2] 성읍국가라는 말은 그동안 일부 한국사

---

1   윤내현, 「고조선의 사회 성격」 『한국고대사신론』, 일지사, 1986, pp. 139~175.
    _____, 『윤내현 교수의 한국고대사』, 삼광출판사, 1989, pp. 72~78.
2   이기백, 「고조선의 국가 형성」 『한국사시민강좌』 제2집, 1988, pp. 12~15.

학자들 사이에서 한국 고대국가의 성격을 규정짓는 용어로 사용해온 것[3]이기는 하지만, 종래에는 고조선을 국가 단계의 사회로 인정하지 않았으므로 그것은 고조선이 아니라 그 후의 시대에 적용된 용어였으며,[4] 한국 고대국가의 성격을 학술적으로 깊이 연구한 결론으로 얻어진 것도 아니었다.[5] 그리스 등 서양의 고대국가는 '폴리스'라 불리는 도시국가였는데, 이것을 인류의 역사 발전 과정에 나타나는 보편 현상으로 보고 한국의 고대국가도 도시국가였을 거라고 생각했던 것이다. 그리고 한국의 고대 문헌에 '성읍(城邑)'이라는 말이 보이는데, 이 성읍이 서양의 도시에 해당될 것이라고 생각하여 한국의 고대국가는 '성읍국가'로 부르는 것이 바람직하다고 생각했던 것이다.[6]

그런데 도시국가는 상업 위주의 사회에서 출현했다. 신석기시대가 시작된 후 사람들은 씨족이나 부족이 집단이 되어 각 지역에 마을을 이루고 거주하게 되었다. 그런데 그리스처럼 토지가 척박한 지역에서는 자연자원이 충분하지 못하고 농경이 여의치 않아 자급자족이 불가능했다. 따라서 그들은 교역을 통해 다른 지역에서 필요한 물자를 구해 와야만 했다. 그 결과 상업이 발달했고, 사람들은 상업에 알맞은 곳으로 모여

---

**3**  천관우, 「삼한의 국가 형성」 상 『한국학보』 제2집, 1976, pp. 6~18.

**4**  종래에 한국사 학계에서는, 그 시기에 대해서는 견해의 차이가 있지만, 한국사에서 고대국가의 출현을 삼국시대로 보는 것이 통설이었다. 근래에 위만조선을 고대국가의 출현 시기로 보는 견해도 나왔으나 위만조선은 고조선의 서부 변경에 위치해 있던 나라로서 한국사의 주류가 아니므로 위만조선을 한국사 발전 과정의 기준으로 삼을 수는 없을 것이다. 필자는 이보다 앞선 고조선을 국가사회 단계로 보고 있다.

**5**  강봉원은 한국 초기의 국가를 성읍국가로 명명한 것은 체계적인 조사나 연구의 결과로 생성된 것이 아니므로 그것을 수용하여 사용하는 것은 불합리하다고 주장했다. 강봉원, 「'성읍국가'에 대한 일고찰」 『선사와 고대』 3, 한국고대학회, 1992, pp. 127~154.

**6**  앞 글, 「고조선의 국가 형성」, pp. 13~14.

들어 도시가 형성되었다. 이렇게 되어 작은 마을이 점차 소멸되고 큰 도시가 출현하여 그것이 바로 국가가 되었다. 이것이 도시국가이다. 그러나 농업 위주의 지역은 이와 다르다. 농경 지역의 마을들은 자급자족이 가능하기 때문에 특별한 재해가 없는 한 주민들은 크게 이동하지 않는다. 따라서 한국이나 중국 같은 동아시아 농경 사회의 고대국가는 도시국가일 수 없다.

한국사 학계에는 고조선이 3개의 조선으로 나뉘어 있었다는 '삼조선설(三朝鮮說)'이 일찍이 제기되었으나[7] 강단 사학계에서는 이를 받아들이지 않았고, 한국의 고대국가를 '부족국가'라고 불렀었다. 다음에 밝혀지겠지만 고조선의 '삼조선설'은 사료를 잘못 읽은 결과 생긴 오류였으며, '부족국가설'은 서양사에서 고대국가를 부족국가라고 부르자 이를 그대로 받아들인 것이었다. 서양사 학계에서도 고대사회나 고대국가에 대한 연구가 충분하게 축적되지 않았던 시기에 국가라는 용어에 대한 학술적 개념이 확실하게 정립되어 있지 않았고 인류사회의 발전 과정에 대해서도 충분하게 연구되어 있지 않은 상황이었다. 그래서 인류가 초기에 만들었던 정착사회의 집단은 부족이었으므로 인류사회의 초기에 나타난 국가는 부족국가였을 것으로 상정했던 것이다. 그러나 1970년대 이후 국제 학계에서 국가의 기원과 고대국가의 성격에 대한 연구가 유행하면서[8] 부족사회 단계는 아직 국가라고 부를 수 있는 단계가 아니라는 데 학자들 사이에 견해가 일치했다.[9] 따라서 한국사 학계에서도 한

---

7   신채호, 『조선상고사』, 형설출판사 주석판, 1983, p. 128 참조.
8   장광직 지음, 윤내현 옮김, 『상문명』, 민음사, 1989, p. 459.
9   위 책, 『상문명』, pp. 456~457 참조.
    Elman Service, *Primitive Social Organization : An Evolutionary Perspective*, Random House, 1962 참조.

국의 고대국가를 부족국가라고 부르는 것은 적합하지 않다는 지적이 있게 되었던 것이다.[10] 그 결과 한국의 고대국가를 서양의 도시국가에 해당하는 성읍국가라고 부르자는 제안이 나왔다.[11]

그런데 앞에서 언급했듯이 동아시아 농경사회의 고대국가는 서양의 고대국가와 같은 도시국가일 수가 없다. 동서양의 비교 연구에 있어 먼저 알아야 할 것은 그동안 국제 학계에서 내놓은 인류사회의 구조나 변천에 대한 이론 가운데는 서양 사회에 관한 자료들만을 토대로 연구한 것이 많다는 점이다. 따라서 그러한 연구 결과는 서양 사회에 대한 것으로서 동서양의 역사나 사회에 보편적으로 적용될 수 없는 것도 있다.

그러므로 서양 사회를 기초로 얻어진 이론틀을 한국 사회에 적용하기 위해서는 먼저 그것이 한국이나 중국 등 동아시아 사회에도 적용될 수 있는지 여부를 한국과 중국의 고대 사료를 통해 검토하는 작업을 거쳐야 할 것이다. 이런 점에서 보면 고조선의 국가 구조를 밝히는 작업은 고조선 자체뿐만 아니라 동아시아 농경사회 고대국가의 보편적 구조를 이해함과 동시에 그것이 서양의 상업사회와 어떠한 차이를 가지고 있는지를 이해하는 작업도 된다.


## 2. 『제왕운기』 기록과 『시경』 「한혁」편의 해석

고조선에 대한 가장 오랜 기록을 싣고 있는 한국 문헌인 『삼국유사』나 『제왕운기』에서 고조선의 국가 구조를 직접 설명한 기록은 찾아볼

---

10  김정배, 「한국고대국가 기원론」 『백산학보』 14호, 1973, pp. 59~85.
11  천관우 엮음, 『한국상고사의 쟁점』, 일조각, 1975, pp. 187~234.

수 없다. 그러나 고조선의 국가 구조를 추정할 수 있는 기록이 『제왕운기』에 보인다. 『제왕운기』「전조선기(前朝鮮紀)」에는,

처음에 어느 누가 나라를 열고 풍운(風雲)을 인도하였던가.
석제(釋帝)의 손자 그 이름은 단군(檀君)일세.[12]

라고 하고 그 주석에 다음과 같이 기록하고 있다.

(단웅천왕은) 손녀에게 약을 먹도록 하고 사람이 되게 하여 단수신(檀樹神)과 결혼시켜 아들을 낳게 하였다. 이름을 단군이라 하였는데 조선 지역에 거주하며 왕이 되었다. 그러므로 시라(신라)·고례(고구려)·남북옥저·동북부여·예와 맥은 모두 단군을 계승한 바다.[13]

여기서 중요한 것은 신라·고구려·남북옥저·동북부여·예·맥 등을 모두 단군이 다스렸다고 기록되어 있는 점이다. 이와 연결된 내용이 『제왕운기』「한사군급열국기(漢四郡及列國紀)」에 보인다. 즉,

---

**12**  『제왕운기』권 하 「전조선기」. "初誰開國啓風雲, 釋帝之孫名檀君."
단군은 『삼국유사』에는 단군(壇君)으로, 『제왕운기』에는 단군(檀君)으로 표기되어 있다. 거의 같은 시대의 기록에 단군의 단(壇) 자가 서로 다르게 표기된 것은 단군이라는 명칭이 원래 한자에서 온 것이 아니라 조선 민족의 순수한 토착어였는데, 그것이 비슷한 소리의 한자로 표기되었음을 알게 해준다. 그런데 사료는 오래된 것이 더 가치가 높으므로 필자는 『삼국유사』 표기에 따라 단군(壇君)으로 표기한다.

**13**  『제왕운기』권 하 「전조선기」의 단군에 대한 주석. "是謂檀雄天王也云云, 令孫女飮藥成人身, 與檀樹神婚而生男名檀君, 據朝鮮之域爲王, 故尸羅·高禮·南北沃沮·東北扶餘·穢與貊皆檀君之壽也."
단웅(檀雄)이 『삼국유사』에는 환웅(桓雄)으로 기록되어 있다.

때에 따라 합하거나 흩어지며 흥하거나 망하여서,

자연에 따라 분계되어 삼한(三韓)이 이루어졌다.

삼한에는 여러 고을이 있었으니,

다정스럽게 호수와 산 사이에 흩어져 있었다.

각자가 국가라 칭하고 서로 침략하였는 바,

70이 넘는 그 숫자 어찌 다 밝혀지겠는가?

그 가운데 큰 나라가 어느 것인가?

먼저 부여와 비류가 이름 떨치었고,

다음은 시라(신라)와 고례(고구려)며,

(그다음은) 남북옥저(남옥저와 북옥저) · 예 · 맥이 따르더라.

이들 나라 여러 임금님들 누구의 후손인가 묻는다면,

그들의 혈통 또한 단군으로부터 이어졌다.

그 밖의 작은 나라들은 이름이 무엇이었는지,

옛 책을 찾아보아도 알 길이 없고,

지금의 고을 이름도 그때와는 다르니,

떠도는 이야기를 따져봐도 어찌 다 알 수 있겠는가?[14]


라고 기록되어 있는 것이다.

　한반도와 만주 지역에 위치해 있었던 한(삼한) · 부여 · 비류 · 신라 · 고구려 · 남옥저 · 북옥저 · 예 · 맥 등 여러 나라가 「전조선기」 주석에는 고조

---

14 『제왕운기』 권 하 「한사군급열국기」. "隨時合散浮況際, 自然分界成三韓, 三韓各有幾州縣, 虫虫散在湖山間. 各自稱國相侵凌, 數餘七十何足徵, 於中何者是大國, 先以扶餘沸流稱, 次有尸羅與高禮, 南北沃沮穢貊膚, 此諸君長問誰後, 世系亦自檀君承, 其餘小者名何等, 於文籍中推未能, 今之州府別號是, 諺說那知應不應."

선의 통치 지역으로, 「한사군급열국기」에는 단군의 후손으로 되어 있다. 이것은 무엇을 뜻할까? 『제왕운기』는 고조선이 붕괴된 후 오랜 세월이 지난 고려시대에 저술되었기 때문에 내용을 믿을 수 없다는 견해가 있을 수 있다. 그렇게 볼 경우, 위의 내용은 역사에서 고조선의 위상을 높이기 위해 윤색된 것이라고 볼 수밖에 없게 된다. 그러나 반대로 『제왕운기』 내용을 긍정적으로 받아들일 경우 그 내용은 다음과 같은 의미로 해석된다. 즉 이 여러 나라들은 원래 고조선에 속해 있었는데 후에 각각 독립했으며, 그 나라의 통치자들은 고조선 단군의 후손들이라는 뜻일 것이다.

따라서 『제왕운기』 내용을 분명하게 인식하기 위해서는 고조선의 사회 상황을 전해주는 기본 사료를 볼 필요가 있다. 그러한 사료로 『시경(詩經)』 「한혁(韓奕)」편이 있다. 그 내용 가운데 일부를 보면,

> 커다란 저 한(韓)의 성(城)은 연나라 군사들이 완성한 것,
> 선조가 받은 천명을 따라 여러 오랑캐 나라들을 다스리신다.
> (서주의) 왕은 한후(韓侯)에게 추(追)나라와 맥(貊)나라까지 내려주었다.
> 북쪽의 나라들을 모두 맡음으로써 그 지역의 최고 통치자가 되었다.[15]

라고 했다. 이 시는 서주의 선왕(宣王) 때(서기전 828?~782) 서주 왕실을 방문한 한후(韓侯)를 칭송하여 지은 것으로 당시 서주의 대신이었던 윤길보(尹吉甫)의 작품이라고 전한다.

그런데 여기에 나오는 한후와 한(韓)의 성(城)에 대해 동한(東漢)시대

---

15  『시경』 「대아(大雅)」〈탕지십(蕩之什)〉 '한혁'. "溥彼韓城, 燕師所完, 以先祖受命, 因時百蠻, 王錫韓侯, 其追其貊, 奄受北國, 因以其伯."

의 왕부(王符)는 그의 『잠부론(潛夫論)』에서,

> 무릇 환숙(桓叔)의 후손으로는 한씨(韓氏)·언씨(言氏)·영씨(嬰氏)·화여씨(禍餘氏)·공족씨(公族氏)·장씨(張氏) 등이 있었는데, 이들은 모두 한(韓)의 후손으로서 희성(姬姓)이었다. 한편 옛날 (서)주의 선왕 때에 또한 한후가 있었으니 그 나라는 연나라에서 가까웠다. 그러므로 『시경』에서 말하기를 "커다란 저 한(韓)의 성은 연나라 군사들이 완성한 것"이라고 하였다. 그 후 한(韓)의 서쪽에서도 성(姓)을 한(韓)이라 하였는데 위만에게 공벌(攻伐)당하여 해중으로 옮겨 가서 살았다.[16]

고 설명하고 있다. 왕부가 한 말의 뜻은 이러하다. 서주 왕실과 동성(同姓)인 희성(姬姓)으로서 한(韓)나라 제후였던 환숙의 후손으로는 한씨·언씨·영씨·화여씨·공족씨·장씨 등이 있었으니 이들은 모두 성(姓)이 희(姬)였다는 것이다. 그런데 이 한(韓)과 다른 또 하나의 한후가 있었으니 그 나라는 연나라에서 가까웠다는 것이다. 환숙이 봉해졌던 앞의 한(韓)은 지금의 섬서성(陝西省)에 있었던 서주의 제후국을 말한 것으로 그 군주 또한 한후였던 것이다. 그러므로 『시경』「한혁」편에서는 지금의 섬서성에 있었던 한후와 서주의 선왕 때 서주 왕실을 방문한 한후를 구별하기 위해 그 나라가 연나라 가까이 있었고, 그 나라에 있는 한(韓)의 성은 연나라 군사들이 완성한 것이라고 서술하고 있다는 것이다.

　그러면 여기서 한후라고 불린 사람은 누구이며 그 나라는 어디에 있

---

16　『잠부론』 권9 「씨성지(氏姓志)」. "凡桓叔之後, 有韓氏·言氏·嬰氏·禍餘氏·公族氏·張氏, 此皆韓後姬姓也. 昔周宣王時, 亦有韓侯, 其國地近燕, 故詩云, 普彼韓城, 燕師所完, 其後韓西亦姓韓, 爲衛滿所伐, 遷居海中."

던 어떤 나라였는가? 고대 중국에서는 제후의 호칭으로 그 국명에 제후를 뜻하는 후(侯) 자를 붙여 사용하는 경우가 일반적이었으므로 이 한후도 중국의 제후국인 한(韓)나라의 제후를 뜻할 것이라 믿는 학자들이 있었다. 그러나 그러한 예가 모든 경우에 반드시 적용되는 것은 아니다. 따라서 여기 나오는 한후는 누구를 말하는지 검토해볼 필요가 있다.

위 『잠부론』의 인용문 가운데 분명하게 확인되는 것은 연이라는 나라와 위만이라는 인물이다. 연나라는 서주 무왕의 동생 소공 석(召公 奭)이 봉해졌던 서주의 제후국으로서 진나라가 중국을 통일한 전국시대 말까지 존속했는데, 전국시대에는 중국의 가장 동북방에 위치하여 고조선과 국경을 접하고 있었다. 연나라의 위치가 지금의 북경과 천진 지역이었다는 것은 잘 알려진 사실이지만, 그것을 분명히 하기 위해 그에 관한 기록을 보면 『사기(史記)』 「화식열전(貨殖列傳)」에,

> 무릇 연(燕) 또한 발해와 갈석 사이에 있는 사람이 많이 모여 사는 곳이다. ……, 북쪽으로는 오환(烏桓)·부여와 이웃하였고 동쪽으로는 예·맥·조선·진번과의 이익을 관장하였다.[17]

고 기록되어 있다. 이로 보아 연(燕) 지역은 발해와 갈석산 지역 사이에 위치하여 고조선의 변경인 예·맥·조선·진번 등의 지역과 이웃하고 있었음을 알 수 있는데, 여기에 나오는 발해와 갈석산의 위치에 대한 주석으로 『사기정의(史記正義)』에 "발해와 갈석은 서북쪽에 있다"[18]고 했다.

---

17 『사기』 권129 「화식열전」, "夫燕亦勃·碣之間一都會也, ……, 北隣烏桓·夫餘, 東綰穢·貉(貊)·朝鮮·眞番之利."
18 위의 『사기』 「화식열전」의 발(勃)·갈(碣)에 대한 주석으로 실린 『사기정의』, "勃海·碣

중국인들이 서북쪽이라고 말할 수 있는 바다는 지금의 천진시와 접해 있는 발해만밖에 없다. 그 발해만에서 동쪽 가까운 곳에 갈석산이 있다. 바로 이 발해만과 갈석산 사이가 연 지역이었던 것이다. 대체로 지금의 북경과 천진 지역이었다. 따라서 『시경』 「한혁」편에 나오는 한후의 나라는 중국의 동북쪽, 지금의 북경에서 가까운 곳에 있었을 것임을 알 수 있다. 그리고 그 한후의 나라와 연나라의 국경선상에 연나라 군사들이 성을 쌓았는데, 이 성을 『시경』 「한혁」편에서는 한의 성(韓城)이라고 부르고 있음도 알 수 있다.

그런데 「잠부론」 내용에 의하면, 그 한(한후의 나라)의 서쪽에서도 성(姓)을 한(韓)이라 했는데, 위만에게 공벌당하여 해중으로 옮겨 가서 살았다는 것이다. 위만에게 공벌당하여 해중으로 옮겨 가 살았던 사람은 고증할 필요도 없이 너무나 분명하다. 그는 기자(箕子)의 후손인 준(準)이었다. 그러나 이를 분명히 하기 위해 그와 관계된 기록을 보면, 『후한서(後漢書)』 「동이열전(東夷列傳)」 〈예전(濊傳)〉에,

옛날에 무왕이 기자를 조선에 봉했는데, …… 그 후 40여 대 후손인 조선 후 준에 이르러 스스로 왕이라 칭하였다.[19]

고 했고, 같은 열전 〈한전(韓傳)〉에는,

조선왕 준은 위만에게 격파되어 나머지 무리 수천 명을 거느리고 도망하

石在西北."
19 『후한서』 권85 「동이열전」 〈예전〉. "昔武王封箕子於朝鮮, …… 其後四十餘世, 至朝鮮侯準, 自稱王."

여 바다로 들어갔다.[20]

고 했다. 그리고 『삼국지(三國志)』「오환선비동이전(烏丸鮮卑東夷傳)」(이하 「동이전」)〈한전(韓傳)〉에는,

제후인 준이 외람되이 왕이라 칭하다가 연으로부터 망명한 위만에게 공격당하여 (정권을) 빼앗긴 바 되어 그의 좌우 궁인들을 거느리고 도망하여 바다로 들어가 한(韓)의 땅에 가서 거주하면서 스스로 한왕(韓王)이라 칭하였다. 그 후손은 끊겨 없어졌으나 지금도 한(韓) 지역 사람 가운데는 그의 제사를 받드는 사람이 있다.[21]

고 했다.

이러한 준과 위만의 관계를 더 구체적으로 전하는 기록은 『위략(魏略)』이다. 『삼국지』「동이전」〈한전〉에 주석으로 실린 『위략』에는,

옛날에 기자의 후손인 조선후는, 주나라가 쇠퇴한 것을 보고 연나라가 스스로 높여 왕이라고 하면서 동쪽을 침략하려고 하자 자신도 스스로 왕이라 칭하고 군대를 일으켜 오히려 연나라를 공격하여 주 왕실을 높이고자 하였다. 그 대부(大夫) 예(禮)가 그러지 말도록 간하니 곧 중지하였다. 예를 서쪽의 연나라에 보내어 설득하니 연도 중지하고 공격하지 않았다.

---

**20** 『후한서』 권85 「동이열전」〈한전〉. "朝鮮王準爲衛滿所破, 乃將其餘衆數千人走入海."
**21** 『삼국지』권30 「동이전」〈한전〉. "侯準旣僭號稱王, 爲燕亡人衛滿所攻奪, 將其左右宮人走入海, 居韓地, 自號韓王. 其後絶滅, 今韓人猶有奉其祭祀者."

그 후 자손이 점차 교만하고 포학해지니 연나라는 곧 장수 진개(秦開)를 파견하여 그 서방을 공격하고 땅 2천여 리를 빼앗았는데, 만번한(滿番汗)에 이르러 경계로 삼으니 조선은 마침내 약화되었다. 진(秦)나라가 천하를 병합함에 이르러 몽염(蒙恬)을 시켜 장성을 쌓았는데 요동에 이르렀다. 그때 조선왕 부(否)가 섰는데, 진나라가 그를 습격할까 두려워하여 진에 복속된 것처럼 하였으나 조회(朝會)는 인정하지 않았다. 부(否)가 사망하고 그의 아들 준(準)이 섰다.

20여 년이 지나 진승(陳勝)과 항우(項羽)의 봉기로 천하가 이지러우니 연나라와 제나라, 조나라 백성들이 근심 걱정으로 고생하다가 점차 준에게로 망명해 오니 준은 그들을 서방에 살게 하였다. (서)한이 노관(盧綰)으로써 연왕(燕王)을 삼음에 이르러 조선과 연나라는 패수(浿水)가 경계가 되었다. (노)관이 (서한에) 반기를 들고 흉노로 들어감에 이르러 연인(燕人) 위만도 망명하였는데, 오랑캐 옷을 입고 동쪽으로 패수를 건너 준에게 나아가 항복하고 준을 설득하기를, 서쪽 경계에 살게 해주면 중국의 망명자들을 거두어 조선의 번병(藩屛)이 되겠다고 하였다. 준은 그를 믿고 사랑하여 박사(博士)로 제수하고 규(圭)를 하사하였으며, 그를 1백 리의 땅에 봉하여 서쪽 변경을 지키도록 하였다. (위)만은 망명의 무리들을 유인하여 그 무리가 점차 많아지자 곧 사람을 준에게 보내어 거짓으로 고하기를, 한(漢)나라 군사들이 10개의 길로 쳐들어오니 들어가 숙직하면서 지키겠다고 하고는 마침내 오히려 준을 공격하였다. 준은 (위)만과 싸웠으나 적수가 되지 못하였다.[22]

---

22 『삼국지』권30 「동이전」〈한전〉의 주석으로 실린 『위략』. "昔箕子之後朝鮮侯, 見周衰, 燕自尊爲王, 欲東略地, 朝鮮侯亦自稱爲王, 欲興兵逆擊燕以尊周室. 其大夫禮諫之, 乃止. 使禮西說燕, 燕止之, 不攻. 後子孫稍驕虐, 燕乃遣將秦開攻其西方, 取

고 기록되어 있다.

위에 인용된 『후한서』「동이열전」과 『삼국지』「동이전」 및 『위략』 등의 기록은 위만에게 공벌당하여 정권을 빼앗긴 인물은 준이며, 준은 기자의 후손임을 분명하게 말하고 있다. 따라서 앞에 인용된 『잠부론』에서 성(姓)을 한(韓)이라 하다가 위만에게 공벌당하여 해중으로 옮겨 가서 산 사람은 기자의 후손인 준이었음이 분명해졌다. 그렇다면 『잠부론』에서는 어떤 이유로 준의 성을 한이라고 했는지에 대한 의문이 생긴다. 왜냐하면 기자는 상나라 왕실의 후예였는데, 상나라 왕실의 성은 자(子)였으므로 기자나 그 후손인 준의 성은 당연히 자(子)여야 하기 때문이다. 따라서 『잠부론』에서 준의 성을 한이라 한 것은 일반 의미의 성을 말한 것이 아님을 알 수 있다.

고대에 동북아시아 지역 알타이 계통 언어에서는 통치자인 군장(君長) 또는 대군장(大君長)을 한(汗, Han) 또는 가한(可汗, Khan)이라고 불렀는데, 『잠부론』에서는 이 한(汗)을 음이 같은 한(韓)으로 표기했을 것으로 생각된다.[23] 앞에 인용된 『후한서』「동이열전」〈예전〉과 『삼국지』「동이전」〈한전〉 및 『위략』 등의 기록에 의하면 기자와 그 후손들은 대대로 조선의 제후였으나 말기에 스스로 왕이라 칭했음을 알 수 있다. 이

---

地二千餘里, 至滿番汗爲界, 朝鮮邃弱. 及秦幷天下, 使蒙恬築長城, 到遼東. 時朝鮮王否立, 畏秦襲之, 略服屬秦, 不肯朝會. 否死, 其子準立. 二十餘年而陳·項起, 天下亂, 燕·齊·趙民愁苦, 稍稍亡往準, 準乃置之於西方. 及漢以盧綰爲燕王, 朝鮮與燕界於浿水. 及綰反, 入匈奴, 燕人衛滿亡命, 爲胡服, 東度浿水, 詣準降, 說準求居西界, 收中國亡命爲朝鮮藩屛. 準信寵之, 拜爲博士, 賜以圭, 封之百里, 令守西邊. 滿誘亡黨, 衆稍多, 乃詐遣人告準, 言漢兵十道至, 求入宿衛, 邃還攻準, 準與滿戰, 不敵也.”

23  중국인들은 이민족의 명사를 표기할 때 대체로 음사(音寫)를 하는 경우가 많다. 따라서 한은 한(韓) 또는 한(汗)으로 표기할 수 있는 것이다.

것은 기자의 후손이 그 말기에 스스로 독립된 정치세력의 통치자로 출발하고자 했음을 알게 하는 것인데, 왕은 통치자에 대한 중국식 칭호였으며 한(韓, 汗)은 당시에 기자 일족이 거주하던 현지의 토착 언어 즉 고조선 지역의 언어로서 통치자에 대한 칭호였던 것이다.

여기서 고대 중국에서의 성(姓)에 대한 정치적 개념을 알아둘 필요가 있다. 고대 중국의 봉건제(봉국제) 질서에서는 왕실은 천하의 종가(宗家)이고 제후는 그 분가(分家)로서 제후들은 왕실의 성을 따라야 했다. 제후들 가운데는 건국공신으로 제후에 봉해져 왕실과 동일한 성을 갖지 않은 사람도 있었지만, 그들에게도 이러한 제도를 의제화(擬制化)했다. 그러므로 조선의 제후였던 기자의 후손이 그 말기에 독자적으로 그의 성을 한(韓)이라 칭했다면, 그것은 제후의 신분을 버리고 독립국으로 출발하고자 했음을 뜻한다. 따라서 『잠부론』에서 준의 성을 한이라 표현한 것은 통치자로서의 그의 칭호를 말한 것이기도 하고 제후의 신분을 버리고 정치적으로 독립하고자 했음을 뜻하기도 한다.

그런데 『잠부론』에서는 준의 세력 동쪽에 원래 한후라 불리던 세력이 있었다고 말하면서, 이 한후가 『시경』 「한혁」편에 나오는 연나라 가까운 곳에 있었던 한후라고 설명하고 있다. 그러므로 『잠부론』의 설명에 의하면 『시경』 「한혁」편의 주인공으로 원래 한후로 불리던 사람의 나라는 기자 일족이 망명하여 조선의 제후로 자리 잡고 있던 지역의 동쪽에 있었다. 그런데 그동안의 연구 결과에 의하면 서주가 건국된 후 상 왕실의 후예였던 기자 일족이 망명하여 거주했던 곳은 지금의 난하(灤河) 하류 동부 유역이었다.[24] 이 시기에 고조선은 한반도와 만주 전 지역을 차지

---

24  윤내현, 「기자신고(箕子新考)」 『한국사연구』 41, 1983, pp. 1~50(앞 책, 『한국고대사신론』, pp. 176~239에도 수록되어 있음).

하고 북경 근처에 있는 난하까지를 영토로 하고 있었다.[25] 기자 일족은 고조선의 서부 변경으로 망명하여 고조선의 보호 아래 거수국(渠帥國 : 중국식으로는 제후국)이 되어 있었던 것이다. 그랬기 때문에 『사기』와 『상서대전(尙書大傳)』 등에서는 기자가 조선에 봉해졌다고 했고 『후한서』와 『삼국지』, 『위략』 등에서는 기자와 그 후손들을 조선의 제후라고 표현하고 있는 것이다. 기자 일족은 준 때에 이르러 위만에게 정권을 빼앗겼다. 위만은 기자 일족의 정권을 빼앗은 후 고조선과 대립 관계에 있게 되었던 것이다.

이러한 역사의 상황을 놓고 보면 『시경』「한혁」편의 주인공 한후는 고조선의 통치자일 수밖에 없게 된다. 준을 한(韓)으로 표현한 것과 마찬가지로 한후도 고조선의 최고 통치자에 대한 칭호였던 것이다. 한(韓)은 한(汗)과 같은 의미로 사용되어 통치자에 대한 칭호였으며 후(侯)는 제후를 뜻했다. 중국인들은 전통적으로 중국의 천자가 천하를 다스려야 한다고 믿었으므로 다른 나라의 통치자들을 중국의 천자에 대한 제후로 표현했다. 따라서 통치자를 뜻하는 고조선의 언어인 한(韓, 汗)과 제후를 뜻하는 중국의 표현인 후(侯)가 결합되어 한후(韓侯)로 표기되었다고 보

――――, 「고대조선고」 『중재장충식박사화갑기념논총』, 중재장충식박사화갑기념논총간 행위원회, 1992, pp. 3~20.
　　『고조선 연구』 상 제1편 제5장 제1절 「위만조선과 한사군의 위치」 참조.
25　윤내현, 「고조선의 위치와 강역」 앞 책 『한국고대사신론』, pp. 15~80.
――――, 「고조선의 서변경계 재론」 『백산박성수교수화갑기념논총 – 한국독립운동사의 인식』, 백산박성수교수화갑기념논총간행위원회, 1991, pp. 518~539.
――――, 「고조선시대의 패수」 『전통과 현실』 제2호, 고봉학술원, 1992, pp. 205~246.
――――, 「고조선의 북계와 남계」 『한민족공영체』 창간호, 해외한민족연구소, 1993, pp. 33~71.
　　『고조선 연구』 상 제1편 제3장 「고조선의 강역과 국경」 참조.

아야 할 것이다. 중국 문헌에서는 이와 같은 두 가지 의미가 복합된 표현이 자주 보인다.

여기서 다음과 같은 의문이 제기될 것이다. 고조선의 통치자는 일반적으로 단군으로 알려져 있는데, 왜 『시경』 「한혁」편에서는 한후라고 불렀을까 하는 점이다. 이 점은 통치자에 대한 중국의 호칭과 비교해보면 쉽게 이해된다. 중국에서는 최고 통치자를 진제국부터는 황제라 불렀고 그 전에는 왕이라 불렀다. 그리고 천자라고도 불렀다. 왕이나 황제는 다지 정치적 의미의 최고 통치자를 뜻하지만 천자는 최고신인 하느님의 아들이라는 뜻으로 종교의 의미가 더 강하다.

고대사회에서는 종교가 정치보다 위에 있었기 때문에 종교의 의미를 지닌 천자가 정치적 의미만을 지닌 왕이나 황제보다 더 권위를 가진 칭호였다. 고조선의 단군은 몽골어에서 하늘을 뜻하는 텡그리(Tengri)와 의미가 통하는 것으로 천군(天君)으로서 하늘을 받드는 종교적 최고 권위자에 대한 칭호였다.[26] 중국의 천자와 같은 종교적 의미를 지닌 칭호였던 것이다. 그리고 한(韓, 汗)은 단순히 정치적 의미를 지닌 칭호로서 중국의 왕이나 황제에 해당하는 것이었다. 그러므로 고조선에서는 단군이 한(韓, 汗)보다 훨씬 권위를 갖는 칭호였던 것이다.

이상의 고찰을 통해 『시경』 「한혁」편의 주인공인 한후는 단군이며 그가 통치한 나라는 고조선임이 분명해졌다. 그런데 고조선은 연나라와 국경을 접하고 있었으며 연나라가 고조선과의 국경선상에 이른바 연장성(燕長城)[27]을 쌓았다는 것은 잘 알려진 사실이다. 이 성은 진나라가 중국을 통일한 후 진 시황제에 의해 진장성(만리장성)이 축조될 때 그

---

26  최남선, 「불함문화론」 『육당최남선전집』 2, 현암사, 1973, pp. 56~61.
27  『사기』 권110 「흉노열전」. "燕亦築長城, 自造陽至襄平."

동쪽 끝부분을 형성했었다.[28] 이러한 사실을 놓고 볼 때, 『시경』「한혁」 편에 나오는 한(韓)의 성은 연나라가 고조선과의 국경선상에 쌓은 성이었을 것임을 알 수 있다. 바로 연장성이었던 것이다. 연나라 군사들이 한후의 나라 내지에 들어가 성을 쌓았을 리는 없기 때문이다.

지금까지 고찰한 바에 따라 『잠부론』의 내용을 정리해보면 다음과 같다. 옛날 서주의 선왕 때 연나라 동쪽 가까이 고조선이 있었는데 연나라 군사들은 고조선과의 국경선상에 성을 쌓았으며 이 성을 연나라에서는 한의 성(한성)이라 불렀다. 그래서 『시경』에서는 한의 성을 연나라 군사들이 완성한 것이라고 적고 있다. 그런데 후에 고조선의 서쪽, 지금의 난하 하류 유역에 기자 일족이 망명해 와 고조선의 거수국으로 있다가 그 말기에 스스로 독립하고자 한(韓, 汗)이라는 칭호를 사용하다가 위만에게 정권을 빼앗기고 해중으로 옮겨 가 살았다는 것이다.

그러므로 『시경』「한혁」편은 고조선의 단군을 칭송하기 위해 지은 것임이 분명하다. 이제 그 내용으로 돌아가보자. 『시경』「한혁」편은 한후 즉 고조선의 단군은 그의 선조들이 받은 하늘의 명을 따라 여러 오랑캐 나라들을 다스린다고 말하고, 서주의 선왕은 추나라와 맥나라까지도 단군에게 다스리도록 내려주었으며, 단군은 북쪽의 나라들을 모두 맡아 그 지역의 최고 통치자가 되었다고 노래하고 있다. 여기서 '오랑캐'는 이민족에 대한 중국인들의 표현이다. 그리고 서주의 선왕이 단군에게 추나라와 맥나라까지도 내려주었다는 것은 추나라와 맥나라가 위치한 지역까지 단군이 다스리는 것을 서주의 선왕이 공식적으로 승인했다는 뜻이다. 전통적으로 중국인들은 중국의 천자가 천하를 다스려야 한다고

---

28  앞 글, 「고조선의 서변경계 재론」, pp. 524~530.

생각하기 때문에 선왕이 추와 맥을 단군에게 하사한 것처럼 표현하고 있는 것이다. 여기서 특별히 추와 맥이 거론된 것은 다음 장에서 확인되겠지만, 그들의 지리적 위치가 고조선의 서쪽 변경으로 중국과의 국경지역이었기 때문이었다. 이들 지역의 통치 문제를 놓고 고조선과 서주 사이에 다소 마찰이 있었을 가능성도 있다.

그런데『시경』「한혁」편의 내용에서 중요한 것은 고조선의 단군이 여러 이민족과 추·맥 등의 나라를 다스렸으며, 북쪽의 나라들을 모두 맡아 그 지역의 최고 통치자가 되었다고 표현한 점이다. 이 내용에 따르면, 고조선의 단군은 그 밑에 작은 나라들을 많이 거느리고 있었다. 이러한 작은 나라들을 고조선에서는 거수국, 그 통치자들을 거수(渠帥)라 했다. 이들을 거수라 했음은『후한서』「동이열전」과『삼국지』「동이전」의 〈한전〉에 한(韓)나라 안에는 많은 소국들이 있었는데, 이 소국의 통치자를 거수라고 했다는 기록에서 알 수 있다.[29]『후한서』나『삼국지』의 기록은 고조선이 붕괴된 후의 상황을 전하는 것인데, 다음 장에서 확인되겠지만, 한(韓)나라는 고조선시대부터 존속했으므로 한나라의 제도는 고조선의 제도를 계승하고 있었다고 보아야 한다. 고조선의 각 지역에는 거수국(중국에서는 제후국 또는 봉국이라 했다)이 있었고, 각 거수국은 거수(중국에서는 제후라 했다)가 통치했는데, 고조선의 단군은 이 거수들을 거느리고 있었던 것이다. 이러한 국가 조직은 중국의 고대국가인 상이나 서주의 봉국제(봉건제 또는 분봉제라고도 한다)와 같은 것이다.

---

29 『후한서』권85「동이열전」〈한전〉. "諸小別邑, 各有渠帥, 大者名臣智, 次有儉側, 次有樊秪, 次有殺奚, 次有邑借."
　　『삼국지』권30「동이전」〈한전〉. "弁辰亦十二國, 又有諸小別邑, 各有渠帥, 大者名臣智, 其次有險側, 次有樊濊, 次有殺奚, 次有邑借."

이제 『시경』 「한혁」편을 통해 확인된 이러한 고조선의 국가 조직을 『제왕운기』 내용과 연결해보자. 앞에서 인용된 바와 같이 『제왕운기』는 고조선이 붕괴된 후 한반도와 만주에 있었던 한(삼한)·부여·비류(沸流)·신라·고구려·남옥저·북옥저·예·맥 등이 단군의 후손이었다고 적고 있다. 이 나라들이 고조선의 통치자였던 단군의 후손이었다는 표현은 이 나라의 통치자들이 혈연적으로 단군의 후손이거나 이 나라들이 고조선에서 분리되어 나왔다는 뜻일 것이다. 이 여러 나라의 통치자들이 혈연적으로 단군의 후손이었는지를 확인하기에는 아직 자료가 충분하지 못하지만 이 나라들이 고조선에서 나왔다는 것은 분명하다. 왜냐하면 이 나라들이 있었던 지역은 이전에 모두 고조선의 영토였기 때문이다. 이렇게 볼 때, 이 나라들은 고조선시대에는 고조선의 거수국이었던 것이다. 이 점에 대해서는 다음 절에서 구체적으로 논의할 것이다.

고조선이 많은 거수국을 거느리고 있던 국가였음은 『위략』의 위만조선에 관한 기록에서도 확인된다. 그 내용을 보면,

> 일찍이 우거(右渠)가 격파되기 전에 조선상(朝鮮相) 역계경(歷谿卿)은 우거에게 간(諫)하였으나 (그의 말이) 받아들여지지 않자 동쪽의 진국(辰國)으로 갔다. 그때 백성으로서 그를 따라가 그곳에 산 사람이 2천여호(戶)나 되었는데, 그들은 또한 조선의 공번(貢蕃)과는 서로 왕래하지 않았다.[30]

고 했다. 위 내용에서 조선상(朝鮮相) 역계경(歷谿卿)과 그를 따라간 사

---

**30** 『삼국지』 권30 「동이전」 〈한전〉에 주석으로 실린 『위략』. "初, 右渠未破時, 朝鮮相歷谿卿以諫右渠不用, 東之辰國, 時民隨出居者二千餘戶, 亦與朝鮮貢蕃不相往來."

람들은 위만조선의 공번(貢蕃)과는 왕래하지 않았다고 했으므로 위만조
선에는 공번이 있었음을 알 수 있다. 공번은 공납을 하는 번국(蕃國)으
로서 거수국(중국식으로는 제후국)을 말한다. 따라서 위만조선에는 거수
국이 있었던 것이다. 그런데 위만조선은 기자의 후손으로 고조선 서부
에 자리하고 있던 준의 정권을 빼앗아 건국했으므로 위만조선의 거수국
제는 고조선의 제도를 계승하고 있었을 것으로 보아야 할 것이다.

고조선 안에 많은 거수국이 있었다는 필자의 견해는 『제왕운기』 기록
과 『시경』 「한혁」편, 『위략』의 내용 등에 근거하고 있는데, 만약 「한혁」
편의 내용이 고조선의 단군에 관한 것이 아니라면 필자의 견해가 성립
되는 데 다소 문제가 있지 않겠느냐는 의문을 가질 수 있을 것이다. 필
자는 『시경』 「한혁」편의 내용이 고조선의 단군에 관한 것이라는 점에 대
해 의문을 갖지 않는다. 그렇지만 만약 그것이 단군에 관한 내용이 아니
라고 하더라도 필자의 논리 전개에 지장을 주지는 않는다고 생각한다.
왜냐하면 『시경』 「한혁」편은 고대에 연나라에서 가까운 지금의 중국 동
북 지역에 관한 기록임은 분명한데, 그 지역은 지금의 만주로서 그 내용
은 바로 만주와 한반도의 국가 구조도 그러했을 것이라는 점을 시사해
주는 것이기 때문이다.


## 3. 고대 문헌에 나타난 고조선의 거수국

한국과 중국의 옛 문헌에 기록된 바에 의하면 고조선에는 부여·고죽
(孤竹)·고구려·예·맥·추(追)·진번(眞番)·낙랑(樂浪)·임둔(臨屯)·현
도(玄菟)·숙신(肅愼)·청구(靑丘)·양이(良夷)·양주(楊州)·발(發)·유
(兪)·옥저·기자조선·진(辰)·비류·행인(荇人)·해두(海頭)·개마(蓋

馬)·구다(句茶)·조나(藻那)·주나(朱那)·한(韓) 등이 있었다. 이 가운데 부여·고죽·고구려·예·맥·추·진번·낙랑·임둔·현도·숙신·청구·양이·양주·발·유·옥저·기자조선 등은 지금의 요서(遼西) 지역에 위치해 있었고 진·비류·행인·해두·개마·구다·조나·주나·한 등은 지금의 요하(遼河) 동쪽의 만주와 한반도에 위치해 있었다. 실제로는 이보다 훨씬 많은 거수국들이 존재했겠지만 기록에 남을 만한 역사의 사건이나 사실과 연계되지 않은 거수국의 명칭은 문헌의 기록에 남아 있지 않기 때문에 확인할 길이 없다. 『제왕운기』에서도 한·부여·비류·신라·고구려·남옥저·북옥저·예·맥 등을 단군의 후손이라고 말하면서 그 밖의 작은 나라들 이름은 옛 책을 찾아봐도 알 길이 없다[31]고 했는데, 그것은 바로 이러한 이유 때문이었던 것이다.

필자는 고조선의 강역을 한반도와 만주 전 지역으로 고증한 바 있다. 좀 더 구체적으로 말하면, 고조선의 강역은 서쪽으로는 지금의 북경 근처의 난하, 북쪽과 동북쪽으로는 흑룡강(黑龍江)과 그 상류인 아르군 강[액이고납하(額爾古納河)], 남쪽은 한반도 남부의 해안에 이르러 지금의 하북성 동부, 내몽골자치구 동부, 요령성과 길림성 및 흑룡강성 전부, 한반도 전부를 포괄하고 있었다.[32] 그런데 이러한 고조선의 강역 내에 고조선과 동일한 시대에 위에서 필자가 열거한 부여·고죽·고구려·예·맥·추·진번·낙랑·임둔·현도·숙신·청구·양이·양주·발·유·옥저·기자조선·진·비류·행인·해두·개마·구다·조나·주나·한 등이 위치하고 있었다. 이러한 나라들이 독립국들이었다면 동일한 지역에 이 나라들과 고조선이 중복되어 존재하는 모순이 생긴다. 그러므로 이 나라들

---

**31** 주 14 참조.
**32** 주 25와 같음.

은 독립국으로 볼 수 없으며 고조선의 거수국으로 볼 수밖에 없게 된다. 그렇게 보면 『제왕운기』에서 한(韓)·부여·비류·신라·고구려·남옥저· 북옥저·예·맥 등을 단군의 후손이라고 기록한 것이라든가 『시경』「한혁」편에 한후(고조선의 단군)가 많은 거수국을 거느리고 있었다고 기록된 내용과 일치한다. 그런데 그러한 사실을 확인하기 위해서는 필자가 고조선의 거수국으로 열거한 나라들의 위치를 확인할 필요가 있을 것이다. 이들에 관한 기록 가운데 그 위치와 관계된 것들만을 살펴보자.

**부여** : 고조선시대에 부여는 북경 가까이에 있는 난하 상류 유역에 위치하여 지금의 하북성(河北省) 동북단과 내몽골자치구 동부를 차지하고 있었다. 고조선의 거수국 가운데 가장 북쪽에 위치해 있었다. 부여에 관한 가장 이른 기록은 『사기』「화식열전」에 보이는데, 그 내용을 보면,

무릇 연(燕) 또한 발해와 갈석 사이에 있는 사람이 많이 사는 곳이다. 남으로는 제(齊)·조(趙)와 통하고 동북은 오랑캐와 이웃하였다. 상곡(上谷)으로부터 요동에 이르기까지는 땅이 매우 멀고 사는 사람이 아주 적어 자주 침략을 받았다. 대체로 조(趙)·대(代)와 풍속이 서로 비슷하고 사람들은 용맹스러우며 걱정이 적은데, 고기·소금·대추·밤 등의 풍요로움이 있다. 북쪽으로는 오환·부여와 이웃하였고, 동쪽으로는 예·맥·조선·진번과의 이익을 관장하였다.[33]

---

33 『사기』권129「화식열전」. "夫燕亦勃·碣之間一都會也. 南通齊·趙, 東北邊胡. 上谷至遼東, 地踔遠, 人民希, 數被寇, 大與趙·代俗相類, 而民彫捍少慮, 有魚鹽棗栗之饒. 北隣烏桓·夫餘, 東綰穢·貉(貊)·朝鮮·眞番之利."

고 했다. 이 기록은 서한시대와 그 이전의 상황을 말하는 것인데, 그 내용에 의하면 부여는 오환과 이웃하여 연의 북쪽에 위치해 있었다. 그리고 연은 발해와 갈석 사이에 있었다고 적고 있다. 전국시대 연의 중심부가 북경의 동북쪽에 있는 하북성 천진시 계현(薊縣)을 중심으로 한 천진과 북경 지역이라는 것은 잘 알려진 사실이지만 이것을 확실히 하기 위해 발해와 갈석의 위치를 확인해볼 필요가 있을 것이다. 여기에 나오는 발해와 갈석에 대해 『사기정의』에 주석하기를,

발해와 갈석은 서북에 있다.[34]

고 했다. 중국인들이 서북쪽에 있다고 말할 수 있는 바다는 지금의 천진 연안의 발해만뿐이다. 그리고 이와 더불어 서북쪽에 있는 갈석은 발해 북쪽 연안에 있는 지금의 갈석산임을 알 수 있다. 발해만과 갈석산 사이는 지금의 천진과 북경 지역이다. 그러므로 오환과 부여는 지금의 천진과 북경 지역 북쪽에 있었다는 것이 된다. 천진과 북경 지역의 북쪽은 난하 상류 유역으로서 하북성 북단과 내몽골자치구이다. 이 지역에 오환과 부여가 위치해 있었던 것이다. 그런데 오환이 부여의 서쪽에 있었다는 것은 이미 잘 알려진 사실이므로 부여는 지금의 하북성 동북단 일부와 내몽골자치구 동부를 차지하고 있었을 것이다.

　고죽국 : 고죽국은 백이(伯夷)와 숙제(叔齊)의 조국으로 널리 알려져 있는데, 그 나라는 지금의 난하 유역에 위치해 있었다. 전설에 의하면

---

34　위의 『사기』 「화식열전」의 발·갈에 대한 주석으로 실린 『사기정의』. "勃海·碣石在西北."

고죽국은 상나라를 건국한 탕왕(湯王)에 의해 봉해졌다고 하지만, 상나라는 초기에 황하 중하류 유역에 있던 작은 세력이었고 상나라 말기에 이르러서도 그 세력은 동북쪽으로 하북성 중부를 넘지 못했다는 것이 문헌이나 고고학 자료에 의해 확인된다.[35] 따라서 그보다 멀리 떨어진 난하 유역에 있었던 고죽국이 상나라의 제후국이었을 수는 없다.

춘추시대의 패자였던 제나라 환공(桓公)은 고죽국·산융(山戎)·예·맥 등을 친 일이 있는데,[36] 주나라의 제후국들을 서로 보호하자는 것을 기치로 내걸고 패자가 된 제나라 환공이 고죽국을 쳤다는 사실은 고죽국이 중국의 질서에 포함된 정치세력이 아니었음을 알게 한다. 고죽국과 함께 환공의 침략을 받은 산융·예·맥이 중국의 정치 질서에 포함되지 않은 이민족이었음은 모두가 아는 사실이다. 상나라 탕왕이 고죽국을 봉했다고 하는 것은 상나라가 고죽국을 공식적으로 승인했다는 중국식 표현에 불과하다.

고죽국이 난하 유역에 있었음은 다음 기록들에서 확인된다. 『한서(漢書)』「지리지(地理志)」의 〈요서군(遼西郡)〉'영지현(令支縣)'조에,

---

**35** 장광직 지음, 윤내현 옮김, 『상문명』, 민음사, 1989, pp. 367~373 참조.
장광직은 상(商) 초기의 영역은 하북성 중부를 넘지 못했을 것으로 보면서도 상이 강성했을 때는 그 문화가 난하를 넘어 지금의 요하 유역까지 침투해 들어갔을 가능성이 있다고 말하고 있는데, 그 이유는 지금의 요서 지역에서 상의 청동기가 출토된 예가 있기 때문이다. 그런데 지금의 난하를 경계로 그 동쪽 지역에는 일찍부터 황하 유역의 청동기문화와는 다른 청동기문화인 하가점하층문화(夏家店下層文化)가 있었고 이것이 후에 비파형동검문화로 발전했다. 그리고 지금의 요서 지역에서 출토된 상의 청동기는 아직까지 지층이 분명하게 밝혀지지 않았다. 따라서 그 유물들이 이 지역에 묻힌 시기가 상시대였을 것으로 보기는 어렵다. 그러므로 난하 동쪽 지역은 상의 문화권으로 볼 수 없으며, 이 지역에서 출토된 상의 청동기는 후에 중국의 망명인들이 가지고 온 것으로 보아야 한다.

**36** 『관자』권8 「소광」편. "一匡天下, 北至於孤竹·山戎·穢(濊)·貉(貊), 拘秦夏."

(그곳에) 고죽성이 있다.[37]

고 했고, 『사기』「백이열전(伯夷列傳)」의 주석으로 실린 『사기색은(史記索隱)』에는 위의 『한서』「지리지」 기록을 인용하면서 그 지역이 고죽국이 있었던 곳이라고 적고 있다.[38] 서한시대의 요서군 영지현 지역이 옛날 고죽국이 있던 곳이라는 것이다. 그러면 서한시대의 영지현은 지금의 어느 곳이었는가? 필자는 서한시대의 요동군 위치를 지금의 난하 하류 유역으로 고증한 바 있으므로 요서군은 당연히 그 서쪽에 있어야 하지만, 이를 확실히 인식하기 위해 요서군의 위치를 확인해보면 『한서』「지리지」〈요서군〉 '비여현(肥如縣)'조에,

현수(玄水)가 동쪽에서 유수(濡水)로 들어간다.[39]

고 기록되어 있다. 요서군 비여현에는 동쪽으로 흘러 유수(濡水)로 들어가는 현수(玄水)라는 강이 있었다는 것이다. 현수가 유수의 지류였음은 『수경주(水經注)』에서도 확인된다.[40] 그런데 유수는 난하의 옛 명칭이었다.[41] 요서군 비여현에서 현수가 동쪽으로 흘러 지금의 난하로 들어갔으므로 요서군은 난하 서쪽에 위치해 있었음을 알 수 있다.

---

37 『한서』 권28 하 「지리지」 하 〈요서군〉 '영지현'조. "有孤竹城."
38 『사기』 권61 「백이열전」에 주석으로 실린 『사기색은』. "按地理志, 孤竹城在遼西令支縣. 應劭云伯夷之國也."
39 『한서』 권28 하 「지리지」 하 〈요서군〉 '비여현'조. "玄水東入濡水."
40 『수경주』 권14 「유수」조.
41 譚其驤 主編, 『中國歷史地圖集』 第5册 - 隋·唐·五代十國時期, 地圖出版社, 1982, pp. 3~4.

그런데 『여씨춘추(呂氏春秋)』 「유시람(有始覽)」을 보면,

영자(令疵)는 요서에 있는데 바로 영지(令支)가 그곳이다.[42]

라고 했다. 영자(令疵)는 전국시대에 중국의 국경에 있었던 주요한 요새
가운데 하나인 영자새(令疵塞)가 있었던 곳으로서 연나라에 속해 있었
다. 이 영자 지역이 후에 영지현이 되었다는 것이다. 따라서 영지현은
바로 난하 서부 연안에 위치해 있었고, 그 서쪽은 연나라 땅이었을 것임
을 알 수 있다. 그리고 그곳에는 연나라의 영자새와 고죽국의 고죽성(孤
竹城)이 있었음도 알 수 있는 것이다. 이로 보아 영자새와 고죽성은 국
경 지대에 있었으며 고죽국의 영역은 그곳으로부터 동쪽으로 난하 동부
유역에 미쳤을 것이다. 『괄지지(括地志)』에도,

고죽의 옛 성이 노룡현(盧龍縣)에서 남쪽으로 12리 떨어진 곳에 있는데,
은(상)나라 때의 제후인 고죽국이다.[43]

라고 했는 바, 『괄지지』는 당(唐)시대에 편찬된 것으로 당시대의 노룡현
은 지금의 난하 유역이었다. 근래에 난하에서 동쪽으로 조금 떨어진 요
령성 객좌현(喀左縣) 북동촌(北洞村)에서 청동기가 출토되었다. 그 명문
을 고죽(孤竹)으로 읽고 그곳을 고죽국의 중심부로 보는 견해[44]도 있지

---

42 『여씨춘추』 권13 「유시람」. "令疵在遼西, 則是令支."
43 『사기』 권61 「백이열전」의 주석으로 실린 『사기정의』. "括地志云, 孤竹古城在盧龍縣
南十二里, 殷時諸侯孤竹國也."
44 熱河省博物館籌備組, 「熱河凌源縣海島營子村發現的古代青銅器」 『文物參考資
料』, 1955年 8期, pp. 16~27.

만, 그 명문을 고죽으로 읽을 수 있는지도 문제일 뿐만 아니라, 이러한 유물은 지배계층이 난을 피하거나 망명하는 등의 이유로 다른 곳에서 발견될 수도 있기 때문에 청동기 몇 점이 출토되었다는 이유만으로 그곳을 바로 고죽국의 중심부로 보는 것은 위험하다. 그 명문을 고죽으로 본다면 그러한 유물의 출토는 그 지역이나 그 지역에서 멀지 않은 곳에 고죽국이 있었을 가능성을 뒷받침해주는 것이다. 지금까지 살펴본 바와 같이 고죽국은 지금의 난하 유역에 있었으며, 그 영역은 주로 난하 동부 유역을 차지하고 있었다.

**고구려** : 고조선시대에 고구려는 난하 하류 유역에 위치해 있었다. 『삼국유사』〈고조선〉조에는,

> 당나라 배구전(裵矩傳)에 이르기를 고려(고구려)는 본래 고죽국인데 주나라에서 이곳에 기자를 봉하여 조선이라 하였고, 한(漢)나라에서는 나누어 3군(郡)을 설치하고 현도·낙랑·대방이라 불렀다.[45]

고 기록되어 있다. 그런데 『수서(隋書)』 「배구열전(裵矩列傳)」을 보면,

---

遼寧省博物館·朝陽地區博物館, 「遼寧喀左縣北洞村發現殷代靑銅器」『考古』, 1973年 4期, pp. 225~226.

喀左縣文化館·朝陽地區博物館·遼寧省博物館 北洞文物發掘小組, 「遼寧喀左縣北洞村出土的殷周靑銅器」『考古』, 1974年 6期, pp. 364~372.

喀左縣文化館·朝陽地區博物館·遼寧省博物館, 「遼寧省喀左縣山灣子出土商周靑銅器」『文物』, 1977年 12期, pp. 23~33.

45 『삼국유사』 권1 「기이」〈고조선〉. "唐裵矩傳云, 高麗本孤竹國, 周以封箕子爲朝鮮, 漢分置三郡, 謂玄菟·樂浪·帶方."

(수나라의) 양제(煬帝)가 국경 요새의 북쪽을 순행할 때 (배구가) 수행을 했는데 (양제는 돌궐의) 계민[啓民 : 가한(可汗)]의 장막에 거동하였다. 그때 고려(고구려)는 사신을 보내어 먼저 돌궐과 통하고자 하였는데 계민은 (고구려의 사신을) 감히 숨길 수가 없어서 그를 데려와 양제에게 소개하였다. 배구는 양제에게 올린 글에서 말하기를, "고려(고구려)의 땅은 본래 고죽국입니다. 주(周)시대에 그곳에 기자를 봉하였고, 한(漢)시대에는 그곳을 나누어 3개의 군을 만들었는데 진씨[晉氏 : 진(晉)나라]도 요동을 통합했습니다."[46]

라고 했는데, 동일한 내용이 『구당서(舊唐書)』와 『신당서(新唐書)』의 「배구열전」 및 『삼국사기』「고구려본기」〈영양왕〉조[47]에도 실려 있다.

위의 내용에 따르면 고구려·고죽국·기자조선·한사군(漢四郡) 등은 모두 같은 지역에 있었다. 여기서 한사군을 4개의 군으로 말하지 않은 것은 한사군은 처음에 낙랑·진번·임둔·현도의 4개 군이었으나 오래지 않아 낙랑·현도의 2개 군이 되었다가 다시 낙랑군을 나누어 대방군을 설치함에 따라 현도·낙랑·대방의 3개 군이 되었기 때문이다. 필자는 기자가 봉해졌던 조선은 고조선의 서쪽 변경이었던 지금의 난하 하류 동부 유역에 있었던 지명으로서 그곳은 후에 한사군이 설치됨에 따라

---

46 『수서』 권67 「배구열전」. "從帝巡于塞北, 幸啓民帳. 時高麗遣使先通于突厥, 啓民不敢隱, 引之見帝. 矩因奏狀曰, 高麗之地, 本孤竹國也. 周代以之封于箕子, 漢世分爲三郡, 晉氏亦統遼東."
47 『삼국사기』 권20 「고구려본기」〈영양왕〉조.
『구당서』 권63 「배구열전」.
『신당서』 권100 「배구열전」.

낙랑군의 조선현이 되었음을 이미 밝힌 바 있다.[48]

그리고 앞에서 확인된 바와 같이 고죽국도 난하 유역에 위치해 있었다. 이상의 고찰로써 고구려·고죽국·기자조선·한사군 등은 그들이 차지한 면적이나 중심부는 일치하지 않았지만 대체로 같은 지역에 위치해 있었음이 확인된다.

고구려가 원래 난하 유역에 있었음은 다음 기록에서도 확인된다. 『구당서』 「동이열전」 〈고려(고구려)전〉에,

> 고려(고구려)는 부여로부터 나온 별종(別種)이다. 그 나라는 평양성에 도읍했는데 바로 한(漢)의 낙랑군의 옛 땅이다. (당나라의) 경사(京師)로부터 동쪽으로 5천 1백 리에 있다. 동쪽으로 바다를 건너면 신라에 이르고, 남쪽으로 바다를 건너면 백제에 이르며, 북쪽은 말갈에 이른다.[49]

고 했고, 『신당서』 「동이열전」 〈고려(고구려)전〉에도,

> 고려(고구려)는 본래 부여 별종이다. 그 땅은 동쪽으로는 바다를 사이에 두고 신라와 떨어져 있고 남쪽으로도 바다를 사이에 두고 백제와 떨어져 있다. 서북쪽은 요수(遼水)를 건너 영주(營州)와 접하였고 북쪽은 말갈이

---

48  윤내현, 「한사군의 낙랑군과 평양의 낙랑」 앞 책 『한국고대사신론』, pp. 305~343.
　　앞 글, 「기자신고」.
　　앞 글, 「고대조선고」.
　　『고조선 연구』 상 제1편 제5장 제1절 「위만조선과 한사군의 위치」 참조.
49  『구당서』 권199 상 「동이」 〈고려〉. "高麗者, 出自夫餘之別種也, 其國都於平壤城, 卽
　　漢樂浪郡之故地, 在京師東五千一百里, 東渡海至於新羅, 西北渡遼水至于營州, 南
　　渡海至于百濟, 北至靺鞨."

다. 그 군주는 평양성에 거주하는데 또한 장안성(長安城)이라고도 부르며 한(漢)의 낙랑군이었다.[50]

고 하여 고구려의 도읍인 평양성은 시대를 달리하여 한사군의 낙랑군과 같은 곳에 있었다고 말하고 있다. 그리고 그곳으로부터 동쪽으로 바다를 건너야 신라에 이르고 남쪽으로 바다를 건너야 백제에 이른다고 했으니 이 평양은 지금의 평양일 수는 없으며, 이러한 지리 조건을 갖춘 곳은 발해(渤海)의 서북 연안밖에 없다. 바로 난하 하류 유역이었던 것이다. 이 기록은 두 가지 사실을 분명히 해준다. 첫째로 평양은 난하 하류 유역에도 있었으므로 고유명사가 아니었음을 알 수 있게 해주며, 둘째로 한사군의 낙랑군이 난하 하류 유역에 있었음을 말해준다. 이 점은 이미 고증된 바 있다.[51]

원래 고구려가 난하 하류 유역에 있었음은 그곳에 남아 있는 현재의 지명과 유적에서도 확인된다. 난하에서 동쪽으로 조금 떨어진 요령성 서남단에는 고려하(高麗河)라는 강이 있고, 그 유역에 고려성자(高麗城子)라는 유적과 성터가 남아 있다.[52] 이러한 강명과 지명은 고구려 사람들이 그곳에 거주했기 때문에 남겨졌을 것이다.

후에 고구려족 일부는 지금의 요동 지역으로 이동하여 고구려국을 세

---

50 『신당서』 권220 「동이열전」 〈고려〉. "高麗, 本夫餘別種也. 地東跨海距新羅, 南亦跨海距百濟, 西北度遼水與營州接, 北鞨鞨. 其君居平壤城, 亦謂長安城, 漢樂浪郡也."
51 앞 글, 「한사군의 낙랑군과 평양의 낙랑」.
　이병두, 「낙랑군현위치고」 『한국학보』 55집, 1989, pp. 229~259.
52 근래에 중국에서 간행된 지도에는 고려하나 고려성자가 표기되어 있지 않지만 1930년대 지도에서는 이 지명들이 확인된다.
　王華隆, 「東北四省分縣新圖」, 北平文化學社, 民國 21(1932) 참조.

웠다.[53] 이것이 역사학자들이 일반적으로 말하는 고구려다. 한사군의 현도군 위치가 지금의 요하 서부 연안이었음은 이미 고증된 바 있는데,[54] 『한서』「지리지」에 의하면 현도군 내에는 고구려현이 있었다.[55] 현도군 내에 고구려현이 있었던 것은 그 지역에 고구려족이 거주한 적이 있었기 때문이다. 고구려현은 원래의 고구려족 거주지인 난하 유역보다는 다소 동쪽에 위치하는데, 고구려족이 동쪽으로 이동하면서 그 명칭을 남겼을 것이다. 서한은 위만조선을 멸망시키고 지금의 요서 지역을 차지한 후 그곳에 한사군을 설치했는데, 그때 설치했던 군이나 현의 명칭은 대부분 그 전에 그 지역에 있었던 명칭을 사용했다. 따라서 고구려국과 현도군 내의 고구려현을 혼동해서는 안 될 것이다.

고구려족이 난하 하류 유역에 거주한 것은 서기전 1100년 이전부터였다. 주나라의 역사서인 『일주서(逸周書)』「왕회해(王會解)」편에는 '성주대회(成周大會)'에 관한 기록이 실려 있다. 그 기록에 의하면, 이 대회에는 여러 종족의 사신들이 참가했는데, 그들의 좌석은 그들 종족이 거주하는 방향에 위치했고, 『일주서』 기록도 그러한 방향과 순서에 따랐다. 그 가운데 동북 지역에 '고이(高夷)'가 있다. '고이'에 대한 주석에,

동북의 이(夷)로서 고구려다.[56]

라고 되어 있다. 성주대회란 주나라가 동부 지역을 통치하기 위해 낙읍

---

53  고구려족 일부가 동쪽으로 이주하게 된 것은 지금의 요서 지역에 위만조선이 건국되었고 그 후에는 한사군이 설치되었기 때문이었다.

54  이병두, 「요동·현도군의 위치」 『백산학보』 37호, pp. 5~26.

55  『한서』 권28 하 「지리지」 하 〈현도군〉조 참조.

56  『일주서』 권7 「왕회해」편의 고이에 대한 공조(孔晁)의 주석. "高夷, 東北夷高句麗."

(洛邑)에 제2의 도읍으로 성주(成周)를 건설한 후 그곳에서 열었던 큰 회합이었다. 이때 주나라 주변국과 종족들은 그것을 축하하기 위해 사신을 파견했던 것이다. 그런데 「왕회해」편 기록을 보면, 성주대회에는 당숙(唐叔)·순숙(荀叔)·주공(周公) 등과 함께 태공(太公) 망(望)이 참석했다.[57] 이들은 모두 주나라 건국공신들인데, 태공 망은 주 무왕이 상나라를 멸망시킬 때 군사를 이끌고 큰 공로를 세워[58] 제(齊)에 봉해졌던 사람이다.[59] 이들이 참석한 것으로 보아 성주대회는 주나라 초기에 열렸음을 알 수 있는데 주나라는 서기전 12세기 무렵에 건국되었다. 그러므로 고구려는 주나라의 동북 지역인 지금의 난하 유역에 서기전 1100년 이전부터 위치하고 있었음을 알 수 있다. 일부 학자들은 고구려족이 서기전 7세기 무렵에 중국 북부에서 남만주 지역으로 이주해 왔을 것으로 본 바 있지만, 지금까지 살펴보았듯이 고구려는 서기전 1100년 무렵에 이미 난하 유역에 위치해 있었다고 기록에 나타나므로 그러한 견해는 성립될 수 없다.

그런데 앞에서 인용한 『수서』 「배구열전」에서는 고구려가 본래 고죽국이라고 했다. 그러므로 고죽국의 명칭이 고구려로 변했거나 고구려가 고죽국 땅을 차지했을 것임을 알 수 있다. 그런데 『관자(管子)』 「소광(小匡)」편에는 춘추시대에 제나라 환공이 고죽국을 친 기록이 있는데,[60] 환공은 서기전 7세기 초의 사람이므로 고죽국은 서기전 7세기까지도 존재했음을 알 수 있다. 그리고 앞에서 확인된 바와 같이 같은 시기에 고구

---

57  『일주서』 권7 「왕회해」편. "唐叔·筍叔·周公在左, 太公望在右."
58  『사기』 권4 「주본기(周本紀)」 참조.
59  『사기』 권32 「제태공세가(齊太公世家)」 참조.
60  주 36 참조.

려도 난하 유역에 존재하고 있었다. 그러므로 고죽국이 고구려로 명칭을 바꾸었다고 볼 수는 없다. 따라서 고죽국은 고구려와 인접해 있다가 멸망한 후 그 영역이 고구려에 병합되었을 것임을 알 수 있다.

**예·맥·추** : 고조선시대에 예·맥·추는 지금의 요서 지역에 위치해 있었다. 중국 문헌에 예(濊)는 예(穢), 예(薉) 등으로, 맥(貊)은 맥(貉)으로도 표기되어 있다. 예와 맥은 처음부터 중국의 동부 해안 지역으로부터 만주와 한반도에 이르기까지 광범위한 지역에 분포되어 있었던 것으로 보는 학자들이 있지만, 서한시대까지는 예와 맥이 지금의 요하 동쪽에서는 보이지 않고 요하 서쪽에 있었던 것으로 나타난다.

『관자』「소광」편에는 제나라 환공의 활동을 설명하면서,

> 천하를 바로잡으려고 북쪽으로는 고죽·산융·예·맥에 이르렀고 진하(秦夏)를 구속하였다.[61]

고 기록되어 있는데, 이로 보아 예와 맥은 고죽국 가까이에 있었음을 알 수 있다. 그리고 『사기』「평준서(平準書)」에는,

> (서한 사람인) 팽오(彭吳)가 예·조선과 교역을 했다. 창해(滄海)의 군(郡)을 설치하자 바로 연(燕)과 제(齊) 사이에서 소란이 일어났다.[62]

는 기록이 있는데, 『한서』「식화지(食貨志)」에도,

---

61  위와 같음.
62  『사기』권30「평준서」. "彭吳賈濊(濊)·朝鮮, 置滄海之郡, 則燕·齊之間靡然發動."

(서한 사람인) 팽오가 예·맥·조선과의 거래를 뚫었다. 창해군을 설치하자 바로 연과 제 사이에서 소란이 일어났다.[63]

라고 같은 사실을 전하고 있다. 창해군 설치[64]는 서한 무제가 위만조선을 치기 전에 있었던 일이므로 위의 내용은 위만조선 멸망 이전의 상황을 말하는 것이다.

당시 서한은 지금의 난하 유역을 그 동북쪽 국경으로 하고 있었다. 그러므로 예와 맥은 난하에서 멀지 않은 지금의 요서 지역에 위치해 있었음을 알 수 있다. 그러한 사실은 앞에서 인용된 『사기』「화식열전」에서 연의 위치는 발해와 갈석산 사이라고 말하면서 동쪽으로 예·맥·조선·진번의 이익을 관장했다[65]고 한 것에서도 확인된다.

예의 위치가 난하 유역이었음은 다음 사실을 통해서도 알 수 있다. 『한서』「무제기(武帝紀)」에 창해군 설치에 관해서,

동이의 (예)군이었던 남려(南閭) 등 28만 명이 항복해 왔으므로 창해군을 설치하였다.[66]

---

63  『한서』 권24 하 「식화지」 하. "彭吳穿穢(濊)·貊·朝鮮, 置滄海郡, 則燕·齊之間靡然發動."
64  창해군의 위치를 종래에는 강원도나 압록강 북부와 동가강(佟佳江) 유역으로 보아왔으나 그것은 잘못된 것이다. 창해군은 지금의 하북성 동부 발해만 연안의 창주 지구(滄州地區)에 있었다.
    윤내현, 「창해군고(滄海郡考)」 『한국의 사회와 역사』 — 최재석교수정년퇴임기념논총, 일지사, 1991, pp. 640~668 참조.
    『고조선 연구』 상 제1편 제5장 제2절 「창해군의 위치와 성격」 참조.
65  주 33과 같음.
66  『한서』 권6 「무제기」 〈원삭 원년〉조. "東夷濊君南閭等口二十八萬人降, 爲蒼海郡."

고 했는데, 같은 사실이 『후한서』「동이열전」〈예전〉에도 실려 있다. 이 사건은 예족(濊族)의 우두머리였던 남려가 위만조선의 우거왕을 반대하여 서한에 투항함으로써 일어났다.[67] 그런데 비슷한 시기에 역계경은 우거왕에 반대하여 2천여 호를 이끌고 동쪽의 진국으로 망명했다.[68] 예군 남려가 28만 명을 이끌고 역계경과는 달리 위만조선 서쪽의 서한으로 투항한 것은 서한이 그들이 거주한 지역에서 가까웠기 때문일 것이다. 지금까지 살펴본 여러 사실들은 예와 맥이 지금의 요서 지역에 위치해 있었음을 분명히 해준다.

추(追)는 앞 장에서 인용된 『시경』「한혁」편에 맥(貊)과 함께 나타나는데[69] 다른 기록에서는 전혀 보이지 않는다. 따라서 이것은 예(濊)를 잘못 기록했을 것으로 보기도 한다.[70] 다른 문헌에는 대개 예와 맥이 나란히 나타나기 때문이다.

그런데 역사에 기록될 만한 사건과 관계를 갖지 못한 나라나 종족은 때로는 문헌에 전혀 나타나지 않을 수도 있다. 그러므로 다른 기록에서 보이지 않는다는 이유만으로 추를 예로 볼 수는 없을 것이다. 필자는 사료의 내용을 고치는 것은 매우 신중을 기해야 한다고 생각하므로 추를 기록에 따라 그대로 인정하고자 한다. 추는 『시경』「한혁」편에 맥과 함께 등장하므로 맥과 가까이, 지금의 요서 지역에 있었다고 보아야 할 것이다.

---

67  『후한서』 권85 「동이열전」〈예전〉. "元朔元年, 濊君南閭等畔右渠, 率二十八萬口詣遼東內屬, 武帝以其地爲蒼海郡, 數年乃罷."
68  『삼국지』 권30 「동이전」〈한전〉의 주석으로 실린 『위략』. "初, 右渠未破時, 朝鮮相歷谿卿以諫右渠不用, 東之辰國, 時民隨出居者二千餘戶, 亦與朝鮮貢蕃不相往來."
69  주 15 참조.
70  김상기, 「한·예·맥 이동고」 『사해』 창간호, 조선사연구회, 단기 4281(1948), pp. 3~16.

『시경』「한혁」편에는 한후·맥·추 등이 나오는데 한후를 한족(韓族)의 제후로, 추(追)를 예족으로 보고 한족·예족·맥족은 함께 중국의 서북 지역에서 동쪽으로 이동해 왔을 것으로 보는 견해가 있다.[71] 한족은 주나라의 제후국으로 섬서성에 있던 한(韓)이 이동해 온 것이며 예족은 주나라 서북쪽에 있던 귀방(鬼方)이 이동해 왔다는 것이다. 그러나 앞에서 확인된 바와 같이 『시경』「한혁」편의 한후는 한족의 제후가 아니었으며 설사 한후를 한족의 제후로 본다고 하더라도 섬서성의 한(韓)은 서기전 757년에 망했는데[72] 『시경』「한혁」편은 서기전 828년부터 서기전 782년 사이의 작품이다.[73] 따라서 동쪽에 있었던 『시경』「한혁」편의 한후가 서쪽에 있었던 섬서성의 한(韓)보다 연대가 빠르기 때문에 그들이 서쪽에서 이동해 왔다는 견해는 성립될 수 없다.

귀방과 예의 경우도 마찬가지다. 귀방이 예라는 근거도 없으며, 설사 귀방과 예를 같은 것으로 본다고 하더라도 『일주서』 기록에 의하면 예는 서기전 11세기 무렵에 이미 주나라 동북 지역에 위치하고 있었는데 귀방은 그 후까지도 주나라 서북쪽에 있었다. 따라서 그들이 서쪽에서 동쪽으로 이동해 왔다는 견해는 성립될 수 없다.[74]

**진번·임둔·낙랑·현도** : 고조선시대는 물론 그 이후까지도 진번·임둔·낙랑·현도 등은 지금의 요서 지역에 위치해 있었다. 이들은 일반적으로 한사군의 명칭으로 알려져 있지만 사실은 한사군 이전부터 있었던

---

71  윗글, 「한·예·맥 이동고」.
72  『금본죽서기년(今本竹書紀年)』「주기(周紀)」〈평왕(平王) 14년〉조.
73  주 15에 대한 본문 참조.
74  이상과 같은 문제점들을 필자는 이미 지적한 바 있다.
    윤내현, 「고조선의 사회 성격」 앞 책 『한국고대사신론』, pp. 156~159 참조.

명칭이었다. 『사기』「조선열전」에는 위만이 위만조선을 건국한 후 영토를 확장하는 과정에 대한 기록이 있는데,

> (위)만은 군사적 위엄과 재정적 기반을 갖춘 후 주위의 작은 읍들을 쳐들어가 항복시켰는데, 진번·임둔도 모두 와서 복속하니 (그 영토가) 사방 수천 리에 이르렀다.[75]

고 했다. 위만은 고조선의 서부 변경이었던 지금의 난하 하류 유역에서 기자의 후손인 준으로부터 정권을 빼앗은 후 서한과 그 외신이 되기로 약속하고 영토를 확장해나갔다. 위만조선의 건국지는 고조선의 서부 변경으로 서한과의 국경 지대였기 때문에 위만이 영토를 확장하기 위해서는 고조선이나 서한의 영토를 침입해 들어가야 한다. 그런데 위만은 서한의 외신이었으므로 서한의 영토를 침입할 수는 없었고 고조선의 영토를 침략했던 것이다. 따라서 진번과 임둔은 위만조선 건국 이전부터 고조선 내에 있었던 지역 명칭이었음을 알 수 있다.

진번에 대해서는 『사기』「조선열전」 첫머리에 전국시대의 연나라 상황을 전하면서,

> 연나라는 전성했던 때로부터 일찍이 진번·조선을 침략하여 복속시키고 군리(軍吏)를 두기 위해 장새(鄣塞)를 쌓았다.[76]

---

[75] 『사기』 권115 「조선열전」. "以故滿得兵威財物侵降其旁小邑, 眞番·臨屯皆來服屬, 方數千里."
[76] 『사기』 권115 「조선열전」. "自始全燕時嘗略屬眞番·朝鮮, 爲置吏, 築鄣塞."

고 하여 진번과 조선이 연나라와 경계를 접하고 있었음을 알게 하는데, 여기에 나오는 조선은 고조선의 서부 변경에 있었던 지명이었다. 이 조선 지역에 기자 일족이 망명 와 있었으며, 이곳에서 위만은 기자의 후손인 준으로부터 정권을 빼앗아 위만조선을 건국했다.[77] 앞에 인용된 위만의 영토 확장 기록에서 진번과 임둔은 언급되는데 조선이 보이지 않은 것은 조선은 위만조선의 건국지로서 이미 그의 영토가 되어 있었기 때문이다. 고조선의 서부 변경에 조선이라는 지명이 있었음은 이미 고증한 바 있다.[78]

그런데 위 『사기』 「조선열전」 내용 가운데 진번·조선을 합해 하나의 명칭으로 읽으면서 '진번조선(眞番朝鮮)'은 眞(신)조선과 番(불)조선을 합해 부른 것이라고 보고, 위의 진번에 대한 『사기집해』 주석에 진번을 말(莫)이라고도 부른다[79]는 기록이 있는 점을 들어 이러한 내용들은 고조선에 眞(신)조선·番(불)조선·莫(말)조선의 세 조선이 존재했음을 알게 하는 것이라고 주장한 견해가 있다.[80]

그러나 동일한 『사기』 「조선열전」에서 위만이 영토를 확장하는 과정을 설명하면서 진번과 조선을 합해서 표기하지 않고 진번만을 따로 떼어 진번과 임둔도 와서 복속되었다고 말한 것이라든가 진번이 후에 한사군 가운데 하나의 군명이 된 것 등은 진번·조선이 하나의 명칭이 아니라 각각 다른 2개의 명칭이었음을 알게 해준다. 앞에서 말한 바와 같

---

77  이 점에 대해서는, 앞 글 「고대조선고」 또는 「고대 문헌에 나타난 조선의 지리 개념」을 참조할 것.
   『고조선 연구』 상 제1편 제5장 제1절 「위만조선과 한사군의 위치」 참조.
78  윗글 참조.
79  『사기』 권115 「조선열전」의 진번에 대한 주석으로 실린 『사기집해』. "徐廣曰, 一作莫."
80  신채호, 『조선상고사』, 형설출판사 주석판, 1983, pp. 128~129 참조.

이 조선은 위만의 건국지였고 진번은 조선 가까이 있던 지역의 명칭이었던 것이다. 따라서 '삼조선설'[81]은 성립될 수 없다.

위의 진번과 임둔에 대해『사기』「조선열전」에 주석으로 실린『사기색은』에는,

> 동이의 소국(小國)으로 후에 군(郡)이 되었다.[82]

고 기록되어 있다. 진번과 임둔은 원래 작은 나라의 명칭이었는데, 후에 그 지역에 한사군이 설치되자 군명(郡名)이 되었다는 것이다. 여기서 말하는 작은 나라는 고조선의 거수국을 뜻한다. 이 점은 다음에 분명하게 밝혀질 것이다.

낙랑과 현도는 진번·임둔과 함께 한사군의 군명으로 사용되었으므로 이들도 한사군 설치 전부터 있었던 지명이었을 것이다.『일주서』「왕회해」편의 '성주대회'에 참가한 동북 지역의 종족에 대한 기록 가운데 양이(良夷)가 보이는데, 그에 대한 주석에,

---

**81**  신채호의 견해를 일반적으로 '삼조선설'이라고 부르고 있으므로 필자도 그렇게 사용했으나 그것은 옳지 않다. 왜냐하면 신채호는 신조선·불조선·말조선 가운데 신조선에는 대왕(大王)이 있었고, 불조선과 말조선에는 부왕(副王)이 있어 고조선을 통치했다고 말하고 있기 때문이다. 따라서 신채호의 주장은 '일조선삼구역설(一朝鮮三區域說)'인 것이다. '삼조선설'이라고 하면 마치 고조선이 하나가 아니라 3개의 국가로 나뉘어 있었다는 주장으로 오해하기 쉽기 때문에 조심해야 할 것이다. 신채호의 주장은 사료와는 일치하지 않지만, 고조선의 통치 조직을 대왕 밑에 부왕들이 각 지역을 나누어 맡아 통치했던 것으로 본 것은 고조선의 통치 조직을 필자가 주장하는 거수국제와 비슷하게 본 것으로 당시 학문 수준으로는 매우 뛰어난 발상으로 평가된다.

**82** 『사기』권115「조선열전」의 진번과 임둔의 주석으로 실린『사기색은』, "東夷小國, 後以爲郡."

양이는 낙랑 지역에 거주한 이족(夷族)이다.[83]

라고 했다. 성주대회에 관한 기록은 서주 초기인 서기전 11세기 무렵의 상황을 전해주는 것이므로, 이로 보아 낙랑이라는 명칭이 오래전부터 사용되었음을 알 수 있다.

현도에 대해서는 『한서』「지리지」의 〈현도군〉에 대한 동한의 학자 응소(應劭) 주석에,

(현도군은) 옛 진번·조선 오랑캐 나라였다.[84]

라고 했다. 이 문구만으로는 현도가 진번·조선과 동등한 나라였다는 의미인지 진번·조선에 속해 있던 나라였다는 의미인지 분명하지 않다. 그러나 현도도 오래전부터 사용되던 나라의 명칭이었음은 알 수 있다. 이상과 같이 진번·임둔·낙랑·현도는 한사군 설치 이전 고조선시대에 이미 지금의 요서 지역에 있었던 지역 명칭(거수국의 이름)이었는데, 후에 그 지역에 한사군이 설치되면서 군명이 되었던 것이다. 현도군은 한사군 가운데 가장 동쪽에 위치했는데, 지금의 요하 서부 연안에 있었음은 이미 고증된 바 있다.[85]

**숙신** : 고조선시대에 숙신은 지금의 요서 지역에 위치해 있었다. 중국의 기록에 숙신은 직신(稷愼), 식신(息愼) 등으로도 표기되었는데, 중국 동북쪽에 거주했던 종족 가운데 가장 일찍부터 중국과 교류를 가졌던

---

83  『일주서』권7「왕회해」편의 양이에 대한 공조의 주석. "良夷, 樂浪之夷也."
84  『한서』권28 하「지리지」하 〈현도군〉에 대한 주석. "應劭曰, 故眞番·朝鮮胡國."
85  주 54와 같음.

것으로 기록되어 있다. 『죽서기년(竹書紀年)』에 의하면, 중국의 제순(帝舜) 25년(서기전 2209)에 숙신의 사신이 중국을 방문했으며[86] 서기전 12세기 무렵에 주나라 무왕이 상을 멸망시키고 서주를 건국했을 때도 숙신의 사신이 무왕의 승리를 축하하기 위해 서주 왕실을 방문했고,[87] 『일주서』 「왕회해」편에 의하면 동북 지역에 거주했던 다른 종족의 사신들과 함께 성주대회에도 참석했다.[88]

이렇게 일찍부터 중국과 교류를 가졌던 것을 보면 숙신은 중국과 근접한 지역에 위치해 있었음이 분명하다. 다음 기록들은 숙신의 위치를 알게 한다. 숙신은 『대대예기(大戴禮記)』 「오제덕기(五帝德記)」와 『사기』 「오제본기(五帝本紀)」에 산융 · 발 등과 함께 기록되어 있는데, 산융은 지금의 하북성 북부에 있었으며, 다음에 확인되겠지만 발은 지금의 요서 지역에 있었다. 그러므로 숙신도 지금의 난하에서 멀지 않은 곳에 있었을 것임을 알 수 있다. 『사기집해』에는 숙신에 대해,

> 정현(鄭玄)은 말하기를 식신(息愼)은 숙신(肅愼)이라고도 부르는데 동북의 이(夷)다.[89]

라고 했다. 따라서 숙신은 중국의 동북쪽에 있었음이 확인된다. 『춘추좌전(春秋左傳)』 「소공(昭公) 9년」조에도,

---

86  『죽서기년』 「오제기(五帝紀)」 〈제순유우씨(帝舜有虞氏)〉조.
87  『죽서기년』 「주기(周紀)」 〈무왕〉조 · 〈성왕〉조.
88  『일주서』 권7 「왕회해」편.
89  『사기』 권1 「오제본기」의 식신에 대한 주석으로 실린 『사기집해』. "鄭玄曰, 息愼, 或謂之肅愼, 東北夷."

(주나라) 무왕이 상나라에 승리함에 이르러 포고(蒲姑) · 상엄(商奄)은 우리의 동쪽 땅이었고, 파(巴) · 복(濮) · 초(楚) · 등(鄧)은 우리의 남쪽 땅이었으며, 숙신 · 연박(燕毫)은 우리의 북쪽 땅이었다.[90]

고 기록되어 있다. 서주 초에 숙신이 서주의 영토에 속했던 것처럼 기록한 것은 천하가 모두 천자의 지배 아래 있어야 한다는 중국인들의 천하사상에 따른 표현으로 사실과 일치하지 않지만 위 기록은 숙신이 연나라와 가까이 있었음을 알게 한다. 학자에 따라 위 기록 가운데 연(燕)과 박(毫)을 떼어 읽기도 하고 붙여 읽기노 하시만, 어느 쪽으로 읽든 그것이 연나라 지역을 의미한다는 점에서는 같다. 연나라는 중국의 가장 동북쪽에 위치하여 오늘날 천진과 북경 지역을 중심으로 난하 서쪽에 위치해 있었으므로 숙신은 그 지역에서 가까운 곳에 위치해 있었음을 알수 있다.

『사기』 「사마상여열전(司馬相如列傳)」에는,

오유(烏有) 선생은 말하기를 ……, 또한 제(齊)의 동쪽에는 큰 바다 펼쳐져 있고 남쪽에는 낭야(琅邪)가 있으니, 성산(成山)에 궁궐 짓고 지부(之罘)에서 사냥하며 발해[勃澥(渤海)]에 배 띄우고 맹제(孟諸)에서 노나니 바로 숙신과 이웃된다. 오른쪽은 탕곡(湯谷)과 경계 삼고 청구(靑丘)에 가을 농토를 일구고 해외를 방황하니……[91]

---

90 『춘추좌전』 권23 「소공 9년」조. "及武王克商, 蒲姑 · 商奄吾東土也, 巴 · 濮 · 楚 · 鄧吾南土也, 肅愼 · 燕毫吾北土也."
91 『사기』 권117 「사마상여열전」. "烏有先生曰, ……, 且齊東陼巨海, 南有琅邪, 觀乎成山, 射乎之罘, 浮勃澥, 游孟諸, 邪與肅愼爲隣, 右以湯谷爲界, 秋田乎靑丘, 傍偟乎海外, ……."

라는 내용이 보인다. 제는 지금의 산동성 지역이었으므로 숙신은 지금의 산동성 가까이에 발해와 접해 있었음을 알 수 있다. 이상의 내용을 종합해볼 때 숙신은 난하에서 가까운 지금의 요서 지역에 위치해 있었을 것임을 알 수 있다.

**청구·양이·양주·발·유** : 고조선시대에 청구·양이·양주·발·유 등은 지금의 요서 지역에 위치해 있었다. 『일주서』 「왕회해」편에 의하면, 이들은 이미 그 위치가 확인된 고죽·고구려·예·숙신 등과 함께 성주대회에 참석했는데, 「왕회해」편에는 이들이 모두 주나라 동북쪽에 거주했던 종족으로 기록되어 있다.

청구는 위에서 인용한 『사기』 「사마상여열전」에 보이는데, 그 내용으로 보아 제로부터 멀지 않은 곳에 위치해 있었던 것으로 추정된다. 그런데 그 주석에 실린 『사기정의』에는,

> 복건(服虔)은 말하기를 청구국(靑丘國)은 바다 동쪽으로 3백 리 떨어진 곳에 있다고 하였다. 곽박(郭璞)은 말하기를, 청구는 산의 이름인데 그 위에 농토가 있고 나라가 있으며 구미호(九尾狐)가 생산되는데 해외에 있다고 하였다.[92]

고 기록되어 있다. 청구국은 바다 동쪽으로 3백 리 떨어진 곳에 있다고 했으므로 중국의 동북 지역에서 바다가 시작되는 천진의 발해만 연안에서 동쪽으로 멀지 않은 지금의 요서 지역에 위치해 있었을 것이다.

---

92 『사기』 권117 「사마상여열전」에 나오는 청구에 대한 주석으로 실린 『사기정의』. "服虔云, 靑丘國在海東三百里." "郭璞云, 靑丘, 山名. 上有田, 亦有國, 出九尾狐, 在海外."

양이는 위에서 말한 것처럼 『일주서』 「왕회해」편에 주나라 동북부에 거주한 종족으로 나타나는데, 그 주석에 "(양이는) 낙랑 지역에 거주한 이족(夷族)이다"[93]라고 했고, 양주에 대해서는 우우어(禺禺魚)라는 기이한 물고기가 생산되는 낙랑 지역[94]이라고 설명하고 있다. 낙랑은 지금의 난하 동부 유역에 자리하고 있었던 한사군의 군명이었으므로 고조선시대의 낙랑도 한사군의 낙랑군과 동일한 지역이었거나 그곳에서 멀지 않은 지역이었을 것이다. 따라서 이들의 위치도 지금의 요서 지역으로 상정할 수 있다.

그런데 필자는 앞에서 낙랑을 하나의 나라 이름으로 상정한 바 있는데, 양이와 양주를 낙랑에 속해 있던 종족의 명칭으로 보아야 할 것인지, 낙랑과는 다른 독자적인 종족의 명칭으로 보아야 할 것인지가 문제로 등장한다. 이 점을 분명하게 밝힐 수 있는 자료는 아직 발견되지 않았지만, 『일주서』 「왕회해」편에 의하면 양이와 양주는 성주대회에 독자적으로 사신을 파견했으므로 이들은 다른 종족들과 대등한 종족의 명칭이었을 것으로 생각할 수 있다.

발(發)에 대해서는 종족의 명칭으로 보지 않는 견해가 있지만, 『일주서』 「왕회해」편이 주나라 동북쪽에 거주했던 종족의 명칭을 열거하면서 발인(發人)이라고 분명하게 기록하고 있는 것으로 보아 발은 종족의 명칭임이 틀림없다. 발은 앞에서 언급한 바와 같이 『사기』 「오제본기」와 『대대예기』 「오제덕기」에 산융·숙신 등과 나란히 등장하며 『관자』의 「소광」·「규도(揆度)」·「경중갑(輕重甲)」 등에서는 조선과 나란히 등장한다. 그러므로 발은 산융·숙신·조선 등과 가까운 지역에 위치해 있었음

---

93  주 83과 같음.
94  『일주서』 권7 「왕회해」편의 양주에 대한 주석.

을 알 수 있다. 산융은 지금의 하북성 북부에 있었고 숙신은 난하에서 가까운 지금의 요서 지역에 있었다.

그리고 여기에 나오는 조선은 고조선 전체가 아니라 고조선의 서부 변경인 난하 유역에 있었던 조선을 가리킨다. 왜냐하면 다음에 밝혀지 겠지만, 위에서 언급된 나라 또는 종족들은 모두 고조선의 영역 내에 위 치해 있었기 때문이다. 다시 말하면 고조선에 속해 있었다. 그러므로 이 들은 고조선과 대등하게 병기될 수가 없다. 이렇게 보면 발도 산융·숙 신·조선 등과 가까운 지금의 요서 지역에 위치해 있었을 것이다.

유(兪)에 대해서는 『일주서』「왕회해」편에 유인(兪人)으로 기록되어 있어 종족명임을 알 수 있는데, 그 주석을 보면,

(유인은) 동북의 이(夷)다.[95]

라고만 되어 있어 그 위치는 정확하게 알 수가 없다. 그러나 『일주서』 「왕회해」편에 성주대회에 참석한 주나라 동북쪽의 여러 종족을 기록하 면서 유인을 발인과 청구 사이에 기록한 것으로 보아 이들과 가까운 지 역에 위치해 있었을 것임을 알 수 있다. 따라서 유의 위치도 지금의 요 서 지역으로 상정할 수 있다.

**옥저** : 고조선시대에 옥저도 지금의 요서 지역에 위치해 있었다. 그러 한 사실은 다음과 같은 기록에서 확인된다. 『삼국지』「동이전」〈동옥저 전〉에,

---

95  『일주서』 권7 「왕회해」편의 유인에 대한 공조의 주석. "兪, 東北夷."

한 무제 원봉(元封) 2년에 (위만)조선을 정벌하여 (위)만의 손자 우거(右渠)를 죽이고 그 땅을 나누어 4개의 군을 만들었는데 옥저성(沃沮城)으로써 현도군을 삼았다. 후에 이맥(夷貊)이 침략하므로 구려(고구려) 서북으로 옮겼는데 지금의 이른바 현도고부(玄菟故府)가 그것이다. 옥저는 이후 낙랑에 속하게 되었다.[96]

고 했다. 이로 보아 옥저는 한사군 설치 전부터 있었으며, 위치는 후에 한사군의 현도군이 설치된 지역과 동일했음을 알 수 있다. 그리고 현도군 지역은 원래 고조선의 영역이었으므로 옥저가 고조선 내에 있었음도 알 수 있다. 지난날 일부 학자들은 현도군의 위치를 압록강 유역으로 보기도 했으나, 앞에서 말한 바와 같이 현도군은 지금의 요하 서부 유역에 있었다.[97] 따라서 옥저의 위치는 지금의 요서 지역이었다는 것이 된다.

위 인용문의 말미에 옥저는 낙랑에 속하게 되었다고 했는데, 이에 대해 『후한서』「동이열전」〈예전〉에는 더 자세하게,

소제(昭帝) 시원(始元) 5년에 이르러 임둔과 진번을 없애고 낙랑과 현도에 병합하였다. 현도는 다시 구려(句驪)로 옮겨 있게 되었다. 단단대령(單單大嶺)부터 동쪽의 옥저와 예·맥은 모두 낙랑에 속하게 되었다.[98]

---

96 『삼국지』권30「동이전」〈동옥저전〉. "漢武帝元封二年, 伐朝鮮, 殺滿孫右渠, 分其地爲四郡, 以沃沮城爲玄菟郡. 後爲夷貊所侵, 徙郡句麗西北, 今所謂玄菟故府是也. 沃沮還屬樂浪."

97 주 54와 같음.

98 『후한서』권85「동이열전」〈예전〉. "昭帝始元五年, 罷臨屯·眞番, 以幷樂浪·玄菟, 玄菟復徙居句驪, 自單單大嶺已東, 沃沮·濊·貊悉屬樂浪."

고 기록되어 있다. 그런데 낙랑군은 지금의 난하 동부 유역에 위치해 있었으므로 옥저는 이 지역에서 멀지 않은 곳에 있어야 한다. 이러한 점으로 미루어보더라도 옥저나 현도군이 난하 유역에서 멀리 떨어진 압록강 유역에 있었을 수는 없으며, 지금의 요서 지역에 위치해 있었어야 하는 것이다.

**기자조선** : 기자조선은 중국 상 왕실의 후예였던 기자가 서주 초에 고조선의 서부 변경으로 망명하여 세운 고조선의 거수국이었다.[99] 기자의 망명에 관해『사기』「송미자세가(宋微子世家)」에,

이에 (주나라) 무왕은 곧 기자를 조선에 봉하였으나 신하는 아니었다.[100]

고 했으며,『상서대전』「은전(殷傳)」에는 이에 대해 더욱 자세하게,

(주나라) 무왕은 은나라에 승리한 후 공자(公子) 녹부(祿父)로 하여금 (은나라의) 뒤를 잇게 하고 기자가 갇혀 있는 것을 석방하여 주었는데, 기자는 주나라에 의해 석방된 것을 참을 수 없어 조선으로 도망하였으며, 무왕은 그 소식을 듣고서 이미 그렇게 되었으므로 기자를 조선에 봉하였다.[101]

---

99　앞 글,「기자신고」참조.

100　『사기』권38「송미자세가」. "於是武王乃封箕子於朝鮮而不臣也."

101　『상서대전』권2「은전」〈홍범〉조. "武王勝殷, 繼公子祿父, 釋箕子之囚, 箕子不忍爲周之釋, 走之朝鮮, 武王聞之, 因以朝鮮封之."

고 했다. 여기서 '봉했다'는 표현은 마땅히 중국 천자가 천하를 지배해야 한다는 중국인들의 천하사상에 의한 표현으로, '기자가 조선 지역으로 망명한 것을 배반이라 생각지 않고 그곳에 거주하는 것을 공식 승인했다'는 의미에 불과하다. 위 인용문 내용에서 확인되듯이 기자는 무왕에 의해 봉해진 것이 아니라 스스로 망명했던 것이다.

기자가 망명한 조선에 관해『한서』「지리지」〈낙랑군〉'조선현'조에 동한시대의 학자인 응소는 주석하기를,

무왕은 기자를 조선에 봉하였다.[102]

고 했다. 기자는 서주 초기인 서기전 12세기 무렵 조선으로 망명했고 한사군은 서기전 108년에 설치되었으므로 응소의 말은 옛날 기자가 망명하여 거주했던 곳이 후에 낙랑군 조선현이 되었다는 뜻이다. 다시 말하면 낙랑군 조선현 위치와 기자 일족이 망명해서 거주했던 곳은 동일한 지역이었다. 그러므로 낙랑군 조선현 위치를 확인하면 그곳이 바로 기자 일족이 망명 후 거주했던 곳이 된다. 낙랑군과 그에 속한 조선현의 위치가 지금의 난하 하류 동부 유역이었음은 이미 고증된 바 있다.[103]

그렇지만 이를 확실히 인식하기 위해『진서(晉書)』「지리지」〈낙랑군〉조를 볼 필요가 있다.『진서』「지리지」〈낙랑군〉의 '조선현'과 '수성현' 조에는,

---

102 『한서』권28 하「지리지」하〈낙랑군〉의 조선현에 대한 주석. "應劭曰, 武王封箕子於朝鮮."
103 앞 글,「한사군의 낙랑군과 평양의 낙랑」.
　　앞 글,「고대조선고」.
　　『고조선 연구』상 제1편 제5장 제1절「위만조선과 한사군의 위치」참조.

조선현은 주나라가 기자를 봉했던 땅이다.[104]

수성현은 진(秦)나라가 쌓은 장성이 시작된 곳이다.[105]

라고 기록되어 있다. 조선현에 대해 주나라가 기자를 봉했던 땅이라고 한 것은 앞에서 인용된 『한서』 「지리지」의 조선현에 대한 주석에 응소가 주나라 무왕이 기자를 봉했던 곳이라고 한 것과 일치한다. 이것은 낙랑군 조선현 지역이 기자가 망명하여 거주했던 곳이라는 사실을 다시 한 번 확인시켜주며, 낙랑군의 조선현 위치가 서한시대 이래 진(晉)시대까지 변화가 없었음도 알게 한다. 그리고 수성현에 대해서는 진제국이 쌓은 만리장성이 시작된 곳이라고 했는데, 진제국의 만리장성이 시작된 곳은 지금의 난하 하류 동부 유역에 있는 갈석산 지역이었음이 이미 확인되었다.[106] 그러므로 수성현의 위치는 난하 하류 동부 유역의 갈석산 지역이었다는 것이 된다.

따라서 수성현과 함께 낙랑군에 속해 있던 조선현도 수성현에서 멀지 않은 난하 하류 동부 유역에 위치해 있었을 것임을 알 수 있다. 그러므로 기자조선은 난하 하류 동부 유역에 위치해 있었다. 그곳을 고대 중국인들은 줄곧 '조선'이라 불러왔는데 후대의 학자들은 이를 고조선과 혼동해왔다.[107]

---

**104** 『진서』 권14 「지리지」 〈낙랑군〉 '조선현'조. "朝鮮, 周封箕子地."

**105** 『진서』 권14 「지리지」 〈낙랑군〉 '수성현'조. "遂城, 秦築長城之所起."

**106** 앞 글, 「고조선의 서변경계 재론」, pp. 524~530.

**107** 고대 문헌에는 여러 곳의 다른 지리 개념을 지닌 조선이 등장하는데, 종래에는 이에 대한 분별 없이 조선을 모두 같은 곳으로 잘못 인식함으로써 한국고대사 체계와 해석에 혼란을 불러왔다.

고대에 중국인들이 어떤 이유로 이곳을 조선이라 불러왔는지는 분명치 않다. 생각해보건대 고조선 전체에 대해 분명한 지식을 갖지 못했던 고대에 중국의 기자가 망명하여 그곳에 거주하게 됨으로써 그 지역이 중국과 비교적 밀접한 관계를 갖게 되었고, 또 그곳은 고조선의 변경이었기 때문에 고조선의 방어용 성곽이 있었을 것인데, 이를 중심으로 고조선인들이 비교적 많이 살고 있어서 중국인들에게는 그곳이 고조선의 상징처럼 보였을 가능성이 있다.

그리고 그곳은 중국에서 고조선으로 들어가는 관문이기도 했을 것이다. 이러한 연유로 그 지역이 중국인들에게 '조선'으로 불리게 되지 않았을까 생각한다. 『관자』의 「소광」·「규도」·「경중갑」, 『사기』의 「평준서」·「조선열전」, 『한서』「식화지」 등 중국 고대 문헌에 예·맥·진번·발 등과 병기되어 나타난 조선은 바로 이 조선이다. 왜냐하면 이 조선이 이들과 가까운 곳에 위치해 있었으며, 이들은 모두 고조선의 강역 내에 위치하고 있었으므로 이들을 고조선과 대등하게 병기했을 리는 없기 때문이다.

그런데 『후한서』「동이열전」〈예전〉에,

옛날에 무왕이 기자를 조선에 봉했는데, …… 그 후 40여 대 조선후(朝鮮侯) 준(準)에 이르러 스스로 왕이라 칭하였다.[108]

---

앞 글, 「고대조선고」, 「고대 문헌에 나타난 조선의 지리 개념」 참조.
『고조선 연구』 상 제1편 제1장 제1절 「고대 문헌에 보이는 조선」 참조.
**108** 『후한서』 권85 「동이열전」 〈예전〉. "昔武王封箕子於朝鮮, …… 其後四十餘世, 至朝鮮侯準, 自稱王."

고 기록되어 있고, 『삼국지』「동이전」〈예전〉에도,

옛날에 기자가 조선으로 갔는데, …… 그 후 40여 대에 이르러 조선후 준이 외람되이 왕이라 칭하였다.[109]

라고 동일한 내용이 기록되어 있다. 그리고 『삼국지』「동이전」〈한전〉의 주석으로 실린 『위략』에,

옛날에 기자의 후손인 조선후가 주나라가 쇠퇴한 것을 보고 연나라가 스스로 높여 왕이라 하며 동쪽으로 땅을 침략하려고 하자 조선후 또한 왕이라 하고 군사를 일으켜 오히려 연나라를 공격함으로써 주 왕실을 존중하고자 하였다.[110]

고 기록되어 있다. 위 기록에서 확인되듯이 기자의 후손들은 '조선후' 즉 조선의 제후였다. 근세조선시대의 일부 학자들은 '조선후'를 고조선의 통치자로 잘못 해석하여 기자가 단군들의 뒤를 이어 고조선의 통치자가 되었던 것으로 인식하고, 단군조선의 뒤를 이어 기자조선이 존재했던 것으로 보는 오류를 범하기도 했었다.

그러나 이미 확인된 바와 같이 기자조선은 고조선의 서쪽 변경인 난하 하류 동부 유역에 위치해 있었다. 그러므로 '조선후'는 고조선에 속

---

109 『삼국지』 권30 「동이전」 〈예전〉. "昔箕子旣適朝鮮, …… 其後四十餘世, 朝鮮侯準僭號稱王."
110 『삼국지』 권30 「동이전」 〈한전〉의 주석으로 실린 『위략』. 魏略曰, 昔箕子之後朝鮮侯, 見周衰, 燕自尊爲王, 欲東略地. 朝鮮侯亦自稱爲王, 欲興兵逆擊燕以尊周室."

해 있는 제후 또는 조선 지역의 제후라는 뜻으로 해석되어야 할 것이다. 이렇게 볼 때, 기자 일족은 고조선의 변경으로 망명 온 후 고조선의 통치자인 단군의 양해 아래 고조선의 서쪽 변경에 거주하면서 고조선의 제후로 있었음을 알 수 있다.

지금까지 살펴본 바와 같이 부여·고죽·고구려·예·맥·추·진번·낙랑·임둔·현도·숙신·청구·양이·양주·발·유·옥저·기자조선 등은 고조선시대에 지금의 요서 지역에 위치해 있었다. 그런데 고조선이 붕괴된 후에는 이들 가운데 부여·숙신(읍루)·고구려·옥저·예맥·낙랑(최리왕의 낙랑국) 등이 지금의 요하 동쪽의 만주와 한반도에 위치해 있었던 것으로 나타난다.[111] 그리고 이들 명칭 가운데 일부는 요서 지역에 설치된 한사군의 현명(縣名)으로도 남아 있었음이 확인된다.[112] 이로 보아 고조선이 붕괴된 후 이들 가운데 일부가 지금의 요서 지역에서 동쪽으로 이동했음을 알 수 있다. 이들은 지금의 요서 지역에 위만조선이 들어서고 뒤이어 그곳에 중국의 행정구역인 한사군이 설치되자 이 침략 세력에 항거하면서 동쪽으로 이동했을 것이다. 이 점에 대해서는 이미 밝힌 바 있다.[113]

진(辰) : 고조선시대에 진국(辰國)은 지금의 요하 유역으로부터 그 동쪽을 차지하고 있었다. 『삼국지』 「동이전」 〈한전〉의 주석으로 실린 『위략』에,

---

111 『후한서』 권85 「동이열전」 참조.
112 『한서』 권28 하 「지리지」 하 〈낙랑군〉·〈현도군〉조 참조.
113 윤내현, 「위만조선의 재인식」, 앞 책 『한국고대사신론』, pp. 284~300.

초기에 우거가 아직 격파되지 않았을 때 조선상 역계경은 우거에게 간하였으나 듣지 않으므로 동쪽의 진국으로 갔는데, 그때 그를 따라가 살게 된 백성들이 2천여 호나 되었다. 그들은 또한 위만조선에 공납하는 번국(蕃國)들과도 서로 왕래하지 않았다.[114]

고 기록되어 있다. 이 기록에 의하면 진국은 위만조선의 동쪽에 위치해 있었다. 그런데 이미 확인된 바와 같이 위만조선은 지금의 요서 지역에 위치하여 지금의 난하에서 대릉하(大凌河)까지를 영토로 하고 있었다. 따라서 진국은 그 동쪽인 대릉하에서 오늘날 요하 유역에 걸쳐 있었을 것임을 알 수 있다.

지난날 일부 학자들은 "역계경이 동쪽의 진국으로 갔다"는 기록은 남쪽으로 간 것인데 방향을 잘못 기록했을 것으로 본 바 있다. 이렇게 잘못 이해하게 된 것은 위만조선의 위치를 지금의 대동강 유역으로 잘못 보았기 때문이다. 위만조선이 한반도 북부에 있었다면 그 동쪽은 바다이므로 진국은 그 동쪽에 위치할 수 없다. 그러므로 진국은 한반도 남부에 있었을 것으로 잘못 생각하는 오류를 범하게 되었던 것이다.

그러나 진국이 위만조선의 동쪽에 위치해 있었음은 다음 기록에서도 확인된다.『한서』「서남이양월조선전(西南夷兩粤朝鮮傳)」에,

(위만조선은) 아들을 거쳐 손자 우거에 이르러서는 유인해낸 한(漢)나라 망명자 수가 점차 많아지고 또 천자를 알현하러 오지도 않을 뿐만 아니라 진번과 진국이 천자에게 글을 올리고 알현하려고 하는 것도 또한 가

---

**114**『삼국지』권30「동이전」〈한전〉의 주석으로 실린『위략』. "初, 右渠未破時, 朝鮮相歷 谿卿以諫右渠不用, 東之辰國, 時民隨出居者二千餘戶, 亦與朝鮮貢蕃不相往來."

로막고 통하지 못하게 하였다.[115]

고 했으니 진국은 위만조선을 사이에 두고 서한과 반대편에 위치해 있었을 것이다. 즉 서한은 위만조선의 서쪽에 있었으므로 진국은 그 동쪽에 있었던 것이다. 또한 『회남자(淮南子)』 「시칙훈(時則訓)」에,

갈석산으로부터 조선을 지나 대인(大人)의 나라를 통과하면 동쪽의 해 뜨는 곳에 이른다.[116]

고 했는데 진(辰)·신 등은 한국 고대어에서 '대(大)' 또는 '크다'의 뜻을 지니므로 위 구절에 나오는 대인의 나라는 진국(辰國)이다.[117] 그리고 『회남자』는 서한 무제 때의 회남왕(淮南王) 유안(劉安)이 저술했으므로 위에 나오는 조선은 당시 중국과 국경을 접하고 있었던 위만조선이다. 위의 인용문은 두 가지 사실을 말해준다. 하나는 위만조선은 갈석산을 경계로 하여 그 동쪽에 위치해 있었으며, 다른 하나는 위만조선 동쪽에 진국이 있었다는 사실이다.

---

115 『한서』 권95 「서남이양월조선전」. "傳子至孫右渠, 所誘漢亡人滋多, 又未嘗入見, 眞番·辰國欲上書見天子, 又雍閼弗通."
　　일반 통용본의 『사기』 「조선열전」에는 진국(辰國)이 중국(衆國)으로 되어 있으나 가장 오래된 판본인 송판본(宋版本)에는 진국(辰國)으로 되어 있다(瀧川龜太郎, 『史記會注考證』 참조).

116 『회남자』 권5 「시칙훈」. "自碣石山過朝鮮, 貫大人之國, 東至日出之次."
　　그 주석에 갈석산에 대하여 "碣石, 在遼西界海水西畔."이라고 하여 여기 나오는 갈석산이 난하 하류 동부 유역에 있는 갈석산임을 밝히고 있다.

117 앞 책 『한국고대사연구』, p. 240.
　　안재홍, 「삼한국과 그 법속」 『한국학연구총서』 2, 성진문화사, 1974, p. 4.

근래의 고고 발굴 결과와 그 연구에 따르면, 지금의 요동에서 한반도 서북부에 이르는 지역에서는 전형적인 비파형동검과 이른바 미송리형 질그릇이 출토되어 이 지역이 고조선의 중심부였음을 알게 해주었는데[118] 이 지역이 바로 진국의 영역이었을 것이다. '진국'이라는 명칭은 '큰 나라' 즉 '중심이 되는 나라'라는 의미를 지닌 것으로서 단군의 직할국이었을 것이다. 이 지역의 본래 명칭은 '조선'이었을 것인데 고조선이 건국된 후 조선이 고조선 전체의 국명이 되자 그 명칭을 국가의 명칭과 구분하기 위해 거수국 가운데서 '큰 나라'라는 뜻으로 '진국'으로 부르게 되었을 것이다.

**비류국** : 고조선시대에 비류국은 지금의 요하 동쪽 지역에 있었다. 『삼국사기』 「고구려본기」 〈시조 동명성왕〉조에,

> 왕은 비류수(沸流水)에 채소 잎이 흘러내려 오는 것을 보고 상류에 사람이 살고 있음을 알았다. 그래서 사냥을 하면서 찾아가 비류국에 이르니, 그 국왕 송양(松讓)이 나와 보고 말하기를, ……[119]

이라 하고, 또,

---

118 박진욱, 「비파형단검문화의 창조자와 발원지에 대하여」 『비파형단검문화에 대한 연구』, 과학백과사전출판사, 1987, pp. 42~58.
윤내현, 「고조선의 북계와 남계」 『한민족공영체』 창간호, 해외한민족연구소, 1993, pp. 33~71.
『고조선 연구』 상 제1편 제3장 제3절 「고조선의 남북 국경」 참조.
119 『삼국사기』 권13 「고구려본기」 〈시조 동명성왕〉조. "王見沸流水中有菜葉逐流下, 知有人在上流者, 因以獵往尋, 至沸流國. 其國王松讓出見曰, ……."

2년 여름 6월에 (비류국왕) 송양이 나라를 들어와 항복하매 (왕은) 그곳을 다물도(多勿都)라 하고 송양을 봉하여 그곳의 주(主)를 삼았다. 고구려의 말로 옛 땅을 회복하는 것을 다물이라 하므로 그와 같이 이름한 것이다.[120]

라고 했다. 이로 보아 비류국은 고구려 건국 초기에 고구려에서 멀지 않은 지역에 위치해 있다가 고구려에 병합되었음을 알 수 있다. 고구려는 지금의 압록강 북쪽의 요령성 환인(桓因) 지방에서 건국되었으므로 비류국은 그 지역을 흐르는 강의 상류 지역에 위치해 있었을 것이다. 따라서 비류국의 위치는 지금의 요하 동쪽으로 내몽골자치구 동부나 길림성 북부였을 것으로 추정된다.

**행인국** : 고조선시대에 행인국은 백두산 동남쪽에 있었다. 『삼국사기』 「고구려본기」 〈시조 동명성왕〉조에,

6년 겨울 10월에 왕은 오이(烏伊)와 부분노(扶芬奴)에게 명하여 태백산 동남쪽에 있는 행인국을 정벌하고 그 땅을 빼앗아 성읍을 삼았다.[121]

고 했다. 따라서 고구려 건국 초기에 행인국은 태백산(지금의 백두산) 동남쪽에 위치해 있다가 고구려에 병합되었음을 알 수 있다.

---

120 『삼국사기』 권13 「고구려본기」 〈시조 동명성왕〉조. "二年, 夏六月, 松讓以國來降, 以其地爲多勿都, 封松讓爲主, 麗語謂復舊土爲多勿, 故以名焉."
121 『삼국사기』 권13 「고구려본기」 〈시조 동명성왕〉조. "六年, …… 冬十月, 王命烏伊 · 扶芬奴, 伐太白山東南荇人國, 取其地爲城邑."

**해두국** : 해두국의 위치는 지금의 요하 동부 유역으로부터 멀지 않은 곳이었을 것이다. 『삼국사기』「고구려본기」〈대무신왕(大武神王)〉조에 부여 금와왕(金蛙王)의 둘째 아들이 갈사국(曷思國)을 세운 경위를 설명하면서,

> 4월에 부여왕 대소(帶素)의 아우가 갈사강(曷思江)변에 와서 나라를 세우고 왕이라 칭했다. 이 사람은 부여국 금와의 둘째 아들로서 역사에 이름은 전하지 아니한다. 처음에 대소가 살해된 것을 보고 그는 나라가 장차 망할 것으로 생각하고 그를 따르는 사람 100여 명과 함께 압록곡(鴨淥谷)에 이르렀는데, 해두국왕이 나와 사냥하는 것을 보고 마침내 그를 죽이고 그 백성을 취하여 이곳에 이르러 도읍을 정하니 이 사람이 갈사왕이었다.[122]

고 적고 있다. 『삼국유사』「순도조려(順道肇麗)」에 의하면 지금의 요수(遼水)를 고구려 사람들은 압록수(鴨淥水)라 했다.[123] 그런데 위 기록에 의하면 대소의 아우는 부여를 떠나 압록곡(鴨淥谷)에 이르렀고 해두국왕은 그곳에서 사냥을 했으므로 해두국은 부여와 압록수(지금의 요하)에서 멀지 않은 곳에 있었을 것으로 추정된다.

---

[122] 『삼국사기』 권14 「고구려본기」〈대무신왕〉조. "夏四月, 扶餘王帶素弟, 至曷思水濱, 立國稱王, 是扶餘王金蛙季子, 史失其名. 初帶素之見殺也, 知國之將亡, 與從者百餘人, 至鴨淥谷, 見海頭王出獵, 遂殺之, 取其百姓, 至此始都, 是爲曷思王."

[123] 『삼국유사』 권3 「흥법(興法)」〈순도조려〉조. "遼水一名鴨淥, 今云安民江." 이 기록으로 보아 지금의 요수를 고구려 사람들은 압록이라 불렀고 고려 사람들은 안민강이라 불렀음을 알 수 있다.

**개마국** : 개마국은 백두산 서북쪽에 있었던 것으로 추정된다. 『삼국사기』 「고구려본기」 〈대무신왕〉조에,

9년 10월에 개마국을 친히 정벌하여 그 왕을 죽이고 백성을 위안시켰으며 그들을 포로로 하지 않고 다만 그 땅을 군현으로 삼았다.[124]

고 기록되어 있다. 개마국의 명칭은 압록강 상류의 개마(蓋馬) 지역에 있었기 때문에 붙여졌을 것으로 학자들은 보고 있다.[125] 따라서 개마국은 지금의 백두산 서북부에 위치해 있었을 것이다.

**구다국** : 구다국의 위치는 정확하게 알 수 없으나 지금의 요하 동쪽으로 추정된다. 『삼국사기』 「고구려본기」 〈대무신왕〉조에,

구다국의 왕이 개마의 멸망함을 듣고 자기에게도 해가 미칠까 두려워하여 나라를 들어 내항하였다.[126]

고 기록되어 있다. 이 기록에 구다국의 위치는 언급되어 있지 않지만 개마국에서 멀지 않은 곳에 위치해 있었을 것으로 추정된다.

**조나국·주나국** : 조나국과 주나국의 위치도 정확히 알 수 없으나 지금

---

124 『삼국사기』 권14 「고구려본기」 〈대무신왕〉조. "九年冬十月, 王親征蓋馬國, 殺其王, 慰安百姓, 毋虜掠, 但以其地爲郡縣."
125 이병도 역주, 『국역 삼국사기』, 을유문화사, 1980, p. 231 참조.
126 『삼국사기』 권14 「고구려본기」 〈대무신왕〉조. "句茶國王, 聞蓋馬滅, 懼害及己, 擧國來降."

의 요동 지역으로 추정된다. 『삼국사기』 「고구려본기」 〈태조대왕〉조에,

> 20년 봄 2월에 왕은 관나부(貫那部) 패자(沛者) 달가(達賈)를 보내어 조
> 나(藻那)를 쳐 그 왕을 사로잡았다.[127]

> 22년 겨울 10월에 왕은 환나부(桓那部) 패자 설유(薛儒)를 보내어 주나
> 를 치고 그 왕자 을음(乙音)을 사로잡아 고추가(古鄒加)를 삼았다.[128]

고 기록되어 있다. 이 기록으로 보아 조나국과 주나국도 고구려에서 멀
지 않은 지금의 요동 지역에 위치했을 것으로 추정된다.

고구려가 지금의 요동 지역에서 새로 건국되기 전에 이미 지금의 요
서 지역에는 위만조선이 건국되었고, 위만조선 멸망 후에는 그 지역에
한사군이 설치되어 있었다. 따라서 고구려가 건국 초기에 영토를 넓히
는 과정에서 멸망시킨 비류·행인·해두·개마·구다·조나·주나 등은
지금의 요서 지역에 있었을 수 없다. 이들은 지금의 요하 동쪽에 위치해
있었을 수밖에 없는 것이다. 그리고 이 나라들은 고구려 건국 초기에 고
구려에 병합되었으므로 고구려 건국 이전 즉 고조선시대부터 있었을 것
임을 알 수 있다.

**한(韓) :** 일부 학자들은 삼한이라 부르지만 한이 바른 명칭이다. 『후한

---

127 『삼국사기』 권15 「고구려본기」 〈태조대왕〉조. "二十年 春二月, 遣貫那部沛者達賈伐
藻那, 虜其王."
128 『삼국사기』 권15 「고구려본기」 〈태조대왕〉조. "二十二年 冬十月, 王遣桓那部沛者薛
儒伐朱那, 虜其王子乙音爲古鄒加."

서』「동이열전」과 『삼국지』「동이전」에 그 명칭이 '한(韓)'으로 기록되어 있는 것은 이것을 알게 한다. 고조선시대에 한은 청천강 이남을 전부 차지하고 있었다. 『후한서』「동이열전」〈한전〉에,

> 처음에 (기자의 후손인) 조선왕 준이 위만에게 격파되어 바로 남은 무리 수천 명을 이끌고 도망하여 바다로 들어가 마한을 공격하여 그것을 격파하고 스스로 한왕(韓王)이 되었다. 준의 후손은 없어져 끊기어 마한인이 다시 자립하여 진왕(辰王)이 되었다.[129]

고 기록되어 있고, 『삼국지』「동이전」〈한전〉에는,

> 제후 준이 외람되이 왕이라 호칭하다가 연의 망명인 위만의 공격을 받고 정권을 빼앗긴 바 되어 그의 좌우 궁인을 거느리고 도망하여 바다로 들어가 한(韓)의 땅에 살면서 스스로 한왕(韓王)이라 칭하였다. 그 후손은 끊기어 없어졌으나 지금 한인(韓人) 가운데는 아직도 그의 제사를 받드는 사람들이 있다.[130]

고 되어 있다. 『후한서』와 『삼국지』의 전체적인 내용은 약간 다르지만 준이 위만에게 정권을 빼앗기고 망명한 곳이 한(韓) 지역이었다는 점은 일치한다. 한이 한반도 남부에 있었음은 주지의 사실이다. 위만이 서한

---

**129** 『후한서』 권85 「동이열전」 〈한전〉. "初, 朝鮮王準爲衛滿所破, 乃將其餘衆數千人走入海, 攻馬韓, 破之, 自立爲韓王. 準後滅絶, 馬韓人復自立爲辰王."
**130** 『삼국지』 권30 「동이전」 〈한전〉. "侯準旣僭號稱王, 爲燕亡人衛滿所奪, 將其左右宮人走入海, 居韓地, 自號韓王. 其後絶滅, 今韓人猶有奉其祭祀者."

에서 준의 거주지로 망명한 시기는 서기전 195년이며, 위만조선을 건국한 시기는 서기전 195년부터 서기전 180년 사이였다. 따라서 준이 한 지역으로 망명한 시기는 서기전 2세기 초였음을 알 수 있다.

위의 『후한서』와 『삼국지』 기록에 "준이 도망하여 한의 땅에 가서 살았다"고 했으므로 한은 준이 망명한 서기전 2세기 초 이전부터 존재했음을 알 수 있다. 그런데 위만조선이 있었던 시기에도 고조선은 그 동쪽에 존속하고 있었으므로 한은 고조선시대에도 존재했음을 알 수 있다. 그런데 『삼국유사』 「마한」조를 보면,

> 『위지(魏志)』에 이르기를, 위만이 조선을 공격하니 조선왕 준은 좌우 궁인을 거느리고 바다를 건너 남쪽의 한(韓)의 땅에 이르렀다. 나라를 열고 마한이라 칭하였다.[131]

> 최치원은 말하기를 마한은 고구려, 진한은 신라다.[132]

라고 기록하고 그에 대해 주석하기를, 고구려가 마한을 병합했기 때문에 고구려를 마한이라 했고, 또 고구려가 병합한 마한 지역에 마읍산(馬邑山)이 있기 때문에 마한이라는 명칭이 생겼다고 했다.[133] 위 기록에서

---

**131** 『삼국유사』 권1 「기이」 〈마한〉조. "魏志云, 衛滿擊朝鮮, 朝鮮王準率宮人左右, 越海而南至韓地, 開國號馬韓."
**132** 『삼국유사』 권1 「기이」 〈마한〉조. "崔致遠云, 馬韓麗也. 辰韓羅也."
**133** 『삼국유사』 〈마한〉조 기록의 저자 자신의 주석. "麗地自有邑山, 故名馬韓也."
　　위의 주석에는 마읍산(馬邑山)이 읍산(邑山)으로 기록되어 있다. 그런데 『동사강목』 부록 하 〈삼한〉조에 이 내용을 인용하고 있는데, 거기에는 마읍산으로 되어 있다. 이로 보아 현재 통용되는 『삼국유사』에는 마(馬) 자가 탈락했음을 알 수 있다.

준이 마한을 세웠다는 내용은 『후한서』와 『삼국지』 기록과 일치하지 않으므로 신빙성이 없지만, 준이 망명하여 도달한 지역이 마읍산이 있던 마한 지역이었음을 알게 해준다. 『삼국유사』 「태종춘추공(太宗春秋公)」조에 의하면 마읍산은 지금의 평양 지역에 있었다.[134] 따라서 준이 도착한 지역은 지금의 평양 지역이었음을 알 수 있다.

『제왕운기』 「고구려기」는 고구려가 마한의 왕검성(王儉城)에서 개국했다고 기록하고, 그 주석에 마한의 왕검성은 고려시대의 서경(西京) 즉 지금의 평양이라고 했다.[135] 이 기록에서 고구려가 지금의 평양에서 개국했다고 한 것은 잘못된 것이지만 지금의 평양 지역이 마한이었음을 알게 해준다. 마한·진한·변한이 한에 속해 있었음은 다 아는 사실이다. 그러므로 한의 영역은 평양 지역을 포괄하고 있었을 것임을 알 수 있다. 그런데 앞에서 진국의 영역을 전형적인 비파형동검과 미송리형 질그릇 등의 출토 유물로 보아 지금의 요동 지역과 한반도 서북부 지역으로 본 바 있다. 이 점과 연관시켜 생각해볼 때 한의 북쪽 경계는 청천강이었을 것으로 추정된다. 따라서 한은 지금의 청천강을 북쪽 경계로 하여 한반도 중부와 남부 전 지역을 차지하고 있었던 것이다.

지금까지 살펴본 바와 같이 부여·고죽·고구려·예·맥·추·진번·낙랑·임둔·현도·숙신·청구·양이·양주·발·유·옥저·기자조선·진·비류·행인·해두·개마·구다·조나·주나·한 등은 난하를 서쪽 경계로 하여 지금의 요서와 요동을 포함한 만주와 한반도 지역에 위치해 있었음

---

134 『삼국유사』 권1 「기이」 〈태종춘추공〉조. "七年壬戌, 命定方爲遼東道行軍大摠管, 俄改平壤道, 破高(句)麗之衆於浿江, 奪馬邑山爲營, 遂圍平壤城."
이와 똑같은 내용이 『삼국사기』 「신라본기」 〈문무왕〉조 하, 같은 책 「고구려본기」 〈보장왕〉조 하, 『신당서』 「동이열전」 〈고(구)려전〉 등에도 보인다.
135 『제왕운기』 권 하 「고구려기」, "開國馬韓王儉城." 그 주석 "今西京也."

이 확인되었다. 그런데 이 지역은 고조선의 통치 영역이었음이 문헌과 고고학 자료에 의해 이미 밝혀졌다. 따라서 이들은 독립국이었을 수 없으며 고조선의 거수국일 수밖에 없다. 이들이 고조선의 거수국이라는 사실은 앞에서 살펴본 『제왕운기』와 『시경』 「한혁」편 내용과 일치한다.

## 4. 고조선 국가 구조의 기초 단위

지금까지의 고찰에서 확인된 바와 같이 고조선은 많은 거수국을 거느린 국가였다. 그러면 그러한 거수국을 이루는 사회의 기초 단위는 무엇이었을까? 주지하는 바와 같이 고조선에 대한 직접적인 기록은 충분하지 못한 것이 현실이다. 따라서 이에 대한 연구를 위해서는 고조선과 같은 시대의 인접 지역 상황과 고조선 이전과 이후의 한반도와 만주 지역 상황을 살펴보는 것이 크게 도움이 될 것이다.

고조선과 인접된 지역으로는 중국의 고대사회가 좋은 모형이 될 것이다. 중국은 한반도 및 만주와 위도가 같고 자연환경도 비슷할 뿐만 아니라 같은 농경문화를 바탕으로 하고 있어서 사회 구조가 비슷할 것이기 때문이다. 그리고 중국은 갑골문을 포함한 고대의 기록과 고고학 자료도 풍부하여 고대사회에 대한 연구가 비교적 좋은 성과를 거두고 있으므로 자료 부족으로 어려움을 겪고 있는 고조선 연구의 이론으로서 좋은 틀이 될 수 있다.

중국 고대국가가 봉건제(봉국제 또는 분봉제라고도 한다)였음은 이제 잘 알려져 있다. 그러나 갑골문이나 금문 및 고고학 자료에 대한 충분한 연구가 없었던 시기에는 중국의 초기 국가가 어떤 형태였는지 전혀 알지 못했다. 단지 서주는 봉건제 국가였다는 점만을 학계에서 공인한 정도였다. 왜냐하면 서주는 중앙에 최고 통치자인 왕이 있고, 그 아래 각 지역을 다스리는 제후가 있는 봉건제 국가였음이 문헌에서 분명하게 확인되기 때문이었다. 그러나 서주보다 앞선 상(商)에 대해서는 아무런 지식이 없었다. 그런데 동아시아의 근대적 역사 연구는 서구 문화의 영향 아래 이루어졌기 때문에 그 연구에도 편의상 서양의 연구 성과를 원용하는 경향이 있었다. 따라서 동양의 초기 국가도 서양의 초기 국가와 같을 것이라는 생각으로 상의 국가 형태에 대해서는 서양의 고대국가인 도시국가와 같았을 것으로 보는 견해가 있었다.[136]

그 후 갑골문이 해독되면서 갑골문의 기록 가운데 읍(邑) 자가 보이고, 그것이 갑골문상에 보이는 사회의 기초 단위로 파악되자 읍이 바로 국가였을 것이라는 견해가 나오기도 했다.[137] 이러한 읍을 국가로 보는 견해도 실은 서양의 고대국가가 도시국가였다는 점에 기초를 둔 것이다. 서양의 도시라는 말을 갑골문에 나오는 읍으로 바꾸어 표현했을 뿐이었던 것이다.

그런데 갑골문 연구가 진전되면서 상나라도 서주와 비슷한 봉건제 국가였다는 사실이 점차 밝혀졌다. 일찍이 동작빈(董作賓)은 상시대의 갑골문에서 서주시대 제후들의 작위였던 공(公)·후(侯)·백(伯)·자(子)·남(男) 등의 명칭이 보이는 점에 관심을 가져 그것들과 관계된 갑골문의 기록을 살펴보고 상시대에도 서주와 같은 '오등작제(五等爵制)'가 있었다고 주장했다.[138] 호후선(胡厚宣)은 동작빈의 견해를 한층 더 발전시

---

136 宮崎市定, 「中國古代史槪論」『アジア史論考』上卷, 朝日新聞社, 1976, pp. 131~163.
137 松丸道雄, 「殷周國家の構造」『岩波講座 世界歷史』4卷, 1970, pp. 49~88.
138 董作賓, 「五等爵在殷商」『中央硏究院歷史語言硏究所集刊』第7本, 民國 25(1936), pp. 413~430.

켜 갑골문에 부(婦)·자(子)·후(侯)·백(伯)·男(남)·전(田) 등의 작위와 관계된 갑골문의 내용을 총정리하여 상왕(商王)에 대한 제후의 의무 등 이들의 활동을 구체적으로 언급하면서 상도 서주와 같은 봉건제 국가였다고 주장했다.[139]

이처럼 상을 봉건제로 보는 견해는 근거가 분명하기 때문에 근본적인 반대는 아직 없다. 단지 시마 구니오(島邦男) 등의 갑골학자가 작위 명칭 가운데 남(男)과 전(田) 등은 근거가 빈약하므로 작위 명칭에서 제외되어야 한다는 견해를 냈을 뿐이다.[140]

그 후 갑골문과 청동기 등 고고학 자료의 증가와 그에 대한 연구가 진전되면서 봉건제 국가인 상의 국가 구조가 구체적으로 밝혀지기에 이르렀다. 우선 상의 청동기 분포에 따라 그 영역이 북쪽과 동북쪽은 태행산맥(太行山脈)을 따라 하북성 중부, 서쪽은 산서성 중부와 북서부 및 섬서성 중부, 남쪽은 장강(長江 : 양자강) 연안에 이르는 넓은 지역이었다는 것이 밝혀졌다.[141] 그리고 갑골문에 1천여 개에 가까운 많은 읍이 보이는데, 이것들은 사람이 거주하는 취락, 즉 마을을 뜻하고 있음도 확인되었다.[142] 따라서 갑골문에 나타난 읍들은 서양에서의 도시국가와 같은 것이 아니라 상나라 영역 내에 있던 마을들이었다.

그런데 갑골문에는 일반 읍과는 다른 대읍(大邑) 즉 큰 마을이 보인다. 그 명칭에서도 알 수 있듯이 대읍은 일반 읍보다 규모가 컸을 것이

139 胡厚宣,「殷代封建制度考」『甲骨學商史論叢』初集 上, 大通書局, 民國 61(1972), pp. 31~111.

140 島邦男,『殷墟卜辭研究』, 汲古書院, 昭和 50(1975), p. 425.

141 장광직 지음, 윤내현 옮김,『상문명』, 민음사, 1989, pp. 366~401.

142 董作賓,「卜辭中的亳與商」『大陸雜誌』6卷 1期, 民國 42(1953), p. 8.
　　李孝定,『甲骨文字集釋』第6, 中央研究院歷史語言研究所, 民國 63(1974), p. 2165.

다. 갑골문 기록에 따르면 대읍에는 제후가 거주했다. 그리고 그곳에서 종교의식인 제사도 행해졌다.[143] 갑골문 기록에 따르면, 각 지역의 대읍에 거주하는 제후들은 상왕에 대해 공납·군사 동원·종교의식의 참여 및 대행 등 여러 가지 의무를 지고 있었다.[144] 그러므로 상의 국가 구조는 다음과 같이 설명된다.

상의 영역 내에는 수많은 마을이 산재해 있었고 각 지역에는 제후가 거주하는 큰 마을이 있었다. 각 지역의 큰 마을에 거주하는 제후들은 주변 일정한 지역의 마을들을 통치하면서 그곳에서 종교의식을 거행하기도 했다. 따라서 큰 마을은 제후의 거주지면서 그 지역의 정치와 종교 중심지였다. 즉 각 지역의 큰 마을을 중심으로 한 일정한 지역이 상의 제후국이었던 것이다.

그리고 중앙에는 그러한 제후들을 거느리는 상왕이 있었다. 따라서 상나라 국가 구조의 기층을 이루는 단위는 '읍' 즉 마을이었고, 그 위에 '대읍' 즉 큰 마을이 있었으며, 그 위에 상왕이 거주하는 '도읍(都邑)' 즉 서울이 있었던 것이다.[145] 이러한 국가 구조를 이루는 상의 봉건제는 그 뒤를 이은 서주에 의해 계승되었는데, 서주에서는 그것을 한층 구체적으로 조직화하여 혈연에 의한 종법제(宗法制)를 기초 삼아 신분세습제화했다는 점에서 상시대와 차이가 있다.

이러한 봉건제 국가 구조는 동아시아 농경사회 고대국가의 특징이었다. 이와 같은 봉건제 국가가 출현하게 된 역사적 배경은 다음과 같이

---

**143** 윤내현, 『상주사』, 민음사, 1984, p. 42.

**144** 앞 글, 「殷代封建制度考」 참조.

**145** 이러한 상의 국가 구조에 대한 종합적인 연구는 다음 책을 참고할 것.

앞 책, 『상문명』, pp. 209~330.

앞 책, 『상주사』, pp. 41~53.

설명된다. 지금부터 1만 년 전에 사람들이 농경과 목축을 하면서 하나의 씨족이나 몇 개의 씨족이 모여 정착 생활을 하게 됨에 따라 여기저기에 많은 마을이 출현했다. 이 시기에 각 마을은 정치적·사회적으로 독립된 단위였다. 이 단계의 사회를 '마을사회(또는 촌락사회)'라고 부를 수 있을 것이다. 세월이 흐르면서 마을은 점차 증가했다. 그 후 일정한 지역의 여러 마을이 연합한 마을연맹체인 고을을 이루게 됨에 따라 종족이 출현했다. 이 시기에는 각 고을의 지도자로서 정치권력을 가진 추장(酋長)이 나타났다. 이 단계의 사회를 '고을사회[또는 촌군사회(村郡社會)]' 또는 '고을나라'라고 부를 수 있을 것이다. 그 후 세력이 강한 고을이 주변의 여러 고을을 복속시킴에 따라 넓은 영역을 가진 '국가'가 출현하게 되었다.

그런데 초기 국가는 아직 통치 경험이 부족하기 때문에 각 지역 고을의 주민들을 중앙에서 직접 통치하지 않고 지역 추장에게 고을의 통치를 위임하고, 각 고을의 추장은 중앙의 최고 통치자인 왕에게 종교·정치·경제·군사 등의 면에서 일정한 의무만을 지도록 했다. 즉 고을나라 단계에서의 각 고을은 국가사회 단계에서는 제후국이 되었고 각 고을의 추장은 제후가 되었던 것이다. 그런데 고을의 거주민 집단을 종족이라 했으므로 국가사회 단계에서의 종족은 제후국의 주민 집단을 뜻한다. 앞 장에서 종족의 명칭을 고조선의 거수국 명칭에 포함시킨 것은 그러한 이유 때문이었다.

지금까지 살펴본 바와 같이 동아시아의 고대 봉건제는 각 지역에 산재해 있는 마을들로 구성된 농경사회가 성장하면서 자연스럽게 이루어진 제도였다. 봉건제라는 용어는 서양 중세의 봉건사회와 혼동할 염려가 있으므로 근래에는 이를 봉국제 또는 분봉제라고 부르기도 한다. 그런데 동아시아에서 봉건제는 중국의 서주시대에만 존재했다고 주장하는 학자가 있다.[146] 그러한 주장은 근래의 연구 결과를 접하지 못하고 오래 전의 학문 수준에 의존하고 있는 잘못된 것이다.

그런데 지금의 한반도와 만주를 보면 황하 유역과 같이 농경 마을이 널리 산재해 있으므로 고대국가의 기층 단위도 비슷했을 것이라는 추정이 가능하다. 다시 말하면, 고조선의 국가 구조는 중앙에 최고 통치자인 단군이 있고, 각 지역에는 거수국이 있었으며, 그 기초를 이루는 단위는 마을들이었을 가능성이 있는 것이다. 이를 확인하기 위해서는 고조선시대에 과연 마을들이 산재해 있었는지의 여부를 당시의 기록을 통해 확인해볼 필요가 있다. 고조선에 관한 사료는 지극히 한정된 것뿐이어서 그 시대의 마을에 관한 자세한 기록은 찾아볼 수 없다.

그러나 위만이 나라를 세운 후 영토를 확장한 과정을 설명하는 『사기』 「조선열전」의 다음과 같은 기록은 고조선 사회의 기초 단위가 마을이었을 것임을 알게 해준다.

이로써 (위)만은 군사적 위력과 재정을 얻어 그 주위의 소읍들을 침략하여 항복받으니 진번·임둔도 모두 와서 복속되어 (땅이) 사방 수천 리에 이르렀다.[147]

고 했다. 이 기록에서 위만이 영토를 확장하는 과정에서 주위의 많은 소읍을 쳐서 복속시켰음을 알 수 있다. 앞에서 말했듯이 갑골문이나 고대 한자에서 읍은 사람이 모여 사는 취락, 즉 마을을 뜻했다. 위만은 주변

---

146 이기백, 「고조선의 국가 형성」 『한국사시민강좌』 제2집, 일조각, 1988, p. 15.
147 『사기』 권115 「조선열전」. "以故滿得兵威財物侵降其旁小邑, 眞番·臨屯皆來服屬, 方數千里."

의 작은 마을들을 쳐서 영토를 확장했던 것이다. 그런데 위만은 고조선의 서쪽 변경에서 건국하여 고조선 지역을 침략하여 영토를 넓혔다. 따라서 위만이 쳐서 항복받은 마을들은 고조선의 마을들이었다. 이러한 사실은 고조선 사회의 기초가 마을들로 이루어졌음을 알게 해준다.

이를 좀 더 확실히 인식하기 위해 고조선 이전과 이후 상황을 살펴보자. 고조선 이전에 일찍부터 마을이 출현했음은 고고학 자료에서 확인된다. 한반도와 만주 지역에서는 초기 신석기시대 유적에서부터 여러 채의 집자리가 발견되었다. 한반도의 신석기 유적 가운데 가장 연대가 올라가는 강원도 양양의 오산리 유적에서는 9자리, 함경북도 선봉군 굴포리 서포항 유적에서는 21자리, 황해북도 봉산군 문정면 지탑리 유적에서는 3자리, 평안남도 온천리 운하리 궁산 유적에서는 5자리, 서울 암사동 유적에서는 14자리[148]가 발견되었고,[149] 만주 지역에서도 신석기 유적 가운데 가장 연대가 올라가는 내몽골자치구의 흥륭와(興隆洼) 유적에서 7자리, 요령성의 신락(新樂) 유적과 소주산(小珠山) 유적 등에서 집자리가 발견되었다.[150]

이러한 사실은 신석기시대 초기부터 한반도와 만주의 각 지역에 마을들이 산재해 있었음을 알게 해준다. 한반도와 만주의 각 지역에서 발견된 신석기시대나 청동기시대의 유적 가운데 집자리가 발견되지 않은 유

---

148 손보기 박사의 증언에 따르면 암사동 유적에는 수백 채의 집자리가 있었으나 공사로 인해 파괴되었다고 한다.

149 김정기, 「신석기시대 주생활」『한국사론』17, 국사편찬위원회, 1987, pp. 76~130.

150 中國社會科學院考古研究所內蒙古工作隊, 「內蒙古敖漢旗興隆洼遺址發屈簡報」, 『考古』1985年 10期, pp. 865~874.
  沈陽文物管理辦公室, 「沈陽新樂遺址試掘報告」『考古學報』, 1978年 4期, pp. 449~450.
  文物編輯委員會, 『文物考古工作三十年』, 文物出版社, 1979, pp. 85~86 · 98.

적이라 하더라도 그러한 유적이 여러 지역에 분포되어 있다는 것은 당시에 사람들이 널리 분포되어 거주했음을 알게 해주며, 그들은 당연히 마을을 이루고 살았던 것이다.

한편 고조선이 붕괴된 후 여러나라시대의 상황을 전하는 『후한서』 「동이열전」 〈부여전〉·〈읍루전〉·〈동옥저전〉·〈예전〉·〈한전〉 등에는,

여섯 가축으로 관직 이름을 만들었는데 마가(馬加)·우가(牛加)·구가(狗加) 등이 있었으며, 그 읍락(邑落)은 모두 제가(諸加)에 속해 있었다.[151]

군장(君長)은 없었고 그 읍락에는 각각 대인(大人)이 있었다.[152]

땅은 비옥하고 산을 등지고 바다를 향해 있어 오곡이 잘 자라고 농사짓기에 적합하다. 읍락에는 장수(長帥)가 있었다.[153]

읍락을 함부로 침범하는 사람이 있으면 그때마다 벌주어 노예와 소·말을 부과하는데, 이를 '책화(責禍)'라 한다.[154]

마한 사람들은 농사와 양잠을 알았으며 …… 읍락에 섞여 사는데, 또한

---

**151** 『후한서』 권85 「동이열전」 〈부여전〉. "以六畜名官, 有馬加·牛加·狗加, 其邑落皆主屬諸加."
**152** 『후한서』 권85 「동이열전」 〈읍루전〉. "無君長, 其邑落各有大人."
**153** 『후한서』 권85 「동이열전」 〈동옥저전〉. "土肥美, 背山向海, 宜五穀, 善田種, 有邑落長帥."
**154** 『후한서』 권85 「동이열전」 〈예전〉. "邑落有相侵犯者, 輒相罰, 責生口牛馬, 名之爲責禍."

성곽이 없다.[155]

　진한에는 여러 작은 별읍이 있는데, 각각 거수(渠帥)가 있다.[156]

고 했다. 위의 내용들 가운데 읍이나 읍락은 마을을 뜻한다. 갑골문자와 고대 한자에서 읍이 마을을 뜻한다고 앞에서 말했다. 이 '읍(邑)' 자가 후에 마을의 뜻을 지닌 다른 문자 '락(落)' 자와 결합하여 읍락이라는 단어가 만들어졌는데, 읍락 역시 마을을 뜻한다. 〈고구려전〉에는 읍이나 읍락에 대해 직접 언급한 기록은 보이지 않지만,

　땅이 사방 2천 리인데, 대부분이 큰 산이고 계곡이 깊어 사람들은 그러 한 지형을 따라 거주한다.[157]

고 했으니, 고구려에도 산과 산 사이의 계곡을 따라 작은 마을들이 산재 해 있었을 것임을 알 수 있다.

　위에 인용된 『후한서』 「동이열전」의 기록들과 동일한 내용들이 『삼국 지』 「동이전」에도 보인다. 이러한 내용들은 고조선이 붕괴된 후 여러나 라시대에 한반도와 만주 지역에 많은 마을이 널리 산재해 있었음을 알 게 해준다.

　이런 사실은 한사군에 관한 기록을 통해서도 확인된다. 한사군 가운 데 진번군과 임둔군은 설치된 지 불과 26년 만인 서기전 82년에 폐지되

155 『후한서』 권85 「동이열전」 〈한전〉. "馬韓人知田蠶, …… 邑落雜居, 亦無城郭."
156 『후한서』 권85 「동이열전」 〈한전〉. "辰韓, …… 諸小別邑, 各有渠帥."
157 『후한서』 권85 「동이열전」 〈고구려전〉. "地方二千里, 多大山深谷, 人隨而爲居."

어[158] 그 규모에 대한 기록이 남아 있지 않으나, 함께 설치되었던 낙랑군과 현도군의 규모는 기록이 남아 있으므로 이를 통해 당시 상황을 파악할 수 있다. 『한서』 「지리지」 〈낙랑군〉조와 〈현도군〉조 기록에 따르면, 낙랑군 내에는 조선현 등 25개 현이 있었는데 6만 2,812호에 40만 6,748명의 주민이 있었고,[159] 현도군에는 고구려현 등 3개 현이 있었는데 4만 5,006호에 22만 1,845명이 살고 있었다.[160]

그러므로 낙랑군의 1개 현에는 약 2,513호에 1만 6,270여 명이 살았고, 현도군의 1개 현에는 1만 5,002호에 약 7만 3,948명이 살았다는 것이 된다. 한반도와 만주는 농업사회였기 때문에 이렇게 많은 인구가 한 곳에 모여 도시를 이루고 살았다고는 볼 수 없다. 다시 말하면 현은 도시가 아니라 여러 마을의 집합체인 고을이었다. 하나의 마을을 30호 정도로 상정한다면[161] 낙랑군의 1개 현에는 84개 정도의 마을이 있었고 현도군의 1개 현에는 500개 정도의 마을이 있었다는 것이 된다.

진번군과 임둔군 내에도 많은 마을로 구성된 현이 있었을 것이며, 그 조직은 낙랑군이나 현도군과 같았을 것이다. 그런데 낙랑·임둔·진번·현도의 한사군은 위만조선이 건국되기 전에는 고조선 영토였다. 따라서 각 지역의 거주 인구나 마을의 크기는 후대와 다소 차이가 있었을 것이지만 고조선시대에도 각 지역이 여러 마을로 구성되어 있었을 것임은

---

**158** 『한서』 권7 「소제기」 〈시원 5년〉조. "罷儋耳 · 眞番郡."
　　『후한서』 권85 「동이열전」 〈예전〉. "至昭帝始元五年, 罷臨屯 · 眞番, 以幷樂浪 · 玄菟."
**159** 『한서』 권28 하 「지리지」 하 〈낙랑군〉조.
**160** 『한서』 권28 하 「지리지」 하 〈현도군〉조.
**161** 『춘추좌씨전(春秋左氏傳)』 「장공(莊公) 9년」조와 『국어(國語)』 「제어(齊語)」 등의 기록에 의하면, 고대에 중국의 마을은 규모가 작은 것은 10호 정도였고 큰 것은 100호에 이르렀으나 30호 정도가 보편적이었다. 한국의 고대사회도 이와 비슷했을 것이다.

의문의 여지가 없다. 이러한 사실은 고조선이 서양의 그리스와 같은 도시국가가 아니라 그 사회 구조의 기초가 마을이었음을 알게 해준다.

지금까지 살펴본 바를 종합해보면, 한반도와 만주 지역에는 지금부터 약 1만 년 전에 시작되는 신석기시대 이래 많은 마을이 널리 분포되어 있었는데, 세월이 흐르면서 점차 마을의 숫자도 늘어나고 규모도 커지면서 고조선시대를 거쳐 여러나라시대에 이르렀을 것이다. 이러한 마을들이 고조선 국가 구조의 하층부를 형성하는 기초 단위였다.

광개토왕릉비문(廣開土王陵碑文)에 의하면, 광개토왕은 영락(永樂) 6년(서기 396)에 백제를 치고 58개의 성과 700개의 촌락을 획득했으며, 영락 20년(서기 410)에는 동부여를 치고 64개의 성과 촌락 1,400개를 획득했다.[162] 이 기록은 다소 늦은 시대에 관한 내용이기는 하지만 고구려 광개토왕시대에 한반도와 만주에 많은 마을이 널리 흩어져 있었음을 알게 한다. 이러한 마을 가운데는 필요에 의해 인위적으로 만들어진 것들도 있었겠지만, 대부분 신석기시대 이래 자연스럽게 형성된 마을들이었을 것이다. 이러한 사실은 한반도와 만주 고대사회의 기초 단위가 마을이었음을 알게 해준다.

그리고 백제로부터는 58개의 성과 700개의 촌락을 빼앗았으므로 1개의 성에 12개의 촌락이 있었고, 동부여로부터는 64개의 성과 1,400개의 촌락을 빼앗았으므로 1개의 성에 20여 개의 촌락이 있었다. 이것은 1개의 성이 10여 개에서 20~30여 개에 이르는 촌락을 관리했음을 알게 하는데, 이 기록에 나오는 성이 있는 마을이 고대 문헌에 나오는 성읍(城邑)이다. 그러므로 성읍이 일반 촌락보다 큰 마을인 것은 분명하지만 성

---

162 『호태왕릉비문(好太王陵碑文)』 참조.

읍 자체가 국가는 아니었으며, 성읍 밑에는 여러 작은 마을들, 즉 촌락들이 기층을 이루고 있었다. 따라서 한국의 고대국가가 서양의 도시국가와 같은 성읍국가일 수는 없다. 그리고 고조선은 한반도와 만주에 처음 출현한 국가로서 아직 통치 경험이 부족하여 중앙집권화가 이루어지지 않았기 때문에 성읍을 중심으로 한 일정한 지역이 거수국으로 지방분권화되어 있었던 것이다.

한국의 고대국가가 서양의 도시국가와 같은 성읍국가였다는 견해가 성립되기 위해서는 성읍이 바로 국가였음이 입증되는 기록이 확인되어야 하고, 고고학적으로도 고대국가가 출현하던 청동기시대에 촌락 유적이 소멸되는 동시에 도시가 형성되는 현상이 확인되어야 한다. 그러나 이러한 자료는 전혀 나타나지 않는다. 오히려 지금까지의 고고 발굴 결과를 보면 도시화 현상은 확인되지 않는 반면에 촌락 유적들만 증가하고 있다. 고조선의 중심지로 추정되는 한반도 북부와 만주 지역에서 집자리가 발견된 대표적인 유적을 보면 오른쪽 표와 같다.[163]

이와 같이 여러 지역에서 집자리가 발견되는 것은 여러 지역에 마을이 산재해 있었음을 알게 해주는 것으로서, 이러한 사실은 한국의 고대국가가 성읍국가가 아니라 마을을 기초로 한 국가였음을 말해준다.

이렇게 보면 고조선의 국가 구조는 다음과 같이 설명된다. 고조선 국가 구조는 중앙에 단군이 직접 통치하는 단군의 직할국이 있었고, 각 지역에는 거수들이 통치하는 거수국이 있었는데, 각 지역의 거수들은 중

---

**163** 박진욱, 『조선고고학전서 - 고대편』, 과학백과사전출판사, 1988, p. 136.
  고조선의 강역 전 지역을 종합하면 이보다 훨씬 많은 집자리 유적이 확인되지만, 일부 지역만 보더라도 고조선의 각 지역에 마을이 산재해 있었다는 것이 분명하므로 이 표로 대신한다.

고조선 중심지로 추정되는 집자리 유적지

| 유적 이름 | 유적의 위치 |
| --- | --- |
| 세죽리 유적 위층 | 평안북도 영변군 세죽리 |
| 단산리 유적 위층 | 평안북도 박천군 단산리 |
| 연화보 유적 | 요령성 무순시 연화보 |
| 양초장 유적 | 요령성 안산시 양초장 |
| 윤가촌 유적 위층 | 요령성 여대시 여순구구 철산공사 |
| 대니와 유적 아래층 | 요령성 금주현 대니와 |
| 고려채 유적 | 요령성 금현 비자와 |
| 대령둔성터 | 요령성 금현 |
| 목양성터 | 요령성 여대시 |

앙의 단군을 그들의 공주(共主)로 받들었으며 종교·정치·경제 등의 면에서 일정한 의무를 지고 있었다. 그러므로 고조선은 봉건제 국가 또는 거수국제 국가라고 부를 수 있을 것이다.

이를 좀 더 구체적으로 사람들이 거주하는 거주 형태의 측면에서 보면, 중앙에는 단군이 거주하는 서울, 즉 도읍이 있었고, 각 지역의 거수국에는 거수가 거주하는 큰 마을, 즉 국읍(國邑)이 있었으며, 그 아래에는 일반적인 작은 마을들, 즉 소읍들이 있었다. 그러므로 구조적인 측면에서 보면 서울·큰 마을·작은 마을 또는 도읍·국읍·소읍으로 각각 다른 성격을 지닌 마을(또는 읍)들이 층층이 쌓여 있는 상태를 이루고 있었던 것이다.

## 5. 마치며

　지금까지 살펴본 바와 같이 『제왕운기』 기록과 『시경』 「한혁」편 내용 및 중국의 고대 문헌에 기록된 내용들을 종합해보면 고조선은 많은 거수국으로 구성된 국가였다. 옛 문헌에서 확인되는 고조선의 거수국은 부여·고죽·고구려·예·맥·추·진번·낙랑·임둔·현도·숙신·청구·양이·양주·발·유·옥저·기자조선·비류·행인·해두·개마·구다·조나·주나·진·한 등이다.

　실제로는 이보다 훨씬 많은 거수국이 있었겠지만 역사에 남을 만한 사건과 관련을 갖지 못한 거수국은 기록에 남아 있지 않기 때문에 확인할 길이 없다. 전하는 바로는, 중국 서주시대에는 1,800여 개의 제후국이 있었다고 하지만 확인할 길이 없으며, 이들이 춘추시대에 이르러 100여 개로 겸병되었고, 그 가운데 정치적으로 영향력을 행사할 수 있는 나라는 10여 개 정도였다. 고조선의 영토는 서주보다 작지 않았으므로 이러한 고대 중국의 상황은 고조선의 거수국 상황을 이해하는 데 참고가 될 것이다. 고조선의 거수국들은 고조선이 건국된 후 필요에 따라 새로 만들어진 것들도 있었겠지만 대부분 고조선이 건국되기 전부터 있었던 각 지방의 정치세력들로서 종족을 형성하고 있었다. 그런데 고조선에 통합되어 거수국이 되었던 것이다.

　고조선의 단군은 각 지역의 거수들만을 통치하고 각 거수국의 주민들은 거수들에게 위임하여 간접으로 통치하는 방법을 취했다. 그리고 각 지역의 거수들은 종교·정치·경제 등의 면에서 일정한 의무를 지면서 단군을 공주(共主)로 받들었다. 고조선은 단군으로부터 봉함을 받은 여러 거수국으로 구성되어 있었으므로 봉건제 국가 또는 거수국제 국가라고 부를 수 있다.

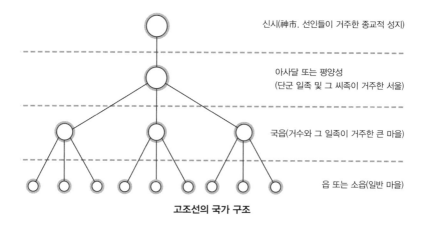

신시(神市. 선인들이 거주한 종교적 성지)

아사달 또는 평양성
(단군 일족 및 그 씨족이 거주한 서울)

국읍(거수와 그 일족이 거주한 큰 마을)

읍 또는 소읍(일반 마을)

**고조선의 국가 구조**

고조선의 국가 구조를 좀 더 구체적으로 거주 형태를 중심으로 살펴보면, 기본은 사람들이 거주하는 취락 즉 마을이었다. 그런데 마을들은 그 마을이 갖는 정치적 위치와 기능에 따라 서울(또는 도읍), 큰 마을(또는 국읍), 작은 마을(또는 소읍)로 분류된다. 서울에는 고조선의 최고 통치자인 단군이 그 일족과 함께 거주하면서 전국을 통치했고, 각 지역의 큰 마을에는 거수가 거주하면서 그의 거수국을 통치했으며, 전국에 널리 분포되어 있는 작은 마을은 고조선 국가 구조의 기층을 형성하는 것으로서 일반 농민[또는 하호(下戶)]들이 거주했다. 따라서 고조선을 구조적인 면에서 보면 '마을집적국가'[164]라고 부를 수 있다.

지금까지의 고찰로 고조선의 국가 구조는 고대 중국의 그것과 비슷하며 동아시아 농경사회 국가 구조의 일반 모형이 될 수 있음이 확인되었

---

**164** 필자는 이러한 국가를 읍제국가(邑制國家)라고 부른 바 있으나 이 명칭에는 그 사회 구조나 의미가 다소 분명하지 않고 너무 중국식 명칭 같은 느낌이 들어 '마을집적국가'로 수정했다.

다. 그리고 고조선은 3개의 조선으로 나뉘어 있었다는 '삼조선설'이나
서양의 고대국가와 같은 도시국가였다는 '성읍국가설' 등이 성립될 수
없다는 점도 분명해졌다. 고조선의 '삼조선설'은 사료를 잘못 읽은 데서
일어난 오류였으며, '성읍국가설'은 고조선의 국가 구조에 대한 연구가
충분히 되어 있지 않은 상황에서 서양 고대국가의 특징을 일반화시켜
한국사에 그대로 적용한 데서 일어난 오류였던 것이다.

# 고조선과 한의 관계

## 1. 들어가며

　그동안 한(韓)[1]에 관한 연구는 자료의 영세함에도 불구하고 꾸준히 진행되어왔다. 연구 내용은 한의 위치와 사회 성격 구명이 주류를 이루었다. 이러한 연구가 한국 고대사의 이해를 위해 필요함은 두말할 나위가 없다. 그러나 한 자체에 대해서만 연구가 진행될 경우 한에 대한 인식은 깊어질 수 있겠지만 한국사의 전체적인 맥락을 이해하는 데는 아쉬움이 남는다. 왜냐하면 그 지역에 있던 이전의 사회와 한의 관계, 고조선과 한의 관계 등이 밝혀지지 않고는 한국사에서 한의 위치와 비중

---

[1]　종래에는 삼한이라 불러왔지만 한(韓)이라 부르는 것이 옳을 것이다. 한에 관한 기본 사료인 『후한서』 「동이열전」과 『삼국지』 「동이전」에 한(韓)이라 칭하고 있는 것으로 보아 그 국명은 한이었을 것이기 때문이다. 삼한이라 부르면 한이 마치 마한·진한·변한으로 나뉘어 있었던 것 같은 분열의식을 갖게 된다.

을 체계적으로 설명할 수 없기 때문이다. 근래에 한의 이동설을 내놓음으로써 그러한 연구를 시도한 논문[2]이 발표되기는 했지만 필자가 보기에는 만족스럽지 못하다.

한에 관한 문제 가운데 우선 고찰되어야 할 것은 고조선과 한의 관계일 것이다. 이 문제가 밝혀져야만 한민족의 형성 과정이나 한국사의 출발점을 명쾌하게 설명할 수 있기 때문이다. 그리고 한은 고조선의 거수국이었으므로 고조선과 한의 관계는 고조선과 다른 거수국들의 관계를 이해하는 데도 도움이 될 것이기 때문이다.

그동안 한에 관한 문헌 사료는 충분히 소개되었다고 생각한다. 그러나 한국 고대사회 발전 과정이나 구조를 바르게 이해하지 못하여 사료 해석에서 오류를 범한 부분이 적지 않았다. 그 결과 한에 대해 고조선과의 연관 속에서 연구한 논문은 찾아볼 수 없었다. 필자는 고조선과 한의 관계를 고조선과 진국(辰國)의 관계, 진국과 한의 관계를 통해 밝힐 텐데, 먼저 진국의 위치 고증부터 시작하겠다.

## 2. 진국의 위치

고조선과 한의 관계를 구명하기 위해서는 먼저 진국의 위치를 확인할 필요가 있다. 왜냐하면 『후한서』 「동이열전」과 『삼국지』 「동이전」에 한이 진국과 연관을 가지고 기록되어 있을 뿐만 아니라 한과 진국은 모두 고조선의 거수국이었기 때문이다.

---

2    천관우, 「삼한의 성립 과정」 『사학연구』 26, 1975, pp. 1~66.

잘 알려져 있는 바와 같이 진국에 관한 가장 빠른 시기의 기록은 『사기』「조선열전」에 보인다. 그 기록에 따르면,

> (위만의) 아들을 거쳐 손자 우거 때에 이르러서는, …… 천자에게 입견(入見)하지 않을 뿐만 아니라 진번 옆의 진국이 글을 올려 천자를 알현하고자 하는 것도 가로막고 통하지 못하게 하였다.[3]

는 것이다. 이 기록은 위만조선과 진국 및 서한의 관계를 말해주고 있다. 위 『사기』의 인용문 가운데 진국은 『사기』 정의본(正義本)이나 송본(宋本)에는 진국(辰國)이라고 기록되어 있지만[4] 오늘날 통용되는 판본에는 중국(衆國), 즉 '여러 나라'로 되어 있다. 그러므로 현행 판본을 따른다면 위의 『사기』 기록은 진국과는 관계 없는 내용인 것처럼 생각할 수도 있다.

이 점을 분명히 하기 위해 이와 관계된 기록들을 살펴보자. 『사기』「조선열전」 기록을 거의 그대로 옮겨 놓은 『한서』「서남이양월조선전」에는,

> (위만의) 아들을 거쳐 손자 우거 때에 이르러서는, ……, 진번·진국이 천자에게 글을 올리고 알현하려고 하는 것도 가로막고 통하지 못하게 하였다.[5]

---

3   『사기』 권115 「조선열전」. "傳子至孫右渠, …… 又未嘗入見, 眞番旁辰國欲上書見天子, 又擁閼不通."

4   瀧川龜太郎, 『史記會注考證』 卷115 「朝鮮列傳」, 宏業書局 影印版, 民國 63(1974), p. 1200.

5   『한서』 권95 「서남이양월조선전」. "傳子至孫右渠, ……, 眞番·辰國欲上書見天子, 又

고 되어 있다. 『사기』에는 '진번 옆의 진국'이 『한서』에는 '진번·진국'으로 기록되어 있는 것이다. 한편 『자치통감(資治通鑑)』「한기(漢紀)」에는 동일한 사건에 대해,

(위만의) 아들을 거쳐 손자 우거 때에 이르러서는, ……, 진국이 글을 올려 천자를 알현하고자 하는 것도 가로막고 통하지 못하게 하였다.[6]

고 기록하여 『사기』나 『한서』와는 달리 진번은 언급하지 않고 진국만 언급했다.

위의 『한서』와 『자치통감』 기록은 서로 표현은 약간 다르지만 위만조선 옆에 진국이 있었고, 진국이 서한과 교류하려는 것을 위만조선의 우거왕이 방해했음을 알게 한다. 이렇게 볼 때 중국(衆國)이라고 기록되어 있는 『사기』의 현행 통용본보다 진국(辰國)이라고 기록되어 있는 정의본(正義本)과 송본(宋本)이 옳은 것임을 알 수 있다. 설령 현행 『사기』 통용본의 중국(衆國)이라는 기록을 따른다 해도 『한서』와 『자치통감』 기록에서 진국이 확인되었으므로 위만조선 옆의 여러 나라(衆國) 가운데 진국이 존재했음은 분명하다.

당시 상황을 정확하게 알기 위해 『사기』의 '진번 옆의 진국', 『한서』의 '진번·진국', 『자치통감』의 '진국'이라는 표현의 차이를 어떻게 보아야 할지 잠깐 살펴볼 필요가 있다. 위 기록들이 말하는 시기는 위만이 준으로부터 정권을 빼앗고 서한의 외신이 되어 그 영토를 확장한 훨씬 후로,

---

擁閼不通."

6   『자치통감』 권21 「한기(漢紀)」13. "傳子至孫右渠, ……, 辰國欲上書見天子, 又擁閼不通."

위만의 손자 우거왕 때였다. 당시 상황을 『사기』「조선열전」은,

> 효혜(孝惠)·고후(高后)의 시대를 맞이하여 천하가 처음으로 안정되니 요동태수는 곧 (위)만을 외신으로 삼을 것을 약속하고 국경 밖의 오랑캐를 지켜 변경을 노략질하지 못하게 하는 한편 여러 오랑캐의 군장이 (중국에) 들어와 천자를 뵙고자 하면 막지 말도록 하였다. 천자도 이를 보고 받고 허락하였다. 이로써 (위)만은 군사적·경제적 기반을 닦고 주변의 소읍들을 침략하여 항복시키니 진번과 임둔도 와서 복속하여 (영토가) 사방 수천 리가 되었다.[7]

고 기록하고 있다. 이와 같이 위만은 서한의 외신이 된 후 영토 확장 전쟁을 벌였는데, 그때 이미 진번은 임둔과 함께 위만조선에 복속되어 위만조선의 영토를 형성하고 있었다.

따라서 우거왕 때 진번은 당연히 위만조선의 영토였다. 그 진번 옆에 진국이 있었던 것이다. 『자치통감』이 진번을 언급하지 않은 것은 굳이 진번에 대해 말하지 않더라도 진국이 위만조선 옆에 있었다는 것이 되어 그 사실을 전하는 데 전혀 문제가 되지 않기 때문이었을 것이다.

그런데 『사기』나 『자치통감』과는 달리 『한서』에는 '진번·진국'으로 기록되어 있으므로 이것을 '진번과 진국'으로 해석하여, 진국뿐만 아니라 진번이 서한과 교류하고자 하는 것을 위만조선 우거왕이 방해했던 것으로 잘못 인식할 수가 있다. 그러나 『한서』「조선전」은 전체적인 내용이

---

7   『사기』 권115 「조선열전」. "會孝惠·高后時天下初定, 遼東太守卽約滿爲外臣, 保塞
    外蠻夷, 無使盜邊, 諸蠻夷君長欲入見天子, 勿得禁止. 以聞, 上許之, 以故滿得兵威
    財物侵降其旁小邑, 眞番·臨屯皆來服屬, 方數千里."

『사기』「조선열전」기록을 그대로 옮겨놓은 것인데,『사기』「조선열전」이나『한서』「조선전」내용에 진번은 이미 위만조선의 영토에 편입되어 있었던 것으로 되어 있다. 그러므로 진번이 서한과 교류하고자 하는 것을 우거왕이 방해했다는 논리는 성립될 수 없다. 이렇게 볼 때『한서』의 '진번·진국'이라는 기록은『사기』기록을 옮겨 적는 과정이나 그 후『한서』가 전해지는 과정에서 "진번방진국(眞番旁辰國 : 진번 옆의 진국)"이라는『사기』의 표현 가운데 방(旁) 자가 탈락되었을 것으로 생각된다.

　　『사기』·『한서』·『자치통감』기록을 통해 진국은 위만조선 가까이에 위치해 있었고, 위만조선은 진국과 서한의 중간에 위치해 있었음을 알 수 있다. 위만조선과 진국의 지리적 상호관계를 분명히 밝혀주는 기록이『삼국지』「동이전」〈한전〉의 주석으로 실린『위략』에 보인다. 그 기록을 보면,

　　일찍이 우거가 격파되기 전에 조선상 역계경이 우거에게 간(諫)하였으나 (그의 말이) 받아들여지지 않자 동쪽의 진국으로 갔다. 그때 백성으로서 그를 따라가 그곳에 산 사람이 2천여 호나 되었는데, 그들도 역시 (위만)조선에 조공하는 번국과는 왕래하지 않았다.[8]

고 되어 있다. 위에 나오는 조선상은『사기』「조선열전」에도 보이는 위만조선의 관직인데[9] 그 관직에 있던 역계경이 자신의 간언을 우거왕이

---

8　『삼국지』권30「동이전」〈한전〉의 주석으로 실린『위략』. "初, 右渠未破時, 朝鮮相歷谿卿以諫右渠不用, 東之辰國, 時民隨出居者二千餘戶, 亦與朝鮮貢番不相往來."

9　『사기』「조선열전」에는 위만조선의 관직으로 조선상(朝鮮相)·상(相)·이계상(尼谿相)·장군(將軍)·비왕(裨王)·장사(將士) 등이 보인다.

받아들이지 않자 동쪽의 진국으로 망명했다는 것이다. 이로써 진국은 위만조선의 동쪽에 있었음을 알 수 있다.

위의 내용 가운데 조선상 역계경이 위만조선으로부터 "동쪽으로 갔다"는 표현은 "남쪽으로 간 것"을 잘못 기록했을 것으로 본 학자들이 있다.[10] 그것은 위만조선의 위치를 한반도 북부로 보았기 때문이다. 위만조선이 한반도 북부에 있었다면 그 동쪽에는 동해가 있으므로 위만조선의 동쪽에 진국이 있을 수 없다고 생각했던 것이다. 그러므로 진국은 위만조선의 남쪽인 한반도 남부에 있었을 것으로 생각했다. 따라서 조선상 역계경은 남쪽으로 갔을 것으로 보았던 것이다. 이러한 관점에서 진국은 한반도 남부에 있었던 한(韓)의 전신이었을 것으로 생각했다. 진국의 면적에 대해서는 한반도 남부 전 지역을 차지하고 있었을 것으로 본 견해[11]와 그 일부 지역을 차지하고 있었을 것으로 본 견해[12]가 제출되었다.

이러한 견해들은 출발부터 잘못되었다. 그 이유는 위만조선의 위치를 고증하거나 검토하지 않았기 때문이다. 위만조선의 위치나 강역에 관한 연구논문 한 편 제출되어 있지 않은 상황에서 그동안 한국사 학계에서는 고조선·위만조선·한사군이 모두 선후 관계를 가지고 대동강 유역에 위치해 있었을 것으로 믿어왔다. 그러나 위만조선은 고조선의 뒤를 이

10  이병도,『한국고대사연구』, 박영사, 1981, pp. 238~240, 118 및 98 지도 참조.
    천관우,「〈삼국지〉 한전의 재검토」『진단학보』41, p. 21.
    김정배,「준왕 및 진국과 '삼한정통론'의 제문제」『한국사연구』13, 1976, p. 14.
    이현혜,『삼한사회형성과정연구』, 일조각, 1984, pp. 8~16.
11  사회과학원 력사연구소,『조선전사 ─ 고대편 2』, 과학백과사전출판사, 1979, pp. 161~168.
12  앞 글,「〈삼국지〉 한전의 재검토」; 앞 글,「준왕 및 진국과 '삼한정통론'의 제문제」; 앞 책,『한국고대사연구』참조.

은 세력이거나 수직선상의 선후 관계가 아니며 한반도 북부에 있지도 않았다.[13]

앞의 『위략』 기록에 따르면, 위만조선과 진국은 동서로 병존해 있었으므로 진국의 위치를 알려면 위만조선의 위치를 먼저 확인할 필요가 있다. 필자는 위만조선의 위치가 한반도 북부가 아니라 지금의 요서 지역이었으며, 그 영토가 북경 근처의 난하로부터 대릉하 유역까지였음을 고증한 바 있다.[14] 즉 중국 상 왕실의 후예인 기자 일족은 고조선의 서부 변경인 난하 동부 유역에 망명 와 있으면서 고조선의 거수국인 기자조선이 되었는데,[15] 기자의 40여 대 후손인 준 때에 서한에서 망명한 위만에게 그곳에서 정권을 빼앗겼으며, 그 후 위만은 동쪽으로 영토를 확장하여 그 영토가 대릉하에 이르렀고,[16] 서한 무제가 위만조선을 멸망시킨 후에는 난하로부터 지금의 요하에 이르는 지역에 한사군을 설치했다는 내용이었다.[17] 따라서 위만조선이 있었던 지금의 요서 지역은 원래 고조선의 서부 지역이었다. 그러므로 기자조선·위만조선·한사군은 고조선의 서부 변경에서 일어난 사건들이었고 한국사의 주류는 아니었던 것이다. 이러한 필자의 견해는 기존의 통설과는 전혀 다르다.

---

13  이 문제에 관해서는 필자의 「위만조선의 재인식」 『한국고대사신론』(일지사, 1986)과 『고조선 연구』 상 제1편 제5장 제1절 「위만조선과 한사군의 위치」 참조.
14  윗글 참조.
15  윤내현, 「기자신고」, 앞 책 『한국고대사신론』, pp. 223~233.
    『고조선 연구』 상 제1편 제5장 제1절 「위만조선과 한사군의 위치」 참조.
16  앞 글, 「위만조선의 재인식」.
    『고조선 연구』 상 제1편 제5장 제1절 「위만조선과 한사군의 위치」 참조.
17  윤내현, 「한사군의 낙랑군과 평양의 낙랑」 앞 책 『한국고대사신론』, pp. 307~319·340~341.
    『고조선 연구』 상 제1편 제5장 제1절 「위만조선과 한사군의 위치」 참조.

필자의 고증은 한국과 중국의 고대 문헌과 최신 고고학 자료 및 인류학 이론 등을 통한 구체적인 것이다. 그럼에도 불구하고 확실한 근거도 제시하지 않으면서 위만조선이 고조선을 계승했을 것으로 본 기존의 통설을 견지하려는 일부 학자들이 있다.[18] 위만조선이 고조선을 계승하지 않았음을 구체적으로 고증한 연구논문을 이미 발표한 바 있지만, 이해의 편의를 위해 여기서는 위만조선의 위치를 분명하게 해주는 자료 몇 개만을 소개한다.

위만조선의 위치는 『사기』 「조선열전」에서 분명하게 확인된다. 서한 무제는 위만조선을 치기 위해 육군과 해군을 파견했는데, 육군을 거느린 좌장군 순체(荀彘)의 진군로에 대해 『사기』 「조선열전」에 "좌장군 순체는 요동에 출격하여 우거를 토벌하였다"[19]고 기록되어 있다. 서한의 장군 순체가 요동에 출격하여 위만조선의 우거왕을 쳤으므로 이 위만조선은 요동에 있었음을 알 수 있다. 그런데 고대의 요동은 지금의 요동과 위치가 달랐다. 고대의 요동은 지금의 난하 유역과 그 동쪽, 그러니까 지금의 요서 지역이었다.[20]

이 지역이 요동이었음은 『사기』 기록에서 확인된다. 『사기』 「진시황본기」에는 진제국의 2세 황제가 대신들과 함께 난하 하류 동부 유역에 있는 갈석산에 다녀온 사실이 기록되어 있는데, 그 기록에서 갈석산 지역

---

18  천관우, 「고조선에 대한 견해」 『한국일보』, 1987년 4월 11일자 5~6면.
    이기백, 「국사 교과서 개편 방향을 보고」 『동아일보』, 1987년 6월 8일자.
    전영래, 「회고와 전망 : 고고」 『한국사연구휘보』 51, 국사편찬위원회, 1985, pp. 95~96.
19  『사기』 권115 「조선열전」, "左將軍荀彘出遼東, 討右渠."
20  윤내현, 「고조선의 위치와 강역」 앞 책 『한국고대사신론』, pp. 38~58.
    _____, 「고조선의 서변경계 재론」 『한국독립운동사의 인식 – 백산박성수교수화갑기념논총』, 백산박성수교수화갑기념논총간행위원회, 1991, pp. 524~530.
    『고조선 연구』 상 제1편 제3장 제1절 「고조선의 서쪽 경계」 참조.

을 요동이라고 부르고 있다.[21] 『사기』「조선열전」에 서한의 육군이 요동에 출격해서 위만조선을 쳤던 것으로 기록되어 있는데, 같은 책인 『사기』「진시황본기」에서 요동의 위치를 난하 동부 유역으로 말하고 있으므로 위만조선이 있었던 요동이 난하 동부 유역에 있었음은 분명하다.

그러나 위의 인용문에서 한 가지 의문을 가질 수 있다. "좌장군 순체가 요동에 출격했다"는 구절의 원문은 "좌장군순체출요동(左將軍荀彘出遼東)"인데, 이 문장은 요동에 출격한 것이 아니라 요동을 나간 것으로 해석할 수도 있기 때문이다. 그러나 이 점은 문제가 되지 않는다. 『사기』의 다른 문장의 예를 보더라도 '출요동(出遼東)'은 '요동에 출격했다'고 해석하는 것이 옳을 것이다.[22] 군이 요동을 나간 것으로 해석한다면 순체가 나간 요동은 당시 중국의 행정구역이었던 요동군이었다고 보아야 할 것인데, 요동군은 난하 하류로부터 그 동쪽에 있는 갈석산까지로, 전체 요동의 서남부 일부[23]에 불과했다. 따라서 순체가 요동군을 나와서 위만조선을 쳤다고 해도 전쟁을 한 곳은 넓은 의미의 요동 지역이 되는 것이다.

위만조선이 난하 동부 유역에 있었음은 서한 무제가 파견한 해군의 항로에 의해서도 확인된다. 해군의 항로에 대해서는 『사기』「조선열전」에 "누선장군(樓船將軍) 양복(楊僕)은 제(齊)로부터 발해를 항해하였

---

21  『사기』권6「진시황본기」〈2세 황제 원년〉조.

22  『사기』권92「회음후열전(淮陰侯列傳)」에 "한왕은 병사를 일으켜 동쪽으로 진창에 출격했다(漢王擧兵東出陳倉)."; 권93「한신노관열전(韓信盧綰列傳)」에 "황제는 마침내 평성에 이르렀다. 황제는 백등에 출격했는데 흉노의 기병이 황제를 포위했다(上遂至平城, 上出白登, 匈奴騎圍上)." 등이 그 예이다.

23  앞 글, 「고조선의 위치와 강역」, pp. 47~54.
    앞 글, 「고조선의 서변경계 재론」, pp. 524~530.
    『고조선 연구』상 제1편 제3장 제1절 「고조선의 서쪽 경계」참조.

다"[24]고 기록되어 있다. 제는 지금의 산동성이었고 발해는 예나 지금이
나 변함없이 산동성 북부에 위치해 있다.[25] 산동성을 출발하여 북쪽으로
항해했다면 도달하는 곳은 지금의 갈석산이 있는 난하 하류 동부 유역
이 된다. 서한의 육군과 해군이 위만조선을 치기 위해 도달했던 곳은 동
일한 지역이었음을 알 수 있다.

『사기』의 저자 사마천(司馬遷)은 서한 무제가 위만조선을 칠 당시에
서한의 사관(史官)으로 있었다. 그리고 그는 위대한 역사가로 평가받고
있다. 이런 점으로 보아 위에서 인용된 『사기』 기록은 위만조선의 위치
를 밝혀주는 가장 믿을 만한 사료다. 또한 『한서』 「지리지」와 『진서(晉
書)』 「지리지」에는 후에 낙랑군의 조선현이 된 곳에 기자 일족이 망명
와서 거주했다고 기록되어 있다.[26] 낙랑군 조선현은 지금의 난하의 동부
지류인 청룡하(淸龍河) 유역이었을 것으로 고증되었다.[27] 이곳에서 위만
은 기자의 40여 대 후손인 준으로부터 정권을 빼앗아 위만조선을 세웠
다. 그리고 서한의 외신이 되어 군사적·경제적 기반을 닦은 후 고조선
을 침략하여 그 영토를 대릉하 유역까지로 확장했던 것이다.[28]

---

24  『사기』 권115 「조선열전」. "遣樓船將軍楊僕從齊浮渤海."
25  『전국책(戰國策)』 권8 「제(齊)1」. "소진이 조나라와 합종하기 위해 제나라 선왕을 설
    득하려고 말하기를, 제나라는 남쪽에 태산이 있고, 동쪽에는 낭야가 있으며, 서쪽에는
    청하가 있고, 북쪽에는 발해가 있는데 이것들은 이른바 나라의 4개의 요새입니다(蘇秦
    爲趙合縱, 說齊宣王曰, 齊南有太山, 東有琅邪, 西有淸河, 北有渤海, 此所謂四塞之
    國也)."라고 했는 바, 이로써 전국시대에도 발해의 위치는 지금과 같았음을 알 수 있
    다.
26  『한서』 권28 하 「지리지」 하 〈낙랑군〉조의 조선현에 대한 주석.
    『진서(晉書)』 권14 「지리지」 상 〈평주(平洲)〉 '낙랑군'조의 조선현에 대한 주석.
27  윤내현, 「기자신고」, 앞 책 『한국고대사신론』, pp. 231~233.
28  앞 글, 「위만조선의 재인식」.
    『고조선 연구』 상 제1편 제5장 제1절 「위만조선과 한사군의 위치」 참조.

그 후 서한 무제가 위만조선을 멸망시키고 그 지역에 낙랑군·임둔
군·진번군을 설치한 후 여세를 몰아 지금의 요하까지를 침략하고 요하
서부 유역에 현도군을 설치했다. 한사군 가운데 낙랑군이 난하의 동부
유역에 위치하여 가장 서쪽에 있었고, 현도군은 요하 서부 유역에 위치
하여 가장 동쪽에 있었던 것이다.[29] 기자 일족의 망명에서 한사군에 이
르기까지의 과정이나 위치에 대해서는 이미 구체적인 연구 결과가 발표
되어 있다.[30] 여기서 중요한 것은 기자조선·위만조선·한사군은 서로
수직적인 계승 관계를 맺고 있으므로 준이 위만에게 정권을 빼앗긴 곳
이 난하 동부 유역이었고, 한사군이 난하에서 요하 사이에 설치되어 있
었다는 사실은 위만조선의 위치가 난하 동부 유역(지금의 요서 지역)이었
음을 뒷받침해준다는 사실이다. 이병두가 한사군의 지리 고증에 관한
연구 결과를 발표한 바 있는데,[31] 그의 견해도 필자와 일치했다.

이제 진국(辰國)의 위치를 확인할 차례가 되었다. 위만조선의 영토가
지금의 요서 지역인 난하로부터 대릉하까지였다면 진국은 지금의 요하
유역으로부터 그 동부에 걸쳐 위치해야 한다. 『위략』에 위만조선의 조선
상 역계경이 동쪽의 진국으로 갔다고 했기 때문이다. 이렇게 보면 위만
조선은 진국과 서한 사이에 위치하게 된다. 따라서 『사기』와 『한서』의
「조선열전」과 『자치통감』에서 위만조선이 진국과 서한의 교류를 가로막
고 방해했다고 말한 내용이 그 지리적 위치와 일치함을 알 수 있다.

---

29  앞 글, 「위만조선의 재인식」, p. 269.
    『고조선 연구』 상 제1편 제5장 제1절 「위만조선과 한사군의 위치」 참조.
30  앞 글, 「기자신고」·「위만조선의 재인식」·「한사군의 낙랑군과 평양의 낙랑」.
    『고조선 연구』 상 제1편 제5장 제1절 「위만조선과 한사군의 위치」 참조.
31  이병두, 「중국 고대 군현 위치고 – 요동·낙랑·현도군에 대하여」, 단국대 대학원 석사
    학위 논문, 1987.

진국이 요하 동쪽 지역에 위치해 있었음을 알게 해주는 기록들이 다른 문헌들에서도 확인된다. 『회남자』「시칙훈」에 "갈석산으로부터 조선을 지나 대인(大人)의 나라를 통과하면 동쪽의 해 뜨는 곳에 이른다"[32]라는 구절이 있다. 진(辰)·신(臣) 등은 한국 고대어에서 '대(大)', '크다'의 뜻을 지니므로 위의 구절에 나오는 대인의 나라는 진국이다.[33] 『회남자』는 서한 무제 때 회남왕 유안이 저술했는데 당시 위만조선이 존재하고 있었다. 따라서 위 인용문에 나오는 조선은 위만조선을 가리키고 있음이 분명하다. 지금의 난하 하류 동부 유역에 있는 갈석산으로부터 위만조선을 지나 동쪽으로 진국을 통과한다는 표현은 앞에서 확인된 위만조선과 진국의 위치와 일치한다.

고구려가 멸망한 후 그 후예들이 건국한 발해가 지금의 요하 동쪽의 만주와 연해주 및 한반도 북부를 영토로 하고 있었음은 잘 알려진 사실인데, 발해의 건국에 대해 『구당서』〈발해말갈전〉에는,

대조영은 굳세고 용감하였으며 군사를 쓰는 데 뛰어나니 말갈의 무리와 고구려의 남은 후예들이 점차 그에게로 돌아왔다. 성력(聖曆 : 서기 698~699) 중에 자립하여 진국왕(振國王)이 되었는데, 사신을 보내어 돌궐과 교통하였다. 그 땅은 영주(營州)의 동쪽 2천 리로서 남쪽은 신라와 접하였다.[34]

---

32  『회남자』 권5 「시칙훈」. "自碣石山過朝鮮, 貫大人之國, 東至日出之次." 이 구절의 갈석산에 대한 주석에 "갈석산은 요서의 경계 바다의 서부 해변에 있다(碣石在遼西界 海水西畔)"고 하여 여기 나오는 갈석산이 난하 하류 유역의 갈석산임을 밝히고 있다.

33  앞 책, 『한국고대사연구』, p. 240.
    안재홍, 「삼한국과 그 법속」 『한국학연구총서』 2, 성진문화사, 1974, p. 4.

34  『구당서』 권119 「북적열전(北狄列傳)」 〈발해말갈전〉. "(大)祚榮驍勇善用兵, 靺鞨之

고 기록되어 있어 발해가 국명을 진국(振國)이라 했음을 알 수 있다. 『신당서』〈발해전〉에는 대조영이 건국을 하고 스스로 진국왕(震國王)이라고 하였다고 기록하여[35] 국호 가운데 진(振) 자를 진(震) 자로 다르게 쓰고 있다. 이러한 차이는 '진국'이 원래 한자를 사용한 명칭이 아니었는데, 중국인들이 그것을 한자로 음사(音寫)하는 과정에서 일어난 차이였을 것이다. 여기서 필자의 관심을 끈 것은 발해가 스스로 불렀던 국명은 '진국'이었는데, 그 명칭은 물론 위치까지 위만조선 시대의 진국과 대체로 동일하다는 점이다. 아마도 발해를 건국한 대조영이 같은 지역에 있었던 고대 신국을 계승한다는 정신으로 동일한 국명을 사용했을 가능성이 있다.

『요사(遼史)』「지리지」 '동경도(東京都)' 진주(辰州) 봉국군(奉國軍)조에는,

> 진주 봉국은 절도(節度)인데 본래 고(구)려의 개모성(蓋牟城)이다. 당의 태종이 이세적(李世勣)과 합하여 개모성을 공파하였는데 바로 이곳이다. 발해가 개주(蓋州)로 고쳤으며 다시 진주(辰州)로 고쳤는데, 진한(辰韓)에서 그 이름을 얻었다.[36]

는 기록이 있다. 요(遼)시대의 진주는 지금의 개현(蓋縣) 지역으로 요동

---

衆及高麗餘燼, 稍稍歸之. 聖曆中, 自立爲振國王, 遣使通于突厥, 其地在營州之東二千里, 南與新羅相接".
35 『신당서』 권219 「북적열전」〈발해전〉. "(大)祚榮卽幷比羽之衆, 恃荒遠, 乃建國, 自號震國王, 遣使交突厥."
36 『요사』 권38 「지리지」 2〈동경도〉. "辰州奉國軍, 節度. 本高麗蓋牟城. 唐太宗會李世勣攻破蓋牟城, 卽此. 渤海改爲蓋州, 又改辰州, 以辰韓得名.

반도의 서북부, 요동만의 동쪽 연안에 위치한다. 그리고 『성경통지(盛京
通志)』「건치연혁(建置沿革)」조에는 개평현(蓋平縣)·복주(復州)·영해현
(寧海縣)에 대해,

> 개평현은 주(周)시대에는 조선에 속해 있었는데, 본래 진한의 땅으로서
> 진(秦)시대에는 연인(燕人) 위만이 살았던 곳이다. 복주(復州)는 주시대
> 의 조선계(朝鮮界)로서 진한(辰韓)의 땅이었고 진(秦)시대에도 같았다.
> 영해현(寧海縣)은 주시대의 조선계로서 진한의 땅이었고 진시대에도 같
> 았다.[37]

고 기록하고 있다. 이 기록은 청(淸)시대의 개평현·복주·영해현이 모두
원래 진한의 땅이었다고 말하고 있는 것이다. 청시대의 개평현은 앞의
『요사』「지리지」의 진주(辰州)와 같은 곳으로 지금의 개현(蓋縣)이며 영
해현은 지금의 금현(金縣)이고, 복주는 지금의 복현(復縣) 지역으로 개
현과 금현의 중간이 되는데, 모두 요동반도에 있다.

 위의 『성경통지』 기록 가운데 진시대의 연인 위만이 개평현에서 살았
다고 한 것은 잘못이다. 진시대는 위만이 조선 지역으로 망명 오기 전이
다. 당시 연의 영토는 지금의 난하를 넘지 못했으므로 그가 거주했던 연
지역은 지금의 하북성 중부 지역이어야 한다. 그리고 앞에서 이미 고찰
한 바와 같이 위만이 망명해서 세운 위만조선도 지금의 요서 지역에 있
었다. 그러므로 지금의 요동 지역에 있었던 개평현에 위만이 살았다고

---

37 『성경통지』 권10 「건치연혁」 〈개평현〉·〈복주〉·〈영해현〉. "蓋平縣, 周, 屬朝鮮本辰韓
地. 秦, 燕人衛滿所據." "復州, 周, 朝鮮界辰韓地. 秦, 同." "寧海縣, 周, 朝鮮界辰韓
地. 秦, 同."

하는 것은 옳지 않다. 이러한 오류가 있음에도 『요사』와 『성경통지』 기록에 지금의 요동 지역이 고대에 조선에 속한 진한의 땅이었다거나 그 지역의 명칭이 진한에서 왔다고 기록하고 있는 것은 매우 중요한 것을 시사한다.

이러한 기록에 근거하여 요동반도 지역에 원래 북진한(北辰韓)이 있었을 것으로 보는 견해가 제출되었지만[38] 요동 지역에 진국이 위치하고 있었으므로 동일한 지역에 진한이 있었다고 보기는 어렵다. 『요사』와 『성경통지』에서 요동 지역을 진한과 연결시켜 기록한 것은 『삼국지』 「동이전」 〈한전〉에서 "진한은 옛날의 진국이다"[39]라고 한 것이라든가, 『후한서』 「동이열전」 〈한전〉에 "마한·진한·변진이 모두 옛날의 진국이었다"[40]고 기록한 것에 따라 『요사』와 『성경통지』 편찬자가 진국과 진한을 동일한 개념으로 사용했기 때문일 것이다. 이렇게 보면 『요사』와 『성경통지』에 요동 지역이 본래 진한 땅이었다고 기록된 것은 그 지역에 진국이 있었음을 뒷받침하는 근거가 된다. 진국과 진한의 관계에 대해서는 뒤에서 자세히 논하겠다.

지금까지의 고찰로 분명해진 것은 고대에 진국은 지금의 요하 유역으로부터 그 동부 지역에 위치해 있었다는 사실이다. 따라서 『위략』에 기록된 조선상 역계경이 위만조선으로부터 동쪽의 진국으로 갔다는 표현은 옳은 것이며, 그동안 일부 학자들이 '동쪽'이라는 표현을 '남쪽'으로 바꾸어 해석했던 것은 잘못되었음을 알 수 있다.

---

**38** 앞 글, 「삼한의 성립 과정」, pp. 12~13.
**39** 『삼국지』 권30 「동이전」 〈한전〉. "辰韓者, 古之辰國也."
**40** 『후한서』 권85 「동이열전」 〈한전〉. "馬韓在西, ……, 辰韓在東, ……, 弁辰在辰韓之南, ……, 皆古之辰國也.

## 3. 고조선과 진국의 관계

고대 문헌에서 고조선과 진국의 관계를 직접 언급한 기록은 발견되지 않는다. 그러나 고조선의 국가 구조와 사회 상황 등을 이해하면 고조선과 진국의 관계를 알 수 있다. 그러므로 고조선의 국가 구조와 사회 상황을 먼저 살펴보자.

지난날 한국사 학계는 한국의 고대국가를 부족국가로 보았다. 그러나 부족과 국가는 다른 시기의 사회 단계를 말하는 학술용어이므로 부족국가라는 용어는 성립될 수 없다는 지적을 받자[41] 일부 학자들은 한국의 고대국가를 성읍국가라고 불러야 한다고 주장하게 되었다.[42] 그들은 한국의 초기 국가는 세계의 모든 다른 민족들에서와 마찬가지로 처음에는 도시국가라고 불리는 국가 형태와 큰 차이가 없었다고 보아야 하는데, 그것이 바로 한국에서는 성읍국가였다는 것이다.[43] 메소포타미아의 수메르 지방에는 처음에 10~20개의 도시국가가 형성되어 있었고, 그리스의 아테네는 물론 로마도 처음에는 티베르 강가에 자리 잡은 작은 도시국가에서 출발했으며, 중국도 초기에는 도시국가 또는 읍제국가(邑制國家)라고 부르는 작은 범위의 지역을 지배하는 국가에서 출발했다는 것이다.[44]

그뿐만 아니라 한국사를 보더라도 고구려·백제·신라는 건국 초기에 주변에 여러 나라가 있었고 작은 세력에서 출발했는데, 고조선도 이러

---

41  김정배, 「한국고대국가 기원론」 『백산학보』 14호, 1973, pp. 59~85.
42  천관우, 「삼한의 국가 형성」 상 『한국학보』 제2집, 1976, pp. 6~18.
    이기백, 「고조선의 국가 형성」 『한국사시민강좌』 제2집, 1988, pp. 12~15.
43  윗글, 「고조선의 국가 형성」, p. 13.
44  윗글, p. 14.

한 상황과 같았을 것이며 이것이 인류사회의 일반적인 현상에 알맞다는 것이다.[45]

이런 주장은 언뜻 보면 매우 합리적이고 타당한 것 같다. 그러나 그렇지 않다. 고대사회의 발전 과정을 잘못 이해하고 있는 것이다. 고대사회의 성격은 그 사회가 위치한 지역의 자연환경에 따라 차이를 보인다. 예컨대 그리스와 한국은 고대국가의 성격에 큰 차이가 있다. 그리스는 토질이 척박하여 일상생활의 필수품이나 문화적 조형물을 만드는 데 필요한 자원을 자체 내에서 구할 수 없다. 그래서 다른 지역과의 교역이 필요했다. 따라서 상업 활동에 유리한 지역에 도시가 출현하게 되었다. 그리고 자급자족이 어렵기 때문에 소수 집단이 거주하는 마을은 발달하지 못했다. 그 결과 도시국가가 출현했던 것이다.[46]

그러나 한국은 토질이 비옥한 농업 지역이다. 자체 내에서 생활필수품이나 문화적 조형물을 만드는 데 필요한 자원을 충분히 조달할 수 있다. 자급자족이 가능하므로 소수 집단(씨족)이 모여 사는 마을이 발달하게 되었다.[47] 이러한 마을들이 그대로 성장하면서 마을연맹체(필자는 이러한 사회를 '고을나라'라 부른다)를 형성했다. 그리고 다시 여러 마을연맹

---

**45** 윗글, p. 13.

**46** 許倬雲, 「東周到秦漢 : 國家形態的發展」『中國史研究』1986年 4期, pp. 35~36.
Cho-yun Hsu, "Stepping into Civilization : the Case of Cultural Development in China". *A Conference on Early Civilization in Global Perspective*, 1980, p. 2.

**47** 황하 유역이나 만주, 한반도 등에서 많은 신석기시대 유적이 발견되는 것은 그만큼 부락이 많았다는 것을 보여준다. 황하 유역에서 발견된 신석기시대의 부락 유적은 그 지역에 현존하는 부락의 수와 맞먹는 것이었다.
윤내현, 『중국의 원시시대』, 단국대 출판부, 1982, p. 185.
梁星彭, 「關中仰韶文化的幾個問題」『考古』, 1979年 3期, p. 260.

체들이 통합되어 국가가 출현했다.[48] 한국에서도 국가 단계에 이르면 정치적·종교적 중심지는 일반 마을보다 큰 마을을 형성했을 것이므로 이를 도시라고 부를 수는 있겠지만, 그리스에서와 같이 도시 자체가 국가는 아니었다. 한국은 많은 마을이 그물처럼 점조직화된 국가 형태를 하고 있었던 것이다.[49]

따라서 그리스와 한국의 고대국가는 구조와 형태가 다르다. 중국도 농업 위주 사회였으므로 고대국가의 구조와 형태는 한국과 비슷했다. 그럼에도 불구하고, 앞에서 언급한 바와 같이 중국도 초기에는 도시국가 또는 읍제국가였으므로 이러한 세계 보편적인 고대국가관이 한국에도 적용되어야 한다고 믿고 있는 학자가 있다.[50] 이것은 근래의 연구 성과에 관심을 기울이지 않은 결과 빚어진 오류다. 지금은 중국의 고대국가를 도시국가라고 부르지도 않으며 읍제국가라는 말을 도시국가라는 뜻으로 쓰지도 않는다. 중국의 고대국가를 도시국가라고 부른 것은 오래전의 학문 수준이었다.

---

**48** Kwang-chih Chang, *Shang Civilization*, Yale University Press, 1980, p. 361.
張光直, 「從夏商周三代關係與中國古代國家的形成」 杜正勝 編, 『中國上古史論文選集』 上, 華世出版社, 民國 68(1979), pp. 311~321.

**49** 王玉哲, 「殷商疆域史中的一個重要問題」, 『鄭州大學學報』, 1982.
『中國歷史年鑑』, 人民出版社, 1983, pp. 10~11.
심재훈, 「중국 고대국가 형성의 보편성과 특수성」, 『사학지』 제22집, 단국대 사학회, 1989, pp. 203~232.
윤내현, 「고조선의 국가 구조」 『겨레문화연구』 6, 한국겨레문화연구원, 1992, pp. 67~112.
_____, 「고조선 사회의 신분 구성」 『전통과 현실』 제4호, 고봉학술원, 1993, pp. 134~164.
이 책의 제2편 제1장 「고조선의 구조와 정치」 참조.

**50** 앞 글, 「고조선의 국가 형성」.

중국을 포함한 동아시아 고대사회에 대한 연구가 부족했던 시기에는 동아시아 고대사회를 서양 고대사회의 틀에 맞추어 설명하려고 시도했다. 그 결과 중국의 고대국가도 도시국가였을 것으로 설명되었고,[51] 또한 중국에서는 마을을 읍(邑)이라고 불렀기 때문에 이러한 국가를 읍제국가라고 부르는 학자도 있게 되었던 것이다.[52]

고구려·백제·신라가 초기에 작은 정치 집단에서 출발했으므로 고조선도 그렇게 보아야 한다는 견해도 고대사회의 변천 과정을 바르게 이해하지 못한 데서 나온 발상이다. 다음에 설명하겠지만, 고구려·백제·신라는 이미 존재했던 고조선이라는 고대국가가 여러 개의 작은 정치세력으로 분열되는 과정에서 일어난 나라들이었다. 고조선이 붕괴되자 그 거수국들이 독립하여 그들의 세력을 확장해가는 상황에서 고구려·백제·신라도 건국되었으므로 이들의 사회는 이미 국가 단계였다. 단지 초기에는 규모가 작았을 뿐이다. 여기서 유의해야 할 것은 국가를 세웠다는 것과 사회 수준이 국가 단계에 이르렀다는 말은 의미가 전혀 다르다는 점이다. 영역은 매우 넓지만 사회 수준은 국가 단계에 이르지 못한 곳이 있는가 하면 규모는 매우 작지만 사회 수준은 국가 단계인 경우도 있다.

고조선은 고구려·백제·신라와는 달리 그 전에는 아직 국가가 존재하지 않았다. 따라서 고조선은 그 앞에 있었던 국가의 분열로 인해 일어난 나라가 아니었다. 이전에 존재했던 수많은 마을이 수천 년에 걸쳐 연맹 또는 집합을 이루면서 정치권력이 출현하고 큰 세력을 형성하여 고조선

---

**51** 宮崎市定, 「中國古代史槪論」 『アジア史論考』 上卷, 朝日新聞社, 1976, pp. 131~163.

**52** 松丸道雄, 「殷周國家の構造」 『岩波講座 世界歷史』 4卷, 1970, pp. 49~88.

이라는 국가에 이르게 되었던 것이다.[53] 따라서 고조선은 그 초기와 후기가 동일한 규모의 세력과 크기였느냐 하는 점은 연구 대상이 될 수 있겠지만 고조선 초기가 고구려·백제·신라의 초기와 같았을 것으로 보는 것은 잘못이다.

필자가 굳이 이러한 일부 학자들의 오류를 지적한 것은 그러한 잘못된 선입관이 잠재해 있는 한 고조선의 국가 구조나 사회 성격을 바르게 인식하기 어렵기 때문이다. 그렇게 되면 고조선과 진국(辰國) 및 고조선과 한(韓)의 관계도 바르게 인식할 수 없게 된다.

이제 고조선의 국가 구조를 이해하기 위해 고조선에 이르기까지의 한국 고대사회의 발전 과정을 간단히 살펴볼 필요가 있다. 이 문제에 관해서는 다른 논문에서 이미 구체적으로 논한 바 있으므로[54] 여기서는 요지만을 정리하겠다. 신석기시대에 들어서면서 사람들은 농업과 목축을 시작하면서 정착 생활을 하여 마을을 이루게 되었다. 마을의 구성원은 혈연적인 씨족이었다. 이 사회는 평등사회로서 친족 원리로 유지되며 공동소유권을 가졌다. 외형적으로는 각 마을이 정치적·경제적으로 사회의 기본 단위로서 독립돼 있는 것이 특징이다.[55] 한국의 신석기시대 유적은 서기전 6000년까지 올라가므로[56] 이러한 마을사회[57]의 개시는 이

---

53  주 48과 54 참조.

54  윤내현, 「인류사회 진화상의 고조선 위치」 『사학지』 제26집, 단국대 사학회, 1993, pp. 1~46.
    『고조선 연구』 상 제1편 제2장 제1절 「사회진화상의 고조선 위치」 참조.

55  앞 책, *Shang Civilization*, p. 316.
    앞 글, 「從夏商周三代考古論三代關係與中國古代國家的形成」, p. 312.

56  임효재, 「신석기시대 편년」 『한국사론』 12 — 한국의 고고학 1, 국사편찬위원회, 1983, p. 723.

57  학계에서는 일반적으로 부족사회라는 말을 사용하는데, 이것은 트라이브(tribe)를 번역

보다 다소 앞섰을 것이다.

그 후 신석기시대 후기에 이르면 어느 정도 전문화된 지배자가 출현했다. 그 지배자를 정점으로 귀족·평민 등의 사회신분에 차이가 일어나고 사유제에 의한 빈부 차이가 나타나는 사회로 변했다. 이 사회의 가장 큰 특징은 정치권력의 출현과 사회신분의 분화라고 볼 수 있는데, 외형적으로는 여러 마을이 연맹체를 형성하여 이전 사회보다 훨씬 확대된 영역의 조직체를 갖게 되며 전쟁도 일어난다.[58] 한반도와 만주의 고고 발굴 결과에 따르면, 서기전 3700년 무렵부터 적석총(積石塚)·여신상(女神像)·신전지(神殿址)·복골(卜骨)·성지(城址) 등과 더불어 성으로 둘러싸인 넓은 건물 터와 옥을 정교하게 가공한 대량의 장신구, 여러 묘에서의 부장품 차이 등이 확인된다.[59] 이러한 유적과 유물들은 사회신분의 분화, 빈부의 차이, 정치와 종교의 권위자 출현, 전쟁 등이 있었음을 알게 해준다. 이 시기에 마을연맹체가 형성되었는데, 이러한 사회가 출현한 것은 유적의 연대인 서기전 3700년보다 다소 앞섰을 것이다. 마을

---

한 것이다. 그런데 트라이브는 정착 생활을 하는 사회 단위를 뜻하므로 동아시아에서는 촌락 또는 부락, 한국에서는 마을이라는 말이 더 적절할 것이다.

**58** 앞 책, *Shang Civilization*, p. 316.
앞 글, 「從夏商周三代考古論三代關係與中國古代國家的形成」, pp. 312~313.
김광억, 「국가 형성에 관한 인류학 이론과 모형」 『한국사시민강좌』 제2집, 1988, p. 183
표2, '부족연맹체' 참조.

**59** 遼寧省文物考古研究所, 「遼寧牛河梁紅山文化"女神墓"與積石塚群發掘簡報」 『文物』, 1986年 8期, pp. 1~17.
孫守道·郭大順, 「牛河梁紅山文化女神頭像的發現和研究」 『文物』, 1986年 8期, pp. 18~24.
中國科學院考古研究所內蒙古工作隊, 「內蒙古巴林左旗富河溝門遺址發掘簡報」 『考古』, 1964年 1期, pp. 1~5.
佟柱臣, 「赤峰東八家石城址調査記」 『考古通訊』, 1957年 6期, pp. 15~22.
文物編輯委員會, 『文物考古工作三十年』, 文物出版社, 1979, p. 87.

연맹체 사회에서는 정치권력이 출현했으므로 필자는 이러한 사회를 '고을나라'라고 부른다.

이러한 여러 고을나라가 통합되어 국가가 출현하게 되었다. 다양한 전문직에 따른 정치적 지위가 발생했다. 이와 함께 사회신분의 분화, 빈부의 차이, 생산 활동의 다양화, 전문직의 발달 등이 이전의 고을나라보다 한층 심화·팽창·확산되었다. 이전의 사회에 비해 특징적인 것은 법이 출현하여 정치권력을 합법화시킴으로써 통치권력이 한층 강화된다는 점이다. 강한 고을나라가 다른 여러 고을나라를 복속시키게 되므로 외형적으로는 통치 영역이 이전의 사회보다 훨씬 넓어진다.[60]

초기의 국가에서는 대개 모든 백성을 직접 지배할 행정 조직을 갖추지 못했으므로 종래의 고을나라들을 그대로 인정하고 중앙의 군주는 각 고을나라의 우두머리만을 거느리는 형식을 취하게 되었다. 각 고을나라는 거수국(중국에서는 제후국이라 불렀다)이 되었던 것이다.

국가와 고을나라는 그 사회의 특징이 양적인 면에서 차이가 있을 뿐 대개는 동일한 요소를 지니고 있다. 그러나 합법적인 권력의 출현은 국가사회에서만 볼 수 있는 특징으로 지적되고 있다.[61] 그런데 합법적 권

---

**60**  앞 책, *Shang Civilization*, pp. 316~364.
     앞 글, 「從夏商周三代考古論三代關係與中國古代國家的形成」, p. 313.
     앞 글, 「국가 형성에 관한 인류학 이론과 모형」, p. 183 표2, '국가' 참조.

**61**  국가 단계의 사회가 그 전 단계의 사회와 다른 점은 거주 형태의 비혈연성과 합법적인 권력의 출현이라고 지적된 바 있는데(Kent V. Flannery, "The Cultural Evolution of Civilization", *Annual Review of Ecology and Systemetics* 3, 1972, pp. 403~404), 장광직은 그것은 서양 사회에 나타난 현상으로서 동아시아 사회에서는 거주 형태의 비혈연성은 적용되지 않고 합법적인 권력의 등장만이 적용될 수 있다고 했다. 왜냐하면 한국이나 중국은 국가가 출현한 후에도 거주 형태는 혈연적인 씨족이 단위가 되어 마을을 이루고 살았기 때문이다(앞 책, *Shang Civilization*, pp. 363~364).

력의 출현 여부는 그것에 관한 기록이 남아 있지 않으면 확인이 불가능하다. 그렇기 때문에 고고학자들은 합법적인 권력이 출현한 국가 단계에서 나타날 수 있는 다른 기준의 유적이나 유물을 찾으려고 노력하고 있다. 궁궐의 출현을 기준으로 삼자는 제안도 있었고[62] 청동기시대는 대체로 국가사회 단계였다는 점에도 관심을 가져왔다.[63]

그렇다면 한국사에서 합법적인 권력이 출현한 시기는 언제였을까? 그것은 고조선시대였다. 고조선에 법이 있었다는 것은 이미 잘 알려져 있다. 그 내용을 전하는 『한서』「지리지」에 의하면,

> 은(殷)의 도(道)가 쇠퇴하자 기자는 조선으로 가서 그 주민들을 예의로 써 가르치고 농사짓고 누에 치고 길쌈하였다. 낙랑 조선의 주민들에게는 범금(犯禁) 8조가 있었다. 살인한 자는 즉시 죽음을 당하고, 상해를 입힌 자는 곡물로 보상하고, 도적질한 자는 남자는 그 집의 가노(家奴)가 되고 여자는 비(婢)가 되는데, 그 죄를 용서받고자 하는 자는 사람마다 50만 을 바쳐야 한다.[64]

---

**62** William T. Sanders, "Chiefdom to State : Political Evolution at Kaminajuyu, Guatemala" In *Reconstructing Complex Societies*, C. B. Moore, ed. Supplement to the Bulletin of the American School of Research, No. 20, Cambridge Mass. : American School of Oriental Research, 1974, p. 109.

**63** 앞 글, 「中國古代史槪論」, pp. 136~137.
김병모, 「해방 후 고고학 성과와 재인식」 『계간경향』, 1987년 여름호, p. 118.
위의 논문에서 김병모는 한국 청동기문화 연대를 그동안의 한국 학계 주장에 따라 서기전 10세기로 잡고 있어 청동기문화의 개시 연대에 있어서는 필자의 견해와 다르게 말하고 있으나 청동기시대는 국가 단계의 사회라는 점을 분명히 하고 있다.

**64** 『한서』 권28 「지리지」 하. "殷道衰, 箕子去之朝鮮, 教其民以禮義, 田蠶織作. 樂浪朝鮮民犯禁八條, 相殺以當時償殺, 相傷以穀償, 相盜者男沒入爲其家奴, 女子爲婢, 欲自贖者, 人五十萬."

고 되어 있다. 범금 8조의 내용은 완전하게 전해지고 있지 않지만 위 기록은 기자시대에 고조선 안의 낙랑 조선 지역에 이미 법이 실시되고 있었음을 분명하게 전해주고 있다.

기자가 망명한 조선 지역은 고조선의 서부 변경이었으므로 이러한 법은 고조선 전 지역에 실시되고 있었을 것이다. 기자는 서기전 12세기 무렵의 사람이다. 그러므로 고조선에서는 서기전 12세기에 이미 법이 실시되고 있었던 것이다. 그 법은 그전부터 실시되어왔을 것이므로 고조선은 서기전 12세기 전에 국가 단계에 진입했음을 알 수 있다. 고조선 지역의 청동기문화는 이를 뒷받침해준다. 세계 여러 지역의 예로 보아 대체로 청동기시대는 국가 단계의 사회였는데, 고조선 지역의 청동기문화 개시 연대는 서기전 2500년 무렵까지 올라간다.[65] 단군왕검이 고조

---

**65** 한반도에서도 서기전 25세기로 올라가는 청동기 유적이 두 곳이나 발굴되었다. 하나는 문화재관리국이 발굴한 경기도 양평군 양수리의 고인돌 유적이다. 다섯 기의 고인돌이 발굴된 이 유적에서 채집한 숯에 대한 방사성탄소연대측정 결과는 서기전 1950±200 년(Chan Kirl Park and Kyung Rin Yang, "KAERI Radiocarbon Measurements Ⅲ" *Radiocarbon*, vol. 16, No. 2, 1974, p. 197)으로 나왔는데 교정연대는 서기전 2325년 무렵이 된다. 이 유적에서 청동 유물은 출토되지 않았으나 고인돌은 청동기시대 유물이라는 것이 학계의 정설이므로 이 연대를 청동기시대 연대로 볼 수 있다. 다른 하나는 목포대 박물관이 발굴한 전남 영암군 장천리 주거지 유적이다. 이 청동기시대 유적은 수집된 숯에 대한 방사성탄소측정 결과 연대는 서기전 2190±120년(4140±120 B.P.)·1980±120년(3930±120 B.P.)으로 나왔는데(최성락, 『영암 장천리 주거지』2, 목포대 박물관, 1986, p. 46) 교정연대는 서기전 2630·2465년 무렵이 된다.
만주에는 비파형동검보다 더 빠른 청동기문화가 있다. 하가점하층문화(풍하문화라고도 부른다)가 그것인데, 이 문화유적 가운데 연대가 가장 올라가는 내몽골자치구 적봉시(赤峰市) 지주산(蜘蛛山) 유적은 서기전 2015±90년(3965±90 B.P.)으로 교정연대는 서기전 2410±140년(4360±140 B.P.)이다(中國社會科學院考古研究所 編著, 『中國考古學中碳十四年代數據集』, 文物出版社, 1983, p. 24). 이 문화가 실제로 개시된 것은 유적 연대보다는 다소 앞설 것이므로 서기전 2500년 무렵으로 잡을 수 있을 것이다. 하가점하층문화 유적은 길림성 서부에도 많이 분포되어 있는데 이 지역은 아직

선을 건국했다는 서기전 2333년보다 앞서는 것이다.

그런데 일부 학자들은 비파형동검의 연대가 서기전 10~9세기 무렵이므로 한국의 청동기문화 개시 연대는 그보다 올려볼 수 없고, 따라서 고조선도 서기전 10세기 무렵에나 성읍국가 단계에 진입했을 것이라고 주장하고 있다.[66] 그들은 또 만주 지역의 초기 청동기문화인 하가점하층문화는 중국 용산문화(龍山文化)의 요소도 상당히 있고 상나라의 청동기문화와도 연관성이 있으므로 그것을 고조선 청동기문화로 보기 힘들다고 주장하기도 한다.[67]

여기서 생각해야 할 것은 비파형동검이 매우 발달된 청동기라는 점이다. 따라서 그 연대는 한국 청동기문화의 성숙한 단계를 말하는 것이며 개시 연대가 될 수는 없다. 그리고 근래의 새로운 유적 발굴 결과에 따

---

발굴되지 않았다. 최근에 평양에서는 단군릉이 발굴되었는데 그 유적에서는 금동 장식이 출토되었고, 연대는 지금부터 5,011년 전으로 확인되었다고 보도된 바 있지만 아직 학계의 검증을 받지 않았으므로 여기서는 그 연대를 제외했다.

66  앞 글, 「고조선의 국가 형성」, p. 12.
67  윗글, p. 11.
이기백은 윤무병이 하가점하층문화는 중국의 상문화와 비교해서 매우 뒤떨어진 문화이고, 또 상문화와는 상당히 거리가 있는 이질적 문화 요소를 적지 않게 내포하고 있으며, 대체로 북방 호족(胡族)의 것일 가능성이 있음을 시사한다고 말한 것을 근거로 풍하문화가 고조선의 청동기문화가 될 수 없다고 주장했다. 그러나 그러한 견해는 잘못되었다. 하가점하층문화는 상문화보다 적어도 600~700년 앞선 청동기문화이다. 그러므로 이것은 뒤떨어진 문화가 아니라 더 오래된 문화이기 때문에 덜 발전되었을 수밖에 없다. 하가점하층문화에 상문화와 다른 이질적 요소가 많은 것은 이 문화가 황하 유역과는 다른 문화권을 형성하고 있었음을 나타내는 것으로 오히려 고조선문화라는 사실을 뒷받침한다. 이것은 이기백 자신이 하가점하층문화는 상의 청동기문화와 연관성이 보이므로 고조선 청동기문화가 될 수 없다고 주장한 것과 서로 모순된다. 그리고 청동기문화는 정착민에 의해 발전되는 것이지 동호족(東胡族)과 같은 유목민에 의해서 발전되기는 어렵다. 이 점에 대해서는 강인구도 지적했다(강인구, 「중국 동북 지방의 고분」 『한국상고사의 제문제』, 한국정신문화연구원, 1987, p. 64).

르면, 비파형동검문화의 연대도 서기전 16~14세기 무렵으로 올라간다.[68] 그러므로 비파형동검이 출현한 서기전 16~14세기 무렵에 고조선의 문화 수준이나 국력이 한층 강해졌을 가능성이 있다고 말할 수는 있어도 이 시기에 성읍국가가 출현했다고 말할 수는 없는 것이다.

그리고 하가점하층문화에 용산문화 요소나 상나라의 청동기문화와의 연관성이 보이는 것은 당연하다. 여러 지역의 문화는 독자적인 특징을 지니면서 서로 영향을 주고받은 요소도 갖게 되는 것이다. 황하 유역의 신석기문화나 상문화 속에 만주 지역의 문화 요소가 포함되어 있는 것은 오래전부터 인정되었다. 그러나 중국의 고고학자들은 만주 지역을 황하 유역과는 다른 문화권으로 보고 있다. 더욱이 상나라의 청동기문화는 하가점하층문화보다 훨씬 늦은 시기의 것[69]이므로 고조선문화가 상문화에도 영향을 준 것이 되는 것이다. 이질의 문화 요소가 조금이라도 들어 있으면 그 문화 전체의 성격을 파악하지도 않고, 그것을 외래문화로 단정하려는 시각이 문제인 것이다.

여기서 국가와 성읍에 대한 개념을 분명히 할 필요가 있다. 지난날 고대국가 또는 나라라는 말이 정확한 개념 규정 없이 막연하게 사용되어 왔다. 그러나 필자는 인류학계에서 규정한 개념에 따라 어느 수준에 도달한 단계의 사회를 국가라고 부르고 있다. 이러한 개념의 차이에서 국가의 출현 시기를 달리 볼 수도 있다. 고대에 읍은 마을을 뜻했으므로 성읍은 성이 있는 마을이라는 뜻이었다. 성읍, 즉 성이 있는 마을은 한

---

68  한창균, 「고조선의 성립 배경과 발전 단계 시론」 『국사관논총』 제33집, 국사편찬위원회, 1992, p. 10.

69  하가점하층문화는 서기전 25세기 무렵에 시작되었는데 상나라는 서기전 18세기 무렵에 건국되었다.

국과 중국의 경우 후기 신석기시대에 해당되는 고을나라(마을연맹체)가 출현한 서기전 4000~3000년 무렵에 이미 출현해 있었다.[70] 이 시기에 정치권력도 함께 출현했다. 근래 인류학계에서 규정한 개념에 따르지 않고 성읍과 정치권력의 출현을 고대국가의 출발점으로 본다면, 이러한 의미의 성읍국가는 고조선 지역에서는 고조선의 건국보다 훨씬 앞선 서기전 4000년 무렵까지 올려볼 수 있다.[71]

앞에서 고조선은 여러 고을나라가 통합되어 이루어진 국가였음을 말한 바 있다. 고을나라의 통합은 조선족 고을나라에 한반도와 만주에 있었던 여러 다른 고을나라들이 복속된 것이었다. 따라서 조선족 고을나라에 살고 있었던 조선족은 조선족 고을나라의 지배족이었을 뿐만 아니라 고조선의 최고 지배세력이 되었고, 그 군주인 단군은 고조선 전체를 통치하게 되었던 것이다. 그리고 조선족 고을나라는 단군의 직할국[直轄國 : 직할지(直轄地), 왕기(王畿)]이 되었다. 그리고 다른 고을나라들은 고조선의 거수국이 되었다. 이러한 조직의 고조선을 필자는 거수국제 국가라고 이름 붙인 바 있다.[72]

이러한 고조선의 사회 구조를 보면 맨 밑에 사회 조직의 기층을 이루는 읍(또는 읍락)이 있었고, 그 위에 각 거수국(이전의 고을나라)의 정치

---

70  傅斯年 等,「城子崖」『中國考古報告集之一』, 中央研究院歷史語言研究所, 民國 23(1934).
   梁思永,「龍山文化 – 中國文明的史前期之一」『梁思永考古論文集』, 科學出版社, 1959, pp. 145~147.
   佟柱臣,「赤峰東八家石城址勘查記」『考古通訊』, 1957年 6期, pp. 15~22.
71  앞 글,「인류사회 진화상의 고조선 위치」.
   『고조선 연구』 상 제1편 제2장 제1절「사회진화상의 고조선 위치」 참조.
72  앞 글,「고조선의 국가 구조」『겨레문화』 6.
   이 책의 제2편 제1장 제1절「고조선의 국가 구조」 참조.

적 중심지로서 거수가 거주하는 국읍이 있었으며, 그 위에는 고조선의 최고 통치자인 단군이 거주하는 도읍인 '평양성' 또는 '아사달'이 있었다. 따라서 고조선은 읍·국읍·도읍이라는 읍들이 상하로 층위를 이룬 구조였던 것이다. 읍은 마을을 말하므로 고조선을 마을집적사회라고도 부를 수 있다.[73]

그런데 고조선은 한반도와 만주 전 지역을 영토로 하고 있었다. 구체적으로 말하면 고조선의 영토는 서쪽으로는 북경 근처의 난하 유역에 이르고, 북쪽으로는 아르군 강, 동북쪽은 흑룡강 유역(때에 따라서는 연해주 지역), 남쪽으로는 한반도 남부 해안까지 이르렀다.[74] 따라서 고조선의 영토인 한반도와 만주에는 많은 고조선의 거수국들이 있었다. 『시경』·『사기』·『한서』·『염철론(鹽鐵論)』·『대대예기』·『관자』·『일주서』·『위략』·『삼국사기』·『제왕운기』등 중국과 한국의 고대 문헌에 나타난 고조선의 거수국은 부여·고죽·고구려·예·맥·추·진번·낙랑·임둔·현도·숙신·청구·양이·양주·발·유·옥저·기자조선·진국·비류·행인·해두·개마·구다·조나·주나·한 등이었는데 이 가운데 부여·고죽·고구려·예·맥·추·진번·낙랑·임둔·현도·숙신·청구·양이·양주·발·유·옥저·기자조선 등은 지금의 요서 지역에 위치하고 있었고,

---

**73** 윤내현, 「고조선 사회의 신분 구성」『전통과 현실』, 고봉학술원, 1993, pp. 134~143. 이 책의 제2편 제3장 제1절 「고조선 사회의 신분 구성」참조.

**74** 윤내현, 「고조선의 위치와 강역」앞 책『한국고대사신론』, pp. 15~80.
_____, 「고조선의 서변경계 재론」『백산박성수교수화갑기념논총 – 한국독립운동사의 인식』, 백산박성수교수화갑기념논총간행위원회, 1991, pp. 518~539.
_____, 「고조선시대의 패수」『전통과 현실』 제2호, 고봉학술원, 1992, pp. 205~246.
_____, 「고조선의 북계와 남계」『한민족공영체』 창간호, 해외한민족연구소, 1993, pp. 33~71.
『고조선 연구』상 제1편 제3장 「고조선의 강역과 국경」참조.

진국·비류·행인·해두·개마·구다·조나·주나·한 등은 요하 유역과 그 동쪽의 만주 및 한반도에 위치하고 있었다.[75]

진국은 앞에서 확인된 바와 같이 지금의 요하 유역에 있었는데 위만조선과 관계를 가지고 기록에 등장한다. 위만조선은 고조선 영토의 서부를 차지하고 있었고 존속 기간도 오래지 않았다. 그리고 고조선은 위만조선 건국 이전은 물론 이후에도 지금의 요하 동쪽을 차지하고 있었다. 그러므로 진국은 위만조선 건국 이전부터 있었던 고조선의 거수국 가운데 하나였음이 틀림없다.

그런데 여기서 생각해봐야 할 것은 진국의 명칭이 갖는 의미와 위치다. 앞에서 확인된 바와 같이 진국은 큰 나라 또는 대국이라는 뜻이다. 진국은 지금의 요동 지역으로부터 한반도 서북부에 걸쳐 위치하고 있었다. 그런데 고조선은 원래 조선이라는 국명을 사용하기 전의 고을나라 시기에는 대동강 유역 지금의 평양 지역에 위치해 있었지만 국가 단계에 진입하여 조선이라는 국명을 사용하면서부터는 도읍을 지금의 본계시(本溪市) 지역으로 옮겼다.[76] 당시 평양성으로 불렸던 본계시는 그 위치가 요하 하류 동부 유역으로 진국의 중심부에 해당한다.

고조선의 도읍지가 진국의 중심부에 위치하고 그 국명이 큰 나라 또는 대국을 뜻한다는 것은 무엇을 의미하는가? 진국은 일반 거수국보다는 큰 나라로서 단군의 직할국이었음을 알게 해주는 것이다. 고조선 안에서의 진국 위치를 이해하는 데『제왕운기』의 다음 내용이 참고가 될 것이다.『제왕운기』첫머리에,

---

75 앞 글,「고조선의 국가 구조」『겨레문화』6, pp. 79~104.
   이 책의 제2편 제1장 제1절「고조선의 국가 구조」참조.
76 『고조선 연구』상 제1편 제4장 제2절「고조선의 중심지 변천」참조.

요동에 별천지가 있으니 중조(中朝 : 중국)와 두연(斗然)히 구분되며, 큰 파도 넓은 바다 삼면을 둘러싸고, 북쪽은 대륙과 선처럼 이어져 있는 땅, 그 가운데 사방 천 리가 바로 조선이다.[77]

라는 표현이 있다. 이 내용을 고대국가의 구조에 대한 이해 없이 읽으면 고조선은 요동 지역에 있었던 독립된 여러 나라 가운데 하나였던 것으로 생각하기 쉽다. 그러나 그렇지 않다.

『제왕운기』에서는 고조선이 붕괴된 후 한반도와 만주에 있었던 한(韓)·시라(신라)·고례(고구려)·남옥저·북옥저·동부여·북부여·예·맥 등의 나라가 모두 단군의 후손이라고 말했다.[78] 그런데 만약 고조선이 원래 이들과 대등한 작은 나라였다면 이들을 단군의 후손이었다고 말할 수 없는 것이다. 이 나라들이 고조선에 속해 있었기 때문에 그러한 표현이 가능했을 것이다. 따라서 위 인용문에 나오는 '사방 천 리의 조선'은 고조선 전체를 말한 것이 아니라 단군의 직할국, 즉 왕기(王畿)를 말한 것으로 보아야 할 것이다.

중국 문헌을 보면 예로부터 봉국제(봉건제) 국가에서는 왕의 직할국인 왕기의 면적을 사방 천 리, 제후국의 면적을 사방 백 리로 표현해왔다.[79] 『제왕운기』의 저자 이승휴는 중국의 역사와 문물을 잘 알고 있던 인물

---

77 『제왕운기』 권 하. "遼東別有一乾坤, 斗與中朝區以分, 洪濤萬頃圍三面, 於北有陸連如線, 中方千里是朝鮮."
78 『제왕운기』 권 하 「전조선기」·「한사군급열국기」. "尸羅·高禮·南北沃沮·東北扶餘·濊與貊皆檀君之壽也." "隨時合散浮況際, 自然分界成三韓, 三韓各有幾州縣, 蚩蚩散在湖山間. 各自稱國相侵凌, 數餘七十何足徵, 於中何者是大國, 先以扶餘·沸流稱, 次有尸羅與高禮, 南北沃沮·穢·貊膚, 此諸君長問誰後, 世系亦自檀君承."
79 『맹자』 「만장(萬章)」 하. "天下之制, 地方千里, 公侯皆方百里."

이므로[80] 고조선의 영토 가운데 단군의 직할국, 즉 왕기를 사방 천 리로 표현했다고 보아야 할 것이다.

단군의 직할국은 진국이라고 불렸는데 조선이라고도 불렸던 것이다. 그곳은 단군의 직할지로서 다른 일반 거수국들보다는 큰 나라였기 때문에 진국이라고 불렸으며, 단군의 씨족인 조선족이 거주했기 때문에 조선이라고도 불렸던 것이다. 중국의 고대국가인 상나라에는 국명과 동일한 상(商)이라는 중요한 지명이 갑골문에서 확인되는데 그곳은 상나라 왕기의 일부였을 것으로 추정되며, 주나라에서는 도읍을 종주(宗周), 부도(副都)를 성주(成周)라고 하여 국명과 동일한 명칭을 사용했다. 이러한 사실은 이승휴가 단군의 직할국을 조선이라 표현한 것을 이해하는 데 도움이 될 것이다.

여기서 다음과 같은 의문을 가질 수 있다. 진국이 단군의 직할국으로서 다른 거수국들보다 중요한 위치에 있었다면 어째서 중국 문헌에 진국이 자주 등장하지 않는가 하는 점이다. 그것은 다음과 같이 설명된다. 중국 문헌에 자주 등장한 고조선의 거수국은 숙신·부여·고구려·예·맥 등 중국과 가까운 지금의 요서 지역에 위치해 있었던 나라들이었다. 지금의 요하 동쪽에 위치해 고조선의 거수국으로서 『삼국사기』에 등장하는 비류·행인·해두·개마·구다·조나·주나 등[81]이 중국 문헌에 단 한 번도 등장하지 않았다는 것은 이러한 사실을 잘 알게 해준다.

---

80 이승휴는 사림시독 좌간의대부(詞林侍讀左諫議大夫) 사관수찬관 지제고(史館修撰官知制誥)와 밀직부사 감찰대부(密直副使監察大夫) 사림승지(詞林承旨)를 지냈고 정치와 역사·문학·종교 등에 관한 지식이 풍부했다. 그는 학문으로 중국에서도 명성을 떨쳤다. 그리고 『제왕운기』 상권은 중국 역사를 서술하고 있다. 이런 점은 그가 중국 역사와 문물 제도에 매우 밝았음을 알게 해준다.

81 주 75와 같음.

## 4. 진국과 한(韓)의 관계

한은 한반도에 위치해 있었고 마한·진한·변한(또는 변진) 지역을 통칭한 명칭이었음은 잘 알려져 있다. 그러나 한의 성립 시기나 그 초기 사회의 상황에 대해서는 구체적으로 전하지 않는다. 한에 관해 언급한 가장 이른 시기의 한국 문헌인 『삼국유사』와 『제왕운기』는 너무 단편적인 기록만을 남기고 있다. 그리고 한에 관해 비교적 많은 정보를 제공하는 중국 문헌인 『후한서』와 『삼국지』도 초기 상황에 대해서는 구체적인 언급이 없다. 『후한서』와 『삼국지』에 한의 초기 상황에 대한 언급이 부족한 것이나, 그보다 앞선 중국 문헌에 한에 관한 언급이 없는 이유는 두 가지일 것이다. 첫째, 한이 중국과 너무 멀리 떨어져 있어 왕래가 적었고 둘째, 한이 중국의 통치 질서와는 무관했기 때문이었을 것이다.

『삼국지』「오환선비동이전」〈동이전〉 서문에,

> 『서경(書經)』에 "동쪽 바다에 닿았고 서쪽은 사막까지 이르렀다" 하였으니 구복(九服)의 제도 안에 있는 것은 말할 수가 있으나 (아주 먼) 황역(荒域) 밖은 여러 번의 통역을 거쳐야 이르게 되어 (중국인의) 발걸음이나 수레가 닿지 않기 때문에 그 나라의 풍속이 중국과 다른 것을 아는 사람이 없었다. 우(虞)시대로부터 주(周)시대에 이르기까지 서융(西戎)은 백환(白環)을 바쳤고 동이(東夷)에서는 숙신의 조공이 있었으나 모두 여러 해가 지나서야 도달하였으니 그 머나먼 거리가 이와 같다.[82]

---

**82** 『삼국지』 권30 「오환선비동이전」〈동이전〉. "書稱'東漸于海, 西被于流沙.' 其九服之制, 可得而言也. 然荒域之外, 重譯而至, 非足跡車軌所及, 未有知其國俗殊方者也. 自虞暨周, 西戎有白環之獻, 東夷有肅愼之貢, 皆曠世而至, 其遐遠也如此."

했으니, 중국에서 멀리 떨어져 있었던 한(韓)에 대해서는 중국인들이 잘 알 리가 없었을 것이다.

그리고 『사기』 「태사공자서(太史公自序)」에,

> 28개의 성좌는 북극성을 돌고 30개의 바퀴살은 1개의 바퀴통을 향해 있어 그 운행이 무궁하다. (천자를) 보필했던 고굉(股肱)의 신하들을 배열하여 충신으로 도를 행함으로써 주상을 받들었던 내용을 모아 30세가(世家)를 지었다. 의(義)를 돕고 재기가 뛰어나 시기를 놓치지 않고 공명을 천하에 세운 사람을 모아 70열전(列傳)을 지었다.[83]

고 말한 것처럼 『후한서』와 『삼국지』 이전의 중국 역사서는 중국의 통치 질서 안에 들어왔거나 그것과 관계된 사실만을 서술했다. 기자와 위만은 같은 중국 망명객으로, 중국에서는 기자가 위만보다 존경받는 사람임에도 불구하고 『사기』 「조선열전」에서 서한의 외신이 된 위만에 대해서만 서술한 것은 그 예이다. 이런 맥락에서 볼 때, 중국인들이 설령 한(韓)에 대한 지식이 있었다 해도 굳이 그것을 구체적으로 기록할 필요가 없었을 것이다.

따라서 한국 고대사 연구 전체가 그렇듯이 한(韓)에 대한 연구도 옛 문헌의 자구에만 얽매이지 말고 당시의 역사 전개 상황을 염두에 두고 사료를 해석해야 할 것이다. 한에 관한 가장 빠른 기록은 기자의 후손인 준과 연관을 가지고 나타난다. 『후한서』 「동이열전」 〈한전〉에,

---

83　『사기』 권130 「태사공자서」. "二十八宿環北辰, 三十輻共一轂, 運行無窮, 輔拂股肱之臣配焉, 忠信行道, 以奉主上, 作三十世家. 扶義俶儻, 不令己失時, 立功名於天下, 作七十列傳."

이전에 조선왕 준이 위만에게 패한 바 되어 그의 남은 무리 수천 명을 거느리고 바다로 도망하여 마한을 공격하여 처부수고 스스로 한왕(韓王)이 되었다. 준의 후손이 절멸되니 마한인이 다시 자립하여 진왕(辰王)이 되었다.[84]

고 했으며, 『삼국지』「동이전」〈한전〉에도,

(조선의) 후 준이 외람되게 왕이라 일컫더니 (서한의) 연국(燕國)으로부터 망명 온 위만의 공격을 받아 정권을 빼앗기고 그의 좌우 궁인을 거느리고 도망하여 바다로 들어가 한(韓) 땅에 살면서 스스로 한왕이라고 칭하였다. 그의 후손은 절멸했으나 지금도 한인 가운데는 그의 제사를 받드는 사람이 있다.[85]

고 했다. 『후한서』는 위만에게 정권을 빼앗기고 도망한 준이 수천 명의 무리를 이끌고 가서 마한을 치고 일시 그 지역의 왕이 되었던 것으로 기록했으나 『삼국지』는 이와 달리 준이 한(韓) 땅에 망명해 살면서 스스로 한왕이라 칭했다고 말하고 있다.

두 기록 가운데 어느 것이 옳은지는 알 수 없지만, 준이 위만에게 정권을 빼앗긴 과정을 보면 상황이 매우 황급했는데 수천 명의 무리를 거느리고 갔다는 것부터가 믿기 어렵고, 도망한 집단이 마한을 쳐서 이겼

---

84 『후한서』 권85 「동이열전」〈한전〉. "初, 朝鮮王準爲衛滿所破, 乃將其餘衆數千人走入海, 攻馬韓, 破之, 自立爲韓王, 準後滅絕, 馬韓人復自立爲辰王."
85 『삼국지』 권30 「동이전」〈한전〉. "侯準旣僭號稱王, 爲燕亡人衛滿所攻奪, 將其左右宮人走入海, 居韓地, 自號韓王, 其後絕滅, 今韓人猶有奉其祭祀者."

다는 것은 더욱 신빙성이 없다. 따라서 『삼국지』 기록이 옳을 것으로 생각된다. 아마도 준이 마한에 상륙하는 과정에서 지역 주민들과의 사이에 다소 마찰은 있었을 것이다. 그리고 준이 상륙한 곳은 마한의 중심부가 아니라 해변의 변방이었을 것이므로 쉽게 정착지를 마련했을 것이다. 그리고 본국에서 사용했던 왕의 칭호를 그대로 사용하며 생활했을 것이다. 그러나 그 후손은 끊겼다고 했으므로 마한 지역에서 준이나 그 후손의 활동은 역사상 의미를 갖지 못한다.

『후한서』와 『삼국지』〈한전〉이 전해주는 중요한 사실은 준이 한(韓) 또는 마한이라 부르는 곳에 도달했었다는 것이다. 이 기록을 통해 한이나 마한이라는 명칭은 준이 그 지역에 도착하기 전부터 존재했음을 알 수 있다. 그런데 종래에 일부 학자들은 준의 성(姓)은 한(韓)이었을 것이고, 따라서 준이 그 지역에 도달함으로써 그 지역이 한이라는 명칭을 얻게 되었을 것이라고 주장했다.[86]

그러나 준은 기자의 후손으로서 그의 성은 한이 아니라 자(子)였다.[87] 위에 인용된 『후한서』와 『삼국지』의 문맥으로 보아 준이 도달하기 전부터 그 지역이 한이나 마한으로 불렸음은 분명하다. 준이 위만에게 정권을 빼앗긴 시기는 서기전 195~180년 사이이므로 한이라는 명칭은 서기전 2세기 이전에 이미 사용되고 있었던 것이다. 다시 말하면 한은 고조선시대부터 존재했던 것이다. 그리고 한이 위치해 있던 한반도는 고조

---

86  이병도, 「기자조선의 정체와 소위 기자팔조교(箕子八條敎)에 대한 신고찰」 앞 책 『한국고대사연구』, p. 48.

87  기자는 중국 상 왕실의 후예인데 상 왕실의 성(姓)은 자(子)였다. 따라서 기자의 성은 자(子)이고 기자의 후손인 준(準)의 성도 자(子)여야 한다. 기자는 기(箕) 지역에 봉해진 자(子)라는 작위를 받은 제후였기 때문에 기자라고 불렸는데, 기(箕)를 성(姓)으로 잘못 알고 준(準)을 기준(箕準)이라고 부르는 학자도 있다. 그것은 잘못이다.

선 영토였으므로 한은 고조선의 거수국이었음을 알 수 있다.

그동안의 고고 발굴 결과에 의하면, 한반도에서는 지금부터 70~60만 년 전의 유적인 충청북도 단양 금굴[88]을 비롯해 수십 곳의 구석기시대 유적이 발굴되었는데, 이러한 구석기시대는 중석기시대를 거쳐 신석기시대로 계승되었다.[89] 지금까지 발견된 신석기시대 유적의 연대는 서기전 6000년까지 올라가고 있으며,[90] 청동기시대의 연대는 서기전 2500년 무렵까지 올라간다.[91] 그리고 매우 발달된 청동기문화인 비파형동검문화는 서기전 16~14세기까지 올라간다.[92] 일부 학자들은 한반도에서의 비파형동검문화 개시를 서기전 10세기 무렵으로 잡고 있지만, 그러한 견해를 따른다 해도 비파형동검은 매우 발달된 청동기이므로 청동기시대는 대체로 국가 단계의 사회였다는 일반론에 따라 그 사회 수준을 국가 단계로 보아야 할 것이다. 따라서 한(韓)은 이미 높은 사회와 문화 수준에 도달해 있었다고 보아야 한다.

최근에 경상남도 의창군 다호리 1호 고분에서 칠기·청동기·철기로 된 각종 생활용구·농기구·무기류 등 26종 69점에 달하는 매우 발달된 유물들이 출토된 것은 필자의 견해를 뒷받침한다. 학계에서는 이 유적을 서기전 1세기 무렵의 것으로 본다.[93] 이러한 유물은 당시 사회가 상당히 발전된 국가 단계였음을 말해준다.

---

**88** 손보기, 『한국구석기학 연구의 길잡이』, 연세대 출판부, 1988, p. 28.

**89** 최복규, 「한국과 시베리아의 중석기시대 유적과 문화」, 『손보기박사정년기념 고고인류학논총』, 지식산업사, 1988, pp. 201~203.

**90** 주 56과 같음.

**91** 주 65와 같음.

**92** 주 68과 같음.

**93** 『박물관신문』, 국립중앙박물관, 1985년 5월 1일자 1면.

『후한서』「동이열전」〈한전〉 '변진'조에 변진의 형법은 엄격했다고 말한 것이라든지[94] 『삼국지』「동이전」〈한전〉 '변진'조에도 법규와 관습은 특별히 엄준했다고 한 것[95] 등으로 보아 한에는 이미 매우 엄격한 법이 존재했음을 알 수 있다. 이것도 한 지역이 발달된 국가 단계의 사회에 도달해 있었음을 말해주는 근거가 된다.[96]

한은 초기에 청천강 유역을 경계로 진국과 접하고 있었던 것으로 추정된다. 『삼국유사』「마한」조에는 준이 위만의 공격을 받아 좌우 궁인을 거느리고 바다를 건너 남쪽의 마한 땅에 이르렀다고 말하고, 이어서 최치원의 말을 인용하여 마한은 고구려, 진한은 신라였다고 기록한 다음, 마한에 대해 다음과 같이 주석했다.

고구려가 마한을 병합했기 때문에 고구려를 마한이라고 했고, 또 고구려가 병합한 마한 지역에 마읍산(馬邑山)이 있었기 때문에 마한이라는 명칭이 생겼다는 것이다.[97] 그러므로 마읍산이 있는 곳이 마한이었을 것임을 알 수 있는데, 마읍산은 『삼국유사』〈태종춘추공〉조에서 확인된다. 〈태종춘추공〉조에는 당의 소정방(蘇定方)이 고구려 군대를 패강(浿江 : 지금의 대동강)에서 격파하고 마읍산을 빼앗아 병영으로 삼고 마침내 평양성을 포위했다고 기록되어 있다.[98] 따라서 마읍산은 지금의 평양 지역에 있었다. 그러므로 『삼국유사』에서 말한 준이 도착했던 마한은 지

---

94 『후한서』 권85 「동이열전」〈한전〉. "弁辰與辰韓雜居, …… 而刑法嚴峻."

95 『삼국지』 권30 「동이전」〈한전〉. "弁辰與辰韓雜居, …… 法俗特嚴峻".

96 윤내현, 「삼한 지역의 사회 발전」『백산학보』 35호, 백산학회, 1988 참조.

97 『삼국유사』 권1 「기이」〈마한〉조. "麗地自有馬邑山故名馬韓也."

98 『삼국유사』 권1 「기이」〈태종춘추공〉조. "七年壬戌, 命定方爲遼東道行軍大摠管, 俄改平壤道, 破高麗之衆於浿江, 奪馬邑山爲營, 遂圍平壤城." 이와 동일한 내용이 『삼국사기』 권7 「신라본기」〈문무왕 하〉·권22 「고구려본기」〈보장왕 하〉·『신당서』 권220 「동이열전」〈고(구)려전〉 등에서도 보인다.

금의 평양 지역이었음을 알 수 있다.

『제왕운기』에도 지금의 평양 지역이 마한으로 기록되어 있다. 『제왕운기』 「고구려기」에는 고구려가 마한의 왕검성(王儉城)에서 개국했다고 기록되어 있는데, 마한의 왕검성에 대해 주석하기를 당시의 서경(西京) 이라고 했다.[99] 고구려가 마한의 왕검성에서 개국했다는 기록은 잘못된 것으로 생각된다. 그러나 『제왕운기』가 쓰인 고려시대의 서경은 지금의 평양이므로 『제왕운기』 저자인 이승휴는 지금의 평양이 마한에 속해 있었던 것으로 믿었음을 알 수 있다. 한(韓)의 가장 이른 시기에 관한 기록을 신고 있는 『삼국유사』와 『제왕운기』가 모두 지금의 평양 지역을 마한 땅으로 보고 있는 것이다.

지금의 평양 지역이 마한 땅이었다면 진국의 남쪽 경계는 대체로 지금의 평양 북부여야 한다. 지난날 필자는 고조선과 한(삼한)을 별개의 정치 집단으로 본 한국사 학계의 통설에 따라 한의 북쪽 국경을 청천강 하류와 대동강 상류 유역이었을 것으로 보고 그 북쪽을 고조선의 강역

---

**99** 『제왕운기』권 하 「고구려기」.

『제왕운기』는 지금의 평양을 마한 지역으로 보면서도 준이 도달한 곳은 금마군(金馬郡)이라고 했다(같은 책 〈후조선〉조). 이기백은 평양 지역이 마한 지역이었다는 것은 일고의 가치도 없는 주장이라고 하면서 만약 그렇게 본다면 고구려가 요하 유역을 포함한 남만주에 있었으므로 고조선은 북만주에 있었다고 보아야 하는데 그렇게 볼 수 있느냐는 의문을 제기했다(앞 글, 「고조선의 국가 형성」, p. 16). 그러나 필자는 이기백의 견해를 이해할 수 없다. 첫째로 마한에 대한 가장 이른 시기의 내용을 전하는 『삼국유사』와 『제왕운기』에 지금의 평양이 마한 지역이었다고 기록되어 있는데, 이런 기본 사료를 일고의 가치도 없다고 묵살하는 이기백의 학문 자세를 이해할 수 없으며, 둘째로 고구려는 고조선시대에는 지금의 요서 지역에 있었고 고구려가 마한이었던 평양 지역을 병합한 것은 고구려가 요하 동쪽으로 이동하여 새로 건국한 후의 사건으로서 고조선이 이미 붕괴된 후의 일인데, 이 시기의 고구려 위치를 가지고 이미 없어진 고조선의 위치를 논하는 것도 이해할 수 없다. 그리고 고조선시대의 고구려는 고조선의 거수국이었으므로 고조선의 강역에 포함된다는 점도 알아야 한다.

으로 본 바 있다. 그러나 그 후 고조선의 강역을 연구하면서 그러한 필자의 견해가 잘못되었음을 깨달았다. 고조선의 강역은 한반도 남부 해안까지 이르렀던 것이다. 그러므로 고조선 영토 안에 있었던 한은 당연히 고조선의 거수국이어야 한다. 그리고 청천강 하류 유역과 대동강 상류 유역은 고조선의 거수국인 진국과 한의 경계로 보아야 옳다.

그런데 『후한서』에는 한의 영역이 다르게 기록되어 있다. 『후한서』 「동이열전」〈한전〉에는,

> 한(韓)은 세 종족이 있으니 첫째는 마한, 둘째는 진한, 셋째는 변진이다. 마한은 서쪽에 있는데 54국이 있으며 그 북쪽은 낙랑, 남쪽은 왜와 접해 있다. 진한은 동쪽에 있는데 12국이 있으며 그 북쪽은 예맥과 접해 있다. 변진은 진한의 남쪽에 있는데 역시 12국이 있으며 그 남쪽 또한 왜와 접해 있다.[100]

고 하여 마한의 북쪽에는 낙랑이 있었던 것으로 되어 있다. 따라서 낙랑의 위치를 확인하면 마한의 북쪽 경계를 알 수 있다. 낙랑에 대해서는 같은 열전 〈예전〉에,

> 예는 북쪽으로는 고구려·옥저, 남쪽으로는 진한과 접해 있고, 동쪽은 큰 바다에 닿으며, 서쪽은 낙랑에 이른다.[101]

---

100 『후한서』 권85 「동이열전」〈한전〉. "韓有三種, 一曰馬韓, 二曰辰韓, 三曰弁辰. 馬韓在西, 有五十四國, 其北與樂浪, 南有倭接. 辰韓在東, 十有二國, 其北與濊貊接. 弁辰在辰韓之南, 亦十有二國, 其南亦與倭接."
101 『후한서』 권85 「동이열전」〈예전〉. "濊北與高句驪·沃沮, 南與辰韓接, 東窮大海, 西之樂浪."

고 하여 낙랑이 예의 서쪽에 있었음을 알 수 있다. 한편 같은 열전 〈고구려전〉에는,

> 고구려는 요동의 1천 리 되는 곳에 있는데, 남쪽은 조선·예맥과 접했고, 동쪽은 옥저, 북쪽은 부여와 접했다.[102]

고 했다. 그러므로 한반도 동북부에 옥저가 있었고, 그 남쪽에는 예(예맥 : 일반적으로 동예라 부른다)가 있었으며, 그 남쪽에는 진한이 있었고, 그 남쪽에는 변진이 있었다. 지금의 요동과 한반도 서북부에는 고구려가 있었고, 그 남쪽에는 조선이 있었으며, 그 남쪽에 낙랑이 있었고, 낙랑의 남쪽에는 마한이 있었다. 그리고 마한·진한·변한을 합한 지역이 한이었던 것이다.

이러한 각 정치세력의 위치는 동한시대의 상황을 전하는 것인데, 이 때 고조선은 이미 붕괴되어 존재하지 않았다. 그러므로 위의 인용문에 나오는 조선은 고조선이 아니다. 이 조선은 고조선 왕실의 후손들이었을 것이다.[103] 그리고 이 조선의 남쪽에 있던 낙랑은 한사군의 낙랑군이 아니라 『삼국사기』에 나오는 최리왕(崔理王)이 다스렸던 낙랑국이었다.[104] 이 최리왕 낙랑국의 위치는 대동강 유역이었다. 그러므로 마한의

---

102 위의 「동이열전」〈고구려전〉. "高句驪, 在遼東之東千里, 南與朝鮮·濊貊, 東與沃沮, 北與夫餘接."
103 윤내현, 「고대조선고」『중재장충식박사화갑기념논총』, 중재장충식박사화갑기념논총간 행위원회, 1992, pp. 17~19.
『고조선 연구』 상 제1편 제1장 제1절 「고대 문헌에 보이는 조선」 참조.
104 윤내현, 「한사군의 낙랑군과 평양의 낙랑」 앞 책『한국고대사신론』, pp. 319~330.
『삼국사기』 권14 「고구려본기」〈대무신왕 15년〉조 참조.

영역은 대동강 이남이었을 것임을 알 수 있다. 마한의 영역이 『삼국유사』와 『제왕운기』 기록과는 달리 대동강 이남으로 되어 있는 것이다.

여기서 생각해야 할 것은 『삼국유사』와 『제왕운기』 기록은 고조선시대의 상황을 전하고 있으며, 『후한서』 「동이열전」 기록은 고조선이 붕괴된 후의 상황을 전하고 있다는 점이다. 이러한 상황 변화를 이해하기 위해 고조선 붕괴 전후의 사정을 알 필요가 있다. 고조선의 붕괴 시기는 정확히 알 수 없다. 그러나 고대 문헌에 의하면, 서기전 2세기 이전에는 숙신(후에 읍루, 말갈 등으로 불렸다) · 예 · 맥 · 고구려 · 옥저 · 낙랑 등이 난하로부터 요하에 이르는 지금의 요서 지역에 있었는데, 기원후의 동한 시대부터는 이들의 명칭이 요하의 동쪽 동부 만주와 한반도에서도 나타난다. 이것은 이들이 서기전 2세기부터 서기전 1세기 사이에 지금의 요서 지역으로부터 요동 지역으로 이동했음을 뜻한다.[105]

이러한 이동은 그럴 만한 역사적 사건에 의하게 된다. 이 시기에 요서 지역에서 일어난 역사적 사건은 위만조선의 건국과 영토 확장 및 한사군의 설치였다.

앞에서 이미 언급한 바와 같이 고조선의 서쪽 국경인 난하 유역에는 기자 일족이 망명 와 고조선의 거수국이 되었다. 기자 일족은 고조선의 거수국이 되었으므로 고조선과 마찰이 없었다. 그런데 서한에서 망명한 위만은 기자의 후손인 준으로부터 정권을 빼앗아 위만조선을 건국하고 서한의 외신이 되었다. 그리고 동쪽으로 고조선을 침략하여 영토를 확장하여 지금의 대릉하까지를 차지하게 되었다. 이때 요서 지역에 있던 고조선 거수국의 주민들 가운데 일부는 위만조선의 침략에 항거하며 동

---

105 앞 글, 「위만조선의 재인식」, pp. 284~300.

쪽으로 이동했을 것이다. 그 후 서한 무제가 위만조선을 멸망시키고 지금의 요서 지역에 한사군을 설치하는 과정에서도 그 지역 토착인들 가운데 일부가 동쪽으로 이동했을 것이다.

이와 같이 두 차례에 걸쳐 지금의 요하 동쪽으로 이동한 요서 지역 주민들은 새로운 정착지를 마련하고 다시 나라를 세웠다.[106] 그 결과 요하 동쪽의 만주와 한반도 북부에는 부여·읍루(숙신)·고구려·옥저·예(예맥 또는 동예)·최씨낙랑국(최리왕이 다스렸으므로 최씨낙랑국이라고 부르고자 한다)·한(韓) 등이 자리하게 되었다. 이렇게 되어 여러나라시대가 시작되었고, 마한의 영역은 대동강 유역 이남으로 줄어들게 되었던 것이다.

『후한서』「동이열전」기록은 다음과 같은 사실도 알게 해준다. 그것은 진국이 요하 유역에서 보이지 않는다는 것이다. 그리고 진국에 관한 기록이 한(韓)과 관계를 가지고 나타난다. 『후한서』「동이열전」〈한전〉에는 한에 대해서,

> 동쪽과 서쪽은 바다를 경계로 하니 모두 옛 진국이다. 마한이 (삼한 가운데) 가장 강대하여 그 종족들이 함께 왕을 세워 진왕으로 삼아 목지국(目支國)에 도읍하여 전체 한(韓) 지역의 왕으로 군림하는데, (한의) 여러 나라의 왕의 선대(先代)는 모두 마한 종족의 사람이다.[107]

라고 설명했다. 이 기록은 동한시대의 상황을 전해주는데, 한이 모두 옛

---

106 위와 같음.
107 『후한서』 권85 「동이열전」〈한전〉. "東西以海爲限, 皆古之辰國也. 馬韓最大, 共立其種爲辰王, 都目支國, 盡王三韓之地, 其諸國王先皆是馬韓種人焉."

진국이었고 한을 다스리는 왕은 진왕이었다는 것이다.

그런데 앞에서 확인된 바와 같이 원래 진국은 지금의 요하 유역에 있었다. 그리고 당시에 한은 청천강 이남을 차지하고 있었다. 따라서 『후한서』「동이열전」에서 "한은 모두 옛 진국이었다"는 표현은 당시 한의 영역이 모두 옛 진국 땅이었다는 뜻이 아님을 알 수 있다. 한이 모두 옛 진국이었다는 표현은 한의 지배층이 옛 진국 사람들이었다는 의미로 해석할 수밖에 없다. 다시 말하면 요하 유역에 있었던 진국의 지배 귀족들이 한 지역으로 이주하여 한의 지배 귀족이 되었음을 의미하는 것이다.

이러한 이주가 일어나게 된 것은 다음과 같은 사정과 관계가 있었을 것이다. 위만조선의 건국과 영토 확장 및 한사군 설치 과정에서 지금의 요서 지역 고조선 거수국의 주민들이 요동 지역으로 이동해 오자 요동 지역에 있었던 고조선 제후국 주민들이 다른 지역으로 이동하는 연쇄 현상을 일으켰을 것이다. 이때 요하 유역에 있던 진국의 거주민들도 한 (韓) 지역으로 이주했을 것이다. 이와 같이 진국의 지배 귀족은 한으로 이주하여 그곳의 지배 귀족이 되었을 것이다.

한은 중국의 삼국시대에 이르면 그 영역에 또 한 번의 변화가 일어났다. 마한의 영역이 대략 황해도 멸악산맥 이남으로 축소되었던 것이다. 『삼국지』「동이전」〈한전〉에는,

> 한은 대방의 남쪽에 있는데, 동쪽과 서쪽은 바다로 한계를 삼고, 남쪽은 왜와 접경하니 면적이 사방 4천 리쯤 된다. (한에는) 세 종류가 있으니 첫째는 마한, 둘째는 진한, 셋째는 변한이다.[108]

---

108 『삼국지』 권30 「동이전」 〈한전〉. "韓在帶方之南, 東西以海爲限, 南與倭接, 方可四千里. 有三種, 一曰馬韓, 二曰辰韓, 三曰弁韓."

라고 하여 마한의 북쪽에 대방이 있었음을 전하고 있다. 이 대방의 위치가 지금의 황해도 지역이라는 데는 별로 이론(異論)이 없다. 따라서 마한의 북쪽 경계가 대동강 유역으로부터 황해도 남쪽의 멸악산맥 지역으로 축소되었음을 알 수 있다.

종래에는 이 대방이 한사군의 낙랑군을 분할하여 설치한 대방군일 것으로 잘못 인식했다. 한사군은 난하 유역에 있었으므로 대방군은 난하 하류 유역에 있어야 한다.[109] 그러므로 위의『삼국지』「동이전」〈한전〉에 나오는 대방은 대방군과는 다른 대방국(帶方國)이었을 것으로 생각된다. 대방국은 난하 하류 유역의 대방군 지역 주민(원래 고조선의 백성들이었다)들이 중국의 통치를 피해 이주하여 건국한 나라였을 것으로 생각된다.[110]

여기서『후한서』「동이열전」과『삼국지』「동이전」의 사료로서의 가치에 대해 잠깐 언급하고자 한다. 위 두 문헌의 동이에 관한 기록은 내용이 대체로 비슷하지만 약간 다른 부분이 있다. 일부 학자들은 다른 부분에 대해 종래에는 두 기록 가운데 어느 하나는 잘못되었을 것이라는 전제에서 비교 검토했다.[111] 그 결과『후한서』는『삼국지』보다 앞선 시대에 관한 기록이기는 하지만 편찬 연대가 늦으므로『삼국지』기록이 더 신빙성이 있을 것으로 인식했다.『후한서』「동이열전」은『삼국지』「동이전」내용을 토대로 다소 윤색했을 것으로 보았던 것이다.

그러나『후한서』와『삼국지』는 동일한 시대에 관한 역사서가 아니며,

---

**109** 위의『삼국지』「동이전」〈한전〉. "建安中, 公孫康分(樂浪郡)屯有縣以南荒地爲帶方郡."

앞 글,「한사군의 낙랑군과 평양의 낙랑」, p. 327.

**110** 앞 글,「중국 고대 군현 위치고 − 요동·낙랑·현도군에 대하여」, pp. 79~81.

**111** 천관우,「〈삼국지〉한전의 재검토」『진단학보』41, pp. 79~81.

『후한서』편찬에는『삼국지』보다는『동관한기(東觀漢記)』를 비롯한 그전에 있었던 동한의 역사서들이 참고되었다. 그러므로『후한서』가『삼국지』보다 늦게 편찬되었다는 점만으로 사료적 가치가 낮게 평가될 수는 없다.『후한서』「동이열전」과『삼국지』「동이전」내용에 차이가 있는 것은 동한시대와 삼국시대라는 시대 변화에 따라 상황이 바뀌었기 때문이다. 마한의 북쪽 경계에 대한 기록의 차이가 그 예이다.

진국의 지배 계층이 고조선 멸망과 더불어 한 지역으로 이동해 왔음은 앞에서 살펴보았다. 그러면 원래 고조선시대에 진국과 한은 어떤 관계였을까? 이 문제를 해결하는 데 관건이 되는 것은『후한서』「동이열전」〈한전〉에 한은 모두 옛 진국이었고, 진왕이 한(韓) 전 지역의 왕으로 군림했다고 말한 점이다. 그러면서도 이전에 진국과 한 사이에 마찰이나 갈등이 있었다고는 언급하지 않고 있다. 이로 보아 원래 진국과 한은 아주 친밀한 관계였고, 그랬기 때문에 진국의 지배 계층과 주민들이 한 지역으로 이주했을 것이라는 가정이 성립된다.

앞에서 확인된 바와 같이 진국은 지금의 요하 유역에서 한반도 서북부에 위치해 있던 단군의 직할국이었으며, 한은 그 남쪽에서 진국과 국경을 접하고 있었던 고조선의 거수국이었다. 진국의 지배 귀족은 단군의 일족인 조선족이었으며 한(韓)은 고조선의 거수국이었기 때문에 한은 진국보다는 서열이 낮았을 것이다. 경우에 따라서는 진국의 거수[112]가 단군을 보좌하여 한을 지휘하거나 감독했을 가능성도 있다.

따라서 한과 진국은 매우 친밀한 관계였을 것이며, 한의 귀족들은 진국의 귀족들이 자신들보다 높은 신분이라고 생각했을 것이다. 이러한

---

112 고조선에는 비왕(裨王)이라는 직책이 있었는데 진국의 거수는 고조선의 비왕이었을 가능성이 있다.

배경에서 진국의 귀족은 한 지역으로 이주한 후 우대받을 수 있었고, 진왕은 한의 전 지역을 통치하는 지위를 확보할 수 있었을 것이다.

한은 고조선의 중앙문화를 비교적 잘 보존하고 있었다. 『후한서』 「동이열전」과 『삼국지』 「동이전」에는 고조선 붕괴 후 독립국이 된 한에는 78개의 거수국이 있었다고 기록되어 있는데[113] 이러한 국가 구조와 통치 조직은 고조선의 그것을 그대로 이어받은 것이었다. 한에는 하느님에 대한 제사를 관장하는 천군(天君)이 있었고 종교 성지인 소도(蘇塗)가 있었다.[114] 이것은 고조선의 종교가 환인·환웅으로 상징되는 하느님 숭배 사상이었고, 단군은 하느님에 대한 종교의식을 관장했으며, 중앙에 종교적 성지인 신시(神市)가 있었던 것과[115] 유사하다. 그리고 한(韓) 지역이었던 강화도에는 마니산 마루에 단군이 하늘에 제사를 지냈다는 참성단(塹星壇)과 단군의 세 아들이 쌓았다는 전등산(傳燈山) 삼랑성(三郎城) 등의 전설과 유적[116]이 남아 있다. 이런 점들은 한 지역이 고조선의 문화를 다른 지역에 비해 잘 보존하고 있었음을 알게 해준다.

---

113 『후한서』 권85 「동이열전」 〈한전〉.

　『삼국지』 권30 「동이전」 〈한전〉.

　한(韓) 지역에 있던 78국을 각각 독립해 있던 정치 집단으로 보는 견해도 있지만 그렇지 않다. 『후한서』와 『삼국지』가 이것들을 모두 합해 한(韓)이라는 국명으로 서술하고 있다는 점에 유의해야 한다.

114 『후한서』 권85 「동이열전」 〈한전〉. "諸國邑各以一人主祭天神, 號爲天君, 又立蘇塗, 建大木以縣鈴鼓, 事鬼神."

　『삼국지』 권30 「동이전」 〈한전〉. "信鬼神, 國邑各立一人主祭天神, 名之天君, 又諸國各有別邑, 名之爲蘇塗, 立大木, 縣鈴鼓, 事鬼神, 諸亡逃至其中, 皆不還之, 好作賊. 其立蘇塗之義, 有似浮屠, 而所行善惡有異."

115 『삼국유사』 권1 「기이」 〈고조선〉조.

116 『고려사』 권56 「지리지1」 〈강화현〉조. "摩利山, 在府南, 山頂有塹星壇, 世傳檀君祭天壇." "傳燈山, 一名三郎城, 世傳檀君使三子築之."

한이 이처럼 고조선의 문화전통을 비교적 잘 이어받고 있었던 것은 다음과 같은 이유 때문이었을 것이다. 첫째, 한은 단군의 직할국인 진국과 접경하여 밀접한 교류를 가졌으므로 고조선 중심부의 문화가 한 지역으로 많이 전달되었다. 둘째, 고조선 말기에 위만조선의 건국과 영토확장 및 한사군 설치 과정에서 북부는 소요를 겪어야 했지만 한은 한반도 남부에 위치해 있어서 그러한 소요를 겪지 않았다.

## 6. 마치며

지금까지 고조선과 진국, 진국과 한의 관계 고찰을 통해 고조선과 한의 관계를 살펴보았는데, 그 결과를 요약하면 다음과 같다.

고조선은 부여·고죽·고구려·예·맥·추·진번·낙랑·임둔·현도·숙신·청구·양이·양주·발·유·옥저·기자조선·진국·비류·행인·해두·개마·구다·조나·주나·한 등의 거수국을 거느린 거수국제 국가였다. 진국은 고조선의 여러 거수국 가운데 단군의 직할국으로서 지금의 요하 유역에서 청천강 유역에 이르는 지역을 차지하고 있었다. 진국은 대국(大國)이라는 뜻이다. 이곳은 단군 일족인 조선족이 거주했으므로 조선이라고도 불렸다. 진국과 한은 청천강 하류와 대동강 상류를 경계로 남북으로 접하고 있었다.

한은 고조선의 거수국으로서 단군의 통솔을 받았지만 고조선 안에서의 서열은 진국보다 낮았다. 그러므로 한은 때에 따라서는 진국의 통치자인 비왕(裨王)의 지시를 받기도 했다. 이러한 관계로 한의 귀족들은 진국의 귀족들을 자신들보다 높은 신분으로 예우했다. 그러했기 때문에 고조선의 붕괴 과정에서 진국의 지배 귀족들이 한 지역으로 이주해 오자 그들을 맞아 한의 최고 지배 귀족으로 예우했고, 진국의 비왕으로 하여금 한의 전 지역을 통치하도록 하고 진왕(辰王)이라 했다. 진왕이란 대왕, 즉 큰 왕이라는 뜻이다.

진국의 지배 귀족들이 한으로 이주하게 된 것은 고조선 말기에 지금의 요서 지역에서 일어났던 위만조선의 건국과 영토 확장 및 한사군의 설치 등의 사건과 관계가 있다. 이러한 사건들이 지금의 요서 지역에서 일어나자 그 지역의 고조선 거수국들이 지금의 요하 동쪽의 만주와 한반도 북부로 이동해 자리를 잡게 되었다. 이렇게 되자 연쇄 현상으로 요하 유역에 위치해 있었던 진국의 귀족들은 남쪽의 한으로 이주했던 것이다. 그리하여 지배 귀족은 한의 최고 지배 귀족이 되었고, 진국의 비왕은 한의 진왕이 되었다.

한은 고조선의 중심부와 접하여 위치해 있었기 때문에 고조선 중앙의 문화를 많이 받아들였다. 그리고 북방의 거수국들에 비해 전란으로 인한 피해도 적었다. 그렇기 때문에 고조선문화를 비교적 많이 보존하고 있었다. 고조선의 붕괴와 더불어 독립국이 된 한은 78개의 거수국을 두었는데, 이러한 통치 조직은 고조선의 국가 구조와 통치 조직을 그대로 계승한 것이었다. 그리고 한의 각 거수국에는 하느님에 대한 종교의식을 주관하는 천군이 있었고 종교 성지인 소도가 있었는데, 이것도 고조선의 종교 조직을 그대로 이어받은 것이었다. 또 한 지역에 속했던 강화도에는 마니산에 단군이 하느님에게 의식을 행했던 참성단과 전등산에 단군의 세 아들이 쌓았다는 삼랑성이 있는데, 이러한 유적도 한이 고조선문화를 잘 보존하고 있었음을 알게 해준다.

고조선의 거수국이었던 한은 고조선이 붕괴되자 독립국이 되었는데 두 번에 걸친 강역의 변화를 거쳤다. 한의 북쪽 경계는 고조선의 거수국 시기에는 지금의 청천강 하류 유역과 대동강 상류 유역이었으나 고조선이 붕괴된 후에는 대동강 유역이 되었다. 청천강과 대동강 사이에 최씨 낙랑국이 세워졌기 때문이었다. 최씨낙랑국은 고조선 말기에 지금의 요서 지역에서 위만조선의 건국과 영토 확장 및 한사군이 설치되는 사건이 일어나자 난하 유역에 위치해 있었던 낙랑 지역 사람들이 이주하여 세운 나라였다. 그 후 한의 북쪽 경계에는 또 한 번의 변화가 있었다. 황해도 남부에 있는 멸악산맥이 한의 북쪽 경계가 되었다. 황해도 지역에 대방국이 세워졌기 때문이었다. 대방국은 난하 유역의 대방군 지역 사람들이 이주하여 세웠을 것으로 생각되는데, 그들은 원래 고조선 국민들이었다. 대방국은 그리 큰 세력은 아니었으며 오래 존속하지도 않았던 것 같다. 건국 시기 또한 분명치 않다.

이상과 같이 고조선의 거수국이었던 한은 고조선이 붕괴되자 독립국이 되었는데, 두 번에 걸쳐 북쪽 경계가 축소되었다. 그러나 다른 지역에 비해 고조선의 문화전통을 비교적 많이 보존하고 있었다.

# III 　　　　　　　　　　　　　　　고조선의 통치 조직

## 1. 들어가며

　고조선은 한반도와 만주 전 지역의 넓은 강역을 차지한 국가로서 많
은 거수국들로 구성되어 있었음을 필자는 밝힌 바 있다.[1] 고조선의 단
군은 각 지역의 거수국을 거수에게 위임하여 간접으로 통치하는 지방분
권의 체제를 갖추고 있었다고 보았던 것이다. 고조선이 이러한 지방분
권의 통치 체제를 가질 수밖에 없었던 것은 고조선이라는 국가가 출현
하기 전에 한반도와 만주의 각 지역에 독립해 있었던 고을나라(마을연맹
체)들을 지방 정권으로 인정하면서 그것들을 결집하여 국가를 세웠기
때문이었다. 고조선은 한반도와 만주를 아울렀던 첫 번째 국가로서 넓
은 영역을 통치해본 경험이 전혀 없었으므로 그러한 통치 체제는 당시

---

1　윤내현, 「고조선의 국가 구조」『겨레문화』 6, 한국겨레문화연구원, 1992, pp. 67~112.
　　이 책의 제2편 제1장 제1절 「고조선의 국가 구조」 참조.

상황으로는 당연한 것이었다.

그런데 고조선과 같은 지방분권 체제는 거수국들이 독립하여 분열을 가져올 위험을 항상 내포하고 있는 것이었다. 따라서 경험 부족으로 아직 관료 체제나 행정 조직이 미비했던 당시 상황에서는 분열을 막기 위해 어떤 조처가 필요했다. 그러한 조처의 하나로 중앙정부가 강력한 무력을 가지고 있어야 한다. 그러나 그것만으로는 충분하지 않다. 무력은 통치를 위한 필수적인 수단이기는 하지만 거기에는 반드시 갈등과 저항이 따라오기 때문이다. 따라서 그와는 다른 요소가 필요한 것이다. 그것은 종교와 혈연이었다.

고대인들은 신의 존재를 의심하지 않고 믿었기 때문에 고대사회에서 종교는 중요한 의미를 지니고 있었고 대개의 경우 정권은 종교와 결탁되어 있었다. 이러한 조직을 신정 조직(神政組織)이라 부를 수 있을 것이다. 그리고 씨족이나 종족과 같은 혈연 조직은 인류에게 가장 일찍 발달한 조직으로서 가장 친숙했고, 가장 믿을 수 있는 조직이기도 했다. 따라서 고대사회의 조직은 대체로 혈연이 강하게 작용했다. 동아시아와 같은 농경사회에서는 그런 요소가 매우 강했다.

그런데 위 두 요소는 통치에 필요한 것이기는 하지만 정무와 행정을 관장하는 조직은 아니다. 따라서 이와는 별도로 정무를 주관하고 집행하는 관료 조직이 필요해진다. 여기서는 이러한 고조선의 종교 조직, 혈연 조직, 관료 조직을 고찰해보자.

## 2. 고조선의 신정 조직

종교는 무력과 더불어 고대사회를 지배하는 가장 중요한 수단이었다.

다른 집단을 복속시키고 지배하는 데 무력은 필수였지만 그것은 대립과 갈등을 동반하기 때문에 그것만으로 항구적인 통치를 유지하기는 어려웠다. 따라서 국가의 각 지역 구성원들이 공동체의식을 갖게 하려면 종교를 통한 공감대 형성이 필요했다. 고대사회에서는 종교가 정치 위에 있어서 사회를 지배했기 때문에 그러한 조처는 당시로서는 매우 자연스럽고 효과적인 것이었다. 그동안 한국 고대사회에 대한 연구에서는 종교가 다소 소홀하게 다루어지는 듯한 인상을 주고 있다. 종교에 대한 이해 없이 고대사회를 바르게 이해하기는 어렵다.

종교가 고대사회를 지배하고 있었음은 세계 어느 지역에서나 고대의 인류역사가 신화로 전해 내려오고 있다는 사실에서 쉽게 알 수 있다. 고대인들은 만물에 영(靈)이 있다고 믿었고, 따라서 만물은 신으로 인식되었다. 그리고 인간 만사는 신의 섭리에 따라 전개된다고 믿었기 때문에 사람들이 체험하는 것들을 사람들의 이야기로 전하지 않고 그것을 섭리한다고 믿었던 신의 이야기로 전했다. 고대인들에게 그것은 과학이었다.

고대사회가 종교에 의해 지배되었음은 기록에 의해서도 확인된다. 동아시아 지역에서 발견된 것 가운데 가장 이른 문자 기록인 갑골문은 그러한 사실을 잘 말해준다. 갑골문은 중국 상나라 후기 서기전 1330년 무렵부터 서기전 1111년 무렵까지의 기록으로, 그 내용은 상왕(商王)이 신의 뜻을 파악하기 위해 점을 친 기록이다. 상왕은 제사·천도·전쟁·공납·재해·농사·사냥·질병·분만 등 종교의식과 국가 중대사부터 사사로운 일에 이르기까지 모든 문제에 대해 신의 뜻을 묻고 그 결과에 따라 행동했다.[2] 따라서 상나라의 정치는 상왕이 신의 뜻을 대신하여

---

2   갑골문 전반에 관해서는 다음 책들을 참조할 것.
    王宇信, 『甲骨學通論』, 中國社會科學出版社, 1989.

집행하는 신권통치의 성격을 지니고 있었다. 이런 현상은 내용에는 다소 차이가 있지만 중국에만 국한된 것이 아니었고 세계 모든 지역의 고대사회에 공통된 것이었다.

고대인들에게 종교는 현대사회에서와 같이 믿어도 되고 안 믿어도 되는 것이 아니었다. 신이 인간 만사와 모든 자연현상을 섭리한다는 것은 그들에게는 의심할 수 없는 과학이었기 때문이다. 종교의식은 무리사회(구석기시대) 단계부터 있어왔다. 이러한 의식은 사람의 영혼을 믿는 조상 숭배와, 만물은 모두 영을 지니고 있다는 애니미즘으로 발전했고, 씨족에 따라서는 동물을 숭배하고 심지어는 그것을 그들의 조상으로 인식하는 토테미즘으로까지 발전했다.

따라서 국가가 출현하기 전 각 지역에 정치세력을 형성하고 있던 씨족들은 그들 나름의 수호신을 정점으로 한 종교를 가지고 있었다. 각 지역의 정치세력을 모아 출현한 고대국가는 이러한 씨족들이 공동체의식을 갖게 하기 위해 각 지역 씨족의 신들을 통합하는 종교 조직이 필요했다. 이에 따라 신의 계보가 형성되었는데, 그 나라에서 가장 강한 지배씨족의 수호신이 최고신이 되고 다른 신들은 그 아래 자리를 차지하게 되었다. 갑골문의 내용은 이러한 사실을 잘 전해준다.[3]

한반도와 만주 지역에서도 고조선이 건국되기 오래전부터 종교의식이 생활 속에 깊숙이 침투해 있었다. 마을사회 단계(전기 신석기시대)의 유적인 함경북도 선봉군 굴포리 서포항 유적에서 출토된 호신부(護身

---

윤내현, 『상왕조사의 연구』, 경인문화사, 1978.
陳夢家, 『殷虛卜辭綜述 – 考古學專刊甲種 第二號』, 中華書局, 1988.
島邦男, 『殷墟卜辭研究』, 汲古書院, 1958.
3    앞 책, 『상왕조사의 연구』, pp. 104~250.

符)와 동물의 이나 뼈, 뿔을 조각하여 만든 사람과 동물의 조각은 당시의 주술적 신앙을 알게 해준다.[4] 그리고 고을나라 단계(후기 신석기시대)의 유적인 요령성 우하량(牛河梁) 유적에서 출토된 흙으로 만든 실물 크기의 신상(神像) 머리와 신전 터는 이 시기에 종교가 상당한 권위를 가지고 군림하고 있었음을 말해준다.[5]

단군사화(壇君史話)에 등장하는 환웅과 곰, 호랑이도 고대인들의 종교의식이 반영된 것이다.[6] 하느님을 수호신으로 숭배했던 환웅족과 곰을 수호신으로 숭배했던 곰족, 호랑이를 수호신으로 숭배했던 호랑이족 등이 고조선을 구성하고 있었던 것이다. 필자는 환웅족은 조선족, 곰족은 고구려족, 호랑이족은 예족이었던 것으로 추정한 바 있다.[7] 이 가운데 하느님이 고조선 종교의 최고신이었고, 그를 숭배했던 조선족이 고조선의 최고 지배족이었던 것이다. 실제로는 이보다 훨씬 많은 신과 씨족들이 고조선의 종교와 사회를 형성하고 있었겠지만 그들 가운데 대표적인 신과 씨족들만이 단군사화에 남아 있는 것이다.

단군은 종교의 지도자인 동시에 정치적 통치자였다. 단군이라는 칭호는 몽골어에서 하늘을 뜻하는 텡그리(tengri)와 뜻이 통하는 것으로, 하느님 또는 천군으로서 종교의 최고 지도자에 대한 호칭이었다.[8] 중국에

---

4   황용혼, 「신석기시대 예술과 신앙」 『한국사론』 12, 국사편찬위원회, 1983, pp. 674~680.
5   遼寧省文物考古研究所, 「遼寧牛河梁紅山文化"女神廟"與積石塚群發掘簡報」 『文物』, 1986年 8期, pp. 1~18.
6   윤내현, 「고조선의 종교와 그 사상」 『동양학』 23집, 단국대 부설 동양학연구소, 1993, pp. 143~166.
    이 책의 제2편 제4장 제1절 「고조선의 종교와 사상」 참조.
7   앞 글, 「고조선의 종교와 그 사상」, pp. 14~15.
8   최남선, 「불함문화론」 『육당최남선전집』 2, 현암사, 1973, p. 56~61.

서 최고 통치자를 최고신인 하느님의 아들이라는 뜻으로 천자라 불렀던 것과 같다.[9] 단군이 종교 지도자에 대한 호칭이었음은 다음 기록을 통해서도 알 수 있다. 『후한서』와 『삼국지』의 「한전」에는,

여러 국읍에서는 각각 한 사람으로써 천신(天神)에 대한 제사를 주재하도록 하였는데, 이름하여 천군이라 하였다.[10]

귀신을 믿기 때문에 국읍들에서는 각각 한 사람을 세워 하느님에 대한 제사를 주관하는데, 그를 천군이라 부른다.[11]

고 기록되어 있다. 한(韓)나라 여러 거수국의 국읍에는 하늘에 제사를 주관하는 종교 지도자가 있었는데, 그를 천군이라 불렀다는 것이다. 이 기록은 고조선 붕괴 후 한의 상황을 전하는 것이지만,[12] 한은 고조선이 붕괴되기 전에는 고조선의 거수국이었다.[13] 따라서 종교 지도자에 대한 호칭은 그대로 계승되었을 것이다.

　잘 알려져 있듯이 『후한서』 「동이열전」과 『삼국지』 「동이전」에는 부

---

9　중국에서 최고 통치자인 왕을 천자라 부르기 시작한 것은 서주시대부터였다. 서주의 최고신은 천(天), 즉 하느님이었기 때문에 서주 왕은 그의 아들로서 지상의 대리자라는 뜻으로 천자라 부르게 되었던 것이다.
　　윤내현, 「천하사상의 시원(始源)」 『중국의 천하사상』, 민음사, 1988, pp. 25~49 참조.
10　『후한서』 권85 「동이열전」〈한전〉. "諸國邑各以一人主祭天神, 號爲天君."
11　『삼국지』 권30 「동이전」〈한전〉. "信鬼神, 國邑各立一人主祭天神, 名之天君."
12　『후한서』와 『삼국지』는 중국의 동한시대와 삼국시대의 상황을 전해주는데, 이때는 고조선이 이미 붕괴된 후였다.
13　앞 글, 「고조선의 국가 구조」 『겨레문화』 6, pp. 103~104.
　　이 책의 제2편 제1장 제1·2절 「고조선의 국가 구조」·「고조선과 한의 관계」 참조.

여·읍루·고구려·동옥저·예·한 등 한반도와 만주에 있었던 국가들에 관한 기록이 실려 있는데, 이 기록은 고조선이 붕괴된 후의 상황이다. 그런데 이 가운데 한을 제외한 국가들은 고조선시대에는 지금의 요서 지역에 위치해 있던 고조선의 거수국들이었다.[14] 고조선 말기에 이르러 지금의 요서 지역에 위만조선이 건국되고 또 위만조선이 멸망한 후에는 한사군이 설치되자[15] 이 거수국들은 그들의 본거지를 잃게 되었다. 고조선이 붕괴된 후 이들은 지금의 요하 동쪽과 한반도 북부에 자리 잡고 독립국을 세웠다. 국가가 재건되는 과정에서 이들의 국가권력이나 통치 조직은 시대 상황에 맞게 개편되었다.[16]

그러나 한은 원래 한반도에 위치해 있던 고조선의 거수국이었기 때문에 요서 지역의 정치 상황 변화에 의한 피해를 입지 않았다. 요서 지역의 정치세력들이 이동해 옴에 따라 북부의 영역이 다소 줄어드는 정도의 지리 변화가 있었을 뿐이었다.[17] 한은 고조선이 붕괴되자 독립국이 되었지만, 통치 체제나 통치 조직은 고조선의 그것을 큰 변화 없이 계승하고 있었을 것이다. 그러므로 고조선 당시의 기록이 전해지지 않은 오늘의 상황에서 『후한서』와 『삼국지』의 한에 관한 기록은 고조선 사회를

---

14  앞 글, 「고조선의 국가 구조」『겨레문화』6, pp. 79~98.

15  윤내현, 「위만조선의 재인식」『한국고대사신론』, 일지사, 1986, pp. 241~254.
　　＿＿＿, 「한사군의 낙랑군과 평양의 낙랑」위 책『한국고대사신론』, pp. 307~318.
　　＿＿＿, 「고대조선고」『중재장충식박사화갑기념논총』역사학 편, 중재장충식박사화갑 기념논총간행준비위원회, 단국대 출판부, 1992, pp. 4~13.
　　『고조선 연구』상 제1편 제5장 제1절 「위만조선과 한사군의 위치」참조.

16  앞 글, 「위만조선의 재인식」, pp. 284~299.

17  한(韓)의 북쪽 경계는 고조선의 거수국이었던 시기에는 청천강 유역이었으나 고조선이 붕괴된 후 난하 유역의 일부 주민이 이주해 와서 지금의 평양 지역에 최씨낙랑국을 세우자 그 경계가 대동강 유역이 되었고, 그 후 난하 하류 유역 대방 지역 주민 일부가 이주해 와서 황해도 지역에 대방국을 세우자 그 경계는 멸악산맥이 되었다.

연구하는 데 매우 귀중한 가치를 지닌다.

고조선의 단군이나 거수국 한의 천군이라는 호칭은 원래 한반도와 만주 지역 거주민들의 토착어였을 것이다.[18] 그것을 한자로 음사(音寫)하면서 단군과 천군이 되었을 것인데, 중국 발음으로 단군은 탄쥔(tanjun), 천군은 티엔쥔(tianjun)으로 그 음이 비슷하다. 단군사화에 의하면 단군은 하느님의 후손이었으므로 하느님을 섬겼을 것은 당연한데, 한의 천군도 하느님을 섬기는 사람이었다.

단군이 하느님을 섬겼음은 다음 기록에서도 확인된다. 『삼국유사』「기이」편 〈고구려〉조의 저자 자신의 주석에,

『단군기(壇君紀)』에 이르기를 "단군이 서하(西河) 하백(河伯)의 딸과 친하여 아들을 낳아 부루(夫婁)라 이름하였다" 하였는데, 지금 이 기록(『삼국유사』「기이」편 기록)을 살펴보건대 해모수(解慕漱)가 하백의 딸을 사통하여 뒤에 주몽(朱蒙)을 낳았다 하였다. 『단군기』에 아들을 낳아 이름을 부루라 하였다고 하였으니, 부루와 주몽은 어머니가 다른 형제일 것이다.[19]

라고 했는데, 이 기록에서 단군과 해모수가 동일인임을 알 수 있다. 해모수의 해(解)는 하늘의 '해', 모수(慕漱)는 '머슴애'를 뜻하는 것으로 해

---

18  단군은 『삼국유사』에서는 단군(壇君)이라 표기했고 『제왕운기』에서는 단군(檀君)이라 표기해 '단' 자가 서로 다르다. 이것은 단군이라는 칭호가 원래 한자에서 온 것이 아니라 고조선의 토착어였는데 한자로 음사(音寫)하면서 서로 다르게 표기되었음을 말해준다.

19  『삼국유사』 권1 「기이」 〈고구려〉조의 저자 자신의 주석. "壇君紀云, 君與西河河伯之女要親, 有産子, 名曰夫婁, 今按此記, 則解慕漱私河伯之女而後産朱蒙. 壇君紀云, 産子名曰夫婁, 夫婁與朱蒙異母兄弟也."

모수는 해의 아들 즉 일자(日子)를 의미한다.[20] 바꿔 말하면 단군은 '해의 아들'이라고 불렸던 것이다. 이것은 고조선의 최고신은 하느님이었고 그 상징은 '해' 즉 '일(日)'이었음을 알게 해준다. 단군은 하느님의 아들로서 하느님의 대리자였던 것이다. 단군과 천군은 그 음이 서로 비슷하고 그들이 섬겼던 신이 같았던 점으로 보아 동의어였을 것이다.

단군사화에 의하면, 환웅이 하늘로부터 내려온 지점인 태백산 마루에는 신단(神壇)과 신단수(神壇樹)가 있는 신시(神市)라는 곳이 있었는데, 그곳은 고조선 종교의 최고 성지로서 고조선 사람들의 마음의 고향이었다. 그곳에는 종교의식에 종사하는 사람들이 있었을 것인데, 고조선에는 이러한 종교 직분의 사람들이 소속된 기구가 있었을 것이다. 단군은 이러한 종교기구의 우두머리를 겸하고 있었던 것이다. 중국의 초기 국가인 상나라에는 종교의식을 담당하는 정인기구(貞人機構)가 설치되어 있었는데[21] 그 우두머리는 왕이었다. 그러한 사실은 신의 뜻을 파악하기 위한 점복행사는 정인기구에 소속된 정인(貞人)들이 행했지만 최종적인 점괘 해석은 왕이 내린 것에서 알 수 있다.[22] 이것은 왕이 종교의 최고 지도자이기도 했음을 알게 해준다. 이와 같이 통치자가 종교 지도자를 겸하고 있었던 점은 한국과 중국의 고대국가가 비슷했을 것이다.

고조선에서는 종교가 전국적으로 조직화되어 있었던 것 같다. 고조선에는 각지에 많은 거수국이 있었는데, 그러한 거수국들의 국읍에는 그 지역의 종교를 주관하는 종교 지도자와 종교 성지가 있었다. 이들이 중

---

20  김상기, 「국사상에 나타난 건국설화의 검토」, 『동방사논총』, 서울대 출판부, 1984, p. 6의 주 7 참조.
21  윤내현, 「갑골문을 통해 본 은왕조의 숭신사상과 왕권변천」, 『사학지』 제9집, 단국대 사학회, 1975, pp. 146~152.
22  갑골문의 내용에 의하면 점복의 결과인 최종 점괘는 상왕이 선포했다.

앙의 단군에 의해 통어(統御)되었을 것은 물론이다. 앞에서 한의 여러 거수국 국읍에는 천군이라는 종교 지도자가 있었음을 확인했는데, 이것은 고조선의 종교 조직이 그대로 계승되었던 것으로 생각된다.

『후한서』「동이열전」〈한전〉에는 앞에 인용된 천군에 대한 기록에 이어서,

> 또 소도를 만들고, 그곳에 큰 나무를 세워 방울과 북을 매달아놓고 귀신을 섬긴다.[23]

고 했고, 『삼국지』「동이전」〈한전〉에는,

> 또 여러 거수국에는 각각 별읍(別邑)이 있는데, 그것을 소도라 한다. 그곳에 큰 나무를 세우고 방울과 북을 매달아놓고 귀신을 섬긴다. 누구든 도망하여 그 안에 이르면 아무도 돌려보내지 않기 때문에 반항하는 것을 좋아하게 되었다. 그들이 소도를 세운 뜻은 부도(浮屠)와 같으나 행하는 바의 좋고 나쁜 점은 다르다.[24]

고 했다. 한나라 거수국에는 종교 지도자인 천군이 있을 뿐만 아니라 소도라는 종교적 별읍이 있었다는 것이다. 일반 마을(읍)과 별도의 마을(별읍)이 소도로 설치되어 있었다는 것인데, 이것은 고조선의 중앙에 도

---

23  『후한서』 권85 「동이열전」 〈한전〉. "又立蘇塗, 建大木以縣鈴鼓, 事鬼神."
24  『삼국지』 권30 「동이전」 〈한전〉. "又諸國各有別邑, 名之爲蘇塗. 立大木, 縣鈴鼓, 事鬼神. 諸亡逃至其中, 皆不還之, 好作賊. 其立蘇塗之義, 有似浮屠, 而所行善惡有異."

읍과 구별되는 종교 성지인 신시가 있었던 것처럼 거수국의 정치 중심지인 국읍과 구별되는 종교 성지였던 것으로 이해된다. 범죄자가 소도로 도망하면 그를 돌려보내지 않았다고 한 것으로 보아 종교의 권위가 정치보다 강했음을 알 수 있다.

고조선의 거수들은 경우에 따라 자신이 통치하는 거수국 땅 가운데 일부를 다른 사람에게 분봉(分封)해주기도 했었다. 그러한 사실은 기자조선의 준(準)과 위만의 관계에서 확인된다. 기자조선은 고조선의 서쪽 변경에 위치해 있었던 고조선의 거수국이었는데,[25] 기자의 40여 대 후손인 준[26]이 거수로 있을 때 서한에서 위만이 그에게로 망명해 왔었다. 준은 위만을 신임하여 그를 박사(博士)로 제수하고 규(圭)를 하사했으며, 사방 100리의 땅을 봉지로 주어 그곳에 살면서 서쪽 변경을 지키도록 했다.[27] 위만의 모반으로 준은 정권을 그에게 빼앗겼지만 준과 위만의 관계는 시사하는 바가 많다.

준은 위만을 박사로 제수하면서 사방 100리의 땅을 봉지로 하사했다. 이것은 준이 고조선에서 받은 봉지 가운데 일부를 위만에게 재분봉(再分封)한 것이다. 이러한 재분봉이 고조선의 모든 거수국에서 일반화되었는지는 알 수 없으나 적어도 필요에 따라서는 재분봉이 행해졌음을 알 수 있다. 그런데 준은 위만에게 재분봉을 하면서 규(圭)를 하사했다.

---

25  앞 글, 「고조선의 국가 구조」 『겨레문화』 6, pp. 95~98.
    이 책의 제2편 제1장 제1절 「고조선의 국가 구조」 참조.
26  『후한서』 권85 「동이열전」 〈예전〉. "昔武王封箕子於朝鮮, ······ 其後四十餘世, 至朝鮮侯準, 自稱王."
    『삼국지』 권30 「동이전」 〈예전〉. "昔箕子旣適朝鮮, ······ 其後四十餘世, 朝鮮侯準僭號稱王."
27  『삼국지』 권30 「동이전」 〈예전〉과 〈한전〉의 주석으로 실린 『위략』 참조.

규란 후대에는 사람의 신분을 나타내는 홀(笏)로 변했지만, 원래는 신앙을 상징하는 종교의 의기(儀器)였다. 그러므로 준이 위만에게 규를 하사했다는 것은 종교를 나눠주었다는 뜻이다. 고대사회에서 사회신분은 그 사람이 종교 안에서 갖는 위치에 의해 뒷받침되므로 위만은 박사의 신분에 맞는 종교를 나누어 받았던 것이다. 이러한 예는 중국의 고대사회에서도 확인된다. 중국에서는 고대에 제후나 대부(大夫)를 봉할 때 종교의식인 제사를 나눠주었는데, 이때 청동기 등 제사에 필요한 의기 등을 하사했었다.

지금까지의 고찰로 확인되는 것은 고조선은 종교의 성지로 중앙에 신시가 있었고, 각 거수국에는 소도가 있었다는 것이다. 단군은 정치적으로는 거수들을 지배하면서 종교적으로는 신시에 있는 종교직인[宗敎職人 : 고조선에서는 단군을 포함한 이들을 선인(仙人)이라 불렀던 듯하다]과 각 거수국의 종교 지도자인 천군들을 통어했다. 필요에 따라 각 거수는 자신들의 봉지 일부를 재분봉했는데, 재분봉받은 사람을 박사라 했으며, 이때에 종교도 재분배해주었다. 이러한 종교의 재분배는 전 국민들로 하여금 동일한 최고신을 섬기는 종교생활을 함으로써 공동체의식을 갖도록 하기 위한 신정 조직의 기능을 가지고 있었는데, 단군은 이러한 종교 조직을 관장함으로써 신권통치가 가능했을 것으로 생각된다.


## 3. 고조선의 혈연 조직

고대인들에게 가장 익숙한 사회 조직은 혈연 조직이었다. 사람들이 떠돌이생활을 하던 무리사회(구석기시대) 단계에서도 혈연무리를 이루어 생활했으며, 붙박이생활에 들어갔던 마을사회(전기 신석기시대) 단계에서도 마을을 이루었던 집단은 혈연의 씨족이었다. 아직 국가 단계의 사회는 아니었지만, 정치권력이 출현했던 고을나라(후기 신석기시대) 단계에서 그 권력은 최고 권력자가 속한 씨족 세력이 기초가 되었던 것이다.[28] 이러한 혈연의식이 강했던 동아시아 농경사회에서는 권력을 유지하기 위한 통치 조직의 요소로 혈연 조직이 자주 이용되었다.

국가가 출현한 후에도 권력 유지를 위해 동아시아 농경사회에서는 혈연을 통치 조직의 한 요소로 이용했다. 예컨대 중국 상나라에서는 왕자를 각지의 제후로 임명하는 경우가 많았는데, 이때 그 제후는 왕자를 뜻하는 자(子)라는 작위를 받았다. 그리고 그가 봉해진 곳의 지명이나 그가 지배해야 할 피지배족 명칭의 앞이나 뒤에 그의 작위인 자(子) 자를 붙여 작위명으로 사용했다. 예컨대 자어(子漁)나 양자(羊子)는 어(漁)와 양(羊)이라는 곳에 제후로 봉해진 상나라 왕자였으며 한국인들에게 잘 알려진 기자는 기(箕)라는 땅에 봉해져 그곳에 살고 있던 기(箕)라는 종족을 지배했던 상나라 왕자 출신의 제후였던 것이다. 이러한 통치 조직 속의 혈연 요소는 서주에 이르러 조직적으로 구체화되어 종법제가 만들어지고, 그것을 기초로 한 분봉제가 행해지기에 이르렀다.

예컨대 서주 왕의 자리는 적장자가 계승하고 나머지 아들들은 신분이 한 등급 낮아져 제후로 봉해졌다. 이러한 상속법은 제후의 가문이나 다른 신분의 가문에도 그대로 적용되었다. 제후의 자리도 적장자가 계승하고 나머지 아들들은 한 등급 낮은 대부(大夫)의 신분이 되었던 것이다. 이와 같은 종법제에 기초한 상속법은 공구(孔丘 : 공자)에 의해 예찬되어 유가(儒家)들에게 받아들여졌는데, 한국 사회에서 적장자가 부모의

---

28  윤내현, 「인류사회 진화상의 고조선 위치」『사학지』제26집, 단국대 사학회, 1993, pp. 1~46.

재산이나 조상에 대한 제사 등 사회적 이권을 모두 상속받아온 풍속은
이러한 서주시대의 제도를 이어받은 것이다.

　고조선에서 중국의 서주에서 행해졌던 것과 같은 조직적이고 구체적
인 혈연 조직이 통치 조직으로 이용되었는지는 알 수 없지만, 통치 조직
속에 혈연 조직의 요소가 있었음은 확인된다. 『삼국유사』 「왕력(王曆)」
편 〈고구려〉조에,

　　(고구려) 동명왕은 갑신(甲申)에 즉위하였는데 19년을 다스렸으며, 성은
　　고씨(高氏)이고 이름은 주몽(朱蒙)인데 추몽(鄒蒙)이라고도 부른다. 단
　　군의 아들이다.[29]

라고 하여 고구려 왕실의 시조인 주몽이 고조선 단군의 아들이라고 말
하고 있다. 앞에서 인용된 바 있는 같은 책 「기이」편 〈고구려〉조의 저자
자신의 주석에는,

　　『단군기』에 이르기를 "단군이 서하 하백의 딸과 친하여 아들을 낳아 부
　　루라 이름하였다" 하였는데, 지금 이 기록(『삼국유사』 「기이」편 기록)을 살
　　펴보건대 해모수가 하백의 딸을 사통하여 뒤에 주몽을 낳았다 하였다.
　　『단군기』에 아들을 낳아 이름을 부루라 하였다고 하였으니 부루와 주몽
　　은 어머니가 다른 형제일 것이다.[30]

---

**29**　『삼국유사』 「왕력」편. "東明王, 甲申立, 理十九年, 姓高, 名朱蒙, 一作鄒蒙, 壇君之
　　子."
**30**　주 19와 같음.

라고 했다. 또 같은 책 「기이」편 〈북부여〉조에는,

천제(天帝)가 흘승골성(訖升骨城)에 내려와 오룡거(五龍車)를 타고서 도읍을 정하고 왕이라 칭하였으며, 국호를 북부여라 하고 스스로 해모수라 칭하였는데, 아들을 낳아 부루라 하고 해(解)로써 씨(氏)를 삼았다.[31]

고 했다. 부루의 출생에 대해 『제왕운기』에는,

『단군본기(檀君本紀)』에 이르기를 "비서갑(非西岬) 하백의 딸과 결혼하여 아들을 낳았으니 이름을 부루(夫婁)라 하였다."[32]

고 기록되어 있다. 단군이 비서갑 하백의 딸과 결혼하여 부루를 낳았다는 것이다. 위 기록들에 따르면, 단군과 해모수는 동일인으로 단군은 해모수라고도 불렸으며, 부루의 어머니인 서하(西河) 하백의 딸과 주몽의 어머니인 하백의 딸은 동일인이 아니었다. 그리고 부여의 해부루왕과 고구려를 건국한 주몽왕은 모두 고조선 단군의 아들이었다.

그러나 해부루왕과 주몽왕을 형제로 보는 데는 다소 문제가 있다. 앞에 인용된 『삼국유사』〈고구려〉조 주석에는 단군과 해모수가 동일인이었던 것으로 기록되어 있지만 『삼국사기』「고구려본기」[33]와 『삼국유사』

---

**31** 『삼국유사』권1「기이」〈북부여〉조. "天帝降于訖升骨城, 乘五龍車, 立都稱王, 國號北扶餘, 自稱名解慕漱, 生子名扶婁, 以解爲氏焉."

**32** 『제왕운기』권 하「전조선기」의 저자 자신의 주석. "檀君本記曰, 與非西岬河伯之女婚而生男, 名夫婁."

**33** 『삼국사기』권13「고구려본기」〈시조 동명성왕〉조.

「기이」편<sup>34</sup>에는 주몽왕의 출생 시기가 부여 해부루왕의 뒤를 이은 금와왕 때로 되어 있다. 따라서 해부루왕과 주몽왕의 출생 시기에는 큰 시간적 차이가 있다. 해부루왕과 주몽왕의 아버지가 동일인이라는 것이 전혀 불가능한 것은 아니지만 출생의 큰 시차로 보아 이 점에 의문을 갖게 한다.

여기서 다음과 같은 점을 생각해볼 수 있을 것이다. 단군은 개인의 이름이 아니라 고조선 통치자의 칭호로, 고조선의 통치자는 대대로 단군이라 불렸다. 따라서 해부루왕과 주몽왕의 아버지가 모두 고조선의 단군이기는 했지만 동일인은 아니었는데, 단군이라는 동일한 호칭 때문에 동일인으로 와전되었을 수도 있다는 점이다.

고조선의 붕괴 연대를 정확히 알 수 없는 지금 해부루왕과 주몽왕의 출생 시기를 고조선에 대비하는 것은 어렵겠지만, 위의 인용문에 나타난 시대를 그대로 인정한다면 대체로 고조선 말기이거나 고조선 붕괴 직후라고 보아야 할 것이다. 따라서 그들의 출생 설화 내용도 고조선 말기이거나 고조선 붕괴 직후의 사건으로 보아야 할 것이다. 그런데 위의 인용문들에는 단군이 당시에 상당한 권위를 가지고 있던 것으로 묘사되어 있다. 고조선 말기나 고조선 붕괴 후 단군이 과연 그러한 권위를 가지고 있었을까?

단군이 그러한 권위를 가지고 있었다면 그 시기는 그보다는 다소 앞서야 할 것이다. 이러한 점으로 보아 필자는 단군이 해부루왕과 주몽왕의 아버지였다는 전설은 부루왕과 주몽왕 개인에 관한 것이라기보다는 부여 왕실과 고구려 왕실의 선조에 관한 것으로 본다. 즉 부여 왕실과

---

34 『삼국유사』 권1 「기이」 〈고구려〉조.

고구려 왕실은 단군의 혈통을 이어받고 있었음을 말하는 것으로 보고자
하는 것이다.

여기서 중요한 것은 부여의 해부루왕과 고구려의 주몽왕이 모두 고조
선 통치자의 후손으로 전해온다는 점이다. 부여와 고구려는 모두 고조
선의 거수국이었다.[35] 그리고 단군사화에는 단군왕검이 출생하기 전에
곰이 등장하는데, 고조선은 단군왕검에 의해 건국되었고, 곰은 고구려족
의 수호신이었던 것으로 추정되므로[36] 부여와 고구려는 고조선이 건국
되기 전부터 있었던 오랜 역사를 지닌 종족이었을 것으로 생각된다. 그
러므로 부여족과 고구려족의 시조가 바로 단군의 후손이었다고 말하기
는 어렵겠지만, 고조선시대 어느 시기엔가 부여와 고구려의 거수가 단
군의 아들들로 교체되었음을 시사하는 것으로 볼 수 있을 것이다.

비류국 왕실도 단군의 후손이었던 것으로 기록에 나타난다. 『제왕운
기』 「한사군급열국기」에,

> 『동명본기(東明本紀)』에 이르기를 "비류왕 송양이 말하기를 나는 선인
> (仙人)의 후손으로 여러 대에 걸쳐 왕 노릇을 하였는데, 지금 그대는 나
> 라를 세운 지 얼마 되지 않으니 우리의 속국이 됨이 옳지 않겠느냐?"라
> 고 하였으니, 이 비류도 또한 단군의 후손이 아닌가 한다.[37]

라고 했다. 이와 동일한 내용이 이규보의 『동명왕편(東明王篇)』에도 실

---

35  앞 글, 「고조선의 국가 구조」 『겨레문화』 6, pp. 80~87.
36  앞 글, 「고조선의 종교와 그 사상」, pp. 14~15.
37  『제왕운기』 권 하 「한사군급열국기」의 저자 자신의 주석. "東明本紀曰, 沸流王松讓
    謂曰, 予以仙人之後, 累世爲王, 今君造國日淺, 爲我附庸可乎? 則此亦疑檀君之
    後也."

려 있다.[38] 위 내용은 고구려국의 주몽왕과 비류국의 송양왕이 서로 나라를 들어 항복하기를 요구하면서 나눈 대화였다. 비류국은 결국 고구려에 병합되었다. 그런데 비류국은 고구려 건국 초에 이미 존재하고 있었고, 송양왕이 말한 내용으로 보아 주몽왕 훨씬 이전부터 있었던 나라임이 틀림없다. 비류국이 있던 곳은 이전에는 고조선 영토였으므로 비류국은 고조선 붕괴 전에는 고조선의 거수국이었을 것임을 알 수 있다.

『동명본기』의 저자는 비류국왕 송양이 선인의 후손이라 말했으니 비류국 왕실도 단군의 후손일 것으로 보고 있는 것이다.『삼국사기』「고구려본기」에는 고조선의 단군왕검을 '선인(仙人)왕검'이라 부르는 기록[39]이 있는 것으로 보아 고조선의 단군들을 선인으로도 불렀으니『동명본기』의 저자가 비류국 왕실을 단군의 후손으로 본 것은 전혀 근거가 없는 것은 아니다.

『제왕운기』에는 고조선이 붕괴된 후 한반도와 만주에 있던 한·부여·비류·신라·고구려·남옥저·북옥저·동부여·북부여·예·맥 등의 여러 나라가 모두 고조선 단군의 핏줄을 이어받았다고 적고 있다.[40] 이 나라들은 고조선시대에는 모두 고조선의 거수국이었다. 그러므로 단군의 아

---

38  이규보,『동명왕편』에 실린 저자 자신의 주석. "松讓曰, 予是仙人之後, 累世爲王, 今地方至小, 不可分爲兩王, 君造國日淺, 爲我附庸可乎?"

39  『삼국사기』권17「고구려본기」〈동천왕〉 21년조. "平壤者本仙人王儉之宅也, 或云王之都王險."

40  『제왕운기』권 하「전조선기」의 저자 자신의 주석. "檀君據朝鮮之域爲王, 故尸羅·高禮·南北沃沮·東北扶餘·濊與貊皆檀君之壽也."
『제왕운기』권 하「한사군급열국기」. "隨時合散浮況際, 自然分界成三韓, 三韓各有幾州縣, 蚩蚩散在湖山間, 各自稱國相侵凌, 數餘七十何足徵, 於中何者是大國, 先以扶餘·沸流稱, 次有尸羅與高禮, 南北沃沮·濊·貊膺, 此諸君長問誰後, 世系亦自檀君承."

들들이 이들 거수국의 거수로 봉해졌을 가능성은 있다. 설사 『제왕운기』 기록을 그대로 믿지 않더라도 앞에 인용된 여러 기록을 종합하여 생각해볼 때 그 가운데 일부는 그러했을 가능성을 인정해야 할 것이다.

『후한서』「동이열전」〈한전〉의 기록은 그러한 사실을 인식하는 데 도움을 준다. 〈한전〉에는 한(일반적으로 삼한이라 부르나 그것은 옳지 않다)의 거수들에 대해 말하기를,

> 한(韓)나라에는 세 종족이 있으니 첫째는 마한, 둘째는 진한, 셋째는 변진이다. 마한은 서쪽에 있는데 54국이 있고, ……. 진한은 동쪽에 있는데 12국이 있으며, ……. 변진은 진한의 남쪽에 있는데 또한 12국이 있다. ……. 모두 78국인데, 백제도 그 가운데 하나의 국(國)이다. ……. 마한이 가장 강대하여 그 종족들이 함께 왕을 세워 진왕(辰王)으로 삼아 목지국에 도읍하고 전체 삼한 지역의 왕으로 군림하는데, 그 여러 나라 왕들의 선조는 모두 마한 종족 사람이었다.[41]

고 기록되어 있다. 한에 있었던 78개 거수국의 왕(거수)들의 선조는 그 지역 출신이 아니라 모두 마한 사람들이었다는 것이다. 이들이 마한 사람들이었다면 마한의 평민은 아니었을 것이며, 마한에 있는 진왕(辰王)의 왕자들이나 근친들이었을 것이다. 이것은 한의 통치 조직이 혈연으로 이루어져 있었음을 알게 해준다.

---

41 『후한서』권85 「동이열전」〈한전〉. "韓有三種, 一曰馬韓, 二曰辰韓, 三曰弁辰. 馬韓在西, 有五十四國, ……. 辰韓在東, 十有二國, ……. 弁辰在辰韓之南, 亦十有二國, ……. 凡七十八國, 伯濟是其一國焉. ……. 馬韓最大, 共立其種爲辰王, 都目支國, 盡王三韓之地, 其諸國王先皆是馬韓種人焉."

『후한서』에 기록된 한에 관한 내용은 고조선이 붕괴된 후의 상황이기는 하지만 한은 앞에서 말했듯이 당시 한반도와 만주에 있던 여러 나라 가운데 고조선의 제도를 가장 많이 계승하고 있었던 나라였다. 따라서 한의 거수들이 모두 중앙에 있는 왕의 혈족으로 구성되어 있는 것도 고조선의 제도를 계승한 것으로 보아야 할 것이다. 중국에서 왕자를 제후로 봉하던 상나라의 제도가 그 뒤를 이은 서주시대에는 한층 더 조직화되고 확대된 종법제에 기초한 분봉제도로 발전한 것과 같은 현상이 고조선과 한 사이에도 있었을 것이다.

지금까지 살펴본 바를 종합해보건대, 고조선에는 최고 통치자인 단군의 아들들을 각 지역의 거수로 봉하는 제도가 있었던 것으로 생각된다. 그 숫자가 어느 정도였는지는 알 수 없지만 비교적 큰 나라였던 것으로 전해오는 부여·고구려·비류[42] 등의 왕실이 단군의 후손이었다고 전해오는 것으로 보아 고조선 말까지는 상당히 많은 거수들이 단군의 근친 중에서 봉해졌을 것이다. 이러한 혈연 조직은 권력을 독점하고 계속 유지하기 위한 수단으로 필요했던 것이다.

## 4. 고조선의 관료 조직

국가는 통치자를 도와 그 업무를 원활하게 하기 위해 관료 조직이 필요하다. 이미 밝혀진 바와 같이 고조선은 중앙의 최고 통치자로서 단군

---

42  『제왕운기』는 고조선이 붕괴된 후 한반도와 만주에 있었던 나라들에 대해 기록하고 있는데, 그 가운데 큰 나라로 부여 다음에 비류를 언급하고 있다. 이로 보아 비류국도 큰 나라였음을 알 수 있다(주 40 참조).

이 있었고, 각 지역의 거수국에는 거수가 있었으며, 그 밑에는 필요에 따라 봉함을 받은 박사가 있었다. 엄격하게 말하면 단군과 거수는 통치자들로서 관료라고 말할 수 없겠지만, 편의상 여기서는 단군까지 포함시켜 다루고자 한다.

고조선 최고 통치자의 칭호는 단군이었다. 『삼국유사』〈고조선〉조에서는 고조선을 건국한 단군왕검 한 사람의 이름만 확인된다. 고조선은 2,300여 년 동안 존속했는데, 그 긴 기간을 한 사람의 단군이 통치했다는 것은 불가능하므로 적어도 수십 명이 넘는 단군이 있었을 것이라는 점은 분명하다. 『규원사화(揆園史話)』나 『단기고사(檀奇古史)』, 『환단고기(桓檀古記)』 등에는 단군왕검부터 단군 고열가(古列加)에 이르기까지 47명의 단군 이름과 그들의 치적이 기록되어 있다. 그러나 이 책들이 너무 후대에 쓰였고, 내용 가운데 믿기 어려운 부분이 있다는 점 때문에 여기에 기록된 내용을 받아들이기를 주저하는 학자들이 많다. 이 점은 앞으로의 연구 과제로 남는다.

그런데 고조선시대에 최고 통치자에 대한 칭호가 단군부터 한, 왕 등으로 바뀌었다고 보는 학자들이 있다.[43] 심지어 이러한 칭호의 변화가 고조선의 성장과 관계가 있다고 말하기까지 한다.[44] 그러나 그러한 견해는 잘못되었다. 단군이라는 칭호는 고조선 말까지 사용되었고, 한이라는 칭호는 단군이라는 칭호와 함께 사용된 것이지 바뀐 것이 아니었다. 그리고 왕이라는 칭호는 고조선에서는 사용된 적이 없다.

단군이라는 칭호가 고조선 초부터 말까지 줄곧 사용되었음은 『삼국유

---

43  변태섭, 『한국사통론』, 삼영사, 1986, p. 55.
　　서영수, 「고조선의 위치와 강역에 대한 재검토」 『한국상고사』, 민음사, 1989, p. 351.
44  윗글, 「고조선의 위치와 강역에 대한 재검토」 참조.

사』 기록에서 확인된다. 『삼국유사』 〈고조선〉조에,

> 『위서(魏書)』에 말하기를, 지금으로부터 2천 년 전에 단군왕검이 있어 아
> 사달에 도읍을 세우고 나라를 열어 국호를 조선이라 하니 (중국의) 당고
> (요)와 때를 같이하였다.[45]

고 하여 고조선은 건국 초부터 통치자의 칭호를 단군이라 불렀음을 알
수 있는데, 위의 〈고조선〉조 끝부분에,

> 단군은 바로 장당경(藏唐京)으로 옮겼다가 후에 아사달로 돌아와 은거
> 하여 산신이 되었다. 계승되기를 1908년이었다.[46]

고 했으니, 고조선의 마지막 통치자도 단군이라 불렸음을 알 수 있다.
  고조선의 단군이 서주 왕실을 방문했을 때 그를 칭송한 내용을 전하
는 『시경』 「한혁」편[47]에서는 단군을 한후(韓侯)라 부르고 있다. 한후라
는 명칭은 동북아시아 지역에서 통치자를 뜻하는 한(Han, 汗, 韓)과 중국
어로 제후를 뜻하는 후(侯)가 결합된 것이었다. 중국인들은 그들의 천자
가 천하를 다스려야 한다고 생각했기 때문에 다른 나라의 통치자도 제
후로 표현했는데, 고조선에서의 통치자에 대한 명칭인 한(韓)에다 제후
를 뜻하는 후(侯)를 결합하여 단군을 한후라 불렀던 것이다.

---

45  『삼국유사』 권1 「기이」 〈고조선〉조. “魏書云, 乃往二千載有壇君王儉, 立都阿斯達,
    開國號朝鮮, 與高(堯)同時.”
46  위의 『삼국유사』 〈고조선〉조. “壇君乃移於藏唐京, 後還隱於阿斯達, 爲山神, 壽
    一千九百八歲.”
47  『시경』 「대아」 〈탕지십〉 ‘한혁’.

이에 대해서는 필자의 견해를 이미 발표한 바 있지만,[48] 이를 다시 한 번 확인하기 위해 『시경』「한혁」편에 대해 설명한 왕부(王符)의 『잠부론』을 보면,

> 무릇 환숙(桓叔)의 후손으로는 한씨·언씨·영씨·화여씨·공족씨·장씨 등이 있었는데, 이들은 모두 한(韓)의 후손으로서 희성(姬姓)이었다. 한 편 옛날 (서)주의 선왕(宣王) 때에 또한 한후(韓侯)가 있었으니 그 나라는 연나라에서 가까웠다. 그러므로 『시경』에서 말하기를 "커다란 저 한(韓)의 성(城)은 연나라 군사들이 완성한 것"이라고 하였다. 그 후 한의 서쪽에서도 성(姓)을 한이라 하였는데 위만에게 공벌당하여 해중으로 옮겨 가서 살았다.[49]

고 설명하고 있다. 왕부의 말은 이런 뜻이다. 서주 왕실과 동성(同姓)인 희성(姬姓)으로서 한(韓)나라의 제후였던 환숙의 후손으로 한씨·언씨·영씨·화여씨·공족씨·장씨 등이 있었으니, 이들은 모두 성이 희(姬)였다는 것이다. 그런데 이 한과 다른 또 하나의 한후가 있었으니 그 나라는 연나라에서 가까웠다는 것이다. 그러므로 『시경』에서는 "커다란 저 한의 성은 연나라 군사들이 완성한 것"이라고 표현했다는 것이다. 환숙이 봉해졌던 앞의 한은 지금의 섬서성에 있던 서주의 제후국을 말한 것으로 그 제후 또한 한후였다. 그러므로 『시경』「한혁」편에서는 섬서성에

---

48  앞 글, 「고조선의 국가 구조」 『겨레문화』 6, pp. 71~78.
    윤내현, 「고조선의 사회 성격」 앞 책 『한국고대사신론』, pp. 156~162.
49  『잠부론』 권9 「씨성지」. "凡桓叔之後, 有韓氏·言氏·嬰氏·禍餘氏·公族氏·張氏, 此皆韓後姬姓也. 昔周宣王時, 亦有韓侯, 其國地近燕, 故詩云, 普彼韓城, 燕師所完, 其後韓西亦姓韓, 爲衛滿所伐, 遷居海中."

있었던 한후와 서주의 선왕 때 서주 왕실을 방문했던 한후를 구별하기 위해 그 나라가 연나라 가까이 있었고, 그 나라에 있는 한의 성은 연나라 군사들이 완성한 것이라고 서술했다는 것이다.

그러면 여기서 한후라고 불린 인물은 누구이며 그 나라는 어디에 있던 어떤 나라였는가? 위 『잠부론』의 기록은 한후가 다스리던 한(韓)의 서쪽에 또한 한(韓)이라 칭하는 자가 있었는데, 위만에게 공벌당하여 바다로 이동해 갔다는 것이다. 그런데 위만에게 정권을 빼앗기고 바다로 도망한 인물은 기자의 후손인 준이었다는 사실은 너무나 분명하게 알려져 있다. 그리고 준이 다스렸던 기자조선은 지금의 난하 유역, 즉 고조선의 서쪽 변경에 위치해 있었으며,[50] 그 권력을 빼앗아 건국한 위만조선도 같은 지역인 지금의 요서 지역에 위치해 있었다.[51] 한후의 나라는 기자조선 이전부터 그 동쪽에 있었다고 왕부는 말하고 있다. 기자가 이주해 오기 전부터 그 동쪽 전체를 차지하고 있던 나라는 고조선이었다. 따라서 한후는 고조선의 최고 통치자인 단군을 말함을 알 수 있다.

고조선의 단군을 한후라고 한 것이라든가 기자조선의 준을 한(韓)이라 기록한 것은 동북아시아에서 통치자를 한(汗, Han) 또는 칸(干, Khan, 可汗, Kahan)이라 한 것을 한자화한 것이다. 이러한 기록들로 보아 고조선에서는 통치자를 한이라 불렀음도 알 수 있다. 그런데 한은 단지 정치적 통치자를 뜻하는 호칭이었던 반면에 단군은 앞에서 살펴본 바와 같이 종교적 지도자라는 의미가 더 강했다. 고대사회에서는 종교가 정치

---

**50**  주 25·26 참조.

**51**  윤내현, 「위만조선의 재인식」 앞 책 『한국고대사신론』, pp. 253~271.
 앞 글, 「고대조선고」, pp. 9~13.
 『고조선 연구』 상 제1편 제5장 제1절 「위만조선과 한사군의 위치」 참조.

보다 더 권위가 있었기 때문에 고조선에서는 한이라는 칭호보다 단군이라는 칭호가 더 권위를 가졌을 것이다. 따라서 국내에서는 일반적으로 단군이라 불렀을 것이다. 중국에서는 통치자를 왕이라 부르다가 진제국 이후에는 황제라 했는데, 이들을 천자라고도 불렀다. 천자라는 칭호는 서주시대부터 사용되었는데, 최고신인 하느님의 아들이라는 뜻이었다. 따라서 고조선의 단군이라는 칭호는 중국의 천자에 해당하며, 한은 왕이나 황제에 해당하는 것이다.

고조선은 독자적인 관료제도와 관직명을 가지고 있었다. 최고 통치자에 대한 칭호가 단군 또는 한으로 중국과 달랐고, 그 아래서 각 지역을 맡아 다스리는 사람을 고조선에서는 거수라 했으며, 그가 다스리는 나라를 거수국이라 했는데, 중국에서는 제후와 제후국이라 했다. 그리고 거수에 의해 일정한 지역에 봉함을 받은 사람을 고조선에서는 박사라 했는데, 중국에서는 제후로부터 봉함을 받은 사람을 대부라 했다. 중국에도 박사라는 칭호가 있었지만 그것은 유학 경전을 연구하는 학자들에게 준 칭호였으며, 고조선의 박사와는 성격이 전혀 달랐다.

고조선의 관료 체제와 관직명이 중국과 달랐음은 위만조선에 관한 다음 기록들을 통해 유추된다. 『사기』「조선열전」에는,

> 원봉 2년(서기전 109)에 한(漢)은 섭하(涉何)를 시켜 우거(右渠)를 꾸짖어 깨닫도록 하였으나 끝내 천자의 명령을 받들려 하지 않았다. (섭)하가 돌아가면서 국경상에 이르러 패수 가에서 마부를 시켜 (섭)하를 전송하러 나온 조선의 비왕(裨王) 장(長)을 찔러 죽였다.[52]

---

**52** 『사기』권115「조선열전」, "元封二年, 漢使涉何譙諭右渠, 終不肯奉詔. 何去至界上, 臨浿水, 使御刺殺送何者朝鮮裨王長."

우거는 사신을 보고 머리를 조아리며 사과하기를 "항복하기를 원하였으나 두 장군이 신(臣)을 속여 죽일까 두려워했는데 이제 신절(信節)을 보았으니 항복하기를 청합니다"하고 태자를 보내 들어가 사죄하도록 하고 말 5천 필을 바치고 군량미를 보내기에 이르렀다.[53]

좌장군(左將軍)이 이미 양군(兩軍)을 합해 조선을 맹렬히 공격하였다. 조선상(朝鮮相) 노인(路人) · 상(相) 한음(韓陰) · 이계상(尼谿相) 삼(參) · 장군 왕겹(王唊)이 서로 상의하기를 "처음 누선(樓船)에게 항복하려 했으나 누선은 지금 잡혀 있고 좌장군 혼자서 군사들을 합해 거느려 전세가 더욱 급박하고 두려워 싸우려 하지 않는데도 왕은 항복하려 하지 않는다"고 하고, (한)음 · (왕)겹 · 노인이 모두 도망하여 한에 항복하였다.[54]

는 기록들이 있다. 『사기』「조선열전」은 위만조선에 관한 기록이므로 위기록들은 위만조선의 중앙정부에 비왕(裨王) · 태자 · 조선상(朝鮮相) · 상(相) · 이계상(尼谿相) · 장군 등의 직명이 있었음을 알게 해준다. 이 가운데 태자와 장군은 그 칭호가 중국과 같고 직분에 대해서도 다 알고 있으므로 여기서 설명할 필요는 없을 것이다.

그러나 비왕 · 조선상 · 상 · 이계상 등은 중국의 관료제도와는 분명히 다르다. 중국의 관료제도에 상(相)이 있기는 했지만 행정부의 최고 관직으로 한 사람이 있었을 뿐이다. 그러나 위만조선에는 상과 더불어 조선

---

53 『사기』권115「조선열전」. "右渠見使者頓首謝, '願降, 恐兩將詐殺臣, 今見信節, 請服降.' 遣太子入謝, 獻馬五千匹, 及饋軍糧."
54 『사기』권115「조선열전」. "左將軍已幷兩軍, 卽急擊朝鮮. 朝鮮相路人 · 相韓陰 · 尼谿相參 · 將軍王唊 相與謀曰, 始欲降樓船, 樓船今執, 獨左將軍幷將, 戰益急, 恐不能與, 王又不肯降, 陰 · 唊 · 路人皆亡降漢."

상·이계상 등의 상이 있었다. 『사기집해』와 『사기색은』에는 위만조선의 관제에 대해 동한의 응소가 말하기를 "오랑캐들이 관제를 모르기 때문에 모두 상(相)이라 불렀다"[55]고 했다고 기록되어 있다. 관제에 밝았던 동한의 응소가 그가 저술한 『한서음의(漢書音義)』에 오랑캐 나라인 위만조선은 관제를 몰라 모두 상(相)이라 불렀다고 기록했다는 것이다.[56]

이것은 중국 문화를 기준으로 한 사고다. 위만조선의 관료제도가 중국과 같아야 할 필요는 없다. 위만조선이 중국과 다른 관료제도를 갖고 있었다는 것은 중국보다 문화 수준이 낮았다거나 관료제도를 알지 못했다는 의미가 아니라 독자적인 관료제도를 갖고 있었음을 말해준다.

그런데 위만은 서한에서 망명한 사람이었다. 『사기』에 서한의 연왕이었던 노관이 서한에 반기를 들고 흉노로 망명하자 위만도 조선으로 망명했다고 기록[57]되어 있는 것으로 보아 위만이 조선으로 망명한 것은 서한에 대한 노관의 반기와 어떤 연관이 있었을 가능성이 있다. 그리고 위만은 평민이 아니라 상당한 직분을 맡고 있었던 사람이었을 것으로 유추된다. 그런 위만이 서한의 관료제도를 알지 못했을 리 없다. 그리고 위만은 위만조선을 건국한 후 서한의 외신이 되었다.[58] 그런데도 위만이 서한의 관료제도를 따르지 않았다는 것은 무엇을 의미할까? 위만조선의 관료제도는 위만이나 그 후계자들의 독창물이었을까? 그렇게 보기는 어렵다. 왜냐하면 관료제도나 사회제도는 대체로 기존의 것을 따르거나 수정 또는 보완하여 사용하는 것이 통례이기 때문이다.

---

55  『사기』 권115 「조선열전」 주석으로 실린 『사기집해』와 『사기색은』. "戎狄不知官紀, 故皆稱相."
56  위와 같음.
57  『사기』 권115 「조선열전」. "燕王盧綰反, 入匈奴, 滿亡命, ……."
58  『사기』 권115 「조선열전」. "會孝惠·高后時天下初定, 遼東太守卽約滿爲外臣, ……."

그렇다면 위만조선이 중국과 다른 관료제도를 사용했다는 점을 어떻게 설명해야 할까? 그것은 그 지역에 위만조선이 건국되기 전부터 이미 중국과는 다른 관료제도가 있었음을 의미한다. 그 지역 토착인들에게 익숙한 관료제도가 있었던 것이다. 그렇기 때문에 위만은 자신에게 익숙한 서한의 관료제도 대신 지역 토착인들에게 익숙한 관료제도를 사용했었다고 보아야 할 것이다. 그 관료제도는 바로 고조선의 관료제도였을 것이다. 왜냐하면 위만조선은 고조선의 서쪽 변경에서 건국되어 그 영토는 원래 고조선 땅이었기 때문이다.

이러한 사실은 고조선이 중국과는 다른, 독자적인 관료 체계를 가지고 있었음을 말해준다. 그리고 고조선이 독자적인 문화를 가지고 있었음을 알려주는 것이기도 하다. 따라서 위의 『사기』 「조선열전」에 보이는 관직명은 고조선의 관직명을 계승한 것으로 보아야 할 것이다. 다시 말하면 고조선의 중앙정부에는 단군 밑에 비왕·조선상·상·이계상·장군 등의 관료가 있었을 것이며, 단군의 유고 시에 대비하여 그 자리를 계승할 태자가 있었을 것으로 유추된다. 이러한 관료들의 직분이나 서열 등은 정확히 알 수 없다. 그러나 다음과 같은 유추는 가능하다.

위의 관료 가운데 비왕은 부왕(副王) 또는 작은 나라의 왕이라는 뜻을 지니고 있으므로 단군을 보좌하여 관료를 총괄하는 직분으로서 중국의 승상(丞相)에 해당했을 가능성이 있으며, 장군은 고조선의 군무를 총괄했을 것이다. 그리고 조선상·상·이계상 등은 중앙 각 부처의 장관이었을 것인데,[59] 그 명칭의 대부분은 그들의 출신 씨족이나 종족 명칭에

---

59 『사기』 권115 「조선열전」에는 "좌장군이 맹렬하게 성을 공격하니 조선 대신들은 몰래 사람을 보내 사사로이 누선에게 항복을 약속했으나 말만 오고 갈 뿐 아직 확실한 결정을 내리지 못하고 있었다(左將軍急擊之, 朝鮮大臣乃陰間使人私約降樓船, 往來言,

서 유래되었던 것으로 보인다. 조선상은 원래 고조선의 최고 지배족이 었던 조선족 출신이 맡았기 때문에 붙여진 이름이었는데 관직명으로 정 착했고, 이계상 역시 그러했을 가능성이 있다.[60]

이러한 중앙의 관료와는 달리 고조선의 거수국에는 거수를 보좌하는 대부라는 관직이 있었다. 『위략』에는,

> 옛날에 기자의 후손인 조선의 제후(거수)는 주나라가 쇠퇴한 것을 보고 연이 스스로 높여 왕이라 하고 동쪽의 땅을 침략하고자 하니, 또한 스스 로 칭하여 왕이라 하고 병사를 일으켜 오히려 연을 공격하여 주실(周室) 을 받들고자 하였다. 그 대부 예(禮)가 간(諫)하니 곧 중지하였다. 예를 서쪽의 연에 보내어 설득하니 연도 중지하고 공격하지 않았다.[61]

는 기록이 있다. 이것은 기자조선과 연의 관계를 말하고 있는데, 이 내 용에서 기자조선에서 대부가 거수의 측근으로서 상당한 영향력을 행사 하고 있었음을 알 수 있다. 기자조선은 고조선의 거수국이었으므로 대 부는 거수국의 관료였던 것이다.

고조선은 중앙과 거수국에 상비군이 있었다. 고대사회에서 중앙의 상 비군은 외적을 방어하거나 정벌하기 위해서뿐만 아니라 통치의 수단으

---

尚未肯決)."라는 구절이 있는데, 이 내용을 주 54의 내용과 연결해볼 때, 여기에 나오 는 조선 대신들은 조선상 노인·상 한음·이계상 삼·장군 왕겹이었음을 알 수 있다.

60 이계(尼谿)를 예(濊)의 반절음일 것으로 보고 예(濊)로 해석한 경우도 있다(『해동역 사』 「위만조선」〈원봉 2년〉조). 이런 견해가 옳은지는 알 수 없지만, 이계를 종족명으로 보았다는 점에서 참고할 가치가 있다.

61 『삼국지』 권30 「동이전」〈한전〉에 주석으로 실린 『위략』. "昔箕子之後朝鮮侯, 見周衰, 燕自尊爲王, 欲東略地, 朝鮮侯亦自稱爲王, 欲興兵逆擊燕以尊周室. 其大夫禮諫之, 乃止. 使禮西說燕, 燕止之, 不攻."

로서 필수적이었는데, 고조선에 장군이라는 군무를 전담하는 관료가 있었다는 것은 상비군이 있었음을 알게 해준다. 거수국에 상비군이 있었음은 준과 위만의 관계에서 알 수 있다. 준은 위만을 박사로 봉하고 서쪽 국경 지대에 살면서 그곳을 방어하도록 했다. 국경을 방어하려면 거기에 필요한 상비군이 있었을 것이다.

고조선시대의 유적에서는 비파형동검·세형동검·청동창·청동꺾창 등 청동 무기와 긴검·단검·가지창·꺾창 등 강철 무기, 그리고 철로 만든 갑옷 조각, 청동으로 만든 수레 부품 등이 출토된다. 이러한 유물들은 고조신 병사들이 발달된 무기와 장비를 갖추고 있었을 것임을 알게 해준다. 『후한서』「동이열전」〈동옥저전〉에,

사람들의 성품은 질박하고 정직하며 굳세고 용감하다. 창을 잘 다루며 보병 전투에 능하다.[62]

고 했고, 같은 책 〈예전〉에는,

보병 전투를 잘하는데, 창을 길이가 3장이나 되게 만들었는데, 때로 여러 사람이 함께 쥐고 싸운다. 낙랑단궁(樂浪檀弓)은 이곳에서 생산된다.[63]

고 했는데, 동일한 내용들이 『삼국지』에도 보인다.[64] 이것은 고조선 봉

---

62 『후한서』 권85 「동이열전」 〈동옥저전〉. "人性質直彊勇, 便持矛步戰."
63 『후한서』 권85 「동이열전」 〈예전〉. "能步戰, 作矛長三丈, 或數人共持之. 樂浪檀弓出其地."
64 『삼국지』 권30 「동이전」의 〈동옥저전〉과 〈예전〉.

괴 후의 상황을 말하고 있지만, 옥저나 예는 고조선의 거수국이었으므로 그들의 전투 능력이나 무기는 고조선을 계승하고 있었을 것이다.

그동안 발굴된 고조선의 유적을 보면 크게 두 부류로 나눌 수 있다. 하나는 청동 무기나 철제 무기와 더불어 마구류·수레 부품 등은 출토되지만 농구는 출토되지 않은 유적이고, 다른 하나는 마구류나 수레 부품은 출토되지 않으면서 무기와 농구가 출토되는 유적이다.[65] 전자는 고조선의 지배 귀족의 유적이고 후자는 피지배 농민들의 유적이다. 그런데 두 종류의 유적에서 모두 무기는 출토되는 반면에 마구류와 수레 부품은 귀족의 유적에서만 출토된다. 말과 수레는 평상시에는 귀족들의 교통수단으로 이용되었지만 전시에는 기병과 전차병으로 이용되었다. 이것은 고조선의 군대 조직에서 기병과 전차병은 귀족들이 담당했고 피지배 농민들은 보병만을 담당했음을 알게 한다. 그리고 유사시에 대비하여 일반 농민들은 평상시에도 무기를 소지하고 있었음을 알게 해준다. 이는 문헌 기록에서도 확인된다. 『삼국지』 「동이전」 〈부여전〉에,

> (부여 사람들은) 활·화살·칼·창을 병기로 사용하며 집집마다 자체적으로 갑옷과 무기를 보유하였다.[66]

고 했는데, 부여는 원래 고조선의 거수국이었으므로 이러한 현상은 고조선에서도 마찬가지였을 것이다. 부여 사람들이 자체적으로 갑옷과 무기를 보유하고 있었다는 위의 기록은 지배 귀족이나 농민의 유적에서 모두 무기가 출토되는 것과 일치한다.

---

65  이 책의 제2편 제2장 제2절 「고조선 경제의 생산양식」, 표 1·2·3·4·5 참조.
66  『삼국지』 권30 「동이전」 〈부여전〉. "以弓矢刀矛爲兵, 家家自有鎧仗."

## 5. 마치며

지금까지 고조선 통치 조직의 요소로서 신정 조직, 혈연 조직, 관료 조직 등에 대해 살펴보았다.

고조선은 종교를 통한 공동체의식을 전 국민이 갖도록 하기 위해 신정 조직을 가지고 있었다. 단군은 정치적 통치자이기도 했지만, 이러한 종교를 관장하는 최고 지도자이기도 했다. 고조선에서는 통치자를 한이라고도 불렀다. 단군은 종교 지도자라는 의미가 강한 반면에 한은 단순히 정치적 통치자라는 뜻을 지니고 있었다. 단군은 중국의 천자와 같았고 한은 왕 또는 황제와 같은 의미를 지니고 있었다. 그런데 고조선에서는 정치보다 종교가 더 권위가 있었기 때문에 단군이라는 칭호가 한보다는 권위를 가지고 있었고 보편적으로 불렸던 칭호였다. 고조선에는 중앙에 정치적 도읍과 구별되는 종교의 성지로 신시(神市)가 있었다. 이곳에는 종교의식을 주관하는 선인(仙人)들이 살고 있었는데, 단군도 선인의 한 사람으로서 이들의 우두머리이기도 했다. 단군은 종교와 정치를 모두 장악함으로써 신권통치가 가능했던 것이다.

고조선의 여러 거수국에도 그 지역 정치적 중심지인 국읍과 구별되는 종교 성지인 소도가 있었다. 그리고 각 거수국에는 하느님에 대한 제사를 주관하는 사람이 한 명씩 있었는데, 이 사람을 천군이라 했다. 거수국은 중앙으로부터 종교 일부를 나누어 받음으로써 종교적으로 중앙에 복속될 뿐만 아니라 종교를 통한 지역공동체의식도 형성할 수 있었다. 중앙의 단군은 종교와 정치를 모두 장악했으나 거수국에서는 종교와 정치가 분리되어 종교는 천군이, 정치는 거수가 관장했던 듯하다. 이는 거수들의 권한을 중앙의 단군보다 약화시키려는 조처였을 것이다.

거수는 필요에 따라 그의 봉지 일부를 나눠주어 박사를 봉했는데, 이

때 종교의 일부도 박사에게 나눠주어 그가 그의 봉지에서 종교적 권위를 갖도록 했다. 이렇게 고조선은 단군부터 박사에 이르기까지 연결되는 종교 조직을 가지고 있었던 것이다. 문헌에 기록된 바에 의하면 범죄자라도 소도로 들어가면 잡을 수 없었다고 하는데, 이는 중앙의 신시에서도 마찬가지였을 것이다. 이것은 당시 종교의 권위가 정치보다 위에 있었음을 알게 해준다.

고조선에는 통치를 독점하고 유지하기 위한 수단으로 통치 조직 속에 혈연 조직의 요소도 있었다. 그러한 요소로서 고조선에서는 상당히 많은 거수를 단군의 아들이나 근친들로 봉했던 것으로 나타난다. 고대인들에게 혈연 조직은 가장 친숙하고 믿을 수 있는 조직이었기 때문에 정권의 독점과 유지를 위해 이를 이용했던 것이다.

고조선에는 통치를 위한 관료 조직으로서 단군을 보좌하고 행정을 총괄하는 직책으로 비왕이 있었고 군사 업무를 총괄하는 직책으로 장군이 있었다. 단군의 유고 시에 대비해서 단군 생존 시에 뒤를 이을 태자도 봉해져 있었다. 그리고 각 분야별로 업무를 분담하여 관장하는 조선상·상·이계상 등의 중앙 관료가 있었는데, 이들 관직명의 대부분은 그 관직을 처음 맡았던 관료의 출신 씨족명이나 종족명에서 유래되었던 듯하다. 고조선의 거수국에는 대부가 있어 거수를 보좌했다. 고조선은 중앙은 물론 거수국에도 상비군이 있었으며, 유사시에는 전 국민이 전쟁에 참가했던 듯하다. 군대는 외적의 침략 방어와 통치 수단으로 필수적이었다. 이들은 매우 발달된 무기와 장비를 갖추고 있었고 전투 능력도 우수했던 것으로 보인다. 고조선의 관직 체계와 관직명은 중국과는 매우 달랐으며, 독자적이고 주체적인 관료 체계를 가지고 있었다.

# 古朝鮮研究

제 2 장

◉

고조선의 경제와 생산

# I                                   고조선의 경제적 기반

## 1. 들어가며

어느 한 시대의 경제 수준에 대한 이해는 그 시대의 사회 수준 전체를 이해하는 기초가 된다. 따라서 고조선에 대한 정확한 이해를 위해서는 고조선의 경제 수준을 알 필요가 있다. 그러나 1960년대 초까지도 고조선의 경제 문제에 대해서는 깊이 있는 연구가 진행되지 못했다.

그것은 다음과 같은 이유 때문이었을 것이다. 첫째로 고조선의 사회 수준은 매우 낮았을 것이라는 선입관 때문에 그 경제는 연구할 만한 가치가 있다고 생각하지 않았을 것이다. 둘째로 고조선에 관한 사료는 지극히 부족한 것으로 인식되어왔기 때문에 그 경제에 대한 연구는 거의 불가능할 것이라는 선입관이 작용하고 있었을 것이다.

그러나 그것은 잘못된 생각이다. 고조선의 사회 수준이 어느 정도였느냐 하는 것은 연구의 결과로 얻어지는 것이므로 그것을 연구하기 전에 어떤 선입관을 가지고 있어서는 안 된다. 고조선의 경제 수준을 연구해보지도 않고 고조선의 사회 수준이나 경제 수준이 낮았을 것으로 생각하는 선입관을 가지고 있었다면 그러한 자세는 학문 연구의 선후가 전도된 것으로 경계되어야 할 것이다.

다행히 1960년대 이후 역사를 이해하는 데 있어 하부구조로서 경제의 중요성에 관심을 가진 일부 학자들이 고조선 경제에 대한 연구를 진행했다.[1] 그 결과 중국의 여러 문헌에는, 대부분의 기록이 간접적이기는 하지만, 고조선의 경제 수준을 알려주는 기록이 예상했던 것보다는 많다는 사실이 확인되었다. 또한 그동안의 고고 발굴도 고조선 경제를 구체적으로 이해할 수 있는 새로운 자료를 많이 제공해주고 있다.

그동안의 연구 결과와 새로운 고고 자료를 종합하여 고조선 사회의 경제적 기반은 무엇이었으며 경제 수준은 어느 정도였는지 살펴보자. 이런 연구는 고조선 자체에 대한 구체적인 이해뿐만 아니라, 한국사 전체에 대한 인식을 바르게 한다는 점에서 중요한 의미를 지닐 것이다. 앞으로 문헌 기록이나 고고 발굴의 새로운 자료는 계속 늘어날 것이므로 그 연구도 계속 진행되어야 할 것이다. 필자는 부여·고죽·고구려·예·맥·추·진번·낙랑·임둔·현도·숙신·청구·양이·양주·발·유·옥저·기자조선·비류·행인·해두·개마·구다·조나·주나·진·한 등을 고조선의 거수국으로 보고 있으므로[2] 이들에 관한 문헌 기록과 그 지역에서 발견된 유적과 유물을 모두 고조선에 관한 것으로 다룰 것이다.

---

1 리지린, 『고조선 연구』, 학우서방, 1964, pp. 343~356.
  리순진·장주협, 『고조선 문제 연구』, 사회과학출판사, 1973, pp. 61~68.
  박진욱, 『조선고고학전서 ─ 고대편』, 과학백과사전출판사, 1988, pp. 71~78·173~177.
2 윤내현, 「고조선의 국가 구조」 『겨레문화』 6, 한국겨레문화연구원, 1992, pp. 67~112.
  이 책의 제2편 제1장 제1절 「고조선의 국가 구조」 참조.

## 2. 고조선의 경제 수준

고조선은 고고학적으로는 초기부터 청동기시대였고 사회진화상으로는 국가사회 단계였다.[3] 따라서 청동기문화를 뒷받침하고 국가의 통치 조직을 유지하기 위해서는 당연히 그것을 받쳐줄 수 있는 경제적 기반이 있어야 한다.

고조선은 일찍부터 중국에 사신을 파견하는 등의 교류를 가지고 있었다. 이런 사실은 고조선의 사회와 경제 수준이 결코 낮지 않았을 것이라는 추측을 가능케 한다. 중국의 고대 문헌인 『일주서』 「왕회해」편에는 고조선의 거수국이었던 직신(숙신) · 예인 · 양이 · 양주 · 발인 · 유인 · 청구 · 고이(고구려) · 고죽 등이 성주대회(成周大會)에 참석했던 것으로 기록되어 있다.[4] 『일주서』는 중국 주나라의 역사서인데[5] 「왕회해」편에는 성주대회에 관해 기록되어 있다. 주나라는 도읍인 호경(鎬京)이 너무 서쪽에 치우쳐 있었기 때문에 낙양(洛陽)에 제2의 도읍으로 낙읍(洛邑)을 건설하고, 그곳을 성주(成周)라고 이름했다. 그리고 그곳에서 국내의 제후와 외국의 사신들을 초빙하여 큰 모임을 개최했다. 이것이 성주대회였다.

따라서 성주대회는 외국에 주나라의 건국을 알리면서 그 위력을 과시

---

3    윤내현, 「인류사회 진화상에 있어서 고조선 위치」, 『사학지』 26집, 단국대 사학회, 1993. pp. 1~46.
     『고조선 연구』 상 제1편 제2장 제1절 「사회진화상의 고조선의 위치」 참조.
4    『일주서』 권7 「왕회해」.
5    『한서』 권30 「예문지(藝文志)」. "周書七十一篇, 周史記." 『일주서』의 원명은 『주서(周書)』였는데 산일(散逸)되었다. 그 후 여러 책에 인용된 내용들을 모아 다시 편찬하여 그 이름을 『일주서』라 했다.

하기 위한 성격의 모임이었다. 이 모임에는 당숙(唐叔)·채숙(蔡叔)·주공(周公) 등과 함께 태공(太公) 망(望)이 참석했던 것으로 기록되어 있다. 태공 망은 주나라 무왕이 상나라를 칠 때 선봉대장으로 큰 공을 세운 개국공신으로 제(齊)나라에 봉해졌던 인물이다.[6] 태공 망이 이 모임에 참석한 것으로 보아 성주대회가 주나라 건국 후 오래지 않은 시기에 개최되었음을 알 수 있다. 상나라 멸망과 주나라 건국이 서기전 12세기 무렵이므로 성주대회 개최 시기는 서기전 11세기보다 아래로 내려오지는 않을 것이다.

그런데 이 모임에 고조선의 거수국 가운데 숙신·예인·양이·양주·발인·유인·청구·고구려·고죽 등만이 사신을 파견한 것은 이들이 지금의 요서 지역에 위치하여 중국과 가까이 있었기 때문이었다.[7] 이런 고조선의 거수국들이 사신을 파견했다는 것은 당시 고조선이 이미 중국 지역과 상당히 깊은 교류를 가지고 있었음을 알게 해준다. 이런 점으로 보아 고조선의 사회 수준이나 경제 수준은 결코 낮지 않았을 것이다.

고조선과 중국 사이에는 큰 전쟁도 있었다. 그러한 큰 전쟁은 경제적 뒷받침 없이는 불가능하다. 이러한 사실도 고조선의 경제 수준이 상당히 높았을 것임을 알게 해준다. 『위략』에는 중국의 전국시대 연나라가 장수 진개를 파견하여 고조선을 침략하고 그 서부 2천 리를 빼앗았다고 기록되어 있다.[8] 이 기록에 따라 종래에 일부 학자들은 이 전쟁으로 고조선의 영토가 크게 줄어들었을 것으로 믿었다.

그러나 『위략』에는 진개가 고조선을 침략한 후 고조선과 연나라의 국

---

6  『사기』권4 「주본기」.
7  앞 글, 「고조선의 국가 구조」『겨레문화』6, pp. 67~112 참조.
8  『삼국지』권30 「동이전」〈한전〉의 주석으로 실린 『위략』.

경은 만번한 지역이 되었다고 적혀 있다.[9] 만번한이 『한서』「지리지」에 기록된 요동군의 문현(文縣)과 번한현(番汗縣) 지역을 합하여 부른 명칭이라는 데에는 학자들 사이에 이견이 없다.[10] 만(滿)과 문(文)은 중국 동남부 지역의 오음(吳音 : 중국 남조시대 오나라에서 쓰던 옛 한자음)으로는 동일하게 발음되므로 고대에는 이 두 문자의 음이 동일했을 것이기 때문에 만이 문으로도 기록될 수 있다는 것이다. 그러므로 진개 침략 후 고조선과 연나라 국경은 서한의 요동군에 속해 있던 문현과 번한현 지역이었음을 알 수 있다.

　종래에 일부 학자들은 서한의 요동군 위치가 지금의 요동과 동일했을 것으로 믿어왔다. 명칭이 동일하다는 단순한 이유 때문이었다. 그러나 그렇지 않다. 서한의 요동군은 지금의 난하 하류 유역에 있었다.[11] 따라서 진개 침략 후 고조선과 연나라의 국경은 난하 유역이 되었던 것이다. 그런데 고조선과 연나라의 국경은 진개가 침략하기 전에도 난하 유역이었다.[12] 다시 말하면 진개 침략 후에도 고조선과 연나라 국경은 크게 변화가 없었다. 오히려 연나라 쪽으로 국경이 이동했을 가능성이 있다. 왜냐하면 만번한, 즉 문현과 번한현은 서한의 행정구역인 요동군 안에 있었기 때문이다.

---

9　위의 『위략』. "燕乃遣將秦開, 攻其西方, 取地二千餘里, 至滿番汗爲界."
10　이병도 · 김재원, 『한국사』 – 고대편, 을유문화사, pp. 105~106.
11　윤내현, 「고조선의 위치와 강역」 『한국고대사신론』, 1986, pp. 38~58.
　　＿＿＿, 「고조선의 서변경계 재론」 『한국독립운동사의 인식 – 백산박성수교수화갑기념논총』, 백산박성수교수화갑기념논총간행위원회, 1991, pp. 517~539.
　　『고조선 연구』 상 제1편 제3장 제1절 「고조선의 서쪽 경계」 참조.
12　앞 글, 「고조선의 위치와 강역」 참조.
　　앞 글, 「고조선의 서변경계 재론」 참조.
　　『고조선 연구』 상 제1편 제3장 제1절 「고조선의 서쪽 경계」 참조.

이런 가능성은 『염철론』의 기록에서 뒷받침된다. 『염철론』「비호(備胡)」편에는 고조선이 연나라의 국경 초소인 요(徼)를 넘어 연나라의 동부 지역을 빼앗았다고 기록되어 있다.[13] 『사기』「조선열전」에 따르면 당시 연나라에는 요동외요(遼東外徼)가 있었다고 기록되어 있는데,[14] 문맥으로 보아 그것은 진개가 고조선을 침략한 후 설치했던 것으로 보인다. 위의 『염철론』「비호」편에 나오는 연나라 국경 초소였던 요는 이 요동외요를 말할 것이다. 그러므로 고조선이 연나라를 쳐들어가 동부 영토를 빼앗은 것은 진개가 고조선을 쳐들어온 후의 일이었다.

이상을 종합해보면 다음과 같은 결론에 도달한다. 조(朝)·연(燕)전쟁은 진개가 고조선을 침략함으로써 일어났는데, 갑자기 침략을 받은 고조선은 일시 후퇴를 하여 넓은 땅을 연나라에 빼앗겼으나 오래지 않아 이를 수복했을 뿐 아니라 오히려 연나라의 동부 영토를 빼앗아 침략에 대한 응징을 했던 것이다. 그런데 당시 연나라는 중국에 있던 일곱 나라 가운데 하나로, 춘추시대 이래 계속된 전쟁을 통해 수많은 실전 경험을 가지고 있었다. 그런 연나라의 영토를 빼앗고 응징했던 고조선의 국력은 매우 강했을 것이다. 이와 같은 강한 국력은 경제적 뒷받침 없이는 불가능하다.

중국인들은 고조선 지역을 매우 풍요로운 곳으로 인식하고 있었다. 『시경』「한혁」편은 고조선의 단군이 서주를 방문했을 때 그를 환영했던 내용의 시(詩)인 것으로 필자는 고증한 바 있는데,[15] 그 일부를 보면,

---

13 『염철론』 권38 「비호」. "大夫曰, 往者四夷俱強, 竝爲寇虐, 朝鮮踰徼, 劫燕之東地."
14 『사기』 권115 〈조선열전〉. "自始全燕時嘗略屬眞番·朝鮮, 爲置吏, 築鄣塞. 秦滅燕, 屬遼東外徼."
15 윤내현, 「고조선의 사회 성격」 앞 책 『한국고대사신론』, pp. 156~162.
　　앞 글, 「고조선의 국가 구조」 『겨레문화』 6, pp. 71~78.

즐거운 한후의 땅이여, 냇물과 못물이 넘쳐흐르고, 방어와 연어가 큼직 큼직하며, 암사슴 수사슴이 모여 우글거리고, 곰도 말곰도 있으며 살쾡 이도 범도 있다.[16]

라고 하여 한후의 땅은 자연이 매우 풍요로운 곳으로 묘사되어 있다. 한 후는 단군을 중국식으로 부른 것이다.[17] 이런 넉넉한 자연환경을 기초로 하여 고조선의 경제는 발전했을 것이다.

전국시대부터 서한시대에 이르기까지 연 지역은 고조선과 교역을 하 여 막대한 경제적 이득을 취했다. 이런 사실도 고조선의 경제가 높은 수 준이었을 것임을 알게 해준다. 『사기』 「화식열전」에는,

무릇 연은 발해와 갈석 사이의 사람이 모여 사는 곳이다. …… 북쪽으로 오환·부여와 이웃했고, 동쪽으로는 예·맥·조선·진번으로부터의 이익 을 관장했다.[18]

고 기록되어 있다. 여기에 나오는 예·맥·조선[19]·진번은 고조선의 거수 국들이었다. 당시 연 지역은 고조선과 국경을 접하고 있었는데, 고조선

---

16  『시경』 「대아」 〈탕지십〉 '한혁'. "孔樂韓土, 川澤訏訏, 魴鱮甫甫, 麀鹿噳噳, 有熊有羆, 有貓有虎."
17  앞 글, 「고조선의 국가 구조」 참조.
18  『사기』 권129 「화식열전」. "夫燕亦勃·碣之間一都會也. …… 北隣烏桓·夫餘, 東綰 穢·貉·朝鮮·眞番之利."
19  이 조선이 고조선 전체를 말하는지 고조선의 거수국이었던 기자조선을 말하는지 분 명치 않다. 중국인들은 흔히 기자조선만을 조선이라고도 불렀기 때문이다. 그런데 여기 의 조선은 고조선의 다른 거수국이었던 예·맥·진번과 병기되어 있는 것으로 보아 기 자조선을 말하고 있다고 여겨진다.

과의 교역을 관장함으로써 큰 이익을 보고 있었던 것이다. 이런 사실은 고조선에 물산이 풍부했음을 알게 해준다.

『전국책(戰國策)』「연책(燕策)」에는,

> 연나라의 동쪽에는 조선과 요동이 있고, 북쪽에는 임호(林胡)와 누번(樓
> 煩)이 있으며, 서쪽에는 운중(雲中)과 구원(九原)이 있고, 남쪽에는 호타
> (呼陀)와 역수(易水)가 있어 그 땅이 사방 2천여 리이다. 군사 수십만, 전
> 차 7백 대, 말 6천 필, 10년을 버틸 군량을 가지고 있다.[20]

는 기록이 있다. 연나라가 군사 수십만 명과 전차 7백 대, 말 6천 필을 보유하고 10년을 버틸 군량을 가지고 있었다면 연 지역은 농경이 매우 발달해 있었거나 주변 지역에서 그 정도의 곡물을 구할 수 있어야 한다. 그런데 『한서』「지리지」에는,

> 상곡군(上谷郡)으로부터 요동군에 이르기까지 땅은 넓으나 사람은 드물
> 어 여러 차례 오랑캐의 침략을 받았다.[21]

고 기록되어 있다. 상곡군과 요동군은 서한의 동북부 변경이었는데 전

---

20  『전국책』「연책1」. "燕東有朝鮮·遼東, 北有林胡·樓煩, 西有雲中·九原, 南有呼陀·
易水, 地方二千餘里, 帶甲數十萬, 車七百乘, 騎六千匹, 粟支十年."
위의 문장 가운데 조선과 요동을 조선의 요동으로 번역할 수도 있어서 어느 쪽이 저자
의 뜻인지 알기 어렵다. 조선의 요동이라고 번역할 경우 조선은 고조선 전체를 뜻하며,
조선과 요동이라고 번역할 경우 조선은 고조선의 거수국이었던 기자조선을 의미한다.
중국인들은 흔히 기자조선만을 조선이라고도 불렀다.
21  『한서』권28 하「지리지」하. "上谷至遼東, 地廣民希, 數被胡寇."

국시대에는 연나라 영역이었다. 그런데 위의 기록처럼 서한 시대에 이 지역에 사람이 별로 살지 않았다면 전국시대에도 상황은 다르지 않았을 것이다. 이런 정황으로 보아 연나라가 10년간 버틸 군량을 모두 자체의 잉여 생산으로 비축했을 것으로는 보기 어려우며 상당히 많은 양을 주변에서 구해왔을 것이다.

북방의 임호와 누번은 유목족이었고 운중과 구원도 농사에는 알맞지 않은 지역이었다. 따라서 연나라가 군량을 얻을 수 있는 지역은 조선·요동·호타·역수 등이었다는 것이 된다.[22] 그런데 앞에 인용된 연나라가 예·맥·조선·진번으로부터의 이익을 관장했다는 『사기』「화식열전」기록[23]과 연결시켜 생각해볼 때 군량미 가운데 상당량은 고조선 지역에서 구입했을 가능성이 있다.

전국시대 연나라는 이민족의 침입을 방어하기 위해 장성을 쌓았는데, 그 대부분은 고조선과의 국경선상에 있었다. 이것은 고조선이 그만큼 두려운 존재였음을 알게 해준다. 『사기』「흉노열전」에,

연나라도 장성을 쌓았는데 (그것은) 조양(造陽)으로부터 양평(襄平)에 이르렀다. 상곡·어양·우북평·요서·요동군을 설치함으로써 오랑캐를 방어했다.[24]

고 기록되어 있다. 이 연장성은 후에 진제국이 중국을 통일한 후 축조된

---

22  앞 책, 「고조선 연구」, p. 354.
23  주 18과 같음.
24  『한서』 권110 「흉노열전」. "燕亦築長城, 自造陽至襄平, 置上谷·漁陽·右北平·遼西·遼東郡以拒胡."

진장성, 즉 만리장성의 동쪽 부분을 형성했다. 『사기』「몽염열전(蒙恬列傳)」에 의하면,

> (진제국은) 장성을 축조했는데, 지형에 따르고 험한 요새를 이용하여 임조(臨洮)에서 시작하여 요동까지 이르러 길이가 만여 리나 되었다.[25]

고 하여 만리장성의 동쪽 끝이 요동에 이르렀다고 했다. 그런데 『한서』「지리지」를 보면 요동군에는 18개의 현이 있었는데, 그 가운데 양평현이 있다.[26] 따라서 연장성이 끝나는 양평은 만리장성이 끝나는 요동군 안에 있었던 현명(縣名)이었던 것이다. 그러므로 연장성과 만리장성이 끝나는 곳은 같은 지역이었음을 알 수 있다.

그런데 요동군은 중국의 가장 동북쪽에 위치하여 고조선과 접해 있었다. 따라서 연장성의 대부분과 만리장성의 동쪽 끝부분은 고조선과의 국경선상에 위치해 있었던 것이다. 연장성과 만리장성은 흉노와 동호(東胡)뿐만 아니라 고조선을 방어하기 위한 목적도 있었던 것이다. 이런 사실은 고조선이 연나라와 진제국이 경계할 정도의 국력을 지닌 나라였음을 알게 해준다. 그러한 국력은 그것을 밑받침할 수 있는 경제적 기초 없이는 불가능했을 것이다.

진제국 멸망 후에 세워진 서한제국은 고조선과의 국경을 지킬 수 없어 국경을 서한 지역으로 이동시켰다. 『사기』「조선열전」에는,

---

25  『사기』권88「몽염열전」. "秦已并天下, …… 築長城, 因地形, 用制險塞, 起臨洮, 至遼東, 延袤萬餘里."
26  『한서』권28 하「지리지」하 〈요동군〉조 참조.

한(漢)이 흥기했으나 그것(당시 고조선과의 국경)이 멀어서 지키기 어려우므로 요동의 옛 요새를 다시 수리하여 패수에 이르러 경계를 삼고 연에 속하게 했다.[27]

고 기록되어 있다. 위의 내용으로 보아 서한제국은 고조선과의 국경을 서한 지역으로 후퇴시켰음을 알 수 있는데, 그곳은 요동군의 패수 유역이었던 것이다.[28] 서한제국이 국경을 후퇴한 이유를 위 기록은 너무 멀기 때문이라고 했지만, 고조선이 미약한 나라였다면 서한제국이 굳이 국경을 뒤로 이동시킬 필요가 없었을 것이다. 서한제국은 건국 초에 국내 사정이 어렵기는 했지만, 중국 대륙 전 지역을 차지하고 있던 대제국이었다. 그러한 나라가 고조선과의 국경을 지킬 수 없어 후퇴시킬 정도였다면 고조선의 국력이 매우 강했을 것임을 알 수 있다.

고조선의 높은 경제 수준은 중국에서 많은 사람들이 고조선으로 이주해 왔다는 사실에서도 확인된다. 『위략』에는,

그 뒤 20여 년이 지나 진승과 항우가 군사를 일으켜 천하가 어지러워지자, 연·제·조의 백성들이 괴로움을 견디다 못해 점차 준(準)에게로 도망해 오므로 준은 이들을 서부 지역에 거주하도록 했다.[29]

---

27 『한서』권115 「조선열전」, "漢興, 爲其遠難守, 復修遼東故塞, 至浿水爲界, 屬燕."
28 이 패수는 지금의 난하였거나 그 서부 지류 또는 난하보다 다소 서쪽의 강이었다. 윤내현, 「고조선시대의 패수」『전통과 현실』제2호, 고봉학술원, 1992, pp. 205~246. 『고조선 연구』상 제1편 제3장 제2절 「고조선시대의 패수」참조.
29 『삼국지』권30 「동이전」〈한전〉. "二十餘年而陳·項起, 天下亂, 燕·齊·趙民愁苦, 稍稍亡往準, 準乃置之於西方."

는 기록이 있다. 이 기록은 중국 진제국 말기의 상황을 말하는 것이다. 준은 기자의 40여 대 후손으로 고조선의 거수였다.[30] 연·제·조는 지금의 하북성과 산동성 지역으로 고조선과의 접경 지역에 위치해 있었다. 당시 중국인들이 고조선의 서부 변경으로 많이 이주해 온 것은 고조선이 중국보다 살기 좋았기 때문이었을 것이다. 이런 사실은 고조선 경제가 중국보다 결코 낙후되어 있지 않았을 것이라는 생각을 갖게 한다.

고조선의 경제 수준은 위만조선과 서한의 관계를 통해서도 추측할 수 있다. 위만조선은 말기에 서한과 1년여에 걸친 전쟁을 했는데, 위만조선은 내분으로 망하기는 했지만 그 전세는 결코 서한에 유리한 것만은 아니었으며 위만조선의 항거는 매우 강했다.[31] 위만조선이 서한제국의 대군과 오랜 기간 전쟁을 할 수 있었던 것은 그것을 밑받침할 수 있는 경제적 기반이 있었기 때문이었을 것이다. 이런 사실은 위만조선의 경제력이 상당히 높은 수준이었을 것임을 알게 해준다.

서한제국은 위만조선과의 전쟁 중에 위산(衛山)을 사신으로 보내 위만조선의 우거왕을 타일렀는데, 이에 우거왕은 서한제국에 항복하기 위해 태자를 파견하기로 한 바 있다. 이 일은 성사되지 못했지만 당시 상황에 대해 『사기』 「조선열전」은,

(우거왕은) 태자를 보내 서한에 들어가 사죄하도록 하고 말 5천 필과 더불어 군량미를 보내기에 이르렀다. 무리 만여 명이 무기를 지니고 막 패

30 윤내현, 「고대조선고」 『중재장충식박사화갑기념논총』, 중재장충식박사화갑기념논총간행위원회, 1992, pp. 3~20.
   앞 글 「고조선의 국가 구조」 『겨레문화』 6, pp. 95~98.
31 『사기』 권115 「조선열전」 참조.

수를 건너려 할 때, (서한의) 사신과 좌장군은 그들이 변을 일으킬까 두려워하여 태자에게 말하기를 "이미 항복했으니 병기를 버리라고 말하시오"라고 했다. 태자 또한 사신과 좌장군이 그를 속일까 두려워 마침내 패수를 건너지 않고 사람들을 이끌고 돌아와버렸다.[32]

고 기록하고 있다. 위만조선이 서한에 보내려고 했던 말이 5천 필이나 되었던 것으로 보아 군량미도 매우 많았을 것으로 추측된다. 위의 기록에 나타난 말이나 양곡의 양이 위만조선이 가지고 있었던 전량은 아니었을 것이다. 따라서 위만조선이 서한에 말 5천 필과 많은 군량을 보낼 수 있었다는 것은 위만조선의 목축업과 농업이 매우 발달되어 있었음을 알게 해준다. 그리고 태자를 호위했던 무리 만여 명이 모두 무장하고 있었다는 것은 위만조선에 많은 병력이 있었을 것임도 알게 해준다. 이런 병력은 그것을 유지할 수 있는 경제적 기반 없이는 불가능하다.

그런데 위만조선의 영토는 원래 고조선의 서부 변경이었다. 따라서 위만조선의 농업이나 목축 등의 경제 수준은 고조선의 그 지역 경제 수준을 계승하고 있었을 것이다. 위만조선의 경제 수준이 높았다는 사실은 고조선의 경제 수준이 높았을 것임을 말해준다.

고조선의 거수국으로 있다가 고조선 붕괴 이후 독립국이 된 고구려[33]의 풍속에 대해 『후한서』「동이열전」에는,

---

32  『사기』 권115 「조선열전」. "遣太子入謝, 獻馬五千匹, 及饋軍糧. 人衆萬餘, 持兵, 方
    渡浿水, 使者及左將軍疑其爲變, 謂太子已服降, 宜命人毋持兵, 太子亦疑使者左將
    軍詐殺之, 遂不渡浿水, 復引歸."
33  앞 글 「고조선의 국가 구조」 『겨레문화』 6, pp. 17~22.

그들의 공공 모임에는 모두 비단에 수놓은 의복을 입고 금과 은으로 장식했다. 대가(大加)와 주부(主簿)는 모두 책(幘)을 쓰는데 (중국의) 관책(冠幘)과 같기는 하지만 뒤로 늘어뜨리는 부분이 없다. 소가(小加)는 절풍(折風)을 쓰는데 그 모양이 고깔과 같다.[34]

고 기록되어 있다. 고구려 사람들은 공공 모임에 나갈 때 비단에 수놓은 옷을 입고 금과 은으로 장식했다고 하니 그들의 생활은 경제적으로 여유가 있었을 것이다. 고구려는 원래 고조선의 거수국이었으므로 이런 고구려의 풍속은 고조선의 풍속을 계승했을 것이며, 고조선의 경제 수준은 이보다 크게 낮지 않았을 것이다.

지금까지 살펴본 여러 기록들은, 비록 고조선에 대해 직접 말한 것은 아니지만, 고조선의 경제 수준이 상당히 높았을 것임을 알게 해주기에 충분하다.


## 3. 고조선의 농업과 목축업

한국과 중국을 포함한 동아시아 사회는 고대로부터 농업을 경제의 기초로 하고 있었다. 이 점은 한반도와 만주를 영토로 하고 있었던 고조선도 예외가 아니었다. 『삼국유사』에 따르면 단군왕검이 고조선을 건국하기 훨씬 전에 환웅은 하늘로부터 3천 명의 무리를 끌고 내려와 인간사회의 일을 맡아보았는데, 그때,

---

34 『후한서』 권85 「동이열전」 〈고구려전〉. "其公會衣服皆錦繡, 金銀以自飾, 大加·主簿皆著幘, 如冠幘而無後, 其小加著折風, 形如弁."

(환웅천왕은) 바람을 관장하는 어른(풍백), 비를 관장하는 어른(우사), 구름을 관장하는 어른(운사)을 거느리고 곡식·인명·질병·형벌·선악을 주로 맡아 보살피되 무릇 인간의 360여 가지 일을 두루 맡아 세상에 있으면서 그곳을 합리적으로 진화시켰다.[35]

고 하여 환웅이 했던 일 가운데 곡물을 관장했다는 것을 맨 앞에 언급하고 있다. 이것은 고조선 지역이 고조선 건국 이전부터 농경을 가장 중시한 사회였음을 알게 해준다. 환웅이 거느린 바람을 관장하는 어른, 비를 관장하는 어른, 구름을 관장하는 어른 등도 기후와 관계를 갖는 인물들로서 그 사회가 농업사회였음을 말해준다. 고조선의 강역 가운데 농사에 가장 적합한 지역은 지형으로 보아 요하 유역으로부터 송화강·흑룡강·오소리강(烏蘇里江)을 따라 펼쳐진 만주의 동북평원과 한반도의 서해안을 따라 펼쳐진 평야였을 것이다.

그런데 고조선 전기에 해당하는 서기전 10세기 무렵까지는 기온이 지금보다 높았다. 따라서 이 기간에는 북방 지역도 지금보다 농사짓기에 훨씬 좋은 환경이었을 것이다. 지금부터 1만 년 전에는 세계적으로 빙하기가 끝나고 후빙기에 접어들어 한반도와 만주 지역의 기온은 점차 올라가 8천 년 전에 이르러서는 지금과 비슷한 기온에 이르렀고 8천 년 전부터 5천 년 전 사이는 연평균 기온이 현재보다 섭씨 3~5도 정도가 높았다. 그 후 기온은 점차로 내려가 3천 년 전(서기전 1000년) 무렵에 이르러서야 지금과 같은 기온에 이르렀다.[36] 따라서 서기전 1000년 무

---

35 『삼국유사』 권1 「기이」 〈고조선〉조. "將風伯·雨師·雲師, 而主穀·主命·主病·主刑·主善惡, 凡主人間三百六十餘事, 在世理化."
36 Laboratory of Quaternary Palynology and Laboratory of Radiocarbon —

렵까지 한반도와 만주 지역은 지금보다 고온다습한 기후였다. 그러므로 만주의 동북평원은 지금보다 농사짓기 훨씬 좋은 환경이었을 것이다. 이런 좋은 조건에서 발달한 한반도 북부와 만주의 농경 전통은 그 후 기온이 내려간 뒤에도 상당히 오랜 기간 계승되었을 것이다.

한반도와 만주 지역에서는 농업과 목축업이 시작되면서 마을사회(전기 신석기시대)가 출현했다. 이 지역 마을사회 초기 유적인 함경북도 선봉군 굴포리 서포항 유적[37]과 평안남도 온천군 궁산리 유적,[38] 황해도 봉산군 지탑리 유적,[39] 내몽골자치구 적봉시 흥륭와 유적,[40] 요령성 심양시 신락 유적[41]과 장해현 소주산 유적[42] 등에서는 곡물의 껍질을 벗기거나 가루를 만드는 데 사용했던 곡물 가공 공구인 갈돌판과 갈돌대가 출토되었다. 그리고 방사성탄소측정 결과 서기전 6000년 무렵의 유적으로 확인된 신락 유적에서는 탄화된 조가 출토되어[43] 당시 만주 지역의 주요 재배 곡물이 조였음을 알게 되었다.

이런 마을사회시대의 농업과 목축업은 고을나라시대(후기 신석기시대)

Kweiyang Institute of Geochemistry Academia Sinica, "Development of Natural Environment in the Southern Part of Liaoning Province during the Last 10,000 Years", *Scientia Sinica*, Vol. 21, No. 4, 1978, p. 525·529.

37  김용간·서국태, 「서포항 원시유적 발굴보고」 『고고민속론문집』 4, 1972, p. 31~145.

38  고고학·민속학연구소, 「궁산리 원시유적 발굴보고」 『유적발굴보고』 2, 1957.

39  ＿＿＿ · ＿＿＿＿＿, 「지탑리 원시유적 발굴보고」 『유적발굴보고』 8, 1961.

40  中國社會科學院考古研究所內蒙古工作隊, 「內蒙古敖漢旗興隆洼遺址發屈簡報」 『考古』, 1985年 10期, pp. 865~874.

41  沈陽文物管理辦公室, 「沈陽新樂遺址試掘報告」 『考古學報』, 1978年 4期, pp. 449~450.

42  遼寧省博物館 等, 「長海縣廣鹿島大長山島貝丘遺址」, 『考古學報』, 1981年 1期, pp. 66~70.

43  Kwang-chih Chang, *The Archaeology of Ancient China*, Fourth Edition, Yale University Press, 1986, p. 176.

를 거처 계속 발전하여 고조선시대에 이르러서는 벼·보리·조·기장·콩·팥·수수·피 등의 오곡을 비롯한 여러 종류의 곡물과 대마나 황마 같은 섬유식물들이 재배되었다. 이런 곡물의 낟알들은 황해북도 봉산군 지탑리 유적, 청진시 무산군 범의구석 유적, 함경북도 회령군 오동 유적, 황해북도 송림시 석탄리 유적, 평양시 삼석구역 남경 유적, 강원도 양양군 오산리 유적 등에서 출토되었는데, 고을나라시대부터 고조선시대까지의 시기에 해당하는 남경 유적에서 출토된 낟알들이 대표적이다(192쪽 표1 참조). 볍씨는 남경 유적에서도 출토되었지만, 그보다 빠른 연대의 것으로 근래에 경기도 일산과 김포에서 서기전 3000~2000년 무렵의 볍씨가 출토되었다.[44]

이로 보아 한반도에서는 고조선이 건국되기 전부터 벼농사를 지었음을 알 수 있다. 그리고 마을사회시대의 유적인 평안남도 온천군 궁산리의 집자리에서는 뼈바늘에 꿰여 있는 삼베실이 출토되었고, 고조선시대의 여러 유적에서도 대마나 황마 껍질에서 뽑은 삼베실이 출토되었다.[45] 자강도 중강군 토성리 유적에서는 삼베 조각이 출토되었는데, 청동기를 싸서 묻은 것이었다.[46]

그런데 농경을 했던 경작지는 대부분 유기질이 많이 함유된 비옥한 토질이어서 곡물들이 썩기 쉬워 낟알이 출토되는 경우가 드물다. 따라서 위에서 언급한 것 외에 다른 곡물도 재배되었을 가능성이 있다.

44  임효재, 『한국고대문화의 흐름』, 집문당, 1992, p. 69.
    한국선사문화연구소·경기도, 『일산 새도시 개발지역 학술조사보고 I 』, 한국선사문화연구소, 1992, p. 29.
45  사회과학원 력사연구소, 『조선전사 2 ─ 고대편』, 과학백과사전출판사, 1979, pp. 30~31.
46  김용간·안영준, 「함경남도·량강도 일대에서 새로 알려진 청동기시대 유물에 대한 고찰」 『조선고고연구』, 사회과학원 고고학연구소, 1986년 제1호, p. 24.

표1_ 곡물 낟알이 출토된 주요 유적

| 발견된 유적 및 집자리 | 연대 | 낟알 종류 | 발표된 책 |
|---|---|---|---|
| 황해북도 봉산군<br>지탑리 2호 집자리 | 신석기시대<br>서기전 3000년기 전반기 | 피, 조 | 『지탑리 원시유적<br>발굴보고』, 과학원출판사,<br>1961, p. 52. |
| 청진시 무산군<br>범의구석 15호 집자리 | 청동기시대<br>서기전 2000년기 후반기 | 기장, 수수 | 『고고민속론문집』, 사회<br>과학출판사, 1975, pp.<br>155~205. |
| 청진시 무산군<br>범의구석 31호 집자리 | 서기전<br>2000년기 말~1000년기 초 | 기장 | 위와 같음 |
| 함경북도 회령군<br>오동 유적 | 청동기시대<br>서기전 2000년기 후반기 | 콩, 팥, 기장 | 『회령 오동 원시유적<br>발굴보고』, 과학원출판사,<br>1960, p. 58. |
| 황해북도 송림시<br>석탄리 39호 집자리 | 청동기시대<br>서기전 8~7세기 | 조, 팥 | 『석탄리 유적 발굴보고』,<br>과학백과사전출판사, 1980,<br>p. 58. |
| 평양시 삼석구역<br>남경 유적 31호 집자리 | 신석기시대<br>서기전 3000년기 후반기 | 조 | 『남경 유적에 관한<br>연구』, 과학백과사전출판사,<br>1984 |
| 평양시 삼석구역<br>남경 유적 36호 집자리 | 청동기시대 서기전 2000년<br>기 말~1000년기 초 | 벼, 조, 콩,<br>기장, 수수 | 위와 같음 |
| 평양시 삼석구역<br>남경 유적 11호 집자리 | 서기전 1000년기 초 | 기장 | 위와 같음 |
| 경기도 여주군 흔암리 유적<br>12 · 14호 집자리 | 서기전 1600년 무렵 | 벼, 보리,<br>조, 수수 | 『흔암리 주거지』<br>1-4, 서울대 박물관,<br>1974~1978 |

출처 : 김용간 · 석광준, 「남경 유적에서 나온 낟알을 통하여 본 팽이그릇주민의 농업」, 장호수 엮음, 『북한의
선사고고학』3 - 청동기시대와 문화, 백산문화, 1992, p. 297 표에 필자가 흔암리 유적을 추가했다.
윗글은 원래 『남경 유적에 관한 연구』, 과학백과사전출판사, 1984, pp. 191~202에 실려 있었다.

고조선시대에는 농업이 매우 발달해 있었다. 여러 종류의 곡물을 재
배했음을 알게 해주는 남경 유적에서는 농토를 개간하기 위해 삼림을
채벌하거나 땅을 일구는 데 사용했던 도구는 출토되지 않았다. 22채의
청동기시대 집자리에서는 22점의 돌도끼가 출토되기는 했지만 모두

10~15.5센티미터의 작은 것들로 삼림 벌채용이 아니라 집재목 등의 나무를 다듬는 데 사용했던 것들이었다. 이처럼 농토 개간에 필요한 공구가 출토되지 않은 것은 남경 유적이 새로 농토를 개간하면서 농사를 지은 곳이 아니라 이전에 이미 개간되어 경작을 계속해온 농토였음을 알게 해주는 것이다.[47] 이 시기에 필요에 따라 농토를 새로 개간한 곳도 있었겠지만, 남경 유적과 같이 이미 농도로 확보된 땅이 많았을 것이다. 이런 사실은 당시 농업이 매우 발달해 있었음을 알게 해준다.

고조선시대에 정리된 농토가 많이 있었음은 다음과 같은 기록에서도 확인된다. 고조선에 관한 기록[48]인 『시경』 「한혁」편에는 "성을 쌓고 해자를 파며 농토를 정리하여 세금을 매겼다"[49]는 내용이 있다. 이 내용에 의하면, 고조선에서는 경작지를 정리했고 그에 따라 세금을 매겼음을 알 수 있다. 그리고 성을 쌓고 해자를 팠다고도 했는데, 그런 토목기술은 농경을 위한 관개시설에도 활용되었을 것이다. 관개시설은 고조선의 농업이 천수농경(天水農耕)을 벗어나도록 했을 것이며 많은 땅을 옥토로 만들어 생산을 크게 높여주었을 것이다.

고조선시대에는 다양한 목제 농기구가 개발되어 생산 증대에 도움을 주었을 것이다. 고고학적으로 고조선은 초기부터 청동기시대였는데, 청동기시대에는 청동기가 농기구로 사용된 예는 거의 없다.[50] 따라서 이전 시대와 같이 주로 석기가 농기구로 사용되었지만 고조선에서는 청동 공

---

**47** 김용간·석광준, 「남경 유적에서 나온 낟알을 통하여 본 팽이그릇주민의 농업」, 장호수 엮음, 『북한의 선사고고학』 3 ― 청동기시대와 문화, 백산문화, 1992, pp. 297~298.

**48** 주 15와 같음.

**49** 『시경』 「대아」 〈탕지십〉 '한혁'. "實墉實壑, 實畝實籍."

**50** 리병선, 「압록강 중상류 및 송화강 류역 청동기시대 주민의 경제생활」 앞 책 『북한의 선사고고학』 3 ― 청동기시대와 문화, p. 275.

구를 사용하여 강한 목재를 이용한 여러 종류의 농기구를 제작함으로써 농경에 발전을 가져왔다. 그러한 사실은 평안남도 염주군 주의리에서 출토된 고조선시대의 '평후치'와 수레바퀴에서 확인되었다. 앞부분이 보습날 역할을 하도록 되어 있어 밭갈이에 주로 사용[51]되었을 것으로 보이는 이 평후치는 참나무로 만들었는데, 쇠보습을 끼운 후세의 농기구보다는 투박했지만 개간한 지 오래된 충적토의 경작지를 갈거나 이랑을 내는 데는 좋았을 것이다.[52]

평후치와 함께 출토된 수레바퀴는 튼튼한 참나무로 만들어졌는데, 지름 1.6미터, 바퀴살의 수는 24개로 추정되었다.[53] 이 정도의 바퀴를 사용한 수레는 상당히 커다란 것으로 그것을 끄는 데는 짐승을 이용했을 것이다.[54] 평양시 승호구역 입석리 집자리에서는 12종류 35마리분의 동물 뼈가 출토되었는데, 그 가운데 소뼈 2마리분이 있었으며[55] 정가와자 (鄭家注子) 유적의 움무덤에서도 소뼈가 출토되었다.[56] 정가와자의 나무곽무덤에서는 4마리분의 마구도 출토되었다.[57] 이런 자료들은 당시 수레를 끄는 데 소나 말을 이용했을 것임을 알게 해주는데, 이런 부림짐승들은 논이나 밭을 가는 데도 이용되었을 것이다.[58] 고기 생산을 주목적

---

51  사회과학원 력사연구소, 『조선전사 1 – 원시편』, 과학백과사전출판사, pp. 198~199.
52  앞 글, 「남경유적에서 나온 낟알을 통하여 본 팽이그릇주민의 농업」, p. 299.
53  고고학연구소, 「기원전 천년기 전반기의 고조선문화」 『고고민속론문집』 1, 사회과학출 판사, 1969, p. 130.
54  앞 책, 『조선전사 1 – 원시편』, p. 199.
55  앞 글, 「남경 유적에서 나온 낟알을 통하여 본 팽이그릇주민의 농업」, p. 300.
56  沈陽古宮博物館·沈陽市文物管理辦公室, 「沈陽鄭家注子的兩座靑銅時代墓葬」 『考古學報』, 1975年 1期, p. 152.
57  윗글, p. 151.
58  주 55와 같음.

으로 하던 목축이 고조선시대에는 생산 활동에 이용하기 위한 것으로 변모되었던 것이다. 농경에 동물을 이용하게 됨에 따라 노동능률이 올라 생산이 크게 증대되었을 것이다.

대전시 괴정동에서 출토된 농경문청동기(農耕文靑銅器)에는 사람이 따비로 밭을 가는 그림, 괭이로 땅을 파는 그림, 사람이 수확물을 그릇에 담는 그림이 새겨져 있었는데,[59] 이것은 고조선시대에 이런 농경법이 일반화되었을 것임을 알게 해준다. 이 청동기 그림에 근거하여 고조선시대(청동기시대) 농업을 따비농사 단계로 보기도 한다. 고대 한국의 농업은 뒤지개농사, 괭이농사, 보습농사 등의 단계를 거쳐 청동기시대인 고조선시대에는 따비농사 단계에 이르렀다는 것이다.[60]

그리고 고조선시대의 유적에서는 돌반달칼·돌낫 등 추수용 농구와 돌갈판·돌갈대 등 곡물 가공 공구가 많이 출토된다(196쪽 표2 · 197쪽 표3 참조). 이것은 당시 곡물 재배가 일반화되었음을 알게 해준다. 이 시기에 벼가 주된 곡식으로 자리 잡았을 가능성도 있다. 그런데 추수용 농구가 많이 출토된다는 것은 당시 농경이 농경지 개간보다는 곡물 수확이 농사에서 더 중요한 자리를 차지하고 있었음을 알게 해준다. 이런 사실은 당시에 이미 많은 농경지가 확보되어 있었음을 의미하며, 그만큼 농업이 발달했음을 말해준다.

고조선시대에는 각 마을의 주민들이 협동으로 농사를 지음으로써 노동능률을 올릴 수 있었을 것이다. 고조선 사회 구조의 기층은 마을이었는데, 마을 거주민들은 씨족이 단위를 이루고 있었으며, 거주민들은 하

59  한병삼, 「선사시대 농경문청동기에 대하여」 『고고미술』 112, 1971, pp. 2~13.

60  길경택, 「한국선사시대의 농경과 농구의 발달에 관한 연구」 『고문화』 제27집, 1985, 한국대학박물관협회, pp. 90~94.

표2_ 고조선시대 서북 지방의 농구 출토 상황

| 분류<br>농구<br>유적지 | 갈이 용구 | | | | | 모둠 | 수확 용구 | | 모둠 | 조리 용구 | | 모둠 | 전체 |
|---|---|---|---|---|---|---|---|---|---|---|---|---|---|
| | 괭이 | 곰배<br>괭이 | 보습 | 삽 | 호미 | | 반달<br>돌칼 | 낫 | | 갈판 | 갈돌 | | |
| 중강<br>중덕리 | | · | | | | · | · | · | · | · | · | · | · |
| 중강<br>초당리 | | · | | | | · | · | · | · | · | · | · | · |
| 중강<br>토성리 | | | | | | | | | | · | · | | |
| 시중<br>심귀리 | | | | | | | 4 | · | 4 | | | | 4 |
| 강계<br>공귀리 | | | | | | | 21 | 5 | 26 | | | | 26 |
| 벽동<br>송연리 | | | | | | | 4 | · | 4 | | | | 4 |
| 영변<br>세죽리<br>(공귀리식<br>토기) | | | | | | | | | | 1 | 1 | 2 | 2 |
| 영변<br>세죽리<br>(미송리식<br>토기) | | | 1 | | | 1 | 16 | | 16 | | 1 | 1 | 18 |
| 영변<br>세죽리<br>(북방리식<br>토기) | | | | | | | 11 | | 11 | | | | 11 |
| 맹산<br>대평리 | 1 | | | · | | 1 | 16 | 8 | 24 | 1 | 1 | 2 | 27 |
| 평양<br>금탄리 Ⅲ | | | | | | | 15 | | 15 | | | | 15 |
| 연탄<br>송신동 | | | | | | | | | | 1 | | 1 | 1 |
| 송림<br>석탄리 Ⅰ | 1 | | | | | 1 | 20 | | 20 | 1 | 3 | 4 | 25 |
| 송림<br>석탄리 Ⅱ | | | | | | | 11 | | 11 | | 1 | 1 | 12 |
| 송림<br>석탄리 Ⅲ | | | | | | | 11 | | 11 | 1 | | 1 | 12 |
| 봉산<br>신흥 | | | | | | | 9 | | 9 | 2 | 6 | 8 | 17 |
| 모둠 | 2 | · | 1 | · | · | 3 | 138 | 13 | 151 | 7 | 13 | 20 | 174 |

출처 : 주 60의 글 p. 106.

표3_ 고조선시대 중부 지방의 농구 출토 상황

| 분류<br>농구<br>유적지 | 갈이 용구 | | | | 수확 용구 | | | 조리 용구 | | | 전체 |
|---|---|---|---|---|---|---|---|---|---|---|---|
| | 괭이 | 보습 | 삽 | 모둠 | 반달<br>돌칼 | 낫 | 모둠 | 갈판 | 갈돌 | 모둠 | |
| 해주 용당포 | 1 | | | 1 | | | | | | | 1 |
| 서울 구룽동(북) | | | | | | | | 1 | | 1 | 1 |
| 서울 암사동 구릉 | | | | | | | | | 1 | 1 | 1 |
| 파주 교하리 | | | | | 3 | | 3 | · | | · | 3 |
| 파수 옥석리 | | | | | 2 이상 | | 2 | 3 | | 3 | 5 |
| 파주 독서리 | | | | | · | | · | · | | · | · |
| 양주 신곡리 | | | | | | | | · | | · | · |
| 양주 백양리 | | | | | · | 1 | 1 | | | | 1 |
| 양주 삼패리 | | | | | | · | · | | | | · |
| 광주 덕풍리 | | | | | 1 | | 1 | 1 | | 1 | 2 |
| 여주 흔암리 | 1 | 1 | 1 | 3 | 16 | | 16 | 4 | 7 | 11 | 30 |
| 강릉 포남리 | | | | | 11 | | 11 | | | | 11 |
| 금화 금화 | | | | | | | | | 1 | 1 | 1 |
| 용천 용천 | 1 | | | 1 | | | | | | | 1 |
| 제원 양평 | | | | | 1 | | 1 | | 1 | 1 | 2 |
| 모둠 | 3 | 1 | 1 | 5 | 34 | 1 | 35 | 9 | 10 | 19 | 59 |

출처 : 주 60의 글 p. 109.

호(下戶)라고 불렸다.[61] 이들은 귀족들의 관리 아래 농경에 종사했는데, 오랜 씨족공동체의 관습과 노동능률을 올리기 위한 필요성에 의해 협동 노동을 했을 것이다. 이런 협동노동은 중국의 고대사회에서도 볼 수 있는 것으로 생산을 증대시키는 데 중요한 역할을 했다.[62]

---

61 윤내현, 「고조선 사회의 신분 구성」 『전통과 현실』 제4호, 고봉학술원, 1993, pp. 134~166.
이 책의 제2편 제3장 제1절 「고조선 사회의 신분 구성」 참조.
62 윤내현, 「은문화의 경제적 기반에 대하여」 『사학지』 제10집, 단국대 사학회, 1976, pp. 141~149.

고조선 후기에 이르면 철기가 사용되기 시작했다. 철기는 청동기와 달리 농기구로 사용되었다. 따라서 농업 생산 증대에 크게 기여했다. 고조선시대의 철기 유물로는 호미·괭이·삽·낫·반달칼·도끼 등의 농구와 자귀·끌·손칼·송곳 등의 공구, 그리고 비수·창끝·단검·꺾창·활촉 등의 무기 및 그 밖의 것들이 여러 유적에서 출토되었다(오른쪽 표4 참조). 철제 도구들은 노동능률을 크게 올려주었을 것이며 대규모 관개시설을 가능케 했을 것이다. 그리고 벌목을 용이하게 하여 농토 개간 사업을 확대시켰을 것이며 땅을 깊이 팔 수 있게 되어 농작물을 깊게 심음으로써 많은 수확을 얻을 수 있었을 것이다. 그뿐만 아니라 목재 가공이 수월해짐으로써 이전보다 목제 농기구 생산이 증가하고 훨씬 다양해졌을 것이다.

이상과 같이 고조선에서는 농경 기술과 농기구의 발달, 철기의 보급 등에 기초하여 농업 생산이 크게 증대되었다. 고조선에서는 이런 농업 발달의 기초 위에서 조세제도가 확립되었다. 앞에서 소개한 『시경』「한혁」편에는 고조선이 농토를 정리하여 세금을 매겼다고 했는데[63] 『맹자(孟子)』는 고조선의 세제(稅制)에 대한 더 구체적인 정보를 제공한다. 『맹자』「고자(告子)」편에는,

> 백규(白圭)가 맹자에게 물었다. "저는 [전부(田賦)를] 20분의 1만 받고자 하는데 어떻겠습니까?"
> 맹자가 말했다. "그대의 방법은 맥[貊(貉)]의 방법이요. 만호(萬戶)가 사는 나라에서 단 한 사람만이 질그릇을 만든다면 되겠습니까?"

---

_____, 『상주사』, 민음사, 1984, pp. 124~125.

**63** 주 49 참조.

표4_ 고조선시대 주요 유적의 철기 출토 상황

| 철기 종류 / 유적 이름 | 농구 | | | | | | 공구 | | | | 무기 | | | | | 기타 | |
|---|---|---|---|---|---|---|---|---|---|---|---|---|---|---|---|---|---|
| | 호미 | 괭이 | 삽 | 낫 | 반달칼 | 도끼 | 자귀 | 끌 | 손칼 | 송곳 | 비수 | 창끝 | 단검 | 과 | 활촉 | 띠고리 | 낚시 |
| 세죽리 유적 | ○ | ○ | | ○ | | | ○ | ○ | ○ | | ○ | | | ○ | ○ | | |
| 단산리 유적 | | | | | | ○ | ○ | | ○ | | | | | | | | |
| 연화보 유적 | ○ | | | ○ | ○ | ○ | ○ | ○ | ○ | ○ | | | | | ○ | | ○ |
| 양초장 유적 | ○ | | ○ | ○ | | | ○ | | ○ | | | | | | | | |
| 대니와 유적 | | | | ○ | | | ○ | | | | | | | | | | |
| 고려채 유적 | | ○ | ○ | ○ | | | ○ | ○ | | | | | ○ | | ○ | | |
| 목양성터 | | | ○ | | | ○ | ○ | | | | | | | | ○ | | |
| 대령둔 성터 | | | | | | ○ | ○ | | | | | | | | ○ | | |
| 용연구 유적 | ○ | ○ | | ○ | | ○ | ○ | | | | ○ | ○ | | | ○ | | |
| 윤가촌 7호 무덤 | | | | | | | | | | | ○ | | | | | | |
| Ⅶ호 조개무덤 | | | | | | | | | | | | | | | | ○ | |
| 청송 로동자구 | | | | | | | ○ | | | | | | | | | | |
| 조가둔 유적 | | ○ | ○ | | ○ | | ○ | | | | | | | | | | |

출처 : 박진욱, 「조선고고학전서 - 고대편」, 과학백과사전출판사, 1988, p. 139.

백규가 말했다. "안 됩니다. 사람들이 쓸 그릇이 부족할 것입니다."

맹자가 말했다. "무릇 맥에서는 오곡이 나지 않고 기장만 나옵니다. ……
그러므로 20분의 1의 조세로도 넉넉합니다."[64]

---

**64**  『맹자』 「고자장구(告子章句)」 하 〈백규〉장. "白圭曰, 吾欲二十而取一, 何如? 孟子曰,
子之道, 貉道也. 萬室之國, 一人陶, 則可乎? 曰, 不可, 器不足用也. 曰, 夫貉, 五穀

라는 내용이 있다. 이 내용에 따르면 맥에서는 수확의 20분의 1을 조세로 받았음을 알 수 있다. 고대에 맥(貊)은 맥(貉)과 통용되었는데[65] 맥은 예·고구려 등과 더불어 고조선의 거수국이었다. 따라서 위의 세제는 고조선의 세제를 말하고 있는 것이다. 맹자가 고조선의 거수국 가운데 맥국을 예로 든 것은 맥국이 중국과 가까이 있어서[66] 중국에 잘 알려져 있었기 때문이었다. 맹자는 맥 지역에서는 오곡이 나지 않고 기장만 나온다고 말했지만 그것은 맹자가 잘못 알고 있었음이 그동안의 출토 유물을 통해 밝혀졌다.

고조선 경제의 기초는 농업이었지만 고기잡이와 사냥도 하고 길쌈도 했다. 이런 사실은 『한서』「지리지」기록과 출토된 유물을 통해 확인된다. 『한서』「지리지」에는,

은(상)나라의 도가 쇠퇴함에 기자는 조선으로 가서 그 백성을 예의로써 교화했으며 농사짓고 누에 치며 길쌈했다. ……, 그 전민(田民)은 변두(籩豆)로써 음식을 먹었다.[67]

고 기록되어 있다. 기자는 상나라 왕실의 후예로, 주나라가 건국되자 조

---

不生, 惟黍生之 …… 故二十取一而足也."

**65** 三上次男,「穢人とその民族的性格」『古代東北アジア史硏究』, 吉川弘文館, 1966, p. 355.
김정배, 『한국민족문화의 기원』, 고려대 출판부, 1973, p. 24.
중국의 고대 문헌에서는 맥(貊)과 맥(貉)을 동일한 의미로 사용한 예가 여러 곳에서 발견된다.

**66** 앞 글, 「고조선의 국가 구조」, p. 87.

**67** 『한서』권28 하「지리지」하. "殷道衰, 箕子去之朝鮮, 敎其民以禮義, 田蠶織作. ……, 其田民飮食以籩豆."

선 지역으로 망명한 인물이기 때문에 이 기록은 상·주 교체기인 서기 전 12세기 무렵의 고조선 상황을 말하고 있다. 이 기록을 보면 당시 고조선 사람들이 농사짓고 누에 치며 길쌈을 했음을 알 수 있다. 위 기록에서는 고조선 백성들을 전민(田民), 즉 '농사짓는 백성'이라 부르고 있는데, 이것은 고조선 백성 대다수가 농사를 짓고 살았음을 알게 해준다. 고조선 경제의 주축은 농업이었던 것이다.

고조선 후기 유적인 요령성 심양의 정가와자 유적 제3지점에서는 농기구인 돌도끼와 반달칼, 고기잡이 도구인 낚시의 주물틀과 대량의 그물추, 실을 뽑는 데 사용된 가락바퀴 등이 출토되었다.[68] 이런 유물들은 당시 농업과 고기잡이, 길쌈이 병행되었음을 알게 해준다.

고조선에서 사냥이 병행되었음은 여러 유적에서 출토된 멧짐승의 뼈에서 확인된다. 고조선시대의 여러 유적에서는 멧돼지·등줄쥐·집쥐·비단털쥐·승냥이·여우·너구리·곰·큰곰·검은돈(검은 담비)·산달·수달·족제비·오소리·시라소니·삵·범·표범·물개·바다말·수염고래·바다사자·넝이·사향노루·노루·복작노루·사슴·말사슴·산양 등의 멧짐승 뼈가 출토되었다.[69] 고구려 벽화에서는 사람들이 사냥하는 모습을 볼 수 있는데 고조선시대의 사냥도 별로 다르지 않았을 것이다. 고구려 벽화에는 사람들이 무리를 짓거나 홀로 동물을 추격하는 모습이 그려져 있다.

고조선에서는 발달된 농업을 바탕으로 목축업도 성행했다. 고조선의

68 앞 글, 「沈陽鄭家窪子的兩座靑銅器時代墓葬」, pp. 153~154.
69 김신규, 「우리나라 원시유적에서 나온 포유동물상」 『고고민속론문집』 2, 사회과학출판사, 1970, pp. 108~109.
장호수, 「청동기시대 짐승」 앞 책 『북한의 선사고고학』 3 – 청동기시대와 문화, p. 589.

표5_ 고조선시대 집짐승 뼈가 출토된 주요 유적

| 짐승<br>유적 | 개 | 돼지 | 소 | 말 | 양 | 닭 |
|---|---|---|---|---|---|---|
| 서포항 | ○ | | ○ | | | |
| 초도 | ○ | | ○ | | | |
| 오동 | ○ | ○ | ○ | ○ | | |
| 범의구석 | ○ | ○ | ○ | ○ | | |
| 미송리 | ○ | | | ○ | | |
| 입석리 | | ○ | ○ | | | |
| 승리산 | ○ | ○ | ○ | ○ | | |
| 양두와 | ○ | | | | | ○ |
| 망해둔 | | ○ | ○ | ○ | ○ | |
| 서단산 | | ○ | | | | |
| 소영자 | | ○ | | | | |

출처 : 주 69 「청동기시대 짐승」 p. 589.

여러 유적에서는 개·돼지·소·말·양·닭 등의 집짐승 뼈가 출토된다(표 5 참조). 출토된 전체 동물 뼈의 비율을 보면, 후기로 오면서 멧짐승보다 집짐승의 뼈가 늘어나 농업과 더불어 목축업도 점차 발달했음을 알 수 있다.

사냥과 목축으로 얻은 동물의 고기는 음식물로 사용되었을 것이고, 뼈는 공구 등의 가공 재료로 활용되었을 것이며, 가죽은 모피 의류 등의 재료로 이용되었을 것이다. 그리고 소와 말은 고기와 뼈, 가죽을 제공함은 물론, 부림짐승으로도 이용되었을 것이다. 이와 같이 사냥이나 목축으로 얻은 동물들은 고조선의 산업 발전에 상당히 큰 비중을 차지했을 것이다. 이런 생산품의 일부는 원재료나 가공품으로 국내에서 교역이 이루어지기도 했겠지만 외국에 수출되기도 했다. 이 점에 대해서는 다음 절에서 논의할 것이다.

## 4. 고조선의 수공업과 상업

고조선의 대표적인 수공업 제품은 역시 청동기와 철기였다. 고조선의 청동기는 두 시기로 구분된다. 비파형동검이 출현하기 전과 그 후다. 대체로 비파형동검 출현 이전은 고조선 전기, 비파형동검시대는 고조선 중기, 철기시대는 고조선 후기에 해당한다.

비파형동검이 출현하기 전의 청동기문화는 하가점하층문화(풍하문화라고도 한다)라고 불린다.[70] 이 문화는 고조선이 건국되기 전인 서기전 2500년 무렵에 시작되었다.[71] 이 문화는 아직까지 발굴된 유적도 적고, 발굴된 유적들도 요서 지역에 국한되어 있어 아직 문화 내용을 구체적으로 말하기는 어렵다.[72] 그러나 그동안 발굴된 유적에서 출토된 청동 유물을 보면 귀고리·단추·가락지·활촉·작은 칼 등으로 대개 소품이고 종류도 다양하지 않다.

청동기는 지배 계층의 독점물로 농기구 등에 사용된 예는 드물기 때문에 직접 서민들의 생활을 향상시켰을 것으로 보기는 어려울 것이다.

---

**70** 中國社會科學院考古硏究所, 『新中國的考古發現和硏究』, 文物出版社, 1984, p. 339.

**71** 하가점하층문화 개시 연대는 방사성탄소측정에 의해 서기전 2410±140년으로 나왔으나(위 책, 『新中國的考古發現和硏究』, p. 339) 이 문화가 실제로 개시된 연대는 유적에서 얻어진 연대보다 앞설 것이므로 서기전 2500년 무렵으로 잡을 수 있다.
최근에 북한에서는 평양에서 단군릉을 발굴했는데 그곳에서는 금동 유물이 출토되었고, 연대는 지금으로부터 5,011년 전으로 확인되었다고 발표했다(「사회과학원의 단군릉 발굴 보고문」 『북한의 〈단군릉〉 발굴관련자료』, 북한문제조사연구소, 1993. pp. 3~13). 이 연대가 정확하고 금동 유물이 당시의 것이 확실하다면 한국의 청동기시대 개시 연대는 서기전 3000년 이전으로 올라가야 한다. 그러나 이 유적은 아직 학계의 검증을 받지 않은 상태이므로 여기서는 보류하고 언급하지 않았다.

**72** 文物編輯委員會, 『文物考古工作三十年』, 文物出版社, 1979, pp. 87~88.

그러나 청동으로 이미 칼 등의 무기와 공구를 만들어 사용했으므로 이런 청동기는 목기나 골기, 각기 등을 가공하는 데도 이용되었을 것이다.

이런 가공 공구의 출현은 그것이 비록 일반화되지는 못했다고 하더라도 이전 시대의 가공 기술에 그것이 추가됨으로써 수공업 발달에 일정 부분 도움을 주었을 것이다. 청동기를 사용하기 시작했다는 것은 청동기의 출현이라는 의미에서뿐만 아니라 그 사회의 전반적인 문화 수준이 그만큼 고도화되었다는 것을 의미한다. 다른 분야의 발전 없이 새로운 과학기술만 단독으로 출현할 수는 없기 때문이다.

따라서 하가점하층문화에 대해서는 아직은 유적의 발굴이 충분하지 못하여 구체적으로 말할 수 없다고 하더라도 고조선 사회는 초기부터 전반적으로 상당히 높은 문화 수준에 이르러 있었다고 보아야 할 것이다. 이런 점은 이 뒤를 이은 고조선 중기 문화인 비파형동검문화를 살펴보면 분명해진다.

비파형동검문화 개시 연대에 대해 일부 학자들은 서기전 10세기 무렵을 고집하고 있지만[73] 그동안의 발굴 자료를 보면 이보다 훨씬 올려 보아야 할 것 같다. 한창균은 만주 지역의 발굴 자료를 검토한 후 비파형동검문화의 개시 연대를 서기전 16~14세기로 보아야 한다고 주장했는데[74] 그의 주장에는 충분한 근거가 있다. 이 연대를 따른다면 비파형동검문화는 고조선 중기를 대표하는 문화다. 비파형동검은 그 자체가 우수한 무기이며 섬세하고 정교한 기술이 필요한 공예품일 뿐만 아니라

---

**73**  김원룡, 『한국고고학개설』 제3판, 일지사, 1986, p. 67.
　　이기백, 「고조선의 국가 형성」 『한국사시민강좌』 제2집, 일조각, 1988, p. 12.
**74**  한창균, 「고조선의 성립 배경과 발전단계 시론」 『국사관논총』 제33집, 국사편찬위원회, 1992, p. 10.

이와 공존했던 유물들은 당시 문화 수준이 매우 높았음을 알게 해준다.

이 시기의 유적인 요령성 여대시(旅大市)의 강상무덤[75]과 누상무덤[76]에서는 많은 유물이 출토되었다. 강상무덤에서 출토된 유물은 청동 제품으로는 단검·창끝·활촉 등의 무기와 팔찌·비녀·그물 모양 장식 등의 장식품 및 청동 고리·청동 덩어리 등이 있었고, 돌 제품으로는 검자루맞추개·거푸집·곤봉대가리·활촉·가락바퀴·숫돌 등이 있었으며, 이밖에 낚시·송곳·구슬·돌고리·달아매는 돌장식·뼈비녀·조개 장식·질그릇 등 모두 874점이 있었다.[77] 누상무덤에서 출토된 청동 제품에는 단검·방패·활촉 등의 무기와 도끼·끌·칼·송곳 등의 공구 및 일산대꼭지·팔찌·단추 모양 장식·패쪽 장식·구슬 등의 장식품 외에도 통 모양 청동기·방울·고리 모양 청동기·용도를 알 수 없는 청동기 등이 있었다. 그리고 활촉·그물추·숫돌 등의 돌 제품과 돌이나 옥 또는 흙으로 만든 구슬·조개 장식·뼈구슬 등의 장식품 및 질그릇 등 모두 288점이 출토되었다.[78] 이렇게 다양하고 많은 유물은 당시에 수공업이 매우 발달해 있었음을 알게 해준다.

당시 청동기가 널리 보급되어 있었다는 것은 출토 유물에서 차지하는 청동기의 비율을 통해 알 수 있다. 누상무덤에서 출토된 전체 유물 288점 가운데 청동기는 무려 180여 점이었다.[79] 비슷한 시기의 유적인 요

---

**75** 조중 공동 고고학 발굴대,『중국 동북 지방의 유적 발굴보고』, 사회과학원출판사, 1966, pp. 63~89.

**76** 위 책, pp. 90~100.

**77** 위 책, p. 87.

**78** 고고학연구소, 「기원전 천년기 전반기의 고조선문화」『고고민속론문집』 1, 사회과학출판사, 1969, p. 90.

**79** 박진욱,『조선고고학전서 — 고대편』, 과학백과사전출판사, 1988, p. 71.

령성 심양시 정가와자 유적 6512호 무덤에서는 42종 797점의 껴묻거리가 출토되었는데, 그 가운데 3점의 질그릇, 8점의 뼈재갈, 천하석(天河石)으로 만든 크고 작은 구슬 각각 한 줄, 뼈로 만든 활 1점을 제외한 나머지는 모두 청동 제품이었다. 무기·공구·마구가 청동 제품인 것은 말할 필요가 없고 169점의 활촉, 활집에 달았던 130점의 단추 모양 장식, 가죽 장화 겉에 달았던 180점의 단추 모양 장식, 말 띠 장식용 구슬 224점이 모두 청동 제품이었다.[80] 이런 사실들은 당시 청동기가 얼마나 널리 보급되어 있었는지를 알게 해준다.

청동기 제조 기술 수준은 청동제 장식품의 종류가 매우 다양하고 품질이 세련되어 있다는 점을 통해 가늠할 수 있다. 이 시기에 만들어진 청동 방패는 뒤로 약간 휘어 있으며 가장자리 가까이에는 사선 무늬가 돌려져 있다. 청동거울 모양의 장식에는 둥근 청동판에 뒤에 꼭지가 붙어 있는데 방패처럼 뒤로 약간 휘어 있고 두께는 매우 얇다. 이렇게 휘어 있는 청동 원판을 만드는 데는 높은 기술이 필요하다.[81] 이 시기의 말 띠용 청동 구슬은 지름이 1.2~1.4센티미터이고 두께는 7.5밀리미터이며 구멍의 지름은 1~1.2밀리미터로 매우 섬세했다. 이런 구슬이 정가와자 6512호 한 무덤에서 224점이 출토되었다.[82] 이런 섬세한 제품도 발달된 청동 기술 없이는 불가능하다.

여러 종류의 네모난 조각에 보이는 기하 무늬 장식이나 단검 자루에 보이는 번개 무늬의 섬세하고도 균형 잡힌 구도도 당시 주조 기술이 매우 세련되어 있었음을 알게 해준다. 특히 강상무덤에서 출토된 청동실

---

**80**  위와 같음.

**81**  위 책, p. 73.

**82**  앞 글, 「沈陽鄭家洼子的兩座青銅時代墓葬」, p. 151.

로 만든 장식품은 당시의 수준 높은 금속 가공 기술을 보여주는 대표적인 것이다. 이것은 지름 0.25밀리미터 정도의 가느다란 구리실로 짠 것인데 일부가 불에 녹아 용도를 알 길이 없다.[83] 이렇게 가는 구리실을 뽑아내는 것은 오늘날의 기술로도 쉽지 않은 것으로 고조선의 금속 세공 기술이 매우 높은 단계에 이르러 있었음을 알 수 있다. 이런 수준은 당시의 세계 금속 기술 수준에서 보더라도 매우 높은 위치를 차지하는 것이다.[84]

이런 청동 공업의 발전은 청동 재료의 채취부터 주조에 필요한 틀을 만드는 작업을 포함하여 여러 공정에 기술과 분업이 필요하다. 그러한 기술과 분업은 다른 산업 발전에도 기여했을 것이다.

강상유적 7호 무덤에서는 열대나 아열대 지역에서 생산되는 보배조개가 출토되었는데, 이것은 고조선의 교역 범위가 남중국 또는 그 이남 지역까지 미쳤다는 것을 말해준다.[85] 고조선에서 이렇게 먼 지역까지의 무역은 육로보다는 해로를 이용했을 것이다. 고대에 육로보다 해로를 많이 이용했다는 사실은 다른 나라들에서 일반적으로 확인된다. 그런데 해로를 이용하려면 큰 배가 있어야 하는데 그런 배는 청동 공구를 사용하여 만들었을 것이다.[86] 배를 만들려면 나무를 다루는 목공, 청동 부품을 만드는 청동 기술자, 가죽이나 삼을 이용한 끈을 만드는 기술자 등 여러 방면의 전문 수공업 집단이 있어야 한다. 이런 사실은 고조선의 수공업이 매우 높은 수준에 이르러 있었을 것임을 알게 해준다.

---

**83**  앞 책, 『중국 동북 지방의 유적 발굴보고』, p. 78.

**84**  앞 글, 「기원전 천년기 전반기의 고조선문화」, p. 113.

**85**  앞 책, 『조선고고학전서 - 고대편』, p. 75.

**86**  위 책, p. 75.

고조선 후기에 철기가 보급되면서 수공업은 한층 더 발전했고 농업 발달에도 크게 기여했다. 한국의 철기 개시 연대를 김원룡·최몽룡 등은 서기전 300년으로 잡고 있지만[87] 필자는 이보다 훨씬 올려 잡아야 한다고 생각한다. 그동안 발굴된 고고학 자료에 따르면, 만주 지역에서는 중국의 전국시대(서기전 5세기 말~서기전 3세기 후반)에 해당하는 시기에 철기가 보편화되었던 것으로 나타난다. 요령성의 무순(撫順) 연화보(蓮花堡) 유적과 안산(鞍山) 양초장(羊草庄) 유적·관전(寬甸) 쌍산자유적 (双山子) 유적·오한(敖漢) 노호산(老虎山) 유적 등은 중국의 전국시대에 해당하는 시기의 만주 지역에 있는 대표적인 철기 유적들이다. 중국 고고학자들은 이 유적들에서 출토된 철기의 종류나 형태 및 제련 기술 등이 황하 중류 유역과 수준이 대등했던 것으로 평가하고 있다.[88]

중국 고고학자들은 전국시대부터 한대(漢代)에 이르기까지 철기의 보급은 화북 지역에 보편화되어 있었으며, 장성 이북의 동북 지역에도 널리 분포되어 있었음을 인정하고 있다.[89] 특히 연화보 유적에서 출토된 철제 농기구는 이 유적에서 출토된 전체 농기구의 90% 이상을 차지하고 있었다.[90] 이런 사실은 이 지역에서 당시 철제 농기구가 매우 보편화되어 있었음을 알게 해준다. 중국 학자들은 요령성 지역을 전국시대의 연나라 영역에 포함시키려고 하지만, 필자가 이미 고증한 바와 같이 이

---

87 김원룡, 『한국고고학개설』, 일지사, 1986, pp. 101~103.
   최몽룡, 「역사고고학 연구의 방향」 『한국상고사』, 민음사, 1991, pp. 98~99.
88 앞 책, 『文物考古工作三十年』, p. 92.
89 佟柱臣, 「考古學上漢代及漢代以前的東北疆域」 『考古學報』, 1956年 1期, pp. 29~42.
   董展岳, 「近年出土的戰國兩漢鐵器」 『考古學報』, 1957年 3期, pp. 93~108.
90 王增新, 「遼寧撫順市蓮花堡遺址發掘簡報」 『考古』, 1964年 6期, pp. 286~293.

지역은 고조선의 강역이었다.[91] 평안북도 영변군 세죽리 유적에서는 호미·괭이·낫·도끼·자귀·끌·손칼·활촉뿌리·비수·과 등의 철기와 활촉·검코·검자루맞추개 등의 청동기가 출토되었는데, 유물의 성격으로 보아 연화보 유적과 동일한 시기의 유적 가운데 대표적인 것으로 이와 동시대의 유적들을 일반적으로 세죽리-연화보 유형 유적이라고 부른다.[92] 이런 유형의 유적은 고조선의 여러 지역에 광범위하게 분포되어 있는 것으로 확인되고 있다.

그런데 철기는 청동기에 비해 쉽게 부식되기 때문에 초기에 제조된 철기가 오늘날까지 그대로 남아 있기는 기대하기 어렵다. 그뿐만 아니라 철기를 사용하기 시작하여 그것이 보편화되기까지는 오랜 세월이 걸린다. 따라서 만주 지역에서 철기가 전국시대에 보편화되어 있었다면 철기의 개시 연대는 이보다 훨씬 올려 잡아야 한다. 근래에 황기덕과 김섭연은 송화강 유역의 길림성 소달구(騷達溝) 유적 돌곽무덤에서 출토된 철기에 근거하여 한국의 철기시대 개시 연대를 서기전 8~7세기 또는 그보다 더 올려서 보아야 한다고 주장하고 있다. 이 유적에서 출토된 조롱박 모양 단지는 서기전 8~7세기 무렵에 나타나는 미송리형 단지이며, 부챗살 모양의 청동 도끼와 자루에 돌기가 있는 청동 칼과 흰 토막 구슬 등은 서기전 8세기 전후에 유행한 물건들이라는 것이다.[93]

---

91 윤내현, 「고조선의 서변경계고」 『남사정재각박사고희기념동양학논총』, 고려원, 1984, pp. 1~38.
_____, 「고조선의 서변경계 재론」 『한국독립운동사의 인식 – 백산박성수교수화갑기념논총』, 백산박성수교수화갑기념논총간행위원회, 1991, pp. 517~540.
_____, 「고조선시대의 패수」, 『전통과 현실』 제2호, 고봉학술원, 1992, pp. 205~246.
92 사회과학원 고고학연구소, 『조선고고학개요』, 과학백과사전출판사, 1977, pp. 139~143.
93 황기덕·김섭연, 「우리나라 고대 야금 기술」 『고고민속론문집』 8, 과학백과사전출판사, 1983, pp. 171~172.

그런데 학자들은 중국의 철기시대 개시 연대를 서기전 8~7세기 무렵으로 잡고 있으므로[94] 이런 사실과 위에서 언급한 만주의 여러 유적의 정황을 참고하면 고조선의 철기시대 개시 연대는 서기전 8세기 무렵이나 그 이전으로 잡을 수 있다.[95] 그러므로 철기가 사용되기 시작한 것은 고조선 후기 초이며, 고조선 말기에는 보편화되었음을 알 수 있다.

고조선에서는 무기·농기구·공구 등 다양한 제품들을 철로 만들어 사용했다고 앞 절에서 말한 바 있는데, 초기에는 연철을 사용했으나 서기전 6세기 무렵부터는 선철을 사용하기 시작했고, 서기전 3세기 무렵에는 강철을 사용하기에 이르렀다.[96] 그리고 단철과 주철을 모두 사용했으며, 용도에 따라 특성에 맞는 철을 이용했고, 이미 열처리 기술도 갖고 있었다.[97] 이런 제철 기술은 발달된 송풍 장치를 필요로 하므로 당시에 수동 풀무나 디딜풀무가 있었을 것은 당연하다.

이와 같은 제철 기술 발달의 영향을 받아 청동 기술도 새로운 단계에 진입하여 세형동검문화가 출현하게 되었다.[98] 이 시기의 청동기문화는

---

94  Joseph Needham, "Iron and Steel Production in Ancient China" In Joseph Needham ed. *Clerks and Craftsmen in China and the West*, 1970, pp. 107~112. 중국학자들 사이에서는 서기전 8세기보다 더 올려 보려는 경향이 주류를 이루고 있다.

95  김정배는 길림성·압록강 유역·두만강 유역 등지에서 늦어도 서기전 6세기 무렵에는 철기가 상당히 보급되어 있었다고 보고 있다. 따라서 그는 한국의 철기시대 개시 연대를 분명하게 말하지는 않았지만 서기전 6세기보다는 상당히 올라갈 것으로 보고 있음을 암시하고 있다.
김정배, 「한국의 철기문화」 『한국사연구』 16, 한국사연구회, 1977, p. 27.

96  윗글, 「우리나라 고대 야금 기술」, p. 173.

97  윗글, p. 177.

98  세형동검문화를 청동2기문화라고 부르는 고고학자들이 있지만 그것은 옳지 않다. 세형동검시대를 청동기문화라고 부르면, 그것이 철기시대 이전의 청동기시대 유물인 것 같은 오해를 부를 위험이 있다. 그러므로 세형동검은 철기시대의 문화유물이라고 불러야 한다.

제품도 한층 다양해졌을 뿐만 아니라 그 기술이 각 지역으로 널리 전파되어 청동 제품에 지역 특성이 나타나는 시기이기도 하다. 이 시기에 청동기와 철기 등의 수공업 제품이 얼마나 다양했었는지는 세형동검이 널리 보급되었던 서기전 3~2세기 무렵의 일부 유적에서 출토된 유물들에 의해 확인된다(212~213쪽 표6 참조).

고조선의 농업과 목축업, 수공업 등의 발달은 상업의 발달을 가져왔다. 청동 무기나 청동 의기 등은 지배 계층의 독점물로 통치 권력 유지에 사용되었기 때문에 상품화될 수 없었겠지만, 농업이나 목축업, 수공업에서 얻은 다른 잉여 생산품들은 그 일부가 상품화되어 상업의 발달을 가져왔을 것이다. 그런데 고조선의 국내 상업에 관해서는 자료가 부족해서 구체적인 상황은 알 수 없지만, 고조선과 중국의 무역에 관해서는 옛 문헌의 기록과 고고 자료를 통해 어느 정도 알 수 있다.

고조선과 중국의 무역에 관한 옛 문헌의 기록을 보면 가장 일찍 숙신이 등장한다. 『국어(國語)』「노어(魯語)」에는,

중니(仲尼)가 진(陳)나라에 있을 때 매들이 진후(陳侯)의 뜰에 죽어 있었다. 호(楛)나무로 만든 화살이 그것을 꿰뚫고 있었는데 돌화살촉의 길이가 여덟 치였다. 진(陳) 혜공(惠公)은 사람을 시켜 매를 가지고 중니가 머무는 객사에 가서 그것에 대해 묻도록 했다. 중니는 말하기를 매가 먼 곳에서 왔구나. 이것은 숙신씨(肅愼氏)의 화살이다. 옛날에 (주의) 무왕이 상나라를 이겼을 때 도(道)가 구이(九夷)와 여러 오랑캐 나라를 통하여 각각 그 지방의 재화를 가지고 와서 바치도록 하고 그들의 직분을 잊지 않도록 했다. 이때 숙신씨는 호나무화살과 돌화살촉을 가져왔는데 그 길이가 여덟 치였다. 선왕(先王)은 그의 영덕(令德)이 먼 곳까지 미친 사실을 밝히고 싶어서 (그것을) 후인들에게 보임으로써 오래도록 거울을 삼

표6_ 서기전 3~2세기 한반도 북부의 무덤 출토 유물

| 구분 | 종류 | 유물 \ 유적명 | 솔뫼골 무덤 | 반천리 무덤 | 석산리 무덤 | 정백리 일괄 유물 유적 | 동대원 허산 유적 | 황주 부근 유적 | 천주리 무덤 | 당촌 무덤 | 석암리 무덤 | 용산리 무덤 | 부조예군 무덤 |
|---|---|---|---|---|---|---|---|---|---|---|---|---|---|
| 청동기 | 무기 및 공구 | 좁은놋단검 | 1 | 1 | 1 | | 1 | | 1 | 1 | 1 | 1 | 1 |
| | | 검자루끝 | | | | | | | | | | | |
| | | 좁은창놋끝 | | | 1 | | | | | | | | 1 |
| | | 과 | | | 1 | 1 | | | | | | | |
| | | 고달 | | | | | | 1 | | | | | 2 |
| | | 쇠뇌 | | | | | | | | | | 1 | 2 |
| | | 활촉 | | | | | | | | | | | 15 |
| | | 비수 | 1 | 1 | | | | | | | | | |
| | | 끌 | 1 | | | | | | | | | | |
| | | 자귀 | 1 | | | | | | | | | | |
| | 마구 및 수레부속 | 말관자 | | | | 2 | | | | | | 2 | 4 |
| | | 멍에금구 | | | | 4 | | | | | | 1 | 4 |
| | | 수레굴대끝 | | | | 1 | 1 | 2 | | | | | 2 |
| | | 굴대끝씌우개 | | | | 2 | 1 | 2 | 2 | | | | |
| | | 삿갓 모양 동기 | | | | 5 | | 2 | 2 | | 1 | | 7 |
| | | 을자형 동기 | | | | 2 | 2 | 2 | 1 | | 2 | | |
| | | 양산살 꼭지 | | | | 8 | | 1 | | | | | 18 |
| | | 고리 | | | | | | 3 | 5 | 2 | | | 2 |
| | | 고삐끼우개 | | | | | | | | | | | |
| | | 동탁 | | | | 6 | | | | | 1 | | 12 |
| | | 방울 | | | | 1 | | | | | | | |
| | | 주머니(공) | | | | 1 | | | | | | | |
| | | 장식못 | | | | 9 | | | | | | | 2 |
| | 기타 | 잔줄무늬거울 | 1 | 2 | | | | | | | | | |
| | | 솥 | | | | | | | | | | | |
| | | 외귀단지 | | | | | 1 | | | | | | |
| | | 도장 | | | | | | | | | | | 1 |
| | | 띠걸이 | | | | | | | | | | | |
| 철기 | 무기 | 단검 | | | | | | | | | | | 2 |
| | | 장검 | | | | | | | | | | | 3 |
| | | 창끝 | | | | | | | | | 1 | | 1 |
| | | 극 | | | | | | | | | 1 | 1 | 1 |
| | | 비수 | | | | | | | | | | | 3 |
| | | 찰갑쪽 | | | | | | | | | | | 수십 |
| | | 도끼 | 1 | | 1 | | | | 1 | | | | 1 |
| | | 낫 | | | | | | | | | | | |
| | 마구 및 수레부속 | 수레굴대끝 | | | | | | | | | | | |
| | | 자갈 | | | | | | | | | | 1 | 4 |
| | | 갈모 | | | | | | | | | | | |
| | | 고리 | | | | | | | | | | | 1 |
| | 기타 | 끌 | | | | | | | | | | | 2 |
| | | 못 | | | | | | | | | | | |
| | | 외귀단지 | | | | | | | 1 | | | | |
| 기타 | 질그릇 | 화분형 질그릇 | | | | | | | | | 2 | | 1 |
| | | 배부른단지 | | | | | | | | 1 | 2 | | 1 |
| | 기타 | 유리구슬 | | | | 1 | | | | | | | |
| | | 숫돌 | | | | | | | | | | | |
| | | 청동접시 | | | | | | | | | | | |

출처 : 박진욱, 『조선고고학전서 고대편』, pp. 150~151.

| 상리<br>무덤 | 금석리<br>무덤 | 갈현리<br>무덤 | 부덕리<br>무덤 | 태성리<br>11호 무덤 | 운성리<br>9호 무덤 | 태성리<br>13호 무덤 | 태성리<br>15호 무덤 | 태성리<br>16호 무덤 | 운성리<br>3호 무덤 | 운성리<br>4호 무덤 | 태성리<br>8호 무덤 |
|---|---|---|---|---|---|---|---|---|---|---|---|
| 1 | 1 | 1 | 1 |  | 1 |  |  |  |  |  |  |
| 2 |  | 1 |  |  | 1 |  |  |  |  |  |  |
|  |  | 1 | 1 |  |  |  |  |  |  |  |  |
|  |  |  |  |  |  |  |  |  |  |  |  |
|  | 1 | 1 |  |  |  |  |  |  |  |  |  |
|  |  |  |  |  |  |  |  |  |  |  |  |
|  |  |  |  |  |  |  |  |  |  |  |  |
|  |  |  |  |  |  |  |  |  |  |  |  |
| 2 |  | 2 |  | 2 |  |  |  |  |  |  |  |
|  |  |  |  | 2 | 2 |  |  |  |  |  |  |
|  |  |  |  | 2 |  |  |  |  |  |  |  |
| 2 | 1 | 3 |  | 2 |  |  |  |  |  |  |  |
| 2 | 2 | 6 |  | 2 |  |  |  |  |  |  |  |
|  |  | 1 | 1 |  | 12 |  |  |  |  |  |  |
|  | 3 | 7 |  | 7 | 3 |  |  |  |  |  |  |
|  |  | 2 |  |  |  |  |  |  |  |  |  |
| 3 |  |  |  |  |  |  |  |  |  |  |  |
|  |  |  |  |  |  |  |  |  |  |  |  |
|  |  |  |  |  |  |  |  |  |  |  |  |
|  | 2 |  |  |  |  |  |  |  |  |  |  |
|  |  |  |  |  |  |  |  |  |  |  |  |
| 1 |  | 1 |  |  |  |  |  |  |  |  |  |
| 1 | 1 |  | 1 |  |  |  | 1 | 1 | 1 |  | 1 |
| 1 | 1 | 1 |  |  | 1 |  |  |  | 1 | 1 | 2 |
| 2 | 1 | 2 |  |  |  | 1 | 1 | 1 | 1 | 1 | 1 |
| 1 |  |  |  |  |  |  |  |  |  |  |  |
|  |  |  |  |  |  |  |  |  |  |  |  |
| 2 | 2 | 1 | 1 |  | 1 | 2 | 2 |  | 2 | 2 | 2 |
|  |  |  |  |  |  |  | 1 |  |  | 1 | 1 |
|  | 1 |  |  | 2 |  | 1 | 2 | 2 |  |  |  |
| 1 | 1 | 1 |  | 2 |  |  |  |  |  |  |  |
|  | 3 |  | 1 | 2 |  |  |  |  |  |  |  |
|  |  |  |  | 4 |  |  | 2 |  |  |  |  |
|  | 1 |  | 1 |  |  | 1 | 1 |  | 1 |  | 1 |
|  |  | 1 |  |  |  |  |  |  |  |  |  |
|  |  |  |  | 1 |  |  |  |  |  |  |  |
|  | 1 | 1 |  |  | 1 |  |  |  | 1 | 1 |  |
| 1 | 1 |  |  |  | 1 | 1 | 1 |  | 1 | 1 |  |
|  |  | 7 |  | 7 | 23 |  |  |  |  |  |  |
|  |  |  |  |  | 1 |  |  |  |  |  | 1 |
|  |  |  |  | 1 |  |  |  |  |  |  |  |

도록 했다. 그래서 그 나무화살에 '숙신씨가 공납한 화살'이라는 명문을 새겨 태희(太姬 : 주 무왕의 장녀)가 진(陳)에 봉해진 우호공(虞胡公)과 결혼할 때 나누어주었다.[99]

는 기록이 있다. 이 내용에 의하면 서주 무왕이 상나라를 멸망시키자 숙신의 사신이 서주를 방문하면서 호나무로 만든 화살과 돌화살촉을 가져왔는데, 무왕은 그의 장녀인 태희가 진나라 우호공과 결혼할 때 그 화살에 숙신이 보낸 화살이라는 문구를 새겨 기념으로 주었다는 것이다. 이로 보아 숙신에서는 좋은 활과 화살, 화살촉 등이 생산되었음을 알 수 있다. 『죽서기년』 기록에 따르면 숙신은 순(舜) 25년(서기전 2209)에도 중국에 사신을 보냈는데 활과 화살을 공물로 가지고 갔으며[100] 서주의 무왕과 성왕 때도 사신을 보냈다.[101]

이런 기록들을 종합해볼 때 숙신의 특산물은 활과 화살, 화살촉이었는데 특히 호나무로 만든 화살과 돌화살촉이 유명했음을 알 수 있다. 중국인들은 전통적으로 모든 것을 중국 중심으로 생각했기 때문에 다른 나라 사신이 중국을 방문할 때 물건을 가져오는 것을 공납이라고 표현하지만, 실제로는 예물인 동시에 무역품의 성격을 띤다. 고대에는 사신이 파견될 때 자신들의 특산물을 가지고 가서 그 나라 특산물과 교환해

---

99 『국어』권5 「노어」 하. "仲尼在陳, 有隼集於陳侯之庭而死, 楛矢貫之, 石砮其長尺有咫. 陳惠公使人以隼如仲尼之館, 問之. 仲尼曰, 隼之來也遠矣, 此肅愼氏之矢也. 昔武王克商, 通道於九夷百蠻, 使各以其方賄來貢, 使無忘職業, 於是肅愼氏貢楛矢石砮, 其長尺有咫. 先王欲昭其令德之致遠也, 以示後人, 使永監焉. 故銘其楛曰肅愼氏之貢矢, 以分太姬, 配虞胡公而封諸陳."

100 『죽서기년』 「오제기」 〈제순유우씨〉조.

101 『죽서기년』 「주기」 〈무왕〉조·〈성왕〉조.

왔다. 따라서 그것은 관무역(官貿易)의 성격을 띠고 있었던 것이다. 고대의 무역은 이런 관무역이 주류였다. 따라서 숙신이 순(舜) 때와 서주시대에 활과 화살, 활촉을 중국에 가지고 갔다는 것은 무기를 수출했음을 의미한다. 숙신의 활과 화살, 화살촉이 중국의 것보다 우수한 점이 있었기 때문에 수출이 가능했을 것이다. 그런데 숙신은 고조선의 거수국이었다.[102] 그러므로 이런 사실은 넓은 의미로는 고조선이 그것들을 중국에 수출했다는 것이 된다.

고조선에 관한 내용으로 앞에서 소개된 『시경』 「한혁」편[103] 끝부분에 "(한후는) 예물로 비휴(貔貅) 가죽과 붉은 표범 가죽, 누런 말곰 가죽 바치었도다"[104]라고 했다. 여기에 나오는 한후는 고조선의 최고 통치자인 단군을 중국식으로 부른 것이다. 중국인들은 다른 나라 통치자들을 중국 천자의 제후로 생각하는 중화사상에 따라 고조선의 단군을 한후라고 부르고 있으며, 단군이 갖고 온 예물을 공물로 표현하고 있다. 그러나 단군은 중국의 제후가 아니었다. 그리고 앞에서 말한 바와 같이 고대에 사신이 가지고 간 물건은 예물인 동시에 무역품의 의미도 지닌 것이다. 위의 시(詩)는 서주 선왕 때(서기전 828?~782)의 작품이므로 고조선은 비휴 가죽과 표범 가죽, 말곰 가죽 등을 서주에 수출했음을 알 수 있다. 이런 동물 가죽은 사냥을 통해 얻었을 것이다.

고조선과 중국의 무역에 관한 분명한 기록은 『관자』에 보인다. 『관자』 「규도」편에는 춘추시대 초기의 패자였던 제나라 환공(서기전 685~643)과 관중이 나눈 대화에,

---

102 앞 글, 「고조선의 국가 구조」, pp. 91~93.
103 주 15 참조.
104 『시경』 「대아」 〈탕지십〉 '한혁'. "獻其貔皮, 赤豹黃羆."

환공이 관자에게 묻기를, 내가 듣건대 해내(海內)에 귀중한 예물 일곱 가
지가 있다는데 그것들에 대해 들을 수 있겠소. 관자가 대답하기를, 음산
(陰山)의 연민(礝磻)이 그 한 가지요, 연(燕)의 자산(紫山) 백금(白金)이
그 한 가지요, 발과 조선의 문피(文皮)가 그 한 가지요, …….[105]

라고 하여 발과 조선의 특산물이 문피, 즉 표범 가죽이었음을 말하고 있
다. 그리고 『관자』「경중갑」편에는,

환공이 말하기를, 사이(四夷)가 복종하지 않는 것은 아마도 잘못된 정치
가 천하에 퍼져서 그런 것이 아닌지 나로 하여금 걱정하게 하는데 내가
이를 위해 행할 방법이 있겠소. 관자가 말하기를, 오와 조나라가 조근(朝
覲)을 오지 않은 것은 주상(珠象)의 예물 때문이라 생각되며, 발과 조선
이 조근을 오지 않은 것은 문피(文皮)와 타복(鉈服)을 예물로 요청하기
때문이라 생각됩니다. …… 한 장의 표범 가죽이라도 여유 있는 값으로
계산해준다면 8천 리의 발과 조선도 조근을 오게 될 것입니다.[106]

라고 했다. 환공이 주변 나라들이 중국을 방문하지 않은 것은 잘못된 정
치가 널리 퍼진 때문이 아닌지 걱정하자 관중이 사신들이 갖고 오는 예
물을 비싼 값에 사주면 그들이 중국을 찾게 될 것이라고 설명하고 있는
것이다.

---

105 『관자』권23 「규도」제78. "桓公問管子曰, 吾聞海內玉幣有七筴, 可得而聞乎. 管子
　　 對曰, 陰山之礝磻一筴也, 燕之紫山白金一筴也, 發·朝鮮之文皮一筴也, …….
106 『관자』권24 「경중갑」제80. "桓公曰, 四夷不服, 恐其逆政游於天下, 而傷寡人, 寡人
　　 之行爲此有道乎. 管子對曰, 吳·越不朝, 珠象而以爲幣乎. 發·朝鮮不朝, 請文皮鉈
　　 服而以爲幣乎. …… 一豹之皮容金而金也, 然後八千里之發·朝鮮可得而朝也."

이런 『관자』의 내용에서 고대에 사신들이 갖고 간 예물이 무역품의 성격을 띠고 있었음을 알 수 있다. 위의 인용문에 나오는 발과 조선은 고조선의 거수국이었다.[107] 따라서 춘추시대에 고조선은 중국에 표범 가죽과 털옷을 수출했음을 알 수 있다. 러시아의 U. M. 부틴은 고조선에서는 이미 양을 길러 털을 얻었을 가능성이 있다고 보고 있는데[108] 이런 추측은 유물로 확인되있다. 비파형동검이 출토된 길림성 영길현 성성초(星星哨) 유적의 돌널무덤에서 모직물 두 조각이 출토되었는데 양털실과 개털실을 섞어 짠 것이었다.[109] 이 모직물은 오늘날 생산되는 다소 거친 모직물에 가까운 것으로 당시 고조선에서 상당히 정교한 모직물을 생산했음을 알 수 있다.[110] 이로 보아 고조선이 중국에 수출했던 털옷은 모피 의류와 양털 등의 동물 털을 가공한 옷이었을 것이다. 고조선은 전국시대 이전부터 중국과 무역을 했는데 서한시대에도 계속되었다. 이 점에 관해서는 앞에서 언급했다.[111]

고조선이 중국과 많은 무역을 했음은 발굴 자료에서도 확인된다. 일반적으로 세죽리-연화보 유형으로 불리는 고조선 후기 유적들에서는 중국 전국시대의 연나라 청동 화폐인 명도전(明刀錢)이 무더기로 출토되었다. 자강도 전천군 운송리 유적에서는 5,000점, 평안남도 덕천군 청

---

107 앞 글, 「고조선의 국가 구조」, pp. 93~100.
   중국의 옛 문헌에서 조선은 고조선 전체를 의미하기도 하고 기자조선만을 뜻하기도 한다. 그런데 여기서는 조선이 발과 병기된 것으로 보아 고조선 전체가 아니라 기자조선을 지칭하는 것으로 보인다.

108 U. M. 부틴 지음, 이항재·이병두 옮김, 『고조선』, 소나무, 1990, p. 358.

109 吉林省博物館·永吉縣文化館, 「吉林永吉星星哨石棺墓第三次發掘」 『考古學集刊』 3, 中國社會科學出版社, 1983, p. 120.

110 趙承澤, 「星星哨石棺墓織物殘片的初步探討」 위 책 『考古學集刊』 3, pp. 126~127.

111 주 18~23의 본문 참조.

송로 동자구 유적에서는 4,280점, 자강도 전천군 길다동 유적에서는 4,000여 점이 출토되었으며 이 밖의 여러 유적에서도 수백 점에서 3,000점에 가까운 명도전이 출토되었다(표7 참조). 명도전 외에도 포전 (布錢)·반량전·일화전·명화전 등의 청동화폐가 출토되었다(221쪽 표8 참조). 포전은 전국시대, 반량전은 진제국시대의 중국 화폐였으나 일화전과 명화전은 고조선과 중국의 국경이었던 난하 서쪽에서는 출토된 예가 없으므로 고조선의 화폐였을 가능성이 높다.[112] 이렇게 많은 중국 화폐가 여러 유적에서 무더기로 출토된다는 사실은 매우 중요한 의미를 갖는다. 그것은 고조선이 중국과 잦은 무역을 했으며, 그 결과 중국의 화폐를 많이 확보하고 있었음을 알게 해준다. 다시 말하면 당시 고조선은 많은 외화를 보유한 국가였던 것이다.

여기서 한 가지 유의해야 할 점이 있다. 종래에 일부 학자들은 한반도 북부와 만주에서 명도전이 많이 출토되는 것은 중국의 연나라와 위만조선이 교역을 했음을 알게 하는 것이며, 위만조선은 연나라와 한반도에 있었던 다른 여러 나라들 사이에서 중개무역을 통한 경제적 이득을 기반으로 국가사회 단계에 진입했을 것이라고 본 바 있다.[113] 그러나 그러한 견해는 잘못되었다. 명도전을 사용했던 전국시대의 연나라는 서기전

---

112 앞 책,「고조선 문제 연구」, p. 60.
   사회과학원 력사연구소,『조선전사 2 ─ 고대편』, 과학 백과사전출판사, 1979, p. 72.
113 최몽룡,「한국 고대국가 형성에 대한 일고찰 ─ 위만조선의 예」『김철준박사회갑기념사학논총』, 1983, pp. 61~73.
   _____,「고대국가 성장과 무역」『한국고대의 국가와 사회』, 일조각, 1985, pp. 57~76.
   Mong-lyong Ch'oi, "Trade in Wiman State Formation", Edited by C. Melvin Aikens and Song Nai Rhee, *Pacific Northeast Asian in Prehistory*, Washington State University Press, 1992, pp. 185~189.

## 표7_ 명도전 출토 유적

| 나온 곳 | 명도전 수량 | 나온 정형 | 함께 나온 유물 | 자료 출처 |
|---|---|---|---|---|
| 자강도 자성군 서해리 | 2,000여 점 | 황칠나무 껍질로 쌈 | 일화전 650점, 반량전 3점 | 『문화유산』 1958년 5호 |
| 자강도 전천군 전천읍 | 2,700점 | 항아리 속에 있었음 | | 『문화유산』 1957년 1호, 1958년 5호 |
| 자강도 전천군 운송리 | 약 5,000점 | 나무 썩은 흔적 있음 | 노기 | 강계력사박물관 자료 |
| 자강도 전천군 길다동 | 약 4,000점 | 바닥에 판자 흔적 | | 『사학론총』 |
| 자강도 전천군 중암리 | 약 250점 | 돌각담 속에 있었음 | | 〃 |
| 자강도 위원군 용연리 | 약 400점 | 〃 | 청동기 2, 철기 2 | 〃 |
| 자강도 회천군 청상리 | 약 50점 | 〃 | | 『문화유산』 1958년 5호 |
| 평안북도 동창군 이천리 | 약 50점 | 도로 공사 중 땅속 3미터에서 | | 『사학론총』 |
| 평안북도 구장군 도관리 | 한 상자 | 돌각담 속 돌간에 있었음 | | 〃 |
| 평안북도 철산군 보산리 | 수백 점 | | | 『조선원시 유적지명표』 |
| 평안남도 영원군 온양리 | 수백 점 | 채로 중 발견 | 포전 23점 | 『사학론총』 |
| 평안북도 덕천군 청송로 동자구 | 4,280점 | | 일화전 91, 포전 299, 쇠도끼 3, 쇳조각 3 | 조선력사박물관 |
| 무순 | 약 40kg | 단지 2개 속에 있었음 | | 『우리나라 고대화폐의 기원과 발전』 |
| 영성자국가구 | 약 300점 | 단지 속에 있었음 | | 『사학론총』 |
| 영구 대석교 반룡산 | 다수 점 | 포대 쌓을 때 나옴 | | 〃 |

\* 명도전이 개별적으로 한두 점 알려진 곳은 문제로 삼지 않았다.

출처 : 리순진 · 장주협, 『고조선 문제 연구』, 사회과학출판사, 1973, p. 29 표.

222년에 망했고[114] 위만조선은 그보다 훨씬 후인 서기전 195년부터 서기전 180년 사이에 건국되었다.[115] 다시 말하면 위만조선은 중국에서 연나라가 멸망한 후 진제국을 거쳐 서한제국이 들어선 다음에야 건국되었으므로 연나라와 위만조선은 동시대에 존재하지 않았다. 따라서 두 나라는 무역을 했을 수가 없다. 그리고 한반도와 만주 지역의 고대 경제는 기본적으로 농업이었기 때문에 위만조선의 경제 역시 기본은 농업이었으며 무역은 부수적인 것으로 보아야 한다.

고조선이 많은 중국 화폐를 보유할 정도로 국제 무역을 했다면 국내 상업도 상당히 발달했을 것이다. 그러나 관련 사료가 없기 때문에 구체적인 상황은 알 수 없다. 상업이 발달해 있었다면 고조선에도 화폐가 있었을 것이다. 『한서』「지리지」에 기록된 고조선의 범금 8조 가운데는,

> 도적질한 자는 남자는 거두어 가노로 삼고 여자는 비로 삼는데, 재물을 바치고 죄를 면하고자 하는 자는 각자 50만을 내야 했다.[116]

는 내용에 50만이라는 액수가 표시되어 있다. 학자들은 이것이 화폐 액수일 것으로 보고 있다. 그렇다면 고조선에 화폐가 있었다는 말이 된다. 고조선의 화폐로 추정되는 일화전은 자강도 자성군 서해리 유적에서

---

**114** 『사기』 권34 「연소공세가(燕召公世家)」〈왕희(王喜) 33년〉조.
　　『사기』 권6 「진시황본기」〈진시황 25년〉조.
**115** 위만조선의 정확한 건국 연대는 알 수 없다. 위만이 서한에서 고조선 지역으로 망명한 시기는 서기전 195년인데, 『사기』「조선열전」에 의하면 서기전 180년에는 위만조선이 이미 건국되어 있었다. 따라서 위만조선은 서기전 195년과 서기전 180년 사이에 건국되었다.
**116** 『한서』 권28 하 「지리지」 하. "相盜者男沒入爲其家奴, 女子爲婢, 欲自贖者, 人五十萬."

## 표8_ 화폐의 출토 상황

(단위 : 점)

| 돈 종류 유적명 | 명도전 | 일화전 | 명화전 | 포전 | 반량전 |
|---|---|---|---|---|---|
| 세죽리 유적 | 2,000여 | | | 4 | |
| 연화보 유적 | | | | | 1 |
| 양초장 유적 | 1,000여 | | | | |
| 대니와 유적 | 100근 | | | | |
| 고려채 유적 | 10 | 23 | | 5 | 1 |
| 목양성지 | 14 | 2 | 3 | | 7 |
| 대령둔성지 | 20 | | | | |
| 서해리 유적 | 2,000여 | 650 | | | 3 |
| 전천읍 유적 | 2,700 | | | | |
| 운송리 유적 | 5,000여 | | | | |
| 길다동 유적 | 4,000 | | | | |
| 중암리 유적 | 250 | | | | |
| 용연리 유적 | 400 | | | | |
| 청상리 유적 | 50 | | | | |
| 이천리 유적 | 50 | | | | |
| 도관리 유적 | 1상자 | | | | |
| 보산리 유적 | 수백 | | | | |
| 손양리 유적 | 수백 | | | 23 | |
| 청송로동자구 | 428 | 91 | | 299 | |
| 무순 | 40kg | | | | |
| 국가구 | 300 | | | | |
| 반룡산 | 다수 | | | | |

출처 : 리순진 · 장주협, 『고조선 문제 연구』, 사회과학출판사, 1973, p. 39 표.


650점, 평안남도 덕천군 청송로 동자구 유적에서 91점, 요령성 비자와(貔子窩) 고려채(高麗寨) 유적에서 23점, 요령성 여순시 목양성터에서 2점이 출토되었다(표8 참조).

러시아의 U. M. 부틴은 일화전은 중국 제나라에서 주조된 것이므로 고조선의 화폐일 수 없다고 말한 바 있지만[117] 그가 근거로 들고 있는 문헌[118]에는 제나라의 화폐 단위가 '화(化)'였다고만 기록되어 있을 뿐, 일화전을 주조했다는 내용은 없다. 아마도 제나라의 화폐 단위가 '화(化)'였으므로 일화전은 제나라에서 주조되었을 것으로 생각했던 것 같다. '화(化)'는 학자에 따라 '십근(十斤)'으로 읽기도 하는 문자로, 연나라와 제나라의 화폐 단위였다.[119] 그런데 연나라와 제나라는 고조선과 접해 있던 나라들이므로 고조선도 그들과 같은 '화(化)'를 화폐 단위로 사용했을 가능성이 있다. 따라서 일화전이 고조선의 화폐가 아니었다는 근거는 아직 확인되지 않은 상태다.


## 5. 마치며

중국 문헌에 의하면 고조선의 경제 수준은 중국에 비해 결코 낙후되어 있지 않았다. 고조선은 연나라와의 전쟁에서 일시 침공을 받았으나 그것을 격퇴하고 오히려 연나라 동부의 땅을 빼앗아 침략에 대한 응징을 한 것이라든가 서한제국이 고조선과의 국경을 지키기 어려워 뒤로 물러난 것 등은 고조선의 강한 국력을 알게 해주는 것인데, 이런 국력은 그것을 뒷받침할 만한 경제 기반 없이는 불가능하다.

---

**117** 앞 책, 『고조선』 - 역사·고고학적 개요, p. 361.
**118** 王世民, 「秦始皇統一中國的歷史作用」- 從考古學上看文字·度量衡和貨幣的統一 『考古』, 1973年 6期, pp. 364~371.
**119** 彭信威, 『中國貨幣史』, 上海人民出版社, 1988, p. 41.

고조선은 농업이 경제의 기초와 중추를 형성하고 있었다. 고조선의 중심부였던 난하 유역과 한반도 북부는 고조선 중기(서기전 1000)까지는 지금보다 기온이 섭씨 3~5도가 높아 농사짓기에 유리했다. 마을사회(전기 신석기시대) 단계부터 계속되어온 농업은 고조선시대에 이르러 매우 발달하여 벼·보리·조·기장·콩·팥·수수·피 등의 오곡을 비롯한 여러 종류의 곡물과 대마나 황마 같은 섬유식물이 재배되었다.

고조선시대에는 이미 많은 농토가 개간되어 있었다. 그러한 농토는 구획 정리와 관개 시설이 되어 있어서 농사짓기에도 편리했고 토지도 비옥했다. 그뿐만 아니라 청동기를 이용하여 만든 후치나 가래 등 다양한 목제 농기구 이용과 소나 말 등 동물의 사역, 그리고 각 마을의 씨족 공동체 전통을 기초로 한 집단노동 등은 노동능률을 높여 생산을 크게 증대시켰다. 고조선시대의 유적에서 돌반달칼이나 돌낫 등의 추수용 농구가 많이 출토되는 것은 당시 곡물이 주된 재배 작물이었을 것임을 알려주는데, 벼가 주곡으로 정착되었을 가능성도 있다.

고조선 후기에 이르면 철기가 보급되어 농구로 활용되었다. 일부 고조선시대 유적에서는 출토된 농구의 90% 이상이 철제였다. 그동안 출토된 농구는 호미·괭이·삽·낫·반달칼·도끼 등이 있는데, 이런 농구는 노동능률을 높이고 땅을 깊이 팔 뿐만 아니라 새로운 농토의 개간도 용이하게 했을 것이다. 또한 철제 공구를 이용하여 만든 목제 농구도 이전 시대보다 다양화되었을 것이다. 철기의 보급에 따른 이런 조건들은 농업 생산을 한층 더 증대시켰을 것이다.

고조선의 조세는 수확의 20분의 1을 거두는 것이었는데, 이런 조세제도는 발달된 농업을 기초로 하고 있었을 것이다. 고조선에서는 농업과 더불어 길쌈과 목축업도 발달했고 사냥과 고기잡이도 활발했다. 이런 사실은 출토된 동물의 뼈와 유물들에 의해 확인된다.

고조선은 전기와 중기는 청동기문화였고 후기는 철기문화였는데, 고조선의 발달된 청동기문화와 철기문화는 청동기와 철기 자체는 물론, 여러 방면의 수공업을 발달시켰다. 이런 농업과 목축업, 수공업의 발달은 결과적으로 상업의 발달을 가져와 고조선은 일찍부터 활·화살·화살촉 등의 무기와 모피 의류·모직 의류·표범 가죽·말곰 가죽 등의 사치품을 중국에 수출했다. 이런 품목들은 중국 문헌에 기록된 것으로 보아 고조선의 대표적인 상품이기도 하고 중국인들의 기호품이기도 했을 것인데, 이 밖에도 여러 종류의 상품이 수출되었을 것이다. 고조선은 황하유역뿐만 아니라 남방의 먼 곳과도 무역을 했다. 그것은 열대나 아열대에서 생산되는 보배조개가 강상무덤에서 출토된 것에서 알 수 있다.

고조선은 이런 무역을 통해 외화를 많이 보유하게 되었다. 그것은 고조선시대의 여러 유적에서 명도전·포전·반량전 등의 중국 화폐가 무더기로 출토된 데에서 확인된다. 명도전은 한 유적에서 4,000~5,000점이 출토되기도 한다. 고조선에서도 상업의 발달에 따라 화폐를 사용했을 것이다. 『한서』 「지리지」에 고조선에서는 절도에 대한 속죄금이 50만이었다는 액수가 명기되어 있으므로 고조선에서도 화폐가 사용되었을 가능성이 높다. 고조선 지역에서 출토된 일화전은 중국에서 출토된 예가 없으므로 고조선의 화폐일 것으로 학자들은 보고 있다. 일화전이 고조선의 화폐였다면 고조선의 화폐 단위는 '화(化)'였을 것이다.

이상과 같이 고조선 경제의 기초와 중추는 농업이었는데, 그것을 토대로 목축업·사냥·고기잡이·수공업 등이 발달함에 따라 상업도 활발했다. 특히 고조선은 중국과의 무역에서는 무기와 사치품의 수출을 통해 막대한 외화를 확보할 수 있었다.

# 고조선 경제의 생산양식

## 1. 들어가며

고조선의 사회 성격을 구명하려면 그 사회의 경제 구조와 생산양식을 알아야 한다. 고조선의 경제 구조와 생산양식을 알려면 고조선의 사회 구조와 그 사회 구조 안에서 주된 생산 담당자는 누구였으며 그들과 지배신분 사람들의 관계는 어떠했는가를 살펴볼 필요가 있다.

그러므로 먼저 고조선의 생산 담당자는 어떤 신분이었으며 이들과 지배 귀족의 관계는 어떠했는지를 살펴보고, 고조선의 주된 생산 담당자들의 생활 환경과 생산 방식 및 그들이 고조선의 경제에서 차지했던 위치 등을 고찰해보자. 그런데 필자는 고조선의 국가 구조와 고조선의 신분 구성에 대한 견해를 이미 발표한 바 있으며[1] 그 과정에서 고조선의

---

1    윤내현, 「고조선의 국가 구조」『겨레문화』 6, 한국겨레문화연구소, 1992, pp. 67~112.
   _____, 「고조선 사회의 신분 구성」『전통과 현실』 제4호, 고봉학술원, 1993, pp.

사회 구조에 대해서는 비교적 자세하게 논했다.

필자는 고조선 사회는 씨족을 단위로 한 신분사회였다고 규정한 바 있다. 고조선 사회의 신분으로는 지배 귀족·민(民)·하호·노비 등이 있었으며 민 가운데 부유한 사람들을 호민(豪民)이라 불렀다고 보았다.[2] 지배 귀족은 단군과 거수 및 그 일족들이었고 민은 지배 귀족들로부터 분화되어 나온 자유민들인데 주로 자경농민이었다. 하호는 일반농민들로서 귀족에게 반예속된 종속농민이었고, 노비는 노예로서 지배 귀족이나 호민에게 예속되어 재산으로 취급되었다. 따라서 엄밀한 의미에서 사람의 신분에 포함될 수 없겠지만 편의상 신분으로 간주했다.

앞의 신분 구조에서 보듯이 고조선에서 생산에 종사했던 사람들은 민·하호·노비였을 텐데, 민보다는 하호나 노비가 주된 생산 담당자였을 가능성이 있다. 두 신분 가운데 어느 쪽이 고조선 경제에서 더 중요한 비중을 차지하고 있었으며 그들의 생산 방식은 어떠했는지를 구체적으로 확인해보자. 이런 작업 결과에 따라 고조선 사회를 세계사의 보편성이라는 관점에서는 어떻게 규정해야 할 것인지도 아울러 살펴보자.

## 2. 고조선 경제의 생산 담당자

고조선 주민은 경제 면에서 크게 두 부류로 나눌 수 있다. 한 부류는

---

134~164.

　　　, 「고조선의 통치 조직」 『민족문화의 제문제』 – 우강권태원교수정년기념논집, 우강권태원교수정년기념논총간행위원회, 1994, pp. 57~78.

이 책의 제2편 제1장 「고조선의 구조와 정치」· 제3장 제1절 「고조선 사회의 신분 구성」 참조.

2　앞 글, 「고조선 사회의 신분 구성」 참조.

생산 활동에 종사하지 않은 사람들이고 다른 한 부류는 생산 활동에 종사한 사람들일 것이다. 생산 활동에 종사하지 않은 사람은 지배 귀족들이었을 것이며 생산을 담당한 사람들은 대부분 피지배 신분이었을 것이다. 고조선에 생산 활동에 종사하지 않은 지배 귀족들이 있었음은 다음 기록을 통해 유추할 수 있다. 『삼국지』「동이전」〈고구려전〉에,

> 그 나라의 대가(大家)들은 농사를 짓지 않으므로 앉아서 먹는 사람이 만여 명이나 된다. 하호들이 먼 곳에서 양식·고기·소금을 운반해서 그들에게 공급한다.[3]

고 했다. 이 기록은 고조선이 붕괴된 후의 고구려 상황을 말한 것이지만 고구려는 원래 고조선의 거수국이었고[4] 이런 상황은 고대국가에서 보편적으로 있던 것이므로 고조선에도 그대로 적용될 수 있다. 위의 내용에서 지배 귀족인 대가는 노동을 하지 않고 소비 생활을 했으며 하호는 그들을 위해 봉사했음을 알 수 있다.

고조선의 지배 귀족이 농사를 짓지 않았음은 고고 발굴 결과로도 확인된다. 요령성 여대시에 위치한 강상무덤과 누상무덤은 서기전 8~6세기 무렵의 것으로 고조선 후기에 속하는데, 규모가 매우 크고 순장인이 많을 뿐만 아니라 부장품도 매우 많았다.[5] 이로 보아 이 무덤들이 고조선의 지배 귀족 무덤이라는 점에는 의심의 여지가 없다. 그런데 이 무덤

---

3  『삼국지』 권30 「동이전」〈고구려전〉. "其國中大家不佃作, 坐食者萬餘口. 下戶遠擔米糧魚鹽供給之."
4  앞 글, 「고조선의 국가 구조」, pp. 83~87.
5  조중 공동 고고학 발굴대, 『중국 동북 지방의 유적 발굴보고』, 사회과학원출판사, 1966, pp. 63~100.

에서 출토된 유물 가운데 농구는 전혀 보이지 않는다.

강상무덤에서는 청동기·석기·골각기 등 874점이 출토되었는데, 무기와 장신구가 주류를 이루었으며 농구는 단 한 점도 없었다(230~231쪽 표1 참조). 누상무덤 출토 유물도 무기와 장신구가 주류를 이루었고 농구는 없었다.[6] 요령성 금현(錦縣)에 위치한 와룡천(臥龍川)무덤은 강상무덤이나 누상무덤보다 규모가 훨씬 작고 소수의 순장인이 있어 신분이 낮은 귀족의 무덤이었음을 알 수 있는데, 이 무덤에서도 농구는 출토되지 않았다.[7]

그리고 요령성 심양시에 위치한 서기전 6~5세기 무렵의 것으로 추정되어 고조선 후기에 속하는 정가와자무덤은 순장인이 없는 무덤이었지만 무덤의 규모나 출토된 유물로 보아 지배 귀족의 무덤일 것으로 보이는데, 청동 무기와 장신구, 마구 등이 출토되었을 뿐 농구는 보이지 않았다.[8] 정가와자무덤 유형의 무덤은 지금의 요서 지역과 요동 지역에 널리 분포되어 있는데, 남쪽으로는 요동반도의 여대시 지역의 해안까지 이른다.[9] 이런 유물의 출토 상황은 고조선시대의 일반 무덤에서 농구가 출토되는 것과는 매우 대조적이다. 이상과 같이 그 신분이 비교적 낮은 지배 계층의 무덤들에서도 농구가 출토되지 않은 것은 고조선에서는 낮은 신분의 귀족도 농업 생산에 종사하지 않았음을 알게 해준다.

생산에 종사하지 않은 지배 귀족은 고조선 전 지역에 걸쳐 거주하고 있었을 것인데, 한반도에서도 농구가 출토되지 않은 유적이 많이 발견

---

6   위 책, pp. 95~100.
7   위 책, pp. 101~106.
8   沈陽故宮博物館·沈陽市文物管理辦公室,「沈陽鄭家洼子的兩座靑銅時代墓葬」
    『考古學報』, 1975年 1期, pp. 142~153.
9   위와 같음.

된다(232~233쪽 표2 참조). 이런 농구가 출토되지 않은 유적에서는 모두 청동이나 철로 만든 무기와 마구류와 수레 부품 등이 함께 출토되었다. 이런 출토 유물은 이것들이 지배 귀족의 것임을 알게 해준다.

생산을 담당했던 사람들의 유적도 확인되는데 대다수는 농민이었다. 대다수가 농민이었음은 고조선 사람들을 전민(田民) 즉 '농사짓는 사람들'이라고 부른 중국 문헌의 기록에서 알 수 있다. 『한서』 「지리지」는 중국의 상·주 교체기에 기자가 고조선 변경으로 망명한 사실을 언급하면서 고조선 사람들을 전민이라 부르고 있다. 즉,

> 은(상)나라의 도가 쇠퇴함에 기자는 조선으로 가서 그 백성을 예의로써 교화하고 농사지으며 누에 치고 길쌈했다. …… 그 전민은 변두로써 음식을 먹는다.[10]

고 기록하고 있다. 기자가 망명하여 거주했던 지역의 고조선 사람들을 전민이라 부르고 있는 것이다. 그 지역 사람들을 전민이라 부른 것은 그 지역 주민 대다수가 농민이었기 때문이었을 것이다.

이런 사실은 고고 자료를 통해서도 뒷받침된다. 고조선시대 유적 가운데는 위에서 언급한 것처럼 농구가 출토되지 않은 유적도 있지만 여러 유적에서 많은 농구가 출토되었다(235~237쪽 표3·4·5 참조).

농구들이 출토된 유적은 생산에 참여하지 않은 지배 귀족의 유적과는 달리 직접 생산을 담당한 농민들의 유적인 것이다. 이처럼 유적에서 농구가 출토되거나 그렇지 않은 차이는 고조선에는 생산에 참여하지 않은

---

10 『한서』 권28 하 「지리지」 하. "殷道衰, 箕子去之朝鮮, 教其民以禮義, 田蠶織作. ……. 其田民飲食以籩豆."

## 표1_ 강상무덤에서 출토된 유물 통계표

| 구분 | 묘광 번호 | 1 | 2 | 3 | 4 | 5 | 6 | 7 | 8 | 9 | 10 |
|---|---|---|---|---|---|---|---|---|---|---|---|
| 청동기 | 단검 |  |  |  | 1 |  | 1 |  |  | 1 |  |
|  | 창끝 |  |  |  |  | 1 |  |  |  |  |  |
|  | 활촉 |  |  |  |  |  |  |  |  |  |  |
|  | 고리모양 |  |  |  |  |  |  | 1 |  |  |  |
|  | 덩어리 |  |  |  |  |  |  |  |  |  |  |
| 석기 | 검자루받치개 |  |  |  |  |  |  |  |  |  |  |
|  | 활촉 |  |  |  |  |  | 12 | 2 | 1 | 2 |  |
|  | 곤봉대가리 |  |  |  | 2 |  |  | 1 |  |  |  |
|  | 거푸집 |  |  |  |  |  |  |  |  |  |  |
|  | 가락바퀴 |  |  | 1 | 1 |  |  |  |  |  |  |
|  | 숫돌 |  |  |  |  |  | 1 |  |  | 1 |  |
| 골기 | 낚시 |  |  |  |  |  |  | 1 |  |  |  |
|  | 송곳 |  |  |  |  |  |  |  |  |  |  |
| 청동 장식품 | 팔찌 |  |  |  |  |  |  |  |  |  |  |
|  | 비녀 |  |  |  |  |  |  |  |  |  |  |
|  | 구리 장식 | 2 |  |  |  | 1 | 3 | 2 |  |  |  |
| 돌 장식품 | 구슬 | 3 | 2 | 3 | 6 |  | 2 | 69 | 457 | 1 | 1 |
|  | 돌고리 |  |  |  |  |  |  |  |  |  |  |
|  | 달아매는 장식품 |  | 1 |  |  |  |  | 2 | 2 |  |  |
| 기타 장식품 | 뼈비녀 |  |  |  |  |  |  |  |  |  |  |
|  | 조개 장식 |  |  |  |  |  |  | 2 |  |  |  |
| 토기 |  |  | 1 |  |  |  |  | 1 |  | 1 |  |
| 계 |  | 5 | 4 | 4 | 10 | 2 | 19 | 79 | 462 | 6 | 1 |

출처 : 주 5, 『중국 동북 지방의 유적 발굴보고』, p. 87.

| 11 | 12 | 13 | 14 | 15 | 16 | 17 | 18 | 19 | 20 | 21 | 22 | 23 | 계 |
|---|---|---|---|---|---|---|---|---|---|---|---|---|---|
|  |  | 1 |  |  |  |  | 1 | 1 |  |  |  |  | 6 |
|  |  |  |  |  |  |  |  |  |  |  |  |  | 1 |
|  |  |  | 1 |  | 1 |  |  |  |  |  |  |  | 2 |
|  |  |  |  |  |  |  |  |  |  |  |  |  | 1 |
|  |  |  |  |  |  |  |  |  |  |  |  |  | 0 |
|  |  | 1 |  |  |  |  |  | 1 |  |  |  |  | 2 |
|  | 1 | 2 | 4 |  | 5 |  |  | 1 |  |  |  |  | 30 |
|  |  |  |  |  |  |  |  |  |  |  |  |  | 3 |
|  |  |  |  |  | 4 |  |  |  |  |  |  |  | 4 |
| 2 | 3 |  |  |  |  |  |  |  | 1 |  |  |  | 8 |
|  |  |  |  |  |  |  |  |  |  |  |  |  | 2 |
|  |  |  |  |  |  |  |  |  |  |  |  |  | 1 |
|  |  |  |  |  |  |  |  |  |  |  |  | 1 | 1 |
|  |  |  | 4 |  |  |  |  |  |  |  |  |  | 4 |
|  |  |  | 1 |  |  |  |  |  |  |  |  |  | 1 |
|  |  |  |  |  |  |  |  |  |  |  |  |  | 8 |
| 3 |  | 29 | 50 |  | 124 |  |  |  | 2 | 19 |  |  | 771 |
|  |  |  |  |  |  | 1 |  |  |  |  |  |  | 1 |
| 1 | 1 |  |  |  |  |  |  | 1 |  |  |  |  | 8 |
|  |  |  | 1 |  | 2 |  |  |  |  |  |  |  | 3 |
|  |  |  |  |  |  |  |  |  |  |  |  |  | 2 |
|  | 2 | 4 | 2 |  |  |  |  | 1 | 2 |  |  | 1 | 15 |
| 6 | 7 | 37 | 63 | 0 | 136 | 1 | 1 | 5 | 5 | 19 | 0 | 2 | 874 |

## 표2_ 서기전 3~2세기 한반도 북부의 무덤 출토 유물

| 구분 | 종류 | 유물＼유적명 | 솔뫼골 무덤 | 반천리 무덤 | 석산리 무덤 | 정백리 일괄 유물 유적 | 동대원 허산 유적 | 황주 부근 유적 | 천주리 무덤 | 당촌 무덤 | 석암리 무덤 | 용산리 무덤 | 부조예군 무덤 |
|---|---|---|---|---|---|---|---|---|---|---|---|---|---|
| 청동기 | 무기 및 공구 | 좁은놋단검 | 1 | 1 | 1 | 1 | 1 |  | 1 | 1 | 1 | 1 | 1 |
|  |  | 검자루끝 |  |  |  |  |  |  |  |  |  |  |  |
|  |  | 좁은창놋끝 |  |  | 1 |  |  |  |  |  |  |  | 1 |
|  |  | 과 |  |  | 1 | 1 |  |  |  |  |  |  |  |
|  |  | 고달 |  |  |  |  | 1 |  |  |  |  |  | 2 |
|  |  | 쇠뇌 |  |  |  |  |  |  |  |  | 1 |  | 2 |
|  |  | 활촉 |  |  |  |  |  |  |  |  |  |  | 15 |
|  |  | 비수 | 1 | 1 |  |  |  |  |  |  |  |  |  |
|  |  | 끌 | 1 |  |  |  |  |  |  |  |  |  |  |
|  |  | 자귀 | 1 |  |  |  |  |  |  |  |  |  |  |
|  | 마구 및 수레부속 | 말관자 |  |  |  | 2 |  |  |  |  | 2 |  | 4 |
|  |  | 멍에금구 |  |  |  | 4 |  |  |  |  | 1 |  | 4 |
|  |  | 수레굴대끝 |  |  |  | 1 | 1 |  | 2 |  |  |  | 2 |
|  |  | 굴대끝씌우개 |  |  |  | 2 | 1 | 2 | 2 |  |  |  |  |
|  |  | 삿갓 모양 동기 |  |  |  | 5 |  | 2 | 2 |  |  | 1 | 7 |
|  |  | 을자형 동기 |  |  |  | ? | 2 | 2 | 1 |  | 2 |  |  |
|  |  | 양산살 꼭지 |  |  |  | 8 |  | 1 |  |  |  |  | 18 |
|  |  | 고리 |  |  |  |  | 3 | 5 | 2 |  |  |  | 2 |
|  |  | 고삐끼우개 |  |  |  |  |  |  |  |  |  |  |  |
|  |  | 동탁 |  |  |  | 6 |  |  |  |  | 1 |  | 12 |
|  |  | 방울 |  |  |  | 1 |  |  |  |  |  |  |  |
|  |  | 주머니(공) |  |  |  | 1 |  |  |  |  |  |  |  |
|  |  | 장식못 |  |  |  | 9 |  |  |  |  |  |  | 2 |
|  | 기타 | 잔줄무늬거울 | 1 | 2 |  |  |  |  |  |  |  |  |  |
|  |  | 솥 |  |  |  |  |  |  |  |  |  |  |  |
|  |  | 외귀단지 |  |  |  |  | 1 |  |  |  |  |  |  |
|  |  | 도장 |  |  |  |  |  |  |  |  |  |  | 1 |
|  |  | 띠걸이 |  |  |  |  |  |  |  |  |  |  |  |
| 철기 | 무기 | 단검 |  |  |  |  |  |  |  |  |  |  | 2 |
|  |  | 장검 |  |  |  |  |  |  |  |  |  |  | 3 |
|  |  | 창끝 |  |  |  |  |  |  |  |  | 1 |  | 1 |
|  |  | 극 |  |  |  |  |  |  |  |  | 1 | 1 | 1 |
|  |  | 비수 |  |  |  |  |  |  |  |  |  |  | 3 |
|  |  | 찰갑쪽 |  |  |  |  |  |  |  |  |  |  | 수십 |
|  |  | 도끼 | 1 |  | 1 |  |  |  | 1 |  |  |  | 1 |
|  |  | 수레굴대끝 |  |  |  |  |  |  |  |  |  |  |  |
|  | 마구 및 수레부속 | 낫 |  |  |  |  |  |  |  |  |  |  |  |
|  |  | 자갈 |  |  |  |  |  |  |  |  | 1 |  | 4 |
|  |  | 갈모 |  |  |  |  |  |  |  |  |  |  |  |
|  |  | 고리 |  |  |  |  |  |  |  |  |  |  | 1 |
|  | 기타 | 끌 |  |  |  |  |  |  |  |  |  |  | 2 |
|  |  | 못 |  |  |  |  |  |  |  |  |  |  |  |
|  |  | 외귀단지 |  |  |  |  |  |  | 1 |  |  |  |  |
| 기타 | 질그릇 | 화분형 질그릇 |  |  |  |  |  |  |  | 2 |  |  | 1 |
|  |  | 배부른단지 |  |  |  |  |  |  | 1 | 2 |  |  | 1 |
|  | 기타 | 유리구슬 |  |  |  |  | 1 |  |  |  |  |  |  |
|  |  | 숫돌 |  |  |  |  |  |  |  |  |  |  |  |
|  |  | 청동접시 |  |  |  |  |  |  |  |  |  |  |  |

출처 : 박진욱, 『조선고고학전서 — 고대편』, 과학백과사전출판사, 1988, pp. 150~151.

| 상리 무덤 | 금석리 무덤 | 갈현리 무덤 | 부덕리 무덤 | 태성리 11호 무덤 | 운성리 9호 무덤 | 태성리 13호 무덤 | 태성리 15호 무덤 | 태성리 16호 무덤 | 운성리 3호 무덤 | 운성리 4호 무덤 | 태성리 8호 무덤 |
|---|---|---|---|---|---|---|---|---|---|---|---|
| 1 | 1 | 1 | 1 |  | 1 |  |  |  |  |  |  |
| 2 |  | 1 |  |  | 1 |  |  |  |  |  |  |
|  |  | 1 | 1 |  |  |  |  |  |  |  |  |
|  |  |  |  |  |  |  |  |  |  |  |  |
|  | 1 | 1 |  |  |  |  |  |  |  |  |  |
|  |  |  |  |  |  |  |  |  |  |  |  |
|  |  |  |  |  |  |  |  |  |  |  |  |
|  |  |  |  |  |  |  |  |  |  |  |  |
|  |  |  |  |  |  |  |  |  |  |  |  |
| 2 |  | 2 |  | 2 |  |  |  |  |  |  |  |
|  |  |  |  | 2 | 2 |  |  |  |  |  |  |
|  |  |  |  | 2 |  |  |  |  |  |  |  |
| 2 | 1 | 3 |  | 2 |  |  |  |  |  |  |  |
| 2 | 2 | 6 |  | 2 |  |  |  |  |  |  |  |
|  | 1 |  | 1 |  | 12 |  |  |  |  |  |  |
|  | 7 | 3 |  | 7 | 3 |  |  |  |  |  |  |
|  | 2 |  |  |  |  |  |  |  |  |  |  |
| 3 |  |  |  |  |  |  |  |  |  |  |  |
|  |  |  |  |  |  |  |  |  |  |  |  |
|  |  |  |  |  |  |  |  |  |  |  |  |
|  | 2 |  |  |  |  |  |  |  |  |  |  |
|  |  |  |  |  |  |  |  |  |  |  |  |
| 1 |  | 1 |  |  |  |  |  |  |  |  |  |
| 1 | 1 |  | 1 |  |  | 1 | 1 | 1 | 1 |  | 1 |
| 1 | 1 | 1 |  |  | 1 |  |  | 1 |  | 1 | 2 |
| 2 | 1 | 2 |  |  |  | 1 | 1 | 1 | 1 |  | 1 |
| 1 |  |  |  |  |  |  |  |  |  |  |  |
|  |  |  |  |  |  |  |  |  |  |  |  |
| 2 | 2 | 1 | 1 |  | 1 | 2 | 2 |  | 2 | 2 | 2 |
|  |  |  |  |  |  | 1 | 1 |  |  | 1 | 1 |
|  | 1 |  |  | 2 |  | 1 | 2 | 2 |  |  |  |
| 1 | 1 | 1 |  | 2 |  |  |  |  |  |  |  |
|  | 3 |  | 1 | 2 |  |  |  |  |  |  |  |
|  |  |  |  | 4 |  |  | 2 |  |  |  |  |
|  | 1 |  | 1 |  |  | 1 | 1 |  |  |  | 1 |
|  |  | 1 |  |  |  |  |  |  |  |  |  |
|  |  |  |  |  | 1 |  |  |  |  |  |  |
|  | 1 | 1 |  |  | 1 |  | 1 |  | 1 | 1 |  |
| 1 | 1 |  |  |  | 1 | 1 | 1 |  | 1 | 1 |  |
|  |  | 7 |  | 7 | 23 |  |  |  |  |  |  |
|  |  |  |  |  | 1 |  |  |  |  |  | 1 |
|  |  |  |  |  |  |  |  |  |  |  |  |
|  |  |  |  | 1 |  |  |  |  |  |  |  |

신분의 사람과 직접 생산을 담당한 신분의 사람들이 있었음을 알게 해주는데, 이러한 발굴 자료를 이용함에 있어서 다음과 같은 점에 주의해야 한다.

첫째, 지금까지 발굴된 유적 가운데 농구가 출토된 유적과 그렇지 않은 유적의 비율이 고조선시대의 지배 귀족과 생산 담당자의 인구 비율을 의미하지 않는다는 점이다. 왜냐하면 지배 귀족의 유적은 규모가 크기 때문에 비교적 잘 남아 있어서 쉽게 발견되지만, 생산을 담당했던 피지배자의 유적은 규모가 작아 이미 파괴되었거나 흔적이 뚜렷하지 않아 쉽게 발견되지 않기 때문이다. 따라서 지금까지 발굴된 유적의 비율과 상관없이 고조선의 인구 가운데 생산을 담당했던 사람들이 지배 귀족보다는 훨씬 많은 비율을 차지하고 있었다고 보아야 한다.

둘째, 지배 계층의 무덤에서는 마구나 수레 부품은 많이 출토되지만 농구는 출토되지 않는다고 하여 그들을 기마족이나 그 후예들로 보아서는 안 된다는 점이다. 왜냐하면 고대사회에서 지배 귀족이 말이나 마차를 교통수단으로 이용한 것은 세계 여러 지역에서 확인되는 것으로, 그 유물들이 그들이 기마족임을 나타내는 것으로 해석해서는 안 되기 때문이다. 농경족이라도 지배 귀족은 농사를 짓지 않았기 때문에 그들의 유적에서는 농구가 출토되지 않으며 그들의 교통수단이었던 마구나 수레 부품이 출토되는 것이다. 예컨대 중국 상나라나 주나라 지배 귀족 무덤에서는 마구나 수레 부품이 많이 출토되지만 그들을 기마족으로 보지는 않는다.

그러면 고조선에서 생산을 직접 담당했던 사람들은 어떤 신분이었을까? 필자는 고조선의 사회신분을 선인(仙人)이라 불린 종교 지도자, 제가(諸加) 또는 대가(大家)로 불린 지배 귀족, 민(民)이라 불린 평민, 하호(下戶)라 불린 종속농민, 노비라 불린 노예 등으로 나누고, 민은 일반의

표3_ 고조선시대 서북 지방의 농구 출토 상황

| 분류 / 농구 / 유적지 | 갈이 용구 | | | | | 모둠 | 수확 용구 | | 모둠 | 조리 용구 | | 모둠 | 전체 |
|---|---|---|---|---|---|---|---|---|---|---|---|---|---|
| | 괭이 | 곰배괭이 | 보습 | 삽 | 호미 | | 반달돌칼 | 낫 | | 갈판 | 갈돌 | | |
| 중강 중덕리 | · | | | | | · | · | · | · | · | · | · | · |
| 중강 초당리 | · | | | | | · | · | · | · | · | · | · | · |
| 중강 토성리 | | | | | | | | | | · | · | · | · |
| 시중 심귀리 | | | | | | | 4 | · | 4 | | | | 4 |
| 강계 공귀리 | | | | | | | 21 | 5 | 26 | | | | 26 |
| 벽동 송연리 | | | | | | | 4 | · | 4 | | | | 4 |
| 영변 세죽리 (공귀리식 토기) | | | | | | | | | | 1 | 1 | 2 | 2 |
| 영변 세죽리 (미송리식 토기) | | | 1 | | | 1 | 16 | | 16 | 1 | 1 | | 18 |
| 영변 세죽리 (북방리식 토기) | | | | | | | 11 | | 11 | | | | 11 |
| 맹산 대평리 | 1 | | | · | · | 1 | 16 | 8 | 24 | 1 | 1 | 2 | 27 |
| 평양 금탄리 III | | | | | | | 15 | | 15 | | | | 15 |
| 연탄 송신동 | | | | | | | | | | 1 | | 1 | 1 |
| 송림 석탄리 I | 1 | | | | | 1 | 20 | | 20 | 1 | 3 | 4 | 25 |
| 송림 석탄리 II | | | | | | | 11 | | 11 | | 1 | 1 | 12 |
| 송림 석탄리 III | | | | | | | 11 | | 11 | 1 | | 1 | 12 |
| 봉산 신흥 | | | | | | | 9 | | 9 | 2 | 6 | 8 | 17 |
| 모둠 | 2 | · | 1 | · | · | 3 | 138 | 13 | 151 | 7 | 13 | 20 | 174 |

출처 : 길경택, 「한국선사시대의 농경과 농구의 발달에 관한 연구」『고문화』 제27집, 1985, 한국대학박물관
협회, p. 106.

표4_ 고조선시대 중부 지방의 농구 출토 상황

| 분류<br>농구<br>유적지 | 갈이 용구 | | | 모둠 | 수확 용구 | | 모둠 | 조리 용구 | | 모둠 | 전체 |
|---|---|---|---|---|---|---|---|---|---|---|---|
| | 괭이 | 보습 | 삽 | | 반달<br>돌칼 | 낫 | | 갈판 | 갈돌 | | |
| 해주 용당포 | 1 | | | 1 | | | | | | | 1 |
| 서울 구릉동(북) | | | | | | | | 1 | | 1 | 1 |
| 서울 암사동 구릉 | | | | | | | | | 1 | 1 | 1 |
| 파주 교하리 | | | | | 3 | | 3 | · | | · | 3 |
| 파주 옥석리 | | | | | 2 이상 | | 2 | 3 | | 3 | 5 |
| 파주 독서리 | | | | | · | | · | · | | · | · |
| 양주 신곡리 | | | | | | | | | | · | |
| 양주 백양리 | | | | | · | 1 | 1 | | | | 1 |
| 양주 삼패리 | | | | | · | | · | | | | · |
| 광주 덕풍리 | | | | | 1 | | 1 | 1 | | 1 | 2 |
| 여주 흔암리 | 1 | 1 | 1 | 3 | 16 | | 16 | 4 | 7 | 11 | 30 |
| 강릉 포남리 | | | | | 11 | | 11 | | | | 11 |
| 금화 금화 | | | | | | | | | 1 | 1 | 1 |
| 용천 용천 | 1 | | | 1 | | | | | | | 1 |
| 제원 양평 | | | | | 1 | | 1 | | 1 | 1 | 2 |
| 모둠 | 3 | 1 | 1 | 5 | 34 | 1 | 35 | 9 | 10 | 19 | 59 |

출처 : 길경택, 「한국선사시대의 농경과 농구의 발달에 관한 연구」 『고문화』 제27집, 1985, 한국대학박물관협회, p. 109.

민과 재산이 많은 호민으로 분류한 바 있다.[11] 이런 고조선의 사회신분 가운데 종교 지도자인 선인은 인구도 많지 않았을 것이고 고조선 사회의 최고 신분이었으므로 생산을 담당하지 않았을 것은 당연하다. 그리고 지배 귀족인 제가나 대가도 생산 노동을 하지 않았음이 앞에서 인용된 『삼국지』 「동이전」 〈고구려전〉 내용에서 확인되었다.[12]

따라서 생산 노동에 종사했던 신분은 평민인 민과 종속농민인 하호,

---

11  주 1·2와 같음.
12  주 3과 같음.

표5_ 고조선 후기 주요 유적의 철기 출토 상황

| 철기 종류 / 유적 이름 | 농구 | | | | | | 공구 | | | | 무기 | | | | | 기타 | |
|---|---|---|---|---|---|---|---|---|---|---|---|---|---|---|---|---|---|
| | 호미 | 괭이 | 삽 | 낫 | 반달칼 | 도끼 | 자귀 | 끌 | 손칼 | 송곳 | 비수 | 창끝 | 단검 | 과 | 활촉 | 띠고리 | 낚시 |
| 세죽리 유적 | ○ | ○ | | ○ | | | ○ | ○ | ○ | | ○ | | ○ | | ○ | | |
| 단산리 유적 | | | | | | ○ | ○ | | ○ | | | | | | | | |
| 연화보 유적 | ○ | | | ○ | | | ○ | | ○ | ○ | | | | | ○ | | ○ |
| 양초장 유적 | ○ | | ○ | ○ | | | ○ | | ○ | | | | | | | | |
| 대니와 유적 | | | | ○ | | | ○ | | | | | | | | | | |
| 고려채 유적 | | ○ | | ○ | | | ○ | | | | | | | ○ | ○ | | |
| 목양성터 | | | ○ | | | ○ | ○ | | ○ | | | | | | ○ | | |
| 대령둔 성터 | | | | | | ○ | ○ | | ○ | | | | | | ○ | | |
| 용연구 유적 | ○ | ○ | | ○ | ○ | | ○ | | | | ○ | ○ | | | ○ | | |
| 윤가촌 7호 무덤 | | | | | | | | | | | ○ | | | | | | |
| Ⅶ호 조개무덤 | | | | | | | | | | | | | | | | ○ | |
| 청송 로동자구 | | | | | | | ○ | | | | | | | | | | |
| 조가둔 유적 | | ○ | ○ | | ○ | | ○ | | | | | | | | | | |

출처 : 박진욱, 「조선고고학전서 – 고대편」, 과학백과사전출판사, 1988, p. 139.

노예인 노비들이었을 것인데, 평민 가운데 호민은 많은 재산을 가진 부유한 사람들이었으므로 대부분 생산 노동에 종사하지 않았을 것으로 생각된다. 그리고 호민을 포함한 민은 원래 귀족에서 분화되어 나온 사람들로서 자경농들이었으므로 그 인구가 하호에 비해 매우 적었을 것이며, 그들이 생산한 물건은 대부분 그들 자신의 생활에만 보탬이 되었을 뿐 국가경제에는 크게 도움을 주지 못했을 것이다.

이렇게 볼 때, 고조선 경제의 기반을 마련하는 생산 노동에 종사했던 신분은 하호와 노비였을 가능성이 있다. 따라서 고조선의 사회 성격과 생산양식을 알기 위해서는 두 신분 가운데 어느 쪽이 고조선 경제의 생산 담당자로서 더 중요한 위치에 있었는지를 알 필요가 있다. 이들에 대해 좀 더 자세히 고찰해보자.

## 3. 고조선의 하호와 마을공동체

필자는 고조선의 국가 구조를 논하면서 고조선은 각 지역에 많은 거수국이 있는 지방분권화된 국가로서 '거수국제 국가'였다고 본 바 있다.[13] 그리고 각 지역의 거수국은 많은 마을들로 구성되어 있었기 때문에 고조선 사회 구조의 기층을 이루고 있는 것은 한반도와 만주 지역에 무수히 산재해 있었던 마을들이었으므로 고조선을 '마을집적국가'라고 부를 수도 있다고 말한 바 있다.[14]

고조선이 이런 국가 구조와 사회 구조를 갖게 된 것은 초기 정착사회로서 마을 하나하나가 정치·경제·사회 면에서 독립체였던 마을사회(전기 신석기시대)가 성장하면서 각 지역에 존재했던 마을들이 지역별로 마을연맹체를 형성하여 고을나라 단계에 이르고 다시 고을나라들이 집합되어 고조선이라는 국가를 출현시켰기 때문이라고 설명했다.[15] 서양은 상업 위주의 사회였기 때문에 그곳의 고대인들은 상업을 하기 좋은 곳

---

13  앞 글, 「고조선의 국가 구조」, p. 111.
14  앞 글, 「고조선 사회의 신분 구성」 참조.
15  앞 글, 「고조선의 국가 구조」와 「고조선 사회의 신분 구성」 참조.

으로 모여들어 도시를 형성했고 그것이 바로 국가가 되었으므로 서양의 고대국가는 도시국가였다. 그러나 한국이나 중국과 같은 농업 지역은 각 마을이 독립된 단위로 자급자족 생활을 했기 때문에 마을이 존속된 상태에서 마을연맹체를 형성하고 그것이 확대되어 고조선이라는 국가를 출현시켰기 때문에 고조선의 국가 구조는 서양의 고대국가와 근본적으로 다르다.

그런데 고조선의 각 지역에 산재해 있던 마을들은 후대에 필요에 의해 인위적으로 만들어진 것들도 있었겠지만 대부분은 마을사회 단계(전기 신석기시대) 이래 자연적으로 형성되어 성장한 자연마을들이었다. 이런 마을들은 무리사회 단계(구석기시대)에서 집단을 이루어 떠돌이생활을 했던 혈연무리(씨족)들이 붙박이생활에 들어가 이루어졌으므로 씨족마을들이었던 것이다. 마을에 따라 규모가 큰 것은 몇 개의 씨족으로 형성되어 있기도 했지만 그 기초는 씨족이었다. 몇 개의 씨족이 모인 것을 '부족'이라고 부르는 학자들이 있지만, 부족이란 영어의 트라이브(tribe)를 번역한 말이며 원래 한국어에는 '부족'이라는 말이나 개념이 존재하지 않았다. 따라서 한국 고대사회에 부족을 상정하는 것은 옳지 않다. 고조선 사회의 기초는 씨족이었던 것이다.

그런데 이런 씨족마을들은 마을사회 단계에서는 각각 독립되어 있었고 대등한 관계였지만, 고을나라가 형성되고 다시 국가가 출현하는 과정에서 차등 관계가 성립되었다. 즉 고을나라가 형성되면서 고을을 형성한 여러 마을 가운데 주도적인 위치에 있는 마을의 대표가 그 고을나라의 추장이 되고 그 씨족마을은 정치·경제 등에서 다른 마을보다 우위에 있게 되었다. 마을의 거주민은 씨족이 단위가 되어 있었으므로 이런 현상은 바로 씨족 사이의 차등 관계를 의미하는 것이었다.

다시 고을나라들이 집합되어 고조선이라는 국가가 출현하는 과정에서 가장 강한 고을나라가 여러 고을나라들을 복속시키게 되는데, 가장 강한 고을나라의 추장이 고조선 최고 통치자인 단군이 되고, 그의 고을 나라는 직할국이 되었으며, 다른 고을나라들은 거수국이 되어 그 추장 들은 단군을 공주(共主)로 받드는 거수가 되었다.[16] 이렇게 되어 단군의 씨족은 고조선 최고의 지배 귀족이 되었고, 각 지역 거수의 씨족들은 각 지역의 지배 귀족이 되었다. 이들이 제가 또는 대가로 불린 고조선의 지 배 귀족들이었다. 이런 지배 귀족들로부터 분화되이 국가의 보조 없이 스스로의 생활을 개척해나가는 사람들이 민이라 불린 평민이었는데, 이 가운데 경제석으로 부유한 사람들을 호민이라 불렀다.[17]

그리고 지배 귀족이나 평민에 속하지 못한 사람들을 하호라 했는데, 이들은 귀족에게 반예속된 종속농민이었다.[18] 그런데 앞에서 말한 바와 같이 마을의 거주민은 씨족이 단위였으므로 단군의 씨족은 고조선의 도 읍에 거주했고, 각 지역 거수의 씨족은 거수국의 국읍에 거주했으며, 그 밖의 일반 마을에는 민과 하호가 거주했다. 다시 말하면 일반 농업마을 에는 평민들인 민이 거주하는 마을과 종속농민인 하호가 거주하는 마을 이 있었던 것이다. 그러나 고조선의 사회 구조로 보아 민은 하호에 비해 인구가 훨씬 적었을 것이기 때문에 농업마을은 대부분 하호인 씨족이 거주했을 것이다. 이렇게 보면 고조선의 농업 생산은 대부분 종속농민 인 하호들이 담당했을 가능성이 있다.

하호들의 성격을 확실하게 이해하기 위해 앞에 인용된 『삼국지』「동 이전」〈고구려전〉 내용을 다시 보면,

---

16  앞 글, 「고조선의 국가 구조」 참조.
17  앞 글, 「고조선 사회의 신분 구성」 참조.
18  윗글 참조.

그 나라의 대가들은 농사를 짓지 않으므로 앉아서 먹는 사람이 만여 명이나 된다. 하호들이 먼 곳으로부터 양식·고기·소금을 운반해서 그들에게 공급한다.[19]

고 되어 있다. 이 기록은 하호들이 지배 귀족인 대가들에게 반예속된 상태에서 그들에게 봉사하는 생활을 했음을 알게 해준다. 하호에 대해 『삼국지』「동이전」〈부여전〉에는,

나라에는 군왕이 있고 모두 육축(六畜)의 이름으로 관명을 정하여 마가·우가·저가(猪加)·구가·대사(大使)·대사자(大使者)·사자(使者)가 있다. 읍락에는 호민이 있으며 하호라 불리는 백성은 모두 노복(奴僕)이되었다.[20]

(부여에서는) 적이 있으면 제가(諸加)가 스스로 나아가 싸우고 하호는 양식을 져다가 음식을 만들어준다.[21]

고 기록되어 있다. 고구려와 부여는 원래 고조선의 거수국이었으므로[22] 이런 상황은 그 앞 시대인 고조선에서도 비슷했을 것이다.

위 기록에서 하호라 불린 백성은 모두 노복이었다고 했는데, 고조선

---

19  『삼국지』 권30 「동이전」〈고구려전〉. "其國中大家不佃作, 坐食者萬餘口. 下戶遠擔米糧魚鹽供給之."
20  『삼국지』 권30 「동이전」〈부여전〉. "國有君王, 皆以六畜名官, 有馬加·牛加·猪加·狗加·大使·大使者·使者. 邑落有豪民, 名下戶皆爲奴僕."
21  『삼국지』 권30 「동이전」〈부여전〉. "有敵, 諸加自戰, 下戶俱擔糧飮食之."
22  앞 글, 「고조선의 국가 구조」, pp. 80~81.

이나 고조선을 계승한 부여에는 노비라 불리는 노예 신분이 따로 있었으므로 하호가 바로 노복은 아니었을 것이다. 그러나 그들이 노예처럼 귀족들에게 반예속된 상태에서 노동을 했기 때문에 그렇게 표현했을 것이다. 따라서 앞에서 언급된 민은 자유농민임에 비해 하호는 종속농민이라고 부를 수 있을 것이다. 위 〈부여전〉 내용은 하호가 평상시에는 지배 귀족의 감시 아래 농업과 목축을 비롯하여 수공업·사냥·고기잡이 등의 생산에 종사했고, 전시에는 귀족들을 도와 전쟁에 필요한 물자나 군량을 운반하고 음식을 만들어 공급하는 등의 힘든 일을 도맡았음을 알게 해준다.

하호의 생산 활동에 대해 좀 더 구체적으로 알기 위해 하호들이 거주했던 마을의 구성을 알 필요가 있다. 고조선의 마을들은 씨족마을이었다고 앞에서 말했는데 그 기초는 가족이었다. 여러 개의 가족공동체가 모여 하나의 마을을 형성했던 것이다. 이런 마을 구성은 평민마을과 하호마을이 다르지 않았을 것인데, 그러한 마을 구성이 고고 발굴에 의해 확인되었다.

함경북도 무산읍 범의구석 유적 2기층에서는 30제곱미터 안에 같은 시기의 집자리 4자리가, 자강도 강계시 공귀리 유적에서는 30제곱미터 안에 같은 시기의 집자리 3자리가 발견되었다. 이 30제곱미터 범위 안에 들어 있는 집들은 서로 연계성을 가지고 배치되어 있고, 그곳에서 출토된 질그릇이나 석기의 형태와 제작 솜씨가 비슷하여 이들이 하나의 생활공동체를 이루고 있었을 가능성을 보여주었다. 따라서 이들을 가족공동체였을 것으로 보고 있다.[23] 비록 3~5채의 집에 나뉘어 별거생활을

---

23  사회과학원 고고학연구소, 『조선고고학개요』, 과학백과사전출판사, 1977, pp. 114~115.

했지만, 그곳에 거주하는 집단이 가족공동체를 이루고 생활했던 것이다. 이보다 규모가 커지면 새로운 가족공동체가 파생되어 그곳에서 약간 떨어진 곳에 새로운 가족공동체의 거주 지역이 만들어졌다.[24] 이런 가족공동체는 씨족의 기층 단위를 이루었던 것이다.

이상과 같이 보면, 그동안 발굴된 몇 곳의 집자리 면적을 통해 가족공동체 구성원 총수를 계산할 수 있다. 그런데 이때 주택 내에서 한 사람이 차지하는 면적을 얼마로 보느냐에 따라 구성원의 총수가 달라진다. 북한의 사회과학원 고고연구소 학자들은 당시 건축 기술의 발전 정도를 고려하여 한 사람당 거주 공간을 어른 3제곱미터, 어린이 2제곱미터로 잡아 평균 2.5제곱미터로 보고 화덕과 통로, 가구 등이 차지하는 공간을 한 사람당 0.5제곱미터로 계산하여 한 사람이 차지하는 공간을 3제곱미터 정도로 보았다.[25] 김양선·임병태·윤무병·김용남·김용간·황기덕·세키노 마사루(關野克) 등도 이와 동일하게 보았으나[26] 김정기만은 5제곱미터는 되었을 것으로 보았다.[27]

이상과 같은 기준으로 그동안 발굴된 집자리 면적에 따라 가족공동체의 구성원 총수를 계산하면 다음 쪽 표6과 같다. 앞의 인구는 북한 학자들의 견해이고[28] 뒤의 인구는 김정기의 견해에 따라 필자가 계산한 것이다. 가족공동체 총인구는 공귀리 유적 아래층이 가장 많고 침촌리 유적이 가장 적다. 북한 학자들의 계산에 따르면 공귀리 유적 아래층은 67명, 침촌리 유적은 20명인데, 김정기의 견해에 따르면 공귀리 유적 아래

---

24  위 책, p. 115.
25  위와 같음.
26  앞 글, 「우리나라 청동기시대 집자리에 관한 연구」, p. 44.
27  김정기, 『한국목조건축』, 일지사, 1993, p. 23.
28  위 책, 『조선고고학개요』, pp. 115~116.

표6_ 유적별 집자리 면적과 가족공동체의 구성원 총수

| 유적 이름 | 집자리 | 넓이 | 북한의 견해 | 김정기의 견해 |
|---|---|---|---|---|
| 범의구석 유적 제2층 시기의 가족공동체 | 15호 집자리 | 46.75제곱미터 | 15명 | 9명 |
| | 20호 집자리 | 18.80제곱미터 | 6명 | 4명 |
| | 35호 집자리 | 42.64제곱미터 | 14명 | 8명 |
| | 가족공동체 총인구 | | 35명 | 21명 |
| 공귀리 유적 아래층의 가족공동체 | 2호 집자리 | 69.37제곱미터 | 23명 | 14명 |
| | 3호 집자리 | 63.00제곱미터 | 21명 | 13명 |
| | 6호 집자리 | 70.00제곱미터 | 23명 | 14명 |
| | 가족공동체 총인구 | | 67명 | 41명 |
| 공귀리 유적 위층의 가족공동체 | 4호 집자리 | 39.65제곱미터 | 13명 | 8명 |
| | 5호 집자리 | 38.61제곱미터 | 13명 | 8명 |
| | 1호 집자리 | 약 40.00제곱미터 | 13명 | 8명 |
| | 가족공동체 총인구 | | 39명 | 24명 |
| 침촌리 유적 가족공동체 | 1호 집자리 | 22.65제곱미터 | 7명 | 5명 |
| | 2호 집자리 | 20.59제곱미터 | 6명 | 4명 |
| | 3호 집자리 | 22.00제곱미터 | 7명 | 4명 |
| | 가족공동체 총인구 | | 20명 | 13명 |

층은 41명, 침촌리 유적은 13명이 된다. 따라서 고조선의 가족공동체는 100명을 넘지 않았을 것이며 20~40명 정도가 보편적이었을 것이다.[29] 이들은 몇 채의 집에 나뉘어 살았지만 가족공동체의 구성원이었고 생활의 기본 단위이자 생산 활동의 기본 단위인 동시에 씨족 구성의 단위이기도 했다.[30]

---

29  북한 학자들은 가족공동체 인구는 30~50명 정도가 보편적이었을 것으로 보고 있다. 앞 책, 『조선고고학개요』, p. 116.
30  위와 같음.

고조선시대의 마을은 몇 개의 가족공동체로 형성된 씨족마을이었던 것이다. 범의구석 유적은 면적이 1,200제곱미터인데 그 4분의 1만 발굴되었으므로 마을 전체 인구는 위에 계산된 가족공동체 인구보다 훨씬 많았을 것인데[31] 도식적으로 말하면 그 4배 정도는 되었을 것이다. 황해북도 송림시 석탄리 유적 1문화층에서는 세 시기로 구분되는 집자리가 발견되었는데 1기에 해당하는 집자리만 18자리였다. 이런 집자리 숫자는 당시 마을 규모를 추정하는 데 도움을 준다. 지금까지 발굴된 유적들은 마을 전체를 완전하게 확인하지 못한 경우가 많으므로 마을의 면적을 발굴된 상태보다는 다소 크게 잡을 필요가 있는데, 보통 5집부터 60집에 이르는 마을을 형성하고 있었을 것으로 보는 것이 일반적이다.[32]

각 마을은 가족공동체를 기본 단위로 하여 노동과 생활을 했지만, 마을 구성원 전체가 씨족을 단위로 형성되어 있었으므로, 농업마을들은 가족공동체를 기초로 한 마을공동체를 이루고 있었던 것 같다. 『후한서』「동이열전」〈예전〉에,

그 풍속은 산천(山川)을 중요시하여 산천마다 각 마을의 경계가 있어서 함부로 서로 침범하지 않는다.[33]

마을을 함부로 침범하는 사람이 있으면 벌로 노예와 소·말을 부과하는데 이를 '책화'라고 한다.[34]

---

31  앞 글, 「청동기시대 주거생활」, p. 159.
32  앞 책, 『한국목조건축』, p. 24.
33  『후한서』 권85 「동이열전」 〈예전〉. "其俗重山川, 山川各有部界, 不得妄相干涉."
34  『후한서』 권85 「동이열전」 〈예전〉. "邑落有相侵犯者, 輒相罰, 責生口牛馬, 名之爲'責禍'."

는 기록이 있다. 이것은 고조선이 붕괴된 후 예(濊)의 사회 상황을 말한 것이지만 예는 원래 고조선의 거수국이었으므로[35] 고조선의 상황도 이와 다르지 않았을 것이다. 그러므로 위 내용에 따르면 고조선에서는 마을과 마을의 경계가 분명했음은 물론 산천까지도 각 마을이 관할하는 영역이 정해져 있었음을 알 수 있다. 그리고 그 경계를 허락 없이 침범하면 벌로 노예 또는 소, 말 등을 바쳐야 했음을 알 수 있는데, 이것은 단순히 그 영역 안으로 들어온 것이 아니라 사회적인 혼란을 초래했거나 경제적 피해를 주었을 때를 말할 것이다.

따라서 영역의 분할은 그 지역이 마을 구성원들의 공동생활의 터전과 경제적 수입의 원천으로서 중요한 의미를 지니고 있었다고 보아야 할 것이다. 그러므로 위 인용문의 내용은 마을이 경제활동의 단위였음을 알게 해준다. 이는 각 씨족마을이 생산 활동의 단위로서 마을공동체를 구성하고 있었음을 말해주는 것이다. 이렇게 볼 때 각 마을의 거주지와 경작지, 산천 등은 마을 구성원 공동의 터전으로서 토지에 대한 엄격한 사유제는 이루어지지 않았고 마을 구성원들이 공동으로 점유한 상태였을 것이다. 이런 구성을 가진 각 마을은 지배 귀족의 감독 아래서 마을의 구성원들이 공동으로 협동노동을 함으로써 생산능률을 크게 높일 수 있었을 것이다.

이와 같이 각 마을은 씨족공동체인 동시에 노동공동체를 형성하고 있었기 때문에 한 사람이나 한 가정이 독자적으로 생활 터전을 다른 씨족마을로 옮긴다는 것은 사실상 불가능했다. 따라서 종속농민인 하호들은 그들 사이에는 동일한 사회신분으로서의 기본적인 평등이 유지되고 대

---

35  앞 글, 「고조선의 국가 구조」 6, pp. 87~89.

등한 관계에서의 자유가 주어졌지만 사실상 거주 이전의 자유는 없는 속박된 상태에서 생활하면서 대대로 종속농민의 신분을 벗어날 수 없었을 것이다. 신분 세습의 종속농민이었던 것이다.


## 4. 고조선의 노비와 생산 활동

고조선의 국가경제를 밑받침하는 주된 생산 담당자로서 하호 외에 노비를 상정해볼 수 있다. 고조선에 노예 신분인 노비가 있었음은 이미 확인되었지만 그들이 고조선의 생산 활동에서 어느 정도의 위치를 차지했는지는 구체적으로 고찰된 바가 없다. 노비들이 고조선의 국가경제에서 차지하는 비중을 알기 위해서는 그들이 생산에 직접 참여했는지의 여부, 그들이 고조선 전체 인구에서 차지하는 비율, 그들의 주된 활동 지역 등을 확인할 필요가 있는데, 그 전에 먼저 노비를 얻는 과정을 알 필요가 있을 것이다.

고조선에서 노비를 얻는 방법은 두 가지였던 것 같다. 하나는 이민족의 포로였으며 다른 하나는 범법자였다.

이민족 포로를 노예로 삼는 것은 세계 각 지역의 고대사회에서 흔히 볼 수 있는 현상인데 고조선에도 그러한 노예가 있었을 것이다. 이런 추정을 가능하게 하는 기록이 『삼국지』「동이전」〈한전〉에 실려 있는 『위략』에 보인다. 즉,

> 왕망(王莽)의 지황(地皇) 연간에 이르러 염사치(廉斯鑡)가 진한(辰韓)의 우거수(右渠帥)가 되었는데, 낙랑의 토지가 비옥하여 사람들의 생활이 풍요롭고 안락하다는 소식을 듣고 도망가서 항복하기로 작정했다. 그는

살던 마을을 나오다가 농토에서 참새를 쫓는 남자 한 명을 만났는데 그 사람의 말은 한인(韓人)의 말이 아니었다. 그 이유를 물으니 남자는 말하기를, "우리들은 한(漢)나라 사람으로 이름은 호래(戶來)이다. 우리들 1,500명은 재목(材木)을 벌채하다가 한(韓)의 습격을 받아 포로가 되어 모두 머리를 깎이고 노예가 된 지 3년이나 되었다"고 했다.[36]

는 기록이 그것이다. 이 기록은 고조선이 붕괴된 후 한(韓)에서 일어났던 사건을 말하고 있는 것인데, 당시 신한의 염사치가 살던 지역에 중국 사람으로서 포로로 잡혀와 노예가 된 사람이 1,500명이나 있었음을 알 수 있다. 이것은 염사치가 한 곳에서 발견한 노예이므로 실제로는 이보다 훨씬 많은 노예가 있었을 것이다. 한(韓)은 원래 고조선의 거수국이었는데 고조선이 붕괴되자 독립한 나라였다.[37] 따라서 한에 있었던 이런 상황은 고조선에서도 마찬가지였을 것이다. 고조선에서는 많은 노예를 얻기 위해 상당히 자주 포로 획득을 위한 소규모 전쟁을 했을 가능성이 있다.

고조선에는 법을 어겨 노예가 된 사람도 있었을 것이다. 이런 사실은 고조선의 법을 통해 알 수 있다. 『한서』 「지리지」에는 중국의 상·주 교체기에 기자가 고조선의 변경으로 망명했는데 당시 고조선에는 범금 8

---

36 『삼국지』 권30 「동이전」〈한전〉의 주석으로 실린 『위략』. "至王莽地皇時, 廉斯鑡爲辰韓右渠帥, 聞樂浪土地美, 人民饒樂, 亡欲來降. 出其邑落, 見田中驅雀男子一人, 其語非韓人. 問之, 男子曰, 我等漢人, 名戶來, 我等輩千五百人伐材木, 爲韓所擊得, 皆斷髮爲奴, 積三年矣."

37 앞 글, 「고조선의 국가 구조」 6, pp. 37~38.
윤내현, 「고조선과 삼한의 관계」 『한국학보』 제52집, 일지사, 1988 가을, pp. 2~40.
이 책의 제2편 제1장 제2절 「고조선과 한의 관계」 참조.

조의 법이 있었다고 말하면서 그 가운데,

> 도적질한 자는 남자는 거두어 가노로 삼고 여자는 비로 삼는데, 재물을
> 바치고 죄를 면하고자 하는 자는 각자가 50만을 내야 한다.[38]

는 조항이 있었다는 기록이 있다. 도적질에 대한 벌이 매우 가혹한 것으로 보아 고조선에서는 부유한 사람들의 권익을 철저하게 보호했음을 알 수 있다. 이는 토지를 제외한 사유재산제가 매우 발달해 있었음을 말해 주는 것이기도 하다. 이 법규를 어겨 노예가 된 사람들도 상당수 있었을 것이다.

그런데 위 기록에서 노비가 된 사람이 그것을 면하고자 할 경우에는 50만이라는 화폐를 내야 한다고 했으므로 당시 노비 한 사람의 값이 50만이었음을 알 수 있다. 따라서 이 화폐 단위를 다른 물가와 견주어볼 수 있다면 당시 노예의 가치를 어느 정도 추정할 수 있겠다. 그러나 고조선의 화폐 단위가 무엇이었는지, 고조선의 물가가 어느 정도였는지에 대한 직접적인 기록은 아직까지 발견되지 않았다. 그러나 위의 내용이 『한서』에 기록되어 있으므로 『한서』에 해당하는 시기인 서한(전한)의 물가를 참고할 수 있지 않을까 한다.

당시 서한에서는 50만 전을 내면 사형에서 면제되었다. 『한서』「무제기」〈태시(泰始) 2년〉조에,

> 가을에 가뭄이 들었다. 9월에 사형을 받은 죄인으로서 속전(贖錢) 50만

---

38  『한서』 권28 하 「지리지」 하. "相盜者男沒入爲其家奴, 女子爲婢, 欲自贖者, 人五十萬.

을 낼 사람들을 모집하여 사형에서 일등(一等)을 감해주었다.[39]

는 기록이 있다. 앞의 고조선 범금 8조에 관한 기록과 위 인용문은 모두 『한서』에 실려 있으므로 『한서』의 저자인 반고(班固)는 50만을 같은 화폐 단위로 인식했을 가능성이 있다. 그런데 『한서』 「고제기(高帝紀)」에는 "관중(關中) 지역에 큰 기아가 일어나 쌀 열 말 값이 만 전이나 되었다"[40]고 기록되어 있고, 같은 책 「식화지」에는 "한(漢)나라가 일어났으나, …… 쌀값은 1석이 만 전에 이르렀고 말은 한 필에 백금(百金)이었다"[41]고 기록되어 있다. 또 같은 책 「무제기」 〈원수(元狩) 5년〉조에는 "천하에 말이 적으니 보통 수말 한 필의 값이 20만이었다"[42]고 기록되어 있다. 이런 기록들을 종합해보면 고조선에서 노비 1명의 값은 흉년의 비싼 쌀값으로 계산해도 쌀 50석에 해당하고 수말 두 필 반 값에 해당했다.[43] 고조선에서 노비의 값이 매우 비쌌음을 알 수 있다.

따라서 일반 자경농민인 민이나 종속농민인 하호가 이렇게 비싼 노예를 소유하기란 거의 불가능했을 것이다. 대개 노예는 지배 귀족들이 소유했을 것이다. 아주 부유한 호민도 일부 소유했을 가능성은 있다. 도적질한 벌로 노예가 된 사람은 대부분 귀족이나 호민의 소유가 되었을 것이다. 왜냐하면 가난한 민이나 하호가 부유한 지배 귀족이나 호민의 재물을 훔친 경우가 많았을 것이기 때문이다.

포로로 얻어진 노예는 대개 단군 일족을 비롯한 지배 귀족들의 소유

---

39 『한서』 권6 「무제기」 〈태시 2년〉조. "秋, 旱. 募死罪入贖錢五十萬, 減死一等."
40 『한서』 권1 상 「고제기」 상. "關中大飢, 米斛萬錢."
41 『한서』 권24 하 「식화지」 하. "漢興, …… 米至石萬錢, 馬至匹百金."
42 『한서』 권6 「무제기」 〈원수 5년〉조. "天下馬少, 平牡馬匹二十萬."
43 리지린, 『고조선 연구』, 학우서방, 1964, p. 353.

가 되었을 것이다. 『삼국사기』 「신라본기」 〈진흥왕 23년〉조에는 신라가 가야를 쳐서 멸망시킨 사실을 기록하면서,

> 전공을 논하는데 사다함(斯多含)이 으뜸이었다. (진흥)왕이 양전(良田)과 포로 200명을 상으로 주니 세 번이나 사양했으나 왕이 굳이 권하므로 포로들을 받아 이를 놓아주어 양인(良人)을 삼고 농토는 전사들에게 나누어주었다. 나라 사람들이 이를 칭송했다.[44]

고 했다. 이로 보아 고대사회에서 전쟁 포로는 원칙적으로 왕실 소유가 되었지만, 전쟁에 참여하여 공로가 있는 귀족에게도 일부 분배되었음을 알 수 있다. 위 인용문의 내용은 고조선이 붕괴된 후에 신라에서 있었던 일에 관한 것이기는 하지만 전쟁 포로를 국가가 소유하거나 귀족에게 분배하는 일은 고대사회에서 일반적인 현상이었으므로[45] 고조선도 다르지 않았을 것이다.

이상과 같이 죄를 짓거나 포로가 되어 노비가 된 사람들은 그의 주인의 재산으로서 생사권까지 주인에게 있었다. 그들은 집단을 이루어 혹독한 노동에 종사했으며 주인이 죽으면 순장되기도 했다.

앞에서 한(漢)나라 사람 1,500명이 포로로 붙잡혀 와서 진한[한(韓)의 일부] 지역에서 노예로 일하고 있었던 사실을 전하는 『위략』의 기록을 소개했는데[46] 『위략』에는 계속해서 다음과 같은 내용이 실려 있다. 즉,

---

44 『삼국사기』 권4 「신라본기」 〈진흥왕 23년〉조. "論功, 斯多含爲最, 王賞以良田及所虜 二百口, 斯多含三讓, 王强之, 乃受其生口, 放爲良人, 田分與戰士, 國人美之."

45 중국의 갑골문이나 금문(金文)에도 상(商)이나 서주시대에 왕이 귀족에게 노예를 하사한 기록이 많이 보인다.

46 주 36 참조.

진한의 염사치가 노예가 되어 있던 호래를 데리고 낙랑군 함자현(含資縣)으로 가서 한(漢)나라 사람들이 진한에 노예가 되어 있는 사실을 알리자,

> (낙랑)군에서는 치(鑡)를 통역으로 삼아 금중(芩中)으로부터 큰 배를 타고 진한에 들어가서 호래를 맞이하여 데려갔는데, 함께 항복한 무리 1,000여 명도 얻었으나 다른 500명은 이미 죽은 뒤였다.[47]

는 것이다. 앞에 인용된 『위략』의 내용에서[48] 이들은 포로가 된 지 3년이 되었다고 했는데, 불과 3년 동안 1,500명 가운데 500명이 죽었다면 얼마나 열악한 환경에서 혹사당했을지 짐작할 수 있다.

노비들이 주인과 함께 순장되었음은 『후한서』 「동이열전」 〈부여전〉에 "사망하여 장사 지낼 적에 곽(槨)은 사용하지만 관(棺)을 쓰지 않는다. 사람을 죽여 순장을 하는데 많을 때는 백 단위로 수를 헤아렸다"[49]고 했는 바, 이런 순장법은 고조선의 풍속을 계승한 것이었다.

요령성 여대시에서는 서기전 8~6세기의 고조선 무덤인 강상무덤·누상무덤·와룡천무덤 등이 발굴되었는데 이 무덤들에서 순장이 확인되었다.[50] 이 무덤들은 화장을 했기 때문에 묻힌 사람의 수를 정확하게 파악하는 것이 불가능했지만 발굴자들이 확인한 것만 보아도 강상무덤에서는 150여 명, 누상무덤에서는 60여 명 등이었으며 와룡천무덤은 묘의

---

47 『삼국지』 권30 「동이전」 〈한전〉의 주석으로 실린 『위략』. "郡卽以鑡爲譯, 從芩中乘大船入辰韓, 逆取戶來. 降伴輩尚得千人, 其五百人已死."
48 주 36 참조.
49 『후한서』 권85 「동이전」 〈부여전〉. "死則有槨無棺, 殺人殉葬, 多者以百數."
50 앞 책, 『중국 동북 지방의 유적 발굴보고』, pp. 63~106.

구조로 보아 이보다는 훨씬 적었을 것임을 알 수 있었다. 이런 무덤들은 고조선에 순장 제도가 있었으며 많을 때는 그 수가 100명이 넘었음을 알게 해준다.

지금까지 살펴본 바와 같이 고조선의 노비는 범법자나 포로로 충당되었는데, 대부분은 단군 일족을 비롯한 지배 귀족의 소유였고, 지극히 적은 일부를 자유농민으로서 경제적으로 부유한 호민이 소유하고 있었을 가능성이 있다. 그러므로 고조선 노비는 대부분 지배 귀족이 거주하는 지역에 수용되어 있었을 것이다. 예컨대 단군 일족에 예속되어 있었던 노비는 고조선의 도읍 지역에 수용되어 살았을 것이며, 각 지역 거수 일족에 예속되어 있었던 노비는 각 거수국의 국읍 지역에 수용되어 살았을 것이다. 따라서 그들은 하호들처럼 전국 각 지역에 마을을 이루고 산재해 살면서 농업에 종사한 것이 아니라 주로 도읍이나 국읍 지역에 수용되어 살았던 것이다.

이제 남은 문제는 고조선의 노비가 생산노비였느냐 하는 점과 만약 생산노비였다면 그들이 담당한 경제 생산이 고조선 전체의 생산량에서 얼마나 큰 비중을 차지하고 있었느냐 하는 점이다. 이 점에 대해서는 앞에 인용된 『위략』의 내용에서 해답을 얻을 수 있을 것이다. 『위략』의 기록에 의하면 진한에 노비가 1,500명이 있었고, 『삼국사기』에 의하면 진흥왕은 사다함에게 200명의 노예를 하사했다. 이런 기록들을 통해 추정해보건대 고조선의 지배 귀족들도 상당히 많은 노비를 소유하고 있었을 가능성이 있다. 이런 많은 노비가 모두 가내노동만을 했다고는 보기 어려울 것이다. 염사치가 노예인 호래를 만났을 때 호래는 농토에서 새를 쫓고 있었다. 이것은 고대에 노비가 농토에서 일했음을 알게 해준다. 다시 말하면 고조선의 노비는 그 일부가 가내노동에도 종사했겠지만 상당히 많은 수가 생산노예이기도 했던 것이다.

## 5. 마치며

지금까지 살펴본 바와 같이 고조선에는 생산 활동에 종사하지 않는 지배 귀족과 생산 활동에 종사하는 민·하호·노비 등의 신분이 있었는데, 지배 귀족은 대부분 노비 소유주이기도 했다. 민 가운데 경제적으로 부유한 일부 호민은 노비를 소유했을 가능성이 있지만 그 수는 많지 않았을 것이다. 그리고 일반 민들은 자유농민(자경농)으로 하호에 비해 인구도 많지 않았고, 그들의 경제 생산량은 자급자족하는 정도에 그쳤을 것이므로 국가경제에 크게 도움이 되지는 못했을 것이다.

이렇게 보면 고조선 국가경제의 기초가 되는 생산 활동을 담당했던 신분은 하호와 노비였을 것임을 알 수 있다. 하호는 지배 귀족에 반예속된 종속농민으로서 고조선의 사회 구조로 보아 하호가 전체 인구 가운데 가장 많은 비율을 차지했을 것이다. 이들은 가족이 기초가 되어 씨족으로 구성된 마을공동체를 이루고 협동노동을 함으로써 생산을 증대시킬 수 있었다.

한편 노비는 그 일부는 가사노동을 했겠지만 대부분은 생산노동에 종사했을 것이다. 이들은 하호와 같은 씨족공동체는 아니었으나 집단으로 수용되어 귀족의 지시와 감독 아래서 공동노동을 했을 것이다. 노비의 노동에 의한 경제 생산은 노비를 소유한 지배 귀족이나 고조선의 중앙경제에는 상당히 큰 도움을 주었을 것이다. 그러나 고조선 전체 경제에서 볼 때 노비에 의한 생산은 그 규모가 하호들에 의한 생산보다는 훨씬 적었을 것이다. 고조선 경제의 기초가 된 생산은 하호들에 의한 것이었으며 노비들에 의한 생산은 그것을 보완하는 정도였던 것이다. 따라서 노비가 고조선 생산의 주체였다고 말할 수는 없을 것이다.

여기서 고조선의 사회 성격을 어떻게 규정해야 할 것인지가 문제로 등장한다. 흔히 고대사회를 마르크스의 사회 발전 단계설에 따라 노예제 사회로 규정한다. 고조선 사회에 부분적으로 노예제 요소가 있는 것은 분명하지만, 그것만으로 고조선을 노예제 사회로 볼 수 있을까?

우선 노예의 수를 보면, 서기전 4세기 말에 고대 아테네에서 시행된 인구 조사에 의하면 당시 아테네에는 시민 2만 1,000명, 거류외인 1만 명, 노예 40만 명이 살고 있어 노예가 시민의 20배나 되었다고 전해 온다.[51] 이 기록은 노예 수가 너무 많아 의심을 받고 있지만 노예가 시민보다 많았던 것은 사실이었던 것 같다.

그러나 고조선 인구는 정확하게 확인된 바 없으나 그 사회 구조로 보아 노비가 하호나 평민보다 많은 수를 차지했을 것으로는 보기 어렵다. 따라서 고조선에서는 경제 생산 면에서나 총인구에서 노예가 차지하는 비율이 아테네와 같은 서양의 고대사회에 비해 매우 낮았을 것이므로 고조선 사회를 서양의 고대와 같은 노예제 사회로 상정하기는 어려울 것이다.

아시아적 공동체는 토지가 완전히 사유화되어 있지 않고 점유 형태를 띠고 있으며, 한 사람 또는 지배 집단의 형식으로 존재하는 최고 지배자에게 모든 잉여생산이 귀속되고, 모든 사람이 그를 위해 봉사해야 할[52] 뿐만 아니라 개개인은 결코 소유자가 되지 못하고 점유자에 불과하기 때문에 결국 그들 자신은 공동체의 통일체로 존재하는 자의 재산, 즉 노예일 수밖에 없다고 규정하고, 이런 아시아적 공동체를 총체적 노예제

**51**  신선희, 「고전기 아테네의 거류외인」 『서양 고대와 중세의 사회』 ─ 지동식박사정년퇴임 기념논총, 지동식박사정년퇴임기념논총간행위원회, 1993, p. 225.

**52**  칼 마르크스 지음, 성낙선 옮김, 『자본주의적 생산에 선행하는 제형태』, 신지평, 1993, p. 21.

사회라고 보기도 한다.[53] 그런데 고조선에서 토지가 완전히 사유화되어 있지 않고 점유 형태를 띠고 있는 것이라든가, 개인은 공동체의 구성원으로 존재하며 공동체를 떠난 개인을 생각할 수 없는 것 등은 아시아적 공동체의 요소를 지니고 있다고 볼 수 있겠지만, 고조선 각 마을의 구성원들은 이주의 자유는 없었으나 마을공동체 안에서는 자유로운 생활을 할 수 있었고, 그들은 노예나 동물과는 달리 공법(公法)이 적용되는 대상이었다. 이런 점에서 노예와는 엄연히 구별된다.

고조선 사회를 서양의 고전고대(고대 그리스·로마시대)와 같은 노예제 사회로 보건 아시아적 공동체의 총체적 노예제 사회로 보건, 고조선 사회가 노예제 사회로 명명되려면 생산 수단과 생산 노동자를 노예주가 완전 소유하는 것을 생산관계의 기초로 해야 한다. 그런데 고조선의 생산 담당자 가운데 주류를 이루었던 하호는 지배 귀족에게 불완전 소유된 상태였다. 따라서 지금까지 통용된 노예제 사회에 대한 개념으로는 고조선 사회를 노예제 사회로 보기 어려울 것이다.

여기서 생각해야 할 것은 종래의 노예제 사회·봉건제 사회·자본주의 사회 등의 사회 발전에 대한 이론이나 각 사회 단계에 대한 개념 정의는 서양 사회를 기준으로 한 것이라는 점이다. 다시 말하면 서양 사회를 정상적으로 발전한 사회로 보고 그것을 기준으로 하여 만들어진 이론틀로써 동양을 서양 사회에 비해 예외적인 또는 비정상적인 사회로 보았던 것이다. '아시아적 공동체'라는 용어나 '총체적 노예제'라는 용어도 이런 의식에서 나온 것이다.

그러므로 시대 구분의 필요에 의해 고조선을 반드시 노예제 사회로

---

53  위 책, p. 42.

명명해야 한다면, 노예제 사회에 대해 한국을 포함한 동아시아 고대 농경사회는 물론 세계 각 지역의 고대사회와 서양의 고대사회에 동일하게 적용될 수 있는 세계사적 보편성을 지닌 새로운 개념 정의가 필요할 것이다. 이런 작업은 세계 각 지역 고대사회에 관한 구체적인 사료를 근거로 해야 함은 말할 필요도 없다.

古朝鮮研究

제 3 장 ◉

고조선의 사회와 풍속

# I                                    고조선 사회의 신분 구성

## 1. 들어가며

  여기서는 고조선 사회의 구조를 확인하고 그것이 어떤 신분들로 구성
되어 있었는지를 밝혀보자. 이런 문제에 대한 연구 없이는 고조선에 대
한 인식이 구체화되기 어려울 것이다. 그러나 아직도 고조선을 국가 단
계의 사회로 보는 것에 대해서조차 의문을 품고 있는 학자들이 있다. 필
자는 오래전에 고조선의 사회 성격을 고찰한 논문을 발표한 바 있지만[1]
이런 학계의 분위기 때문에 고조선 사회에 대한 연구는 그동안 학계에
서 깊이 있게 진전되지 못했다.

  고조선의 사회 구조와 국가 구조는 동전의 양면 같은 밀접한 관계를
갖는다. 국가 구조는 통치 조직의 측면에서 살펴본 것인 반면에 사회 구

---

1    윤내현, 「고조선의 사회 성격」 『한국고대의 국가와 사회』, 일조각, 1985, pp. 1~56(윤
     내현, 『한국고대사신론』, 일지사, 1986에도 수록되어 있음).

조는 주민의 거주 형태 측면에서 살펴본 것이기 때문이다. 따라서 고조선의 국가 구조가 상부구조라면 사회 구조는 하부구조라고 말할 수도 있다. 필자는 고조선의 국가 구조를 고증한 논문을 이미 발표한 바 있다.[2] 따라서 이 장은 그것과 짝을 이루게 될 것이다.

또한 이 장에서는 고조선 사회의 신분집단과 그 성격을 통해 고조선 사회의 특성이 무엇이었는지도 밝혀질 것이다. 고조선은 농경사회로서 한반도와 만주 전 지역에 분포되어 있던 많은 마을들로 구성되어 있었기 때문에 서양의 고대사회에서 볼 수 있는 도시국가와는 사회 성격이 다를 수밖에 없다.

서양의 도시국가에서는 도시가 형성되면서 촌락이 와해되고, 이에 따라 혈연 조직인 씨족 조직도 붕괴된 반면에 고조선에서는 종래의 마을들이 그대로 존속되면서 국가를 형성했기 때문에 씨족 조직이나 씨족 관념이 와해되지 않고 그대로 계승되었다. 이 점은 고조선이 붕괴된 후에도 오랫동안 계속되었던 것으로 한국의 고대사회가 서양의 고대사회와 다른 성격을 형성하게 된 주요한 요인 가운데 하나였다. 이런 문제들을 구체적으로 인식하기 위해 고조선의 사회 구조와 신분 구성 및 그 상호 관계를 여기서 고찰하려 한다.


## 2. 고조선의 읍 · 국읍 · 아사달 · 신시

고조선에는 부여 · 고죽 · 고구려 · 예 · 맥 · 추 · 진번 · 낙랑 · 임둔 · 현도 ·

---

2    윤내현, 「고조선의 국가 구조」『겨레문화』 6, 한국겨레문화연구원, 1992, pp. 67~112. 이 책의 제2편 제1장 제1절 「고조선의 국가 구조」 참조.

숙신·청구·양이·양주·발·유·옥저·기자조선·비류·행인·해두·개마·구다·조나·주나·진(辰)·한(韓) 등의 거수국이 있었던 것으로 필자는 고증한 바 있다.[3] 이 가운데 진(辰)은 고조선의 중심이 되는 거수국으로서 고조선 최고 통치자였던 단군의 직할국이었다.[4] 그 밖의 각 지역 거수국들은 그곳의 거수들이 통치했는데, 단군은 이런 거수들을 거느리는 방법으로 고조선의 각 지역을 간접 통치했다. 따라서 고조선은 통치 구조의 측면에서 보면 '거수국제 국가'라고 부를 수 있다.[5]

그런데 고조선의 거수국들은 여러 마을들로 구성되어 있었다. 이들은 고조선이 건국되기 전에는 각 지역의 마을연맹체로서 고을나라였다.[6] 이런 고을나라들이 조선족의 고을나라에 복속되어 고조선이라는 큰 나라를 이루었던 것이다.[7] 그러므로 고조선은 한반도와 만주 지역에 산재해 있던 수많은 마을들로 구성되어 있었다. 따라서 고조선은 마을들이 모여서 이루어진 '마을집적국가' 또는 '마을집적사회'라고도 부를 수 있을 것이다.

고조선이 마을들로 구성되어 있었음은 다음과 같은 기록들에서 확인된다. 『사기』 「조선열전」에는 위만이 나라를 세운 후 영토를 확장하는 과정을 말하면서,

---

3   앞 글, 「고조선의 국가 구조」 『겨레문화』 6, pp. 79~104.
4   윗글, pp. 98~100.
5   윗글, p. 45.
6   윤내현, 「인류사회 진화상의 고조선 위치」 『사학지』 제26집, 단국대 사학회, 1993, pp. 1~46.
7   윗글, 「인류사회 진화상의 고조선 위치」 참조.
    앞 글, 「고조선의 국가 구조」 참조.

효혜(孝惠 : 혜제)와 고후(高后) 때를 맞이하여 천하가 처음으로 안정되니 요동태수는 바로 (위)만을 외신으로 삼기로 약속하고 국경 밖의 오랑캐들을 막아 변경을 노략질하지 못하도록 할 것이며, 여러 오랑캐의 군장들이 들어와 천자를 알현하고자 하거든 막지 말도록 했다. 천자가 이를 듣고 허락했다. 이로써 (위)만은 군사적 위엄과 재물을 얻게 되어 그 주변의 소읍(小邑)들을 침략하여 항복받으니 진번·임둔도 모두 와서 복속되어 (그 땅이) 사방 수천 리가 되었다.[8]

고 했다. 이 내용에 따르면 위만은 위만조선을 세운 후에 중국 서한의 혜제와 고후 때에 이르러 서한의 외신이 되어 군사적·경제적 기반을 닦고 주변을 침략하여 영토를 확장했는데, 그때 주변의 소읍들을 침략하여 항복을 받았다는 것이다. 여기서 읍은 마을을 말한다.

중국의 초기 문자인 갑골문에서 읍(邑) 자는 사각형 밑에 사람이 앉아 있는 형상을 하고 있는데 갑골학자들은 사각형은 지역을 나타내고 사람이 앉아 있는 것은 사람이 거주하는 것을 나타내는 것으로서 읍 자는 사람이 거주하는 지역, 즉 마을을 의미한다고 해석한다.[9] 오늘날에는 읍이 사람이 많이 사는 소도시나 고을을 의미하는 것으로 사용되고 있지만 고대에는 일반 촌락, 즉 마을을 의미했다.

그러므로 위에 인용된 「조선열전」 기록은 위만이 나라를 세우고 영토를 확장하는 과정에서 작은 마을들을 쳐서 복속시켰음을 알게 해준다.

---

8   『사기』 권115 「조선열전」. "會孝惠·高后時天下初定, 遼東太守卽約滿爲外臣, 保塞外蠻夷, 無使盜邊, 諸蠻夷君長欲入見天子, 勿得禁止. 以聞, 上許之, 以故滿得兵威財物侵降其旁小邑, 眞番·臨屯皆來服屬, 方數千里."

9   李孝定, 『甲骨文字集釋』 第6卷, 中央研究院歷史語言研究所, 民國 63(1974), p. 2165.

그런데 위만은 고조선의 서부 변경이었던 지금의 난하 하류 동부 유역에서 기자의 후손으로 고조선의 거수로 있던 준의 정권을 빼앗아 위만조선을 세우고[10] 서한의 외신이 되어 영토를 확장했기 때문에 당시에 위만이 쳐서 복속시킨 작은 마을들은 고조선의 마을들이었다. 이로 보아 고조선에는 마을들이 있었음을 알 수 있다.

위의 「조선열전」에 의하면 당시에 진번과 임둔도 위만에게 복속되었는데 진번과 임둔은 위만조선이 멸망한 후 그 지역에 한사군이 설치될 때 한사군의 군명(郡名)이 되었다. 그러므로 진번과 임둔은 고조선에 속해 있던 지역의 명칭으로 그 지역은 하나의 군(郡)이 설치될 정도로 상당히 넓었을 것임을 알 수 있다. 그것은 하나의 마을이 아니었고 그 안에 여러 개의 마을이 있었을 것이다.

진번군과 임둔군은 한사군이 설치된 지 불과 26년 만에(서기전 82) 폐지되어[11] 그 규모에 대한 기록이 남아 있지 않다. 그러나 함께 설치되었던 낙랑군과 현도군의 규모는 기록이 남아 있으므로 이를 통해 당시 상황을 파악할 수 있다. 『한서』 「지리지」 〈낙랑군〉조와 〈현도군〉조 기록에 의하면, 낙랑군에는 조선현 등 25개 현이 있었는데 6만 2,812호에 40만 6,748명의 주민이 있었고[12] 현도군에는 고구려현 등 3개 현이 있었는데

---

10 『삼국지』 권30 「동이전」 〈한전〉의 주석으로 실린 『위략』.
　　윤내현, 「기자신고」 『한국고대사신론』, 일지사, 1986, pp. 176~239.
　　_____, 「위만조선의 재인식」 위 책 『한국고대사신론』, pp. 241~254.
　　_____, 「고대조선고」 『중재장충식박사화갑기념논총』 − 역사학편, 중재장충식박사화갑기념논총간행위원회, 1992, pp. 3~11.
　　『고조선 연구』 상 제1편 제5장 제1절 「위만조선과 한사군의 위치」 참조.
11 『한서』 권7 「소제기」 〈시원 5년〉조. "罷儋耳·眞番郡"
　　『후한서』 권85 「동이열전」 〈예전〉. "至昭帝始元五年, 罷臨屯·眞番, 以幷樂浪·玄菟."
12 『한서』 권28 하 「지리지」 하 〈낙랑군〉조.

4만 5,006호에 22만 1,845명이 살고 있었다.[13]

　그러므로 낙랑군의 1개 현에는 약 2,513호에 1만 6,270여 명이 살았고 현도군 1개 현에는 1만 5,002호에 7만 3,948명이 살았다는 것이 된다. 한반도와 만주는 농업사회였기 때문에 이런 많은 인구가 한곳에 모여 도시를 이루고 살았다고는 볼 수 없다. 다시 말하면 현은 도시가 아니라 여러 마을의 집합체인 고을이었던 것이다. 하나의 마을을 30호 정도로 상정한다면[14] 낙랑군의 1개 현에는 84개 정도의 마을이 있었고, 현도군의 1개 현에는 500개 정도의 마을이 있었다는 것이 된다.

　진번군과 임둔군에도 많은 마을로 구성된 현이 있었을 것이며, 그 조직은 낙랑군이나 현도군과 같았을 것이다. 그런데 낙랑·임둔·진번·현도의 한사군은 위만조선이 건국되기 전에는 고조선의 영토였다. 따라서 각 지역의 거주 인구나 마을의 크기는 후대와 다소 차이가 있었을 것이지만 고조선시대에도 각 지역이 여러 마을로 구성되어 있었을 것임은 의문의 여지가 없다. 이런 사실은 고조선이 서양의 그리스와 같은 도시국가가 아니라 그 사회 구조의 기초가 마을이었음을 알게 해준다.

　고조선이 붕괴된 후 한반도와 만주 지역에서 한사군과 병존해 있던 부여·고구려·읍루·동옥저·동예·한 등 여러 나라의 상황을 전하는 『후한서』「동이열전」에는 위의 여러 나라가 마을들을 그 사회의 기초로 하고 있었음을 말하고 있다. 그 기록들을 보면,

---

**13**　『한서』 권28 하 「지리지」 하 〈현도군〉조.
**14**　『춘추좌씨전』 〈장공 9년〉조와 『국어』 「제어」 등의 기록에 의하면, 고대에 중국의 마을은 10~100호에 이르렀으나 30호 정도가 보편적이었다. 한국의 고대사회도 이와 비슷했을 것이다.

(부여는) 여섯 가축으로써 관직의 이름을 만들었는데 마가·우가·구가 등이 있었으며, 그 읍락은 모두 제가(諸加)에 속해 있었다.[15]

(읍루에는) 군장은 없었고, 그 읍락에는 각각 대인(大人)이 있었다.[16]

(동옥저는) 땅은 비옥하고 산을 등지고 바다를 향해 있어 오곡이 잘 자라고 농사짓기에 적합하다. 읍락에는 장수(長帥)가 있었다.[17]

(예에서는) 읍락을 함부로 침범하는 사람이 있으면 그때마다 벌을 주어 노예와 소·말을 부과하는데, 이를 '책화'라 했다.[18]

(마한 사람들은) 읍락에 섞여 사는데, 또한 성곽이 없다.[19]

(진한에는) 여러 작은 별읍(別邑)이 있는데, 각각 거수가 있다.[20]

고 했다. 고대에 읍이 마을을 의미했음은 앞에서 이미 말했지만 읍락도 역시 마을을 뜻한다. 한 집단에서 떨어져 나가 마을을 이루었다는 의미

---

**15** 『후한서』 권85 「동이열전」 〈부여전〉. "以六畜名官, 有馬加·牛加·狗加, 其邑落皆主屬諸加."

**16** 『후한서』 권85 「동이열전」 〈읍루전〉. "無君長, 其邑落各有大人."

**17** 『후한서』 권85 「동이열전」 〈동옥저전〉. "土肥美, 背山向海, 宜五穀, 善田種, 有邑落長帥."

**18** 『후한서』 권85 「동이열전」 〈예전〉. "邑落有相侵犯者, 輒相罰, 責生口牛馬, 名之爲責禍."

**19** 『후한서』 권85 「동이열전」 〈한전〉. "邑落雜居, 亦無城郭."

**20** 『후한서』 권85 「동이열전」 〈한전〉 '진한'조. "諸小別邑, 各有渠帥."

를 지닌 '락(落)' 자가 '읍(邑)' 자와 결합하여 읍락(邑落)이라는 단어를
만들었는데, 읍락 역시 마을을 뜻했던 것이다. 따라서 위 「동이열전」 기
록들은 부여·고구려·읍루·동옥저·동예·한 등에 마을들이 있었음을
알게 해준다.

『후한서』「동이열전」〈고구려전〉에는 마을의 존재를 직접 밝힌 기록
은 없으나,

> (고구려는) 땅이 사방 2천 리인데, 대부분이 큰 산이고 계곡이 깊어 사람
> 들은 그러한 지형을 따라 거주한다.[21]

고 했다. 이로 보아 고구려 국민은 모두가 한곳에 모여 도시를 이루고
살았던 것이 아니라 계곡을 따라 마을을 이루고 살았음을 알 수 있다.

부여·고구려·읍루·동옥저·동예·한 등 여러 나라는 모두 원래는 고
조선의 거수국이었으나 고조선이 붕괴된 후 독립국이 되었다. 따라서
이들 나라가 마을을 기초로 한 사회 구조였다면 그러한 사회 구조는 고
조선에서도 마찬가지였을 것이다. 고조선의 서부 변경에서 건국되었던
위만조선, 그 뒤를 이어 같은 지역에 설치되었던 한사군, 그리고 고조선
의 후계 세력이었던 여러 나라 등의 사회 구조를 이루는 기층이 마을이
었음은 바로 그 전 시대인 고조선의 사회 구조도 그 기층이 마을이었을
것임을 알게 해준다.

그런데 고조선에는 사회 구조의 기층을 이루었던 '읍' 즉 일반 마을과
는 다른 국읍과 아사달, 신시 등이 있었다. 국읍은 각 지역의 거수가 거

---

21  『후한서』 권85 「동이열전」〈고구려전〉. "地方二千里, 多大山深谷, 人隨而爲居."

주했던 곳으로 거수국의 정치·경제·문화의 중심지였으며, 아사달[22]은 단군이 거주했던 곳으로 고조선 전체의 정치·경제·문화의 중심지였고, 신시는 고조선의 종교 중심지였다.

　고조선의 국읍에 관해 직접 기록한 사료는 없다. 그러나 고조선에는 많은 거수국이 있었고, 각 거수국들은 거수들이 통치했으므로 각 거수국에는 거수가 거주했던 읍이 당연히 있었을 것이다. 그 읍은 그 거수국의 정치·경제·문화의 중심을 이루었을 것이며, 다른 일반 읍보다는 규모가 큰 마을이었을 것이다. 이런 큰 마을을 국읍이라고 불렀음은『후한서』「동이열전」과『삼국지』「동이전」〈한전〉에서 확인된다. 그 기록을 보면 한에는 모두 78개의 거수국이 있었다고 말하면서,

　　(한의) 여러 국읍은 한 사람이 천신(하느님)에 대한 제사를 주관하도록 하는데, 호(號)를 천군(天君)이라 했다.[23]

　　(한의) 국읍은 각각 한 사람을 세워 천신(하느님)에 대한 제사를 주관하도록 하는데, 그의 이름을 천군이라 했다.[24]

고 기록하고 있다. 한의 각 거수국에는 국읍이 있었는데, 국읍에는 하느님에 대한 제사를 주관하는 천군이 있었다는 것이다. 국읍은 거수국의 정치뿐만 아니라 종교 중심지이기도 했기 때문에 거수국의 통치자인 거

---

22　『삼국유사』〈고조선〉조에 의하면 고조선의 서울은 모두 네 곳이었으며 그 지명도 각각 다르게 표기되어 있지만, 여기서는 편의상 고조선의 서울을 통칭하여 모두 아사달로 부르겠다.

23　『후한서』권85 「동이열전」〈한전〉. "諸國邑各以一人主祭天神, 號爲天君."

24　『삼국지』권30 「동이전」〈한전〉. "國邑各立一人主祭天神, 名之天君."

수는 물론 종교의 권위자인 천군도 거주하고 있었던 것이다.

고조선은 붕괴되는 과정에서 그 서부인 지금의 요서 지역을 위만에게 빼앗겼는데, 그때 요서 지역에 있었던 고조선의 거수국 가운데 일부는 동쪽으로 이동하여 나라를 재건했다. 고구려·읍루·동옥저·동예 등은 그러한 나라들이었다. 따라서 이런 나라들은 새로 건국되는 과정에서 국가의 통치 조직이나 사회 구조가 고조선과는 다소 다르게 변모되었다. 그러나 한은 원래 한반도 남부에 자리하여 고조선이 붕괴된 후에도 위치나 통치 조직, 사회 구조가 변화되지 않고 그대로 계승되었다. 따라서 한의 통치 조직이나 사회 구조는 물론이고 한에서 사용했던 명칭 가운데 많은 것이 고조선의 것을 그대로 계승하고 있었다고 보아야 할 것이다. 이렇게 볼 때 한의 거수국에 국읍이 있었던 것처럼 고조선의 거수국에도 국읍이 있었을 것이다. 국읍은 그 지역 정치와 종교의 중심지로서 그 거수국의 거수와 종교 지도자가 함께 거주했던 것이다.

고조선에는 아사달이나 평양으로 불린 서울이 있었다. 아사달은 아침 땅이라는 말로 조선이라는 말과 같은 뜻을 지닌 고대 한국어였으며[25] 평양이라는 말은 오늘날의 도시, 즉 큰 마을이라는 뜻이었다.[26] 따라서 아사달과 평양은 고유명사가 아니라 보통명사로서 서울이 옮겨 가면 그곳을 또 아사달이나 평양으로 불렀다. 아사달이나 평양에는 고조선의 최고 통치자인 단군이 거주했다.

지금까지 살펴본 읍·국읍·아사달은 일반 사람들이 거주하는 곳이었지만, 이와는 별도로 태백산 꼭대기에 신시라는 곳이 있었다. 신시는 단군사화에서 환웅이 하늘에서 내려왔던 곳으로 그곳에는 신단과 신단수

25  이병도, 「단군설화의 해석과 아사달 문제」『한국고대사연구』, 박영사, 1981, p. 41.
26  이병선, 『한국고대 국명 지명 연구』, 형설출판사, 1982, p. 132.

가 있었다.[27] 신시는 고조선이 건국되기 전부터 조선족의 종교 중심지로서 그곳의 신단에서 하느님에 대한 종교의식인 제사를 받들어왔는데, 고조선이 건국된 후에는 고조선 전체의 종교 중심지가 되었다.

신시에는 고조선의 최고신인 하느님을 받드는 종교 지도자들이 근무하고 있었을 것인데, 단군은 고조선의 종교와 정치의 최고 지도자로서 가끔 그곳에 가서 종교의식을 주관했을 것이다. 고대는 종교가 지배하는 사회였기 때문에 신시는 고조선의 정신적 중심이었으며, 일반인들이 거주하는 읍이나 국읍, 아사달보다는 높은 지위에 있었을 것이다. 그리고 국읍이나 아사달은 필요에 따라 옮길 수 있었지만 신시는 고조선의 종교가 시작된 성지로서 이동이 불가능했을 것이다.

이상과 같이 고조선 사회의 기층을 이룬 것은 일반 마을인 소읍이었으며, 그 위에는 거수국 내의 소읍들을 관장하는 거수의 거주지인 국읍이 있었고, 다시 그 위에는 거수들을 관장하는 단군의 거주지인 아사달이 있었으며, 아사달 위에는 종교 성지인 신시가 있었다. 그런데 소읍·국읍·아사달·신시 등은 규모나 성격은 차이가 있었지만 모두 사람이 거주하는 마을이었다. 그러므로 고조선의 사회 구조는 마을이 여러 겹으로 싸여 층위를 형성하고 있는 '마을집적사회'라고 할 수 있다.

## 3. 소읍·국읍·아사달·신시의 주민 구성

앞에서 고조선은 소읍·국읍·아사달·신시 등 규모와 성격이 다른 마

---

27 『삼국유사』 권1 「기이」 〈고조선〉조.

을들이 여러 겹으로 싸인 '마을집적사회'였다고 말했다. 이에 대해서 그런 구조가 오늘날 사회 구조와 다른 점이 무엇이냐고 반문하는 사람이 있을 것이다. 왜냐하면 오늘날의 사회도 각 지역에 많은 촌락이 산재해 있고, 그 위에 면사무소 소재지·군청 소재지·도청 소재지·서울특별시 등으로 규모와 성격이 다른 마을들이 층층으로 싸인 사회 구조로 볼 수 있기 때문이다.

그러나 고조선의 사회 구조와 오늘날의 사회 구조는 전혀 다르다. 근본적인 차이는 오늘날의 사회 구조에는 토지를 면적으로 계산하는 영역 개념이 기초를 이루고 있지만 고조선의 사회 구조에는 그러한 영역 개념이 존재하지 않았다는 점이다.

고조선의 전기와 중기는 고고학상으로 청동기시대였다.[28] 청동기는 지배 계층의 독점물로서 주로 무기나 종교의식에 필요한 의기로 사용되었고 농기구로는 보급되지 않았다. 따라서 고조선 전기와 중기의 농기구는 이전의 신석기시대와 마찬가지로 석기가 주류를 이루었다. 고조선 후기에 철기가 보급되기 시작했지만 그것이 농기구로 일반화되기까지는 상당한 기간이 필요했다.

그런데 석기에 의한 작업은 노동능률이 오르지 않았다. 따라서 넓은 땅이 필요 없었다. 그렇기 때문에 이 시기에는 자신들이 개간하여 농사를 지을 수 있는 정도의 땅만이 정치와 경제의 가치를 지니고 있었고, 그 밖의 토지는 가치를 지니지 못했다. 다시 말해서 각 마을의 거주지와

---

**28** 한국 청동기시대의 개시 연대를 아직도 서기전 10세기 무렵으로 보는 학자들이 있는데, 그것은 최근의 발굴 자료를 충분히 소화하지 못한 데서 온 오류이다. 한국 청동기시대의 개시는 서기전 25세기 무렵이다. 이 점에 대해서는 앞 글, 「인류사회 진화상의 고조선 위치」 참조.

경작지만이 관심의 대상이 되었다. 당시에는 인구가 많지 않았기 때문에 공터가 거주지나 경작지보다 훨씬 넓은 면적을 차지하고 있었다. 지금도 농촌의 마을과 마을 사이에는 넓은 공간이 존재하는데, 지금보다 마을의 수가 적었던 고대에는 그 공간이 훨씬 더 넓었을 것은 상상하기 어렵지 않다.

이런 공터가 정치적으로나 경제적으로 가치를 지니게 된 것은 철기가 일반화되어 노동능률이 오르면서부터였다. 넓은 공터도 개간이 가능하다는 생각을 갖게 되었던 것이다. 이 시기부터 토지를 면적으로 인식하는 영역 개념이 생기게 되었다.[29] 그러므로 고조선 전기와 중기에는 전국토를 영역으로 생각하는 토지 개념은 존재하지 않았다. 마을과 마을 사이의 공터는 제외되고, 각 마을의 거주지와 그 주변의 경작지만을 단위로 하여 그것들이 그물처럼 점조직으로 연결된 사회 구조를 형성하고 있었다. 이 점이 고조선 사회가 후대의 사회와 다른 점이다.

그런데 고조선시대에 전국에 산재해 있던 마을들은 새로운 농경지의 개간이나 국토 방위 등의 필요에 따라 인위적으로 건설된 곳도 있었겠지만, 대부분은 1만 년 전부터 형성된 마을사회(전기 신석기시대) 이후 존속되어오면서 성장한 자연마을들이었다. 이런 마을의 거주민들은 혈연 조직인 씨족이었다. 마을에 따라서는 통혼 등으로 친밀한 관계를 맺은 몇 개의 씨족이 모여 함께 사는 곳도 있었겠지만, 그 조직의 기초는 역시 씨족이었던 것이다.

루이스 모건(Lewis H. Morgan)은 씨족 제도는 인류사회에서 가장 오래된 제도 가운데 하나라고 말하면서,

---

**29** 토지에 대한 이런 경제 관념은 철기가 보급된 고조선 후기부터 일어나지만, 그러한 관념이 보편화된 것은 고조선이 붕괴된 후의 여러나라시대부터였다.

고대에는 일반적으로 그러했던 것처럼 계통이 모계인 경우 씨족은 가상적인 한 여성 조상과 그 자녀 및 모계 자손의 어린이로써 모계를 따라 영구히 구성되고 계통이 부계 ─ 집단재산이 출현한 후 이렇게 변했다 ─ 에 속하는 경우 씨족은 가상적인 한 남성 조상과 그 자녀 및 그 부계 자손의 어린이로써 부계를 따라 영원히 구성된다. 우리 자신에 있어서의 성(姓)은 부계의 계통과 함께 동일한 방식으로 전해 내려온 씨족명의 유물이다.[30]

라고 했다. 그리고 이런 씨족은 한곳에 모여 살면서 사회 조직의 기초기 되었고, 사망한 후에도 함께 살기 위해 같은 곳에 묻히는 공동묘장 제도가 미주 원주민 사회에 있었음을 제시했다.

촉타(Choctas)와 체로키(Cherokee) 종족은 사망자의 뼈를 특별한 용기에 넣어 사당 안에 안장했는데, 동일한 씨족은 동일한 사당에 들어갔으며, 투스카로라(Tuscarora) 종족은 동일한 공동묘지에 묻혔는데, 그 공동묘지 안에는 씨족의 줄이 있어서 같은 씨족은 동일한 줄에 묻혔다고 한다.[31] 비록 매장 방법은 다르지만 씨족 제도는 생전에는 함께 살기 위해 씨족마을을 출현시켰고, 사망 후에는 영혼들이 함께 살기 위해 집단묘장이 이루어졌던 것이다. 한국 사회에 존재하는 마을공동묘지는 바로 이런 데서 기원한 것이다.

무리시대(구석기시대)에 떠돌이생활을 했던 집단은 혈연무리였는데, 그 후 사람들이 붙박이생활에 들어감으로써 형성된 마을은 당연히 떠돌이생활을 할 때의 혈연무리 후손들로서 혈연집단이었다. 다시 말하면

---

**30** 루이스 헨리 모건 지음, 최달곤·정동호 옮김, 『고대사회』, 현암사, 1978, p. 75.
**31** 위 책, pp. 94~95.

씨족마을이 형성되었던 것이다.

그런데 그리스와 같이 토질이 척박하여 농사를 짓기에 알맞지 않은 곳에서는 대부분의 씨족마을들이 자급자족을 할 수 없었기 때문에 다른 지역과 필요한 물자를 교환하기 위해 상업이 발달했다. 그리고 세월이 흐르면서 상업 활동을 하기 좋은 곳으로 사람들이 모여들어 도시가 형성되었고 그것이 국가가 되었다. 이것이 도시국가다. 이런 곳에서는 도시로 이주하는 과정에서 혈연 관계인 씨족 조직이나 씨족 관념이 무너지게 되었다.

그러나 한국과 중국처럼 대부분의 마을들이 농업을 하여 자급자족이 가능한 지역에서는 천재지변 등의 특별한 일이 일어나지 않는 한 씨족마을이 붕괴되어 씨족이 뿔뿔이 흩어지는 경우가 드물었다. 중국의 고대국가인 상의 갑골문에는 종족이나 씨족의 이름과 그들이 살고 있던 지명이 동일했던 것으로 나타나며, 그 종족이나 씨족의 인물이 중앙에서 관직을 가지고 근무할 경우 그 사람의 이름도 그의 출신 종족이나 씨족의 이름과 같은 경우가 많다.[32] 이것은 고대에 혈연 유대가 매우 강하여 같은 종족이나 씨족은 같은 지역에 거주했음을 알게 해주는 것이다. 이런 혈연 관념은 한국의 고대사회에서도 예외는 아니었을 것이다. 따라서 고조선 초기의 마을은 씨족마을들이었을 것이다.

그런데 고조선이 건국되기까지 한반도와 만주에 있었던 마을들은 오랜 기간에 걸친 상호 집합 과정이 있었다.[33] 마을사회(전기 신석기시대) 초기에는 각 마을이 정치·경제·사회의 독립된 단위로서 서로가 대등했

---

32  윤내현, 『상왕조사의 연구』, 경인문화사, 1978, pp. 202~228 참조.
33  무리사회로부터 고조선에 이르기까지의 고대사회 발전 과정에 대해서는 앞 글, 「인류사회 진화상의 고조선 위치」 참조.

으나, 이런 마을들이 지역 단위로 연합을 이루어 고을나라[34](후기 신석기시대)를 형성했는데, 이때 연합을 이룬 마을 가운데 세력이 가장 강한 마을의 우두머리가 고을나라 전체의 추장으로서 그 지역을 다스리는 정치권력을 갖게 되었다. 이에 따라 추장의 씨족(추장 마을의 주민)은 다른 마을의 씨족보다는 높은 사회신분을 갖게 되었다.

그 후 한반도와 만주의 각 지역에 있던 고을나라들이 조선족 고을나라에 통합되어 고조선이 건국됨으로써 각 지역의 고을나라들은 고조선의 거수국으로서 단군의 지배를 받게 되었다. 그리고 각 고을나라의 추장들은 거수가 되었으며 거수가 거주한 마을은 그 거수국의 국읍이 되었다. 이렇게 되어 단군이 거주한 마을인 아사달은 고조선의 서울이 됨과 동시에 그곳에 거주하는 조선족은 각 지역의 국읍에 거주한 거수씨족들보다는 높은 신분으로서 고조선의 최고 지배족이 되었다.

그런데 고대에는 종교가 정치보다 높은 위치에 있었기 때문에 종교의식을 담당한 신시에 거주한 사람들은 조선족보다도 높은 사회신분이었을 것이다. 그들은 종교 지도자로서 그 수는 많지 않았을 것이다. 그들이 동일한 씨족이었는지 또는 고조선을 구성한 유력 종족이나 씨족들로부터 선발된 사람들이었는지는 알 수가 없다. 옛 기록에 따르면 단군을 포함한 고조선의 종교 지도자들을 선인(仙人)이라 불렀음을 알 수 있을 뿐이다.[35]

---

34  인류학자들은 이 단계의 사회를 추방사회(chiefdom society)라고 부르지만 필자는 한국의 실정에 맞는 명칭으로 '고을나라'라고 부르고자 한다. 이에 대해서는 앞 글,「인류사회 진화상의 고조선 위치」참조.

35  『삼국사기』 권17 「고구려본기」 〈동천왕 21년〉조에는 단군왕검을 선인왕검이라 했고, 『사기』 권6 「진시황본기」 28년조에는 서불(徐市)이 신선을 찾아 제(지금의 산동성)를 출발하여 동쪽 바다로 들어갔다고 되어 있다. 산동성에서 동쪽으로 항해하면 한반도에

고조선에서 종교 지도자인 선인들이 어떻게 구성되었는지는 알 수 없지만 중국 상나라의 경우 여러 유력 씨족에서 선발된 사람들이 종교 행사에 공동으로 참여함으로써 이를 통해 씨족들 사이의 유대를 공고히 했다는 점은 참고가 될 것이다.[36] 단군은 통치자인 동시에 종교의 최고 권위자이기도 했기 때문에 신시의 사람들도 단군의 관장 아래 있었을 것이다.

이상과 같이 고조선은 일반 마을인 소읍에 거주한 일반 씨족들, 국읍에 거주한 거수의 씨족들, 중앙의 아사달에 거주한 조선족, 신시에 거주한 선인들 등이 층위를 형성한 신분제가 형성되어 있었다. 즉 고조선의 신분제는 기본 골격이 씨족신분제였던 것이다. 한국의 전통사회에 있었던 씨족을 단위로 한 신분제나 오늘날 한국 사회에 남아 있는 강한 씨족 관념은 그 뿌리가 고조선시대 이전까지 올라가는 것이다.

그런데 아사달이나 국읍에 사는 지배 귀족은 '가(加)' 또는 '대가(大家)'로 불렸고, 일반 소읍에 사는 피지배 씨족들은 '하호'로 불렸던 것 같다. 『삼국지』 「동이전」 〈부여전〉·〈고구려전〉·〈한전〉의 기록을 보면,

(부여에서는) 적이 있으면 제가(諸加)가 스스로 나아가 싸우고 하호는 양식을 져다가 음식을 만들어준다.[37]

---

이르게 된다. 이런 기록들로 보아 고조선의 종교 지도자들을 선인이라 불렀음을 알 수 있다. 이에 대해서는 다음 글을 참조할 것.
윤내현, 「고조선의 종교와 그 사상」 『동양학』 제23집, 단국대 부설 동양학연구소, 1993, pp. 143~166.
이 책의 제2편 제4장 제1절 「고조선의 종교와 사상」.

36  주 32와 같음.
37  『삼국지』 권30 「동이전」 〈부여전〉. "有敵, 諸加自戰, 下戶俱擔糧飮食之."

(고구려에서는) 나라 안의 대가(大家)는 농사를 짓지 않는데, 앉아서 먹는 사람들이 만여 명이나 된다. 하호들이 먼 곳에서 양식·고기·소금을 운반해다가 그들에게 공급한다.[38]

(한의) 풍속은 의책(衣幘)을 착용하기를 좋아하여 하호들도 군(郡)에 가서 조알(朝謁)할 적에는 모두 의책을 빌려서 착용한다.[39]

고 하여 부여·고구려·한 등에는 제가나 대가로 불린 귀족이 있었고 그들보다 신분이 낮은 하호가 있었음을 알 수 있다. 이것은 고조선 붕괴 후의 상황을 말하는 것이기는 하지만, 이런 나라들은 고조선을 계승한 나라들이었으므로 그 신분 명칭은 고조선과 동일했을 것이다.

따라서 위의 『삼국지』「동이전」의 〈부여전〉·〈고구려전〉·〈한전〉 등에 보이는 신분 명칭을 고조선 사회에 그대로 적용하는 것이 가능할 것이다. 고조선의 귀족들은 가 또는 대가로 불렸으며, 이들을 총칭하여 제가(諸加 또는 諸家)라고 했다. 그리고 일반 소읍에 거주한 씨족들은 하호라고 불렸다.

지금까지의 고찰로 고조선 사회의 신분 구조는 아사달·국읍·소읍 등에 거주하는 씨족이 층위를 이루고 있는 씨족신분제였음이 확인되었다. 그런데 이런 씨족들과는 성격이 다른 신분으로 평민과 노예가 있었다. 평민은 아사달에 거주했던 조선족이나 국읍에 거주했던 귀족들로부터 분화되어 나왔을 것으로 생각된다. 아사달의 조선족이나 국읍의 귀족들

---

38 『삼국지』 권30 「동이전」〈고구려전〉. "其國中大家不佃作, 坐食者萬餘口, 下戶遠擔米糧魚鹽供給之."
39 『삼국지』 권30 「동이전」〈한전〉. "其俗好衣幘, 下戶詣郡朝謁, 皆假衣幘."

은 국가로부터 혜택을 받아 일반 소읍에 거주했던 하호보다는 나은 생활을 영위했겠지만, 세월이 흐르면서 그 인구가 늘어남에 따라 그들 모두가 국가의 혜택을 받을 수는 없었을 것이다.

따라서 그들 가운데는 스스로 경작지를 개간하여 생활하는 사람들이 나오게 되었을 것인데, 이들은 귀족에서 분화되어 나왔기 때문에 일반 소읍 거주의 하호보다는 신분이 높았을 것이다. 그리고 하호와 같이 귀족들의 관리하에서 집단노동을 하지도 않았을 것이다. 그들은 농사를 짓는 직접노동에 종사한다는 점에서는 하호와 같으나, 귀족의 관리 아래 집단노동을 하지 않고 자유롭다는 점에서는 하호와 달랐을 것으로 생각된다. 그러므로 이들은 귀족과 하호 사이에 위치하는 신분으로 자유민, 즉 평민이라 부를 수 있을 것이다. 당시의 사회신분 구조나 중국 등 다른 나라 고대사회의 예로 보아 이런 추정이 가능하다.

『삼국지』「동이전」〈부여전〉에는 고조선의 평민 존재를 추정할 수 있는 기록이 보인다. 그것은 "읍락에는 호민이 있는데 하호라고 불리는 사람들은 모두 노복이었다"[40]라는 기록인데, 그 내용이 판본에 따라 다소 다르다. 위에 소개한 것은 일반 통용본의 기록이며 〈송본(宋本)〉·〈전본(殿本)〉에는 "읍락에는 호민·민·하호가 있는데 모두가 노복이었다"[41]라고 기록되어 있다.

이 기록들에서 부여에는 앞에서 언급된 제가나 하호와는 다른 호민과 민이 있었음이 확인된다. 민은 자유민으로서 평민을 말할 것이다. 그리고 호민은 민과 신분은 같지만 경제적으로 부유한 사람들을 말할 것이

---

**40** 『삼국지』 권30 「동이전」〈부여전〉. "邑落有豪民, 名下戶皆爲奴僕."
**41** 위의 『삼국지』의 송본·전본 〈부여전〉. "邑落有豪民·民·下戶, 皆爲奴僕."

다.[42] 앞에서 말한 바와 같이 원래 부여는 고조선의 거수국으로 있다가 독립한 나라였기 때문에 부여에 있었던 이런 신분은 고조선 사회에도 그대로 적용될 수 있을 것이다.

여기서 유의해야 할 것은 하호는 모두 노복이었다고 하여 노예처럼 기록한 것인데, 다음에 확인되겠지만 고조선에는 노비로 불린 신분이 있었기 때문에 하호는 노예가 아니었을 것이다.[43] 그러나 하호들은 지배 귀족들의 관리 아래 마을 구성원이 집단으로 노예처럼 심한 노동을 했기 때문에 그렇게 기록되었을 것이다. 따라서 하호는 귀족에게 반예속된 종속농민이라고 말할 수 있다.

고조선에는 가장 낮은 신분으로 노예가 있었다. 노예는 하호보다도 낮은 신분으로 생사권이 주인에게 속해 있어 사람으로 대우받지 못하고 동물과 같이 재산으로 취급되었을 것이므로 엄밀히 따지면 신분에 포함시킬 수도 없다. 노예의 존재는 문헌 기록이나 고고학 자료를 통해 분명하게 확인된다.

---

42  민과 하호에 대해 종래 한국 학계에 서로 다른 견해가 제출되어 있었는데, 김삼수는 민과 하호를 별개의 계층으로 이해했고, 김철준·홍승기 등은 민과 하호를 동일한 계층으로 이해했다. 그러나 위에서 살펴본 바와 같이 이들은 서로 다른 신분이었다. 필자가 계층이라는 용어를 사용하지 않고 신분이라는 말을 사용한 것은 고조선 사회가 씨족신분제였기 때문이다. 종래의 견해에 대해서는 다음 글을 참고하기 바란다.
　김삼수, 「고대부여의 사회경제구성과 토지사유의 존재형태」 『숙명여대논문집』 7, 1968.
　김철준, 「한국고대국가발달사」 『한국문화사대계』 Ⅰ, 1964.
　홍승기, 「1~3세기의 민의 존재형태에 대한 일고찰」 『역사학보』 63, 1974.

43  고조선에는 노비라는 신분이 따로 있었다고 하더라도 위의 인용문은 부여 사회에 관한 기록이므로 부여에서는 하호가 노예였을 수도 있지 않겠느냐는 의문을 가질 수 있다. 그러나 부여에도 하호와는 다른 노비라는 신분이 있었음이 다음 기록에서 확인된다. 『후한서』 권85 「동이열전」 〈부여전〉. "그 풍속은 형벌이 엄하고 각박하여 사형을 당한 사람은 그 집 사람들을 모두 적몰하여 노비로 삼는다(其俗用刑嚴急, 被誅者皆沒其家人爲奴婢)." 이와 동일한 내용이 『삼국지』 권30 「동이전」 〈부여전〉에도 보인다.

『한서』「지리지」에는,

은(상)의 도가 쇠퇴함에 기자는 조선으로 가서 그 주민을 예의로써 교화하며 농사짓고 누에 치며 길쌈을 했다. 낙랑의 조선 주민에게는 범금 8조가 있었는데 사람을 죽이면 바로 죽음으로써 보상하고 상해를 입히면 곡물로써 보상하며 도적질한 자는 남자는 거두어 가노로 삼고 여자는 비로 삼는데 재물을 바치고 죄를 면하고자 하는 자는 각자가 50만을 내야 했다.[44]

고 기록되어 있다. 여기에 나오는 범금 8조는 기자시대에 낙랑 지역에 있었던 법이었다. 기자는 중국 상 왕실의 후예로 기국(箕國)에 봉해졌던 제후였는데, 상나라가 주족에게 망해 서주가 건국되자 고조선의 서부 변경인 낙랑 지역으로 망명했었다. 그러므로 이 법은 고조선에 있었던 법이었던 것이다.

그런데 이 법에 의하면, 도적질한 자는 남자는 거두어 가노로 삼고 여자는 비(婢)로 삼았으며, 재물을 바치고 죄를 면하고자 하는 자는 각자가 50만을 내야 했다는 것이다. 이로써 고조선에 노예가 있었으며, 남자 노예는 노(奴)라고 불렸고 여자 노예는 비(婢)라고 불렸음도 알 수 있다. 이들을 합해 노비라 했던 것이다. 그리고 죄 지은 자가 노비 신분에서 벗어나려면 각각 50만을 내야 한다고 했으므로 노비 한 명의 값이 50만이었음도 알 수 있다. 그런데『한서』「지리지」에는 50만에 대한 화

---

44  『한서』권28 하「지리지」하. "殷道衰, 箕子去之朝鮮, 敎其民以禮義, 田蠶織作. 樂浪朝鮮民犯禁八條, 相殺以當時償殺, 相傷以穀償, 相盜者男沒入爲其家奴, 女子爲婢, 欲自贖者, 人五十萬."

폐 단위가 언급되어 있지 않다. 따라서 화폐 단위를 정확히 알 수 없지만 학자들은 편의상 50만 전으로 통용하고 있다.

세계 각 지역의 고대사회에서는 일반적으로 전쟁 포로가 노예가 되었다. 이로 보아 고조선에서도 중앙의 지배 귀족은 전쟁 포로인 노예를 많이 소유하고 있었을 가능성이 있다. 그런 사실을 뒷받침하는 기록이 『위략』에 보인다. 그 내용을 보면,

> 왕망의 지황(地皇) 연간에 이르러 염사치가 진한의 우거수가 되었는데, 낙랑의 토지가 비옥하여 사람들의 생활이 풍요롭고 안락하다는 소식을 듣고 도망가서 항복하기로 작정했다. 그는 살던 마을을 나오다가 농토에서 참새를 쫓는 남자 한 명을 만났는데 그 사람의 말은 한인(韓人)의 말이 아니었다. 그 이유를 물으니 남자는 말하기를, "우리들은 한(漢)나라 사람으로 이름은 호래(戶來)이다. 우리들 1,500명은 재목을 벌채하다가 한(韓)의 습격을 받아 포로가 되어 모두 머리를 깎이고 노예가 된 지 3년이나 되었다"고 했다. (염사)치는 말하기를, "나는 한(漢)나라의 낙랑에 항복하려고 하는데 너도 같이 가지 않겠는가?" 하니 호래가 말하기를, "좋다" 했다. 그리하여 치는 호래를 데리고 출발하여 함자현(含資縣)으로 갔다.[45]

고 되어 있다. 이 기록은 한(韓)에서 일어난 일을 말하고 있는데, 당시

---

45 『삼국지』권30 「동이전」〈한전〉의 주석으로 실린 『위략』. "至王莽地皇時, 廉斯鑡爲辰韓右渠帥, 聞樂浪土地美, 人民饒樂, 亡欲來降. 出其邑落, 見田中驅雀男子一人, 其語非韓人. 問之, 男子曰, 我等漢人, 名戶來, 我等輩千五百人伐材木, 爲韓所擊得, 皆斷髮爲奴, 積三年矣. 鑡曰, 我當降漢樂浪, 汝欲去不? 戶來曰, 可. 鑡因將戶來出詣含資縣."

한의 염사치가 살던 지역에는 포로로 잡혀와 노예가 된 중국 사람이 1,500명이나 있었음을 알 수 있다. 한은 원래 고조선의 거수국이었는데, 고조선이 붕괴되자 독립한 나라였다.[46] 따라서 한에 있었던 이런 상황은 고조선에서도 마찬가지였을 것이다.

고조선에는 포로가 되어 노예가 된 사람들과 함께 각 지역에는 도적질하다가 노비가 된 사람이 상당히 많이 있었을 것이다. 이런 노비들의 생사권은 주인이 가지고 있었기 때문에 주인이 사망하면 주인의 무덤에 순장되기도 했었다. 『후한서』「동이열전」〈부여전〉에는,

> 사망하여 장사지낼 적에 곽은 사용하지만 관을 쓰지 않는다. 사람을 죽여 순장을 하는데 많을 때는 백 단위로 수를 헤아렸다.[47]

고 했다. 이런 순장법은 고조선의 풍속을 계승한 것이었다. 요령성 여대시에서는 서기전 8~6세기의 고조선 무덤인 강상무덤·누상무덤·와룡천무덤 등이 발굴되었는데 이 무덤들에서 순장이 확인되었다.[48] 이 무덤들은 화장을 했기 때문에 묻힌 사람의 수를 정확하게 파악하는 것은 불가능했지만, 발굴자들이 확인한 것만 보아도 강상무덤에서는 150여 명, 누상무덤에서는 60여 명 등이었으며, 와룡천무덤은 묘의 구조로 보아 이보다는 훨씬 적었을 것임을 알 수 있었다. 이런 무덤들은 고조선에 순장

**46** 앞 글, 「고조선의 국가 구조」 『겨레문화』 6, pp. 37~38.
윤내현, 「고조선과 삼한의 관계」 『한국학보』 제52집, 일지사, 1988 가을, pp. 2~40.
이 책의 제2편 제1장 「고조선의 구조와 정치」 참조.

**47** 『후한서』 권85 「동이전」 〈부여전〉. "死則有槨無棺, 殺人殉葬, 多者以百數."

**48** 조중 공동 고고학 발굴대, 『중국 동북 지방의 유적 발굴보고』, 사회과학원출판사, 1966, pp. 63~106.

제도가 있었으며, 많을 때는 그 수가 1백 명이 넘었음을 알게 해준다.


## 4. 제읍 주민 구성의 신분 복합화

지금까지 살펴본 바와 같이 고조선에는 지배 귀족·평민·하호·노예 등이 그들이 거주한 마을을 기본 단위로 하여 신분 구조를 형성하고 있었다. 그런데 하나의 씨족 단위가 하나의 마을을 형성한 사회 구조는 고조선 후기로 내려오면서 변화가 일어났을 것으로 생각된다. 즉 마을에 따라서는 동일한 마을에 2개 또는 그 이상의 다른 신분씨족이 함께 거주하는 거주의 복합 현상이 일어났을 것이다.

먼저 거수국의 경우를 보자. 고조선의 거수국들은 고조선 건국 전에는 각 지역의 고을나라로서 마을연맹체였기 때문에 각 마을은 씨족집단이 하나의 단위가 되어 있었다. 그러나 고조선이 건국된 후 거수들의 정치권력이 강해지면서 각 마을에 대한 통제도 강화되어갔을 것이다.

따라서 마을들을 통제하기 위해 거수는 특정한 마을에 근친이나 측근을 파견했을 가능성이 있다. 그 근친이나 측근은 임지에 혼자 가지 않고 가족이나 친족을 데리고 갔을 것이다. 그 결과 그 마을에는 기존 원주민과 새로 이주해 온 귀족이 함께 거주하는 상황이 벌어졌을 것이다. 즉 동일한 마을에 신분이 다른 씨족이 함께 거주하는 복합 구조가 일어나게 되었던 것이다.

이런 현상은 일반 마을인 소읍에서만이 아니라 거수국의 국읍에서도 일어났다. 고조선의 거수국은 원래 각 지역에 있었던 고을나라였기 때문에 고조선 초기에는 각 거수국의 거수는 각 고을나라 토착인 출신이었을 것이다. 그러나 고조선의 중앙권력이 강해지면서 단군의 근친이나 조선족 가운데 유능한 사람을 거수로 파견하는 경향이 일어났을 것이다. 이런 현상은 권력의 속성이 독점을 추구한다는 점에서 이해될 수 있다. 따라서 단군의 근친이나 조선족 가운데서 거수가 파견된 거수국의 국읍에는 새로 파견된 거수의 씨족과 원래 그 국읍에 거주하고 있던 토착인 씨족이 함께 거주하는 신분의 복합 구조가 일어났을 것이다. 이들은 모두가 지배 귀족이기는 했지만 상하의 차별이 있었다.

참고로 중국의 예를 보자.[49] 중국의 고대국가인 상나라에서는 말기로 오면서 상 왕실 중심으로 종교와 정치권력이 강화되었다. 종교 면을 보면 상나라 초기에는 상족의 수호신과 조상신 및 상나라를 구성하고 있었던 여러 씨족의 수호신에 대한 제사를 상 왕실이 주관하여 받들었으나, 상 왕국 말기에 이르면 상족의 수호신과 조상신에 대해서만 제사를 받들고 다른 여러 씨족의 수호신들에 대한 제사는 폐지되었다. 이와 더불어 상왕(商王)의 권력이 전제화되면서 상왕의 근친이 제후로 봉해지는 수가 늘어났다. 상나라의 정치권력에서 상왕을 중심으로 한 혈연 조직이 강화되어갔던 것이다.

이런 조직은 상의 뒤를 이은 주나라에 이르러 구체적으로 제도화되었다. 주나라에서는 종법제를 기초로 한 봉건제(서양의 봉건사회와의 혼란을 피하기 위해 봉국제 또는 분봉제라고도 부른다)를 실시했던 것이다. 주나라에서는 천자인 주왕(周王)으로부터 평민에 이르기까지의 사람들을 종법제에 따라 사회신분을 규정했는데, 그 기본은 적장자가 아버지의 신분을 계승하며 다른 아들들은 그보다 한 등급 낮은 신분이 되어 다른 곳에 봉해진다는 것이었다. 이에 따라 제후가 거주하는 읍이나 대부가 거

---

49  중국 상·주시대의 사회 구조나 사회신분 구성에 관해서는 윤내현, 『상주사』, 민음사, 1984, pp. 41~136 참조.

주하는 읍에는 제후 씨족 또는 대부 씨족과 그곳 토착인 씨족이 함께 거주하는 거주민 복합이 일어났던 것이다.

이와 동일한 신분제가 고조선에 있었다고는 말하기 어렵지만 권력의 속성상 그 독점과 강화를 위해 중앙에서 단군의 근친이 각 지역의 거수로 파견되는 현상이 일어났을 것은 상상하기 어렵지 않다. 그러한 사실을 뒷받침하는 기록들이 보인다. 『삼국유사』 「왕력」편 〈고구려〉조에,

> 고구려 동명왕(東明王)은 갑신(甲申)에 즉위했는데 19년을 다스렸으며, 성은 고씨이고 이름은 주몽(朱蒙)인데 추몽(鄒蒙)이라고도 부른다. 단군의 아들이다.[50]

라고 했고, 같은 책 「기이」편 〈고구려〉조 저자 자신의 주석에는,

> 「단군기」에 이르기를 "단군이 서하 하백의 딸과 친하여 아들을 낳아 부루(夫婁)라 이름했다"했는데, 지금 이 기록(『삼국유사』 「기이」편 기록)을 살펴보건대 해모수가 하백의 딸을 사통하여 뒤에 주몽을 낳았다 했다. 「단군기」에 "아들을 낳아 부루라 이름했다"하니 부루와 주몽은 어머니가 다른 형제일 것이다.[51]

라고 했다. 그리고 같은 책 「기이」편 〈북부여〉조에는,

---

**50** 『삼국유사』 「왕력」편. "東明王, 甲申立, 理十九年, 姓高, 名朱蒙, 一作鄒蒙, 壇君之子."

**51** 『삼국유사』 권1 「기이」〈고구려〉조. "壇君記云, 君與西河河伯之女要親, 有産子, 名曰夫婁, 今按此記, 則解慕漱私河伯之女而後産朱蒙. 壇君記云, 産子名曰夫婁, 夫婁與朱蒙異母兄弟也."

천제가 흘승골성에 내려와 오룡거를 타고서 도읍을 정하고 왕이라 칭했으며, 국호를 북부여라 하고 스스로 해모수라 칭했는데, 아들을 낳아 부루라 하고 해(解)로써 씨(氏)를 삼았다.[52]

고 했다. 위의 기록들을 그대로 인정한다면 해모수는 단군으로서, 해모수는 그의 이름이었고 단군은 통치자로서의 칭호였으며 부루의 어머니인 서하 하백의 딸과 주몽의 어머니인 하백의 딸은 동일인이 아니어야 한다. 그리고 부여의 해부루왕과 고구려를 건국한 주몽은 모두 고조선 단군의 아들이었다는 것이 된다.

위에 인용된 〈고구려〉조 주석에는 단군과 해모수가 동일인이었던 것으로 기록되어 있는데 『삼국사기』「고구려본기」[53]와 『삼국유사』「기이」편[54]에는 주몽은 부여 해부루왕의 뒤를 이은 금와왕 때 출생한 것으로 되어 있다. 해모수와 주몽은 출생의 시차가 매우 크다. 그렇다고 하여 해모수와 주몽의 아버지가 동일인이라는 것이 전혀 불가능한 것은 아니지만 그 출생의 큰 시차는 이 점에 의문을 갖도록 한다. 그런데 단군은 개인의 이름이 아니라 고조선 통치자의 칭호로서 고조선의 통치자는 대대로 단군으로 불렸다. 따라서 해모수와 주몽의 아버지가 모두 고조선의 단군이기는 했지만 동일인은 아니었는데, 단군이라는 동일한 호칭 때문에 동일인으로 와전되었을 수도 있는 것이다.

여기서 중요한 것은 부여의 해부루왕과 고구려의 주몽왕이 모두 고조

---

52 『삼국유사』권1「기이」〈북부여〉조. "天帝降于訖升骨城, 乘五龍車, 立都稱王, 國號 北扶餘, 自稱名解慕漱, 生子名夫婁, 以解爲氏焉."
53 『삼국사기』권13「고구려본기」〈시조 동명성왕〉조.
54 『삼국유사』권1「기이」〈고구려〉조.

선 통치자의 후손으로 전해온다는 점이다. 부여와 고구려는 모두가 고조선의 거수국이었다.[55] 그리고 단군사화에는 단군왕검이 출생하기 전에 곰이 등장하는데, 고조선은 단군왕검에 의해 건국되었고, 곰은 고구려족의 수호신이었던 것으로 추정되므로[56] 부여와 고구려는 고조선이 건국되기 전부터 있었던 오랜 역사를 지닌 종족이었을 것으로 생각된다. 그러므로 부여족과 고구려족의 시조가 바로 고조선 단군의 후손이었다고 말하기는 어렵겠지만, 고조선시대 어느 시기엔가 부여와 고구려의 거수가 단군의 아들들로 교체되었음을 시사해주는 것으로 볼 수 있을 것이다.

이런 가능성은 『제왕운기』 기록에서도 확인된다. 『제왕운기』 「전조선기」 주석[57]과 「한사군급열국기」[58]에서 신라·고구려·남옥저·북옥저·동부여·북부여·예·맥·비류·한(삼한) 등은 모두 단군의 후손이라 했다. 이 기록을 모두 그대로 믿지 않는다고 하더라도 이 나라들은 원래 고조선의 거수국들이었으므로[59] 이 가운데 일부는 단군의 후손이 거수로 임명되었을 가능성은 있는 것이다. 『후한서』 「동이열전」 〈한전〉에는,

---

55  앞 글, 「고조선의 국가 구조」 『겨레문화』 6, pp. 80~87.

56  윤내현, 「고조선의 종교와 그 사상」 『동양학』 제23집, 단국대 부설 동양학연구소, 1993, pp. 143~166.
    이 책의 제2편 제4장 제1절 「고조선의 종교와 사상」 참조.

57  『제왕운기』 권 하 「전조선기」, "……名檀君, 據朝鮮地域爲王, 故尸羅·高禮·南北沃沮·東北夫餘·穢與貊皆檀君之壽也."

58  『제왕운기』 권 하 「한사군급열국기」, "隨時合散浮況際, 自然分界成三韓, 三韓各有幾州縣, 蚩蚩散在湖山間, 各自稱國相侵凌, 數餘七十何足徵, 於中何者是大國, 先以扶餘·沸流稱, 次有尸羅與高禮, 南北沃沮·穢·貊膚, 此諸君長問誰後, 世系亦自檀君承."

59  앞 글, 「고조선의 국가 구조」 참조.

한에는 세 종족이 있었으니 첫째는 마한, 둘째는 진한, 셋째는 변진이다. 마한은 서쪽에 있는데 54국이고, ……. 진한은 동쪽에 있는데 12국이며, ……. 변진은 진한의 남쪽에 있는데 또한 12국이며, ……. 마한이 가장 커서 그 종족들이 함께 왕을 세워 진왕(辰王)으로 삼아 목지국에 도읍하고 전체 삼한 지역의 왕으로 군림한다. 그 여러 나라 왕들의 선조는 모두 마한 종족 사람이다.[60]

라고 기록되어 있고, 『삼국지』 「동이전」 〈한전〉에는,

변한과 진한의 합계는 24국이다. …… 그중에서 12국은 진왕에게 신속(臣屬)되어 있다. 진왕은 항상 마한 사람을 써서 그들의 왕을 삼았는데 대대로 세습했다.[61]

고 했다. 중국의 동한(후한)시대와 삼국시대에 해당하는 시기에 한의 강역에 변화가 있었기 때문에 『후한서』에서는 한(삼한) 지역의 모든 나라 왕이 마한 사람이었다고 했고, 『삼국지』에서는 진한의 12나라 왕이 마한 사람이었다고 기록하고 있다.[62] 한에 속해 있던 여러 거수국의 왕들

---

60 『후한서』 권85 「동이열전」 〈한전〉. "韓有三種, 一曰馬韓, 二曰辰韓, 三曰弁辰. 馬韓在西, 有五十四國, ……. 辰韓在東, 十有二國, ……. 弁辰在辰韓之南, 亦十有二國, ……. 馬韓最大, 共立其種爲辰王, 都目支國, 辰王三韓之地, 其諸國王先皆是馬韓種人焉."

61 『삼국지』 권30 「동이전」 〈한전〉. "弁 · 辰韓合二十四國, …… 其十二國屬辰王. 辰王常用馬韓人作之, 世世相繼."

62 한의 강역을 논하는 데 있어 종래의 일부 학자들은 위에 인용된 『후한서』 「동이열전」과 『삼국지』 「동이전」 기록 가운데 어느 하나만이 옳을 것으로 생각했다. 그 결과 『후한서』 기록을 따르는 학자는 한의 강역이 넓었던 것으로, 『삼국지』 기록을 따르는 학자

이 진왕에 의해 세워진 마한 사람이었다는 점은 중요한 시사를 준다. 필자는 한에 있던 여러 나라들을 한의 거수국으로 본 바 있는데[63] 이 거수국들의 왕이 마한 사람이었다면 마한의 평민은 아니었을 것이며, 마한에 있던 진왕(辰王)의 근친이었다고 보아야 할 것이다. 이것은 한의 통치조직에 혈연 조직의 요소가 있었음을 말해준다.

『후한서』「동이열전」과 『삼국지』「동이전」에 기록된 한은 고조선이 붕괴된 후의 독립국이지만 한은 원래 고조선의 거수국이었으므로[64] 이런 혈연 조직은 고조선시대의 것을 이어받았다고 보아야 할 것이다. 이런 사실들을 종합해볼 때 고조선에는 단군들의 아들이나 근친이 여러 지역의 거수로 파견되는 혈연 조직이 있었을 것이다. 그리고 그에 따라 거수국의 국읍에는 새로 이주해 온 거수 일족(단군의 근친)과 원래 그곳에 살고 있던 토착 귀족의 거주민 복합이 일어났을 것이다.

이런 거주민 복합 현상은 고조선의 서울 아사달에서 더욱 심했을 것이다. 고조선의 서울에는 고조선의 최고 지배족인 조선족과 그들로부터 분화된 평민, 그 주변의 농경지를 경작하는 하호, 지배 귀족들의 생활필수품을 조달하는 수공인(手工人), 지배 귀족에게 예속된 노예 등이 함께 거주하고 있었을 것이다.

그런데 이상과 같이 특정한 마을과 국읍, 아사달 등에 거주민의 복합

---

는 한의 강역이 매우 좁았던 것으로 인식했다. 그러나 그러한 생각은 잘못되었다. 두 기록은 모두 옳다. 고조선이 붕괴된 후 한은 한반도 남부 전 지역을 차지하고 있었으나 후에 그 일부 지역으로 영토가 줄어들었던 것이다. 『후한서』와 『삼국지』의 내용 차이는 당시 상황을 전해주고 있다. 당시에 한의 북부에서는 백제가 건국되어 영토를 넓혀 왔으며, 동부와 동남부에서는 신라와 가야가 건국되어 영토를 확장해 왔기 때문에 한의 강역이 크게 줄어들었던 것이다.

63  윤내현, 「삼한 지역의 사회 발전」 『백산학보』 35호, 백산학회, 1988, pp. 71~114.
64  주 46과 같음.

구조가 형성되었음에도 불구하고 그것은 단지 동일한 거주지에 다른 신분의 사람들이 거주하는 주민 복합이 일어났을 뿐이지 고조선 신분 구조의 기본인 씨족신분제가 와해된 것은 아니었다. 씨족신분제는 여전히 유지되었다.

고조선 사회가 여러 신분으로 나누어져 있었음은 고고학 자료에 의해서도 확인된다. 고조선시대에 해당하는 유적은 많이 발굴되었지만 편의상 고조선 중기에 해당하는 일부 유적만을 살펴보자.

앞에서 강상무덤·누상무덤·와룡천무덤 등을 소개했는데[65] 강상무덤과 누상무덤은 무덤의 규모가 매우 큰 점, 순장된 노예가 많은 점 등으로 보아 피장자의 신분이 아주 높은 지배 귀족이었을 것임을 알 수 있다. 와룡천무덤은 그보다 규모도 작고 순장 노예도 적으므로 피장자의 신분이 낮은 귀족이었을 것이다. 이 무덤들은 고조선에 지배 귀족과 노예가 있었음을 알게 해준다.

서기전 6세기 무렵 유적으로 추정된 심양시 정가와자 제3지점에서는 남북 두 지역으로 구분된 14기의 무덤이 발굴되었는데 북쪽 구역에는 12자리의 작은 움무덤이 밀집되어 있고, 거기서 80미터 떨어진 남쪽 구역에는 2자리의 큰 나무곽무덤이 있었다. 남쪽 구역의 2자리 무덤은 규모로 모아 지배 계층의 것이었음을 알 수 있는데, 그 가운데 하나인 6512호 무덤을 보면 길이 5미터, 너비 3미터의 큰 묘실 안에 길이 3.2미터, 너비 1.6미터 되는 나무곽을 설치하고 그 안에는 길이 2미터, 너비 0.7미터의 관을 설치했다. 관과 곽 사이에서 42종류 797점의 껴묻거리가 출토되었다.[66]

---

65  주 48과 같음.
66  沈陽故宮博物館·沈陽市文物管理辦公室,「沈陽鄭家洼子的兩座靑銅時代墓葬」

이와는 대조적으로 북쪽 구역의 무덤은 매우 단순했는데 659호 무덤을 예로 보면 길이 1.75미터, 너비 0.5미터의 매우 간단한 묘실에 곽이나 관 등을 설치하지도 않았다. 그리고 껴묻거리도 단지 1점, 뼈단검 1점, 뼈고리 1점, 소의 다리뼈 1점 등이었으며[67] 같은 시기의 유가탄(劉家疃)무덤 등도 껴묻거리가 4~5점 정도였다.[68] 그리고 윤가촌(尹家村) 하층무덤은 껴묻거리가 거의 없거나 1~2점 정도였다.[69]

이런 정황으로 보아 정가와자 남쪽 구역과 강상·누상의 무덤은 지배 귀족 가운데 권력이 강하고 부유한 사람의 것이고, 와룡천무덤은 지배 귀족 가운데 권력이 약하고 부유하지 못한 사람들의 것이었을 것이다. 정가와자 북쪽 구역 무덤과 유가탄무덤은 평민의 것, 윤가촌무덤은 하호의 것일 가능성이 크다. 이런 무덤들은 고조선 사회가 여러 신분으로 나뉘어 있었고 재물이 상층부에 편중되어 있었음도 알게 해준다.

## 5. 마치며

지금까지 고조선 사회에 어떤 신분이 존재했으며 그 신분들이 어떤 형태로 구성되어 있었는지를 살펴보았다. 그 결과 고조선에는 선인으로 불린 종교 지도자 신분, 제가 또는 대가로 불린 지배 귀족, 민으로 불린 평민, 하호로 불린 종속농민, 노비로 불린 노예 등의 신분이 있었음이

---

『考古學報』, 1975年 1期, pp. 142~151.

**67**  윗글, p. 152.

**68**  原田淑人 編, 『牧羊城』, 東亞考古學會, 1931, pp. 46~47.

**69**  앞 책, 『중국 동북 지방의 유적 발굴보고』, pp. 107~128.

확인되었다. 이 가운데 고조선 신분제도의 기본 골격은 지배 귀족·평민·종속농민이었는데, 이들은 기본적으로 씨족이 단위가 되어 있었다. 따라서 고조선의 신분제는 '씨족신분제'였다고 말할 수 있다. 고조선 사회는 신분이 다른 여러 씨족이 신분에 따라 상하로 층위를 형성하고 있었던 것이다.

이런 신분 구성은 고조선의 국가 구조와 깊은 관계를 가지고 있었다. 고조선의 국가 구조는 많은 마을이 상하로 층위를 형성하여 점조직으로 연결되어 있었다. 고조선 국가 구조의 맨 아래층에는 일반 마을인 소읍 또는 읍락이 있었고, 그 위에는 각 지역의 거수가 거주하는 큰 마을인 국읍이 있었으며, 그 위에는 단군이 거주하는 고조선의 서울인 아사달이 있었다. 고조선은 이런 소읍·국읍·아사달이 상하로 층위를 형성한 '마을집적사회'였던 것이다.

그런데 이런 여러 마을의 거주민은 씨족이 단위를 이루고 있었다. 일반 마을의 거주 씨족은 하층 농민인 하호로서 피지배 씨족이었고, 국읍에 거주한 씨족은 거수의 일족으로서 거수국의 지배 귀족이었으며, 아사달에 거주한 씨족은 단군의 일족인 조선족으로서 고조선의 최고 지배 귀족이었던 것이다. 평민은 귀족에서 분화되어 나온 신분으로서 하호와 같이 거주 이전의 자유가 없거나 귀족의 감독 아래 농사를 짓는 등의 구속을 받지 않는 자유 신분의 자경농이기는 했지만 귀족의 지배 아래 있던 피지배 신분이었다. 이들은 민이라 불렸는데, 그중에 경제적으로 부유한 사람들을 호민이라 했다.

고조선의 종교 중심지인 신시에 거주한 종교 지도자 신분인 선인들이 동일한 씨족집단이었는지 또는 여러 씨족을 대표한 사람들로 구성되어 있었는지는 분명하게 알 수 없다. 고조선에서 가장 낮은 신분인 노예는 남자는 노, 여자는 비라 불렸는데, 이들은 전쟁 포로나 범법자들이었다.

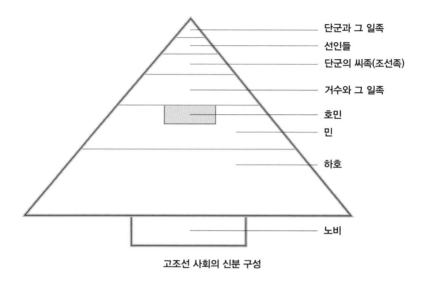

| | 단군과 그 일족 |
| | 선인들 |
| | 단군의 씨족(조선족) |
| | 거수와 그 일족 |
| | 호민 |
| | 민 |
| | 하호 |
| | 노비 |

고조선 사회의 신분 구성

노예는 사람이 아니라 짐승과 같이 재산으로 취급되었기 때문에 공법의
대상이 되지 못하여 엄격하게 말하면 사람의 신분으로 분류될 수 없는
존재였다.

　고조선의 '씨족신분제'는 '마을집적사회'라는 고조선의 사회 구조와
맞물려 있었다. 그런데 후기로 오면서 이런 구조에 다소 변화가 일어났
다. 고조선 초기에는 각 지역의 거수들이 그 지역 토착인들이었으나 후
기로 내려오면서 중앙의 통치권이 강화되면서 단군의 근친이 거수로 봉
해지는 경우가 많아졌다. 그 결과 거수국의 국읍 가운데는 중앙에서 새
로 파견된 거수 일족과 그곳에 원래 거주하고 있던 토착 귀족이 함께
거주하는 곳이 있게 되었다. 고조선의 하호들이 거주하는 일반 마을 가
운데도 그 지역의 하호들을 관리하기 위해 귀족 일족이 와서 거주한 곳
이 있게 되었는데, 이에 따라 귀족과 하호가 함께 거주하는 일반 마을이
출현하게 되었다. 그리고 중앙의 아사달과 거수국의 국읍은 규모가 커

지면서 귀족에서 분화된 평민, 귀족들이 필요로 하는 물건을 만들어 공급하는 수공업자, 귀족들에게 예속된 노예 등이 함께 거주하는 현상도 일어나게 되었다.

이렇게 되어 마을에 따라서는 동일한 마을에 신분이 다른 사람들이 함께 거주하는 주민 복합 현상도 일어났다. 그러나 그들의 신분에 변화가 일어난 것은 아니었으므로 씨족이 단위가 되어 신분을 구성한 씨족 신분제라는 기본 틀에는 변화가 없었을 것이다. 농경이 기초가 된 한국의 고대사회에서는 이상과 같은 씨족마을이나 씨족 조직, 씨족 관념이 국가 출현 이후에도 계속해서 존속했다. 그러나 상업이 기초가 된 서양의 고대사회에서는 도시가 형성되어 도시국가가 출현하는 과정에서 씨족마을이 붕괴되고 이에 따라 씨족 조직이나 씨족 관념이 와해되었다. 이 점은 한국 사회와 서양 사회의 큰 차이다.

# II 고조선 사람들의 의식주와 풍속

## 1. 들어가며

여기서는 고조선 사람들의 의식주와 생활 풍속을 고찰해보자. 사람이 살아가는 데 복식과 음식, 주택은 가장 기본적이고 필수적인 요소다. 따라서 고조선 사람들이 어떤 옷을 입고 어떤 음식을 먹고 어떤 집에서 살았으며 어떤 풍속을 가지고 생활했었는지를 고찰하는 것은 고조선 사회를 구체적으로 인식하는 길이 될 것이다.

그동안 고조선 사회에 관한 논의가 없었던 것은 아니지만 종래의 논의는 대체로 사회 구조나 사회 성격 등을 주제로 다루었을 뿐 실제로 고조선 사람들의 생활에 대해서는 별로 고찰된 바가 없다. 고조선 사회에 대한 그동안의 논의는 나름대로 중요한 의미를 갖지만 고조선 사람들의 생활에 대한 구체적인 고찰을 기초로 하고 있지 않아 다분히 추상적인 느낌을 준다.

그동안 고고 발굴과 그 연구의 진전으로 고조선의 생활상을 밝힐 수 있는 자료들이 크게 증가했다. 복식 문화를 알게 해주는 가락바퀴·바늘·실·삼베 조각·인형, 음식 문화와 관계가 있는 곡물·동물 뼈·숟가락·질그릇, 주택의 구조를 알게 해주는 집자리, 부락의 규모와 성격 등을 알게 해주는 집자리들의 구성, 풍속을 말해주는 무덤·점뼈·청동기 등은 고조선 사람들의 생활과 풍속에 대한 인식을 증진하는 데 많은 도움을 주고 있다. 한민족의 생활이나 풍속에 관한 고대 기록은 대부분 고조선보다는 후대 사회에 대한 것이어서 문헌 기록만을 자료로 채용한 고조선 사람들의 생활과 풍속에 대한 지난날의 연구는 대개 추측일 수밖에 없었다. 따라서 신빙성이 부족했다. 그러나 이제 고고 자료가 실물 증거로 제시되어 문헌 기록을 보완함으로써 고조선 사람들의 생활과 풍속을 확실한 근거 위에서 말할 수 있게 되었다.


## 2. 고조선 사람들의 복식

옷차림은 사람의 생활에서 주요한 부분을 차지하는데, 고조선에서는 이미 매우 발달된 옷을 만들어 입었던 것으로 보인다. 그러한 사실은 출토된 유물과 문헌 기록을 통해 확인된다.

함경북도 선봉군 굴포리 서포항 유적의 청동기문화층(고조선시대)에서 출토된 흙으로 만든 남자 인형은 모두가 서 있는 형태인데, 아랫도리가 넓게 퍼져 있다.[1] 이로 보아 고조선 남자들은 두루마기 같은 겉옷을 입

---

[1] 김용간·서국태, 「서포항 원시유적 발굴보고」 『고고민속론문집』 4, 사회과학출판사, 1972, pp. 117.
『조선유적유물도감』 1 ─ 원시편, 조선유적유물도감편찬위원회, 1988, p. 148.

었을 것으로 짐작된다. 『삼국지』「동이전」〈부여전〉에는,

> (부여 사람들은) 국내에 있을 때의 의복은 흰색을 숭상하며 흰 베로 만
> 든 큰 소매 달린 도포와 바지를 입고 가죽신을 신는다.[2]

고 했는데, 부여는 원래 고조선의 거수국이었으므로[3] 부여인들이 입었
던 큰 소매 달린 도포는 고조선 때부터 입었던 두루마기 같은 겉옷이었
을 것이다.

『후한서』「동이열전」과 『삼국지』「동이전」〈예전〉에는,

> (예 사람들은) 남녀 모두 곡령(曲領)을 입는다.[4]

> (예 사람들은) 남녀가 모두 곡령을 입는데 남자는 넓이가 여러 치 되는
> 은화(銀花)를 옷에 꿰매어 장식한다.[5]

고 했는데, 곡령(曲領)은 원령(圓領)이라고도 하는 것으로 목둘레를 둥
글게 한 옷깃을 말한다. 이 기록은 고조선이 붕괴된 후 예의 풍속에 관
한 것이지만 예는 원래 고조선의 거수국이었으므로[6] 이런 의복은 고조
선의 것을 계승했을 것이다. 이로 보아 고조선 사람들은 목둘레의 깃을

---

2  『삼국지』권30「동이전」〈부여전〉. "在國衣尙白, 白布大袂, 袍·袴·履革鞜."
3  윤내현, 「고조선의 국가 구조」『겨레문화』6, 한국겨레문화연구원, 1993, pp. 80~81.
   이 책의 제2편 제1장 제1절 「고조선의 국가 구조」 참조.
4  『후한서』권85「동이열전」〈예전〉. "男女皆衣曲領."
5  『삼국지』권30「동이전」〈예전〉. "男女衣皆著曲領, 男子繫銀花廣數寸以爲飾."
6  앞 글, 「고조선의 국가 구조」, pp. 87~89.

둥글게 만든 옷에 은화를 장식했을 것임을 알 수 있다. 한민족은 일찍이 고조선시대부터 곡선을 이용한 아름다운 옷을 만들어 입었던 것이다. 『후한서』「동이열전」〈고구려전〉에도,

> (고구려 사람들은) 그들의 공공 모임에 모두 비단에 수놓은 의복을 입고 금과 은으로 장식한다.[7]

고 했는데, 고구려도 원래 고조선의 거수국이었으므로[8] 이런 풍속은 고조선부터 이어져 내려왔을 것이다. 이를 종합해보면 고조선 사람들은 미의식이 매우 높은 복식 생활을 했을 것임을 알 수 있다.

　고조선 사람들은 모자를 즐겨 썼던 것으로 보인다. 서포항 유적의 흙 인형 머리 위는 수평을 이루어 양쪽 옆으로 넓게 퍼지고 양쪽의 모서리는 각을 이루고 있어 고깔을 쓴 것처럼 보인다.[9] 그리고 함경북도 무산군 무산읍 범의구석 유적 청동기문화층에서 출토된 남자 조각품은 머리 위가 둥그스름하게 높이 올라가 있어 둥근 모자를 쓴 것처럼 보인다.[10] 『후한서』「동이열전」〈고구려전〉에는,

> (고구려의) 대가(大加)와 주부(主簿)는 모두 책(幘)을 쓰는데 중국의 관책(冠幘)과 같기는 하지만 뒤로 늘어뜨리는 부분이 없다. 소가(小加)는 절풍(折風)을 쓰는데 그 모양이 고깔과 같았다.[11]

---

7　『후한서』 권85 「동이열전」 〈고구려전〉. "其公會衣服皆錦繡, 金銀以自飾."
8　앞 글, 「고조선의 국가 구조」, pp. 83~87.
9　주 1과 같음.
10　앞 책, 『조선유적유물도감』 1 – 원시편, p. 204.
11　『후한서』 권85 「동이열전」 〈고구려전〉. "大加·主簿皆著幘, 如冠幘而無後, 其小加著

고 했는데, 고구려도 원래 고조선의 거수국이었으므로[12] 고구려인들이
착용했던 이런 모자는 고조선 때부터 사용했을 것이다. 범의구석 유적
에서 출토된 남자 조각상이 쓴 모자는 책(幘)이었을 것이며, 서포항 유
적에서 출토된 흙인형이 쓴 모자는 절풍(折風)이었을 것이다.

　고조선 사람들은 여러 가지 치렛거리를 사용했다. 함경북도 북청군
토성리의 청동기 유적에서는 청동으로 만든 토시 한 쌍이 출토되어[13]
고조선인들이 복식에 상당히 정성을 들였음을 알게 해주었다. 그동안
출토된 치렛거리를 보면 구슬류와 단추, 고리 등 옷에 달아매는 장신구
류와 목걸이 · 귀고리 · 팔찌 · 가락지 등 몸에 걸거나 끼는 것들이 있다.
치렛거리는 종류가 다양할 뿐만 아니라 재료도 다양하고 기교도 세련되
었다. 예컨대 구슬을 만든 재료를 보면 청동을 비롯해 푸른색 · 자색 · 보
라색 · 흰색 등의 벽옥과 천하석 · 공작석 · 구리 · 조개껍질 · 뼈 · 흙 등 자
연계에서 얻은 재료뿐만 아니라 사기물과 유리 등 인공적으로 만든 재
료도 이용하여 구슬을 만들었다. 그 모양도 다양하여 둥근구슬 · 대롱구
슬 · 7면구슬 · 장고구슬 · 대추구슬 등이 있었다.[14]

　고조선의 치렛거리는 종류도 다양하고 수량도 많았으며 매우 정교했
는데 기본적으로는 이전 시대의 기술과 품격을 계승하고 있었다. 고조
선 초기에 해당하는 요령성 북표현(北票縣) 풍하(豐下) 유적에서 출토된
진한 녹색의 옥패(玉牌), 복숭아 모양의 우윳빛 석벽(石璧), 원형의 납작

---

　折風, 形如弁."
**12**　앞 글, 「고조선의 국가 구조」 『겨레문화』 6, pp. 83~89.
**13**　김용간 · 안영준, 「함경남도 · 량강도 일대에서 새로 알려진 청동기시대 유물에 대한 고
　　　찰」 『조선고고연구』, 사회과학원 고고학연구소, 1986년 제1호, p. 26.
　　　앞 책, 『조선유적유물도감』 1 ─ 원시편, p. 222.
**14**　『조선전사 2 ─ 고대편』, pp. 246~247.

한 송록석 구슬, 관 모양의 뼈구슬, 뼈비녀 등과 풍하 유적과 동일한 시기의 하가점 유적 하층에서 출토된 옥종(玉琮)·옥고(玉箍)·옥패식(玉佩飾) 등은 그전의 홍산문화에서 보이는 제작 기술과 예술 품격을 계승하고 있었다.[15]

고조선 중기에 해당하는 하가점 유적 상층에서 출토된 치렛거리를 하층에서 출토된 것과 비교해보면 청동제의 치렛거리기 대량으로 증가하고 금 제품도 출현한다. 그리고 남녀의 치렛거리가 달랐는데, 남자는 동물 문양이 있는 동패가 위주였고 여자는 구슬류가 주류를 이루었다.[16] 치렛거리는 지역에 따라 재질·종류·기술 수준 등에 차이가 보인다. 만주의 경우 북부에서는 옥이나 돌이, 남부에서는 청동이 많이 사용되었다. 이런 현상은 지역에 따라 재료를 구할 수 있는 조건과 경제 수준이 달랐기 때문에 생겨났을 것이다.[17]

고조선인들은 이상과 같은 치렛거리들로 몸을 치장했었는데, 『후한서』 「동이열전」에는 고구려·예·한 사람들의 복식에 대해,

(고구려 사람들은) 그들의 공공 모임에 모두 비단에 수놓은 의복을 입고 금과 은으로 장식한다.[18]

(예 사람들은) 삼을 심고 누에를 기르며 길쌈을 할 줄 안다.[19]

---

15  佟多主 編, 『中國東北史』, 吉林文史出版社, 1987, pp. 218~219.
16  위와 같음.
17  위 책, p. 303.
18  주 7과 같음.
19  『후한서』 권85 「동이열전」 〈예전〉. "知種麻, 養蠶, 作緜布."

마한 사람들은 양잠을 할 줄 알며 길쌈하여 베를 짠다.[20]

(한 사람들은) 구슬을 귀중히 여겨서 옷에 꿰매어 장식하기도 하고 목이
나 귀에 달기도 한다. 그들은 대체로 머리를 틀어 묶고 상투를 드러내놓
으며 베로 만든 도포를 입고 짚신을 신는다.[21]

고 했다. 이 기록은 고조선이 붕괴된 후의 고구려·예·한 등에 관한 것
이지만 이들은 원래 고조선의 거수국이었으므로[22] 그들의 이런 복식 풍
속은 고조선을 계승했을 것이다.

고조선에서는 옷감으로 삼베·모직·명주 등이 생산되었다. 옛 문헌의
기록에 의하면 고조선에서는 비휴(貔貅) 가죽이나 표범 가죽·말곰 가죽
등과 모피 의류를 중국에 수출했던 것으로 보아[23] 동물의 가죽을 이용
한 모피 의류도 발달해 있었을 것이다. 그러나 농업을 기본으로 하여 생
활했던 그들에게는 당연히 식물성 섬유로 짠 천이 더 중요했을 것이다.

고조선에서 삼베를 옷감으로 이용했음은 출토된 유물에 의해 확인되
었다. 토성리의 청동기 유적에서는 천 조각이 출토되었다. 이 천 조각은
집자리에서 청동기와 함께 출토되었는데 청동기를 싸서 묻었던 것이
다.[24] 발굴자들은 출토된 천의 재료나 그 기술 등에 대해서는 자세한 설

---

20  『후한서』 권85 「동이열전」 〈한전〉. "馬韓人知田蠶, 作緜布."
21  『후한서』 권85 「동이열전」 〈한전〉. "唯重瓔珠, 以綴衣爲飾, 及縣頸垂耳. 大率皆魁頭
    露紒, 布袍草履."
22  앞 글, 「고조선의 국가 구조」 『겨레문화』 6. pp. 79~104.
23  윤내현, 「고조선과 중국의 교섭」 『배달문화』 제10호, 민족사바로찾기국민회의, 1993.
24  앞 글, 「함경남도·량강도 일대에서 새로 알려진 청동기시대 유물에 대한 고찰」, p. 24.

명을 하지 않았지만 유물 사진[25]으로 보아 굵은 실로 짠 삼베일 것으로 생각된다. 이것은 고조선인들이 식물 섬유를 이용하여 천을 짜 옷을 만들어 입었음을 알게 해주는 실물 증거이다.

고조선에서는 모직물도 생산되었음이 유물로 확인되었다. 비파형동검이 출토된 고조선 중기의 길림성 영길현 성성초 유적의 돌널무덤에서는 모직물 두 조각이 출토되었는데, 양털실과 개털실을 섞어서 짠 것이었다.[26] 이 모직물은 오늘날 생산되는 다소 거친 모직물에 근접된 것으로서 고조선에서는 상당히 정교한 모직물을 생산했음을 알게 해준다.[27] 이 모직물 날실과 씨실의 밀도 및 굴곡 정도로 보아 원시적이기는 하지만 방직 기계를 사용했음을 알 수 있는데, 아마도 후기 신석기시대에 원시적인 방직 기계가 발명되어 고조선시대에는 새로운 수준으로 발전했을 것이다.[28] 길림성 후석산(猴石山) 유적에서 출토된 고조선 후기 서기전 4세기 무렵의 마포(麻布)도 방직기를 사용하여 짠 것으로 확인되었다.[29]

『관자』「경중갑」편에는,

환공이 말하기를, 사이(四夷)가 복종하지 않는 것은 아마도 잘못된 정치가 천하에 퍼져서 그런 것이 아닌지 나로 하여금 걱정하게 하는데 내가 이를 위해 행할 방법이 있겠소. 관자가 말하기를, 오와 조나라가 조근(朝覲)을 오지 않은 것은 주상(珠象)의 예물 때문이라 생각되며, 발과 조선

25  앞 책, 『조선유적유물도감』 1 - 원시편, p. 225.
26  吉林省博物館·永吉縣文化館, 「吉林永吉星星哨石棺墓第三次發掘」, 『考古學集刊』 3, 中國社會科學出版社, 1983, p. 120.
27  趙承澤, 「星星哨石棺墓織物殘片的初步探討」 위책 『考古學集刊』 3, pp. 126~127.
28  앞 책, 『中國東北史』, pp. 196~197.
29  吉林地區考古短訓班, 「吉林猴石山遺址發掘簡報」 『考古』, 1980年 2期, p. 141.

이 조근을 오지 않은 것은 문피(文皮)와 타복(挺服)을 예물로 요청하기 때문이라 생각됩니다. …… 한 장의 표범 가죽이라도 여유 있는 값으로 계산해준다면 8천 리의 발과 조선도 조근을 오게 될 것입니다.[30]

라고 기록되어 있어 고조선에서는 특산물로 모피 의류를 중국에 수출했음을 알 수 있다. 고조선이 모피 의류를 수출할 정도로 높은 의류 제조 기술을 가지고 있었다면 모직 의류를 만드는 기술도 매우 우수했을 것이다. 아마도 고조선이 중국에 수출했던 의류에는 모피 의류만이 아니라 털을 가공한 모직 의류도 포함되었을 것이다.

고조선에서는 명주도 생산되었다. 명주가 유물로는 출토되지 않았지만, 앞에서 인용한 『후한서』에는 고조선의 뒤를 이은 예와 한에서 양잠과 길쌈을 했다고 기록되어 있는데,[31] 예와 한은 원래 고조선의 거수국이었으므로[32] 고조선에서도 양잠과 길쌈을 했을 것이다. 양잠이나 길쌈은 오랜 기간의 경험을 필요로 했을 것인데, 『한서』 「지리지」에는,

은의 도가 쇠퇴하자 기자는 조선으로 가서 그 지역 주민을 예의로써 가르치고 농사짓고 누에 치며 길쌈했다.[33]

고 기록되어 있다. 기자는 중국의 상나라와 주나라 교체기인 서기전 12

---

**30** 『관자』 권80 「경중갑」 제80. "桓公曰, 四夷不服, 恐其逆政游於天下, 而傷寡人, 寡人之行爲此有道乎. 管子對曰, 吳·越不朝, 珠象而以爲幣乎. 發·朝鮮不朝, 請文皮挺服而以爲幣乎. …… 一豹之皮容金而金也, 然後八千里之發·朝鮮可得而朝也."

**31** 주 19·20과 같음.

**32** 앞 글, 「고조선의 국가 구조」 『겨레문화』 6, pp. 67~112.

**33** 『한서』 권28 하 「지리지」 하. "殷道衰, 箕子去之朝鮮, 敎其民以禮義, 田蠶織作."

세기 말 무렵의 인물로서 그의 조국인 상나라가 주족에게 멸망하자 고조선의 서부 변경으로 망명했었다.[34] 따라서 위 기록은 기자가 망명했던 고조선 중기에 고조선 사람들이 이미 누에치기를 하고 있었음을 알게 해준다.

고조선 사람들이 옷을 많이 지어 입었음은 바늘의 출토 상황을 통해서 알 수 있다. 청동기시대의 유적에서 이전 시대에 비해 뼈바늘이 훨씬 많이 출토되는 점이 주목된다. 한 예로 함경북도 무산군 무산읍 범의구석 유적의 뼈바늘 출토 상황을 보자. 이 유적은 석기시대로부터 초기 철기시대에 이르는 오랜 기간 동안 사람이 살았던 유적으로, 청동기시대부터 초기 철기시대는 고조선시대에 해당된다. 이 유적의 집자리에서는 뼈바늘이 신석기문화층에서 2점, 청동기문화층에서 30점, 철기문화층에서 5점이 출토되었다.[35] 이와 같이 뼈바늘이 청동기문화층에서 급격히 증가한 것은 이 시기에 바늘을 이용하여 옷을 짓는 일이 그만큼 많아졌음을 의미한다. 아마도 거의 모든 집에서 길쌈하고 옷을 지었을 것이다. 철기문화층에서는 뼈바늘이 줄어드는 현상을 보인다. 이 시기에 철이나 나무 등의 새로운 재료를 이용한 바늘이 만들어졌으나, 그것들은 청동보다 빨리 부식되기 때문에 유물로 남아 있는 것이 많지 않을 것이다.

고조선 사람들의 바느질 솜씨는 상당히 꼼꼼했던 것으로 보인다. 범의구석 8호 집자리에서는 자작나무 껍질을 누빈 것이 발견되었는데[36] 그 솜씨가 쇠바늘로 한 것과 차이가 없을 정도로 정밀했다. 여기에 사용

---

**34** 윤내현, 「기자신고」『한국고대사신론』, 일지사, 1986, pp. 223~237.
앞 글, 「고조선의 국가 구조」『겨레문화』 6, pp. 95~98.

**35** 황기덕, 「무산 범의구석 유적 발굴보고」『고고민속론문집』 6, 사회과학출판사, 1975, pp. 124~226.

**36** 윗글, p. 173.

된 실은 두 가닥을 꼰 것으로 굵기는 1밀리미터 정도였는데 삼나무 섬유를 이용한 것이었다. 실의 굵기는 이 시기에 사용된 뼈바늘에 뚫린 구멍의 크기와 같았다.[37] 이 유적에서는 삼으로 꼰 끈도 출토되어[38] 고조선 사람들이 삼나무 섬유를 널리 이용했음을 알게 해주었다.

고조선 사람들은 옷 짓는 것을 중요한 생활 요소로 생각했다. 그러한 사실은 그들이 바늘을 매우 소중하게 간직한 것에서 알 수 있다. 서포항 유적 청동기문화층의 집자리들에서 뼈바늘 16점이 출토되었으며[39] 집자리들과 무덤에서는 짐승의 다리뼈로 만든 바늘통이 출토되었는데, 무덤에서 출토된 바늘통은 표면에 조각까지 하여 공들여 만든 것으로 뼈바늘 12점이 소중하게 들어 있었다.[40] 함경북도 나진시 유현동 초도의 청동기 유적에서도 뼈바늘과 뼈바늘통이 출토되었다.[41] 이것은 당시 사람들이 바늘을 매우 소중히 여겼음을 알게 해준다.

옷을 지으려면 천을 짜야 하고 천을 짜려면 실을 뽑아야 한다. 고조선 시대에 들어서면서 실을 뽑는 일이 이전보다 급증했음이 확인되는데, 이것은 고조선의 복식 생활이 크게 발전했음을 의미한다. 고조선시대에 실을 뽑는 일이 크게 늘어났음은 가락바퀴가 그전에 비해 크게 증가한

---

**37**  사회과학원 력사연구소, 『조선전사 1 – 원시편』, 과학백과사전출판사, 1979, p. 235.

**38**  앞 책, 『조선유적유물도감』 1 – 원시편, p. 202

**39**  김용남, 「서포항 조개무지 발굴 중간보고」 『문화유산』 1961. No. 3, 과학원출판사, pp. 42~59.
앞 글, 「서포항 원시유적 발굴보고」, pp. 108~135.
장호수, 「서포항 유적 청동기문화층」 『북한의 선사고고학』 3 – 청동기시대와 문화, 백산문화, 1992, p. 482.

**40**  앞 글, 「서포항 원시유적 발굴보고」, pp. 115~116.
앞 책, 『조선유적유물도감』 1 – 원시편, p. 147.

**41**  위 책, 『조선유적유물도감』 1 – 원시편, p. 208.

것에서 알 수 있다. 범의구석 유적에서는 가락바퀴가 신석기문화층의 집자리 10곳에서 9점, 청동기문화층 집자리 16곳에서 24점이 출토되었다. 초기 철기문화층의 16곳에서는 5점이 출토되었다.[42] 집자리의 수와 비교해볼 때 가락바퀴의 수가 신석기시대에 비해 청동기시대(고조선시대)에 급격히 증가했음을 알 수 있다. 이런 현상은 실을 뽑는 일이 그만큼 많아졌음을 의미한다. 철기문화층에서 가락바퀴가 줄어든 것은 새로운 실 뽑는 도구가 출현했기 때문일 것이다. 철기시대에 이르면 인구도 늘어나고 생산도 증대되어 이전보다 더 많은 실이 필요하여 한층 더 능률적인 실을 뽑는 도구인 나무로 만든 자새나 물레와 같은 것이 발명되었을 것이다.

함경북도 선봉군 굴포리 서포항 유적 청동기문화층(고조선시대)의 집자리 9곳과 퇴적층 2곳에서 출토된 가락바퀴 수는 45점이었다.[43] 한 집에 평균 5점이 되는 숫자다. 이렇게 많은 가락바퀴가 청동기문화층에서 출토되는 것은 실의 생산이 크게 증대되었음을 의미한다. 실을 뽑는 일이 그만큼 일상화되었던 것이다. 이로 보아 고조선 사회는 '남자는 농사짓고 여자는 길쌈하는 전형적인 농업사회의 가정'이 이루어졌던 것으로 보인다.

고조선에서는 직물 생산을 위해 베틀이 사용되었던 것으로 보인다. 함경북도 회령군 회령읍 오동 유적의 8호 집자리에서는 큰 동물의 어깨뼈를 이용하여 만든 톱 같은 것이 출토되었는데,[44] 발굴자들은 이 유물

---

42 주 35와 같음.
43 장호수, 앞 책 『북한의 선사고고학』 3 — 청동기시대와 문화, p. 482의 표 참조.
44 고고학·민속학연구소, 「회령 오동 원시유적 발굴보고」 『유적발굴보고』 7, 과학원출판사, 1960, p. 52 및 도판 CXX의 1.

을 빗으로 보았지만 빗으로 보기에는 톱날의 깊이가 겨우 2밀리미터로 너무 얕으며, 재질이 뼈로서 돌보다 약하기 때문에 톱으로 볼 수도 없다. 학자들은 이 유물이 베틀의 씨실을 조이는 데 알맞기 때문에 베틀의 바디였을 것으로 보고 있다.[45] 자강도 강계시 공귀리에서는 돌이나 흙으로 만든 추가 출토되었는데, 발굴자들은 이 유물들을 그물추로 보았다.[46] 그러나 이 가운데 일부 흙으로 만든 것은 오랫동안 물속에 넣어두어야 하는 그물추로는 적합하지 않으며, 형태도 그물에 가로로 매달게 되어 있는 것이 아니라 가락바퀴처럼 세로로 매달게 되어 있는 것으로 보아 수직식 베틀의 날실 끝에 달아매는 추였을 것으로 학자들은 보고 있다.[47] 위 유물들이 바디와 날실 끝의 추가 확실하다면 고조선 사회에서는 이미 베틀을 사용하고 있었다는 것이 된다. 고조선에서 베틀을 사용했다는 것은 직물 생산 기술이 매우 높은 단계에 도달해 있었음을 의미한다.

## 3. 고조선 사람들의 음식

음식은 사람이 살아가는 데 가장 필수적이다. 인류역사가 시작된 이래 사람들은 이 문제를 해결하기 위해 자연이나 사회와 끊임없는 투쟁을 계속하면서 그 원천을 확대해왔다. 고조선 사람들의 음식 생활은 상

---

45  사회과학원 력사연구소, 『조선전사 1 — 원시편』, 과학백과사전출판사, 1979, p. 237.
46  고고학·민속학연구소, 「강계시 공귀리 원시유적 발굴보고」 『유적발굴보고』 6, 과학원출판사, 1959, pp. 28~30.
47  앞 책, 『조선전사 1 — 원시편』, pp. 237~238.

당히 문화적이고 위생적인 수준에 도달해 있었다. 『한서』「지리지」에,

> 은의 도가 쇠퇴하자 기자는 조선으로 가서 그 지역 주민을 예의로써 가르치고 농사짓고 누에 치며 길쌈했다. ……. 그 전민(田民)은 변(籩)과 두(豆)를 사용해 음식을 먹는데 도읍(都邑)의 방자한 효리(效吏) 및 내군(內郡)의 상인은 배기(杯器)로 음식을 먹기도 한다.[48]

고 했다. 변(籩)과 두(豆)는 잔처럼 굽이 높은 그릇인데, 이에 대해 안사고(顏師古)는 변은 대나무로 만든 것이고 두는 나무로 만든 것이라고 설명했다.[49]

그러므로 기자가 망명했던 서기전 12세기에 고조선의 전민은 대나무나 나무로 만든 그릇에 음식을 담아 먹었음을 알 수 있다. 전민은 농사를 지으며 사는 사람들을 지칭하므로 음식을 그릇에 담아 먹는 생활 풍습이 고조선의 농민 사회에까지 널리 보급되어 있었음을 알 수 있다. 도읍의 방자한 효리(效吏)나 내군(內郡)의 상인들이 사용했던 배기(杯器)는 대접류의 그릇인데 변이나 두보다는 고급이었을 것이다.

중국인들이 그들의 문헌에 고조선 농민들이 음식을 먹는 데 그릇을 사용한 사실을 기록한 이유는 당시 중국 농민들은 그릇 사용이 보편화되어 있지 않았으므로 이를 신기하게 여겼기 때문이었을 것이다.

『후한서』「동이열전」〈부여전〉과 〈예전〉에는,

---

48 『한서』 권28 하 「지리지」 하. "殷道衰, 箕子去之朝鮮, 教其民以禮義, 田蠶織作. ……. 其田民飲食以籩豆, 都邑頗放效吏及內郡賈人, 往往以杯器食."
49 위의 『한서』 권28 하 「지리지」 하의 주석. "師古曰, 以竹曰籩, 以木曰豆."

(부여 사람들은) 먹고 마시는 데에 조(俎)와 두(豆)를 사용한다.[50]

(예 사람들은) 음식을 변(籩)과 두(豆)로써 마시고 먹는다.[51]

고 했는데, 이 기록은 부여와 예에 관한 것이지만, 이들은 원래 고조선의 거수국이었으므로[52] 음식을 먹고 마실 때에 그릇을 사용하는 풍습은 고조선으로부터 이어져 내려왔음을 알 수 있다. 조(俎)는 굽이 낮고 편편한 그릇을 말한다.

고조선 사람들은 음식을 먹는 데 숟가락을 사용했다. 서포항 유적의 청동기문화층에서 청동으로 만든 숟가락 2점,[53] 범의구석 유적 청동기문화층에서 뼈로 만든 숟가락 2점,[54] 함경북도 나진시 유현동 초도의 청동기 유적에서 뼈로 만든 숟가락 1점[55] 등이 출토되었는데, 타원형에 자루가 있는 모양으로 오늘날의 찻숟가락을 확대한 것처럼 예쁘다. 초도 유적에서 출토된 뼈숟가락은 손잡이 부분에 조각이 되어 있다.[56] 고조선 사람들은 생활용품 하나하나까지 아름답게 만들기 위해 정성을 들였음을 알 수 있다. 고조선에서는 청동이나 뼈보다는 대나무 또는 나무를 이

---

50  『후한서』권85「동이열전」〈부여전〉. "食飮用俎豆."
51  『후한서』권85「동이열전」〈예전〉. "飮食以籩豆."
52  주 3·6과 같음.
53  앞 글,「서포항 원시유적 발굴보고」, p. 129.
54  황기덕,「무산 범의구석 유적 발굴보고」『고고민속론문집』6, 사회과학출판사, 1975, pp. 124~226.
    장호수,「범의구석 유적 청동기시대층(2~4기)」앞 책『북한의 선사고고학』3, p. 536.
55  고고학·민속학연구소,「나진 초도 원시유적 발굴보고서」『유적발굴보고』1, 과학원출판사, 1956, p. 25.
56  앞 책,『조선유적유물도감』1 - 원시편, p. 208.

용한 숟가락이 더 많이 보급되어 있었을 것이지만, 썩어 없어져 유물로 남아 있지 않을 것이다. 지구상에는 아직도 숟가락과 같은 도구를 사용하지 않고 손가락으로 음식을 먹는 사람들이 많다는 점을 생각해볼 때 고조선 사람들은 매우 일찍이 위생적인 음식 문화를 이룩했던 것이다.

고조선에서는 벼·보리·조·기장·콩·팥·수수·피 등의 오곡을 비롯한 여러 종류의 곡물이 재배되었다. 이런 곡물은 황해북도 봉산군 지탑리 유적, 청진시 무산군 범의구석 유적, 함경북도 회령군 회령읍 오동 유적, 황해북도 송림시 석탄리 유적, 평양시 삼석구역 남경 유적, 강원도 양양군 오산리 유적 등에서 출토되었다.[57] 볍씨는 근래에 경기도 일산과 김포에서 서기전 3000~2000년 무렵의 이른 시기의 것이 출토되었다.[58] 따라서 고조선 사람들의 주식은 이런 곡물로 만든 음식이었을 것이다.

한반도와 만주의 산과 들에 흔한 개암·도토리·밤·잣·호두 등의 열매와 고사리·미나리·쑥·참나물·도라지·더덕·달래 같은 자연산 나물, 물고기·대합·굴·미역·김·다시마 등 바다에서 나는 것들도 고조선 사람들의 식생활을 보충해주는 중요한 부식물이었을 것이다. 고조선시대의 여러 유적에서는 멧돼지·등줄쥐·집쥐·비단털쥐·승냥이·여우·너구리·곰·큰곰·검은곰·산달·수달·족제비·오소리·시라소니·삵·범·표범·물개·바다말·수염고래·바다사자·넝이·사향노루·노루·복작노

**57** 윤내현, 「고조선의 경제적 기반」 『백산학보』 제41호, 1993, p. 5.
    이 책의 제2편 제2장 제1절 「고조선의 경제적 기반」 참조.
**58** 임효재, 『한국고대문화의 흐름』, 집문당, 1992, p. 69.
    한국선사문화연구소·경기도, 『일산 새도시 개발지역 학술조사보고 Ⅰ』, 한국선사문화
    연구소, 1992, p. 29.

루·사슴·말사슴·산양 등의 멧짐승 뼈가 출토되었고[59] 개·돼지·소·말·양·닭 등의 집짐승 뼈도 출토되었는데[60] 사냥이나 목축을 통해 얻은 이런 동물들의 고기도 식료로 이용되었을 것이다.

고조선 사람들은 곡물을 낟알 자체로 음식을 만들어 먹기도 했지만 가루로 가공하여 음식을 만들기도 했다. 마을사회시대(전기 신석기시대)부터 계속해서 여러 유적에서 출토되는 갈돌봉과 갈돌판은 곡물의 껍질을 벗기는 도구였지만 가루를 만드는 도구이기도 했다. 범의구석 유적 2기층 움집자리 중앙에는 기장가루가 두텁게 쌓여 있었으며[61] 15호·20호·35호 집자리에는 엎어진 독 주위에 기장가루가 두텁게 쌓여 있었는데, 아마도 이것은 독 안에 들어 있었던 것이 독이 쓰러지면서 흩어졌을 것이다.[62]

고조선 사람들의 음식은 익히거나 끓인 것이 주류를 이루었겠지만 쪄서 먹기도 했다. 초도 유적과 범의구석 유적 등에서 출토된 질시루[63]나 평양시 낙랑구역 정백동 유적 8호 무덤에서 출토된 청동시루[64] 등은 이런 사실을 알게 해준다. 시루의 형태나 밑에 뚫린 구멍의 수는 유적에 따라 다소 다르지만 기능상으로는 오늘날 사용하는 시루와 차이가 없다. 고조선 사람들은 시루가 보급됨으로써 곡물을 찐 후 그것을 쳐서 떡

---

59  김신규, 「청동기시대의 짐승사냥」 앞 책 『고고민속론문집』 2, 사회과학출판사, 1970, 108~109.
    장호수, 「청동기시대 짐승」 앞 책 『북한의 선사고고학』 3 - 청동기시대와 문화, p. 589.
60  앞 책, 『북한의 선사고고학』 3 - 청동기시대와 문화, p. 589.
61  앞 글, 「무산 범의구석 유적 발굴보고」, p. 165.
62  윗글, pp. 154~157.
63  앞 책, 『조선유적유물도감』 1 - 원시편, p. 209.
    앞 책, 『조선유적유물도감』 2 - 고조선·부여·진국편, p. 73.
64  위 책, 『조선유적유물도감』 2 - 고조선·부여·진국편, p. 158.

을 만들기도 했고 곡물 가루를 쪄서 증편 같은 것을 만들기도 했을 것이다.

고조선 사람들은 이미 소금을 조미료로 사용했을 것이다. 『사기』「화식열전(貨殖列傳)」〈오씨과(烏氏倮)〉조에는,

무릇 연 또한 발해와 갈석산 사이에 있는 사람이 많이 모여 사는 지역이다. 남쪽으로는 제·조와 통하고 동북의 변경에는 오랑캐가 있다. 상곡으로부터 요동에 이르기까지 땅은 대단히 먼데 사람은 드물어 여러 차례 노략질당했다. 대체로 조(趙)·대(代)와 풍속이 서로 비슷하나 주민은 용맹스러우며 별로 걱정하지 않는다. 물고기·소금·대추·밤 등이 풍부하다. 북쪽으로는 오환·부여와 이웃했고 동쪽으로는 예·맥·조선·진번의 이익을 관장했다.[65]

는 기록이 있다. 중국의 동북 변경인 연 지역은 물고기와 대추·밤 등의 과일 및 소금이 풍부했다는 것이다. 그런데 연 지역은 고조선의 거수국이었던 예·맥·조선(기자조선)·진번 등과 무역을 하여 그 이익을 관장했다고 했으니 연 지역과 고조선은 문물 교류가 빈번했음을 알 수 있다. 그렇다면 고조선에서는 당연히 연 지역에서 풍부하게 생산되는 소금에 대한 지식을 알고 있었을 것이다.

『관자』「지수(地數)」편에는 관중이 제나라 환공에게,

---

65  『사기』권129 「화식열전」〈오씨과〉조. “夫燕亦勃·碣之間一都會也. 南通齊·趙, 東北邊胡. 上谷之遼東, 地踔遠, 人民希, 數被寇, 大與趙·代俗相類, 而民雕捍少慮, 有魚鹽棗栗之饒. 北鄰烏桓·夫餘, 東縮穢·貉·朝鮮·眞番之利.”

관자가 대답하기를 무릇 초에는 여한(汝漢)의 금이 있고 제에는 거전(渠展)의 염(鹽)이 있으며 연에는 요동의 자(煮)가 있는데, 이 세 가지는 또한 무왕이 귀하게 여겼던 것에 해당한다고 할 수 있습니다.[66]

라고 말하는 내용이 있는 것으로 보아 연 지역에서 생산된 소금은 자(煮)였음을 알 수 있다. 자는 바닷물을 끓여서 만든 소금을 말한다.

연 지역의 이런 제염기술은 연 지역과 경제·문화 교류가 빈번했던 고조선도 당연히 가지고 있었을 것이다. 『후한서』 「동이열전」 〈동옥저전〉에는 고구려가 동옥저를 병합한 후의 상황을 말하면서,

고구려는 다시 그 가운데 대인(大人)을 사자(使者)로 삼아 그로써 함께 그 지역을 다스리게 했으며, 조세로 담비 가죽·물고기·소금 및 해산물을 징수하고 미녀를 징발하여 종이나 첩으로 삼았다.[67]

고 했다. 이 기록에 따르면 동옥저에서는 소금이 생산되었다. 옥저는 원래 지금의 요서 지역에 있었던 고조선의 거수국이었는데[68] 고조선이 붕괴되자 동쪽으로 이동하여 동옥저가 되었다.[69] 그러므로 동옥저의 소금 생산 기술은 고조선으로부터 이어져 내려왔을 것이다.

고조선 사람들은 소금을 사용하여 음식의 간을 맞추었을 것이고 쉽게

---

66 『관자』 권23 「지수」. "管子對曰, 夫楚有汝漢之金, 齊有渠展之鹽, 燕有遼東之煮, 此三者, 亦可以當武王之數."

67 『후한서』 권85 「동이열전」 〈동옥저전〉. "句驪復置其中大人爲使者, 以相監領, 責其租稅, 貂布魚鹽, 海中食物, 發美女爲婢妾焉."

68 앞 글, 「고조선의 국가 구조」 『겨레문화』 6, pp. 94~95.

69 윤내현, 「위만조선의 재인식」 앞 책 『한국고대사신론』, pp. 291~296.

변질할 수 있는 고기나 채소들을 소금에 절여 오랫동안 보존하여 그것들이 생산되지 않는 시기에도 식품으로 사용할 수 있게 되었을 것이다. 그리고 물고기를 이용하여 젓갈을 만드는 방법도 개발되었을 것이다.

고조선에서는 술을 만들어 마셨을 것이다. 앞에서 언급된 범의구석 유적·오동 유적과 요동반도의 쌍타자(雙砣子) 유적·장군산 유적 등을 비롯한 고조선시대의 여러 유적에서는 잔이 출토되었다.[70] 이런 잔들은 술을 마시는 데 이용되었을 것이다.『후한서』「동이열전」〈부여전〉에 부여 사람들은 여러 사람이 모여 "회합을 할 때에는 잔을 올리고 잔을 씻는 예법이 있다"[71]고 했다. 이것은 술을 마실 때 잔을 상대에게 권하는 한민족의 오랜 풍속을 말한다. 같은 열전에 부여에는 영고(迎鼓), 고구려에는 동맹(東盟), 예에는 무천(舞天), 한에는 5월제와 10월제 등의 하늘에 제사 지내는 풍속이 있었는데, 이때는 나라 안의 남녀노소 모두가 밤낮없이 음식을 먹고 술 마시며 노래 부르고 춤을 추었다고 한다.[72] 이와 같이 고조선의 후계 세력이었던 여러 나라에서 술을 즐겨 마셨던 것으로 보아 고조선에도 이미 상당히 발달한 음주 문화가 있었을 것으로 생각된다.

고조선 사람들은 이미 식초를 발명하여 사용했을 것이다. 술이 오래되면 자연히 식초로 변하기 때문에 술을 보관하는 과정에서 고조선 사람들은 자연스럽게 식초를 발명할 수 있었을 것이다. 식초는 소금과 더불어 음식 맛을 내는 조미료로 사용되었을 것이다.

---

**70** 앞 책,『조선유적유물도감』1 - 원시편, p. 189 · 197.
　　사회과학원 고고학연구소,『조선고고학개요』, 과학 백과사전출판사, 1977, pp. 69~71.
**71** 『후한서』권85「동이열전」〈부여전〉. "會同拜爵洗爵."
**72** 위의『후한서』「동이열전」참조.

고조선에는 매우 다양한 음식이 있었던 것이다. 고조선시대의 유적들에서 출토된 질그릇은 크게 조리용·음식용·저장용 등으로 나누어진다. 음식용 질그릇들은 부드러운 바탕흙을 사용했고 표면을 간 것들이 많았는데, 그릇의 종류는 뚝배기·보시기·바리·접시·굽접시·굽바리·굽보시기 등 여러 가지였다. 그릇이 이렇게 다양한 것은 음식물의 종류가 많았음을 알게 해준다. 바리는 밥을 담는 데, 보시기는 밑반찬을 담는 데, 접시는 고기류의 부식물을 담는 데 사용되었을 것이다. 고조선시대의 유적에서 단지류와 여러 가지 항아리가 이전 시대보다 크게 늘어났는데, 이것은 그러한 그릇에 담아야 할 음식물인 기름이나 젓갈류가 늘어났음을 의미한다.

## 4. 고조선 사람들의 주택

고조선 사람들의 집은 지역에 따라 차이는 있지만[73] 이전 시대에 비해 크게 발전했다. 이전 시대에는 습지와 같은 특수한 입지 조건의 지역을 제외하고는 대체로 지하 움집이었으나 고조선에서는 지상식 건물도 일부 있었고[74] 대개 지하 50~60센티미터 정도로 깊지 않은 반지하 움

---

**73** 예컨대 움의 평균 깊이가 동북 지역 71.8센티미터, 서북 지역 44.6센티미터, 중부 지역 46.0센티미터, 남부 지역 46.6센티미터로 나타나는데, 이것은 그 지역의 기후와 관계가 있을 것이다.
윤기준, 「우리나라 청동기시대 집터에 관한 연구─지역적 특성과 그 구조를 중심으로」, 『백산학보』 제32호, 1985, p. 46.

**74** 고조선 중기에 해당하는 하가점 유적 상층에서는 일부 지상식 건물이 발견되었고, 평안북도 영변군 세죽리 유적·요령성 여대시 윤가촌 유적·요령성 무순시 연화보 등에서 발견된 집자리도 지상식이었다.

집이었다.[75] 평면 형태도 이전 시대에는 원형이나 원형에 가까운 사각형이었으나 고조선에서는 직사각형이 주류를 이루었다.[76] 직사각형 움의 긴 변과 짧은 변의 비율은 1대 1.4의 황금비율이 많았다. 집자리 바닥의 면적은 80제곱미터의 큰 것과 10제곱미터 이하의 아주 작은 것도 있었으나 20제곱미터 정도의 것이 가장 많았다. 그리고 20제곱미터를 중심으로 대체로 10제곱미터를 단위로 변화했다. 이로 보아 20제곱미터에 거주하는 사람이 가족의 기본 구성원이었을 것이다.[77] 고조선의 주택 발전은 그들의 생활이 그만큼 진보되었기 때문이었을 것인데, 아직도 지상식보다는 반지하식이 주류를 이루었던 것은 난방 문제가 완전히 해결되지 않았기 때문이었을 것이다.

고조선의 주택은 지붕을 짚이나 풀 같은 것으로 이었고 그 위에 두껍게 진흙을 바른 것도 있었다.[78] 고조선인들은 집자리를 단단하게 다진 후 그 위에 집을 지었기 때문에 기둥구멍이 충분하게 남아 있지 않은 것이 많다. 그러나 지붕의 무게에 눌려 기둥 자리가 일부 남아 있거나 기둥의 일부가 썩지 않고 남아 있는 유적들이 있어 이런 것들을 근거로 당시의 가옥 구조를 복원할 수 있었다.

고조선시대의 집은 몇 개의 유형으로 나누어진다. 첫 번째 유형은 직사각형의 집자리에 양쪽 두 줄과 가운데 한 줄, 모두 세 줄의 기둥이 세워진 집이다. 석탄리 유적의 둘째 유형 집자리로 불리는 8채의 집자리[79]

---

75  김정기, 『한국목조건축』, 일지사, 1993, p. 23.

76  김용남·김용간·황기덕, 「청동기시대 집자리를 통하여 본 집째임새의 변천」 『우리나라 원시 집자리에 관한 연구』, 사회과학출판사, 1975, pp. 138~158.

77  앞 책, 『한국목조건축』, p. 21.

78  위 책, p. 24.

79  리기런, 『석탄리 유적 발굴보고』 ─ 유적발굴보고 제12집, 과학백과사전출판사, 1980,

와 평안남도 남포시 강서구역 태성리 유적의 집자리[80]는 이 유형에 속한다. 석탄리 유적의 집자리는 가장 작은 39호 집자리가 길이 4.4미터, 너비 3.2미터였고, 제일 큰 2호 집자리는 길이가 6.6미터, 너비는 4미터였으며 움의 깊이는 10~60센티미터였다. 각 집자리에는 화덕이 하나씩 있었는데, 아무 시설 없이 바닥을 우묵하게 판 것이었다. 기둥구멍들은 움벽 변두리와 중앙에 일부가 남아 있었는데, 움벽 변두리에 있는 기둥구멍은 5~10센티미터 사이로 작고 얕으며 배열 상태는 다소 무질서했다. 바닥 중심선에는 2개, 3개 또는 5개의 기둥구멍이 있었다. 그 지름은 20~30센티미터 정도로 가장자리 기둥구멍보다 컸다. 태성리 유적의 집자리에는 바닥 변두리에 숯이 된 통나무 기둥 그루가 약 10센티미터 간격으로 촘촘히 움바닥 위에 서 있는 것이 발견되었다.

이 두 유적이 보여주는 정형을 근거로 집의 구조를 복원해보면 직사각형의 가장자리를 따라 촘촘히 서 있는 벽체의 골조를 겸한 기둥들과 이것들을 붙잡아주는 베개도리, 움의 바닥 중앙에 일직선으로 간격을 가지고 늘어선 대공을 겸한 높은 기둥들, 중앙의 기둥들을 연결하는 용마루, 중앙의 기둥과 양쪽의 벽체가 쓰러지지 않도록 중앙의 기둥과 벽체의 베개도리를 연결한 큰 들보, 용마루로부터 양면 벽체의 베개도리로 경사지게 건 서까래 등으로 구성된 맞배지붕의 집이었다.[81]

두 번째 유형의 집은 직사각형이기는 하지만 집 모양이 좁고 길다. 이런 집자리는 서울시 역삼동 유적(현재 강남구 도곡동)[82]과 경기도 파주군

pp. 38~47.

80  고고학·민속학연구소, 「태성리 고분군 발굴보고」『유적발굴보고』 5, 과학원출판사, 1959, pp. 112~114.

81  앞 책, 『석탄리 유적 발굴보고』, pp. 83~87.

82  김양선·임병태, 「역삼동 주거지 발굴보고」『사학연구』 제20호, 한국사학회, 1968, pp.

월롱면 옥석리 유적[83] 등에서 발견되었다. 역삼동 유적의 집자리는 길이 16미터, 너비 3미터였고 움의 깊이는 50~60센티미터였으며, 옥석리 유적의 집자리는 길이 15.7미터, 너비 3.7미터였고 움의 깊이는 30~60센티미터였다. 옥석리 유적의 집자리 움벽의 가장자리에는 130여 개의 가는 기둥들이 숯으로 변하여 촘촘히 줄을 이어 있었다. 그러나 바닥의 중앙에는 기둥 흔적이 전혀 없었다. 이런 집은 폭이 좁기 때문에 중앙에 기둥을 세우지 않고 양쪽의 벽체를 이룬 촘촘히 세워진 기둥들 위에 베개도리를 걸었으며, 그 베개도리에 굵은 들보를 걸고 들보 위에 용마루를 걸 대공을 세웠을 것으로 생각된다.

세 번째 유형은 직사각형 집이기는 하지만 집안 구조가 두 부분으로 나누어져 있는 것이다. 석탄리 유적의 셋째 유형 집자리로 분류된 31호, 32호[84]와 평안남도 북창군 대평리 유적 윗문화층 2호 집자리[85] 등이 이 유형에 속한다.

석탄리 유적의 31호 집자리는 길이가 9미터, 너비는 5미터였으며, 32호 집자리는 길이가 9.8미터, 너비가 5.15미터였다. 31호 집자리는 긴 축이 서남으로부터 동북 방향으로 놓여 있었는데 바닥은 두 부분으로 나누어져 절반 부분이 한 단 높았다. 지표로부터의 깊이는 낮은 부분이 50~70센티미터 정도였고 한 단 높은 부분은 25~30센티미터 정도였다. 낮은 바닥의 중앙부에는 움푹 파인 부분이 있었는데 그곳에 화덕 자리

---

43~48 및 25 도판 참조.

83　김재원·윤무병, 『한국지석묘연구』 ― 국립박물관 고적조사보고 제6책, 국립박물관, 1967, pp. 36~40 및 37 도판 참조.

84　앞 책, 『석탄리 유적 발굴보고』, pp. 59~62.

85　정찬영, 「북창군 대평리 유적 발굴보고」 『고고학자료집』 제4집, 사회과학출판사, 1974, pp. 124~125.

가 하나 있었고, 한 단 높은 바닥의 가운데쯤에 화덕 자리가 하나 더 있었다. 집자리의 바닥에는 한 줄에 5개씩 모두 15개의 기둥구멍이 집의 긴 축을 따라 세 줄로 질서정연하게 배열되어 있었다. 기둥구멍의 지름은 30~40센티미터였고 깊이는 25~30센티미터 정도였으며 기둥 사이의 거리는 2미터 정도였다.

집 양쪽의 기둥구멍은 움벽 가장자리에 있는 것이 아니라 움벽으로부터 80센티미터쯤 안으로 들어와 있었다. 이 기둥들은 앞에서 언급한 첫 번째 유형의 집과는 달리 이 기둥들이 벽체의 골조를 겸했던 것이 아니라 지붕을 만들기 위한 기능만을 위해 세워졌으며 벽체는 움벽의 언저리나 움벽의 어깨선에 따로 있었다는 것을 알게 해준다. 집자리 양쪽에 늘어선 기둥구멍들은 그 수가 같고 서로 대칭되는 위치에 있었다. 이로 보아 이 기둥들에는 베개도리뿐만 아니라 들보도 걸었을 것으로 생각된다. 그리고 중앙 줄의 기둥을 지나가는 들보 위에는 용마루를 받드는 대공을 따로 세웠을 것이다.

대평리 유적 윗문화층의 2호 집자리는 남북 길이가 10미터, 동서 너비는 5.3미터였다. 움의 깊이는 10~15센티미터 정도였다. 집자리의 구조는 석탄리 유적 31호 집자리와 비슷한데 움의 바닥에는 세 줄로 질서 있게 줄을 이루어 배치된 주춧돌이 있었다. 주춧돌을 사용함으로써 땅에서 올라오는 습기를 막아 기둥그루가 썩는 것을 막을 수 있었고 기둥이 힘도 받을 수 있게 했던 것이다. 석탄리 유적 31호 집자리를 복원한 집 건축 구조는 기둥·대공·용마루·도리·들보·서까래·벽체 골조·벽체 등으로 구성된 사개물림에 의한 기둥-보식 건축이었는데[86] 대평리

---

86  앞 책, 『석탄리 유적 발굴보고』, pp. 87~90.

윗문화층 2호 집에서는 주춧돌을 이용한 독립 기초를 보완했던 것이다. 이것은 건축 기술에 있어서 큰 발전이었다.

네 번째 유형의 집은 기둥이 네 줄로 세워진 것이다. 이런 집자리는 함경북도 회령군 회령읍 오동 유적[87]과 무산군 무산읍 범의구석 유적[88] 등에서 발견되었다. 오동 유적 8호 집자리는 서북으로부터 동남으로 놓인 직사각형이었다. 집자리의 길이는 8.4미터, 너비는 6.5미터였고 움의 깊이는 평균 75센티미터였다. 움벽에는 출입구와 벽장 같은 것이 있었다. 바닥에는 2개의 화덕 자리와 타원형의 저장움이 있었다. 그리고 130여 개의 기둥 자리가 발견되었다. 그 가운데 90여 개는 움벽선을 따라 촘촘히 줄지어 있었다. 이 기둥들은 벽체의 골조를 형성했을 것이며 그 위에는 베개도리를 걸었을 것이다. 나머지 구멍들은 중앙에 두 줄로 배열되어 있었는데 중앙의 구멍들은 움벽 쪽의 기둥구멍보다 컸으며 작은 경우에는 2~3개가 함께 모여 있었다.

이런 집의 건축 구조는 다음 두 가지로 생각해볼 수 있다. 첫째는 가운데 두 줄의 기둥들은 움벽 쪽의 기둥보다 훨씬 긴 것으로 세우고 그 위에 중도리를 건 다음 이 중도리와 움벽 가장자리의 기둥 위에 있는 베개도리에 걸쳐 서까래를 올려 위 끝이 맞물려 경사진 지붕을 만드는 건축 구조이다.

다른 하나는 중앙의 기둥이나 가장자리의 기둥 높이를 똑같이 하고 가로와 세로로 굵은 도리와 들보를 걸고 그 위에 대공을 세우고 대공

87    고고학·민속학연구소, 「회령 오동 원시유적 발굴보고」 『유적발굴보고』 7, 과학원출판사, 1960, pp. 16~26.
88    황기덕, 「무산 범의구석 유적 발굴보고」 『고고민속론문집』 6, 사회과학출판사, 1975, pp. 124~226.

위에 용마루를 올려 지붕 양쪽을 경사지도록 하는 방법이다.[89]

오동 유적 5호 집자리와 범의구석 유적 31호 집자리는 구조상으로는 위의 집과 같은데 기둥 수가 줄어들고 기둥 자리에는 주춧돌이 놓여 있었다. 오동 유적 5호 집자리는 길이가 5.2미터, 너비는 4.5미터였고 움의 깊이는 79센티미터였다. 기둥 자리는 40여 개였는데 중앙의 기둥 자리에는 주춧돌이 있었다. 이 집의 기둥 수가 오동 유적 8호 집에 비해 3분의 1로 줄어들었다는 것은 기둥으로 그만큼 굵은 나무를 사용했을 것임을 알게 해준다. 범의구석 유적 31호 집자리는 길이가 5.4미터, 너비가 4.6미터였고 움의 깊이는 70센티미터 정도였다. 집자리 바닥에는 14개의 주춧돌이 네 줄로 질서정연하게 놓여 있었다. 이 집의 기둥 수는 오동 유적 5호 집보다 적고 오동 유적 8호 집보다는 6분의 1로 줄었다. 이런 현상은 건축 기술이 발전하면서 굵은 기둥과 주춧돌이 함께 사용되기 시작했음을 알게 해준다.

다섯 번째 유형은 양쪽으로 두 줄의 기둥이 있고 그 밖에 벽이 따로 존재하는 건축 구조이다. 자강도 시중군 심귀리 유적의 1호·2호[90]와 범의구석 유적 17호[91] 집이 이 유형에 속한다. 심귀리 2호 집자리는 길이가 10.6미터, 너비는 7.5미터였고 움의 깊이는 60~70센티미터였다. 집자리의 바닥에는 양쪽의 움벽으로부터 2미터 안으로 들어와 긴 축을 따라 한 줄에 6개씩 12개의 주춧돌이 마주 놓여 있었다. 이렇게 넓은 집을 불과 12개의 기둥으로 지었다면 기둥은 상당히 굵었을 것임을 알 수 있

---

**89**　황기덕, 『조선 원시 및 고대사회의 기술발전』, 과학원출판사, 1984, p. 148.

**90**　정찬영, 『압록강·독로강 류역 고구려 유적 발굴보고』─유적발굴보고 제13집, 과학백과사전출판사, 1983, pp. 7~11.

**91**　주 88과 같음.

다. 그리고 양쪽 기둥을 2미터씩 안으로 당겼으므로 기둥 밖에는 움벽을 따라 벽이 따로 만들어졌을 것이다. 범의구석 유적 17호 집은 심귀리 유적 1호 집과 구조는 동일하지만 100제곱미터의 면적에 기둥은 겨우 8개뿐이었다.

이처럼 불과 10개 안팎의 기둥으로 큰 건물을 세웠다는 것은 당시 이미 큰 건축 자재를 나무는 기술을 가지고 있었음을 말해준다. 이 집들은 독립된 기초를 가진 기둥들과 도리·들보·대공·용마루 등의 굵은 재목으로 맞물린 견고한 힘받이 구조로 이루어진 건물이었던 것이다.

여섯 번째 유형은 정사각형 또는 직사각형에 가까운 집이다. 이런 형태의 집자리는 황해남도 용연군 석교리 유적 2호 집자리,[92] 자강도 강계시 공귀리 유적 윗문화층의 집자리,[93] 요동반도 남단의 쌍타자 유적 제3문화층의 집자리,[94] 충청남도 서산군 해미면 휴암리 유적의 일부 집자리 등이 있다.

공귀리 유적 윗문화층의 집자리는 4호가 서벽 길이 6.6미터, 북벽 길이 6.2미터였고, 5호는 동벽 길이 6.7미터, 서벽 길이 6.5미터로 정사각형에 가까운 네모집이었는데 움의 깊이는 50센티미터 정도였다. 집자리 북쪽 중앙에 화덕 자리가 있었다. 5호 집자리에는 움벽선을 따라 각 벽에 4~6개씩 모두 20여 개의 기둥구멍이 있었는데 구멍의 지름은 15~40센티미터였으며 깊이는 5~20센티미터였다. 바닥의 중심에는 불에 탄

**92** 황기덕, 「황해남도 룡연군 석교리 원시유적 발굴보고」 『고고학 자료집』 제3집 — 각지 유적 정리 보고, 과학출판사, p. 38.

**93** 고고학·민속학연구소, 「강계시 공귀리 원시유적 발굴보고」 『유적발굴보고』 6, 과학원출판사, 1959, pp. 9~17.

**94** 조중 공동 고고학 발굴대, 『중국 동북 지방의 유적 발굴보고』, 사회과학원출판사, 1966, pp. 6~16.

통나무 그루가 남아 있었다. 이 집의 모양은 두 가지로 생각해볼 수 있다. 하나는, 벽에 세운 기둥은 벽의 골조를 겸했을 것이고 기둥 위에 베개도리를 걸고 베개도리 위에 들보를 놓고 들보 위에 다시 대공을 놓아 중앙기둥과 대공을 따라 용마루를 걸어 용마루 좌우로 경사진 맞배지붕을 생각할 수 있다. 다른 하나는, 중앙의 굵은 기둥을 중심으로 하여 네 면의 베개도리에 걸쳐 서까래를 건 사각지붕을 생각할 수도 있다.

일곱 번째는 정사각형 바닥 중앙에 2개의 기둥을 세워 우진각지붕에 가까운 형태를 하고 있는 집이다. 이런 집은 충청남도 서산군 해미면 휴암리 유적[95]과 요령성 여대시 쌍타자 유적,[96] 충청남도 부여군 초촌면 송국리 유적[97] 등에서 확인되었다. 휴암리의 일부 집자리에서는 움벽을 따라 기둥구멍이 있고 중앙에 2개의 기둥구멍이 있는 것이 발견되었다. 중앙구멍의 지름은 약 15센티미터였고 두 기둥의 거리는 50센티미터 정도였다. 이 집의 움벽을 따라 있는 기둥들은 벽체골조를 겸했으며 그 위에 베개도리를 올렸을 것이다. 중앙의 두 기둥은 대공을 겸한 것으로 두 기둥 사이에 용마루를 걸고 이 용마루와 네 면의 베개도리에 서까래를 걸쳐 지붕을 만들었을 것이다.

지붕 모양은 경사가 네 면을 이루었겠지만 중앙 2개의 기둥 사이는 수평을 이루어 우진각지붕 모양에 접근해가는 형태를 취했을 것이다. 쌍타자 유적의 7호 집자리는 기둥의 배열 상태가 기본적으로는 휴암리 유적의 집자리와 같았으나 움벽의 기둥들이 2~3미터 간격으로 드문드

95  윤무병, 한영희, 정준기, 『휴암리』 – 국립박물관 고적조사보고 제22책, 국립중앙박물관, 1990, pp. 17~28.
96  앞 책, 『중국 동북 지방의 유적 발굴보고』, pp. 6~7.
97  국립중앙박물관, 『송국리』 II · III – 국립박물관 고적조사보고 제18책 · 제19책, 국립중앙박물관, 1986 · 1987, pp. 8~31.

문 서 있었으며, 중앙에 있는 두 기둥 사이도 휴암리 유적보다 3배나 되는 1.5미터에 이르렀다. 따라서 이 집의 모양은 휴암리 유적의 집보다 한층 더 우진각지붕에 가까웠을 것이다. 송국리 유적의 집도 불탄 서까래로 보아 우진각지붕이었음이 확인되었다.[98]

고조선의 집들은 이전 시대의 단순한 움집에 비해 다양하게 발전하고 있었다. 이전의 움집들은 땅을 파서 움을 만들고 그 위에 통나무로 조립한 단순한 구조였다. 고조선에 이르러서는 지역에 따라 다소 차이를 보이기는 하지만 기본적으로는 비슷한 발전을 했다. 예컨대 북부 산간 지역의 거주민들은 다른 지역보다 움이 깊었고 지붕에 보온을 위해 덮은 흙도 두터웠다. 지붕의 흙이 두터웠음은 이 지역 집자리에 나타난 기둥 구멍이 다른 지역의 것보다 더 굵고 주춧돌이 일찍 출현한 것에서 알 수 있다.

지역에 따른 이런 차이가 있음에도 불구하고 대체로 종래의 단순한 움집은 벽체를 겸한 기둥과 서까래식 지붕이 있는 반지하의 움집으로 발전했고, 다시 벽체와 기둥이 분리되어 벽체·기둥·도리·들보·대공·용마루·주춧돌 등 여러 가지 건축 요소를 지닌 견고한 힘받이 구조의 건물이 출현했던 것이다. 집 주위는 흙이나 돌을 쌓아 담장을 설치하기도 했다.[99] 이런 건축 요소는 한민족 전통 건축의 기본 요소인데 고조선 시대에 이미 형성되었던 것이다.

고조선시대에 난방 시설도 발전하여 화덕의 열량을 높이기 위한 여러 가지 시설을 했다. 그 가운데 가장 쉬운 방법은 넓은 방에 2개의 화덕을 설치하는 것이었으며, 화덕의 열을 보존하기 위해 화덕 바닥이나 주변

---

**98**  조유전, 「청동기시대 연구사」『국사관논총』 제19집, 국사편찬위원회, 1990, p. 85.

**99**  앞 책,『中國東北史』, p. 222.

에 돌이나 자갈을 깔아 그것들이 달구어져 열을 보존하도록 하는 방법
도 채택되었다. 그러다가 고조선 말기인 서기전 2세기 무렵에 온돌이 출
현했다.

지금까지 초기 온돌이 확인된 곳은 자강도 시중군 노남리 유적[100]과
중강군 토성리 유적,[101] 평안북도 영변군 세죽리 유적,[102] 평안남도 북창
군 대평리 유적 제2지점[103] 등이다. 토성리 유적에서는 다섯 개의 온돌
시설이 확인되었다.[104] 그 구조는 얄팍한 판돌을 돌상자무덤을 만들듯이
잇대어 세우고 그 위를 다른 판돌로 덮은 고래가 좁고 긴 형식의 섯이
었다. 고래 안의 너비가 15~30센티미터, 높이는 15~20센티미터 정도였
다. 고래 형식은 똑바로 된 곤은식과 중간에 방향이 바뀐 꺾임식 두 종
류가 있었다. 직선식 고래는 토성리 유적의 2호와 4호 집자리에서 확인
되었고, 꺾임식 고래는 토성리 유적 1호 집자리와 노남리 유적 2호 집자
리 등에서 확인되었다.

위의 온돌은 고래가 하나로 되어 있는 외고래 온돌이었다. 그런데 대
평리 유적 제2지점 2호와 3호 집자리에서는 고래가 두 줄인 온돌이 발
견되었다.[105] 이 집들은 움집이 아니라 지상식 건물이었는데 온돌의 고

---

**100** 정찬영, 『압록강·독로강 류역 고구려 유적 발굴보고』 – 유적발굴보고 제13집, 과학백
과사전출판사, 1983, pp. 48~51.

**101** 윗글, pp. 129~131.

**102** 김정문, 「세죽리 유적 발굴 중간보고」 『고고민속』, 1964년 2호, 사회과학원출판사, p.
48.

**103** 정찬영, 「북창군 대평리 유적 발굴보고」 『고고학자료집』 제4집, 사회과학출판사, 1974,
pp. 141~143·145~146.

**104** 정찬영, 「우리나라 구들의 유래와 발전」 『고고민속』 1966년 4호, 사회과학원출판사,
pp. 16~18.

**105** 주 103과 같음.

래는 꺾임식이기는 했지만 두 줄로 되어 있었다. 특히 3호 집자리의 온돌은 고래의 너비가 노남리 유적 1호 집자리나 대평리 유적 2호 집자리 고래의 3배나 되었다. 이렇게 고래가 두 줄이면서 그 면적이 넓은 것은 온돌 기술이 한층 발전했다는 뜻이다.

이처럼 온돌 구조가 여러 가지로 나타나는 것은 고조선인들이 복사열을 높이기 위해 온돌을 끊임없이 개량했음을 알게 해준다. 이렇게 볼 때 지금까지 발견된 초기의 온돌은 서기전 2세기 무렵의 것이지만 온돌이 발명된 시기는 이보다 훨씬 올려 잡아야 할 것이다.

고조선 사람들은 방 안의 바다 땅에서 올라오는 습기를 차단하기 위해 여러 가지 시설을 했던 것으로 보인다. 그동안 발견된 고조선의 집자리 가운데는 바닥을 굳게 다지고 불로 달군 곳이 많으며, 서포항 유적의 청동기문화층(고조선시대) 집자리들은 바닥을 진흙이나 진흙에 굴껍질을 섞어 다졌는데[106] 이것은 땅에서 올라오는 습기를 차단하기 위해서였을 것이다. 석탄리 유적의 18호와 40호 집자리의 움 바닥에는 회록색의 얇은 층이 깔려 있었는데 이것은 삿자리나 멍석이 썩은 흔적일 것이다.[107] 오동 유적 4호 집자리 바닥에서는 타다 남은 넓고 얇은 판자 조각이 출토되었고[108] 범의구석 유적 15호 집자리 바닥에는 판자가 탄 숯이 얇게 깔려 있었으며, 8호 집자리 바닥에는 규격품으로 자른 판자가 잘 남아 있었다.[109] 이런 자료들로 보아 고조선인들은 방바닥을 굳게 다진 후 그 위에 삿자리나 멍석, 널판자 등을 깔았음을 알 수 있다.

**106** 앞 책, 「서포항 원시유적 발굴보고」, pp. 109~111·121~123.

**107** 앞 책, 『석탄리 유적 발굴보고』, p. 18·45.

**108** 앞 책, 『회령 오동 원시유적 발굴보고』, p. 21.

**109** 앞 글, 「무산 범의구석 유적 발굴보고」, p. 155·178.

이런 시설은 방바닥에 국한된·것이 아니었다. 황해북도 봉산군 봉산읍 신흥동 유적 2호 집자리에서는 움벽에 널판자를 둘러쳤던 흔적이 남아 있었으며[110] 범의구석 유적 8호 집자리에서는 천장과 벽체에 발랐던 자작나무 껍질이 무더기로 출토되었는데, 그 가운데는 자작나무 껍질을 40~50센티미터의 규격품으로 만들어 실로 꿰매어 연결한 것이 발견되었다.[111] 이 집은 널판자를 깔고 그 위에 삿자리를 깔았으며 벽체에는 널판자를 붙이고 그 위에 자작나무 껍질을 도배종이처럼 붙였던 것임을 알 수 있다. 이로 보아 고조선의 농민 가운데는 집 안을 상당히 잘 꾸미고 문화적인 생활을 한 사람들도 있었음을 알 수 있다. 고조선의 집자리에서는 칸막이 시설을 한 것도 발견되었는데[112] 이것은 주택의 혁명적 변화라 할 수 있다.[113]

고조선 사람들은 집 안에 벽장 또는 저장움을 만들거나 큰 독을 두고 곡물을 저장했다. 공귀리 유적 대부분의 집[114]과 오동 유적의 일부 집[115]에는 움벽에 벽장이 만들어져 있었으며 벽장이 없는 집들은 바닥에 저장움이 있었다. 벽장이나 저장움이 없는 집의 방 안에는 큰 독이 놓여 있었다.[116] 범의구석 유적 15호 집자리와 35호 집자리에서는 깨진 큰 독이 발견되었는데 주위에 기장가루가 두껍게 흩어져 있었다.[117] 고조선 사람들은 독립된 창고 건물을 가지고 있기도 했다. 세죽리 유적 18호,

---

110 서국태, 「신흥동 팽이그릇 집자리」『고고민속』, 1964년 3호, 사회과학원출판사, p. 37.
111 앞 글, 「무산 범의구석 유적 발굴보고」, p. 178.
112 앞 글, 「신흥동 팽이그릇 집자리」, p. 37.
113 앞 책, 『한국목조건축』, p. 25.
114 앞 책, 『강계시 공귀리 원시유적 발굴보고』, pp. 9~18
115 앞 책, 『회령 오동 원시유적 발굴보고』, p. 23·25.
116 앞 책, 『회령 오동 원시유적 발굴보고』, pp. 21~22.
117 앞 글, 「무산 범의구석 유적 발굴보고」, p. 155·157.

계산리 유적 1호, 흔암리 유적 4호 등의 집자리는 이런 건물에 속한다.[118] 고조선 사람들은 집 안이나 집 밖에 곡물을 저장하는 장치를 마련하고 안정된 생활을 했던 것이다.

지금까지 살펴본 고조선의 집들은 일반 마을의 집들로서 농민들의 살림집들이다. 고조선의 지배 귀족은 이보다 훨씬 규모도 크고 시설도 좋은 집에서 살았을 것이다. 『후한서』 「동이열전」 〈부여전〉에는 "(부여는) 둥근 목책으로 성을 만들고 궁실과 창고, 감옥이 있다"[119]는 기록이 있는데, 여기서 말하는 궁궐이나 창고, 감옥은 지하나 반지하의 움집은 아니었을 것이다. 아마도 지상의 건축물로서 규모도 컸을 것이다. 고조선을 계승한 부여에 이런 건축물이 있었다면 바로 전 시대인 고조선에도 이와 유사한 건축물이 있었다고 보아야 할 것이다.

그러나 아직까지 고조선의 도읍이나 그 거수국들의 국읍 위치를 정확하게 찾아내지 못했을 뿐만 아니라 그러한 곳으로 추정되는 곳이 발굴된 예도 없어서 궁궐을 비롯한 지배 귀족의 집에 대해서는 자세하게 알 수가 없다. 서기전 3~2세기 무렵의 유적으로 추정되는 요령성 여대시 목양성 유적과 단산리 유적, 윤가촌 유적 등에서는 여러 가지 아름다운 문양과 문자가 새겨진 기와 조각들이 출토되었다.[120] 이런 점으로 미루어 고조선의 지배 귀족이 여러 종류의 기와와 막새를 사용한 화려하고 웅장한 건물에서 살았을 것이라고 추측할 수 있다.

---

**118** 앞 글, 「우리나라 청동기시대 집자리에 관한 연구」, pp. 33~34.
**119** 『후한서』 권85 「동이열전」 〈부여전〉. "以員柵爲城, 有宮室·倉庫·牢獄."
**120** 『牧羊城』 – 東方考古學叢刊 甲種第二冊 東亞考古學會, 昭和 6(1931), pp. 29~32.
　　　앞 책, 『조선유적유물도감』 2 – 고조선·부여·진국편, p. 95.
　　　사회과학원 력사연구소, 『조선전사 2 – 고대편』, 과학백과사전출판사, 1979, p. 73.
　　　앞 책, 『중국 동북 지방의 유적 발굴보고』, p. 125.

## 5. 고조선 사람들의 풍속

고조선의 마을들은 대개 하천이나 해안에서 가까운 구릉지대에 위치하고 있었으며, 마을 규모도 이전 시대보다 훨씬 컸을 것으로 생각된다. 마을이 앉은 위치를 보면 대개 바람을 막아주는 조그마한 야산을 뒤에 두고 앞에는 하천이나 바다가 있으면서 가까운 곳에 우물 등의 식수원을 중심으로 모여 있는 배산임수(背山臨水)의 조건을 갖추고 있었다. 오늘날의 자연마을과 흡사한 모습이었던 것이다.[121]

주거 형태는 구성원들에게 중요한 의미를 지니고 있었던 자원·기술 개발·사회 조직 등과 관련을 가지고 이루어지기 때문에[122] 당시 사회의 기능을 해석하는 데 매우 중요한 전략적 교두보라고 할 수 있다.[123] 그런데 고조선의 마을 형태가 오늘날의 자연마을과 흡사하다는 것은 고조선인들의 생활과 고조선 사회에서 마을의 기능이 오늘날의 자연마을과 크게 차이가 없었음을 말해준다. 다시 말하면, 고조선 사람들은 농업을 기초로 생활했고, 마을은 혈연집단을 기본 단위로 하여 구성되었으며, 이런 마을이 고조선의 통치 구조와 사회 구조의 기초를 이루고 있었던 것이다.

함경북도 무산읍 범의구석 유적 2기층에서는 30제곱미터 안에 같은 시기의 집자리 4자리가, 자강도 강계시 공귀리 유적에서는 30제곱미터

---

121 최몽룡, 「청동기시대 주거생활」 『한국사론』 13 — 한국고고학 II·상, 국사편찬위원회, 1983, p. 157.

122 K. C. Chang, "Settlement Pattern in Archaeology" *An Addison—Wesley Module in Anthropology* 24, 1972, pp. 1~26.

123 Gordon R. Willey, "Prehistoric Settlement Patterns in the Viru Vally, Peru" *Bulletin* 155, Bureau of American Ethnology, Smithsonian Institution, 1953.

안에 같은 시기의 집자리 3자리가 발견되었다. 이 30제곱미터 범위 안에 들어 있는 집들은 서로 연계성을 가지고 배치되어 있고, 그곳에서 출토된 질그릇이나 석기의 형태와 제작한 솜씨가 비슷하여 이들이 하나의 생활공동체를 이루고 있었을 가능성을 보여주었다. 따라서 이들을 가족공동체였을 것으로 보고 있다.[124] 비록 3~5채의 집에 나뉘어 별거 생활을 했지만, 그곳에 거주하는 집단이 가족공동체를 이루고 생활했을 것으로 보는 것이다. 이보다 규모가 커지면 새로운 가족공동체가 파생되어 그곳에서 약간 떨어진 곳에 새로운 가족공동체의 거주 지역이 만들어졌을 것으로 보고 있다. 이런 가족공동체는 씨족의 기층 단위를 이루었던 것이다.

이상과 같이 본다면, 그동안 발굴된 몇 곳의 집자리 면적을 통해 가족공동체의 구성원 총수를 계산할 수가 있게 된다. 그런데 이때 주택 내에서 한 사람이 차지하는 면적을 얼마로 보느냐에 따라 구성원의 총수가 달라진다. 북한의 사회과학원 고고연구소 학자들은 당시 건축 기술의 발전 정도를 고려하여 한 사람당 거주 공간을 어른 3제곱미터, 어린이 2제곱미터로 잡아 평균 2.5제곱미터로 보고 화덕과 통로, 가구 등이 차지하는 공간을 한 사람당 0.5제곱미터로 계산하여 한 사람이 차지하는 평균 공간을 약 3제곱미터 정도였을 것으로 보았다.[125] 김양선·임병태·윤무병·김용남·김용간·황기덕·세키노 마사루 등도 이와 동일하게 보았으나[126] 김정기는 5제곱미터는 되었을 것으로 보았다.[127]

---

124 앞 책, 『조선고고학개요』, pp. 114~115.
125 위 책, p. 115.
126 앞 글, 「우리나라 청동기시대 집자리에 관한 연구」, p. 44.
127 앞 책, 『한국목조건축』, p. 23.

그동안 발굴된 몇 곳의 유적에 나타난 가족공동체 인구를 계산해보면 평균공간을 3제곱미터로 계산할 경우 비교적 많은 인구에 해당되는 공귀리 유적 아래층은 67명, 적은 인구에 해당하는 침촌리 유적은 20명인데, 김정기의 견해를 따르면 공귀리 유적 아래층은 41명, 침촌리 유적은 9명이 된다. 이를 참고해볼 때 고조선의 가족공동체는 100명을 넘지 않았을 것이며 20~40명 정도가 보편적이었을 것이다.[128] 이들은 몇 채의 집에 나뉘어 살았지만 가족공동체의 구성원이었고, 생활의 기본 단위였으며, 생산 활동의 기본 단위인 동시에 씨족의 구성원이기도 했다.[129]

고조선시대의 마을은 대부분이 위와 같은 몇 개의 가족공동체로 형성된 씨족마을이었다. 범의구석 유적의 면적은 1,200제곱미터로 현재 그 4분의 1만 발굴되었으므로 마을의 전체 인구는 위에 계산된 가족공동체 인구보다 훨씬 많았을 것으로 추측된다.[130] 즉 도식적으로 말한다면 그 4배 정도는 되었을 것이다. 황해북도 송림시 석탄리 유적에서는 세 시기로 구분되는 집자리가 발견되었는데 1기에 해당하는 집자리만 모두 18자리였다. 이런 집자리 숫자는 당시 마을 규모를 추정하는 데 도움을 주는데 보통 5~60집으로 구성된 마을이었을 것으로 보고 있다.[131]

고조선의 마을은 가족공동체가 기초가 되어 형성된 씨족마을이었고, 이런 씨족마을들은 고조선의 국가 조직과 사회 구조의 기초였다. 그러므로 고조선 사회의 공동체의식은 가족공동체와 씨족에 대한 의식이 기

---

**128** 북한 역사학자들은 가족공동체의 인구는 30~50명 정도가 보편적이었을 것으로 보고 있다.

앞 책, 『조선고고학개요』, p. 116.

**129** 위와 같음.

**130** 앞 글, 「청동기시대 주거생활」, p. 159.

**131** 앞 책, 『한국목조건축』, p. 24.

초를 이루고 있었다. 즉 고조선이라는 국가에 대한 의식도 가족공동체에 대한 의식의 연장선상에 있었던 것이다. 예컨대 가족공동체 안에서의 서열은 씨족 안에서의 서열로 확대 연장되고, 그것은 다시 국가 안에서의 씨족 간의 신분으로 연장되었던 것이다. 가족공동체를 보호해야 한다는 의식은 씨족을 보호해야 한다는 의식으로 연장되고 궁극적으로는 국가에 대한 충성으로 나타났던 것이다.

가족공동체가 잘 유지되기 위해서는 부부 관계, 부모와 자녀 관계가 견고해야 할 것이다. 따라서 이런 관계를 견고하게 하기 위한 내용이 당시의 사회윤리나 법의 기초가 되어 있었다. 고조선에서는 부부 관계를 매우 중요하게 생각했다. 『한서』 「지리지」에는 기자가 고조선 변방으로 망명했을 당시의 고조선 사회에 대해 기록되어 있는데, "(고조선의) 부인들은 행실이 단정하고 신의가 있으며 음탕하지 않다"[132]고 했다. 고조선에서는 음탕한 행위를 하면 남녀를 막론하고 중죄로 다스렸다. 『후한서』 「동이열전」 〈부여전〉에는 부여의 법에 대해 말하기를,

남녀가 음란한 짓을 하면 모두 죽이는데 투기하는 여자를 더욱 나쁜 것으로 다스려 죽인 뒤 다시 산 위에다 시체를 버려둔다.[133]

고 했다. 부여는 고조선의 거수국이었으므로[134] 이런 법은 고조선의 것을 계승했을 것이다. 남녀의 음란한 행위나 투기를 이렇게 가혹하게 다

---

132 『한서』 권28 하 「지리지」 하. "殷道衰, 箕子去之朝鮮, 教其民以禮義, 田蠶織作. 樂浪朝鮮民犯禁八條, ……, 婦人貞信不淫辟."
133 『후한서』 권85 「동이열전」 〈부여전〉. "男女淫皆殺之, 尤治惡妒婦, 旣殺, 復尸於山上."
134 주 3과 같음.

룬 것은 부부 관계와 씨족의 질서를 지키기 위해서였을 것이다.

고조선에서는 같은 성끼리는 혼인하지 않았던 것 같다. 『삼국지』「동이전」〈예전〉에는 "동성(同姓)끼리는 혼인하지 않는다"[135]고 했는데, 예는 원래 고조선의 거수국이었으므로[136] 예의 이런 풍속은 고조선의 것을 계승했을 것이다. 동성불혼은 씨족 질서를 유지하는 데 목적이 있었겠지만 혼인을 통해 다른 씨족과의 유대를 강화한다는 데도 목적이 있었을 것이다.

고조선에서는 부모에 대한 효도와 국가에 대한 충성도 강조했다. 최치원은 난랑(鸞郎)이라는 화랑도의 비문(碑文) 서(序)에,

> 우리나라(신라)에는 현묘(玄妙)한 도(道)가 있으니 풍류(風流)라고 한다. 그 교(敎) 설립의 기원에 관해서는 『선사(仙史)』에 자세하게 기록되어 있는데, 실로 이는 삼교(유교·도교·불교)의 가르침을 모두 포괄하고 있어서 사람들을 접하여 교화한다. 그리하여 (사람들은) 집에 들어와서는 효도하고 밖에 나아가서는 나라에 충성하는데 이는 노사구(魯司寇 : 공자)의 주지(主旨)와 같으며, 또 처신하는 데 있어 일을 만들어 하지 않고 말 없이 가르침을 행하는 것은 주주사(周柱史 : 노자)의 종지(宗旨)와 같고, 모든 악한 일을 하지 않고 착한 일만을 행하는 것은 축건태자(竺乾太子 : 석가)의 교화와 같다.[137]

---

**135** 『삼국지』 권30 「동이전」〈예전〉. "同姓不婚."

**136** 주 6과 같음.

**137** 『삼국사기』 권4 「신라본기」〈진흥왕〉조. "國有玄妙之道, 曰風流, 設敎之源, 備詳仙史, 實乃包含三敎, 接化群生, 且如入則孝於家, 出則忠於國, 魯司寇之旨也. 處無爲之事, 行不言之敎, 周柱史之宗也. 諸惡莫作, 諸善奉行, 竺乾太子之化也."

고 했다. 신라에는 풍류(화랑도)라는 도가 있는데, 그것은 선교[仙敎 : 선도(仙道)]의 뒤를 이은 것으로서 그 기원에 관해서는 선교의 역사책인 『선사(仙史)』에 자세하게 기록되어 있으며, 그 내용은 이미 유교·도교·불교 가르침의 핵심을 포괄하고 있었다는 것이다.

선교는 고조선의 종교였다.[138] 따라서 위의 가르침은 고조선의 종교와 도덕윤리의 핵심 사상이었으며, 신라는 그러한 고조선의 사상을 이어받고 있었던 것이다. 그 가르침 가운데 가장 기본은 집에 들어와서는 부모에게 효도하고 밖에 나가서는 국가에 충성하는 것이었다. 일반적으로 효도와 충성은 유교의 가르침으로 알고 있지만 한민족은 유교를 수입하기 전인 고조선시대부터 효도와 충성을 사회사상의 가장 기본 덕목으로 삼고 있었던 것이다. 효도와 충성이 으뜸가는 덕목으로 병존하게 된 것은 가족공동체의식이 국가의식으로까지 확장되어 서로가 분리될 수 없는 연장선을 이루고 있었기 때문이었다. 다시 말하면 고조선의 국가조직이 혈연에 기초하고 있었기 때문이었던 것이다. 후에 중국에서 유교가 수입되면서 효도와 충성이라는 유교의 가르침이 쉽게 한민족의 문화 속에 융합될 수 있었던 것은 그것들이 이미 한민족 사회의식의 핵심을 이루고 있었기 때문이었던 것으로 생각된다.

고조선 사람들은 씨족마을을 이루고 살았기 때문에 부도덕하거나 법을 어긴 행위를 할 수 없었고 해서도 안 되었을 것이다. 고조선의 풍속에 대해 『한서』「지리지」에는,

---

138 윤내현, 「고조선의 종교와 그 사상」 『동양학』 제23집, 단국대 부설 동양학연구소, 1993, pp. 143~165.
이 책의 제2편 제4장 제1절 「고조선의 종교와 사상」 참조.

낙랑의 조선 주민에게는 범금 8조가 있었다. 사람을 죽이면 바로 죽음으로써 보상하고 상해를 입히면 곡물로써 보상하며 도적질한 자는 남자는 거두어 가노로 삼고 여자는 비로 삼는데, 재물을 바치고 죄를 면하고자 하는 자는 각자가 50만을 내야 했다. 설사 죄를 면하여 일반 백성이 되었더라도 풍속에 그것을 오히려 부끄럽게 여겨 혼인의 대상으로 취하지 않았으며, 이로써 그 백성들은 끝내 서로 도적질하지 않으니 대문이나 방문을 잠그지 않고 살았다.[139]

고 했는데, 낙랑의 조선은 고조선의 서부 변방으로서[140] 위 내용은 그러한 상황을 알게 해준다. 살인과 절도를 특별히 무겁게 다루고 있는 것은 인간의 생명과 사유재산을 보호하기 위한 조처였을 것이다.

고조선은 신분제와 재산 사유제가 이미 확립되어 있어서 사회신분이나 경제적인 빈부의 차이에 따라 생활에 차이가 컸을 것이다. 지배 신분의 사람들은 크고 호화로운 저택에 살며 여러 가지 장식물로 치장된 말이나 마차를 이용했지만[141] 피지배 신분은 그렇지 못했다. 그러나 신분

139 『한서』권28 하 「지리지」하. "樂浪朝鮮民犯禁八條, 相殺以當時償殺, 相傷以穀償, 相盜者男沒入爲其家奴, 女子爲婢, 欲自贖者, 人五十萬. 雖免爲民, 俗猶羞之, 嫁取無所讐, 是以其民終不相盜, 無門戶之閉."
위의 『한서』「지리지」기록은 기자가 조선으로 망명했을 당시의 조선 지역 풍속을 말하고 있다. 그런데 이와 달리 『후한서』권85 「동이열전」〈예전〉과 『삼국지』권30 「동이전」〈예전〉에는 조선 지역의 범금 8조를 기자가 제정한 것처럼 기록되어 있으나 그것은 중국 중심의 사상이 팽배해지면서 내용을 고쳐 기록한 것이다. 『한서』가 『후한서』나 『삼국지』보다 훨씬 오래된 책이므로 사료로서 가치가 높은 것은 말할 필요가 없다.
140 윤내현, 「한사군의 낙랑군과 평양의 낙랑」앞 책 『한국고대사신론』, pp. 307~319.
『고조선 연구』상 제1편 제5장 제1절 「위만조선과 한사군의 위치」참조.
141 말이나 마차를 화려하게 치장했음은 고조선시대의 여러 유적에서 출토된 청동이나 철 등 여러 가지 재료를 이용하여 만든 말이나 마차 장식품들에서 확인된다.

에 대한 차별의식이 심하지는 않았던 것 같다. 그것은 국가에 대한 의식은 가족공동체와 씨족에 대한 의식의 연장이었으므로 신분이나 재산에 차이가 있을지라도 서로가 한 핏줄이라는 혈연의식이 강했고, 또한 더불어 행복해야 한다는 홍익인간(弘益人間) 이념이 작용하고 있었기 때문이었을 것으로 생각된다.

이런 사실은 다음 기록들에서 확인된다. 『후한서』「동이열전」에는,

> (부여에서는) 납월(臘月 : 음력 12월)에 하늘에 제사를 지내고 연일 크게 모여 마시고 먹고 노래하고 춤추는데, 이름을 영고(迎鼓)라고 한다.[142]

> (예에서는) 해마다 10월이면 하늘에 제사를 지내는데 밤낮으로 술을 마시고 노래하고 춤을 추었다. 이름하여 무천이라 한다.[143]

> (한에서는) 해마다 5월에는 농사일을 마치고 귀신에게 제사를 지내는데 밤낮없이 술자리를 베풀고 떼 지어 노래 부르고 춤을 춘다. …… 10월에 농사의 추수를 끝내고 또 이와 같이 한다.[144]

는 기록이 있다. 하늘에 제사를 지내는 의식에는 온 나라 사람들이 크게 모여 연일 먹고 마시며 노래하고 춤을 추었다고 했으니, 아마도 이때는 신분을 초월했던 것 같다. 중국의 고대사회에서는 신분이 다르면 함께

---

**142** 『후한서』 권85 「동이열전」 〈부여전〉. "以臘月祭天, 大會連日, 飮食歌舞, 名曰迎鼓."
**143** 『후한서』 권85 「동이열전」 〈예전〉. "常用十月祭天, 晝夜飮酒歌舞, 名之爲舞天."
**144** 『후한서』 권85 「동이열전」 〈한전〉. "常以五月田竟祭鬼神, 晝夜酒會, 群聚歌舞, ……
十月農功畢, 亦復如之."

음식을 먹거나 술을 마실 수 없음은 물론 함께 노래하고 춤추는 것은 상상도 할 수 없었다. 『삼국지』「동이전」〈한전〉에는,

> (한의) 풍속은 옷을 입고 (모자) 쓰기를 좋아하여 하호들도 군(郡)에 조알(朝謁)하러 갈 적에는 모두 옷과 모자를 빌려서 착용하는데, 자신의 인수(印綬)를 차고 옷을 입고 모자를 쓴 사람이 천 명이 넘는다.[145]

는 기록이 있다. 위에 언급된 하호는 고조선시대 이래 노비를 제외하고는 가장 낮은 사회신분이었는데, 이들이 군(군의 치소)에 갈 적에는 옷과 모자를 빌려 착용했다는 것이다. 이로 보아 평소에 이들은 그러한 옷과 모자를 착용하지 않았음을 알 수 있다. 이들이 빌려 착용한 옷과 모자가 아무나 착용할 수 있었던 것이 아니라 하호보다 신분이 높거나 부유한 사람들이 착용하고 있었던 것임을 위 기록은 알게 해준다. 그런 옷을 자신보다 신분이 낮거나 가난한 하호에게 빌려주어 착용하도록 했다는 것은 한에서는 평소에도 신분 차별이 심하지 않았다는 것을 알게 해준다. 그런데 전통사회에서는 일반적으로 후대로 내려올수록 신분 차별이 심해지는데, 고조선이 붕괴된 훨씬 후의 부여·예·한 등의 사회에서 이렇게 신분에 대한 차별이 심하지 않았다면 고조선에서는 이보다 훨씬 더 심하지 않았을 것이다.

가족공동체의식과 씨족공동체의식은 사망 후까지도 연결되었다. 사람은 죽은 후에도 영혼이 존재한다는 종교 관념과 결합되어 사망 후의 거처인 무덤을 가능하면 잘 꾸미려고 노력했고, 동일한 마을에 거주하던

---

145 『삼국지』 권30 「동이전」 〈한전〉. "其俗好衣幘, 下戶詣郡朝謁, 皆假衣幘, 自服印綬衣幘千有餘人."

씨족은 죽어서도 같은 곳에서 함께 살아야 한다는 생각에서 공동묘지를 만들었다. 경제적인 여유가 없는 서민들은 어쩔 수 없이 일반 움무덤으로 만족할 수밖에 없었지만 사회적 지위와 경제적 여건이 허락되는 지배 신분은 돌무지무덤·돌상자무덤·돌널무덤·고인돌무덤 등[146]과 같은 커다란 무덤을 만들게 되었다. 이 가운데 돌무지무덤·돌상자무덤·돌널무덤 등은 고조선이 건국되기 전인 고을나라시대(후기 신석기시대)[147]부터 있어왔지만, 고인돌무덤은 고조선 건국 시기나 그 직전에 출현했던 것 같다.

최근에 경상남도 창원군 동면 덕천리 유적에서는 20여 자리의 고인돌무덤이 발굴되었는데, 그 가운데 가장 큰 1호 고인돌무덤에서는 그 주변 500여 평을 직사각형 모양으로 석축을 쌓아 구역을 만든 것이 확인되었다.[148] 이것은 무덤에 묻힌 사람의 후손들이 의식을 행했던 장소였을 것이다. 이 정도로 넓은 구역이라면 상당히 많은 사람들이 참여했을 것이다. 이런 시설은 무덤을 만든 후 정기적이거나 부정기적으로 그곳에서 조상에 대한 의식이 행해졌음을 알게 해준다.

---

146 이런 무덤들에 대한 구체적인 내용은 다음 글을 참고할 것.
　　심봉근, 「청동기시대 묘제 I(지석묘)」 앞 책 『한국사론』 13 - 한국의 고고학 II·상, pp. 195~229.
　　지건길, 「청동기시대 묘제 II(석관묘)」 위 책, pp. 230~254.
　　임세권, 「청동기시대 묘제 III(적석총)」 위 책, pp. 255~275.
147 윤내현, 「인류사회 진화상의 고조선 위치」 『사학지』 제26집, 1993, pp. 29.
　　『고조선 연구』 상 제1편 제2장 제1절 「사회진화상의 고조선 위치」 참조.
148 문화재연구소의 방사성탄소연대측정에 의하면 이 고인돌무덤은 서기전 940~760년으로 나타났는데(『문화재위원회 제3분과 제7차 회의록』, 문화재위원회, 1993, p. 35 참조) 수정 연대는 이보다 수백 년을 앞설 것이다. 따라서 이 유적은 고조선 중기에 해당된다. 이 유적의 석축 묘역에 관해서는 위의 『문화재위원회 제3분과 제6차 회의록』 67쪽 참고.

고대인들은 인간 만사와 모든 자연현상이 신의 섭리라고 믿었기 때문에 종교가 사회를 지배했는데 고조선도 예외는 아니었다. 고조선의 국신(國神)은 하느님으로서 고조선의 모든 국민은 하느님을 숭배해야 했다.[149] 『후한서』「동이열전」과 『삼국지』「동이전」에 기록된 부여의 영고·고구려의 동맹·예의 무천·한의 5월제와 10월제 등은 온 국민이 하늘에 제사 지내는 종교의식이었는데, 이것들은 고조선으로부터 계승한 것이었다.

고조선인들은 하느님 외에도 많은 신들을 숭배하고 있었다. 고조선이 건국되기 오래전부터 여러 씨족들은 각각 수호신을 모시고 있었는데, 후에 이런 신들은 최고신인 하느님보다는 권능이 약한 민속신앙으로 전해졌다. 단군사화에 보이는 곰신이나 호랑이신 숭배와 여러 유적에서 출토되는 호신부 등은 이런 사실을 알게 해준다.

고조선 사람들은 신의 뜻을 미리 파악하기 위해 점을 치기도 했다. 범의구석 유적[150]·부원동 유적[151]·양두와(洋頭窪) 유적[152]·남산근(南山根) 유적[153] 등에서 출토된 점뼈는 이것을 알게 해준다. 동물의 어깨뼈에 오목하게 구멍을 파고 그곳을 불로 지져서 생기는 금을 보고 길흉을 판단했던 것이다. 『후한서』「동이열전」〈부여전〉에는,

---

149 앞 글,「고조선의 종교와 그 사상」.
   이 책의 제2편 제4장 제1절 「고조선의 종교와 사상」 참조.
150 앞 글,「무산 범의구석 유적 발굴보고」, p. 174.
151 심봉근,『김해 부원동 유적』, 동아대 박물관, 1981.
152 金關丈夫 等,『羊頭窪』-東方考古學叢刊 乙種 第3冊, 東亞考古學會, 1942.
153 中國科學院考古所內蒙工作隊,「寧城南山根遺址發掘報告」『考古學報』, 1975年 1期, pp. 131~133.

군사적인 일이 있을 때에도 하늘에 제사를 지내는데 소를 죽여서 그 발굽을 가지고 길흉을 점친다.[154]

고 했다. 부여의 이런 풍습은 고조선에서 동물뼈로 점을 치던 것과 관련 있을 것이다. 신내림으로 점을 치는 '단골'도 있었을 것이다. 단골은 신의 뜻을 예언할 뿐만 아니라 불행과 실패를 막기 위한 마법 행위도 했을 것이다. 범의구석 유적에서 출토된 흙으로 만든 돼지 조각품 가운데는 송곳으로 찌른 듯한 크고 작은 구멍들이 있는데[155] 학자들은 이것이 나쁜 귀신을 쫓아내기 위한 마법 행위와 관계 있을 것으로 본다.[156]

출토된 유물을 보면 고조선과 중국은 종교의식이 상당히 달랐던 것 같다. 고조선의 청동기는 청동검·청동거울·청동방울·치렛거리 등이 주류를 이룬 반면에 중국 하·상·서주의 청동기는 무기를 제외하면 음식 그릇이나 술통, 술잔 등이 대부분이다. 이런 차이는 신을 섬기는 종교의식이 달랐기 때문이었을 것이다. 고조선 사람들이 청동검과 청동거울, 청동방울 등을 손에 들고 몸을 치렛거리로 장식하고 노래와 춤으로 신을 기쁘게 하려고 했던 것과는 달리 고대 중국인들은 음식과 술로 신을 대접하여 신의 환심을 사려고 했음을 알 수 있는 것이다. 고조선 사람들의 그러한 종교의식의 일부를 현존하는 무속에서 엿볼 수 있다.

---

**154** 『후한서』 권85 「동이열전」 〈부여전〉. "有軍事亦祭天, 殺牛, 以蹄占其吉凶."

**155** 앞 글, 「범의구석 유적 발굴보고」 참조.

**156** 김원룡은 돼지 조각품에 있는 구멍은 돼지털이나 솔잎을 꽂아 돼지의 실감을 내기 위한 것이었을 것으로 보면서도 이 돼지 조각품들이 돼지 증식을 위한 의식에 사용되었을 것으로 봄으로써 당시의 종교의식과 연결시켰다.

김원룡, 「청동기시대 예술과 신앙」 앞 책 『한국사론』 13 - 한국고고학 II·상, p. 319.

## 6. 마치며

지금까지 문헌 기록과 고고 자료를 통해 고조선 사람들의 복식·음식·주택 및 풍속 등을 살펴보았다. 그 결과 다음과 같은 구체적인 사실들을 확인할 수 있었다.

고조선 사람들의 차림새에는 매우 높은 미의식이 반영되어 있었다. 그들은 큰 소매가 달린 두루마기 같은 겉옷을 입었는데, 목의 깃 등은 둥글게 곡선을 이용했으며 흰색을 즐겼다. 팔에는 토시를 착용했고 머리에는 모자를 썼는데, 신분이 아주 높은 사람들은 중국 관책(冠幘) 모양의 책(幘), 그보다 신분이 다소 낮은 사람들은 고깔 모양의 절풍이라는 것을 썼다. 고조선 사람들은 다양한 치렛거리로 몸을 치장했는데, 여러 색깔의 벽옥과 천하석·공작석·청동·구리·조개껍질·뼈·흙·사기·유리 등을 재료로 만든 구슬류·단추·고리 등 옷에 달아매는 것과 목걸이·귀고리·팔찌·가락지 등 몸에 걸거나 끼는 것들이 있었다.

고조선 사람들은 옷감으로 삼베·모직·명주 등을 생산했는데, 이것들은 원시적이기는 하지만 방직 기계를 사용한 것들이었다. 고급 모피 의류도 생산했는데 모직 의류나 모피 의류는 중국으로 수출되기도 했다. 그러나 농업을 기본으로 생활하던 고조선 사람들에게는 당연히 식물성 섬유로 짠 천이 더 중요했을 것이다. 고조선에서는 길쌈하고 옷 짓는 것이 상당히 발달해 있었다.

고조선 사람들은 음식을 먹거나 마시는 데 대나무로 만든 변(籩)이나 나무로 만든 두(豆), 흙으로 만들어 구운 여러 종류의 질그릇을 사용했다. 고조선 사람들은 이미 숟가락도 사용했다. 고조선 사람들이 그릇과 숟가락을 사용했다는 것은 매우 위생적인 생활을 했음을 알게 해준다.

고조선 음식의 주재료는 벼·보리·조·기장·콩·팥·수수·피 등의 오곡이었겠지만 산나물·바다 생산물·멧짐승·집짐승 등도 부식물로 중요한 역할을 했다. 고조선 사람들은 곡물을 낟알 자체로 음식을 만들어 먹기도 했지만 가루로 가공하여 음식을 만들기도 했다. 음식은 익히거나 끓인 것이 주류를 이루었지만 시루를 이용하여 쪄서 먹기도 했다.

고조선 사람들은 소금을 조미료로 사용했다. 그뿐만 아니라 소금으로 음식물의 간을 맞추었고, 쉽게 변질될 수 있는 고기나 채소들을 소금에 절여 오랫동안 보존하기도 했다. 물고기를 젓갈로 이용하는 방법도 개발되었을 것이다. 고조선인들은 술과 식초를 발명하여 사용했다. 식초는 소금과 더불어 조미료로 널리 사용되었을 것이다. 고조선의 유적에서는 뚝배기·보시기·바리·접시·굽접시·굽바리·굽보시기 등 여러 가지 그릇이 출토되는데, 그릇이 이렇게 다양한 것은 음식물의 종류가 많았음을 알게 해준다.

고조선의 농촌 주택은 지상식 건물도 일부 있었으나 대개 지하 50~60센티미터 정도로 깊지 않은 반지하 움집이었으며 대부분 직사각형이었다. 집자리 바닥의 면적은 80제곱미터의 큰 것과 10제곱미터 이하의 아주 작은 것도 있었으나 20제곱미터 정도의 것이 가장 많았다. 고조선의 주택은 지붕을 짚이나 풀 따위로 이었고 그 위에 두텁게 진흙을 바르기도 했다. 고조선 사람들은 집자리를 단단하게 다진 후 그 위에 집을 지었다.

고조선의 농촌 집은 여러 유형으로 나누어지는데 지붕 모양은 맞배지붕·사각지붕·우진각지붕 등이었다. 고조선의 집들은 지역에 따른 차이가 있었지만 대체로 종래의 단순한 움집에서 벽체를 겸한 기둥과 서까래식 지붕이 있는 반지하의 움집으로 발전했고, 다시 벽체와 기둥이 분리되어 벽체·기둥·도리·들보·대공·용마루·주춧돌 등 여러 가지 건축 요소를 지닌 견고한 힘받이 구조의 건물이 출현했다. 건물 주위에는 흙이나 돌로 담장을 설치했다. 이런 건축 요소는 한민족 전통건축의 기본 요소를 이룬 것들로서 고조선시대에 이미 그 기본이 형성되었던 것이다.

고조선시대에 난방 시설에도 발전이 있었는데, 화덕의 열량을 높이기 위해 2개의 화덕을 설치하기도 했고, 열을 보존하기 위해 화덕의 바닥이나 주변에 돌이나 자갈을 깔기도 했다. 고조선 후기에는 온돌이 등장했다. 고조선 사람들은 땅에서 올라오는 습기를 차단하기 위해 집 안에 여러 가지 시설을 했다. 바닥을 굳게 다지고 불로 달구기도 했고 바닥에 고운 진흙이나 조개껍질과 섞은 진흙을 바르기도 했다. 고조선 사람들은 방바닥을 굳게 다진 후 그 위에 삿자리나 멍석 또는 널판자 등을 깔았으며, 천장과 벽체에 널판자를 붙이고 그 위에 자작나무 껍질로 도배를 하기도 했다. 고조선 사람들은 칸막이 시설도 했고 집 안에 벽장 또는 저장움을 만들거나 큰 독을 두고 곡물을 저장했으며 독립된 창고 건물을 두기도 했다.

지금까지 살펴본 고조선의 집들은 일반 마을의 집들로서 농민들의 살림집들이었다. 고조선의 지배 귀족은 이보다 훨씬 규모도 크고 시설도 좋은 지상 건축물에서 살았다. 건물의 규모도 컸고 본채와 창고가 따로 있었다. 지금까지의 발굴 자료로는 구체적인 것을 말하기 어렵지만, 그러한 집들은 여러 종류의 기와와 막새를 사용하여 화려하고 웅장했을 것이라는 정도는 알 수 있다.

고조선의 마을은 가족공동체가 기초가 되어 형성된 씨족마을이었고, 씨족마을들은 고조선의 국가 조직과 사회 구조의 기초가 되어 있었다. 그러므로 고조선 사회의 공동체의식은 가족공동체와 씨족에 대한 의식이 기초를 이루고 있었다. 즉 고조선이라는 국가에 대한 의식도 가족공동체에 대한 의식의 연장선상에 있었던 것이다. 가족공동체 안에서의 서열은 씨족 안에서의 서열로 확대 연장되고, 그것은 다시 국가 안에서의 씨족 간의 신분으로 연장되었던 것이다. 가족공동체를 보호해야 한다는 의식은 씨족을 보호해야 한다는 의식으로 연장되고, 궁극적으로는 국가에 대한 충성으로 나타났다.

가족공동체가 잘 유지되기 위해서는 부부 관계, 부모와 자녀 관계가 견고해야 한다. 이런 관계를 견고하게 하기 위한 내용이 당시 사회의 도덕윤리나 법의 기초가 되어 있었다. 따라서 고조선에서는 부부 관계를 매우 중요하게 생각했다. 고조선의 부인들은 행실이 단정하고 신의가 있었으며 음탕하지 않았다. 고조선에서는 남녀를 막론하고 음탕한 행위를 하면 중죄로 다스려졌다. 동성(同姓)끼리는 결혼하지 않았다. 이런 것들은 씨족 질서를 유지할 뿐만 아니라 혼인을 통해 다른 씨족과의 유대를 강화한다는 데도 목적이 있었다.

고조선에서는 부모에 대한 효도와 국가에 대한 충성을 강조했다. 일반적으로 효도와 충성은 유교의 가르침인 것으로 알고 있지만, 한민족은 유교를 수입하기 전인 고조선시대부터 효도와 충성을 도덕과 윤리의 가장 기본되는 덕목으로 삼고 있었다. 효도와 충성이 으뜸가는 덕목으로 공존하게 된 것은 가족공동체의식이 국가의식으로까지 확장되어 서로가 분리될 수 없는 연장선을 이루고 있었기 때문이었다. 고조선의 국가 조직이 혈연에 기초하고 있었기 때문이었다. 후에 중국에서 유교가 수입되면서 효도와 충성이라는 유교의 가르침이 쉽게 한민족의 문화 속에 융합될 수 있었던 것은 그것들이 이미 한민족 사회의식의 핵심을 이루고 있었기 때문이었다.

고조선 사람들은 씨족마을을 이루고 살았기 때문에 부도덕하거나 법을 어긴 행위를 할 수가 없었고 해서도 안 되었다. 고조선에는 범금 8조가 있었는데 사람을 죽이면 사형에 처하고, 상해를 입히면 곡물로써 보상하며, 도적질하면 남자는 가노가 되고 여자는 비가 되는데 재물을 바치고 죄를 면하고자 하는 자는 각자가 50만을 내야 했다. 설사 죄를 면하여 일반 백성이 되었더라도 그와는 아무도 혼인하지 않았다. 그리고 도적질하는 사람이 없으니 대문이나 방문을 잠그지 않고 살았다.

고조선은 신분제와 재산 사유제가 확립되어 있어서 구성원들 사이에 신분이나 빈부의 차이가 있었지만 차별의식은 심하지 않았다. 국가는 가정공동체와 씨족공동체의 연장이었으므로 신분이나 재산에 차이가 있을지라도 서로 한 핏줄이라는 혈연의식이 강했고, 또한 더불어 행복해야 한다는 홍익인간 이념이 작용하고 있었기 때문이다. 국가적인 큰 행사가 있을 때에는 신분 차별 없이 사람들이 크게 모여 연일 함께 먹고 마시며 노래하고 춤을 추었다. 그리고 고조선 사회에서 노예를 제외하고는 가장 낮은 사회신분인 하호가, 필요할 적에는 그보다 높은 신분이 착용하는 옷과 모자를 빌려 착용하기도 했다.

가족공동체의식과 씨족공동체의식은 사망한 후까지도 연결되었다. 사람은 죽은 후에도 영혼이 존재한다는 종교 관념과 결합되어 무덤을 잘 꾸미려고 노력했고 동일한 마을에 거주하던 씨족은 죽어서도 같은 곳에서 함께 살아야 한다는 생각에서 공동묘지를 만들었다. 경제적 여유가 없는 서민들은 어쩔 수 없이 일반 움무덤으로 자위할 수밖에 없었지만 사회 지위와 경제 여건이 허락되는 지배 신분은 돌무지무덤·돌상자무덤·돌널무덤·고인돌무덤 등 규모가 큰 무덤을 만들었다.

고대사회는 종교가 사회를 지배했는데 고조선도 예외는 아니었다. 고조선의 국신은 하느님으로서 고조선의 모든 국민은 하느님을 숭배해야 했다. 고조선에는 하느님 외에도 많은 신들이 있었다. 고조선이 건국되기 오래전부터 여러 씨족들은 각각 수호신을 모시고 있었는데, 고조선이 건국된 후 이런 신들은 최고신인 하느님보다는 권능이 약한 민간신으로 전락했다. 단군사화에 보이는 곰이나 호랑이, 여러 유적에서 출토되는 호신부 등은 이런 신들을 상징한다.

고조선 사람들은 신의 뜻을 미리 파악하기 위해 점을 치기도 했다. 동물의 어깨뼈에 오목하게 구멍을 파고 그곳을 불로 지져서 생기는 금을 보거나 소를 죽여서 그 발굽을 보고 길흉을 판단했다. 신내림으로 점을 치는 '단골'도 있었을 것이다. 단골은 점을 쳐서 신의 뜻을 예언할 뿐만 아니라 불행과 실패를 미리 막기 위한 마법 행위도 했을 것이다. 고조선과 중국은 신에 대한 종교의식에 상당한 차이가 있었다. 고조선의 청동기는 청동검·청동거울·청동방울·치렛거리 등이 주류를 이룬 반면 중국 하·상·서주의 청동기는 무기를 제외하면 그릇이나 술통, 술잔 등이 대부분이다. 이런 차이는 종교의식의 차이에서 온 것이었다. 고조선 사람들이 청동검과 청동거울, 청동방울 등을 손에 들고 몸을 치장하고 노래와 춤으로 신을 기쁘게 하려고 했던 것과는 달리 고대 중국인들은 음식과 술로 신을 대접하여 그의 환심을 사려고 했던 것이다.

古朝鮮研究

제
4
장

◉

고조선의 문화와 과학

# 고조선의 종교와 사상

## 1. 들어가며

고대사회에서 종교는 매우 중요한 의미를 갖는다. 왜냐하면 고대사회를 지배하는 가장 중요한 두 가지 요소인 종교와 무력 가운데 하나이기 때문이다. 그뿐만 아니라 고대사회에서는 종교가 정치보다 위에 있었다. 따라서 고조선의 종교를 살펴보는 것은 고조선의 사회 성격을 한층 더 분명하게 이해하는 데 크게 도움이 될 것이다.

원시시대 사람들은 사람이 죽은 후에도 영혼의 세계가 있으며 동물이나 식물, 자연도 영이 있다고 믿었다.[1] 그러한 의식이 발전하여 그들

---

1   서기전 6000~5000년 무렵의 함경북도 선봉군 굴포리 서포항 유적에서 출토된 호신부와 동물의 이나 뼈·뿔 등으로 만든 사람이나 동물 등의 조각품은 당시의 주술적 신앙을 알게 하며(황용혼, 「신석기시대의 예술과 신앙」『한국사론』 12, 국사편찬위원회, 1983, pp. 674~680), 서기전 3700년 무렵의 요령성 객좌현 우하량 유적에서 발견된 신상의 두상과 사당 터(遼寧省文物考古硏究所, 「遼寧牛河梁紅山文化女神廟與積石

은 묘를 만들어 조상신을 숭배하고 동물이나 자연물을 수호신으로 받들기도 했으며 자신들이 수호신의 후손이라고까지 믿게 되었다.

사람들이 붙박이생활에 들어가 씨족집단이 마을을 이룬 마을사회가 형성되면서 마을의 수호신이 출현하게 되었으며, 여러 마을이 연합하여 큰 정치세력이 형성되어가면서 여러 마을 가운데 가장 강한 세력을 가진 마을의 수호신이 그 나라 전체의 최고신이 되었다. 따라서 고대국가에서의 최고신은 원래 그 나라 최고 지배족의 수호신이었다. 고대사회에서의 종교의 구조 즉 신의 계보는 그 나라의 국가 구조를 반영한다. 그러므로 고조선의 종교를 살펴보는 것은 단순히 종교에 대한 이해 자체에만 그치지 않고 고조선의 국가 구조를 이해하는 데에도 도움을 줄 것이다.

고대사회에서 종교의 내용은 그 사회를 지배하는 가치 기준이 되는 것으로서 정치사상·경제사상·사회사상 등을 포괄하고 있었다. 그러므로 고조선 종교의 내용은 바로 고조선인들이 추구했던 사회가 어떤 것이었는지를 말해준다. 그리고 고조선의 종교사상은 한민족 전체의 가치관을 형성하여, 오늘날 한민족이 인식하고 있든 그렇지 않든 간에 한민족의 유전인자 또는 한민족이 만든 사회 속에 전해 내려오면서 한국문화의 뿌리와 중추 역할을 했다. 따라서 고조선의 종교를 통해 한국문화

---

塚群發掘簡報」『文物』, 1986年 8期, pp. 1~18)와 서기전 3500년 무렵의 요령성 객좌현 동산취 유적에서 발견된 제단(郭大順·張克擧, 「遼寧省喀左縣東山嘴紅山文化建築群址發掘簡報」『文物』, 1984年 11期, pp. 1~11) 및 서기전 3400년 무렵의 내몽골자치구 파림좌기(巴林左旗) 부하구문(富河溝門) 유적에서 출토된 점뼈(中國科學院考古研究所內蒙古工作隊, 「內蒙古巴林左旗富河溝門遺址發掘簡報」『考古』, 1964年 1期, pp. 1~5) 등은 당시 사람들의 신앙과 종교 권위자의 출현을 알게 해준다. 이런 것들은 고조선이 출현하기 전 한반도와 만주 지역 거주민들의 종교생활에 대한 단면을 보여준다.

의 뿌리와 주류를 인식할 수 있다.


## 2. 고조선 종교의 명칭

우리가 어떤 것에 대해 말하려면 그 명칭이 있어야 한다. 그래야만 그것을 분명하게 설명할 수가 있다. 따라서 어떤 문제에 접근하고자 할 때 그 명칭을 확인하는 것은 그것에 대한 연구나 이해의 출발점이 될 것이다. 이 점은 고조선의 종교에 있어서도 마찬가지다. 그런데도 고조선 종교의 명칭이 무엇이었는지에 대해서는 학자들이 크게 관심을 갖지 않았던 것 같다. 그동안 일부 학자들은 고조선의 종교를 신교(神敎)·신선교(神仙敎)·산신교(山神敎) 등으로 불러왔으나 그러한 명칭들은 깊은 연구의 결과로 얻어진 것이 아니었다.

그러므로 필자는 고조선의 종교 문제에 접근하는 출발로서 우선 그 명칭을 확인해보고자 한다. 고조선 종교의 명칭을 시사하는 기록이 단편이기는 하지만 『삼국사기』에 보인다. 『삼국사기』에 실린 최치원의 「난랑비서(鸞郎碑序)」에는,

우리나라에는 현묘한 도가 있으니 이를 풍류라 이른다. 그 교(敎)가 세워진 기원에 대해서는 『선사(仙史)』에 자세하게 실려 있다.[2]

고 기록되어 있다. 신라에는 풍류(화랑도)라는 현묘한 도가 있었으니, 그

---

2   『삼국사기』 권4 「신라본기」 〈진흥왕 37년〉조. "國有玄妙之道, 曰風流. 設敎之源, 備詳仙史."

기원에 대해 『선사』에 자세하게 기록되어 있다는 것이다. 여기서 말하는 선사는 선(仙)의 역사책이었음을 알 수 있으나 오늘날 전하지 않는다. 그러나 신라 풍류도의 기원이 『선사』에 자세히 기록되어 있다고 했으니 풍류도의 원명은 선도(仙道)였을 것임을 알 수 있다.

그리고 『삼국사기』「고구려본기」에는,

> 왕은 환도성(丸都城)이 난리를 치러 다시 도읍할 수 없게 되었으므로 평양성을 쌓고 백성과 종묘사직을 거기로 옮기었다. 평양은 본시 선인왕검의 택(宅)이다.[3]

라고 기록되어 있다. 고구려가 중국 위나라 관구검(毌丘儉)의 침략을 받아 환도성이 도읍을 할 수 없게 되어 평양성을 쌓고 도읍을 옮겼는데, 평양은 본시 선인왕검이 거주했던 곳이라는 것이다. 그리고 1325년(고려 충숙왕 12)에 이숙기(李叔琪)가 쓴 사공(司空) 조연수(趙延壽)의 묘지명에도,

> 평양을 개창한 분 선인왕검일세. 오늘에 이르러 그 유민(遺民)으로 사공(司空)이 계시다네. 평양군자 그분은 삼한보다 먼저인데 천 년 넘어 살았다니, 어쩌면 이와 같이 오래도 살았고 선(仙) 또한 닦았었나.[4]

---

3  『삼국사기』권17「고구려본기」〈동천왕〉21년)조. "王以丸都城經亂, 不可復都, 築平壤城, 移民及廟社, 平壤者本仙人王儉之宅也."
4  허흥식 엮음, 『한국금석전문』중세 하, 아세아문화사, 1984, pp. 1132~1134. "平壤之先, 仙人王儉, 至今遺民, 堂堂司空, 平壤君子, 在三韓前, 壽過一千, 胡考且仙."

라고 하여 평양을 개창한 사람이 선인왕검이라고 했다. 그리고 선인왕검은 선을 닦아 장수했던 것으로 묘사하고 있다.

그런데 『삼국유사』〈고조선〉조에는 "(단군왕검은) 당고(요)가 즉위한 지 쉰 해가 되던 경인(庚寅)에 평양성에 도읍하고 비로소 조선이라 했다"[5]라고 했고, 또 "뒤에 아사달로 돌아와 은거하여 산신이 되었고 수(壽)는 1,908세를 누렸다"[6]고 했다. 따라서 고조선의 건국지인 단군왕검은 평양에 도읍을 했었고, 삼한 이전의 사람이며 수가 1천 세를 넘었다고 전해왔음을 알 수 있으니, 위의 『삼국사기』〈동천왕 21년〉조와 조연수 묘지명에 나타난 선인왕검은 고조선의 단군왕검을 말함을 알 수 있다. 단군왕검은 선인으로도 불렸던 것이다. 단군왕검은 고조선의 통치자였을 뿐만 아니라 종교의 최고 지도자였으니 고조선에서는 종교의 지도자를 선인이라 불렀음을 알 수 있다. 이것은 고조선의 종교가 추구하는 것이 선(仙)이었을 것임을 알게 해준다.

이 점을 뒷받침하는 내용이 『사기』에도 보인다. 『사기』「진시황본기」에는,

이미 제인(齊人) 서불(徐市) 등이 글을 올리기를, 바다 가운데 삼신산(三神山)이 있으니 그 이름을 봉래(蓬莱)·방장(方丈)·영주(瀛洲)라고 이르며, 그곳에 선인이 산다고 말합니다. 청하옵건대 재계(齋戒)하고 동남(童男)·동녀(童女)들과 더불어 그것을 구할 수 있도록 하여 주시기 바랍니다. 이에 서불을 보내어 동남·동녀 수천 명을 징발하여 바다에 들어가

---

5    『삼국유사』 권1 「기이」 〈고조선〉조. "號曰壇君王儉, 以唐高(堯)即位五十年庚寅, 都平壤城, 始稱朝鮮."
6    위의 〈고조선〉조. "後還隱於阿斯達, 爲山神, 壽一千九百八歲."

선인을 구하도록 했다.[7]

는 기록이 있다. 이에 대해 『사기정의』에 주석하기를,

『한서』「교사지(郊祀志)」에 이르기를, 이 삼신산(三神山)은 발해 가운데 있다고 전해오는데, 그곳에 (중국) 사람이 가는 데 멀지 않다. 아마도 예전에 그곳에 도달한 사람이 있었을 것이다. 여러 선인과 불사의 약이 모두 있다고 전한다.[8]

고 했고, 또,

『괄지지』에 이르기를, 단주(亶洲)는 (중국의) 동해 가운데 있는데, 진 시황제는 서복(徐福 : 서불)으로 하여금 동남·동녀를 데리고 바다에 들어가 선인을 구하도록 했다.[9]

고 했다.

진 시황제는 불로장생하기 위해 선인과 불사의 약을 구하러 서불(서

---

7  『사기』권6「진시황본기」〈진시황 28년〉조. "旣已, 齊人徐市等上書, 言海中有三神山, 名曰蓬萊·方丈·瀛洲, 仙人居之. 請得齋戒, 與童男女求之. 於是遣徐市發童男女數千人, 入海求仙人."

8  위의 「진시황본기」〈진시황 28년〉조 기록의 삼신산에 대한 주석으로 실린 『사기정의』. "漢書郊祀志云, 此三神山者, 其傳在渤海中, 去人不遠, 蓋曾有至者, 諸仙人及不死之藥皆在焉."
   이와 동일한 내용이 『사기』「봉선서」에도 보인다.

9  위의 「진시황본기」〈진시황 28년〉조 기록의 선인에 대한 주석으로 실린 『사기정의』. "括地志云, 亶洲在東海中, 秦始皇使徐福將童男女入海求仙人."

복)과 어린 소년 소녀들을 바다로 보냈는데 그 땅이 중국의 동쪽 바다 가운데 있었다는 것이며, 그 이름은 단주(亶洲) 즉 '단(亶)의 땅'이었다는 것이다. 그리고 선인들이 사는 삼신산은 발해 가운데 있었다고 말하고 있는데 그 산들이 지금의 어느 산이었는지는 알 수 없지만 발해도 중국 동쪽의 바다이므로 그 산들 역시 중국 동쪽 바다 가운데 있었을 것임을 알 수 있다.

『사기』「봉선서(封禪書)」에는 전국시대에 제나라의 위왕(威王)과 선왕(宣王), 연나라의 소왕(昭王) 등이 사람을 보내어 바다에 들어가 봉래·방장·영주의 삼신산을 찾도록 했다는 기록이 보인다.[10]

그런데 중국의 동쪽 바다 가운데 있는 땅이라면 한반도일 수밖에 없다. 더욱이 제(齊) 지역(지금의 산동성)에서 동쪽으로 항해해서 도달할 수 있는 곳은 한반도뿐이다. 그 땅을 단주, 즉 '단의 땅'이라 했는데, 이것은 바로 단군이 통치하는 땅이라는 의미일 것이다. 단군은 『삼국유사』에는 단군(壇君)으로, 『제왕운기』에는 단군(檀君)으로 '단' 자가 각각 다르게 표기되어 있다.[11] 이렇게 단군이 각각 다른 한자로 표기되어 있는 것은 단군이라는 명칭이 원래 한자로 된 명칭이 아니라 순수한 한국 고대어였는데, 그것을 한자로 음사하는 과정에서 서로 다른 한자를 사용했기 때문이었을 것이다. 이렇게 보면 단군의 단(壇)은 단(亶) 자로도 표기될 수 있는 것이다. 따라서 단주는 '단군의 나라' 또는 '단군의 땅'이라는 의미였을 것이다.

서불(서복)이 진 시황제의 명을 받고 동쪽의 바다로 들어가 도달한 곳이 한반도였음을 알게 하는 근거가 있다. 경상남도 남해군 금산에는 진

---

10  『사기』 권28 「봉선서」. "自威·宣·燕昭使人入海求蓬萊·方丈·瀛洲."
11  『삼국유사』 권1 「기이」 〈고조선〉조와 『제왕운기』 권 하 「전조선기」 참조.

제국이 문자 통일을 하기 전의 문자로 된 마애석각(磨崖石刻)이 있는데, 그 내용은 "서불이 일어나 일출에 대한 예를 올렸다"[12]고 되어 있고 제 주도의 서귀포시에 있는 정방폭포에도 "서불이 이곳을 지나갔다"[13]고 쓴 마애석각이 있다. 이런 유물들은 서불이 선인과 불사의 약을 구하기 위해 도달한 땅인 단주가 바로 한반도였음을 알게 해준다.

『사기』 기록에 의하면 진 시황제는 갈석으로 가서 연 지역의 사람 노생(盧生)을 시켜 선문(羨門)과 고서(高誓)라는 사람을 찾아보도록 했는데[14] 『사기집해』와 『사기정의』에 기록된 주석에 따르면 이들은 선인이었다고 한다.[15] 갈석은 갈석산을 말한 것으로 지금의 하북성 창려현(昌黎縣)에 있는데, 고조선과 중국의 국경선상에 있었던 산이었다.

『사기』 「진시황본기」에 나오는 앞의 서불과 선문, 고서에 관한 기록은 중국 문헌에 보이는 선인에 관한 기록 가운데 가장 이른 것이다. 진제국은 서기전 221년에 건국되었고, 위 기록들은 서기전 199년(진 시황제 28년)과 서기전 195년(진 시황제 32년)의 것이므로 중국 문헌에 선인에 관한 기록이 나타난 것은 고조선 말기에 해당한다.

중국에서 선인에 관한 가장 이른 기록이 고조선의 접경지대에서 고조

---

12  李元植,「徐福渡來傳說を追う」『讀賣新聞』, 平成 元年(1989) 12月 28日字 文化面. "徐市起, 禮日出."
    금산의 마애석각을 중국 학자가 해독한 자료의 원본은 원래 삼성출판박물관에 소장되어 있다. 이 마애석각에 대해서는 암각화나 다른 내용의 문자일 것으로 보는 견해가 있다. 그러나 이 마애석각이 예로부터 서불(서복) 전설과 연관되어 전해졌다는 사실에 관심을 기울일 필요가 있다.

13  윗글,「徐福渡來傳說を追う」"徐市過此."

14  『사기』 권6 「진시황본기」〈진시황 32년〉조. "始皇之碣石, 使燕人盧生求羨門, 高誓."

15  위의 『사기』 「진시황본기」의 주석으로 실린 『사기집해』와 『사기정의』. "韋昭曰, 古仙人." "亦古仙人."

선 말기에 고조선과 연관을 맺은 사건으로 나타난 것은 무엇을 의미하는가? 그것은 선인사상은 원래 고조선의 사상이었는데, 그것이 진제국이나 그보다 조금 앞선 시대에 중국에 전달되었음을 말해주는 것이다. 일부 학자들은 중국 노담(老聃 : 노자)이나 장주(莊周 : 장자)의 도가(道家)에서 언급된 신인(神人)·지인(至人)·진인(眞人)·성인(聖人) 등을 선인과 같은 것으로 인식하고[16] 선인사상은 중국에서 기원한 것으로 보고 있지만 그것은 잘못된 것이다. 고조선의 선인사상은 중국의 삼국시대 이후 도교가 종교로 성립되면서 중국의 전래사상과 혼합되어 신선사상으로 명칭과 내용이 변모되어 도교의 중요한 요소를 이루게 되었던 것이다.[17]

단군사화에는 단군의 사망에 대한 표현으로 "뒤에 아사달로 돌아와 은거하여 산신이 되었다"는 내용이 있어 유일하게 산신이라는 표현이 보이기는 하지만, 지금까지의 고찰을 통해 볼 때, 한국이나 중국의 옛 문헌에 고조선의 종교는 선(仙)을 추구하는 것으로 나타나 있다. 그래서 이를 수행하는 사람을 선인이라고 불렀던 것이다. 따라서 선을 추구하는 길을 선도라 했을 것이며 그 가르침을 선교라 했을 것이니 종교의 명칭으로는 '선교(仙教)'라 함이 마땅할 것이다.


## 3. 고조선 종교의 구조

고대의 종교 구조나 종교사상은 신화나 전설에 함축되어 있다. 신화

---

16  任繼愈 主編, 『中国道教史』, 上海人民出版社, 1990, pp. 8~19.
17  위 책, pp. 42~109 참조.

나 전설은 고대인들의 체험과 의식이 반영되어 만들어졌기 때문이다. 따라서 고조선의 종교 구조는 단군사화에 잘 나타나 있다. 먼저 『삼국유사』 〈고조선〉조에 실려 있는 단군사화의 내용 가운데 일부를 보면,

> 『고기』에 이르기를 옛날 환인의 지차 아들 환웅이란 이가 있어 자주 천하에 뜻을 두고 인간세상을 욕심내어 갖고자 했다. 그 아버지가 아들의 뜻을 알고 아래로 삼위(三危)·태백(太伯)의 땅을 살펴보니 사람들에게 널리 이익을 줌직한지라, 이에 천부인 3개를 주어 보내어 가서 그곳을 합리적인 사회로 만들도록 했다. 환웅은 무리 3,000명을 이끌고 태백산 꼭대기 신단수 아래 내려와 그곳을 신시라 이르니 이분을 환웅천왕(桓雄天王)이라 부른다.[18]

고 했다. 그리고 『제왕운기』에는 "처음에 누가 나라를 열어 풍운을 인도했던고, 석제(釋帝)의 손자 이름은 단군일세"[19]라고 하고, 그 주석에,

> 『본기(本紀)』에 이르기를, 상제 환인은 지차 아들이 있었는데 이름을 웅이라고 했다고 한다. 이 웅에게 말하기를, 내려가 삼위·태백에 이르러 사람들에게 널리 이익을 줄 수 있겠는가라고 했다. 이리하여 웅은 천부인 3개를 받고 귀신 3,000명을 거느리고 태백산 꼭대기에 있는 신단수 아래에 내려왔다. 이분을 단웅천왕(檀雄天王)이라 이른다고들 한다.[20]

---

18  『삼국유사』 권1 「기이」 〈고조선〉조. "古記云, 昔有桓因庶子桓雄, 數意天下, 貪求人世, 父知子意, 下視三危·太伯可以弘益人間, 乃授天符印三箇, 遣往理之. 雄率徒三千, 降於太伯山頂, 神壇樹下, 謂之神市, 是謂桓雄天王也."
19  『제왕운기』 권 하 「전조선기」. "初誰開國啓風雲, 釋帝之孫名檀君."
20  위의 『제왕운기』 「전조선기」 기록의 저자 자신의 주석. "本紀曰. 上帝桓因有庶子曰雄

고 했다. 『삼국유사』에서의 환웅이 『제왕운기』에서는 단웅으로, 『삼국유사』에서의 무리 3,000명이 『제왕운기』에서는 귀신 3,000명으로 달리 기록되어 있지만 줄거리는 비슷하다. 『삼국유사』 저자는 불교 승려였고 『제왕운기』 저자는 유가 학자로서 서로 다른 학문 경향을 지니고 있었음에도 불구하고 그 내용이 거의 일치하는 것으로 보아 단군사화의 이 내용은 고대로부터 『삼국유사』와 『제왕운기』가 쓰인 고려시대까지 이설 없이 이런 형태로 정돈되어 전승되어온 것 같다. 따라서 이 내용은 고대에 한민족이 가지고 있었던 생각이었던 것이다.

그런데 『삼국유사』의 저자 일연은 환인에 대해 주석하기를, "제석(帝釋)을 말한다"[21]고 했으며 『제왕운기』의 본문에서는 환인(단군의 할아버지로 표현했음)을 석제라고 했는 바[22] 제석이나 석제는 불교에서 사용하는 말로서 도교의 옥제(玉帝), 유가의 천제(天帝)나 상제(上帝) 등과 같이 모두 하느님이란 뜻이다. 그러므로 이 내용에서 다음과 같은 사실을 알 수 있다. 고대에 단군사화를 가지고 살았던 사람들은 그들의 수호신으로 하느님을 받들었으며, 그 하느님을 환인이라고 불렀다는 것이다. 그리고 환인과 환웅의 시대는 단군왕검이 태어나기 전의 시대이므로 하느님을 수호신으로 받들었던 종교사상은 고조선이 건국되기 훨씬 전부터 그들이 지니고 있던 것임도 알 수 있다.

환인은 원래 순수한 고대 한국어로 된 명칭이었을 것인데 그것이 한문으로 음사되었을 것이다. 지금은 그 한국어의 원형을 찾을 수 없고 가

---

云云. 謂日下至三危 · 太白弘益人間歟. 故雄受天符印三箇率鬼三千, 而降太白山頂神檀樹下, 是謂檀雄天王也云云."

21 『삼국유사』 권1 「기이」 〈고조선〉조의 저자 주석. "謂帝釋也."

22 주 19와 같음.

정만 가능할 뿐인데, 하늘의 광명을 상징하는 '환한 님'·'밝은 님' 등의 뜻을 지닌 '환님'과 '오직 하나뿐인 신'·'큰 권능을 가진 신' 등의 뜻을 지닌 '한님'이 복합되어 환인으로 표기되었을 것으로 생각된다. 이런 의미를 가진 환인은 원래 태양, 즉 해를 의미하는 것이었다. 『삼국유사』 「기이」편 〈고구려〉조의 저자 자신의 주석에,

> 『단군기』에 이르기를 "단군이 서하 하백의 딸과 친하여 아들을 낳아 부루라 이름했다" 했는데, 지금 이 기록(『삼국유사』 「기이」편 기록)을 살펴보건대 해모수가 하백의 딸을 사통하여 뒤에 주몽을 낳았다 했다. 『단군기』에 "아들을 낳아 부루라 이름했다" 했으니 부루와 주몽은 어머니가 다른 형제일 것이다.[23]

라고 했다. 또 같은 책 「기이」편 〈북부여〉조에는,

> 천제가 흘승골성에 내려와 오룡거를 타고서 도읍을 정하고 왕이라 칭했으며, 국호를 북부여라 하고 스스로 해모수라 칭했는데, 아들을 낳아 부루라 하고 해(解)로써 씨(氏)를 삼았다.[24]

고 했다. 부루의 출생에 대해 『제왕운기』에는,

---

23 『삼국유사』 권1 「기이」 〈고구려〉조의 저자 자신의 주석. "壇君記云, 君與西河河伯之女要親, 有産子, 名曰夫婁, 今按此記, 則解慕漱私河伯之女而後産朱蒙. 壇君記云, 産子名曰夫婁, 夫婁與朱蒙異母兄弟也."

24 『삼국유사』 권1 「기이」 〈북부여〉조. "天帝降于訖升骨城, 乘五龍車, 立都稱王, 國號北扶餘, 自稱名解慕漱, 生子名扶婁, 以解爲氏焉."

『단군본기』에 이르기를 "비서갑 하백의 딸과 결혼하여 아들을 낳아 이름을 부루라 했다".[25]

고 기록되어 있다. 위 기록들에 따르면 단군과 해모수는 동일인으로서 단군은 해모수라고도 불렸음을 알 수 있다. 그런데 해모수는 해머슴애가 한자로 표기된 것으로[26] 단군은 해의 아들 즉 '일자(日子)'였던 것이다. 고조선인들은 해를 하느님으로 인식하여 단군을 해의 아들로 불렀던 것이다. 위 기록들은 고조선인들이 하늘의 상징인 해를 하느님으로 받들었음을 알게 해준다.

이로 보아 고조선을 건국했던 주체는 고조선이 건국되기 전부터 해를 하느님으로 인식하고 '환님' 또는 '한님'이라 부르면서 그들의 수호신으로 숭배했던 사람들이었음을 알 수 있다.

그런데 환웅은 지상에 내려와 곰이 사람으로 진화한 곰녀와 결혼하여 단군왕검을 낳았다. 이에 관한 『삼국유사』의 내용을 보면

때마침 곰 한 마리와 호랑이 한 마리가 있어 같은 굴에 살면서 항상 신령스러운 환웅에게 빌기를, 진화하여 사람이 되기를 원한다고 했다. 이때에 환웅신은 영험 있는 쑥 한 타래와 마늘 스무 개를 주면서 말하기를, "너희들이 이것을 먹고 백 일 동안 햇빛을 보지 않는다면 곧 사람의 형상을 얻게 되리라"고 했다. 곰과 호랑이는 그것을 얻어서 먹고 삼칠일(21

---

25 『제왕운기』권 하「전조선기」의 저자 자신의 주석. "檀君本紀曰, 娶非西岬河伯之女婚而生男, 名夫婁."

26 김상기,「국사상에 나타난 건국설화의 검토」,『동방사논총』, 서울대 출판부, 1984, pp. 6~7의 주 참조.

일) 동안 조심하여 곰은 여자의 몸이 되었으나 호랑이는 주의하지 않아 사람의 몸이 되지 못했다. 곰녀는 결혼할 상대가 없었으므로 매양 신단수 아래서 어린애를 잉태하게 해달라고 빌었다. 환웅은 잠시 사람으로 변하여 그녀와 혼인하여 임신시켜 아들을 낳으니 이름을 단군왕검이라 했다.[27]

고 기록되어 있다. 그런데 『제왕운기』에는 이와 달리,

손녀로 하여금 약을 먹여 사람이 되게 하여 단수신과 혼인시켜 아들을 낳게 했다. 이름을 단군이라 하고 조선의 땅을 차지하여 왕이 되었다.[28]

고 했다. 유학자인 이승휴는 곰이 사람으로 진화하여 단군을 낳았다는 것이 불합리하다고 생각하여 내용을 고쳤을 것으로 생각된다. 그러므로 『삼국유사』에 실린 것이 원형일 것이다.[29] 그런데 고대인들의 생각에 대한 이해 없이 이 기록을 보면 내용이 매우 황당하다. 곰이 여자로 변했다든지 하늘에서 내려온 환웅이 사람으로 변해 곰녀와 결혼했다는 것은 과학 교육을 받은 현대인들에게는 믿을 수 없는 것이기 때문이다.

그러나 고대는 종교적인 사회였다는 점, 고대인들은 인간 만사와 모

---

27 『삼국유사』 권1 「기이」〈고조선〉조. "時有一熊一虎, 同穴而居, 常祈于神雄, 願化爲人. 時神遺靈艾一炷蒜二十枚曰, 爾輩食之, 不見日光百日, 便得人形. 熊虎得而食之忌三七日, 熊得女身, 虎不能忌, 而不得人身. 熊女者無與爲婚, 故每於壇樹下, 呪願有孕, 雄乃假化而婚之, 孕生子, 號曰壇君王儉."

28 『제왕운기』 권 하 「전조선기」. "令孫女飮藥成人身, 與檀樹神婚而生男, 名檀君, 據朝鮮之域爲王."

29 김연학, 「단군신화의 새로운 해석」, 이기백 엮음, 『단군신화논집』, 새문사, 1988, pp. 93~94.

든 자연현상을 수호신의 섭리로 받아들였다는 점 등을 이해하면 이 내용을 설명할 수 있다. 곰과 호랑이는 곰과 호랑이를 수호신으로 받드는 곰 토템족과 호랑이 토템족을 말하며, 환웅이 곰녀와 결혼했다는 것은 하느님을 수호신으로 받드는 환웅족의 마을과 곰을 수호신으로 받드는 곰족의 마을이 결합했음을 뜻한다. 고대사회에서 씨족과 씨족 즉 마을과 마을 사이의 결합은 흔히 통혼 관계로 이루어졌으므로 두 마을의 족장 가문 사이에 혼인이 이루어졌을 가능성이 있다. 이것은 두 마을이 연합하여 고을나라[30]를 만들었음을 알게 해준다.

단군사화에는 호랑이도 등장하므로 호랑이족의 마을도 고을나라를 형성하는 구성원의 하나가 되기는 했겠지만, 호랑이는 사람이 되지 못했다고 했으므로 환웅족이나 곰족과 같은 높은 신분의 씨족은 되지 못하고 다소 낮은 신분에 머물렀던 것 같다. 실제로는 이 세 마을보다 더 많은 마을들이 연합하여 고을나라를 이루었겠지만 상징적으로 최고 신분의 씨족과, 그 씨족과 결합하여 그다음 신분을 얻은 씨족, 그리고 낮은 신분으로 전락한 씨족만을 등장시켜 당시 상황을 압축해서 전하고 있다. 이런 것이 바로 신화다. 따라서 신화는 인간사회에서 일어난 일을 압축하여 신들의 이야기로 표현한 것이다.

이렇게 보면 여러 마을이 연합하여 고을나라를 이루었던 시기에 형성된 종교는 하느님을 최고신으로 하고 그 밑에 곰신, 호랑이신 등 여러 신들이 있었을 것이다. 호랑이신은 그것을 수호신으로 받드는 씨족마을

---

30 한국의 고대사회 발전 과정에서 국가가 출현하기 직전 단계로 여러 마을이 연합하여 정치세력을 형성하는 사회 단계가 있었는데, 이 단계의 사회를 필자는 '고을나라'라고 부르고자 한다.
윤내현, 「인류사회 진화상의 고조선 위치」 『사학지』 제26집, 단국대 사학회, 1993, pp. 1~46 참조.

에서는 여전히 수호신이었겠지만 고을 전체에서는 별로 권위 있는 신으로 받들어지지 않았을 것이며 민간신앙으로 전락했을 가능성이 있다. 각 씨족마을의 수호신이 고을 전체의 종교에서 차지하는 지위는 그 씨족마을이 현세에서 차지한 신분과 동일했던 것이다. 이렇게 해서 신의 서열이 형성되고 종교 안에서 신의 계보가 만들어졌던 것이다.

고조선을 건국한 단군왕검은 하느님족의 환웅과 곰신족의 곰녀 사이에서 태어났으므로 이런 종교 구조, 즉 신의 서열은 고조선에도 그대로 이어졌을 것이다. 그러므로 고조선 종교의 구조는 하느님을 최고신으로 하고 그 밑에 곰신, 호랑이신 등 고조선을 구성한 여러 고을의 수호신이 서열에 따라 위치하고 있었다고 보아야 할 것이다.

고조선의 최고신이 하느님이었음은 다음 기록에서도 확인된다. 앞에서 인용된 『삼국유사』 「기이」편 〈고구려〉조의 저자 자신의 주석을 다시 보면,

> 『단군기』에 이르기를 "단군이 서하 하백의 딸과 친하여 아들을 낳아 부루라 이름했다" 했는데, 지금 이 기록(『삼국유사』 「기이」편 기록)을 살펴보건대 해모수가 하백의 딸을 사통하여 뒤에 주몽을 낳았다 했다. 『단군기』에 "아들을 낳아 부루라 이름했다" 했으니 부루와 주몽은 어머니가 다른 형제일 것이다.[31]

라고 했는데, 이 기록에서 단군과 해모수가 동일인임을 알 수 있다. 해모수의 해(解)는 하늘의 '해', 모수(慕漱)는 '머슴애'를 뜻하는 것으로 해

---

**31** 주 23과 같음.

모수는 해의 아들, 즉 일자(日子)를 의미한다.[32] 바꾸어 말하면 단군은 해의 아들이라고 불렸던 것이다. 이것은 고조선의 최고신은 하느님이었는데 그 상징은 바로 '해' 즉 '일(日)'이었음을 알게 해준다. 단군은 하느님의 대리자였던 것이다.

그런데도 종래에 일부 학자들에 의해 고조선의 국신(國神)은 하느님이 아니고 곰이었다고 주장된 바 있는데[33] 그것은 매우 잘못된 것이다. 고조선의 국신은 곰이 아니라 하느님이었다.[34] 고조선의 국신이 곰이었다고 말한 것은 일본인들이 자신들은 '천손족(天孫族)'인 반면 조선인들은 곰의 후손이라고 비하하기 위해 퍼뜨린 논리였다. 일본인들이 자신들을 '천손족'이라고 한 것은 일본의 토착 사상이 아니라 한반도에서 건너간 이주민들이 가지고 갔던 사상이었는데, 그들이 일본의 지배세력이 되면서 일본의 사상으로 자리 잡았던 것이다.

동아시아 농경사회에서 고대 종교의 구조는 중국의 갑골문에 잘 나타나 있는데, 고조선의 종교를 이해하는 데 참고가 될 것이다. 갑골문에 의하면 상나라의 최고신은 제(帝)였는데 이를 상제(上帝)라고도 불렀다.[35] 상나라의 종교 구조는 최고신인 제(帝)를 정점으로 하여 여러 자

---

32  주 26과 같음.
33  이병도, 『한국사』─고대편, 진단학회, 을유문화사, 단기 4292, pp. 72~73.
34  이필영, 「단군신화의 기본 구조」─천신신앙을 중심으로, 『백산학보』 제26호, 1981, pp. 6~22.
    이필영은 단군신화의 기본 구조는 천신신앙(天神信仰)이 중심이라고 논했다. 그러나 천신인 환인은 해(日)라기보다는 전형적인 천신으로 보아야 한다는 견해를 피력했다.
35  제(帝)의 권능에 대해서는 다음 책을 참고할 것.
    陳夢家, 『殷墟卜辭綜述』─考古學專刊甲種第二號, 中華書局, 1988, pp. 561~571.
    윤내현, 『상왕조사의 연구』─갑골문을 중심으로, 경인문화사, 1978, pp. 106~114.

연신과 상족(商族)의 조상신이 그 계보를 형성하고 있었다.[36] 갑골문에 의하면 자연신들은 그 대부분이 상나라를 구성하고 있었던 주요한 씨족의 수호신이었으며 제보다는 권능이 약했다.

제는 상나라의 최고신으로서 당시 사람들에게는 제가 인간 만사와 모든 자연현상을 주관한 것으로 인식되었다고 하는 것은 잘 알려진 사실[37]이므로 여기서는 여러 자연신 가운데 대표적인 하신(河神)과 악신(嶽神)에 관한 갑골문 기록만을 보기로 하겠다. 갑골학자들은 하신이 황하신(黃河神)[38]이었을 것이며 악신은 지금의 하남성에 있는 숭산(嵩山)의 신[39]이었을 것으로 보고 있다. 갑골문 내용을 살펴보기 전에 먼저 알아야 할 것은 갑골문은 상 왕실의 기록이므로 갑골문에 나타난 행사는 상 왕실의 행사였다는 점이다.

하신에 관한 갑골문의 기록을 보면,

　　**Ｉ 𠂤 𠂤 𠂤 𠂤 𠂤 干 𠂤** (壬申, 卜, 賓貞 : 褰于河)[40] = 임신일에 점을 칩니다. 빈(賓)이 묻습니다. 하(河)에게 褰라는 제사를 지낼까요?

　　**Ｉ 𠂤 𠂤 𠂤 𠂤 𠂤 𠂤 𠂤** (壬午, 卜, 賓貞 : 河崇我)[41] = 임오일에 점을 칩니다. 빈이 묻습니다. 하(河)가 나에게 재앙을 내릴까요?

---

**36** 위 책, pp. 104~147.

**37** 위와 같음.

**38** 島邦男, 『殷墟卜辭研究』, 汲古書院, 昭和 50(1975), p. 223.

**39** 赤塚忠, 「殷王朝における岳"𡾀"の祭祀と中國における山岳崇拜の特質」 『甲骨學』, 第6號, 日本甲骨學會, 昭和 33(1958), pp. 397~398.

**40** 羅振玉, 『殷墟書契前編』 卷1, 藝文印書館 影印版, 民國 59(1970), 32葉 5片.

**41** 方法欽, 「金鐘所藏甲骨卜辭」 『方法欽摹甲骨卜辭三種(3)』, 藝文印書館 影印版, 民國 55(1966), 598片.

등의 갑골문에서 임신과 임오는 점을 친 날짜이고, 빈은 점을 친 복관[卜官 : 정인(貞人)이라고 부른다]이며, 그다음 기록은 점을 친 내용이다. 위 갑골문은 상 왕실에서는 하(河)에게 제사를 지냈으며 하가 재앙을 내릴 것인지도 점쳤음을 알게 하는 것으로 하신(河神)의 존재를 확인시켜 준다. 그런데 하(河)는 지명으로도 나타난다.

王 干 八 ヒ ˙ ˙ ˙ 竹 皿 (往于河亡 …… 從雨)[42] = 이 갑골편(甲骨片)은 파손되어 불완전하지만 "하에 갔다(往于河)"고 했으므로 하(河)는 지명임을 알 수 있다.

ʃ 酉 丁 ㅏ 鬼 鬼 鬼 人 干 ʃ 洲 三 羊 豐 三 半 三 ( (乙酉, 卜, 賓貞 : 使人于河沈三羊豐三牛, 三月)[43] = 을유일에 점을 칩니다. 빈이 묻습니다. 사람을 하에 보내어 양 세 마리로 沈이라는 제사를, 소 세 마리로 豐이라는 제사를 지낼까요? 3월.

위 갑골문에 의하면 하에 사람을 보내어 제사를 지냈으므로 하는 지명이었음을 알 수 있다. 하는 족명(族名)으로도 나타난다.

口 우 ㅣ 鬼 甬 ㅂㅂ 人 申 饵 (丁巳, 卜, 爭貞 : 呼取 · 何鄒)[44] = 정사일에 점을 칩니다. 쟁(爭)이 묻습니다. 취(取)와 하(何)를 불러서 鄒라는 제사를 지내도록 할까요?

---

**42** 董作賓, 『殷墟文字乙編』 中央研究院歷史語言研究所, 民國 38(1949), 7622片.

**43** 郭沫若, 『殷契粹編』, 文求堂, 昭和 12(1937), 1149片.

**44** 郭若愚 等, 『殷墟文字綴合』, 科學出版社, 1955, 224片.

위 갑골문은 취족(取族)과 하족(何族)에게 추(鄒)라는 제사를 지내도
록 명령할 것을 점친 것이다. 갑골문에서 하(何)는 하(河)와 통용되었으
므로 하족(何族)은 바로 하족(河族)을 말한다. 하(河)는 복관(정인)의 이
름으로도 나타난다.

    𡘍 𧃍 卜 𤔲 貞 于 𣴎 (癸丑, 卜, 何貞 : 于河……)[45] = 계축일에 점
을 칩니다. 하(何)가 묻습니다. 하(河)에……?

    𠂤 𠨬 卜 𧼶 貞 王 曰 (辛亥, 卜, 何貞 : 王曰……)[46] = 신해일에
점을 칩니다. 하(何)가 묻습니다. 왕이 말씀하시기를……?


등의 갑골문은 하(河＝何)라는 사람이 복관(정인)으로 근무했음을 알게
해준다. 하(河)라는 인물은 하(河)를 수호신으로 섬긴 하족(河族) 출신이
므로 하(河)라고 불렸던 것이다.[47] 당시에는 개인명이 일반화되지 않아
씨족의 이름을 개인 명칭으로도 사용했다.

  악신에 관한 갑골문을 보면,

    口 𠕓 卜 𤔲 貞 燎 于 嶽 (丁巳, 卜, 賓貞 : 燎于嶽)[48] = 정사일에
점을 칩니다. 빈이 묻습니다. 악신에게 燎라는 제사를 지낼까요?

    貞 嶽 亡 其 雨 (貞 : 嶽亡其雨)[49] = 묻습니다. 악신이 비를 오지 않

---

**45**  위 책, 『殷墟文字綴合』, 47片.

**46**  商承祚, 『殷契佚存』, 金陵大學中國文化硏究所, 民國 22(1933), 108片.

**47**  赤塚忠, 「殷王朝における河 "𧼶" の祭祀とその起源」『甲骨學』 4·5合倂號, 日本甲骨
     學會, 1956, p. 86.

**48**  앞 책, 『殷墟書契前編』 卷1, 51葉 1片.

**49**  앞 책, 『殷墟文字綴合』, 161片.

게 할까요?

등은 악신의 존재를 알게 한다. 그런데 악(嶽)은 지명으로도 나타난다.

土 于 嵓 (步于嶽)[50] = 악(嶽)으로 보행한다.

開 犬 亻 于 嵓 (貞 : 使人于嶽)[51] - 묻습니다. 사람을 아(嶽)에 보낼
까요?

등의 갑골문은 악으로 보행을 했고, 악에 사람을 보낸다고 했으므로 악
이 지명이었음을 알게 해준다. 악은 복관(정인)의 이름으로도 나타난다.

﹐ 月 ﹐ ﹣ 爻 嵓 (戊辰, 邑示一爻, 嶽)[52] = 무진일에 읍(邑)에
서 爻 하나를 공납했습니다. 악(嶽)이 기록했습니다.

위 갑골문은 악이라는 사람이 공납한 물건의 수량을 기록했음을 알게
한다. 이 사람은 악족 출신으로 중앙에서 근무한 복관이었던 것이다.

이상과 같이 하와 악은 신의 이름, 지역의 이름, 씨족의 이름, 복관의
이름 등으로 등장한다. 하신을 숭배하던 종족의 이름은 하족, 악신을 숭
배하던 종족의 이름은 악족이었고, 그들이 거주했던 지역의 이름도 하
와 악이었던 것이다.

그런데 하신과 악신은 자연신임에도 불구하고 조상신을 뜻하는 '고조

50  胡厚宣,『甲骨六錄』, 齊魯大學國學研究所, 民國 34(1945), 束 48片.
51  앞 책,『殷墟書契前篇』卷1, 50葉, 6片.
52  商承祚,『福氏所藏甲骨文字』香港書店, 民國 62(1973), 36片.

(高祖)'라고 불리기도 했고, 상족(商族)의 조상신과 함께 제사가 받들어져 조상신과 동일한 의미의 신으로 대접되기도 했다. 그러한 내용의 갑골문을 보면,

〔辛未, 貞, 奉禾高祖河于辛巳酒燎〕[53] = 신미일에 묻습니다. 奉의 의식으로 고조하(高祖河)에게 곡물의 풍성한 수확을 빌고자 하는데 신미일에 술을 사용한 燎라는 제사를 행하는 것이 어떨까요?

라고 하여 하신(河神)을 고조(高祖)라고 부르고 있다. 그리고,

〔戊午, 卜, 賓貞 : 酒奉年于嶽·河·夔〕[54] = 무오일에 점을 칩니다. 빈이 묻습니다. 술을 사용한 奉의 의식으로 악(嶽)·하(河)·기(夔)에게 풍년을 빌려고 하는데 어떨까요?

라고 하여 악신과 하신 및 기신(夔神)을 함께 제사 지냈음을 알 수 있게 하는데 기(夔)는 중국의 오제(五帝) 가운데 하나인 제곡(帝嚳)의 이름으로 상족(商族)의 조상신이다.[55]

---

**53** 李亞農, 『殷契摭佚續編』, 1950, 2片.

**54** 앞 책, 『殷墟書契前篇』 卷7, 5葉, 2片.

**55** 왕국유(王國維)가 준(夋) 또는 기(夔)로 고석(考釋)한 이 갑골문은 상족(商族)의 시조인 설(契)의 아버지 제곡(帝嚳)의 이름으로 갑골학자들은 보고 있다.
王國維, 「殷墟卜辭中所見先公先王考」 『觀堂集林』 卷9 및 「觀堂集林別補」 40, 藝文印書館, 民國 47(1958) 참조.

지금까지 살펴본 갑골문의 내용들에서 확인된 바와 같이 상 왕실에서는 그들의 수호신인 제(帝)와 그들의 조상신, 그리고 상나라를 구성하고 있던 주요 씨족의 수호신들을 함께 받들었다. 이것은 종교적으로 상 왕실과 상나라를 구성하고 있었던 여러 씨족들 사이의 유대를 공고히 하기 위한 것이었다.[56] 고대사회에서는 무력으로 다른 종족을 복속시켜 지배하기도 했지만, 한편으로는 여러 씨족의 수호신들을 공동으로 받드는 종교의식을 통해 융화 정책도 꾀했던 것이다.

이런 현상은 고조선에서도 비슷했을 것이다. 고조선은 하느님을 최고신으로 하고 고조선을 구성하고 있었던 여러 주요 종족의 수호신(고을나라의 수호신)들을 그 밑에 위치하도록 신의 계보를 만든 후 고조선의 왕실이 중심이 되어 고조선 전체가 그 신들을 공동으로 받들었을 것이다. 그런데 그것이 후세에 전해지면서 내용이 압축되어 하느님과 곰신, 호랑이신만이 단군사화에 남게 되었을 것으로 생각된다.[57]

그러면 하느님과 곰신, 호랑이신을 받들었던 종족은 어느 종족이었을까? 하느님을 수호신으로 받들었던 종족은 당연히 고조선을 건국한 주체 종족이자 최고 지배족이었다. 환인 → 환웅 → 단군으로 이어지는 단군사화 줄거리가 그것을 알게 해준다. 그런데 고대에 국가의 명칭은 건국의 주체가 된 종족의 명칭을 사용하는 것이 일반적이었다. 중국의 경

---

56  상나라의 신정적 구조에 대해서는 다음 글을 참고할 것.
    윤내현, 「상왕조의 신정적 구조」, 앞 책 『상왕조사의 연구』, pp. 202~227.
57  이은봉은 단군사화에서 최고신은 천신이었고 그 밑에 여러 기능신이 있었다고 보면서, 고조선은 신들의 위계질서에 상응하는 사회적 계급 체계를 전제하지 않을 수 없고, 그것은 상당히 강화된 형태여서 정치적·군사적·종교적인 힘을 독점하는 군장이 있었을 것이라고 했다.
    이은봉 엮음, 『단군신화를 통해 본 천신의 구조』 『단군신화연구』, 온누리, 1986, pp. 167~216.

우 상나라는 상족이 세웠고 주나라는 주족이 세웠다. 한국의 고대국가
도 부여는 부여족이, 고구려는 고구려족이, 예는 예족이 건국했었다. 따
라서 고조선을 세운 종족은 조선족이었다고 보아야 한다.

『제왕운기』에는 고조선의 지리에 대해 말하기를,

> 요동에 구별되는 하나의 세계가 있으니 중조(中朝 : 중국)와는 확연히 구
> 분되며, 큰 파도 출렁출렁 삼면을 둘러쌌고, 북쪽에는 대륙 있어 선처럼
> 이어졌으니 그 가운데 사방 천 리가 조선이라.[58]

고 했다. 고대의 요동은 지금의 요동과는 달리 북경에서 가까이 있는 난
하 유역과 그 동쪽 지역 즉 지금의 요서 지역을 말한다. 그러므로 위의
내용은 고조선의 강역이 난하를 서쪽 경계로 하여 한반도와 만주 전 지
역이었으며, 그 가운데 사방 천 리가 '조선'이었다고 말하고 있는 것이
다. 이 조선은 고조선을 세웠던 주체 종족인 조선족의 거주지를 말하는
것이며, 조선족의 거주 지역은 고조선이 건국된 후에는 단군의 직할국
이 되었던 것이다.

옛 문헌의 기록과 그동안 발굴된 고고학 자료들을 통해 볼 때 고조선
의 중심부였을 것으로 생각되는 지금의 요동 지역으로부터 한반도의 서
북부에 이르는 지역에 진국(辰國)이 위치해 있었다.[59] '진(辰)'과 '신'은
같은 뜻을 지닌 말로서 한국 고대어에서 '크다'는 뜻을 지니므로 진국은

---

58 『제왕운기』권 하. "遼東別有一乾坤, 斗與中朝區以分, 洪濤萬頃圍三面, 於北有陸
連如線, 中方千里是朝鮮."
59 윤내현, 「고조선과 삼한의 관계」『한국학보』제52집, 일지사, 1988 가을, pp. 3~13.
_____, 「고조선의 국가 구조」『겨레문화』6, 한국겨레문화연구원, 1992, pp. 67~112.
이 책의 제2편 제1장 「고조선의 구조와 정치」참조.

'큰 나라', '중심이 되는 나라'로서 고조선이 건국되기 전에는 조선족의 고을나라로서 아사달(조선)이라 불렸을 텐데, 고조선이 건국되고 조선이 고조선 전체의 국명으로 사용되자 그 이름을 중심이 되는 큰 나라라는 뜻으로 진국으로 바꾸었을 것으로 생각된다.[60] 진국의 원명(原名)이 조선이었던 것이다.

곰은 고구려족의 수호신이었을 것으로 생각된다. 『후한서』「동이열전」〈고구려전〉에,

> 10월에 하늘에 제사 지내는 대회가 있는데 이름을 '동맹'이라고 한다. 그 나라의 동쪽에는 큰 굴이 있는데 그 이름을 수신(禭神)이라 하며, 또한 10월에 그것을 맞아서 제사를 지낸다.[61]

고 기록되어 있고, 『삼국지』「동이전」〈고구려전〉에도,

> 10월에 하늘에 제사를 지내는데 국중(國中)의 대회가 있어 그 이름을 '동맹'이라 한다. ……, 그 나라의 동쪽에는 큰 굴이 있는데 이름을 수혈(隧穴)이라 했다. 10월 국중의 대회에서 수신(隧神)을 맞아 다시 나라의 동쪽 위로 모시고 가서 제사를 지내는데 신의 자리에 나무로 만든 수신을 앉힌다.[62]

---

60  윗글, 「고조선의 국가 구조」 참조.

61  『후한서』 권85 「동이열전」〈고구려전〉. "以十月祭天大會, 名曰'東盟'. 其國東有大穴, 號禭神, 亦以十月迎而祭之."

62  『삼국지』 권30 「동이전」〈고구려전〉. "以十月祭天, 國中大會, 名曰'東盟'. ……, 其國東有大穴, 名隧穴, 十月國中大會, 迎隧神還于國東上祭之, 置木隧于神坐."

고 기록되어 있다. 여기서 수신(襚神, 隧神)이 어떤 신이었는지 지금으로서는 확인이 불가능하지만, 그것이 큰 굴이었다는 점과 단군사화에서 환웅의 지시를 받고 곰이 굴속에서 쑥과 마늘을 먹고 여자로 진화되었다는 내용을 연결시켜 생각해볼 때 고구려에서 수신으로 받들었던 큰 굴은 곰신을 모신 곳이었을 것으로 생각된다.

고구려족이 곰을 숭배했음은 일본어에 잔형이 남아 있다. 일본인들은 고구려를 고마(こま)라고 부르는데, 고마는 곰을 일본식으로 발음하여 '고므'라고 하던 것이 고마로 변했을 것이다. 곰은 일본어로 구마(くま)인데 한국어의 곰과 일본어의 고마, 구마는 어원이 같았을 것임을 알 수 있다. 이것은 고구려가 곰족이었음을 알게 해주는 것이다. 고구려를 곰, 즉 고마로 부른 명칭은 한반도에서 일본으로 이주해 간 사람들에 의해 전달되었을 것이다.

호랑이는 예족의 수호신이었던 것으로 생각된다. 『후한서』 「동이열전」 〈예전〉에,

> 해마다 10월이면 제사를 지내는데 주야로 술 마시며 노래 부르고 춤추니 이를 '무천'이라 한다. 또 호랑이를 신으로 여겨 제사 지낸다.[63]

고 기록되어 있는데, 동일한 내용이 『삼국지』 「동이전」 〈예전〉에도 보인다. 이것은 예족의 수호신이 호랑이였음을 알게 해준다.

호랑이 신앙은 지금도 그 명맥이 이어지고 있는데, 절에 있는 산신각에 모셔진 산신도를 보면 산신 할아버지가 호랑이 한 마리를 데리고 있

---

**63** 『후한서』 권85 「동이열전」 〈예전〉. "常用十月祭天, 晝夜飮酒歌舞, 名之爲'舞天', 又祠虎以爲神."

다. 생각건대 원래 호랑이만을 산신으로 모셨을 것인데, 후에 사람이 동물을 지배할 수 있다는 의식을 갖게 되면서 산신 할아버지를 등장시키고 호랑이를 그 밑에서 보좌하는 동물로 묘사하게 되었을 것이다.

여기서 유의해야 할 것은 위의 『후한서』와 『삼국지』의 기록에 의하면 고구려족이나 예족이 모두 하느님을 섬기고 있었다는 점이다. 『후한서』 「동이열전」과 『삼국지』 「동이전」은 중국 동한(후한)시대와 삼국시대의 한반도와 만주 상황을 기록한 것으로서 고조선이 붕괴된 후 오랜 세월이 지난 시기였다. 따라서 고조선시대에 오랜 기간에 걸쳐 중앙의 권력이 강화되면서 조선족의 하느님 숭배는 전국에 확산되어 고조선 전체의 주된 신앙이 되었고, 곰이나 호랑이 등의 여러 종족들의 신앙은 민간신앙으로 전락하게 되었을 것이다.

한민족은 고대로부터 스스로를 '천손족(天孫族)'이라고 믿어왔는데, 이런 사상은 고조선 이전부터 이어져 내려왔던 하느님 숭배 사상에서 연유되었다. 고대사회에서 종교 구조의 변화는 정치 구조의 변화와 맞물려 있었던 것이다. 여기서 한 가지 덧붙여둘 것은 기록이 남아 있지 않아 확인할 수는 없지만 위에 언급한 신들과 함께 조상신에 대한 숭배도 병행되었을 것이라는 점이다.

그런데 고구려와 예는 고조선을 구성하고 있었던 거수국들이었다.[64] 단군사화에 의하면, 이런 거수국들의 수호신인 곰과 호랑이가 고조선이 건국되기 전에 하느님을 숭배했던 종족의 신인 환웅과 결합한 것으로 되어 있다. 이로 보아 고구려족이나 예족은 고조선이 건국되기 전부터 존재했던, 그 역사가 매우 오랜 종족이었음을 알 수 있다. 아마도 이들

---

64 앞 글, 「고조선의 국가 구조」, pp. 83~89.

은 고조선이 건국되기 훨씬 전인 씨족마을(전기 신석기시대) 단계부터 성장해왔을 가능성이 있으며, 그 후 주위의 마을, 아울러 고을나라(후기 신석기시대) 단계를 거쳐 고조선의 거수국에 이르렀을 것으로 생각된다.


## 4. 고조선 종교의 내용

고조선 종교가 추구했던 기본 사상은 무엇이었을까? 그것은 한민족에게 매우 중요한 의미를 갖는다. 그 사상은 고조선이 건국되기 전부터 한반도와 만주에 거주했던 사람들이, 그들이 살고 있었던 자연환경 및 그 자연환경 속에서 형성된 사회와 오랜 기간에 걸쳐 도전과 응전 및 조화를 반복하면서 자극을 받아 형성시킨 것으로서 한민족 공동의 가치관과 사상이 그 안에 들어 있기 때문이다.

인류사회는 크게 보면 사람이라는 동일한 주체가 비슷하게 구성된 자연환경 속에서 만든 것이기 때문에 공통점과 보편성을 지니기도 하지만, 세밀하게 보면 그 주체인 사람이 민족마다 다소 다르고 그들이 살고 있는 자연환경에도 차이가 있기 때문에 그들이 만든 사회도 차이점과 특수성을 지니게 마련이다. 따라서 그러한 사회 속에서 생활하며 형성된 각 지역의 민족이나 거주민들이 가지고 있는 가치관이나 사상도 서로 공통점과 보편성을 지니고 있기도 하지만 차이점과 특수성이 있게 마련이다. 이 점은 한민족에게 있어서도 마찬가지다.

그런데 고대사회에서는 종교가 사회를 지배했기 때문에 고대인들의 가치관이나 사상 등은 그들의 종교 속에 포괄되어 있었다. 그러므로 고조선의 종교가 추구했던 것이 무엇이었는지 그 내용을 살펴보는 것은 한민족의 가치관이나 사상 등을 인식하는 기초 작업이 될 것이다. 그리고 인류사회에서 그것이 가지고 있는 보편성과 특수성을 밝히는 작업도 될 것이다.

고조선의 종교사상은 단군사화에 잘 나타나 있다. 단군사화는 한반도와 만주의 거주민들이 고조선이 건국되기 오래전부터 고조선이 건국된 후까지 오랜 기간에 걸친 생활 체험 속에서 형성시킨 것이기 때문에 그 속에는 고대에 한민족이 공감하고 공유했던 가치관과 사상이 포괄되어 있기 마련이다. 그러므로 단군사화의 분석을 통해 고조선 종교의 내용을 확인해보자.

첫째, 사람이 사회와 역사의 주체임을 밝히고 있다. 단군사화에 따르면 환웅이 지상의 태백산 마루에 내려온 목적은 사람을 널리 이롭게 하기 위한 것이었다.[65] 신이나 자연 또는 어떤 제도를 위해서가 아니라 사람을 이롭게 하기 위한 것이라는 점을 분명히 밝히고 있는 것이다. 인본주의(휴머니즘)의 천명인 것이다. 인류사회가 발전하면서 일어날 수 있는 사람의 존엄성에 대한 망각, 제도나 체제의 수호 또는 변혁을 위해 사람의 생명을 소홀히 다루거나 물질만능의 풍조 속에 사람의 가치가 매몰되어갈 것을 경고하는 내용이기도 하다. '사람은 사회와 역사의 주체'라는 것이 고조선 종교사상의 기초였고 출발점이었던 것이다.

둘째, 사람들이 더불어 행복을 누리는 사회를 목표로 하고 있다. 위에서 보았듯이 환웅은 사람을 널리 이롭게 하기 위해 지상에 내려온 것으로 되어 있다.[66] 지배자나 종교의 권위자 같은 어떤 특정한 사람을 위해서가 아니라 모든 사람을 널리 이롭게 하기 위해 지상에 내려왔던 것이다. 모든 사람이 널리 이익을 얻어 더불어 행복한 사회, 인류가 공영

---

65　『삼국유사』 권1 「기이」 〈고조선〉조. "可以'弘益人間', 乃授天符印三箇, 遣往理之."
66　위와 같음.

을 누리는 사회를 그 목표로 하고 있는 것이다.

고조선에서는 중국에 비해 매우 낮은 세율의 세금을 거두었다. 수확의 20분의 1이었다.[67] 이렇게 적은 세금을 거두어들이고도 유지할 수 있었던 것은 고조선의 지배 귀족이 규모가 큰 궁궐이나 종묘, 거대한 무덤 등을 만들지 않음은 물론 낭비적인 생활을 하지 않고 매우 검소했기 때문이었다.[68] 고조선은 중국에 비해 신분 차별도 심하지 않았다. 고조선의 거수국[69]으로 있다가 독립한 부여·고구려·동예·한 등에서는 하늘에 제사 지내는 영고·동맹·무천·5월제와 10월제 등의 행사가 있었는데, 그때는 온 나라의 모든 사람이 상하 차별 없이 밤낮을 쉬지 않고 음식과 술, 노래와 춤을 즐겼다.[70] 이런 풍속은 고조선의 것을 계승했을 것인데, 이로 보아 고조선에서는 상하의 신분 차별이 심하지 않았음을 알 수 있다. 당시 중국에서는 신분이 다른 사람이 함께 어우러져 술을 마시며 춤추고 노래한다는 것은 상상도 할 수 없는 일이었다. 이와 같이 적은 세금을 거두어들이고 신분에 대한 차별이 심하지 않았던 것은, 더불어 행복을 누리는 사회를 건설해야 한다는 '홍익인간' 이념이 반영되었기 때문이었을 것이다.

셋째, 현세에 낙원을 꾸미는 것이 그 목표였다. 고조선인들은 내세에

---

67 『맹자』「고자」하 〈백규〉장에는 맹자가 전국시대의 거부인 백규와 대화를 나누면서 맥(貊)나라에서는 조세를 수확의 20분의 1만 받는다고 말한 내용이 기록되어 있다. 맥(貊)은 맥(貉)과 통용되는 문자로서 동일한 종족에 대한 명칭이었는데(三上次男,「穢人とその民族的性格」『古代東北アジア史研究』, 吉川弘文館, 1966, p. 355 ; 김정배, 『한국민족문화의 기원』, 고려대 출판부, 1973, pp. 23), 맥(貉)은 고조선의 거수국이었다. 따라서 맹자는 고조선의 세법을 말한 것이다.

68 위 책, 『맹자』「고자」하 〈백규〉장.

69 앞 글, 「고조선의 국가 구조」 참조.

70 『후한서』권85 「동이열전」 및 『삼국지』권30 「동이전」 참조.

서 천국이나 극락에 가는 것이 아니라 현세를 천국이나 극락 같은 낙원으로 만드는 것을 목표로 했다. 단군사화에 의하면, 환웅은 지상에 내려와 곡식·인명·질병·형벌·선악 등과 인간의 360여 가지 일을 모두 맡아 다스렸는데, '재세이화(在世理化)' 즉 세상에 있으면서 그 세상을 이치에 맞는 합리적인 사회로 진화시켰다고 했다.[71] 세상을 합리적인 사회로 진화시키는 것이 고조선인들이 추구했던 목표였던 것이다. 고조선인들은 세상이 불합리하다 하여 그것을 피하는 것이 아니라 적극적으로 참여하면서 그 세상을 이치에 맞는 합리적인 사회가 되도록 변화·진화시켜 지상낙원을 건설하려고 노력했던 것이다. '재세이화(在世理化)'를 흔히 "인간 세상에 있으면서 다스리고 교화했다"고 번역하지만 그것은 너무 지배자의 논리에 맞춘 것으로 본래의 뜻과는 거리가 멀다고 생각된다.

단군사화의 내용을 보면, 환웅이 지상에 내려온 이유는 그가 늘 천하에 뜻을 두고 인간 세상을 욕심내어 구하고자 하니 그의 아버지 환인이 이를 보고 그를 보내어 그곳을 합리적인 세상이 되도록 했다는 것이다.[72] 고조선인들이 본 인간 세상은 하느님의 아들인 환웅도 탐내어 함께 살고자 했던 곳이며 그곳은 합리적인 세상으로 만들 가치가 있는 곳이었던 것이다. 하느님의 아들인 환웅은 사람과 함께 살기 위해 세상에 내려왔었으니 고조선인들은 신과 사람이 공존하는 사회, 신과 사람들이 공영하는 사회를 추구했던 것이다. 이것은 인간의 원죄론에 바탕을 두고 사람을 어쩔 수 없는 죄인으로 취급하면서 신은 죄인을 구하기 위해

---

71 『삼국유사』 권1 「기이」 〈고조선〉조. "將風伯·雨師·雲師, 而主穀主命主病主刑主善惡, 凡主人間三百六十餘事, 在世理化."
72 위 책, 『삼국유사』 〈고조선〉조. "可以弘益人間, 乃授天符印三箇, 遣往理之."

구세주로 군림한다고 보는 서양의 종교 논리와는 매우 다르다.

넷째, 모든 것을 화합과 조화로 보고자 했다. 하느님의 아들인 환웅은 지상에 내려와 지상에 있었던 곰·호랑이 등을 폭력으로 지배한 것이 아니라 곰으로 하여금 여자가 되도록 한 후 그녀와 결혼하여 단군을 낳았다. 이것은 천상신과 지상신의 화합을 의미한다.

그리스 신화를 보면, 하늘에서 내려온 제우스에 의해 땅의 어머니 신 가이아가 살해당했다. 제우스는 하늘의 우레 신 우라노스의 아들이었다. 이것은 하늘에서 내려온 남성 신에 의해 지상의 여성 신이 살해당한 것이다. 비슷한 내용이 바빌론 신화에도 보인다. 수만 년 동안 인간 세상을 지배해오던 티아마트라는 여신이 있었는데, 마르둑이라는 남성 신이 여러 신들로부터 티아마트를 살해하면 세상의 모든 주도권을 주겠다는 약속을 받고, 그녀를 살해한 후 그녀의 몸을 나누어 천지를 창조했다는 것이다. 이와 같이 서양 신화에서는 새로운 신이 기존의 신을 살해하고 세상을 지배한다. 그러나 단군사화에서는 살해라는 갈등의 요소는 보이지 않고 결혼이라는 화합의 길을 택하고 있다. 이를 가리켜 김상일은 유럽의 균열에 대한 '한국의 화합(Korean Association)'이라고 말한다.[73]

단군사화에서는 사람의 출생에 대해서도 창조설과 진화설을 잘 조화시키고 있다. 사람의 출현에 관한 견해는 두 가지로 나누어지는데, 하나는 전능한 신이나 창조자의 존재를 상정하고 그가 우주와 사람 등을 창조했다고 믿는 것이며, 다른 하나는 근원적인 씨앗이나 혼돈으로부터 점차 진화하여 지금의 우주나 사람 등이 나왔다고 보는 것이다. 지금까지는 우주나 사람의 출현에 대해 이 두 가지 설명 방법 외에 다른 설명

---

[73] 김상일·오강남·이성은 엮음, 『한사상의 이론과 실제』, 지식산업사, 1990, pp. 91~96.

방법이 있는 것 같지 않다. 창조설은 그리스도교의 구약성서에 실려 있는 창조신화와 뉴질랜드 마오리족의 창조신화, 중앙 캘리포니아 원주민의 창조신화 등이 대표적이며, 진화설은 오늘날 과학자들 사이에 널리 통용되고 있다. 그런데 단군사화에서는 최고신인 환인이 사람을 창조한 것이 아니라 그의 아들이 지상에 내려와 곰으로 하여금 진화하여 여자가 되게 한 후 그녀와 결혼하여 단군이라는 사람을 낳은 것으로 되어 있다. 이것은 사람의 출현에 대해 신에 의한 창조설과 동물로부터의 진화설을 함께 조화시켜 설명하고자 했음을 알 수 있는 것이다.

다섯째, 사물의 구성 요소와 발전 과정을 셋으로 보았다. 단군사화는 하늘을 대표하는 환웅과 지상을 대표하는 곰, 그리고 사람인 단군왕검이 구성 요소다. 하늘과 땅, 그리고 사람이라는 셋을 주요소로 하고 있는 것이다. 그리고 단군이 태어나는 과정도 환인·환웅·단군이라는 세 단계로 표현되어 있다. 그뿐만 아니라 환웅이 하늘에서 내려올 때 증표로 받은 천부인도 3개였으며, 그가 하늘에서 거느리고 내려온 무리도 3,000명으로 셋이 단위이며, 환웅이 거느렸던 풍백(風伯)·운사(雲師)·우사(雨師)도 세 명이었으며, 곰이 여자로 진화한 기간도 21일간이라 하지 않고 3·7일간이라고 표현하여 3을 단위로 하고 있다.

이런 내용들은 고조선의 종교사상이 사물은 3을 기본 요소로 하여 구성되어 있고, 3단계 과정을 거쳐 발전한다고 믿었음을 알게 해준다. 이는 역사는 정(正)·반(反)·합(合)의 세 단계를 거쳐 발전한다고 보는 변증법과도 통하는 것으로서, 이를 3·1사상 또는 삼위일체사상이라고도 하는데, 후에 한민족 사상의 주요한 요소를 형성했다.[74]

---

**74** 이은봉, 「단군신화의 종교적 의미」 『정신문화연구』 제32호, 한국정신문화연구원, 1987, pp. 6~15.

1과 3의 관계와 그 중요성에 대해 "1은 3의 몸(體)이 되고 3은 1의 쓰임(用)이 된다"고 보고 있으며, "2는 다함이 있고 3은 다함이 없다. 무릇 수의 법칙은 1로써 나누면 원래의 수가 변하지 않게 되고, 2로써 나누면 갈라져서 남음이 없게 되며, 3으로 나누면 순환무궁한다. 그러므로 천지의 이치는 1로써 상(常)을 삼고 3으로써 변(變)을 삼는 것이다"라고 설명한다.[75] 심리학자 칼 융(Carl G. Jung)도 3에 관심을 가져, 3은 영(靈, spiritus)적인 것이고, 신체가 없는 것(asomata)이며, 남성적인 것을 상징한다고 하면서 3이라는 수의 중요성을 말했다.[76]

여섯째, 사람은 행복을 얻기 위해 금기를 통한 수련과 건강식을 통한 섭생이 필요하다고 생각했다. 고조선의 종교사상 가운데 중요한 요소의 하나가 현세에서 사람들이 행복해지기를 추구하는 것이었기 때문에 자연히 정신과 육체가 늙지 않고 건강하게 젊음을 유지하는 방법이나 영생하는 방법 등을 찾아내려고 노력하게 되었다. 따라서 고조선에는 건강을 유지하는 신체 단련법이 있었을 것이다.

『한서』「교사지」에 발해 가운데 있는 삼신산에는 선인과 불사의 약이 모두 있다[77]고 기록되어 있는 것은 이를 알게 해준다. 그 방법이 구체적으로 어땠는지 지금은 알 수 없지만, 금기를 통한 수련과, 약이나 건강식의 복용을 통한 섭생 방법이 함께 사용되었을 것으로 생각된다. 단군사화에 의하면, 환웅은 곰과 호랑이에게 사람이 되려면 동굴에 들어가 쑥과 마늘을 먹으면서 100일 동안 햇빛을 보지 말도록 했다. 그것을 실

---

75 『역해신리대전(譯解神理大全)』, 대종교, p. 66.
76 C. G. 융 지음, 이은봉 옮김, 『종교와 심리학』, 경문사, 1980, p. 89.
77 『한서』권25 상 「교사지」 상. "自威·宣·燕昭使人入海求蓬萊·方丈·瀛洲. 此三神山者, 其傳在渤海中, 去人不遠, 蓋嘗有至者, 諸僊人及不死之藥皆在焉."

행하여 참고 견뎌낸 곰은 사람이 되고 그렇지 못한 호랑이는 사람이 되지 못했다.[78]

햇빛을 보지 않고 오랜 기간 굴속에서 지낸다는 것은 금기의 수련을 의미한다. 그리고 쑥과 마늘은 섭생을 위해 건강식이나 약을 먹었음을 알게 해준다. 쑥과 마늘은 오늘날에도 약과 건강식으로 이용된다. 당시 이보다 많은 종류의 음식물이나 약이 건강을 위해 이용되었겠지만 쑥과 마늘이 대표적인 것으로 단군사화에 등장했을 것이다.

일곱째, 사람이 실천해야 할 구체적인 도덕규범이 있었다. 최치원은 「난랑비서」에서 선(仙)의 역사책이었을 것으로 생각되는 『선사』의 내용을 인용하여 다음과 같은 규범들이 있었다고 말하고 있다. 집에 들어와서는 어버이에게 효도하고, 밖에 나가서는 나라에 충성하며, 처신하는 데 있어 일을 억지로 만들어 하지 않고, 행동하되 말하지 않으며, 착한 것을 받들어 행하며 나쁜 짓은 하지 않는다는 것 등이었다.[79] 최치원은 이런 것들이 공구(공자), 노담(노자), 석가의 가르침과도 통하는 것인데, 유가·도가·불가가 한국에 들어오기 전부터 한민족 선교(仙敎)의 도덕규범으로 전해 내려왔다고 말했다.[80] 이보다 더 많은 도덕규범이 있었을 것이지만 최치원은 그 가운데 가장 기본이 되는 것을 소개했을 것이다.

사람은 마땅히 외부로부터 자신이 받은 은혜에 보답하며 살아가야 하는 것인데, 일생을 통해 가장 많은 은혜를 베풀어준 어버이에게 효도하는 것은 그 출발이 되어야 할 것이며, 자신에게 직접 간접으로 은혜를

---

**78**  주 27 참조.

**79**  『삼국사기』 권4 「신라본기」 〈진흥왕 37년〉조. "設敎之源, 備詳仙史, 實乃包含三敎, 接化群生. 且如入則孝於家, 出則忠於國, 魯司寇之旨也. 處無爲之事, 行不言之敎, 周柱史之宗也. 諸惡莫作, 諸善奉行, 竺乾太子之化也."

**80**  위와 같음.

베풀어준 사회에 보답하는 길은 나라와 민족을 위해 봉사하는 길일 것이다. 일을 억지로 만들어 하지 않고 순리에 따르며, 말을 앞세우지 않고 행동으로 보여주는 성실함과 나쁜 짓을 하지 않고 착하게 살아가는 것은 사람이 지켜야 할 가장 기본되는 생활 자세일 것이다. 고조선의 선교에서는 이런 인생의 가장 중요한 덕목들을 이미 가르치고 있었던 것이다.

## 5. 마치며

지금까지 한국과 중국의 옛 기록을 통해 고조선 종교의 명칭과 구조 및 내용에 대해 살펴보았다. 그 결과 다음과 같은 결론에 도달했다.

고조선 종교의 명칭은 '선교(仙敎)'였으며, 고조선의 종교가 추구했던 길은 '선도(仙道)'였고, 그 길을 가는 지도자들을 '선인(仙人)'이라고 했다. 따라서 고조선의 종교를 신교(神敎)나 신선교(神仙敎), 산신교(山神敎) 등으로 부르는 것은 잘못이다.

고조선의 종교는 고조선을 구성했던 여러 종족들의 수호신을 공동으로 받드는 것으로 되어 있었는데, 각 신들이 차지한 지위는 그들의 종족이 현세에서 차지하고 있는 사회적 지위와 일치했다. 고조선의 최고신은 하느님이었는데, 하느님은 원래 고조선 건국의 중심 종족이었고 고조선의 최고 지배족이었던 조선족의 수호신이었다. 그다음으로 높은 신은 곰신이었는데 곰신은 원래 고구려족의 수호신이었다. 호랑이신도 숭배 대상이기는 했지만 아주 높은 신은 아니었던 것 같다. 호랑이신은 예족의 수호신이었다. 이 밖에도 많은 신들이 있었겠지만 기록에 남아 있지 않아 확인할 수가 없다. 고조선 종교에서 신들의 계보는 현세의 사회 구조를 반영하고 있었다.

고조선에서는 하느님을 광명을 뜻하는 '환님', 하나뿐인 큰 신이라는 뜻의 '한님' 등으로 불렸는데, 이것이 한자로 기록되면서 환인(桓因)이 되었던 것으로 생각된다. 고조선이 건국된 후 하느님은 한민족 전체의 신으로 받들어진 반면, 세월이 흐르면서 곰신·호랑이신 등의 여러 종족들의 수호신들은 민간신앙으로 전락했던 것 같다.

고조선의 종교는 사람이 사회와 역사의 주체임을 천명하고 사람의 존엄성에 기초를 둔 인본주의 종교였다. 하느님까지도 사람 위에 군림하는 존재가 아니라 사람과 더불어 번영을 누리고자 하는 신인공영(神人共榮)을 추구하는 존재였다. 고조선의 종교가 추구한 목표는 모든 사람이 더불어 행복한 사회를 만드는 것이었다. 따라서 내세에 천국이나 극락에 들어가는 것을 기대하는 것이 아니라 현세를 천국이나 극락 같은 사회로 만들고자 했다. 그러기 위해 신과 사람은 현실에 적극적으로 참여하여 사회의 모순을 제거하고 합리적인 사회로 변화·발전시켜야 한다고 생각했다.

고조선의 종교사상은 모든 것을 화합과 조화로 보고자 했다. 서로 다른 것을 대립이나 반대의 개념으로 파악하지 않고 상호 보완하는 화합과 조화의 요소로 보았던 것이다. 그리고 사물을 구성하는 주요소는 3이며 사물이 변화하는 과정도 3단계를 거친다고 보았다. 이것은 3·1사상, 삼위일체사상 등으로 불리는데, 역사는 정반합이라는 세 단계를 거쳐 발전한다는 변증법의 법칙과도 통하는 것이다.

또한 사람이 행복을 얻기 위해서는 자신의 정신과 육체가 건강해야 한다고 생각하여 금기를 통한 수련과 건강식을 이용한 섭생을 실천하기도 했다. 그리고 사람이 사회인으로서 지켜야 할 구체적 도덕규범도 규정되어 있었으니 어버이에 대한 효도, 나라와 겨레에 대한 사랑과 봉사,

일을 하는 데 순리를 따르는 것, 말보다 행동을 앞세우는 것, 착한 일만을 받들어 행하며 나쁜 짓은 하지 않는 것 등이었다.

이상의 고조선 종교의 구조나 고조선 종교가 추구했던 내용 가운데는 다른 지역이나 민족의 종교와 공통된 점이 있는가 하면 차이점도 있다. 이것은 역사에서의 보편성과 특수성이다. 여기서 유의해야 할 것은 고조선 종교의 요소 가운데 다른 지역이나 민족의 종교와 공통된 점을 고조선의 것이 아닌 것으로 잘못 인식해서는 안 된다는 것이다. 예컨대 종래에 일부 학자들은 하느님 숭배 사상은 세계 여러 지역에서 보이는 것이므로 하느님이 아니라 곰을 고조선의 국신이라고 보았는데[81] 그것은 잘못이다. 한국 사람과 서양 사람을 비교하면 머리와 몸통·사지로 구성되어 있다는 점에는 공통성이 있으나 피부의 색깔·체격·체질 등에서는 차이가 있다. 이 경우 한국 사람의 머리·몸통·사지는 서양인과 공통성을 지닌 것이므로 한국 사람을 구성하는 요소가 아니라고 말할 수 있겠는가?

종래에 일부 학자들은 단군사화가 고려 때 조작되었을 것으로 보기도 하고[82] 단군을 국조(國祖)로 인식한 것은 고려시대인 서기 12세기 중엽부터 13세기 말엽 사이에 성립되었다고 보기도 했다.[83] 그런데 지금까지의 고찰로써 단군사화에는 고조선의 종교 구조와 사회 구조 등이 그대로 반영되어 있었음이 확인되었다. 인류학이나 신화학이 존재하지도 않았던 고려시대에 이렇게 고대사회의 상황을 그대로 반영하는 신화

---

81  주 33과 같음.
82  今西龍,「檀君考」『朝鮮古史の研究』, 1937.
    井上秀雄,「朝鮮の建國神話」『新羅史基礎研究』, 1974.
    문경현,「단군신화의 신고찰」『교남사학』 창간호, 1985.
83  서영대,「단군숭배의 역사」 앞 책『정신문화연구』 제32호, p. 26.

를 조작하는 것이 가능했겠는가? 그리고 고조선 종교사상의 핵심을 이룬 인물이었던 단군이 고려시대 이전에는 국조로 인식되지 않았을 것이라는 논리가 성립될 수 있겠는가?

# II    고조선의 과학과 예술

## 1. 들어가며

　인류역사에서 새로운 과학기술의 출현은 정치와 경제를 크게 변화시켰다. 그리고 한 시대의 예술 작품에는 당시 사람들의 정서와 사상이 표출되어 있으며, 그것을 만든 개인의 정서뿐만 아니라 당시 사회상이 단적으로 반영되어 있다. 예컨대 석기에 비해 뛰어난 청동기의 찬란함과 무기로서의 위력은 인류사회에 국가라는 새로운 단계의 사회를 출현시켰으며, 철기의 발명은 생산을 크게 증대시켜 경제 구조와 통치 조직에 변화를 가져왔다. 그리고 생활용품이나 치렛거리 등에 나타난 미의식의 반영은 당시 사람들의 생활 수준을 알게 해준다. 따라서 고조선의 과학기술과 예술에 대한 이해는 고조선의 사회 수준을 바르게 이해하는 데 있어 중요한 의미를 갖는다.

　고조선의 과학과 예술을 구성하는 여러 분야에 대해서는 그동안 개별적으로는 어느 정도 연구가 축적되었다. 그러나 그것들을 고조선문화라는 틀 속에서 총체적으로 종합하고 이해하려는 노력은 다소 부족했던 듯하다. 고조선시대에 해당하는 청동기라든가 철기, 질그릇 등의 유물에 대해서는 그 분야를 전공하는 고고학자들에 의해 적지 않은 연구가 축적되었지만 연구의 대부분이 유물 자체에 대한 설명이나 해석에 그쳤을 뿐 그것이 고조선의 과학과 예술을 말해주고 있다는 점에 대해서는 별로 언급하지 않았다. 그렇게 된 것은 고조선과 같은 고대의 유적이나 유물에 대한 연구는 대부분 고고학자들에 의해 진행되는데, 고고학은 학문의 성격상 유적과 유물을 대상으로 하기 때문이다.

그런데 근래에 문헌 기록과 고고 자료에 나타난 고조선의 문화를 총체적으로 이해하려는 노력이 나타나면서 과학기술과 예술에 대해서도 관심을 갖기 시작했다.[1] 학계의 이런 분위기는 매우 바람직하다. 필자는 이 글에서 고조선의 과학기술과 예술이 고조선 사회와 한국사에서 갖는 의미를 밝혀 보려고 한다. 그러기 위해 기왕에 학계에서 분야별로 연구된 결과들을 재정리하고 종합하여 고조선의 과학기술과 예술을 포괄적으로 이해하도록 노력하려고 한다.

## 2. 고조선의 과학

단군사화에 의하면 하늘에서 지상으로 내려온 환웅은 바람을 관장하

---

1    사회과학원 력사연구소, 『조선전사2 − 고대편』, 과학백과사전출판사, 1979, pp. 218~250.
김원룡, 「청동기시대 예술과 신앙」 『한국사론』13 − 한국의 고고학 Ⅱ·상, 국사편찬위원회, 1983, pp. 306~343.
윤내현, 『윤내현교수의 한국고대사』, 삼광출판사, 1989, pp. 96~102.

는 어른(풍백), 비를 관장하는 어른(우사), 구름을 관장하는 어른(운사)을 거느리고 곡물(농사)과 생명·질병·형벌·선악 등과 사람의 360여 가지 일을 주관하며 세상에 살면서 그곳을 합리적으로 진화시켰다.[2] 이것은 단군에 의해 고조선이 건국되기 훨씬 전 상황을 전하는 것이다.

환웅이 바람을 관장하는 어른, 비를 관장하는 어른, 구름을 관장하는 어른을 거느렸다는 내용은 당시 사람들에게 기후가 매우 중요했음을 말해준다. 그런데, 환웅이 주관했던 여러 일 가운데 농사가 가장 먼저 언급된 것과 연결시켜 생각해볼 때 당시 사회는 농업사회였음을 알 수 있다. 농업에는 기후와 절기가 매우 중요하게 작용하기 때문에 그것에 깊은 관심을 갖게 된다. 그러한 관심은 천문학과 기상학의 발달을 가져오게 된다. 환웅은 사람의 360여 가지 일을 관장했다고 했는데, 이것은 1년의 360여 일을 뜻하는 것으로 일반적으로 보고 있다. 그렇다면 고조선이 건국되기 훨씬 전에 360여 일을 1년 단위로 하는 달력이 있었을 가능성이 있다.

기상에 대한 관심은 고조선시대를 거쳐 여러나라시대로 이어졌다. 『후한서』「동이열전」〈예전〉에는,

새벽에 별자리의 움직임을 관찰하여 그해에 풍년이 들 것인지 흉년이 들 것인지를 미리 안다.[3]

고 기록되어 있는데, 동일한 내용이 『삼국지』「동이전」〈예전〉에도 보인

---

2  『삼국유사』권1「기이」〈고조선〉조. "將風伯·雨師·雲師, 而主穀主命主病主刑主善惡, 凡主人間三百六十餘事, 在世理化."
3  『후한서』권85「동이열전」〈예전〉. "曉候星宿, 豫知年歲豐約."

다.[4] 예는 원래 고조선의 거수국이었으므로[5] 이런 풍속은 고조선으로부터 이어졌을 것이다. 별자리의 움직임을 보고 판단한 풍년과 흉년에 대한 결과가 얼마나 정확했었는지 확인할 길은 없지만, 그러한 관찰을 통해 기상 변화는 어느 정도 예측할 수 있었을 것이며 천문학의 발달도 가져왔을 것이다.

고조선에 수준 높은 학문과 과학기술이 있었을 것임을 추측하게 하는 기록이 있다. 『후한서』 「왕경전(王景傳)」에,

> 왕경(王景)은 자(字)가 중통(仲通)인데 낙랑군 염한(誹邯) 사람이다. 8세조인 중(仲)은 본래 낭야군(琅邪郡) 불기(不其) 사람이다. 도술을 좋아하고 천문에 밝았다. 여씨(呂氏)들이 세상을 어지럽히자 제애왕(齊哀王) 양(襄)은 군사를 일으키려고 하면서 여러 차례 중에게 문의했다. 제북왕(齊北王) 흥거(興居)가 반기를 듦에 이르러 중에게 병사(兵師)를 맡기려 하자 중은 화가 미칠까 두려워하여 곧 바다를 항해하여 동쪽의 낙랑 산중으로 도망하여 그곳에서 살았다. …… (왕)경은 어려서 역학을 배우고 많은 책들을 널리 보기에 이르렀으며, 또 천문과 술수에 관한 것을 좋아했는데 침착하고 생각이 깊어 기술과 재주가 많았다. (황제가) 사공(司空) 복공(伏恭)의 관청으로 불렀다. 그때 (왕)경이 치수(治水)에 능하다고 추천하는 사람이 있어 현종(顯宗)은 명령을 내려 장작알자(將作謁者) 왕오(王吳)와 더불어 준의거(浚儀渠)를 건설하도록 했다. (왕)오는 (왕)경의 저수지와 물길 만드는 방법을 채용하니 물로 인한 피해가 다시는

---

4   『삼국지』 권30 「동이전」 〈예전〉. "曉候星宿, 豫知年歲豐約."
5   윤내현, 「고조선의 국가 구조」 『겨레문화』 6, 한국겨레문화연구원, 1992, pp. 87~90.
    이 책의 제2편 제1장 제1절 「고조선의 국가 구조」 참조.

일어나지 않았다.[6]

는 기록이 보인다. 왕경은 낙랑군 출신으로 역학을 비롯하여 학문의 폭
이 넓었고, 천문과 술수는 물론 토목과 같은 과학기술에도 밝아 준의거
(浚儀渠)를 건설하는 데 공로가 컸다는 것이다.

　왕경은 서한 말부터 동한 초에 걸쳐 활동했던 사람으로 그 후에도 수
리 공사 등에 많은 공로를 세웠고 서주자사(徐州刺史)·여강태수(廬江太
守) 등의 관직에 올랐다.[7] 낙랑군은 패망한 위만조선 땅에 설치되었으
므로 서한의 변방이었다. 그러한 변방 출신인 왕성이 폭넓은 학문과 과
학기술에 대한 지식을 가지고 있었다는 것은 낙랑군 지역의 학문이나
과학기술 수준이 그만큼 높았음을 의미한다. 왕경의 8세조인 왕중은 도
술을 좋아하고 천문에 밝은 사람으로 낭야군[지금의 산동성 낭야(琅琊)]
에서 낙랑군으로 이주했다고 하므로 그러한 가학(家學)이 왕경에게 전
해졌을 가능성도 있다. 그러나 왕중의 학문이 8세손인 왕경에게 얼마나
충실히 전수되었을 것인지도 의문이며, 그러한 가학만으로 왕경이 동한
의 중앙정부에서 두각을 나타낼 정도의 수준에 이를 수 있었을 것인지
도 의문스럽다.

　왕경이 그러한 높은 학문과 과학기술을 가질 수 있었던 것은 대대로
이어진 가학의 덕도 있었겠지만 당시 낙랑 지역의 학문과 과학기술 수

---

6　『후한서』 권76 「순리열전(循吏列傳)」 〈왕경전〉. "王景字仲通, 樂浪詽邯人也. 八世祖
　　仲, 本琅邪不其人. 好道術, 明天文. 諸呂作亂, 齊哀王襄謀發兵, 而數問於仲. 及齊
　　北王興居反, 欲委兵師仲, 仲懼禍及, 乃浮海東奔樂浪山中, 因而家焉. ……. 景少學
　　易, 遂廣闚衆書. 又好天文術數之事, 沈深多伎蓺. 辟司空伏恭府, 時有薦景能理水
　　者, 顯宗詔與將作謁者王吳共修作浚儀渠. 吳用景堰流法, 水乃不復爲害."
7　위의 「순리열전」 〈왕경전〉.

준이 높았기 때문에 가능했을 것이다. 여기서 한 가지 생각해봐야 할 것
은 왕경의 8세조 이상의 조상들이 살았던 낭야군은 황하 중류 유역이
아니라 중국의 동부 해안 지역인 산동성이었다는 점이다. 일반적으로
중국의 모든 지역을 하나로 묶어서 생각하는 경향이 있지만, 중국 내라
고 해도 산동성이나 하북성 지역은 서한이나 동한의 중심부였던 황하
중류 유역보다는 거리가 가까운 만주나 한반도와 교류가 많았다.[8] 따라
서 왕경의 조상들이 살았던 낭야군의 문화 내용과 수준은 고조선의 문
화 내용이나 수준과 결코 무관하지가 않다.

　왕중이 낙랑 지역으로 이주했던 시기는 제북왕(齊北王) 흥거(興居) 때
인데, 제애왕(齊哀王) 양(襄)과 제북왕 흥거는 모두 제도혜왕(齊悼惠王)
비(肥)의 아들들로, 서한 고조(高祖)의 손자였다.[9] 위 인용문의 내용으
로 보아 왕중이 이주한 시기는 서한 고조가 사망한 후 여후(呂后) 일파
가 정권을 장악했던 때이므로 위만조선 초기에 해당한다.[10] 왕경 일가
는 이때부터 위만조선에서 살았던 것이다. 위만조선의 지배층에는 서한
으로부터의 망명인이 포함되어 있었고 위만조선이 멸망하고 그곳에 한
사군이 설치된 후에는 낙랑군에 상당히 많은 서한인들이 이주해 왔을
것이다. 그러므로 왕경이 살았던 시기에 낙랑군의 학문과 과학기술 수
준이 높았던 것은 이런 이주민을 통해 서한의 문화가 전달되었기 때문
이었을 것이라고 생각할 수도 있다.

　그러나 서한 입장에서 보면 낙랑군은 변방이었고 이민족이 사는 곳이

---

8　윤내현, 「중국 동부 해안 지역과 한반도 – 만주 지역의 상호관계」 『장보고 해양경영사
　연구』, 이진, 1993, pp. 51~90 참조.
9　『후한서』 권76 「왕경전」 주석. "襄及興居並高祖孫, 齊悼惠王肥之子也."
10　위만은 서한 고조가 사망한 서기전 195년에 기자조선으로 망명하여 오래지 않아 기자
　조선 거수였던 준으로부터 정권을 빼앗아 위만조선을 건국했다.

었다. 그곳에 파견되었던 서한 사람들은 대부분이 관리나 군인들이었을 것이며, 이주민들도 문화 수준이 낮은 사람들이나 상인들이 주류를 이루었을 것이다.[11] 서한 중앙에 거주하던 수준 높은 학자들이 이곳으로 이주해 왔을 것으로는 생각되지 않는다. 그러므로 낙랑군의 높은 학문과 기술 수준이 서한에서 전달되었을 것으로 보기는 어렵다. 그 지역에서 예부터 전해 내려온 학문과 과학기술이 있었다고 보는 것이 옳을 것이다. 그곳은 원래 고조선의 영토였고 한민족이 살고 있었으므로 그 학문과 과학기술은 고조선으로부터 이어져온 것이었다고 보아야 한다. 고조선에는 천문·기상·순수·토목 등에 관한 높은 수준의 과학기술이 있었을 것이다. 『삼국사기』에는 천문·자연재해·이상기후 등에 관한 기록이 많이 발견된다. 이것은 고구려·백제·신라에 이와 관계된 기관이 존재했고 그 지식이 상당히 높은 수준에 있었음을 알게 해주는데, 그것은 고조선으로부터 계승되었을 것이다.

근래에 고고 발굴과 그 연구가 진전되면서 고조선의 과학기술을 알게 해주는 자료가 증가했다. 고조선의 과학기술 가운데 특기되어야 할 것은 청동과 철에 대한 지식과 기술일 것이다.[12]

청동의 발명과 사용은 인류사회의 성격을 바꾸어놓은 획기적인 것이었다. 청동기에 대해서는 청동으로 만든 유물에 대한 설명 정도로 그치는 경우가 많다. 그러나 석기만을 사용하던 시대에 청동으로 만든 무기

---

11  리지린, 『고조선 연구』, 학우서방, 1964, pp. 356~357.
12  청동과 철의 제련 및 그 제품의 기술에 관한 내용은 다음 글에 실린 내용을 골격으로 하여 정리했다.
     황기덕·김섭연, 「우리나라 고대 야금 기술」『고고민속론문집』8, 과학 백과사전출판사, 1983. pp. 159~180.
     황기덕, 『조선 원시 및 고대사회의 기술발전』, 과학 백과사전출판사, 1984, pp. 36~61.

와 의기(儀器), 장식품의 출현은 정치사의 측면에서도 인류사회에 엄청난 변화를 주었다. 유물로 출토되는 청동은 산화되어 색깔이 청색으로 보이지만 원래는 황금보다 더 찬란하게 빛나는 황금색이었다. 이런 청동의 무기나 의기, 장식품은 우선 그 찬란함에서 석기와는 비교가 안 되었다. 그리고 청동 무기와 석제 무기가 부딪혔을 때 석제 무기를 무참하게 파괴하는 위력은 그것을 갖지 못한 사람들을 공포로 몰아넣기에 충분했고 그것을 두려워하도록 만들었을 것이다. 핵무기가 처음 발명되었을 때의 위력을 연상할 만했을 것이다.

어떤 새로운 과학기술이 사회에서 어느 정도 위력을 갖느냐 하는 것은 이전 사회나 그 주변 사회의 과학기술 수준과 어느 정도 차이가 있느냐 하는 상대적인 평가로 결정된다. 청동은 비록 생산 도구로는 별로 이용되지 않았지만, 화려함과 위력은 당시까지 사용되던 석기와는 비교할 수 없을 정도로 우수했기 때문에 그 영향은 실로 막대한 것이었다. 한국이나 중국의 초기 국가인 고조선이나 상나라가 그렇게 넓은 강역을 확보할 수 있었던 것은 당시의 지배 씨족이 소유하고 있었던 청동기의 위력이 크게 작용했던 것이다. 이런 위력을 가진 청동기문화가 황하 유역보다 고조선 지역에서 먼저 개시되었다.[13] 이런 사실은 한반도와 만주

---

**13** 황하 유역에서 가장 이른 청동기문화는 이리두문화(二里頭文化)인데 개시 연대는 서기전 2200년 무렵이며, 고조선 지역에서 가장 이른 청동기문화는 하가점하층문화인데 개시 연대는 서기전 2500년 무렵이다. 최근에 북한에서는 평양에서 단군릉을 발굴했는데 그곳에서는 금동 유물이 출토되었고, 연대는 지금부터 5,011년 전으로 확인되었다고 발표했다(「사회과학원의 단군릉 발굴 보고문」 『북한의 〈단군릉〉 발굴관련자료』, 북한문제조사연구소, 1993, pp. 3~13). 이 연대가 정확하고 금동 유물이 당시의 것이 확실하다면 한국의 청동기시대 연대는 서기전 3000년 이전으로 올라가야 한다. 그러나 이 유적은 아직 학계의 검증을 받지 않은 상태이므로 여기서는 일단 보류하고 언급하지 않았다.

표1_ 청동기 화학분석 자료

(단위 : %)

| 번호 | 유물 이름 | 나온 곳 | 연대 | 원소들의 화학조성 | | | | | |
| --- | --- | --- | --- | --- | --- | --- | --- | --- | --- |
| | | | | Cu | Sn | Pb | Zn | Fe | Ag |
| 1 | 도끼 | 봉산군 송산리 | 기원전 3~2세기 | 40.55 | 18.30 | 7.50 | 24.50 | 1.05 | |
| 2 | 단검 | 연산 | 〃 | 78.20 | 17.12 | 4.32 | | 0.05 | 흔적 |
| 3 | 단검 | 순천 | 〃 | 73.14 | 19.77 | 6.39 | | | |
| 4 | 거울 | 봉산군 송산리 | 〃 | 42.19 | 26.70 | 5.56 | 7.36 | 1.05 | |

에서 황하 유역보다 민저 국가 단계의 사회가 출현했을 가능성을 말해 주는 것이다.

　사람들이 처음으로 야금한 금속은 구리였을 것으로 추정되고 있다. 처음에는 야금을 하지 않고 광석에서 자연으로 얻었겠지만 점차 야금 기술을 갖게 되었을 것이다. 구리는 녹는점이 1,083도인데 산화동이나 탄산동은 더 낮은 온도에서도 쉽게 녹는다. 고온에서 질그릇을 굽는 정도의 기술이라면 능히 구리를 뽑아낼 수 있다. 그러나 구리는 무르기 때문에 무기나 노동 도구를 만들 수 없었을 것이다. 그래서 강한 금속을 얻기 위해 오래지 않아 합금 기술을 발명했을 것이다. 청동은 구리를 주성분으로 하고 주석과 그 밖의 몇 가지 원소를 합금한 것이다.

　청동의 합리적인 합금 비율은 구리 80~90%와 주석 10~20%이다. 구리와 주석의 합금 비율에 따라 청동의 성질이 달라진다. 그래서 고조선에서는 용도에 따라 합금 비율을 달리했다. 고조선의 청동기를 화학분석한 결과 위와 같은 결과를 얻었다(표1 참조).[14]

---

14　황기덕·김섭연, 「우리나라 고대 야금 기술」 『고고민속론문집』 8, 과학백과사전출판사, 1983, p. 161(이 표의 원본은 『고고민속 』 1966년 3호, pp. 44에 실려 있음).

이 표에서 보는 바와 같이 도끼·단검·거울 등의 청동에 포함되어 있는 합금 원소의 비율은 다르게 나타난다. 도끼와 단검에 함유된 주석(Sn)의 비율은 17.12~19.77% 사이인 데 비해 거울에 포함된 주석의 비율은 26.70%이다. 청동의 견고성은 주석이 19%일 때 가장 높으며, 비율이 그 이상이 되면 강도는 높아지나 잘 깨진다. 이런 청동의 특성을 고려해본다면 찍거나 찌르는 기능을 수행해야 하는 도끼와 단검에 함유된 주석의 비율은 매우 이상적이라고 말할 수 있다.

이에 비해 거울에 함유된 주석 비율은 도끼나 단검에 비해 훨씬 높다. 이렇게 되면 강하기는 하지만 쉽게 깨지는 약점이 있다. 거울은 광택이 잘 나야 하므로 재질이 강할 필요가 있었을 것이다. 그러나 조심스럽게 다루며 사용하는 물건이라서 잘 깨지는 성질은 크게 문제되지 않았을 것이다. 또 도끼와 거울에는 아연(Zn)이 많이 포함되어 있는데, 이것은 주머니 모양의 도끼와 잔줄무늬가 있는 거울의 경우 주조의 효과를 높이기 위해 필요했을 것이다.[15] 청동에 아연을 적당히 배합하면 합금의 색깔과 유동성을 조절할 수 있는데, 아연을 의도적으로 배합하여 청동기를 주조한 것은 한국 청동기만의 특징인 것으로 평가되고 있다.[16]

고조선시대에 청동 주조 기술이 매우 높았음은 청동기에 대한 현미경 관찰에서도 확인되었다. 일반적으로 청동은 구리의 함유량이 높으면 경도는 낮아지는 반면에 기포가 생기기 쉽다. 따라서 청동의 비율이 높은 단검의 경우 그러한 현상이 나타나기 쉽다. 그런데도 단검에 대한 현미경 관찰에서 기포가 전혀 보이지 않았으며 입자들이 골고루 분포되어

---

15  윗글, p. 162.
16  전상운, 「한국고대금속기술의 과학사적 연구」『전통과학』제1집, 한양대 한국전통과학
    연구소, 1980, pp. 9~16.

있음이 확인되었다.[17]

고조선에서는 청동기를 주조하는 데 있어 돌이나 모래를 이용한 거푸집과 더불어 밀랍틀도 이용했던 것 같다. 밀랍틀은 밀랍에 송진을 녹여 섞어 만들고자 하는 물건의 원형을 만들고 그 주위를 진흙으로 발라 외형을 만든다. 이것을 불에 구워 밀랍으로 만든 원형을 녹여 빼내고 청동 주물을 부어 청동기를 만드는 것이다. 밀랍틀은 하나의 제품을 만들 때마다 새로운 틀이 필요하므로 생산능률은 낮지만 아주 섬세한 제품을 만들 수 있다는 이점이 있다. 고조선시대의 유물 가운데 섬세한 잔줄무늬로 장식된 청동거울은 밀랍틀을 사용했을 것이다.[18] 대표적인 것으로 함경북도 함흥시 회상구역 리화동 움무덤[19]과 강원도 양양군의 토성[20]에서 출토된 잔줄무늬 청동거울을 들 수 있다.

고조선에서는 청동기를 만드는 데 필요한 구리를 얻기 위해 동광을 개발했음이 유적으로 확인되었다. 고조선의 강역이었던 지금의 내몽골자치구 임서현(林西縣) 대정(大井)에서는 서기전 1200년[21] 무렵의 동광이 발견되었는데, 사방 2킬로미터의 범위에 채광에 사용되었던 여러 가지 공구와 청동기를 만드는 데 사용되었던 주물틀, 제련에 사용되었던

---

17  위와 같음.
18  앞 책, 『조선 원시 및 고대사회의 기술발전』, p. 43.
19  조선유적유물도감편찬위원회, 『조선유적유물도감』 2 - 고조선·부여·진국편, 조선유적유물도감편찬위원회, 1989, p. 182.
20  위 책, p. 232.
21  中國社會科學院考古硏究所 編, 『中國考古學中碳十四年代收據集』, 文物出版社, 1983, p. 25.
    대정 동광 유적의 연대는 방사성탄소측정에 의해 2720±90 B.P.(770 B.C.), 2640±90 B.P.(690 B.C.), 2810±135 B.P.(860 B.C.), 2970±115 B.P.(1020 B.C.), 2885±115 B.P.(935 B.C.), 3120±140 B.P.(1170 B.C.) 등을 얻었는데 교정연대는 이보다 수백 년 올라갈 것이다. 따라서 필자는 서기전 1200년 무렵으로 잡았다.

노지(爐址) 등이 발견되었다.[22] 이런 동광은 비록 아직까지 다른 곳에서는 발견되지 않고 있지만, 주물틀이 발견된 여러 유적들과 가까운 곳에는 거의 있었을 것이다.

고조선은 서기전 8세기 무렵에 이르러 철기를 사용하기 시작했는데,[23] 제철과 제강 기술도 상당히 높은 수준에 도달해 있었다. 청동기가 주로 무기나 의기로 사용되었던 것과는 달리, 철기는 농기구 등의 생산 도구로 이용되어 생산 증대에 크게 기여했다. 철은 연철·선철·강철로 구분된다. 이런 구분은 탄소 함유량으로 결정되는데 연철에는 0.01% 이하, 선철에는 2% 이상(보통 3.7~4.3%), 강철에는 2% 이하(보통 0.7~0.8%)의 탄소가 포함되어 있다. 탄소가 적은 연철은 탄성이 높은 반면에 매우 무르며 탄소가 많은 선철은 굳기는 하지만 깨지기 쉽다. 탄소의 함유량이 중간 정도인 강철은 탄성과 굳기가 다 같이 강하고 주조와 단조가 모두 가능하다.

순철의 녹는점은 섭씨 1,539도이다. 그런데 자연계에 있는 일반의 산화철은 섭씨 700~800도부터 환원이 시작된다. 녹는점이 구리는 섭씨 1,083도이고 청동은 섭씨 700~800도이므로 청동을 제련하는 정도의 열량이면 산화철을 제련할 수 있다. 그런데 산화철의 환원으로 얻어지는 철은 절반 정도 녹은 상태로 돌부스러기 등과 얽혀 있게 되는데, 이것이 연철이다. 연철을 사용하려면 그것을 마치로 두드려 돌 등의 이물질들을 제거한 후 단조하여 철기를 만들어야 한다. 따라서 연철을 단철이라고도 부른다.

용광로의 온도가 섭씨 1,000도 이상이 되면 철의 환원이 빠른 속도로

---

**22**  文物編輯委員會 編, 『文物考古工作三十年』, 文物出版社, 1979, p. 90.

**23**  앞 글, 「우리나라 고대 야금 기술」, pp. 170~173.

끝나고 철은 탄소를 흡수하기 시작해 섭씨 1,200도 정도에서 액체가 된다. 이렇게 얻어진 철은 탄소 함유량이 많은 선철이다. 선철은 굳기는 하지만 부서지기 쉬우므로 단조는 할 수 없고 주조로써 철기를 만들 수 있다. 따라서 선철을 주철이라고도 부른다. 강철은 광석에서 직접 얻을 수 없고 연철에다 탄소를 추가하거나 선철에서 탄소를 일부 제거하는 방법으로 얻게 된다. 강철을 얻는 발전된 방법은 선철을 한층 높은 온도(섭씨 1,350~1,500도 정도)로 가열하여 탄소와 그 밖의 원소들을 연소시키는 방법으로 제련하는 것이다. 그러므로 선철을 강철로 전환하기 위해서는 제철로의 온도를 높이는 기술이 필요하다.

몇 곳의 유적에서 출토된 철기를 시험분석한 결과 고조선시대에 연철과 선철 및 강철이 사용되었음이 확인되었다. 함경북도 무산군 무산읍 범의구석 유적의 경우 제5문화층은 서기전 6세기 전후, 제6문화층은 서기전 4~1세기, 그 위는 교란층 등으로 형성되어 있었는데, 이 유적에서 출토된 철기를 시험분석한 결과 제5문화층의 도끼는 선철이었고, 제6문화층과 그 위의 교란층에서 나온 도끼들은 선철 및 강철이라는 것이 확인되었다.[24] 그리고 자강도 시중군 노남리와 풍천리·중강군 토성리, 평안북도 영변군 세죽리 등의 서기전 3~2세기를 전후한 시기의 유적에서 출토된 철기들에서도 강철이 확인되었다.[25] 범의구석 유적과 평안북도 영변군 세죽리 유적에서는 철기에서 연철이 확인되었는데, 이 유물들은

---

**24** 황기덕, 「무산 범의구석 유적 발굴보고」『고고민속론문집』 6, 사회과학출판사, 1975, pp. 124~226.
앞 글, 「우리나라 고대 야금 기술」, p. 173.

**25** 정찬영, 「기원 4세기까지의 고구려 묘제에 관한 연구」『고고민속론문집』 5, 사회과학출판사, 1973, pp. 1~62.
앞 글, 「우리나라 고대 야금 기술」, p. 173.

서기전 7세기부터 서기전 2세기 사이에 속하는 것들이었다.[26]

연철과 선철 및 강철을 얻는 과정을 통해 보건대, 위의 철기들에 대한 분석 결과는 고조선에서는 초기에 연철을 사용하다가 서기전 7~6세기 무렵에 선철을 사용하게 되었으며, 서기전 3세기 무렵에는 강철을 생산하게 되었음을 보여준다. 연철은 후에도 선철이나 강철과 함께 사용되었다. 그동안 여러 유적에서 출토된 철기에 대한 시험분석 결과를 보면 표2~4(404~405쪽)와 같다.

강철은 강도에 따라 여러 가지 재질로 나누어지는데 그 강도는 탄소함유량으로 결정된다. 고조선에서는 연강(구조용강, 탄소 0.5~0.6% 이하)과 견강(공구강, 탄소 0.6~0.7% 이상)을 제련하여 용도에 따라 선택적으로 사용했던 것으로 나타난다. 위의 분석표에 의하면 제품을 가공하는 데 쓰인 손칼 따위는 연강이었고, 창은 반연강이었으며, 도끼는 반경강으로부터 극경강에 이르기까지 다양하다. 도끼의 재질이 다양한 것은 도끼의 용도가 노동 도구와 무기로 나뉘므로 용도에 따라 다른 재질을 사용했던 것으로 생각된다.

고조선에서는 강철의 질을 높이기 위해 이미 열처리 기술을 활용했다. 현미경 관찰에 의한 분자 구성을 보면 풍청리·범의구석·노남리·세죽리 등에서 출토된 도끼들은 모두 열처리를 한 것이었다. 특히 세죽리에서 출토된 유물 가운데는 두 번에 걸쳐 열처리를 한 것도 있었다. 열처리를 두 번 한 것은 굳히기 과정에서 나타난 응력을 띄우기로 제거하여 굳기와 질김성을 모두 갖춘 강재를 얻기 위해서였을 것이다.[27]

이런 철을 생산하고 가공하기 위해서는 좋은 제철로와 송풍 장치가

---

26  앞 책, 『조선 원시 및 고대사회의 기술발전』, p. 50의 표 참조.
27  위 책, p. 55.

표2_ 연철 화학조성표

| 유물 이름 | 나온 곳 | 연대 | 원소들의 화학조성 | |
|---|---|---|---|---|
| | | | 규소 | 망간 |
| 도끼 | 범의구석 | 기원전 7~2세기 | 0.02 | 0.02 |
| 도끼 | 범의구석 | 기원전 7~2세기 | 흔적 | 0.01 |
| 활촉 | 세죽리 | 기원전 3~2세기 | 흔적 | 0.02 |

출처 : 주 12, 황기덕, 『조선 원시 및 고대사회의 기술발전』, p. 50.

있어야 한다. 자강도 시중군 노남리 유적 위층에서는 서기전 2세기 무렵의 제철로가 발견되었는데, 쇳물을 받는 쇠탕 시설까지 갖춘 것으로서[28] 같은 시기의 서구 제철로보다 규모가 훨씬 크고 잘 만들어진 것이었다. 제철로 안의 온도를 높이기 위해 송풍 장치를 사용했음도 확인되었다. 경기도 가평군 마장리 유적에서는 야철용(冶鐵用) 송풍 토관의 파편이 출토되었는데, 파편이기 때문에 그것의 완전한 형태는 알 수 없지만 당시 송풍 장치가 있었음을 알게 해주었다.[29] 아마도 당시에 사용했던 송풍 장치는 한민족이 오래전부터 사용해왔던 수동식 풀무와 디딜풀무였을 것이다.

서구에서 선철을 널리 이용하기 시작한 것은 서기 14세기 무렵부터였으며, 선철에서 강철을 얻는 발전된 제련 방법을 사용한 것도 이 시기부터였다. 그전에 사용했던 강철은 연철을 단조하여 얻은 것이었다. 그런

---

28 정찬영, 『압록강·독로강 류역 고구려 유적 발굴보고』 — 유적발굴보고 제13집, 과학백과사전출판사, 1983, pp. 51~52.
앞 글, 「기원 4세기까지의 고구려 묘제에 관한 연구」, pp. 57~58.
정찬영은 앞 글에서 노남리의 제철로를 고구려의 것으로 언급했지만, 이 유적의 연대는 서기전 2세기 무렵이므로 고조선 말기의 것으로 보는 게 옳을 것이다.
29 김원룡, 『가평 마장리 야철주거지』『역사학보』 50·51 합집, 1971, pp. 111~137.

## 표3_ 선철 화학조성표

| 유물 이름 | 유적 이름 | 연대 | 원소들의 화학조성 | | | | |
|---|---|---|---|---|---|---|---|
| | | | 탄소 | 규소 | 망간 | 인 | 유황 |
| 도끼 | 범의구석 | 기원전 7~5세기 | 4,20 | 0,20 | 0,006 | 0,196 | 0,035 |
| 도끼 | 범의구석 | 기원진 3~2세기 | 4,05 | 0,04 | 0,02 | 0,415 | 0,038 |
| 도끼 | 범의구석 | 기원전 3~2세기 | 4,45 | 0,23 | 0,03 | 0,18 | 0,017 |
| 도끼 | 세죽리 | 기원전 3~2세기 | 4,20 | 0,19 | 0,03 | 0,10 | 0,008 |
| 도끼 | 세죽리 | 기원전 3~2세기 | 2,98 | 0,20 | 0,05 | 0,185 | 0,016 |
| 도끼 | 노남리 | 기원전 2~1세기 | 4,31 | 0,30 | 0,3 이하 | 0,215 | 0,03 |
| 수레굴대끝 마구리쇠 | 운성리 | 기원전 1세기 | 3,95 | 0,25 | 0,04 | 0,193 | 0,013 |

출처 : 주 12, 황기덕, 『조선 원시 및 고대사회의 기술발전』, p. 51.

## 표4_ 강철 화학조성표

| 유물 이름 | 나온 곳 | 연대 | 원소들의 화학조성 | | | | |
|---|---|---|---|---|---|---|---|
| | | | 탄소 | 규소 | 망간 | 인 | 유황 |
| 도끼 | 세죽리 | 기원전 3~2세기 | 1,43 | 0,10 | 0,18 | 0,009 | 0,011 |
| 도끼 | 세죽리 | 기원전 3~2세기 | 0,70 | 0,04 | 0,15 | 0,008 | 0,004 |
| 도끼 | 범의구석 | 기원전 2~1세기 | 1,55 | 0,10 | 0,12 | 0,007 | 0,008 |
| 도끼 | 운성리 | 기원전 2~1세기 | 0,62 | 0,25 | 0,01 | 0,041 | 0,012 |
| 도끼 | 풍청리 | 기원전 2~기원전후 | 0,45 | 0,009 | 0,04 | 0,070 | 0,016 |
| 도끼 | 노남리 | 기원전 2~기원전후 | 0,72 | 0,02 | 0,11 | 0,032 | 0,013 |
| 창 | 풍청리 | 기원전 2~기원전후 | 0,31 | 0,08 | 0,05 | 0,007 | 0,008 |
| 손칼 | 토성리 | 기원전 2~기원전후 | 0,15 | 0,13 | 0,01 | 0,027 | 0,008 |
| 도끼 | 심귀리 | 기원전 2~기원전후 | 0,85 | 0,06 | 0,076 | 0,075 | 0,014 |

출처 : 주 12, 황기덕, 『조선 원시 및 고대사회의 기술발전』, p. 53.

데 한민족은 이보다 훨씬 빠른 고조선시대에 이미 연철과 선철을 제련했으며 진보된 방법으로 강철도 제련하여 사용했다. 이런 사실은 고조선 사람들의 철에 대한 지식과 그 가공 기술이 매우 이르고 높았음을 알게 해준다.

고조선에서는 도금(鍍金)과 판금(板金)·누금(鏤金)·맞머리못(리베트)·땜질 등의 금속 가공 기술도 사용했다. 고조선에서 사용했던 도금법은 아말감 합금에 의한 수은도금과 박도금이었다. 수은은 철·니켈·코발트 등 일부 금속을 제외한 거의 모든 금속을 녹이면서도 열에는 증발하는 특성을 가지고 있다. 그러므로 수은에 금이나 은 등을 혼합하여 아말감을 만들어 그것을 청동기에 바르고 열을 가하면 수은은 증발하고 금이나 은만 청동기의 표면에 남아 도금되는 것이다. 서기전 1000년기 후반기에 보급된 마구류와 수레 부속품들에서 보이는 금동 제품들은 아말감 합금의 수은도금 제품이었다.[30] 박도금은 청동기에 먼저 수은을 바르고 그 위에 금박이나 은박을 씌운 후 열을 가하여 수은을 증발시키는 도금 방법이다. 평양시 정백동 37호 무덤에서 출토된 범무늬 띠고리[31]의 얼룩덜룩한 무늬는 박도금으로 만든 무늬일 것이다.[32]

판금은 금속을 마치로 때려 얇은 판을 만들어 그것을 물건에 씌우는 것을 말한다. 고조선시대의 청동 제품인 말관자와 수레 장식, 세형동검의 맞추개돌에 씌운 청동판 등이 있다.[33] 누금은 금이나 은을 가는 실로

---

30  앞 책, 『조선 원시 및 고대사회의 기술발전』, p. 44.
31  사회과학원 고고학연구소 전야고고대, 「나무곽무덤 — 정백동 37호무덤」 『고고학자료집』 제5집, 과학백과사전출판사, 1978, pp. 15~28.
    앞 책, 『조선유적유물도감』 2, p. 131.
32  앞 책, 『조선 원시 및 고대사회의 기술발전』, p. 44.
33  앞 책, 『조선유적유물도감』 2, pp. 100~101의 사진 198·199·202.

뽑아 그것으로 금속판에 수놓듯 장식하는 것인데, 앞에서 언급된 정백동 37호 무덤에서 출토된 범무늬 띠고리의 테두리는 굵은 은실을 이용하여 장식을 했고, 평양시 석암리 9호 무덤에서 출토된 용무늬 금띠고리에는 금판의 테두리에 가는 금실로 수놓듯이 장식을 했는데 보기 드문 걸작품이다.[34] 석암리 9호 무덤은 연대가 서기전 1세기 초로 추정[35]되므로 고조선 붕괴 직후가 될 가능성이 있다. 그러나 이 띠고리는 제작기법이 정백동 37호 무덤에서 출토된 범무늬 띠고리와 매우 유사한 것으로 보아 고조선의 세공 기술을 계승했음을 알 수 있다.

맞머리못은 2개의 금속 물체를 양쪽에 머리가 있는 못으로 연결시키는 가공 기술이다. 평양시 정백동 8호 무덤에서 나온 청동제 시루와 대야, 단지 등에 달린 고리 손잡이는 맞머리못으로 몸체와 연결시킨 것이었다.[36] 땜질은 깨지거나 뚫어진 것을 때워 고치는 일이다. 이것은 일종의 용접 기술이지만 용해된 금속을 구멍이 나거나 부러진 부분에 부어서 응고 접착시키는 보수 방법이며 일반적인 용접과는 의미가 약간 다르다. 이런 땜질은 제주도에서 출토된 비파형동검을 비롯하여 여러 지역의 청동 유물에서 보여 고조선시대에 땜질이라는 보수 기법이 청동기에 일반적으로 사용되었음을 알게 해준다.[37]

고조선에서는 의학도 상당히 발달되어 있었을 것으로 생각된다. 단군

**34** 앞 책, 『조선유적유물도감』 2, p. 143.

**35** 앞 책, 『조선유적유물도감』 2, p. 142.

**36** 황기덕·박진욱·정찬영, 「기원전 5세기~기원 3세기 서북조선의 문화」 『고고민속론문집』 3, 사회과학출판사, 1971, pp. 29~30.
    앞 책, 『조선유적유물도감』 2, pp. 155~158.

**37** 이건무, 「청동 유물의 땜질기법」 『삼불김원룡교수정년퇴임기념논총』 ─ 고고학편, 일지사, 1987, pp. 169~200.

사화에는 곰과 호랑이가 사람이 되기 위해 동굴 속에서 햇빛을 보지 않고 쑥과 마늘을 먹은 것으로 되어 있다. 이것은 당시 사람들이 쑥과 마늘은 동물을 사람으로 변화시킬 정도로 큰 약효를 지닌 식물이라고 믿고 있었음을 말해준다. 마늘과 쑥은 오늘날에도 건강식품이나 약재로 널리 이용되고 있다. 고조선인들은 마늘과 쑥 외에 여러 종류의 건강식품과 약초에 대한 지식을 가지고 있었겠지만 단군사화에는 이 두 가지가 대표적인 것으로 언급되었을 것이다.

고조선인들은 건강을 위해서는 건강식품이나 약꿈을 복용함은 물론 이와 더불어 금기 수련이 필요하다고 생각했던 것 같다. 단군사화에서 곰이 햇빛이 들어오지 않는 동굴 속에서 마늘과 쑥을 먹으면서 금기 생활을 한 끝에 결국 사람이 될 수 있었다고 말한 것은 이런 생각이 반영된 것으로 보인다.

고조선에는 상당히 발달된 침술도 있었을 것으로 생각된다. 『산해경』의 「동산경(東山經)」과 「동차이경(東次二經)」에는 중국의 동쪽에 있는 산들을 소개하면서,

> 다시 남쪽으로 400리를 가면 고씨산(高氏山)이라는 곳인데, 그 산 위에서는 옥(玉)이, 기슭에서는 잠석(箴石)이 많이 난다.[38]

> 다시 남쪽으로 500리를 가면 부려산(鳬麗山)이라는 곳인데, 그 산 위에서는 금과 옥이, 기슭에서는 잠석이 많이 난다.[39]

---

38 『산해경』 권4 「동산경」. "又南四百里, 曰高氏之山, 其上多玉, 其下多箴石."
39 『산해경』 권4 「동차이경」. "又南五百里, 曰鳬麗之山, 其上多金玉, 其下多箴石."

고 했는데, 잠석(箴石)에 대해서 동진의 곽박(郭璞)은 "돌침을 만들어 등창을 치료할 수 있는 돌"[40]이라고 주석했다. 『산해경』의 전체 내용 가운데 잠석은 위의 기록처럼 동방 지역의 산에서만 보인다. 이로 보아 돌침은 동방에서 기원되었을 가능성이 많다. 후대의 침술은 이런 돌침에서 발전되었을 것이다. 그런데 서포항[41]·오동[42] 등 고조선의 여러 유적에서는 뼈로 만든 침이 출토되었고[43] 숭실대 박물관에는 청동침의 주물틀이 소장되어 있는데[44] 이런 침들은 의료용이었을 가능성이 있다.

지금까지 살펴본 바와 같이 고조선은 천문·기상·술수·토목·금속·의약에 관한 과학 지식은 물론 그 응용 기술도 매우 높은 수준에 이르러 있었다.


## 3. 고조선의 문학

고조선에는 수준 높은 문학 작품들이 있었던 것으로 추측된다. 고조선이 독자적인 문자를 사용했었는지의 여부는 아직까지 확인되지 않았다. 그러나 서기전 12세기 무렵의 상·주 교체기에 기자 일족이 고조선

---

**40** 위의 『산해경』 권4 「동산경」의 잠석에 대한 주석. "可以爲砭針, 治癰腫者."

**41** 김용간·서국태, 「서포항 원시유적 발굴보고」 『고고민속론문집』 4, 사회과학출판사, 1972, pp. 108~134.

**42** 고고학·민속학 연구소, 「회령 오동 원시유적 발굴보고」 『유적발굴보고』 7, 과학원출판사, 1960, pp. 34~41.

**43** 발굴자들은 침을 대개 송곳이나 바늘로 분류하는 경향이 있지만 송곳 가운데 몸체가 가는 것이나 바늘 가운데 귀가 없는 것은 침으로 분류되어야 할 것이다.

**44** 임병태, 「영암출토 청동기용범에 대하여」 『삼불김원룡교수정년퇴임기념논총』 Ⅰ—고고학편, 일지사, p. 124.

의 변방으로 망명 온 이래 많은 중국인들이 고조선 지역으로 이주해 온 것이라든가 중국과의 문화 교류 내용으로 보아 적어도 서기전 12세기 무렵에는 한문이 고조선에 전달되었고, 서기전 8세기 무렵에는 한문이 상당히 널리 보급되어 있었을 것으로 생각된다.[45]

요령성 여대시에 위치한 서기전 5세기 무렵의 윤가촌 유적 6호 무덤의 옹관에는 "평향(平鄕)……"이라는 한문 일곱 글자가 새겨져 있었다. 이것은 이 시기에 고조선에서 한문이 사용되고 있었음을 알려준다.[46] 그리고 근래에 경상남도 의창군 다호리 고분에서는 서기전 1세기 무렵의 것으로 추정되는 청동기·철제 농구·제기·칠기 등과 함께 다섯 자루의 붓이 출토되었다.[47] 이 유물들에 대한 연구 결과 이곳에서 출토된 붓들은 중국에서 한(漢)시대에 사용했던 것들과 같은 것으로 문자의 필사용이었다는 것이 확인되었다.[48] 연구자는 함께 출토된 여러 유물들로 보아 교역에 필요한 서류를 만드는 데 이 붓이 사용되었을 것으로 보았다. 이런 고고학 자료는 적어도 고조선 말기에 필묵을 사용한 서사문화(書寫文化)가 지방에까지 널리 퍼져 있었음을 입증해준다.

따라서 고조선에 독자적인 문자는 없었다고 하더라도 이미 상당히 수준 높은 기록문화가 있었을 것으로 생각된다. 전하는 바에 의하면, 고조

---

45  리지린, 『고조선 연구』, 학우서방, 1964, p. 360.
   이 책의 제2편 제5장 제1절 「고조선과 중국의 교섭」 참조.
   리지린은 고조선인들이 한자를 수입하여 사용하기 시작한 것은 서기전 8세기 이전일 것으로 본 바 있다.
46  조중 공동 고고학 발굴대, 『중국 동북 지방의 유적 발굴보고』, 사회과학원출판사, 1966, p. 124.
47  〈박물관신문〉, 1988년 5월 1일자.
48  이건무, 「다호리유적 출토 붓(筆)에 대하여」 『고고학지』 제4집, 한국고고미술연구소, 1992, pp. 5~23.

선에는 기록을 전담한 신지(神誌)라는 관직이 있었는데, 당시 사람들은 이를 신지선인(神誌仙人)이라 불렀다고 한다. 고조선에서 선인(仙人)은 종교직에 종사하는 사람들에 대한 호칭이었는데, 위의 칭호가 옳다면 신지선인은 기록관인 동시에 종교직의 업무도 맡고 있었던 인물일 가능성이 있다. 중국의 갑골문을 보면, 상시대에 점복을 관장했던 정인(貞人)이 기록관을 겸하고 있었으며 세계 어느 지역에서나 고대사회에서 문자를 다루는 사람들은 대개 종교 지도자였고 사회에서 영향력을 갖는 지성인들이었다. 이 점은 고조선도 예외는 아니었을 것이다.

고조선에는 신지(神誌)가 시적으로 표현한 기록인 『신지비사(神誌祕詞)』라는 책이 있었다고 한다. 『삼국유사』 「홍법(興法)」편에는 개소문(盖蘇文)에 대한 저자 자신의 주석으로,

> 또 『신지비사』 서문에는 "소문(蘇文) 대영홍(大英弘)이 서문(序文)과 아울러 주석(注釋)하다" 했으니 소문(蘇文)은 바로 직명(職名)이라는 것이 문헌으로 증명된다.[49]

고 하여 『신지비사』가 있었음과 그 책에 대영홍(大英弘)이 주석을 달았음이 확인된다. 그리고 『고려사』 「김위제 열전(金謂磾列傳)」에는 그가 천도를 주장하는 상소문을 숙종에게 올리면서 『신지비사』 기록을 인용한 내용이 보인다. 즉,

> 또 『신지비사』에 이르기를, "비유컨대 저울대·저울추·극기와 같은 것

---

49 『삼국유사』 권3 「홍법」 〈보장봉로(寶藏奉老)·보덕이암(普德移庵)〉, "又按神誌祕詞序云, 蘇文大英弘序幷注, 則蘇文乃職名."

인데, 저울대는 부소(扶疎)이며, 저울추는 오덕지(五德地)요, 극기는 백아강(百牙岡)이다. 이곳에서 70개 나라로부터 조공을 받고 땅의 덕과 신령의 보호를 받을 것이다. 저울처럼 머리(極器)와 꼬리의 자리가 균평(均平)해야 나라가 흥하고 태평이 보장된다. 만약 비유해서 말한 이 세 곳에 도읍하지 않으면 왕업이 쇠퇴해질 것이다"라고 했습니다.[50]

라고 기록되어 있다. 그 내용으로 보아 고조선시대에 풍수지리가 이미 상당한 이론 체계를 갖추고 있었으며, 그것이 정치사상의 일부를 형성하고 있었음도 알 수 있다.

신지는 풍수지리의 이론을 저울에 비교하면서 머리와 꼬리가 균평해야 나라가 흥하고 태평이 보장된다고 했다. 이는 단군사화에서 사람을 널리 이롭게 해야 한다는 '홍익인간' 이념, 즉 더불어 행복해야 한다는 '균평(均平)의 이념'이 풍수지리 이론에도 반영되어 있었음을 알게 해준다. 위에 인용된 내용들이 간략하기는 하지만 그것을 통해 추측해보건대 『신지비사』는 한민족의 가치관과 사상의 기초를 이룬 상당히 철학적인 체계를 갖추고 있는 내용을 싣고 있었을 것이다. 한민족에게는 중국의 풍수지리 사상이 들어오기 전부터 고유한 풍수지리 이론과 철학 체계가 있었음을 알 수 있다. 『신지비사』에 대해서는 『용비어천가』에도 언급되어 있어[51] 조선시대까지도 이 책이 전해졌을 가능성이 있다.

1583년에 평양의 법수교 밑에서 세 조각 난 비석이 발굴된 일이 있

---

50 『고려사』 권122 「열전」 35 〈김위제〉. "又神誌祕詞曰, 如秤錘極器, 秤幹扶疎, 樑錘者五德地, 極器百牙岡, 朝降七十國賴德護神精, 首尾均平位興邦保大平, 若廢三諭地, 王業有衰傾."
51 『용비어천가』 제16장.

다. 그 비석에 새겨진 문자는 중국이나 인도의 문자도 아닌 전혀 새로운 것이어서 읽을 수가 없었는데 이를 고조선에서 사용했던 신지문(神誌文)으로 보는 학자도 있다고 『평양지(平壤誌)』에도 기록되어 있다.[52] 오늘날 전하는 『천부경(天符經)』과 『삼일신고(三一神誥)』도 고조선의 신지가 단군의 가르침을 적은 것이라고 말하기도 한다.[53]

그동안 발굴된 몇 곳의 유적에서는 질그릇에 부호가 새겨져 있는 것이 발견되었다. 내몽골자치구 옹우특기(翁牛特旗) 석붕산(石棚山) 유적, 요령성 여대시의 윤가촌 유적과 비자와 고려채 유적, 함경북도 나진시 초도 유적, 평양시 남경 유적 등에서 출토된 질그릇에는 부호가 새겨져 있었다.[54] 이와 비슷한 부호는 중국 황하 유역의 앙소문화와 대문구문화 유적 등에서도 출토되었다.[55] 이런 부호들을 바로 문자로 보기는 어렵겠지만, 그것들이 발달하여 문자가 출현했을 가능성이 있으므로 고조선 지역에서 부호가 새겨진 질그릇이 출토된다는 사실은 중요한 시사를 하는 것이다. 고조선에 고유한 문자가 있었을 가능성을 보여주는 자료는 여러 곳에서 발견된다.[56] 그러나 당시의 문자로 확인된 것이 현존하지 않는다는 것은 큰 약점이다. 문자에 관한 문제는 앞으로의 연구 과제로 남는다.

고조선의 가사문학 작품으로는 「공후인(箜篌引)」 또는 「공무도하가(公

52  사회과학원 력사연구소, 『조선전사2 – 고대편』, 과학백과사전출판사, 1979, p. 230.
    이홍직, 『국사대사전』, 〈신지〉, 백만사, 1937. p. 896.
53  김정곤, 「단군신앙에 관한 경전 연구」『정신문화연구』 제32호, 한국정신문화연구원,
    1987, pp. 38~39.
54  이형구, 『한국고대문화의 기원』, 까치, 1991, pp. 113~118.
55  윤내현, 『중국의 원시시대』, 단국대 출판부, 1982, pp. 238·293.
56  유열, 「우리 민족은 고조선시기부터 고유한 문자를 가진 슬기로운 민족」『북한의 〈단군
    릉〉 발굴관련자료』, 북한문제조사연구소, 1993, pp. 102~110.

無渡河歌)」로 불리는 것 한 편이 전한다. 이 작품을 통해 고조선의 문학 수준을 어느 정도 이해할 수 있다. 이 작품은 중국 진(晉)나라의 최표(崔豹)가 편찬한『고금주(古今注)』라는 책에 실려 있다. 그 내용은 다음과 같다.

> 님아 가람을 건너지 마소.
> 님은 그예 가람을 건너시네.
> 물에 들어가 돌아가시니
> 아아 님아 이를 어이하리.[57]

『고금주』에 기록된 바에 의하면 진졸(津卒)이었던 곽리자고(霍里子高)가 어느 날 새벽 배를 저어 가다가 머리가 하얀 미친 것 같은 한 노인이 머리를 풀어헤치고 손에 술병을 들고 세차게 흐르는 물을 건너려고 하는데, 그의 아내가 따라와 만류했으나 듣지 않고 강물 속에 뛰어들어 죽는 것을 보았다. 그가 죽자 그 노인의 아내는 공후(箜篌)라는 악기를 타며 남편의 죽음을 슬퍼하며 노래를 불렀다. 노래가 끝나자 노인의 아내도 강물에 몸을 던져 죽었다. 곽리자고는 집에 돌아와 그가 본 사실을 그의 아내 여옥(麗玉)에게 이야기해주었다. 이 이야기를 들은 여옥은 늙은 부부의 비극적인 운명을 슬퍼하면서 공후를 타며 자기의 감정으로 노래를 지어 부르고 「공후인(箜篌引)」이라 이름을 붙였다 한다.[58]

---

57 최표,『고금주』〈공후인〉. "公無渡河, 公竟渡河, 墮河而死, 將奈公何."
58 위 책의 〈공후인〉. "箜篌引, 朝鮮津卒霍里子高妻麗玉所作也. 子高晨起刺船, 有一白首狂夫, 被髮提壺, 亂流而渡, 其妻隨而止之, 不及. 遂墮河而死, 於是援箜篌而歌曰, ……. 聲甚悽慘, 曲終, 亦投河而死, 子高還而語麗玉, 麗玉傷之, 乃引箜篌而寫其聲, 名曰箜篌引."

「공후인」을 짓게 된 이상의 내용이 사실이라면 고조선에는 매우 수준 높은 가사문학이 있었다는 것이 된다. 물에 빠져 사망한 노인의 아내나 곽리자고의 아내 여옥은 귀족 부인이 아니었으며 강가에 사는 평범한 서민의 아낙이었다. 그러한 여인들이 즉석에서 가사를 만들어 노래를 부를 수 있었다면, 이런 수준의 가사문학이 일반 평민 사이에 널리 보급되어 있었다는 것을 말해준다. 귀족 사회의 문학 수준은 이보다 높았을 것이다.

이 작품을 『고금주』 편찬자인 최표는 「공후인」은 조선의 작품이라고 기록했다. 최표는 중국 진(晉)나라 혜제(惠帝) 때(서기 291~307) 사람이다. 중국 진(晉)나라보다 앞선 시대에 있었던 나라 가운데 중국인들이 조선이라 불렀던 나라로는 고조선·기자조선·위만조선이 있었다. 따라서 최표가 말한 조선은 이 가운데 하나일 것이다. 그런데 기자조선은 고조선의 거수국이었으므로[59] 기자조선의 가사문학도 고조선의 가사문학에 포함된다. 이 작품이 위만조선의 것이 아니었다면 고조선의 것이 되는 것이다.

그런데 위만조선의 지배 계층에는 중국 이주민들이 상당히 포함되어 있었겠지만, 일반 주민들은 대부분 그 지역 토착인들로서 한민족이었을 것이다.[60] 따라서 이 작품이 설사 위만조선의 것이었다고 하더라도 중국

---

59  앞 글, 「고조선의 국가 구조」 『겨레문화』 6, pp. 95~98.
    이 책의 제2편 제1장 제1절 「고조선의 국가 구조」 참조.
60  위만조선은 고조선의 거수국이었던 기자조선의 정권을 빼앗아 건국하여 고조선의 서
    쪽 변경을 차지하고 있었다.
    『삼국지』 권30 「동이전」 〈한전〉의 주석으로 실린 『위략』.
    윤내현, 「위만조선의 재인식」 『한국고대사신론』, 일지사, 1986, pp. 241~254.
    _____, 「고대조선고」 『중재장충식박사화갑기념논총』 ― 역사학편, 중재장충식박사화갑
    기념논총간행위원회, 1992, pp. 3~11.

으로부터 전래된 것이 아니라 토착인들이 만든 것이라면 그것은 고조선의 문학을 이어받은 것이 된다. 따라서 이 작품의 소속을 분명하게 밝혀볼 필요가 있다. 『사기』「효무본기(孝武本紀)」에,

> 그해에 남월(南越)을 멸했다. ……. 태일(泰一)과 후토(后土)에게 제사를 지냈는데 처음으로 음악과 춤을 사용했으며, 더하여 노래할 아이들을 불러 모았고, 25현의 악기를 만들었으며, 공후슬(箜篌瑟)을 이때부터 사용하기에 이르렀다.[61]

고 했는데, 위의 공후슬(箜篌瑟)에 대한 주석으로 실린 『사기집해』와 『사기색은』에는,

> 서광(徐廣)은 말하기를, 응소(應劭)는 무제가 악인(樂人) 후조(侯調)에게 명하여 처음으로 공후를 만들었다고 했다.[62]

> 응소는 말하기를, 무제가 처음으로 악인 후조에게 명령하여 만들었는데 음이 고르며 소리가 고르기를 자연스러웠다. 이름하여 공후라 했다.[63]

---

『고조선 연구』상 제1편 제5장 제1절 「위만조선과 한사군의 위치」 참조.

**61**　『사기』권12 「효무본기」. "其年, 旣滅南越, ……. 禱祠泰一·后土, 始用樂舞, 益召歌兒, 作二十五弦及箜篌瑟自此起."

**62**　위의 『사기』「효무본기」의 공후슬에 대한 주석으로 실린 『사기집해』. "徐廣曰, 應昭云武帝令樂人侯調始造箜篌."

**63**　앞의 『사기』「효무본기」의 공후슬에 대한 주석으로 실린 『사기색은』. "應昭云, 武帝始令樂人侯調作, 聲均均然 名曰箜篌."

고 적혀 있다. 이를 보아 중국에서 공후를 처음 만들어 사용한 것은 서한 무제가 남월을 멸망시킨 때로, 위만조선 멸망 2년 전이었다.

그런데 최표는 앞의 「공후인」이라는 작품이 조선의 것이라 했다. 그리고 물에 빠져 죽은 노인과 곽리자고의 부인이 모두 공후라는 악기를 타면서 노래를 불렀다고 전하고 있다. 그렇다면 조선에서는 공후라는 악기가 서민들 사이에도 널리 보급되어 있었음을 알 수 있다. 한반도와 만주에 위만조선 이후에는 최표가 살았던 시대까지 조선이라 불린 나라가 없었으므로 공후라는 악기가 중국에서 조선에 전해진 것이라면 위만조선이 멸망되기까지 불과 2년 사이에 그것이 서한에서 수입되어 서민에까지 보급되었어야 한다. 그러나 고대사회에서 외국의 문물이 그렇게 순식간에 보급되어 일반화되는 것은 불가능하다.

오히려 이렇게 생각하는 것이 더 합리적일 것이다. 공후라는 악기는 원래 고조선의 악기였는데 서한 무제 때 중국에 전달되어 서한의 궁중에서 처음 연주되었을 가능성이 있다. 이런 시각에서 리지린은 공후를 타면서 불렀던 「공후인」이라는 가사는 서기전 2세기 이전의 고조선 작품이었음은 물론이고 당시 서민에까지 널리 보급되어 있었던 공후라는 악기도 고조선의 것으로 보아야 한다고 주장했다.[64] 이런 그의 견해는 매우 타당하다고 생각한다.

고려시대 김위제가 인용한 『신지비사』의 단편이나 「공후인」이라는 가사는 고조선의 문학이 상당히 높은 수준에 도달해 있었음을 말해주고 있다. 최표는 「공후인」에 대한 설명의 끝부분에서 조선에는 「공후요(箜篌謠)」라는 것도 있었는데, 그것이 만들어진 경위는 알 수 없으나 그 내

---

64 앞 책, 『고조선 연구』, pp. 357~359.

용은 「공후인」과는 달랐다고 기록하고 있다.[65] 이로 보아 고조선에는 상당히 다양한 문학 작품이 있었던 것으로 생각된다.


## 4. 고조선의 예술

고조선에는 상당히 수준 높은 예술도 있었던 것으로 생각된다. 고조선에는 현악기와 타악기, 관악기 등 여러 종류의 악기가 보급되어 있었던 것으로 보인다.

고조선에는 현악기가 널리 보급되어 있었다. 앞에서 소개한 「공후인」이라는 가사 작품이 만들어진 과정을 보면 물에 빠져 죽은 노인의 아내와 곽리자고의 아내 여옥은 모두 공후를 가지고 있었다. 이와 같이 서민의 아낙들이 공후를 가지고 있었다는 것은 공후라는 현악기가 고조선에서는 매우 널리 보급되어 있었다는 것을 말해준다. 그리고 그들이 그러한 현악기를 다루며 노래를 지었다는 것은 고조선의 음악 수준이 매우 높았을 것임도 알게 해준다.

『삼국지』「동이전」〈한전〉에는 "변진에는 슬(瑟)이 있는데, 축(筑)과 비슷하고 그것을 연주하는 노래와 곡도 있다"[66]고 했는데 슬이나 축은 거문고와 비슷한 현악기다. 이런 현악기는 이전 시대로부터 전해 내려왔을 것이다. 한(韓)은 고조선이 붕괴되기 전에는 고조선의 거수국이었으므로 한에 있었던 슬은 고조선의 악기였을 것이다.

그런데 고조선이 붕괴된 후 한민족에 전해 내려왔던 현악기를 보면

---

65  앞 책, 『고금주』〈공후인〉. "又有箜篌謠, 不詳所起, 大略言結交當有始終, 與此異也."
66  『삼국지』권30 「동이전」〈한전〉. "有瑟, 其形似筑, 彈之亦有音曲."

거문고(玄琴) · 가야고(伽倻琴) · 백제고(百濟琴) · 신라고(新羅琴) 등이 있었다. 거문고는 고구려의 현악기였고 가야고는 가야의 현악기, 백제고는 백제의 현악기, 신라고는 신라의 현악기였다. 그 명칭으로 미루어보아, 이 악기들은 원래 그전 고조선시대에는 그냥 '고'라고 불렸던 것인데, 고조선이 붕괴된 후 이 나라들이 독립국이 되어 악기에도 지역의 특성이 나타나게 됨에 따라 그 악기의 원명인 '고' 앞에 국명이 추가되었을 것으로 생각된다.[67] 위 『삼국지』「동이전」〈한전〉에 언급된 슬이라는 악기는 '고'를 말할 가능성이 있다.

고조선에는 타악기도 있었다. 『후한서』「동이열전」에는 "(한에서는) 또 소도를 만들고 그곳에 큰 나무를 세워 방울과 북을 매달아놓고 귀신을 섬긴다"[68]고 기록되어 있는데, 이와 동일한 내용이 『삼국지』「동이전」에도 보인다.[69] 소도의 나무에 매달아놓았던 방울과 북은 악기로도 사용되었을 것이다. 한에서 사용했던 이런 악기는 고조선의 것을 계승했을 가능성이 있는데, 고조선의 청동기 유물에서는 가지방울을 포함한 여러 종류의 방울이 출토된다.[70] 청동방울은 고조선의 특징적인 유물 가운데 하나이다. 고조선시대의 북은 아직 출토된 바 없지만 한의 소도에 방울과 함께 매달렸던 북은 고조선시대에도 방울과 함께 사용되었을 것이다.

근래에 만주에서는 고조선시대의 석경(石磬)이 출토되었다. 석경은

---

**67**  송방송, 「한국음악의 원류」 『한민족』 창간호, 한민족학회, 1989, pp. 107~127.

**68**  『후한서』 권85 「동이열전」 〈한전〉. "又立蘇塗, 建大木以縣鈴鼓, 事鬼神."

**69**  『삼국지』 권30 「동이전」 〈한전〉. "又諸國各有別邑, 名之爲蘇塗. 立大木, 縣鈴鼓, 事鬼神."

**70**  앞 책, 『조선유적유물도감』 2 ─ 고조선 · 부여 · 진국편 , pp. 233 · 234.
김원룡, 『한국고고학개설』 제3판, 일지사, 1986, p. 109.

돌을 삼각형 또는 ㄱ자 모양의 판석으로 만들어 한쪽에 구멍을 뚫어 매달고 그것을 때려 소리를 내는 악기로서 황하 유역에서도 출토되었다. 만주에서는 요령성 건평현 수천(水泉) 유적 하가점하층문화층,[71] 요령성 건평현의 이도만자(二道灣子) 동남구(東南溝) 유적[72]과 객라심하동(喀喇沁河東) 유적에서 출토되었다.[73] 이 유적의 연대는 서기전 2100년 무렵으로 고조선 초기에 해당된다. 고조선에서 방울과 북, 석경 등이 사용되었다는 사실은 고조선에 이미 타악기가 있었음을 알게 해준다.

고조선에는 관악기도 있었다. 1961년에 함경북도 선봉군 굴포리 서포항 유적에서 새다리뼈를 이용하여 만든 피리가 출토되었다.[74] 서포항 유적은 구석기시대·신석기시대·청동기시대 등의 두꺼운 문화층으로 형성되어 있어서 '굴포문화'로 널리 알려져 있다. 이 유적의 이른 시기 청동기문화층에서 출토된 이 피리는 새다리뼈의 양쪽을 잘라내고 가운데 부분을 가지고 만든 것이었다. 현재 남아 있는 길이는 18센티미터 정도이며, 혀 부분의 지름은 1.5센티미터이며, 끝부분의 지름은 1센티미터 정도이다. 끝에서 1.3센티미터 떨어진 곳으로부터 지름 3~4.5밀리미터

---

**71** 遼寧省博物館文物工作隊·朝陽地區博物館文物組,「遼寧建平縣喀喇沁河東遺址試掘簡報」『考古』, 1983年 11期, p. 976.

**72** 馮永謙·鄧寶學,「遼寧建昌普查中發現的重要文物」『文物』, 1983年 9期 pp. 66~67.

**73** 姜念恩,「建平縣喀喇沁出土距今四千年的石磬」『遼寧文物』, 1980年 1期.

**74** 고고학연구소,「서포항 원시유적 발굴보고」『고고민속론문집』 4, 사회과학출판사, 1972, pp. 117~118.

고고학·민속학연구소,「청동기시대의 피리」, 장호수 엮음,『북한의 선사고고학』 3 – 청동기시대와 문화, 백산문화, 1992, p. 470(원글은『고고민속』1967년 1호 p. 44에 실려 있음).

조선유적유물도감편찬위원회,『조선유적유물도감』 1 – 원시편, 조선유적유물도감편찬위원회, 1988, p. 148, 사진 286 참조.

의 구멍이 0.7~1센티미터의 간격으로 13개가 뚫려 있다. 구멍의 수가 오늘날 사용되는 피리보다 많다는 차이가 있지만 그것은 음의 조화에 큰 지장이 없다. 이 피리가 출토된 문화층의 연대는 서기전 2000년기 전반기에 속하므로 고조선 전기에 해당한다.[75] 당시에 새다리뼈를 이용하여 악기를 만들 정도였다면 나무껍질이나 대나무를 이용한 피리도 존재했을 것이다.

이상과 같이 고조선에는 오늘날 한민족 악기의 주축을 이루는 현악기·타악기·관악기 등이 이미 존재하고 있었다. 이런 악기는 종교의식은 물론 일상생활에서도 사용되었을 것이다. 『후한서』 「동이열전」 〈부여전〉에 "행인들은 밤낮없이 노래 부르기를 좋아하여 노랫소리가 끊이지 않는다"[76]고 했고, 같은 열전 〈고구려전〉에는 "밤에는 남녀가 떼 지어 노래를 부른다"[77] 했으며, 같은 열전 〈한전〉에도,

그들의 풍속은 노래하고 춤추며 술 마시고 북 치고 비파 뜯기를 좋아한다.[78]

고 했는데, 이와 비슷한 내용이 『삼국지』 「동이전」에도 보인다.[79] 이 기록들은 고대에 한반도와 만주 지역 거주민들이 음악과 춤을 매우 즐겼

---

75  위와 같음.
76  『후한서』 권85 「동이열전」 〈부여전〉. "行人無晝夜, 好歌吟, 音聲不絕."
77  『후한서』 권85 「동이열전」 〈고구려전〉. "暮夜輒男女群聚爲倡樂."
78  『후한서』 권85 「동이열전」 〈한전〉 '진한'조. "俗喜歌舞飲酒鼓瑟."
79  『삼국지』 권30 「동이전」 〈부여전〉. "行道晝夜無老幼皆歌, 通日聲不絕."
    위 책, 〈고구려전〉. "其民喜歌舞, 國中邑落, 暮夜男女群聚, 相就歌戲."
    위 책, 〈한전〉 '변진'조. "俗喜歌舞飲酒."

음을 알게 해주는데, 이런 풍속은 고조선에서 전해 내려왔을 것이다.

고조선에서는 음악과 더불어 무용도 발달해 있었을 것이다. 위에서도 한반도와 만주 지역의 거주민들이 음악과 함께 춤을 즐겼음이 확인되었다. 『후한서』「동이열전」과 『삼국지』「동이전」에 의하면 부여에서는 12월에, 고구려와 동예에서는 10월에 하늘에 감사제를 지냈는데 이를 각각 영고·동맹·무천이라 했으며, 한에서도 5월과 10월에 신에게 감사제를 지냈는데, 이때 온 나라 사람이 밤낮없이 연일 먹고 마시며 노래하고 춤을 추었다고 한다.[80] 이런 풍속도 고조선에서 계승되었을 것인데, 당시에 집단을 이루어 추는 춤이 민간에 깊숙이 뿌리내려져 있었던 것이다. 이런 춤이 오늘날 풍물놀이 등의 민속춤으로 이어졌을 것이다.

춤을 추는 모습은 지역에 따라 다소 달랐겠지만 한(韓)의 춤에 대해 『후한서』「동이열전」과 『삼국지』「동이전」에는,

춤출 때에는 항상 수십 명이 서로 줄 서서 땅을 밟으며 장단을 맞춘다.[81]

그들의 춤은 수십 명이 모두 일어나서 뒤를 따라가며 땅을 밟고 구부렸다 치켜들었다 하면서 손과 발로 서로 장단을 맞추는데, 그 가락과 율동은 (중국의) 탁무(鐸舞)와 흡사하다.[82]

고 했다. 이로 보아 당시에 한(韓) 지역에서 집단으로 추던 춤은 오늘날

---

**80** 『후한서』 권85 「동이열전」과 『삼국지』 권30 「동이전」의 〈부여전〉·〈고구려전〉·〈예전〉·〈한전〉 등 참조.

**81** 『후한서』 권85 「동이열전」〈한전〉. "舞輒數十人相隨, 踏地爲節."

**82** 『삼국지』 권30 「동이전」〈한전〉. "其舞, 數十人俱起相隨, 踏地低昂, 手足相應, 節奏有似鐸舞."

강강술래와 비슷했음을 알 수 있다. 전라남도 지역의 강강술래는 고조선시대의 춤을 그대로 계승하여 발전시키고 있는 것이다.

고조선시대에는 회화도 상당히 높은 수준에 이르렀던 것으로 추측된다. 회화 작품은 유물이 적지만 경상남도 울주군 언양읍 대곡리 태화강 상류의 절벽에 새겨진 반구대 암각화[83]와 이곳에서 멀지 않은 곳에 있는 천전리 암각화[84], 경상남도 고령군 개진면 양전동 암각화[85], 내몽골 자치구 동부의 백차하(白岔河) 유역의 암각화[86] 등과 하가점하층문화 유적을 비롯한 만주의 여러 유적에서 출토된 질그릇의 채색무늬[87]는 당시의 회화 수준을 어느 정도 알게 해준다.

반구대 암각화는 높이 2미터, 너비 8미터에 이르는 보기 드문 대형이다. 이 벽화는 추적암으로 된 암벽을 끌로 쪼아, 고기잡이를 하는 여러 명의 사람과 사냥하는 장면, 그리고 개·사슴·호랑이·곰·물고기·거북·고래 등의 동물들을 묘사했다. 기본 내용은 강가에 살던 당시 사람들의 생활과 깊은 관계를 맺고 있었던 고기잡이와 짐승 잡이로 구성되어 있다.[88] 묘사 방법에서 주목되는 것은 사람과 동물들을 대부분 측면으로 묘사하여 대상의 특징적인 모습을 두드러지게 강조하고 있다는 점

---

**83** 문명대, 「울산의 선사시대 암벽각화」『문화재』 제7호, 문화재관리국, 1973, pp. 33~40.
　　황수영·문명대, 『반구대 ─ 울주 암벽 조각』, 동국대 출판부, 1984.
　　김원룡, 「울주 반구대 암각화에 대하여」, 『한국고고학보』 9, 1980, pp. 6~22.

**84** 김원룡, 「청동기시대 예술과 신앙」『한국사론』 13 ─ 한국의 고고학 II·상, 국사편찬위원회, 1983, p. 326.

**85** 위 책, p. 327.

**86** 佟冬 主編, 『中國東北史』, 吉林文化出版社, 1987, pp. 198~201.

**87** 中國社會科學院考古研究所 編, 『新中國的考古發現和硏究』, 文物出版社, 1984, 彩版 9.

**88** 앞 책, 『한국고고학개설』 제3판, p. 73·97.

이다. 이 암각 벽화는 내용으로 보아 당시 사람들이 고기잡이와 수렵 활동의 성과를 빌기 위한 의식과 관계가 있었을 것으로 보인다.

천전리 암각화는 반구대 암각화가 있는 강변 상류에 있는데, 화면의 크기는 길이 9.5미터, 높이 2.7미터 정도다. 이 암각화는 음각으로 여러 겹의 동심원과 마름모꼴 등이 연속되어 도안 같은 효과를 보여주고 있다. 뚜렷하지는 않지만 사람의 얼굴과 동물도 그려져 있는 것으로 보고되었다.[89]

양전동 암각화는 낙동강 지류인 회천(會川) 가의 산기슭 암벽에 그려진 것으로 화면의 크기는 너비 6미터, 높이 1.5미터 정도다. 바위의 면이 고르지 못한데 편편한 곳을 골라 동심원과 전자형(田字形), 사람 얼굴 비슷한 직사각형의 문양들을 음각한 것이다. 이 암각화의 발견자는 동심원은 태양을 의미하며, 전자형은 십자형을 나타낸 것이고, 사람의 얼굴 같은 직사각형은 가면일 것으로 보면서 태양신을 섬기는 농경인들이 그렸을 것이라고 했다.[90] 이 암각화는 서쪽을 향하고 있어서 암각화를 배례(拜禮)할 경우 그 방향이 동향이 될 뿐만 아니라 그곳의 지명이 알터인 점으로 미루어 종교의식의 제단이었을 가능성이 매우 높다.[91]

백차하 암각화는 서랍목륜하(西拉木倫河)의 지류인 백차하 유역 여러 곳에 암각화의 무리를 이루고 있다. 그림의 면적은 가장 큰 것이 24.44 제곱미터에 이르며 8제곱미터 이상의 대형이 11곳, 1~8제곱미터 사이가 21곳, 1제곱미터 이하의 것이 12곳이다. 주요 내용은 수렵 생활을 나

---

**89** 황수영, 「신라의 울주 서석」 『동대신문』, 1971년 5월 10일자.
　　『한국미술전집』 I − 원시미술, 동화출판공사, 1973, 도판 8·9·10 및 설명 참조.

**90** 이은창, 「고령 양전동 암화(岩畵) 조사약보」 『고고미술』 112, 한국미술사학회, 1971, pp. 24~40.

**91** 앞 글, 「청동기시대 예술과 신앙」, p. 328.

타내는 것으로 동물이 대부분을 차지하고 있다. 사슴·낙타·말·소·멧 돼지·개·호랑이·새 등의 동물과 사람 얼굴·별·꽃 모양의 무늬 등이 등장하는데, 동물들만을 단순하게 묘사한 것도 있고 사냥 장면을 묘사한 것도 있다. 매우 사실적이고 생동감이 있는 것이 특징인데 당시 그 지역의 경제 형태를 반영하고 있는 것이다.[92]

고조선의 회화 수준은 채색 질그릇에서도 볼 수 있다. 고조선 초기에 해당하는 하가점하층문화 유적인 요서 지역의 풍하 유적과 대전자 유적을 비롯하여 요동반도 여대시 지역의 우가촌 유적·쌍타자 유적·단타자(單砣子) 유적·고려성산(高麗城山) 유적 등에서 채색 질그릇 조각이 출토되었다. 채색 질그릇들은 대개 표면을 갈아 광을 낸 후 채색하여 그림을 그린 것인데 구름무늬·말린 곡선무늬·동물무늬 등이 주류를 이루고 있으며, 색채는 붉은색·흰색·노란색·검은색 등이 사용되었다.[93] 중국 사회과학원 고고연구소가 공개한 완형의 하가점하층문화 채색 질그릇은 그릇 표면 전체에 채색무늬가 그려져 있었는데, 형태나 문양이 매우 아름답고 중후하며 청동기를 연상하게 한다.[94] 만주 지역에서 채색 질그릇은 하가점하층문화보다 앞선 시기의 문화인 홍산문화와 소하연문화(小河沿文化)에서 이미 보인 것으로 고조선의 채색 질그릇은 이런 앞선 시대의 공예 기술을 계승한 것이다.

고조선시대에는 공예도 매우 발달되어 있었다. 이 시기의 공예품 가운데 대표적인 것은 청동기이다. 고조선 초기의 청동기문화는 하가점하

---

**92** 앞 책, 『中國東北史』, p. 201.

**93** 遼寧省文物干部培訓班, 「遼寧北票縣豐下遺址1972年春發掘報告」 『考古』, 1976年 3期, pp. 197~210.

**94** 앞 책, 『新中國的考古發現和研究』, 彩版 9.
　　 윤내현, 『윤내현교수의 한국고대사』, 삼광출판사, 1989, 천연색 화보 1.

층문화(풍하문화라고도 한다)라고 부른다.[95] 이 문화는 고조선이 건국되기 전인 서기전 2500년 무렵에 개시되었는데[96] 아직까지 발굴된 유적의 수도 적을 뿐만 아니라 발굴된 유적들도 요서 지역에 국한되어 있어서 그 문화 내용이나 분포 범위를 구체적으로 말하기는 어렵다.[97] 그러나 그동안 발굴된 유적에서 출토된 청동 유물을 보면 귀고리·단추·가락지·활촉·작은 칼 등으로 대개 소품이다. 그러나 이런 청동기는 당시로서는 매우 새롭고 수준 높은 공예품이었다. 청동칼은 무기이기도 했고 여러 가지 공예품을 만드는 데도 사용되었을 것이다.

청동기를 사용하기 시작했다고 하는 것은 청동기의 출현이라는 의미에서뿐만 아니라 그 사회의 전반적인 문화 수준이 그만큼 고도화되었다는 것을 의미한다. 청동 공예는 고조선 중기에 사용되었던 비파형동검[98]

---

95  中國社會科學院考古硏究所, 『新中國的考古發現和硏究』, 文物出版社, 1984, p. 339.
96  하가점하층문화의 개시 연대는 방사성탄소측정에 의해 서기전 2410±140년으로 나왔으나[위 책, 『新中國的考古發現和硏究』, p. 339], 이 문화가 실제로 개시된 연대는 유적에서 얻어진 연대보다 앞설 것이므로 서기전 2500년 무렵으로 잡을 수 있다.
97  文物編輯委員會, 『文物考古工作三十年』, 文物出版社, 1979, pp. 87~88.
98  일부 학자들은 비파형동검의 연대를 서기전 10세기 이전으로 올려 보는 것을 주저하고 있다. 그러나 지금까지 확인된 바에 의하면 연대가 가장 올라가는 비파형동검이 출토된 유적은 길림성 영길현 성성초 유적으로, 이 유적의 방사성탄소측정 연대는 서기전 1015±100년(2965±100 B.P.)으로 교정연대는 서기전 1275±160년이었다. 따라서 길림성 지역에서의 비파형동검 연대는 서기전 13세기 초까지 올라간다. 최근에 한창균은 요령성 지역 이른 시기 비파형동검 유적인 요령성 신금현(新金縣) 쌍방(雙房) 유적에 관심을 가지고 그곳에서 출토된 것과 동일한 질그릇이 나오는 요령성 여대시 우가촌 유적 상층은 서기전 1490±155년(3440±155 B.P.), 여대시 장해현(長海縣) 상마석(上馬石) 유적은 1370±160년(3320±160 B.P.)·1415±195년(3365±195 B.P.)·1555±135년(3505±135 B.P.) 등의 방사성탄소측정 교정연대를 얻었으므로 비파형동검 개시 연대를 서기전 16~14세기까지 올려 보아야 한다고 주장했다(한창균, 「고조선의 성립 배경과 발전 단계 시론」 『국사관논총』 제33집, 국사편찬위원회, 1992, p. 10.).

과 그 뒤를 이어 고조선 후기에 사용되었던 세형동검에서 한층 돋보인다. 비파형동검과 세형동검은 무기로서의 실용성뿐만 아니라 조형의 예술성에서도 뛰어난 작품이다.

비파형동검은 옛날 악기인 비파를 연상시키는 칼날의 검몸과 나팔 모양의 검자루와 검자루 맞추개 등이 한 벌이 되어 조립할 수 있게 되어 있다.[99] 자루에는 번개무늬를 비롯한 섬세하고 정교한 여러 가지 무늬가 있어 장식 효과를 한층 높이고 있다. 예리하면서도 부드럽고 균형이 잡힌 선으로 날을 처리한 것도 비파형동검의 특징이다.[100]

세형동검은 초기의 것에서 비파형동검으로부터의 계승성이 보이는데[101] 검몸과 검자루, 검자루대가리를 따로 만들어서 맞추게 되어 있는 점은 비파형동검과의 공통성이 있다. 그러나 좁은 몸과 예리한 날, 깊고 곱게 파인 홈, 모가 여럿인 등대, 완만한 마무리 등은 세형동검의 특징이다. 긴장된 선으로 구성되어 있으면서 굴곡이 있어 조형 수준이 매우 높다.[102]

동검 외에도 동검집·청동창·청동꺾창·꺾창집·청동거울 등도 뛰어난 공예품들이다. 고조선의 청동기는 삼각무늬·동심원무늬·점열(點列)무늬·집선(集線)무늬·고사리무늬·상형(象形)무늬 등으로 장식되어 있

---

99 고고학·민속학연구소,「비파형단검」장호수 엮음,『북한의 선사고고학』3 - 청동기시대와 문화, 백산문화, 1992, p. 476(원글은『고고민속』, 1966년 1호, p. 41에 실려 있음).

100 사회과학원 력사연구소,『조선전사 2 - 고대편』, 과학백과사전출판사, 1979, p. 244.

101 사회과학원 고고학연구소,『조선고고학개요』, 과학백과사전출판사, 1977, p. 137.

102 앞 책,『조선전사 2 - 고대편』, p. 136.
이청규,「세형동검의 형식분류 및 그 변천에 관하여」『한국고고학보』13, 1982, pp. 1~37.

다.[103] 특히 청동의 둥근 거울은, 앞면은 곱게 갈아 거울로 사용했고 뒷면은 여러 가지 무늬로 장식한 매우 독특한 것이다. 거울 뒷면 가장자리에 단면이 반원을 이루는 테를 두르고 그 테두리 안에 아주 정교한 잔줄의 돋친무늬가 있고 2~3개의 꼭지가 붙어 있다. 세밀한 잔줄을 평행시켜 채운 번개무늬나 작은 이등변삼각형을 한 단위로 하여 그것을 반복하여 전개한 무늬 안의 잔줄과 수많은 직선들은 어느 것 하나 찌그러지거나 맞붙은 것이 없다.[104] 이런 무늬는 고조선인들의 정밀한 공에 솜씨를 보여주며 기하학적 도안에서는 뛰어난 예술 재능을 알게 해준다.

고조선인들의 세밀한 공예 기술은 강상무덤에서 출토된 청동실을 이용한 장식품에도 잘 나타나 있다. 지름 0.25밀리미터 정도의 가는 청동실로 짠 그물 모양의 장식품은 고도의 정교함을 보여준다.[105] 이렇게 가느다란 구리실을 뽑아내는 것은 오늘날의 기술로도 쉽지 않은 것으로 고조선의 금속 세공 기술이 매우 높은 단계에 이르러 있었음을 알 수 있으며, 이런 수준은 당시의 세계 금속 기술 수준에서 보더라도 매우 높은 위치를 차지한다.[106] 경상북도 영천군 어은동에서 출토된 청동 유물에서도 고조선인들의 높은 기교를 볼 수 있다. 이 유적에서는 말 모양과 호랑이 모양의 동물로 구성된 띠고리와, 말 모양과 사슴 모양 치렛거리가 출토되었는데, 동물 모양이 단순하기는 하나 형태가 날랜 모습으로

---

**103** 김원룡, 「청동기시대 예술과 신앙」『한국사론』 13 – 한국의 고고학 II·상, 국사편찬위원회, 1983, pp. 329~332.

**104** 앞 책,『한국고고학개설』제3판, p. 90.

**105** 조중 공동 고고학 발굴대,『중국 동북 지방의 유적 발굴보고』, 사회과학원출판사, 1966, p. 78.

**106** 고고학연구소, 「기원전 천년기 전반기의 고조선문화」『고고민속론문집』 1, 사회과학출판사, 1969, p. 113.

매우 사실적이다.[107] 고조선시대에 만들어진 방울도 높은 공예 수준을 보여주고 있다. 특히 한반도 남부 지역에서 주로 출토되는 팔수형 방울은 형태가 기발하고 독특하다. 팔수형 방울은 8각별 모양의 8개의 가지 끝에 둥근 방울이 달려 있다. 각 방울 부분과 8개 방울의 한가운데에 섬세한 무늬가 새겨져 있다.[108]

고조선에서는 인형과 동물 조형·조각·치렛거리 등도 발달했다. 중국 길림성 연길시 소영자(小營子)무덤에서 출토된 인형들은 뼈를 깎아 만들었는데, 한쪽 끝을 둥글납작하게 하여 얼굴을 만들고 다른 쪽은 좁고 길게 손질하여 비녀처럼 만든 것이었다. 얼굴에는 눈·코·입 등을 새겨 넣었는데, 선이 굵고 굴곡이 강하여 남자를 형상화한 것으로 보인다.[109] 함경북도 무산군 무산읍 범의구석 유적에서 출토된 남자 인형들과 멧돼지 모양은 흙을 빚어서 만들었는데, 매우 소박하고 단순하지만 비교적 생동감 있다.[110] 이런 인형들은 당시 사람들의 신앙과 관계가 있을 것으로 보고 있는데, 인형들이 남자였다는 사실은 당시 이미 부권사회에 진입되어 있었음을 의미한다. 인류학자들은 고대사회 발전 과정에서 대체로 고을나라(후기 신석기시대) 단계부터 부권사회였던 것으로 보고 있다.

---

107 앞 책, 『한국고고학개설』 제3판, pp. 110~112.
　　앞 글, 「청동기시대 예술과 종교」, pp. 306~311.
108 앞 책, 『한국고고학개설』 제3판, pp. 108~109.
　　조선유적유물도감편찬위원회, 『조선유적유물도감』 2 – 고조선·부여·진국편, 조선유적유물도감편찬위원회, 1989, pp. 233~234.
109 藤田亮策, 『延吉小營子遺迹調査報告』, 1943.
　　장호수 엮음, 「소영자 돌상자무덤 유적」 『북한의 선사고고학』 3 – 청동기시대와 문화, 백산문화, 1992, pp. 564~565.
110 조선유적유물도감편찬위원회, 『조선유적유물도감』 1 – 원시편, 조선유적유물도감편찬위원회, 1988, p. 204.
　　앞 책, 『한국고고학개설』 제3판, p. 100.

흑룡강성(黑龍江省) 영안현(寧安縣) 앵가령(鶯歌嶺) 유적에서는 흙을 구워서 만든 돼지·개·곰·새 등이 출토되었다. 길이가 10센티미터도 안 되는 작은 것들이지만 매우 세련되고 사실적이며 생동감 넘친다.[111] 그 리고 내몽골자치구 영성현(寧城縣) 남산근 유적과 요령성 건평현 수천 (水泉) 유적의 무덤에서는 매우 섬세하게 조각된 동물 뼈가 출토되었다. 특히 남산근 유적 102호 무덤에서 출토된 골판(骨板)은 길이가 34센티 미터로 일종의 장식품이었을 것으로 보이는데 화면이 세 부분으로 나뉘 어 있다. 맨 오른쪽에는 한 손에 활을 든 사람이 서 있고, 그 위에 큰 뿔 이 달린 사슴이 두 마리 있으며, 중간 부분에는 두 마리 말이 끄는 마차 두 대가 앞뒤로 있고, 그 사이에 개 두 마리가 있다. 그리고 왼쪽 끝에는 연속된 삼각무늬가 대칭적으로 새겨져 있다. 이 조각은 매우 섬세하고 구체적일 뿐만 아니라 질박하고 사실적이며 생동감이 있다.[112]

고조선시대의 치렛거리는 여러 가지가 있다. 구슬류와 단추, 고리 등 옷에 달아매는 장신구류와 목걸이·귀고리·팔찌·가락지 등 몸에 걸거 나 끼는 것들이 있다. 치렛거리는 종류가 다양할 뿐만 아니라 재료도 여 러 가지고 기교도 세련되었다. 예컨대 구슬을 만든 재료를 보면 청동을 비롯하여 푸른색·자색·보라색·흰색 등의 벽옥과 천하석·공작석·구 리·조개껍질·뼈·흙 등 자연계에서 얻은 재료뿐만 아니라 사기물과 유 리 등 인공적으로 만든 재료도 이용했다. 그 모양도 둥근구슬·대롱구 슬·7면구슬·장고구슬·대추구슬 등이다.[113] 1982년에 자강도 중강군

111 앞 책,『中國東北史』, pp. 202~204.
112 中國社會科學院考古所東北工作隊,「內蒙寧城縣南山根102號石棺墓」『考古』, 1981 年 4期, 科學出版社, p. 307.
113 앞 책,『조선전사 2 ─ 고대편』, pp. 246~247.

토성리의 청동기시대 집자리에서는 청동으로 만든 토시와 함께 청동 납 작구슬이 출토되었다. 토시는 1밀리미터의 얇은 청동판을 이용했고, 납 작구슬은 모두 외부 지름 4밀리미터, 구멍 지름 2밀리미터, 살의 너비 1 밀리미터, 두께 0.3밀리미터의 아주 작은 것으로 손으로 쥐기도 힘들다. 이것은 고조선인들의 세련된 기교를 알게 해주는 것이다.[114]

고조선시대의 공예는 질그릇에서도 이전 시대와 다른 면모를 보여준 다. 고조선시대에는 질그릇을 만들 때 무늬보다 형태에 치중했던 것 같 다. 질그릇은 각 지역에서 쉽게 만들 수 있는 것이기 때문에 지역에 따 라 다소 차이가 있지만 공통적인 특징은 이전 시대의 새김무늬(빗살무 늬) 그릇이 무늬 없는 갈색 민그릇으로 바뀌는 현상이 주류를 이루고 있 다는 점이다.[115] 이런 변화는 일시에 일어난 것이 아니어서 갈색 민그릇 들 가운데도 새김무늬 흔적이 남아 있는 것이 있어 그 계승성을 보여준 다. 간그릇에는 붉은색과 검정색, 회색 등도 있으며, 문양을 넣은 질그릇 도 보이는데 번개무늬와 선무늬 계통으로 대별된다.[116] 이런 고조선의 질그릇들은 주변의 다른 나라 질그릇과는 확연하게 구분되는 독특한 것 이다. 이 시기의 질그릇에서는 아가리를 두 겹으로 만들거나 밖으로 젖 힌 것, 오똑한 굽을 붙인 것 등이 보이는데, 이런 것들은 공예적 아름다 움을 강조한 것으로 오랜 기간의 노력으로 얻어진 산물이다.[117]

---

**114** 김용간·안준영, 「함경남도·량강도 일대에서 새로 알려진 청동기시대유물에 대한 고 찰」 『조선고고연구』, 사회과학원 고고연구소, 1986년 제1호, p. 26.

**115** 앞 책, 『조선고고학개요』, pp. 74~75.

**116** 앞 글, 「청동기시대 예술과 종교」, pp. 329~332.

**117** 조선미술가동맹, 「청동기시대의 미술」 앞 책, 『북한의 선사고고학』, pp. 108~110. 고조선시대 각 지역의 특징적인 질그릇에 관해서는, 앞 책, 『한국고고학개설』 제3판, pp. 74~80 참조.

## 5. 마치며

지금까지 살펴본 바와 같이 고조선에는 수준 높은 과학기술과 문학, 예술 등이 있었다. 고조선 사람들의 천문과 기상에 대한 지식은 마을사회 단계(전기 신석기시대)부터 농업의 필요에 의해 사람들이 관심을 가졌던 것이 발달했을 것이다. 이런 자연에 대한 지식을 바탕으로 술수(아마도 점성술까지도 포함되었을 것이다), 토목 등의 기술도 높은 수준에 이르게 되었을 것이다. 비록 고조선이 붕괴된 후이기는 하지만 고조선의 과학기술을 이어받았을 것으로 생각되는 낙랑군 출신의 왕경은 동한의 중앙정부에 불려가 수리사업 등의 토목공사에서 큰 업적을 남겼다.

고조선의 과학기술 가운데 특기되어야 할 것은 청동과 철에 대한 지식과 응용 기술이다. 청동의 발명은 국가를 출현하게 하는 등 인류사회 변화에 크게 영향을 끼쳤는데, 고조선 지역은 고조선 건국 전인 서기전 2500년 무렵부터 청동기를 사용하기 시작했다. 고조선 사람들은 단검·도끼·거울 등 용도에 따라 구리와 주석, 아연 등의 합금 비율을 달리할 정도로 청동에 대한 높은 지식을 가지고 있었다. 청동기를 주조하는 기술도 매우 발달하여 출토 유물에 대한 현미경 관찰에 의하면 기포가 전혀 없고 분자의 조직이 매우 고르다. 그리고 주물틀도 돌이나 모래로 만든 것은 물론이고 밀랍틀도 사용했던 것으로 보인다. 청동거울 뒷면을 장식한 섬세한 잔줄무늬 등은 밀랍틀을 이용함으로써 가능했을 것이다.

고조선에서는 서기전 8세기 이전부터 철기를 사용했을 것으로 추정되는데, 그동안 출토된 철기를 시험분석한 결과에 따르면, 초기에는 연철을 사용하다가 서기전 7~6세기 무렵에는 선철을 사용하기 시작했으며, 서기전 3세기 무렵부터는 강철을 사용했던 것 같다. 선철과 강철의 제련법을 터득한 후에는 연철과 선철, 강철이 함께 사용되었다. 강철도 특성에 따라 연강과 견강으로 나누어지는데 고조선에서는 철기의 용도에 따라 그것에 알맞은 철재를 취사 선택하여 사용했다.

고조선에서는 좋은 강철을 얻기 위해 이미 열처리하는 기술도 가지고 있었는데, 굳고 질긴 강철을 얻기 위해 두 번에 걸쳐 열처리를 한 철기도 발견되었다. 이런 철을 제련하기 위해서는 좋은 제철로와 송풍 장치가 있어야 하는데, 노남리 유적에서는 지금까지 서구에서 발견된 제철로보다 규모가 크고 잘 만들어진 고조선시대의 제철로가 발견되었다. 송풍 장치는 한민족이 전통적으로 사용해온 수동식 풀무와 디딜풀무가 사용되었을 것이다. 서구에서 선철을 사용하기 시작한 것은 서기 14세기 무렵이며, 선철에서 강철을 얻는 방법을 알게 된 것도 이 시기였다. 따라서 고조선의 철에 대한 지식이나 응용 기술은 세계 역사상 매우 앞선 것이다.

고조선은 도금·판금·누금·맞머리못·땜질 등의 금속 가공 기술도 가지고 있었다. 도금은 아말감 합금에 의한 수은도금법과 박도금법을 사용했으며, 판금은 얇은 금속판을 만들어 말관자나 수레 장식품 등을 제작하는 데 이용되었다. 그리고 누금은 금이나 은으로 실을 만들어 금속판에 수놓듯이 장식함으로써 아름다움을 돋보이게 하는 데 이용되었다. 맞머리못은 그릇이나 주전자의 손잡이 등을 몸체와 연결시키는 데에, 땜질은 깨지거나 뚫어진 청동기를 수리하는 데 사용되었다.

고조선에는 상당히 수준 높은 의술도 있었던 것으로 보인다. 건강 유지와 질병 치료를 위해 쑥과 마늘을 비롯한 여러 가지 약초가 이용되었고, 건강식품과 의약품의 복용과 더불어 금기 수련법도 활용되었던 듯하다. 그리고 돌과 뼈, 청동 등으로 만든 침을 사용한 침술 치료법도 이미 개발되어 있었을 가능성이 있다.

고조선은 철학과 문학도 높은 수준에 도달해 있었던 것으로 추정된다. 고조선에서 독자적인 문자를 사용했었는지는 아직 분명하게 말할수 없지만 그 가능성을 보여주는 자료는 여러 곳에서 발견된다. 고조선이 독자적인 문자를 사용하지 않았다고 하더라도 서기전 8세기 무렵부터는 한자가 상당히 널리 보급되었을 가능성이 있다.

고조선의 기록관인 신지가 지었다는 『신지비사』의 기록 가운데 짧은구절이 전해 오는데, 내용으로 보아 고조선에는 상당히 정리된 철학사상과 그것을 바탕으로 한 풍수지리 이론도 갖추어져 있었던 것 같다. 그리고 고조선의 서민 아낙인 여옥이 지었다는 「공후인」은 고조선에 수준높은 가사문학이 있었음을 알게 해준다. 기록에 의하면 「공후인」과는 다른 「공후요」라는 가사도 있었다고 한다.

고조선은 음악·무용·회화·공예 등의 예술에서도 상당히 높은 수준에 이르렀던 것으로 보인다. 고조선에는 공후·고 등의 현악기와 북·방울·석경 등의 타악기, 피리 등의 관악기가 이미 존재했는데 이것은 한민족 전통 악기의 근간을 이루는 것들이다. 고조선 서민의 아낙이 공후를 타며 「공후인」이라는 노래를 지었던 것으로 보아 당시에 음악이 널리 보급되어 있었을 것임을 알 수 있다.

『후한서』「동이열전」과 『삼국지』「동이전」에 의하면 고조선의 후계 세력인 부여·고구려·한(韓) 등에는 사람들이 집단을 이루어 추는 춤이있었음을 알 수 있는데, 이런 춤들은 고조선의 춤을 계승했을 것이다. 오늘날의 풍물놀이나 강강술래는 고조선시대의 춤을 계승한 것이다.

고조선의 회화는 반구대를 비롯한 여러 지역의 암각화와 채색 질그릇의 표면 무늬를 통해 어느 정도 알 수가 있다. 암각화들은 매우 사실적이며 질그릇의 채색무늬는 추상적이고 환상적인 화려함을 보여준다.

고조선의 공예는 매우 높은 수준에 도달해 있었다. 비파형동검과 세형동검은 무기로서의 실용성뿐만 아니라 공예품으로서도 높은 가치를 지닌 것이다. 동검 외에도 동검집·청동창·청동꺾창·꺾창집·청동거울 등도 뛰어난 공예품들이다. 특히 청동거울의 뒷면에 장식된 여러 가지 섬세한 무늬는 고조선인들의 정밀한 공예 솜씨와 도안에서의 뛰어난 재능을 보여준다. 고조선인들의 세밀한 공예 기술은 강상무덤에서 출토된 0.25밀리미터 정도의 가는 청동실과 경상북도 영천군 어은동에서 출토된 띠고리의 사실적인 말 모양과 호랑이 모양에서도 확인된다. 방울도 고조선의 높은 공예 수준을 보여주고 있다. 특히 한반도 남부 지역에서 주로 출토되는 팔수형 방울은 형태가 기발하고 독특하다.

고조선에서는 인형과 동물 조형·조각·치렛거리 등도 발달해 있었다. 중국 길림성 연길시 소영자무덤을 비롯한 여러 유적에서 출토된 인형과 동물 조형품, 조각된 뼈 등은 이런 사실을 알게 해준다. 고조선시대의 치렛거리는 여러 가지가 있는데 구슬류와 단추, 고리 등 옷에 달아매는 장신구류와 목걸이·귀고리·팔찌·가락지 등 몸에 걸거나 끼는 것들이 있었다. 치렛거리는 종류가 다양할 뿐만 아니라 재료도 여러 가지고 기교도 세련되어 있었다.

고조선시대의 공예는 질그릇에서도 새로운 면모를 보여준다. 고조선시대에는 질그릇을 만드는 데 있어 외부의 무늬보다는 형태에 더 치중했던 것 같다. 지역에 따라 다소 차이는 있지만 공통적인 특징은 새김무늬(빗살무늬) 질그릇에서 민그릇으로 바뀐다는 점을 들 수 있다. 그릇의 아가리를 두 겹으로 하거나 밖으로 젖히거나 오뚝한 굽을 붙여 공예적인 아름다움을 강조하기도 했다. 이런 고조선의 질그릇은 주변의 다른 나라 질그릇과는 확연하게 구별된다.

古朝鮮研究

제 5 장 ◉ 고조선의 대외관계

# I 　　　　　　　　　　　　고조선과 중국의 교섭

## 1. 들어가며

　고조선이 한반도와 만주를 차지하고 있었던 시기에 중국은 요·순시대로부터 하·상·서주·춘추·전국·진제국을 거쳐 서한 초까지 이른다. 그러므로 고조선은 위에 언급한 중국의 여러 나라와 교섭을 가졌다. 고조선이 존재했던 시기에 주위의 여러 지역 가운데 국가 단계의 수준에 도달했던 사회는 중국뿐이었다. 따라서 고조선과 중국의 교섭은 두 지역은 물론 동아시아의 사회 발전에서 중요한 의미를 지닌다. 왜냐하면 사회의 발전은 고립된 상황에서는 이루어질 수 없으며 서로 자극과 영향을 주는 다른 존재가 필요하기 때문이다.

　고조선은 중국 외의 다른 지역과도 문화의 교류를 가졌을 것이지만 중국은 다른 지역들보다 사회 수준이 높았고 동아시아 지역에서는 고조선과 더불어 국가 수준의 사회 단계에 이른 유일한 곳이었기 때문에 두 지역의 교섭은 서로가 주고받은 자극과 영향이 다른 지역에 비해 컸을 것이다. 그러한 자극과 영향은 두 지역의 정치·경제·사회·문화 등의 발전에 기여했을 것은 물론이다. 따라서 고조선과 중국의 관계를 고찰하는 것은 그 자체로서 의미가 있지만 두 지역의 정치·경제·사회·문화를 이해하는 데도 도움이 될 것이다.

여기서는 고조선과 중국의 관계를 정치 교섭·경제 교류·주민 이동 등으로 나누어 살펴보는데, 여기서 언급된 사항들은 사료에 나타난 것들로서 두 지역 관계의 전부를 말해주지는 못할 것이다. 사료에 나타나지 않은 많은 사실들이 존재했을 것이기 때문이다. 따라서 고조선과 중국의 관계를 이해하는 데 있어 이 글에서 언급되지 않은 더 많은 사실들이 있었을 것이라는 점을 염두에 두어야 할 것이다.

고조선과 중국의 관계를 연구하는 데 있어 특별히 유의해야 할 점은 이용될 문헌 자료의 거의 전부가 중국의 것이라는 점이다. 고조선이 남긴 문헌은 전무한 형편이기 때문에 어쩔 수 없는 상황이기는 하지만 중국 문헌에만 의존하여 연구한 결과가 형평을 잃지 않고 두 지역에 공정할 수 있을까 하는 점은 항상 문제로 남는다. 따라서 형평과 공정을 잃는 오류를 범하지 않기 위한 사료의 분석과 비판이 선행되어야 할 것이다. 필자는 중국의 문헌은 그들의 시각과 의식으로 쓰였다는 점을 염두에 두고 이 연구를 진행할 것이다.

고조선의 강역은 중국 하북성에 있는 난하와 갈석산을 서쪽 경계로 하여 동쪽과 북쪽은 흑룡강과 그 상류인 아르군 강에 이르렀고 남쪽은 한반도 남단 해안 지역까지였다.[1] 그리고 고조선에는 부여·고죽·고구

---

1  윤내현, 「고조선의 서변경계고」『남사정재각박사고희기념동양학논총』, 고려원, 1984, pp. 1~38.
　　　　, 「고조선의 위치와 강역」『한국고대사신론』, 일지사, 1986, pp. 15~80.

려·예·맥·추·진번·낙랑·임둔·현도·숙신·청구·양이·양주·발·유·
옥저·기자조선·진(辰)·비류·행인·해두·개마·구다·조나·주나·한
(韓) 등의 많은 거수국이 있었다.[2] 난하 동쪽에 있었던 이 거수국들은
모두 고조선에 속해 있었기 때문에 필자는 이들의 중국과의 교류를 모
두 고조선에 포함시켜 고찰하게 될 것이다.

## 2. 고조선과 중국의 정치 교섭

고조선과 중국의 정치적 교섭은 매우 일찍부터 이루어졌다. 고조선은
일찍이 중국의 제순(帝舜)시대에 중국과 정치적 교섭이 있었던 것으로
기록에 나타난다. 『죽서기년』 「오제기(五帝紀)」 〈제순유우씨(帝舜有虞
氏)〉조에는 "(제순) 25년에 식신(息愼 : 숙신)씨가 내조하여 활과 화살을
공납했다"[3]고 기록되어 있다. 제순 25년, 즉 서기전 2209년 무렵에 숙
신은 중국에 사신을 파견하여 정치적 교섭을 가졌던 것이다.

고죽국도 일찍이 중국과 교섭을 가졌다. 상(商)시대에 고죽국의 왕자
백이와 숙제가 상나라의 서방에 있었던 주를 방문했다. 『죽서기년』 「은

---

_____, 「고조선의 서변경계 재론」 『백산박성수교수화갑기념논총 – 한국독립운동사의
인식』, 백산박성수교수화갑기념논총간행위원회, 1991, pp. 524~539.
_____, 「고조선시대의 패수」 『전통과 현실』 제2호, 고봉학술원, 1992, pp. 205~246.
_____, 「고조선의 북계와 남계」 『한민족공영체』 창간호, 해외한민족연구소, 1993, pp.
33~71.
『고조선 연구』 상 제1편 제3장 「고조선의 강역과 국경」 참조.

2 윤내현, 「고조선의 국가 구조」 『겨레문화』 6, 한국겨레문화연구원, 1992, pp. 67~112.
이 책의 제2편 제1장 제1절 「고조선의 국가 구조」 참조.

3 『죽서기년』 「오제기」 〈제순유우씨〉조. "二十五年, 息愼氏來朝貢弓矢."

기(殷紀)」에 "(제신) 21년에 백이와 숙제가 고죽으로부터 주에 왔다"[4]고 기록되어 있다. 상나라의 마지막 왕인 제신(帝辛 : 주왕) 21년에 고죽국의 왕자인 백이와 숙제가 주를 방문했다는 것인데, 이 내용은『사기』「백이열전」에 고죽국의 왕자 백이와 숙제가 주의 문왕[文王 : 서백 창(西伯 昌)]이 착하여 노인들을 잘 받든다는 소식을 듣고 그를 만나보기 위해 주를 찾아갔다고 기록[5]되어 있는 것과 일치한다.

숙신은 서주의 무왕과 성왕 때에도 사신을 파견했다.『죽서기년』「주기(周紀)」에,

(무왕) 15년에 숙신씨가 손님으로 왔다.[6]

(성왕) 9년에 숙신씨가 조근(朝覲)을 오니 왕은 영백(榮伯)을 시켜 '숙신씨의 명(命)'을 내렸다.[7]

고 기록되어 있다. 서주 무왕 때의 숙신 방문에 대해『국어』「노어」에는,

옛날 (서주) 무왕이 상나라를 이겼을 때 도(道)가 구이(九夷)와 여러 오랑캐 나라에 통하여 각각 그 지방의 재화를 가지고 와서 바치도록 하고 그들의 직분을 잊지 않도록 했다. 이때 숙신씨는 나무화살과 돌화살촉을 가져왔는데, 그 길이가 여덟 치나 되었다.[8]

---

4    『죽서기년』「은기」〈제신〉조. "二十一年, 伯夷 · 叔齊自孤竹歸于周."
5    『사기』권61「백이열전」. "於是伯夷 · 叔齊聞西伯昌善養老, 蓋往歸焉."
6    『죽서기년』「주기」〈무왕〉조. "十五年, 肅愼氏來賓."
7    『죽서기년』「주기」〈무왕〉조. "九年, 肅愼氏來朝, 王使榮伯錫肅愼氏命."
8    『국어』권5「노어」하. "昔武王克商, 通道於九夷百蠻, 使各以其方賄來貢, 使無忘職

라고 하여 한결 더 구체적인 설명을 하고 있으며, 성왕 때의 숙신씨 방문에 대해서는 『상서서(尙書序)』에,

　　성왕이 동이의 정벌을 끝내니 식신(숙신)이 와서 축하했다. 왕은 영백으로 하여금 '회식신지명(賄息愼之命)'을 짓도록 했다.[9]

고 설명하고 있다. 동일한 내용이 『사기』「주본기」에도 실려 있다.[10] 서주 무왕은 상나라를 멸망시킨 후 그 지역을 상의 왕자인 무경(武庚) 녹부(祿父)가 통치하도록 하고, 그의 동생들인 관숙(管叔)·채숙(蔡叔)·곽숙(霍叔)에게 무경 녹부를 감독하게 했다. 그런데 무왕은 주족의 본거지인 호경(鎬京)으로 돌아온 지 오래지 않아 사망했다. 성왕이 즉위했으나 나이가 어리므로 주공 단(周公 旦)이 섭정을 하게 되었다. 이에 불만을 품은 관숙·채숙·곽숙 등이 무경 녹부와 공모하여 반란을 일으켰다. 성왕과 주공은 3년여에 걸친 전쟁 끝에 동방 지역을 평정했다. 위의 인용문에 나오는 내용은 이런 사실을 말하는 것으로, 이때 숙신의 사신이 전쟁의 승리를 축하하기 위해 서주를 방문했다는 것이다.

　　고조선의 거수국들은 서주의 성주대회에도 참가했던 것으로 기록에 나타난다. 서주의 역사를 기록한 『일주서』의 「왕회해」편에는 중국의 동북쪽에 거주하던 직신(숙신)·예·양이·양주·발인·유인·청구·고이(고구려)·고죽 등의 대표가 성주대회에 참석했다고 기록되어 있다.[11] 서주

業, 於是肅愼氏貢楛矢石砮, 其長尺有咫."
9　『상서서』, "成王旣伐東夷, 息愼來賀, 王俾榮伯作賄息愼之命."
10　『사기』 권4「주본기」〈성왕〉조. "成王旣伐東夷, 息愼來賀, 王賜榮伯, 作賄息愼之命."
11　『일주서』 권7「왕회해」 제59.

가 건국된 후 기반이 잡히기도 전에 무왕이 갑자기 사망하고 어린 성왕이 즉위하여 주공 단이 섭정을 하게 되었는데, 이에 불만을 품은 관숙 선(鮮)·채숙 도(度)·곽숙 처(處)는 상나라 왕자인 무경 녹부와 공모하여 반란을 일으켰다. 주공 단은 3년여에 걸친 전쟁 끝에 반란을 평정한 후 동부 지역을 통치하기 위해 낙읍(洛邑)을 건설하고 그곳을 성주(成周)라 불렀다. 그리고 그곳에서 각국의 대표를 초청하여 '성주대회'를 열었다. 따라서 성주대회는 서주의 위력을 만방에 알리는 행사였다.

위의 기록들에 나오는 숙신·예·양이·양주·발·유·청구·고구려·고죽 등은 고조선의 거수국이었다.[12] 그러므로 고조선은 그의 거수국들을 통해 일찍이 건국 초기인 서기전 2209년 무렵부터 계속해서 중국과 매우 우호적인 관계에서 정치적 교섭을 가졌음을 알 수 있다. 고조선의 여러 거수국 가운데 이들이 중국과 교섭을 가진 것으로 기록에 나타나는 것은 그들이 중국과 가까운 지금의 요서 지역에 위치[13]해 있었기 때문이었다.

고조선과 중국의 교섭은 계속되어 중국의 서주 말기인 선왕 때에는 고조선의 단군이 직접 서주 왕실을 방문하여 융숭한 접대를 받았던 것으로 전해온다. 서주 선왕 때의 작품인 『시경』 「한혁」편은 '한후'라는 인물이 서주 왕실을 방문하여 환대를 받은 내용인데, 여기에 나오는 '한후'는 고조선의 단군을 중국식으로 부른 것임을 필자는 밝힌 바 있다.[14] 그러므로 당시의 상황을 알기 위해 「한혁」편의 내용을 보면,

---

**12** 앞 글, 「고조선의 국가 구조」 『겨레문화』 6, pp. 79~95.

**13** 위와 같음.

**14** 윤내현, 「고조선의 사회 성격」 『한국고대사신론』, 일지사, 1986, pp. 156~162.
　　앞 글, 「고조선의 국가 구조」 『겨레문화』 6, pp. 71~78.

한후가 조근(朝覲) 와서 그 큰 홀을 들고 들어와 왕을 뵙는다. 왕은 한후에게 훌륭한 무늬 있는 깃대와 기장목에 대자리·수레 가리개·무늬 새긴 멍에·검은 곤룡포·붉은 신·고리 달린 말 배띠·무늬 있는 말 당로·가죽 댄 수레 앞턱나무·호피 덮개·고리 달린 고삐·쇠고리 등을 내리셨다. ……, 한후께서 아내로 맞으신 분은 분왕[汾王 : 여왕(厲王)]의 생질 되시는 궐부(蹶父)의 따님, 한후는 아내 맞으시려고 궐씨(蹶氏)의 마을에 가셨다. 수많은 수레들 덜컹거리고 말방울 소리 딸랑거리며 그 빛 더없이 밝으셨다. 여러 누이들도 따라오는데 구름처럼 아름답고 많기도 해라. 한후가 그들을 돌아보니 그 문 안에 찬란하게 가득 차 있다. ……, (한후는) 선조들이 받으신 천명으로써 모든 오랑캐 다스리신다. 왕은 한후에게 추(追)와 맥(貊)까지도 내려주셨다. 북쪽에 있는 나라들을 모두 다 맡아 그 지역의 어른이 되셨다.[15]

고 노래하고 있다. 이 시는 서주 선왕 때의 작품이라고 전해오므로 그것을 인정한다면 그 내용에서 다음 세 가지 사실이 확인된다.

첫째, 고조선과 서주는 매우 우호적이었으며 서주 왕실은 단군의 방문을 매우 환대했다는 사실이다. 서주 왕실이 단군을 환대한 것은 당시 국제사회에서 고조선 위치가 만만치 않았기 때문이었을 것이다.

둘째, 고조선의 단군이 서주 여왕[厲王 : 분왕(汾王)]의 생질녀를 아내로 맞이했다는 사실이다. 서주 왕실에서 여왕의 생질녀를 단군에게 출

---

15 『시경』「대아」〈탕지십〉'한혁'. "韓侯入覲, 以其介圭, 入覲于王, 王錫韓侯, 淑旂綏章, 簟笰錯衡, 玄袞赤舃, 鉤膺鏤錫, 鞹鞃淺幭, 鞗革金厄. ……, 韓侯取妻, 汾王之甥, 蹶父之子, 韓侯迎止, 于蹶之里, 百兩彭彭, 八鸞鏘鏘, 不顯其光, 諸娣從之, 祁祁如雲, 韓侯顧之, 爛其盈門. ……, 以先祖受命, 因時百蠻, 王錫韓侯, 其追其貊, 奄受北國, 因以其伯."

가시킨 것은 양국의 우호를 돈독하게 하기 위한 정치적 의미가 매우 강했을 것으로 해석된다.

셋째, 고조선의 단군이 추와 맥을 포함한 북쪽의 여러 나라를 다스리는 것을 서주 왕실이 공식으로 인정했다는 사실이다. 고조선의 단군은 이전부터 이미 추와 맥을 포함한 북쪽의 여러 나라들을 통치하고 있었는데 서주 왕실에서는 단군이 그곳을 방문한 기회에 그것을 기정사실로 공식화하고 있는 것이다. 그것은 고조선의 단군이 서주 왕실을 방문한 기회에 그의 환심을 사기 위한 정치적 제스처였다고 생각된다. 추와 맥은 고조선의 서부 변경에 있었던 거수국이었으므로[16] 그것을 인정한 것은 그 지역까지가 고조선의 통치 영역이라는 사실을 공식화한 것이다. 위 시의 내용에서 서주의 선왕이 추와 맥을 단군에게 하사한 것처럼 표현한 것은 중국의 통치자가 천하를 통치해야 한다는 의식에서 나온 중국적인 표현에 불과하다.

중국에서 주나라 왕이 유명무실한 존재로 전락하고 사회가 혼란해진 춘추시대에는 고조선과 중국 사이에 사신의 왕래가 별로 없었던 것으로 보인다. 춘추시대 초기의 패자였던 제나라의 환공(서기전 685~서기전 643)과 그의 상(相)이었던 관중의 대화에서 이를 알 수 있는데, 『관자』 「경중갑」편에,

환공이 말하기를 사이(四夷)가 복종하지 않은 것은 아마도 잘못된 정치가 천하에 퍼져서 그런 것이 아닌지 나로 하여금 걱정하게 하는데, 내가 이를 위해서 행할 방법이 있겠소. 관자가 말하기를, 오나라와 월나라가

---

16  앞 글, 「고조선의 국가 구조」 『겨레문화』 6, pp. 87~89.

조근을 오지 않은 것은 주상(珠象)의 예물 때문이라 생각되며, 발과 조선이 조근을 오지 않은 것은 문피(文皮)와 타복(毤服)을 예물로 요청하기 때문이라 생각됩니다. …… 한 장의 표범 가죽이라도 여유 있는 값으로 계산해준다면 8천 리의 발과 조선도 조근을 오게 될 것입니다.[17]

라고 기록되어 있다. 춘추시대에는 중국 사회가 혼란했기 때문에 주변국의 사신들이 중국을 방문하지 않았던 듯한데, 환공은 이를 관중과 더불어 걱정했던 것이다. 이 시기에 고조선과 중국의 관계도 소원해졌던 것 같다.

그동안 비교적 우호적이었던 고조선과 중국의 관계는 춘추시대부터 악화되기 시작했다. 그것은 중국의 침략에서 기인한 것이었다. 춘추시대의 전쟁은 당시의 패자였던 제나라 환공이 고죽을 침략함으로써 일어났다. 『사기』「진본기」에 "제나라의 환공은 산융을 정벌하고 다음으로 고죽을 쳤다"[18]고 기록되어 있는데, 이와 동일한 내용이 『관자』「소문(小問)」편[19]과 『설원(說苑)』「변물(辨物)」편,[20] 『수경주』「유수」조[21] 등에도 실려 있다. 고죽은 고조선의 거수국으로서 지금의 난하 유역에 위치하여 중국과 국경을 접하고 있었다.[22] 이 전쟁은 제나라 환공이 춘추시대의 첫 번째 패자가 되어 주나라의 여러 제후국들과 이민족의 여러 나라

---

17  『관자』권24 「경중갑」 제80. "桓公曰, 四夷不服, 恐其逆政游於天下, 而傷寡人, 寡人之行爲此有道乎. 管子對曰, 吳·越不朝, 珠象而以爲幣乎, 發·朝鮮不朝, 請文皮·毤服而以爲幣乎. …… 一豹之皮容金而金也, 然後八千里之發·朝鮮可得而朝也."

18  『사기』권5 「진본기」〈성공(成公) 원년〉조. "齊桓公伐山戎, 次于孤竹."

19  『관자』권16 「소문」 제51.

20  『설원』권18 「변물」.

21  『수경주』권14 「유수」.

22  앞 글, 「고조선의 국가 구조」 『겨레문화』 6, pp. 81~83.

들에게 그의 위력을 과시하기 위해 벌인 전쟁이었다.

전국시대에는 고조선과 연나라 사이에 전쟁이 일어났다. 이 전쟁도 중국의 동북방에 위치하여 고조선과 접경을 하고 있었던 연나라가 고조선을 침략함으로써 일어났다. 『위략』에,

옛날 기자의 후손인 조선후는 주나라가 쇠퇴한 것을 보고 연나라가 스스로 높여 왕이라 하고 동쪽의 땅을 침략하려고 하자 또한 스스로 칭하여 왕이라 하고 군사를 일으켜 오히려 연나라를 공격함으로써 주 왕실을 받들고자 했다. 그 대부 예(禮)가 간하니 곧 중지했다. 예를 서쪽으로 보내어 연나라를 설득하니 연나라도 중지하고 공격하지 않았다. 그 후 자손이 점차 교만하고 포학하여지니 연나라는 곧 장수 진개를 보내어 그 서방을 공격하도록 하여 2천여 리의 땅을 빼앗으니 만번한에 이르러 경계가 되고 조선은 마침내 약화되었다.[23]

고 기록되어 있다. 중국에서는 전국시대에 이르러 주나라의 제후국이었던 여러 나라들이 독립하여 왕이라 칭하고 영토 겸병 전쟁을 계속하는 상황이 되었는데, 위의 기록은 바로 그러한 상황을 말한 것이다. 영토 확장에 대한 욕망은 중국 내에서뿐만 아니라 밖으로도 연장되어 연나라가 고조선의 거수국(중국어로는 제후국)인 기자조선을 침략했던 것이다. 이 전쟁에서 고조선은 일시 피해를 입었으나 다시 영토를 수복하고 연

---

**23** 『삼국지』 권30 「동이전」 〈한전〉의 주석으로 실린 『위략』. "昔箕子之後朝鮮侯, 見周衰, 燕自尊爲王, 欲東略地, 朝鮮侯亦自稱爲王, 欲興兵逆擊燕以尊周室. 其大夫禮諫之, 乃止. 使禮西說燕, 燕止之, 不攻. 後子孫稍驕虐, 燕乃遣將秦開攻其西方, 取地二千餘里, 至滿番汗爲界, 朝鮮遂弱."

나라의 동부 땅을 빼앗아 침략을 응징했다.[24] 그러나 전쟁의 피해로 국력은 약화되었다.

진제국을 거쳐 서한제국 초에 이르면 고조선은 서한의 외신인 위만조선과 전쟁을 하게 되었다. 이에 관한 『사기』「조선열전」 기록을 보면,

> 효혜·고후 때에 이르러 천하가 처음으로 안정되니 요동태수는 바로 (위)만을 외신으로 삼기로 약속하고 국경 밖의 오랑캐들이 변경을 노략질하지 못하도록 지킬 것이며, 오랑캐들의 군장이 들어와 천자를 알현하고자 하거든 금지하지 말도록 했다. 이를 듣고서 천자는 그것을 허락했다. 이로써 (위)만은 군사적 위엄과 재정적 기반을 닦은 후에 그 주변의 소읍들을 침략하여 항복받으니 진번과 임둔도 모두 와서 복속되어 (그 땅이) 수천 리가 되었다.[25]

고 했다. 위만은 서한에서 고조선의 거수국인 기자조선으로 망명하여 기자의 40여 대 후손인 준의 정권을 빼앗아 위만조선을 건국[26]한 후 서한의 효혜(혜제)·고후 때에 그 외신이 되었던 것이다. 위만은 영토를 확장하는 과정에서 여러 소읍과 진번·임둔 등을 쳐서 항복을 받았는데 이들은 고조선의 영토였다.[27] 그러므로 위만조선은 영토 확장 과정에서

---

**24** 윤내현, 「고조선의 서변경계 재론」 『한국독립운동사의 인식 — 백산박성수교화갑기념논총』, 백산박성수교화갑기념논총간행위원회, 1991, pp. 532~533.
『고조선 연구』 상 제1편 제3장 제1절 「고조선의 서쪽 경계」 참조.

**25** 『사기』 권115 「조선열전」. "會孝惠·高后時天下初定, 遼東太守卽約滿爲外臣, 保塞外蠻夷, 無使盜邊, 諸蠻夷君長欲入見天子, 勿得禁止. 以聞, 上許之. 以故滿得兵威財物侵降其旁小邑, 眞番·臨屯皆來服屬, 方數千里."

**26** 삼국지』 권30 「동이전」 〈한전〉의 주석으로 실린 『위략』.

**27** 종래의 일부 학자들은 위만조선의 위치를 대동강 유역으로 보았다. 그러나 그것은 전

고조선과 전쟁을 했을 것임이 틀림없다. 이 전쟁은 고조선이 중국과 직접 전쟁을 치른 것은 아니었지만 서한이 그의 외신이 된 위만을 지원하고 있었으므로 고조선과 서한의 관계는 악화되었을 것이다.

위만조선이 멸망하면서 고조선과 서한은 직접 큰 전쟁을 치러야 했다. 서한은 무제 때에 이르러 위만조선을 쳐서 멸망시키고, 그 지역에 낙랑·임둔·진번의 3개 군을 설치(서기전 108)한 후 여세를 몰아 고조선의 변경을 침략하고, 그곳에 현도군을 설치했다(서기전 107).[28] 이 과정에서 고조선과 서한 사이에는 큰 전쟁이 일어날 수밖에 없었을 것이다. 이에 관한 직접적인 기록은 남아 있지 않으므로 상황을 자세하게 알 수는 없으나 그 시기가 고조선 말기에 해당하므로 고조선의 붕괴에도 적지 않게 작용했을 것이다.

지금까지 살펴본 바와 같이 고조선과 중국의 정치 교섭은 고조선 초기인 서기전 2209년부터 사신의 왕래가 있었던 것으로 기록에 나타난다. 서주 말기에는 단군이 직접 서주 왕실을 방문하여 환대를 받고 통혼 관계를 맺는 등 매우 우호적인 관계가 지속되었다. 고조선의 사신이 중국을 여러 차례 방문했다면 중국의 사신이 고조선을 방문하기도 했을 것인데, 이에 관해서는 기록이 남아 있지 않아 확인할 길이 없다. 춘추시대에는 중국 사회가 혼란하고 패자가 자주 바뀌는 상황이었으므로 사

---

혀 고증을 거치지 않은 잘못된 것이다. 위만조선은 고조선과 서한의 국경이었던 난하 동부 유역(지금의 요서 지역)에 위치해 있었다. 위만은 서한의 외신이었으므로 그 영토 확장은 고조선 지역으로 진행될 수밖에 없었다.

**28** 『한서』 권28 하 「지리지」 하를 보면, 낙랑군은 무제 원봉 3년에 설치한 것으로 되어 있으나 현도군은 그보다 1년 늦은 원봉 4년에 설치한 것으로 되어 있으며, 『한서』 권27 중지하(中之下) 「오행지(五行志)」 중지하에는 "이전에 두 장군(좌장군 순체와 누선장군 양복)이 조선(위만조선)을 정벌하고 3개의 군을 설치했다"고 기록되어 있어 현도군이 다른 군들보다 1년 늦게 설치되었음을 알 수 있다.

신의 왕래가 일시 중단되었던 것 같다. 전국시대에 이르러서는 연나라의 영토 확장 욕심이 밖으로까지 이어져 고조선을 침략함으로써 조·연 전쟁(朝燕戰爭)이 일어났다. 그 후 고조선은 서한의 지원을 받은 위만조선과 전쟁을 치러야 했고 위만조선을 멸망시킨 서한과도 직접 전쟁을 치러야 했다. 이런 과정에서 지난날 우호적이었던 고조선과 중국의 관계는 점차 악화의 길을 걷게 되었다. 그러한 상황은 중국의 고조선 침략에 기인한 것이었다.

## 3. 고조선과 중국의 경제 교류

앞에서 살펴본 바와 같이 고조선은 일찍부터 중국과 밀접한 정치 교류를 가졌는데, 그것은 경제 교류를 동반했다. 고조선은 중국에 여러 종류의 특산물을 수출했던 것으로 기록에 나타난다. 고조선은 제순(帝舜) 때인 서기전 2209년부터 중국과 사신의 왕래가 있었는데, 그러한 우호적인 교섭은 서주시대까지 계속되었다.[29] 그런데 사신 왕래에 관한 기록 가운데 간과해서는 안 될 중요한 점은 중국을 방문한 고조선의 사신들이 나무활과 화살, 돌화살촉 등을 예물로 가지고 갔다는 것이다.[30] 고조선에서 생산된 이런 물건들은 중국의 것보다 우수했기 때문에 예물로서 가치가 있었을 것이다.

그런데 사무역(私貿易)이 아직 발달하지 않았던 고대사회에서의 국제 무역은 대체로 관무역(官貿易)이었다. 사신이 다른 나라를 방문할 때 자

---

29  주 3~8 참조.
30  주 3·8 참조.

국 특산물을 예물로 갖고 가서 그 나라의 특산물과 교환해 오거나 비싼 값으로 파는 것이었다. 이 점은 고조선과 중국 사이에도 마찬가지였다. 그러한 사실은 앞에서 소개한『관자』「경중갑」편의 환공과 관중의 대화에서 확인된다.[31] 환공은 당시 외국의 사신들이 중국을 방문하지 않은 것은 중국이 정치를 잘못하기 때문이 아닌지 걱정했다. 이에 대해 관중은 사신들이 가져오는 예물을 비싼 값에 사주면 먼 나라 사신들도 중국을 자주 방문하게 될 것이라고 대답했다. 이 대화의 내용에서 고대에 외국 사신들이 가져오는 예물은 단순한 선물이 아니라 상품의 성격이 강했음을 알 수 있다.

이렇게 보면 고조선의 사신들이 중국을 방문할 때 가지고 갔던 호나무활과 화살, 돌화살촉 등은 고조선의 수출품이었다. 다시 말하면 고조선은 중국에 무기를 수출했던 것이다. 오늘의 시각에서 보면 활이나 화살, 돌화살촉 따위를 무기로 수출했다는 것을 이해하기 힘들 것이다. 그러나 당시는 청동기시대였다. 지배 귀족은 청동 무기나 청동 의기를 일부 사용했지만 청동기는 매우 귀한 것이어서 일반적으로는 석기를 사용하고 있었으므로 좋은 활과 화살, 화살촉은 당시에 매우 큰 위력을 가진 무기였던 것이다.

고조선에서 수출한 무기가 중국에서 얼마나 귀중한 물건으로 인식되는지는『국어』「노어」의 다음과 같은 기록을 통해 알 수 있다.

옛날에 (주의) 무왕이 상나라를 이겼을 때 도(道)가 구이(九夷)와 여러 오랑캐 나라에 통하여 각각 그 지방의 재화를 가지고 와서 바치도록 하

---

**31** 주 17 참조.

고 그들의 직분을 잊지 않도록 했다. 이때 숙신씨는 호나무화살과 돌화
살촉을 가져왔는데, 그 길이가 여덟 치였다. 선왕(先王)은 그 영덕(令德)
이 먼 곳까지 미친 사실을 밝히고 싶어서 (그것을) 후인들에게 보임으로
써 오래도록 거울로 삼도록 했다. 그래서 그 나무화살에 '숙신씨가 공납
한 화살'이라는 명문을 새겨 태희(서주 무왕의 장녀)가 진(陳)에 봉해진 우
호공과 결혼할 때 나누어주었다.[32]

서주에서는 무왕 때 고조선의 거수국인 숙신의 사신이 가져온 나무화
살에 '숙신씨가 공납한 화살'이라는 명문을 새겨 무왕의 장녀인 태희가
진국(陳國)의 우호공과 결혼할 때 나누어주어 오래도록 기념물로 간직
하도록 했다는 것이다.

그렇게 한 이유는 무왕의 영덕이 먼 나라에까지 미친 사실을 후손들
이 알고 그것을 교훈으로 삼도록 하기 위한 것이라고 위의 인용문은 설
명하고 있다. 그런데 그 화살이 보관할 가치가 없는 것이었다면 무왕의
장녀 결혼 기념품으로 주지는 않았을 것이다. 이로 보아 고조선에서 생
산된 활과 화살, 돌화살촉 등은 중국에서 매우 귀중하게 여기는 무기였
다. 지금도 한국 활은 성능이 아주 우수한 것으로 세계적인 평가를 받고
있는데, 그 전통이 매우 오래된 것임을 알 수 있다.

고조선에서는 무기뿐만 아니라 사치품도 수출했다. 서주 왕실을 방문
한 고조선의 단군을 환영하여 지은 노래인 『시경』「한혁」편에는 "(한후

---

**32** 『국어』권5 「노어」하. "昔武王克商, 通道於九夷百蠻, 使各以其方賄來貢, 使無忘職
業, 於是肅愼氏貢楛矢石砮, 其長尺有咫. 先王欲昭其令德之致遠也, 以示後人, 使
永監焉. 故銘其楛曰肅愼氏貢矢, 以分太姬, 配虞胡公而封諸陳."

는) 예물로 비휴 가죽과 붉은 표범 가죽, 누런 말곰 가죽 바치었도다"[33] 라는 내용이 있다. 한후로 표현된 단군이 서주 왕실을 방문하면서 예물로 비휴 가죽과 붉은 표범 가죽, 누런 말곰 가죽 등을 가지고 갔다는 것이다. 당시 예물 가운데는 다른 물품도 있었겠지만, 위의 물품들은 고조선의 대표적 특산물이기도 했고 중국인들이 이것들을 특별히 좋아했기 때문에 기록에 남아 있을 것이다.

고조선의 특산물인 동물 가죽과 모피 의류 등의 사치품이 중국에 수출되었음은 다음 기록에서도 확인된다.『관자』「규도」편에,

> 환공이 관자에게 묻기를, 내가 듣건대 해내에 귀중한 예물 일곱 가지가 있다는데 그것들에 대해서 들을 수 있겠소. 관자가 대답하기를, 음산의 연민이 그 한 가지요, 연의 자산 백금이 그 한 가지요, 발과 조선의 문피가 그 한 가지요, ……[34]

라고 기록되어 있다. 춘추시대 초기의 패자였던 제나라 환공이 그의 상(相)이었던 관중에게 세상에는 일곱 가지 귀중한 예물이 있다는데 그것이 무엇이냐고 묻자, 관중은 그 가운데 하나로 발과 조선의 문피, 즉 표범 가죽을 들고 있다. 고조선의 거수국이었던 발과 조선의 표범 가죽은 음산에서 산출되는 연민(옥돌), 연의 자산에서 산출되는 백금 등과 더불어 세상에서 진귀한 일곱 가지 물품 가운데 하나로 인정받고 있었던 것이다.

---

33 『시경』「대아」〈탕지십〉'한혁'. "獻其貔皮, 赤豹黃羆.

34 『관자』권23「규도」제78. "桓公問管子曰, 吾聞海內玉幣七筴, 可得而聞乎. 管子對曰. 陰山之礝磻一筴也, 燕山之紫山白金一筴也, 發·朝鮮之文皮一筴也, …….

앞에 소개된 『관자』「경중갑」편에서는 발과 조선의 특산물로 표범 가죽과 모피 의류를 들면서 이런 물건을 비싼 값으로 사주면 발과 조선의 사신들이 중국을 자주 방문하게 될 것이라고 관중이 환공에게 말했다.[35] 이런 내용들은 고조선의 특산물이 표범 가죽과 모피 의류 등이었으며, 고조선은 이런 물건들을 중국에 수출하여 상당한 이익을 얻었던 것으로 보인다.

고조선과 중국 사이에는 빈번한 무역이 이루어져 위에 언급된 특산물 외에도 여러 가지 상품이 거래되어, 고조선과 가까운 지역에 위치했던 연나라는 경제적으로 상당한 이익을 보았던 것으로 기록에 나타난다. 『사기』「화식열전」에는,

> 무릇 연은 발해와 갈석 사이에 사람이 많이 모여 사는 곳이다. ……. 북쪽으로는 오환·부여와 접했고 동쪽으로는 예·맥·조선·진번으로부터의 이익을 관장했다.[36]

고 하여 그러한 사실을 알게 해준다. 고조선과 중국 사이에 무역이 빈번했을 것임은 다음과 같은 기록에서도 확인된다.

『사기』「평준서」에,

> 팽오가 예·조선과 교역을 했다. 창해군을 설치하니 연과 제 사이가 온통

---

**35** 주 17 참조
**36** 『사기』 권129 「화식열전」. "夫燕赤勃·碣之間一都會也. ……. 北隣烏桓·夫餘, 東縮穢·貉·朝鮮·眞番之利."

소요에 휘말리게 되었다.[37]

는 기록이 있으며, 『한서』 「식화지」에는 동일한 사건에 대해,

> 팽오가 예·맥·조선과 (교역을) 뚫었다. 창해군을 설치하니 연과 제 사
> 이가 온통 소요에 휘말리게 되었다.[38]

고 기록되어 있다. 이 기록은 서한의 상인 팽오가 예·맥·조선과 교역을
했음을 말해주고 있는데, 이로 보아 이 시기에 이미 민간무역이 행해졌
음을 알 수 있다. 그런데 창해군은 서한이 위만조선에서 망명한 예군 남
려와 그를 따라온 무리에게 거주지를 제공하고 설치한 행정구역이었으
므로[39] 위의 내용은 위만조선 시기의 상황을 말하고 있다. 당시에 예·
맥의 원주지는 위만조선의 영토에 포함되어 있었으며, 이와 병기된 조
선은 기자조선이 있던 지역으로서 위만조선의 건국지였는데, 당시에는
위만조선의 서부 변경이었다.[40] 중국인들은 위만조선이 건국된 후에도

---

37 『사기』 권30 「평준서」. "彭吳賈滅(濊)·朝鮮. 置滄海郡, 則燕·齊之間靡然發動."
   학자들은 위 문장에서 멸(滅) 자는 예(濊) 자의 오기(誤記)일 것으로 보고 있다. 팽오
   라는 상인이 장사를 해서 조선을 멸망시켰다는 내용도 사리에 맞지 않으며, 이와 동일
   한 내용이 『한서』 「식화지」에 실려 있는데, 그곳에는 멸(滅)이 예(濊)로 되어 있기 때
   문이다(아래 인용문 참조).
38 『한서』 권24 하 「식화지」 하. "彭吳穿穢(濊)·貊·朝鮮. 置蒼海郡, 則燕·齊之間靡然
   發動."
39 『한서』 권6 「무제기」.
   『후한서』 권85 「동이열전」〈예전〉.
   윤내현, 「창해군고」 『한국의 사회와 역사』 — 최재석교수정년퇴임기념논총, 일지사,
   1991, pp. 640~668.
40 위만조선은 난하 유역에 있었던 기자조선의 정권을 빼앗아 건국된 후 그 영토를 넓혀

이 지역들을 관습적으로 예·맥·조선이라 불렀던 것이다. 중국인들은 지금도 산동성 지역을 고대에 그 지역에 있던 나라의 명칭을 따라 제(齊)·노(魯)라 부르고 있는데 이와 같은 것이다.

따라서 위 기록은 팽오가 위만조선과 무역을 했음을 알게 해준다. 그런데 위만조선은 고조선의 서부 변경에서 건국되어 약 80년이라는 짧은 기간 동안 존재했으므로 이 시기에 서한의 민간인이 위만조선과 무역을 했다면 그 지역이 고조선에 속해 있던 시기에도 민간무역이 행해졌다고 보아야 할 것이다. 팽오의 상거래에 관한 내용이 역사서에 기재된 것으로 보아 그의 무역은 상당히 규모가 컸을 가능성이 있으며, 이보다 규모가 작은 민간무역은 훨씬 전부터 계속해서 이루어져왔을 것이다. 이렇게 보면 그동안 관무역에 의존해왔던 고조선과 중국의 경제 교류는 고조선 말기에 이르러서는 민간인들에 의해서도 상당히 활발히 진행되었던 것으로 생각된다.

이상과 같이 고조선과 중국의 경제 교류는 일찍부터 비교적 활발하게 진행되어왔는데, 이런 사실은 고고학 자료에 의해서도 뒷받침된다. 그동안의 발굴 결과를 보면 중국 청동 화폐가 고조선 지역에서 많이 출토되었다.

그동안 고조선 지역에서 출토된 청동 화폐는 명도전·포전·반량전·명화전·일화전 등인데, 이 가운데 일화전과 명화전은 난하 서쪽에서는

---

지금의 대릉하까지를 차지했다. 그런데 예·맥·기자조선은 원래 난하 유역에 있었으므로 위만조선의 영토가 확장된 후에는 그 서부 지역이 되었다.

윤내현, 「위만조선의 재인식」 앞 책 『한국고대사신론』, pp. 240~304.

앞 글, 「고조선의 국가 구조」 『겨레문화』 6, pp. 21~32.

『고조선 연구』 상 제1편 제5장 제1절 「위만조선과 한사군의 위치」 참조.

출토된 예가 없으므로 고조선 화폐일 가능성이 많고,[41] 명도전과 포전은 중국의 전국시대 화폐였으며 반량전은 진제국의 화폐였다.

그동안 고조선 지역에서 중국 화폐가 많이 출토된 유적을 들면, 명도전은 자강도 전천군 운송리 유적에서 5,000점, 평안남도 덕천군 청송로동자구 유적에서 4,280점, 자강도 전천군 길다동 유적에서 4,000여 점이 출토되었고, 이 밖에도 수백 점 이상 출토된 유적이 여러 곳 있다. 포전은 평안남도 덕천군 청송로동자구 유적에서 299점, 평안남도 영원군 온양리 유적에서 23점이 출토되었으며, 반량전은 요령성 여순시 목양성지에서 7점, 자강도 자성군 서해리 유적에서 3점이 출토되었는데, 이 밖에도 포전과 반량전이 한두 점 출토된 유적이 여러 곳 있다.[42]

중국에서는 전국시대에 이르러 청동 화폐가 사용되기 시작했다. 이런 중국의 청동 화폐가 고조선 지역에서 대량으로 출토된다는 사실은 고조선이 그 말기까지 중국과 활발한 경제 교류를 가졌음을 알게 해준다. 이런 경제 교류를 통해 고조선은 중국의 화폐를 대량으로 보유한 외화 보유국이 될 수 있었다.


## 4. 고조선과 중국의 문화 교류

고조선과 중국 사이에는 문화 교류도 활발했던 것으로 보인다. 고조선이 건국되기 전부터 황하 유역과 한반도·만주 사이에는 이미 문화

---

**41** 리순진·장주협, 『고조선 문제 연구』, 사회과학출판사, 1973, p. 60.
사회과학원 력사연구소, 『조선전사 2 − 고대편』, 과학 백과사전출판사, 1979, p. 77.
**42** 앞 책, 『고조선 문제 연구』, p. 29·39의 표 참조.

교류가 있었음이 고고학 자료에 의해서 확인된다. 예컨대 한반도와 만주의 마을사회(전기 신석기시대)시대의 질그릇에서 보이는 지그재그무늬와 물고기뼈무늬가 황하 유역의 마을사회(촌락사회)문화인 배리강문화(裵李崗文化)와 자산문화(磁山文化)에서도 보이는 것이라든가[43] 고을나라(촌군사회 : 후기 신석기시대)시대에 중국의 동부 해안 지역에서 널리 사용되었던 곰배괭이·반달칼·동물의 이나 돌로 만든 낫 등의 농구가 한반도나 만주에서도 사용된 것,[44] 고을나라시대에 중국에서 널리 사용되었던 점뼈가 내몽골자치구 동부와 한반도 등지에서 출토된 것,[45] 청동기시대의 유물로서 한반도와 만주에 분포되어 있는 고인돌이 많지는 않지만 산동성에서 발견된 것[46] 등은 이런 사실을 말해준다.

고조선시대에 들어오면 문화 교류가 한층 더 활발했음이 기록을 통해 확인된다. 고조선 초기에 중국에서는 황하 중류 유역에 거주했던 황제족(黃帝族)과 황하 하류 유역에 거주했던 치우족(蚩尤族)이 탁록(涿鹿)에서 큰 전쟁을 했다고 전해오는데,[47] 이때 치우는 풍백과 우사에게 청하여 비와 바람을 일으켰다고 한다.[48] 이런 내용은 단군사화에서 환웅이

---

**43**  이형구, 『한국고대문화의 기원』, 까치, 1991, pp. 76~83.

**44**  사회과학원 력사연구소, 『조선전사 1 – 원시편』, 과학백과사전출판사, 1979, p. 88·92 의 그림 14·18 참조.

**45**  中國科學院考古硏究所內蒙古工作隊, 「內蒙古巴林左旗富河溝門遺址發掘簡報」 『考古』, 1964年 1期, p. 1.
황기덕, 「무산읍 호곡동 원시유적 발굴보고」 『고고민속론문집』 6, 1975, pp. 124~226.
심봉근, 『김해 부원동 유적』, 동아대 박물관, 1981.
앞 책, 『한국고대문화의 기원』, p. 112.

**46**  王儀, 『古代中韓關係與日本』, 臺灣中華書局, 民國 62(1973), p. 4.

**47**  『사기』 권1 「오제본기」.

**48**  위와 같음.

풍백·운사·우사를 거느리고 인간사를 주재했다는 점[49]과 비슷하며, 치우라는 명칭은 고구려계의 언어에서 군장이나 영웅에 대한 호칭과 비슷한 점을 들어 치우는 고조선 계통의 군장이거나 치우족은 고조선 계통의 문화를 가졌을 가능성이 있다고 보기도 한다.[50]

중국의 상족(商族)과 진족(秦族)의 시조설화에는 한반도와 만주의 여러 종족 설화에서 보이는 것과 비슷한 난생 설화 요소가 있다. 『사기』 「은본기」에 상족의 시조인 설(契)의 출생에 관해,

> 은(殷)의 설(契)의 어머니는 간적(簡狄)이라 하는데, 유융씨(有娀氏)의 딸로서 제곡(帝嚳)의 둘째 부인이 되었다. 세 사람이 목욕을 하다가 현조(玄鳥)가 그의 알을 떨어뜨린 것을 보고 간적이 그것을 삼켰는데 이로 인하여 잉태하여 설(契)을 낳았다.[51]

고 했는데, 같은 책 「진본기」는 진족(秦族)의 시조인 대업(大業)의 출생에 관해,

> 진(秦)의 선조는 제전욱(帝顓頊)의 먼 후손으로 이름이 여수(女脩)였다. 여수가 길쌈을 하는데 현조가 알을 떨어뜨리자, 여수가 그것을 삼키고 아들 대업(大業)을 낳았다.[52]

---

49  『삼국유사』 권1 「기이」 〈고조선〉조.

50  김광수, 「치우와 맥족」 『손보기박사정년기념 한국사학논총』 지식산업사, 1988, pp. 15~21.

51  『사기』 권3 「은본기」. "殷契, 母曰簡狄, 有娀氏之女, 爲帝嚳次妃. 三人行浴, 見玄鳥墮其卵, 簡狄取呑之, 因孕生契."

52  『사기』 권5 「진본기」. "秦之先, 帝顓頊之苗裔孫曰女脩. 女脩織, 玄鳥隕卵, 女脩呑

고 하여 상족의 시조인 설의 출생과 비슷한 설화를 전하고 있다.

이와 완전히 동일하지는 않지만 한반도와 만주에는 유사한 난생 설화들이 전해온다. 고구려 주몽[53]이나 신라의 혁거세[54]와 탈해,[55] 여섯 가야의 시조[56] 등이 알에서 깨어난 것이라든가, 선녀가 신성한 까치가 물고 온 붉은 과일을 먹고 잉태하여 만주족의 시조를 낳았다고 하는 설화[57] 등이 그것이다.

위의 설화들을 싣고 있는 현존의 문헌 연대로 보면 상족과 진족의 설화가 가장 오래된 것이지만, 설화의 내용으로 보아서는 주몽·혁거세·탈해·여섯 가야 시조 등의 설화가 더 오래되었을 것으로 생각된다. 왜냐하면 주몽·혁거세·탈해·여섯 가야의 시조 등은 바로 알에서 태어난 것으로 되어 있지만, 상족과 진족의 시조 설화는 알을 먹고 잉태한 '탄란회잉(呑卵懷孕) 설화'로서 더 합리적으로 설명되어 있기 때문이다. 이로써 알에서 아이가 나온다고 하는 설화가 오래전부터 한반도와 만주 지역에 전해 내려왔을 것임을 알 수 있다. 위의 설화들 가운데 만주족의 시조 설화는 탄란회잉 설화에서 알을 과일로 바꾸어놓은 것으로서 가장 늦게 만들어졌을 것이다.

내용에는 약간의 차이가 있지만, 이런 유사한 난생 설화가 한반도·만주와 황하 유역에 존재한다는 사실은 두 지역 사이에 문화의 교류가 있

---

之, 生子大業."

53 『위서』 권100 「고구려전」.
  『삼국사기』 권13 「고구려본기」 〈시조 동명성왕〉조.
54 『삼국사기』 권1 「신라본기」 〈시조 혁거세거서간〉조.
55 『삼국사기』 권1 「신라본기」 〈탈해이사금〉조.
56 『삼국유사』 권2 「가락국기」.
57 『淸太祖實錄』, 國書刊行會, 昭和 49(1974), pp. 2~3.

었음을 알게 해준다. 상족과 진족의 시조가 출생한 시기는 고조선 초기
에 해당되므로 이런 문화 교류는 고조선 초기나 그 이전으로 올라갈 가
능성이 있다.

중국 서주시대에 동부 해안 지역에 있었던 서국(徐國)의 언왕(偃王)에
관한 설화도 고구려 주몽의 설화와 유사한 요소가 있다. 『박물지(博物
志)』 「서언왕(徐偃王)」조에는,

> 서군(徐君)의 궁인이 임신하여 알을 낳았는데 상스럽지 못하다고 생각
> 하여 그것을 강가에 버렸다. 독고모(獨孤母)에게 개가 있어 이름을 곡창
> (鵠蒼)이라 했는데, 강가에 사냥을 나갔다가 버린 알을 얻어 입에 물고
> 동쪽으로 돌아왔다. 독고모는 이상하게 생각하여 그것을 싸서 따뜻하게
> 했더니 마침내 아이가 태어났다. 출생 시에 똑바로 누웠으므로 언(偃)이
> 라 이름했다. 서군은 궁중에서 그것을 듣고 바로 거두어들였다. 성장하
> 여 어질고 지혜가 많아 서국(徐國) 군주의 자리를 잇게 되었다. ……, 주
> 궁(朱弓)과 주실(朱失)을 얻었는데, 이미 하늘의 상서로움을 얻었으므로
> 그에 따라 이름을 궁(弓)이라 했으나 스스로 서언왕(徐偃王)이라 칭하니
> 장강(長江)과 회하(淮河) 지역의 제후가 모두 그를 따랐는데, 그를 따르
> 는 자가 36국이나 되었다.[58]

라고 기록되어 있다. 이런 서언왕의 출생 설화는 고구려를 건국한 고주

---

**58** 장화(張華), 『박물지』 권8 「서언왕」조. "徐君宮人娠而生卵, 以爲不詳, 棄之水濱. 獨
孤母有犬, 名鵠蒼, 獵于水濱, 得所棄卵, 銜以東歸, 獨孤母而爲異, 覆煖之, 遂蚹成
兒, 生時正偃, 故以爲名. 徐君宮中聞之, 乃更錄取, 長而仁智, 襲君徐國. …… 得朱
弓朱矢, 以已得天瑞, 遂因名爲弓, 自稱徐偃王, 江淮侯皆伏從, 伏從者三十六國."

몽의 출생 설화와 아주 비슷하다. 『위서』「고구려전」에,

> 주몽의 어머니는 하백의 딸이다. 부여 왕이 방 안에 가두었는데 햇빛이
> 그녀를 비치므로 그것을 피했으나 햇빛이 또 따라 비치었다. 잉태를 하
> 더니 알을 낳았는데 크기가 닷되들이만 했다. 부여 왕은 그것을 버려 개
> 에게 주었으나 개가 먹지 않았고 돼지 또한 먹지 않았다. 그것을 길에 버
> 렸더니 소와 말이 피해 갔으며, 후에 들에 버렸더니 새의 무리가 털로 덮
> 어주었다. 부여 왕이 그것을 쪼개보려 했으나 깨뜨릴 수가 없었다. 마침
> 내 그 어미에게 돌려주니 그 어미가 물건으로 싸서 따뜻한 곳에 두니 한
> 사내아이가 껍질을 깨고 나왔다. 그가 성장하여 자(字)를 주몽(朱蒙)이
> 라 했는데, 속언으로 주몽은 활을 잘 쏜다는 뜻이다.[59]

라고 했는데, 이런 내용이 『삼국사기』「고구려본기」에도 실려 있다.[60]

서언왕과 고주몽은 두 사람 다 알에서 깨어났으며 활을 잘 쏘았으므
로 궁(弓)과 주몽(朱蒙)이라는 이름을 얻었다는 것이다. 이 두 설화는 그
기원이 동일할 것으로 보기도 하는데,[61] 이런 유사성은 두 지역의 문화
적인 교류에 의해 형성되었을 것이다. 서언왕은 서주 목왕(穆王 : 서기전
1002~서기전 947) 때 사람이므로 이 설화는 고조선 중기에 해당한다.

---

59 『위서』권100「고구려열전」. "朱蒙母河伯女, 爲夫余王閉於室中, 爲日所照, 引身避
之, 日影又逐, 旣而有孕生一卵, 大如五升. 夫餘王棄之與犬, 犬不食, 棄之與豕, 豕
又不食, 棄之於路, 牛馬避之, 後棄之野, 衆鳥以毛茹之. 夫餘王割剖之, 不能破. 逐
還其母, 其母以物裏之, 置於暖處, 有一男破殼而出, 及其長也, 字之曰朱蒙, 其俗言
朱蒙者, 善射也."

60 『삼국사기』권13「고구려본기」〈시조 동명성왕〉조.

61 김상기, 「동이(東夷)와 회이(淮夷)·서융(徐戎)에 대하여 」『동방사논총』, 서울대 출판
부, 1984, p. 424.

진제국시대에 이르면 고조선의 선인사상이 중국에 전해졌던 것으로 보인다. 『사기』「진시황본기」에,

제인 서불 등이 상서를 올려 말하기를, 바다 가운데 삼신산이 있다고 하는데 그 이름을 봉래·방장·영주라고 하며 그곳에 선인이 산다고 합니다. 청하옵건대 재계하고 동남녀(童男女)와 더불어 그것을 구하고자 합니다. 이에 서불을 파견하고 동남녀 수천 명을 징발하여 바다에 들어가 선인을 구하도록 했다.[62]

는 기록이 있다. 진 시황제가 순행 도중에 제(齊 : 지금의 산동성)에 이르렀는데, 그곳에서 서불의 건의를 받아들여 그로 하여금 어린 소년 소녀 수천 명을 거느리고 동쪽의 바다에 들어가서 선인을 구하도록 했다는 것이다. 위 인용문의 주석으로 실린 『사기정의』에는,

『괄지지』에 이르기를, 단주는 동쪽 바다 가운데 있는데, 진 시황이 서복(徐福)을 시켜 동남녀를 데리고 바다에 들어가 선인을 구하도록 했다.[63]

고 설명하고 있다. 선인이 사는 땅의 이름은 단주이며 산동성의 동쪽 바다 가운데 있는데, 진 시황은 이곳에 서불(서복)을 파견하여 선인을 구하도록 했다는 것이다. 산동성의 동쪽 바다는 지금의 황해로, 산동성에

---

62  『사기』 권6 「진시황본기」 〈진시황 28년〉조. "齊人徐市等上書, 言海中有三神山, 名曰蓬萊·方丈·瀛洲, 仙人居之, 請得齋戒, 與童男女求之. 於是遣徐市童男女數千人, 入海求僊人."

63  위의 『사기』 「진시황본기」 인용문의 주석으로 실린 『사기정의』. "括地志云, 亶洲在東海中, 秦始皇使徐福將童男女入海求仙人."

서 동쪽으로 항해하면 한반도에 이르게 된다.

그런데 여기서 관심을 갖게 하는 것은 선인이 사는 땅의 이름이 단주였다는 것이다. 단주(亶洲)는 '단(亶)의 땅'이라는 뜻으로 단군이 통치하는 지역을 말할 가능성이 있다. 단군은 『삼국유사』에는 단군(壇君)으로,[64] 『제왕운기』에는 단군(檀君)으로[65] '단' 자가 다르게 표기되어 있다. 이런 차이는 단군이라는 명칭이 원래는 고조선의 토착어였는데, 그것을 한자로 음사하는 과정에서 단 자가 서로 다른 문자로 표기되어 일어났을 것으로 생각된다. 따라서 단군은 음이 같은 다른 문자인 단(亶)으로도 표기될 수 있는 것이다. 그러므로 단주는 바로 단군이 다스리는 땅, 즉 고조선을 말한 것으로 생각된다.

이 점은 다음과 같은 사실로도 뒷받침된다. 『삼국사기』에는 고조선의 단군왕검을 선인왕검이라 부르고 있어[66] 고조선에서는 정치와 종교의 지도자를 선인이라 불렀음을 알 수 있다. 그리고 한반도의 여러 곳에는 진 시황제가 불사약을 구하기 위해 보낸 사신들이 도착했다는 전설이 있는데, 그러한 전설을 확인시켜 주는 석각문이 두 곳에 남아 있다. 경상남도 남해군 금산에는 "서불이 일어나 일출에 예를 올렸다(徐市起, 禮日出)"는 주문(籒文)으로 새긴 마애석각이 있으며, 제주도 정방폭포에는 "서불이 이곳을 지나갔다(徐市過此)"는 글귀가 암벽에 새겨져 있다.[67]

『사기』「봉선서」에는 전국시대의 제나라 위왕과 선왕, 연나라 소왕 등

---

64  『삼국유사』 권1 「기이」 〈고조선〉조.
65  『제왕운기』 권 하 「전조선기」.
66  『삼국사기』 권17 「고구려본기」 〈동천왕 21년〉조. "平壤者本仙人王儉之宅也."
67  李元植, 「徐福渡來傳說を追う」 『讀賣新聞』, 文化面, 平成 元年(1989) 12月 28日字. 금산의 마애각석을 중국 학자가 해독한 내용을 기록한 원본은 현재 삼성출판박물관에 소장되어 있다.

이 사람을 시켜 동쪽 바다에 들어가 선인과 불사약이 있다는 삼신산을 찾도록 했다는 기록이 있다.[68] 이것은 중국 문헌에 나타난 가장 이른 선인에 관한 기록이다. 고대 중국인들은 그들의 동쪽 바다 건너에 선인들이 사는 곳이 있다고 믿었으며, 그곳을 찾기 위한 노력이 전국시대부터 있어왔던 것이다. 선인사상은 고조선 종교사상의 핵심을 이루는 것이었는데, 이것이 중국에 전파되어 명칭이 신선사상으로 바뀌고, 중국 도교가 종교로 확립되는 과정에서 그 핵심 사상의 하나가 되었던 것이다. 전국시대와 진제국시대는 고조선 말기에 해당되므로 이런 사상이 중국에 전달된 것은 고조선 말기로 보아야 할 것이다.[69]

고조선 말기에 단군사화가 중국에 전파되어 중국 사상 체계의 일부를 형성했음을 알게 하는 자료도 보인다. 동한시대에 만들어진 것으로 산동성에 있는 무씨사(武氏祠) 석실(石室) 화상석(畫像石)에서 그러한 사실이 확인된다. 이 화상석에 조각된 그림의 내용에는 중국 고대사상의 요소도 보이지만 적어도 80~90%는 단군사화 내용과 일치한다고 보고 있다.[70]

그런데 종래의 일부 연구는 산동성에 단군사화의 요소를 담은 화상석이 존재하고, 그 그림에 중국의 요소가 있는 점을 들어 단군사화는 한민족의 고유한 사화(史話)가 아니라 중국과 한국에 보편적으로 존재했으며, 그 형성도 중국 사상의 영향을 받았을 것으로 보기도 했다.[71] 그리

---

**68** 『사기』권28 「봉선서」. "自威·宣·燕昭使人入海求蓬萊·方丈·瀛洲."
**69** 윤내현, 「고조선의 종교와 그 사상」『동양학』제23집, 단국대 부설 동양학연구소, 1993, pp. 143~165.
　　이 책의 제2편 제4장 제1절 「고조선의 종교와 사상」 참조.
**70** 김재원, 『단군신화의 신연구』, 탐구당, 1976, pp. 61~93.
**71** 위와 같음.

고 심지어 고조선은 중국에서 이주해 온 사람들이 건국했을 것이라는 견해까지 나왔다.[72]

　단군사화의 내용에는 고조선이 건국되기 전부터 전해오던 조선족의 사상이 함축되어 있다. 그 내용은 크게 단군왕검에 의한 고조선 건국 이전과 그 후로 나누어지는데, 무씨사 석실 화상석의 그림은 단군왕검이 고조선을 건국하기 전의 내용과 유사하다. 단군사화 가운데 단군왕검이 고조선을 건국하기 전의 내용이 형성된 시기는 고조선의 건국 연대인 서기전 2333년보다 앞설 것인데[73] 무씨사 석실이 만들어진 시기는 그 명문에서 확인되듯이 동한시대로, 고조선이 붕괴된 후 300년쯤 된다. 그 그림의 원본은 서기전 2세기 무렵에 세워진 영광전(靈光殿)에 있었다[74]고 하지만 확인할 수가 없는데, 그것을 인정한다 해도 이런 그림이 중국에 출현한 것은 고조선 말기나 고조선 붕괴 후가 된다. 그리고 고조선의 선인사상이 중국에 전달된 시기는 고조선 말기인 진제국시대였다. 그러므로 고조선의 단군사화가 형성된 시기는 무씨사 석실의 그림이 출현한 시기보다 적어도 2,300년쯤은 앞섰다고 보아야 한다. 이런 점들을 종합해볼 때 무씨사 석실 화상석의 그림은 고조선의 단군사화가 중국에 전달되어 중국 전통사상의 일부와 결합되었음을 말해준다.

　고조선과 중국은 사상의 교류뿐만 아니라 언어와 문자의 교류도 있었던 것으로 보인다. 『상서대전』「은전」과 『사기』「송미자세가」에 의하면, 서기전 12세기 무렵 상나라가 주족에게 멸망되자 상 왕실의 후예였던

---

72　이종욱, 『고조선사연구』, 일조각, 1993, pp. 46~49.

73　앞 글, 「고조선의 종교와 그 사상」 참조.

74　이기백, 『한국고대사론』, 탐구당, 1975, p. 11.

기자가 조선으로 망명했는데[75] 그의 망명지인 조선은 고조선의 서부 변경이었다.[76] 근래에 요령성 서부 지역에서는 상시대에 만들어진 기후(箕侯 : 기자)의 청동기를 비롯하여 상·서주의 청동기가 출토됨으로써[77] 고대에 기자 일족을 포함한 상당수의 중국인들이 고조선의 변경으로 이주해 왔음을 입증해주었다. 그 지역이 비록 고조선의 변방이기는 했지만 이런 이주민을 따라 서기전 12세기 무렵에 중국의 언어와 문자가 일찍이 고조선 지역에 전파되었을 것이다.

그리고 앞에 소개된 『죽서기년』「주기(周紀)」에는 고조선의 거수국인 숙신의 사신이 서주를 방문했을 때 서주 성왕(서기전 1115~서기전 1053)은 '숙신의 명(命)'을 내렸다고 했는데[78] '명(命)'은 '책서(策書)'를 의미한다.[79] 이것은 서기전 1100년 무렵에 고조선과 서주 사이에 문서 교환이 있었음을 말해준다. 이 시기에 고조선에 한문이 일반화되어 있었다고 보기는 힘들겠지만, 적어도 중국과의 외교 문서를 담당했던 관리는 한자를 터득하고 있었을 것이다.

고조선에서 한자를 사용했음은 다음 기록에서도 확인된다. 『사기』「조

---

75 『상서대전』 권2 「은전」〈홍범〉조. "武王勝殷, 繼公子祿父, 釋箕子之囚. 箕子不忍爲周之釋, 走之朝鮮. 武王聞之, 因以朝鮮封之, 箕子旣受周之封, 不得無臣禮, 故於十三祀來朝, 武王因其朝而問鴻範."
『사기』 권38 「송미자세가」. "於是武王乃封箕子於朝鮮而不臣也."

76 윤내현, 「기자신고」 앞 책 『한국고대사신론』, pp. 223~237.
_____, 「고대조선고」 『중재장충식박사화갑기념논총』, 중재장충식박사화갑기념논총간행위원회, 1992, pp. 3~20.
『고조선 연구』 상 제1편 제5장 제1절 「위만조선과 한사군의 위치」 참조.

77 喀左縣文化館·朝陽地區博物館·遼寧省博物館, 「遼寧喀左縣北洞村出土的殷周靑銅器」 『考古』, 1974年 6期, pp. 364~372.

78 주 7·9 참조.

79 리지린, 『고조선 연구』, 과학원출판사, 1963, p. 361.

선열전」은 서한이 위만조선을 치게 된 이유를 "진번 옆의 진국(辰國)이 상서를 올려 천자를 알현하고자 하나 또한 가로막고 통하지 못하게 했다"[80]라고 기록하고 있다. 진번은 이 시기에 이미 위만조선의 영토가 되어 있었으므로 위 내용은 위만조선 옆의 진국이 서한의 천자에게 편지를 보내어 알현하고자 하나 위만조선이 이를 가로막았다는 뜻이다 위만조선은 고조선과 서한 사이에 위치해 있었고[81] 진국은 위만조신과 접경하여 지금의 요동과 한반도 서북 지역을 차지하고 있었던 고조선의 거수국으로서 단군의 직할국이었다.[82]

그런데 고조선의 거수국인 진국이 서한 황제에게 편지를 보내고자 했다는 내용은 고조선에서 이미 중국과 의사소통이 가능한 문자를 사용하고 있었다는 것을 알게 해준다. 그 문자가 어떤 것이었는지 위 인용문에서는 밝혀지지 않았지만 중국에 보낼 편지는 한자를 사용했을 것이다.

고조선에서 한자가 사용되었을 가능성은 다음의 기록에서도 확인된다. 『논형(論衡)』「회국(恢國)」편에,

---

80  『사기』 권115 「조선열전」. "眞番旁辰國欲上書見天子, 又擁閼不通."
    『사기』의 일반 통용본에는 위 문장 가운데 진국(辰國)이 중국(衆國)으로 기록되어 있으나 가장 오랜 송판본(宋板本)에는 진국(辰國)으로 되어 있고 『한서』와 『자치통감』에도 진국(辰國)으로 기록되어 있어 진국이 옳을 것으로 학자들은 보고 있다. 설사 중국(衆國)이라 하더라도 그것은 고조선의 여러 거수국을 뜻하는 것이 되기 때문에 필자의 논리 전개에는 아무런 지장이 없다.
81  윤내현, 「위만조선의 재인식」 앞 책 『한국고대사신론』 pp. 240~304.
    _____, 「고대조선고」 『중재장충식박사화갑기념논총』 ― 역사학편, 중재장충식박사화갑기념논총간행위원회, 1992, pp. 3~18.
    『고조선 연구』 상 제1편 제5장 제1절 「위만조선과 한사군의 위치」 참조.
82  앞 글, 「고조선의 국가 구조」 『겨레문화』 6, pp. 32~34.
    윤내현, 「고조선과 삼한의 관계」 『한국학보』 제52집, 일지사, 1988, pp. 3~13.
    이 책의 제2편 제1장 제2절 「고조선과 한의 관계」 참조.

요동의 낙랑 사람들은 주시대에는 머리를 올려 상투로 장식했으나 지금
은 사슴 가죽으로 만든 갓을 쓰며, 주시대에는 중역(重譯)을 했으나 지금
은 『시경』·『서경』·『춘추』의 뜻을 읊는다.[83]

고 했다. 『논형』은 서기 1세기 중엽에 동한의 왕충(王充)이 저술했다.
『논형』에는 주(周)와 동주(東周)가 분명하게 구분되어 기록되어 있으므
로 위에 나오는 주는 명백하게 서주(서기전 1122~서기전 771)이다.[84] 따
라서 위 인용문은 고조선의 낙랑 사람과 서주 사람은 말할 때 통역을
두 번 이상 거쳐야 서로 통할 수 있었으나 서기 1세기 중엽에 이르러서
는 낙랑 지역 사람들이 그 어려운 『시경』·『서경』·『춘추』 등의 내용은
물론 의미까지도 줄줄 욀 정도로 한문을 잘했다는 것이다. 이런 한문 실
력은 점차 발전했을 것이기 때문에 적어도 서주 말기인 서기전 8세기
무렵에는 고조선 지역에 한문이 상당히 보급되어 있었을 것이다.[85]

　　요령성 여대시에 위치한 서기전 5세기 무렵의 윤가촌 유적 6호 무덤
의 옹관에는 "평향(平鄕)……"이라는 한문 일곱 글자가 새겨져 있었다.
이것은 이 시기에 고조선에서 한문이 사용되고 있었음을 알게 해주는
것이다.[86] 근래에 경상남도 의창군 다호리 고분에서는 서기전 1세기 무
렵의 것으로 추정되는 청동기·철제 농구·제기·칠기 등과 함께 다섯

---

**83** 『논형』「회국」편. "遼東樂浪, 周時被髮椎髻, 今戴皮弁, 周時重譯, 今吟詩·書·春秋
　　之義."
**84** 앞 책, 『고조선 연구』, p. 357.
**85** 리지린은 고조선인들이 한자를 수입하여 사용하기 시작한 것은 서기전 8세기 이전일
　　것으로 본 바 있다(앞 책, 『고조선 연구』, p. 360).
**86** 조중 공동 고고학 발굴대, 『중국 동북 지방의 유적 발굴보고』, 사회과학원출판사, 1966,
　　p. 124.

자루의 붓이 출토되었다.[87] 이 유물들에 대한 연구 결과 이곳에서 출토된 붓들은 중국에서 한(漢)시대에 사용했던 것들과 같은 것으로 문자의 필사용이었다는 것이 확인되었다.[88] 연구자는 함께 출토된 여러 유물들로 보아 교역에 필요한 서류를 만드는 데 이 붓이 사용되었을 것으로 보았다. 이런 고고학 자료는 적어도 고조선 말기에 필묵을 사용한 서사문화(書寫文化)가 지방에까지 널리 퍼져 있었음을 입증한다.


## 5. 고조선과 중국의 주민 이동

고조선과 중국 사이에는 주민 이동도 있었다. 이런 이주민들을 통해 두 지역의 문화가 전파되기도 했을 것이다. 중국에서 고조선으로 가장 일찍이 이주했던 것으로 기록에 나타난 것은 기자와 그 일족이다. 잘 알려진 바와 같이 기자는 중국 상나라 왕실의 후예로서 기국(箕國)에 봉해졌던 자(子)라는 작위를 가진 상나라의 제후였다.[89] 당시에 작위는 세습되었으므로 기자의 장손은 대대로 기자였다. 그런데 여기서 거론되는 기자는 상·주 교체기의 기자이다. 상나라 왕실의 성은 자(子)였고 그의 이름은 서여(胥餘)였으므로 그의 성명은 자서여(子胥餘)였다.[90] 그는 조

---

87 『박물관신문』, 1988년 5월 1일자.

88 이건무, 「다호리 유적 출토 붓(筆)에 대하여」, 『고고학지』 제4집, 한국고고미술연구소, 1992, pp. 5~23.

89 『사기』 권38 「송미자세가」의 기자에 대한 주석으로 실린 『사기집해』와 『사기색은』. "馬融曰, 箕, 國名也. 子, 爵也." "箕, 國. 子, 爵也. 司馬彪曰. 箕子名胥餘. 馬融·王肅以箕子爲紂之諸父. 服虔·杜預以爲紂之庶兄."

90 위와 같음.

국인 상나라가 주족에게 멸망하자 그의 일족을 데리고 '조선'으로 망명했다.

기자의 조선 망명에 대해 『상서대전』에는,

> (서주) 무왕은 은을 이긴 후에 공자 녹부로 하여금 (은의) 뒤를 잇게 하고 갇혀 있는 기자를 풀어주었다. 기자는 주에 의해 풀려나게 된 것을 참을 수 없어 조선으로 도망했다. 무왕은 그 소식을 듣고 그렇게 되었으므로 그를 조선에 봉했다. 기자는 이미 서주로부터 봉함을 받았으므로 신하로서의 예가 없을 수 없어서 (무왕) 13년에 내조했는데, 무왕은 그가 내조한 기회에 그에게 홍범(鴻範)에 대해 물었다.[91]

고 했는데, 이에 대해 『사기』「송미자세가」에는 "이에 (서주의) 무왕은 바로 기자를 조선에 봉했으나 신하는 아니었다"[92]고 했다. 상나라의 마지막 왕인 제신(帝辛 : 주왕)이 포악한 정치를 하자 비간(比干)이 간하다가 죽임을 당했는데, 이를 보고 놀란 기자는 거짓으로 미친 척하다가 옥에 갇힌 바 되었다.[93] 그런데 서주 무왕은 상나라를 멸망시킨 후 감옥에 갇혀 있는 기자를 풀어주었던 것이다.[94] 기자는 자신의 조국이 멸망하고 서주 무왕에 의해 석방된 것을 부끄러이 여겨 조선으로 망명했다는 것이며, 이 소식을 들은 서주 무왕은 기자를 조선에 봉했으나 기자는 무왕의 신하는 아니었다는 것이다. 여기서 "기자를 봉했다"고 표현한 것은

---

91  주 75와 같음.
92  『사기』권38「송미자세가」. "於是武王乃封箕子於朝鮮而不臣也."
93  『사기』권3「은본기」.
94  『사기』권4「주본기」.

주나라를 버리고 도망한 기자를 죄인 취급하지 않고 조선에서 사는 것을 공식 승인했다는 뜻이다.

기자 서여가 망명하여 도달한 조선은 지금의 하북성 동북부에 있는 난하 하류 유역의 지명으로 후에 낙랑군의 조선현이 된 곳이다.[95] 그곳은 고조선의 서부 변경으로 중국과의 접경 지역이었는데 중국인들은 그곳을 조선이라 불렀다. 지난날 일부 역사학자들은 이 조선을 고조선과 동의어로 잘못 인식하여 기자가 조선에 봉해졌다는 것을 그가 고조선의 통치자가 되었다는 뜻으로 받아들이는 오류를 범하기도 했다.

기자 서여가 조선으로 망명할 때 혼자는 아니었을 것이며 그 일족이 함께 했을 것이다. 그러나 그 일족의 수는 그리 많지 않았을 것이다. 왜냐하면 기자 서여는 상 왕실의 후예로서 기(箕)에 봉해짐으로써 분족(分族)되었는데, 기국은 작은 제후국이었으며 그 지역의 지배족이 된 기자 일족의 수는 그리 많지 않았을 것이기 때문이다. 기자 서여는 조선으로 망명한 후 고조선의 거수가 되었는데, 40여 대 후손인 준에 이르러 위만에게 정권을 빼앗길 때까지 난하 유역에 위치해 있었다.[96]

『한서』「지리지」에는 "은의 도가 쇠퇴하니 기자는 조선으로 갔는데, 그 백성들을 예의로써 가르치며 농사짓고 누에 치고 길쌈했다"[97]고 기록되어 있다. 기자 일족의 이주를 따라 중국의 예의문화(禮義文化)가 고

---

**95** 윤내현, 「기자신고」 앞 책『한국고대사신론』, pp. 223~237.

_____, 「고대조선고」『중재장충식박사화갑기념논총』 ─ 역사학편, 중재장충식박사화갑기념논총간행위원회, 1992, pp. 3~13.

『고조선 연구』 상 제1편 제5장 제1절 「위만조선과 한사군의 위치」 참조.

**96** 윗글 「위만조선과 한사군의 위치」와 앞 글 「기자신고」・「고대조선고」・「고조선의 국가구조」 참조.

**97** 『한서』 권28 하 「지리지」 하. "殷道衰, 箕子去之朝鮮, 敎其民以禮義, 田蠶織作."

조선의 변방에 소개되었던 것으로 보인다. 기자 일족은 중국의 귀족이었고 그들이 무리를 이끌고 도착했던 조선은 고조선의 변방이었으므로 그곳 주민들이 기자 일족보다 예의문화에 밝지 못했을 것은 당연하다. 기자 일족은 40여 대라는 오랜 세월 동안 조선에 살면서 고조선에 동화되었던 것 같다. 위만에게 정권을 빼앗긴 준이 발해로 남하하여 산동성으로 가지 않고 대동강 유역의 한(韓) 지역으로 망명한 것은 그러한 사실을 알게 해준다.[98]

　　기자 이후에도 중국이 전란에 휘말리거나 사회가 혼란하면 중국인들이 고조선으로 이주해 왔다. 이런 이주민들을 규합하여 위만은 기자의 후손인 준의 정권을 빼앗았던 것이다. 『사기』 「조선열전」에,

> (서한의) 연왕 노관이 (서한)에 반항하여 흉노로 들어가자 (위)만도 망명했다. 천여 명을 모아 무리를 만든 후 머리를 틀어 올리고 오랑캐 옷을 입고 동쪽으로 도망하여 요새를 벗어나 패수를 건넜다. 진(秦)나라의 옛 공지(空地) 상하장(上下鄣)에 거주하면서 겨우 변방을 지키는 역(役)으로서 진번·조선에 속해 있었으나 오랑캐 및 연·제 망명자들이 그를 왕으로 삼으니 왕험(성)에 도읍했다.[99]

고 했는데, 이에 대해 『위략』은 좀 더 자세한 설명을 싣고 있다. 그 내용을 보면,

---

**98** 『후한서』 권85 「동이열전」과 『삼국지』 권30 「동이전」의 〈한전〉.

**99** 『사기』 권115 「조선열전」. "燕王盧綰反, 入匈奴, 滿亡命, 聚黨千餘人, 魋結蠻夷服而東走出塞, 渡浿水, 居秦故空地上下鄣, 稍役屬眞番·朝鮮蠻夷及故燕·齊亡命者王之, 都王險."

옛날에 기자의 후손인 조선후는 주(周)가 쇠퇴한 것을 보고 연(燕)이 스스로 높여 왕호(王號)를 사용하면서 동쪽의 땅을 침략하고자 하자 또한 스스로 왕호를 칭하고 군사를 일으켜 오히려 연을 공격함으로써 주실(周室)을 받들고자 했다. ……. 부(否)가 사망하고 그 아들 준(準)이 섰다. 20여 년이 되어 진승·항우가 일어나 천하가 어지러우니 연·제·조의 백성들이 근심 걱정으로 고생하다가 점차 준에게로 망명하여 오니 준은 그들을 서방에 살게 했다. 서한에 이르러 노관으로써 연왕을 삼으니 조선과 연의 경계는 패수가 되었다. 노관이 (서한에) 반항하고 흉노로 들어감에 이르러 연인 위만도 망명했는데 오랑캐 옷을 입고 동쪽으로 패수를 건너 준에게 나아가 항복했다. 준에게 서쪽 경계에 살게 해주도록 요구하면서 설득하기를, 중국 망명인들을 모아 조선의 번병이 되겠다고 했다. 준은 그를 믿고 총애하여 박사로 제수하고 규(圭)를 내렸으며 백 리의 땅에 봉하여 서쪽 변경을 지키도록 했다. (위)만은 망명인들을 유혹하여 무리를 만들어 무리가 점차 많아지자 곧 사람을 보내어 거짓으로 준에게 고하기를, 서한의 병사가 열 개의 길로 쳐들어오니 들어가 왕궁을 지키겠다고 말하고는 마침내 도리어 준을 공격했다. 준은 (위)만과 싸웠으나 적수가 되지 못했다.[100]

---

100 『삼국지』권30 「동이전」〈한전〉의 주석으로 실린 『위략』. "昔箕子之後朝鮮侯, 見周衰, 燕自尊爲王, 欲東略地, 朝鮮侯亦自稱爲王, 欲興兵逆亦擊燕以尊周室. ……. 否死, 其子準立. 二十餘年而陳·項起, 天下亂, 燕·齊·趙民愁苦, 稍稍亡往準, 準乃置之於西方. 及漢以盧綰爲燕王, 朝鮮與燕界於浿水. 及綰反, 入匈奴, 燕人衛滿亡命, 爲胡服, 東度浿水, 詣準降, 說準求居西界, 收中國亡命爲朝鮮藩屛. 準信寵之, 拜爲博士, 賜以圭, 封之百里, 令守西邊. 滿誘亡黨, 衆稍多, 乃詐遣人告準, 言漢兵十道至, 求入宿衛, 遂還攻準. 準與滿戰, 不敵也."

고 했다. 위 기록은 위만이 망명 오기 전에 기자조선에는 이미 많은 중국인들이 전란을 피해 와서 살고 있었음을 알게 해준다. 기자조선은 고조선의 서부 변경에 위치한 거수국이어서[101] 중국과 접경하고 있었기 때문에 중국 이주민들이 많았던 것이다.

중국 이주민 가운데 일부는 한반도로 이주하여 중국인 마을을 형성하고 있기도 했다. 『후한서』 「동이열전」 〈한전〉에,

> 진한의 노인이 스스로 말하기를, 자신들은 진(秦)나라의 망명인으로 고역을 피해 한국(韓國)으로 왔는데, 마한이 동쪽 경계의 땅을 그들에게 나누어 주었다고 했다. 그들은 국(國)을 방(邦)이라 부르며, 궁(弓)은 호(弧)라 하고, 적(賊)은 구(寇)라 하며, 행주(行酒, 술잔 돌리기)를 행상(行觴)이라 하고, 서로를 불러 도(徒)라 하여, 진(秦)나라 말과 흡사하기 때문에 혹 그곳을 불러 진한(秦韓)이라고도 한다.[102]

는 기록이 있다. 동일한 사실에 대해서 『삼국지』 「동이전」 〈한전〉에도,

> 진한은 마한의 동쪽에 있다. 그곳의 노인은 대대로 전해오기를, 스스로 말하여 옛 망명인들로서 진나라의 고역을 피해 한국으로 왔는데, 마한이 그 동쪽 경계의 땅을 나누어 그들에게 주었다고 했다. 성책(城柵)이 있다. 그 언어는 마한과 같지 않아서 국(國)을 방(邦)이라 하고, 궁(弓)을 호

---

101 앞 글, 「고조선의 국가 구조」, pp. 95~100.
102 『후한서』 권85 「동이열전」 〈한전〉. "辰韓耆老自言秦之亡人, 避苦役, 適韓國, 馬韓割東界地與之. 其名國爲邦, 弓爲弧, 賊爲寇, 行酒爲行觴, 相呼爲徒, 有似秦語, 故或名之爲秦韓."

(弧)라 하며, 적(賊)을 구(寇)라 하고, 행주(行酒)를 행상(行觴)이라 한다. 서로 부르기를 모두 도(徒)라 하는데 진(秦)나라 사람들과 흡사하니 연(燕)이나 제(齊)에서 부르는 물건의 명칭에만 그치는 것이 아니다. 낙랑인들을 아잔(阿殘)이라 하는데 동방인(東方人)들은 나를 아(阿)라 하니 낙랑인은 본디 그들 가운데 남아 있는 사람들이라는 뜻이다. 지금도 그곳을 진한(秦韓)이라 부르는 사람이 있다.[103]

고 기록되어 있다. 진한 지역에 중국인 마을이 있는데, 그 마을 노인들이 말하기를, 자신들은 옛날 진(秦)나라에서 고역을 피해 한(삼한)으로 이주해 왔더니 마한이 그 동쪽 경계 땅 일부를 쪼개어 주어 그곳에 정착하게 되었다는 것이다. 그들은 당시까지도 진나라 말을 사용하고 있었고, 그곳을 진나라 사람들이 사는 곳이라 하여 진한(秦韓)이라 부르는 사람도 있었다는 것이다. 그리고 그들의 말은 중국 말이었기 때문에 마한의 말과 달랐다는 것이다. 그들이 진나라에서 이주해 왔다면 그 시기는 고조선 말기에 해당한다.

낙랑 사람들을 남아 있는 사람들이라 했던 것으로 보아 그들은 낙랑을 거쳐 이주해 왔음을 알 수 있다. 낙랑 주민 전체가 중국에서 온 이주민은 아니었겠지만, 낙랑 지역은 고조선의 서쪽 변경으로 중국과 접경하고 있었기 때문에 중국에서 온 이주민이 다른 지역보다는 많았을 것이며, 그 가운데 일부가 한(韓) 지역으로 이주하여 중국인 마을을 형성

---

**103** 『삼국지』 권30 「동이전」 〈한전〉. "辰韓在馬韓之東. 其耆老傳世, 自言古之亡人避秦役來適韓國, 馬韓割其東界地與之. 有城柵. 其言語不與馬韓同, 名國爲邦, 弓爲弧, 賊爲寇, 行酒爲行觴. 相呼皆爲徒, 有似秦人, 非但燕·齊之名物也. 名樂浪人爲阿殘, 東方人名我爲阿, 謂樂浪人本其残餘人. 今有名之爲秦韓者."

했음을 위 기록은 말해주고 있는 것이다.

그런데 일부 학자들은 위 기록 가운데 나오는 '진한(辰韓)'과 '진한(秦韓)'은 음이 같으므로 동의어일 것으로 잘못 인식하고 위의 인용문을 중국인 마을에 관한 것이 아니라 진한(辰韓) 전체를 설명하는 것으로 받아들이는 오류를 범했다.[104] 그 결과 진한은 중국 망명인들에 의해 건립되었다고 보는가 하면 그들의 말이 마한 말과 달랐다고 기록되어 있는 점을 들어 마한에서 건국한 백제와 진한에서 건국한 신라의 말은 서로 달랐을 것이라고 주장하기까지 했다. 그러나 그러한 오류는 위에 인용된 『후한서』와 『삼국지』 기록을 잘못 해석한 데서 온 것이다.

위에 인용된 『후한서』와 『삼국지』 기록이 진한(辰韓) 전체에 대한 것이 아니라 중국인 마을에 관한 것임은 다음 기록에서 분명해진다. 『삼국사기』 「신라본기」에,

> 앞서 중국의 사람들이 진나라의 난리를 고통스러워하여 동쪽으로 오는 자가 많았는데, 대개 마한 동쪽에 처하여 진한과 더불어 섞여 살더니, 이에 이르러 점점 성하게 되었다. 그러므로 마한이 이를 꺼리어 책망한 것이었다.[105]

라는 기록이 있는데, 이 기록은 위에 인용된 『후한서』와 『삼국지』의 기

---

**104** 김병모, 「한민족의 구성」『한민족공영체』, 해외한민족연구소, 1993, p. 2.
　　　　, 「신라금관을 통해 본 신수사상(神樹思想)과 신조사상(神鳥思想)」『동북아 민족의 역사와 민속』- 경희대 중앙박물관 시베리아관 개관기념 제2회 대륙문화 국제학술대회 팸플릿, 1993, p. 39.
**105** 『삼국사기』 권1 「신라본기」〈시조 혁거세거서간〉조. "前此, 中國之人, 苦秦亂, 東來者衆, 多處馬韓東, 與辰韓雜居, 至是, 寖盛, 故馬韓忌之, 有責焉."

록이 진한 전체에 대한 것이 아니라 중국인 마을에 관한 것임을 알게 해준다. 중국에서 온 망명인들은 마한의 동쪽에 위치하여 진한 사람과 섞여 살았으니 그들의 마을은 마한과 진한의 경계 지역에 있었던 것이다. 이로써 '진한(辰韓)'과 '진한(秦韓)'이 동의어가 아님이 분명해진다. 따라서 진한이 중국 이주민에 의해 건립되었다거나 마한 말이 진한 말과 달랐을 것이라는 주장은 잘못이다.

고조선과 중국 사이에는 중국에서 고조선으로 온 이주민만 있었던 것이 아니라 원래 고조선 국민이었던 한민족이 중국으로 이주한 사건도 있었다. 『후한서』 「동이열전」에,

> 원삭(元朔) 원년(서기전 128)에 예군 남려 등이 우거를 배반하여 28만 명을 이끌고 요동에 와서 내속하므로 무제는 그곳에 창해군을 만들었다가 몇 년 후에 바로 폐지했다.[106]

고 했는데, 이와 동일한 내용이 『한서』 「무제기」에도 실려 있다.[107] 중국의 서한 무제 때 예군 남려 등 28만 명이 위만조선의 우거왕에 반대하여 서한의 요동군으로 망명해 오자 그들을 일정한 지역에 살게 하고 그곳에 창해군을 설치했다는 것이다. 지난날 일부 학자들은 창해군의 위치를 강원도 지역이나 압록강 동가강 유역으로 보는 오류를 범했는데, 필자는 지금의 하북성 창주(滄州) 지역이었음을 밝힌 바 있다.[108]

---

106 『후한서』 권85 「동이열전」 〈예전〉. "元朔元年, 濊君南閭等畔右渠, 率二十八萬口詣遼東內屬, 武帝以其地爲蒼海郡, 數年乃罷."
107 『한서』 권6 「무제기」 〈원삭 원년〉조. "秋, …… 東夷薉君南閭等口二十八萬人降, 爲蒼海郡."
108 윤내현, 「창해군고」 『한국의 사회와 역사』 — 최재석교수정년퇴임기념논총, 일지사,

예군 남려 등 28만 명은 예족이었는데, 이들의 중국 이주는 위만조선으로부터 일어난 사건으로서 고조선에서 직접 일어난 사건은 아니었다. 그러나 그들은 비록 위만조선에서 살고 있었지만 원래 고조선의 국민이었으며 한민족이었다. 위만은 서한의 외신이었고 위만조선의 지배층에는 중국 이주민이 많이 있었겠지만 그 주민의 대다수는 그 지역 토착인들로서 한민족이었던 것이다. 그러므로 이 사건은 비록 위만조선에서 일어났지만 이로 인해 많은 한민족들이 중국으로 이주하여 중국의 동부 해안 지역에 거주하게 되었던 것이다. 이 시기에 고조선은 그 말기로서 위만조선에게 지금의 대릉하 서쪽 땅을 빼앗기고 그 동쪽에 위치해 있었다.

## 6. 마치며

지금까지 살펴본 바와 같이 고조선과 중국은 일찍부터 정치·경제·문화는 물론 거주민의 이주에 이르기까지 광범위한 교섭을 가졌다. 기록에 나타난 고조선과 중국의 정치 교섭은 서기전 2209년부터 시작되었는데, 고조선의 거수국인 숙신과 고죽이 가장 먼저 문헌에 등장한다.

숙신은 제순(帝舜) 때는 물론 서주의 무왕과 성왕 때도 사신을 중국에 보냈고, 고죽은 왕자인 백이와 숙제가 상 말기에 주를 방문한 일이 있다. 서주 말기인 선왕 때는 고조선의 단군이 직접 서주 왕실을 방문하여 통혼 관계를 맺는 등 큰 환대를 받았다. 춘추시대에 이르러 중국 사

1991, pp. 640~668.

회가 혼란해지자 고조선과 중국의 관계는 다소 소원해졌던 것 같다.

고조선과 중국의 정치 교섭은 서주시대까지는 우호적이고 평화적이었으나 춘추시대에는 악화되기에 이르렀다. 그러한 상황은 춘추시대 초기의 패자였던 제나라 환공이 자신의 위력을 과시하기 위해 고죽을 침략함으로써 일어났다. 전국시대에는 고조선과 접경하고 있던 연나라가 장수 진개를 시켜 고조선의 거수국이었던 기자조선을 침략히여 조·연 전쟁을 일으킴으로써 더욱 악화되었다. 조·연전쟁에서 고조선은 연나라의 침략을 응징하고 그 동부 땅을 빼앗기까지 했지만 고조선이 입은 피해도 매우 컸던 것으로 보인다.

고조선 말기에 이르면 서한에서 기자조선으로 망명한 위만이 기자조선의 준으로부터 정권을 빼앗아 위만조선을 건국하고 서한의 외신이 됨으로써 고조선과 위만조선은 적대 관계에 있게 되었다. 그리고 위만조선이 영토를 확장하기 위해 고조선에 침략해 들어오자 고조선은 이를 방어하기 위해 전쟁을 하지 않으면 안 되었다. 그 후 서한이 위만조선을 멸망시키고 그 지역에 낙랑·임둔·진번의 3군을 설치하고, 그 여세를 몰아 고조선의 서부를 빼앗아 지금의 요하 서부 유역에 현도군을 설치했는데, 이때에도 고조선은 서한과 큰 전쟁을 하지 않으면 안 되었다.

고조선과 중국은 경제 교류도 활발했다. 민간무역이 발달하지 않았던 고대사회에서는 관무역이 국제교역의 주류를 형성했는데, 그것은 사신의 방문을 따라 행해졌다. 고조선에서 중국으로 수출한 품목은 초기에는 활과 화살, 활촉 등의 무기였으나 전국시대 이후에는 모피 의류와 비휴 가죽·표범 가죽·말곰 가죽 등의 생활 사치품이 많은 비중을 차지했던 것 같다. 전국시대에 고조선과 국경을 접하고 있었던 연나라는 고조선과의 무역으로 막대한 경제적 이익을 얻을 수 있었다. 고조선 말기에 이르러서는 민간무역도 상당히 활발했던 것으로 보인다.

고조선과 중국의 무역이 활발했음은 고고학적으로도 뒷받침된다. 고조선 영역에서는 당시 중국에서 사용된 명도전·포전·반량전 등의 중국 화폐가 출토되는데, 특히 전국시대 연나라 화폐인 명도전은 한 유적에서 4,000~5,000점의 많은 양이 출토된다. 이것은 고조선이 중국과의 무역에서 많은 외화를 벌어들였음을 알게 해준다.

고조선과 중국은 문화 면에서도 많은 교류를 가졌다. 두 지역의 문화 교류는 일찍이 마을사회 단계와 고을나라 단계의 유적이나 유물에서부터 확인된다. 그뿐만 아니라 전설상에도 서로 영향을 주고받았음을 알게 하는 내용이 많다. 황제(黃帝)와 큰 전쟁을 했다고 전하는 치우의 전설에는 단군사화와 고구려 언어의 요소가 보이며, 상족(商族)과 진족(秦族)의 시조, 서언왕 등의 출생 설화에는 고주몽과 박혁거세·석탈해·여섯 가야의 시조·만주족 시조 등의 출생 설화와 유사한 난생 설화가 주요소로 되어 있다. 이런 설화의 유사성은 오래전부터 문화 교류가 있었음을 알게 하는데, 한반도와 만주의 것이 중국의 것보다 내용이 원시적이어서 더 오래되었을 가능성이 있다.

고조선 말기인 전국시대와 진·한시대에는 고조선의 종교사상인 선인사상과 단군사화가 중국에 전해져 중국 사상과 결합되었다. 진 시황제는 선인과 불사약을 구하기 위해 서불을 한반도에 파견하기도 했는데, 고조선으로부터 중국에 전해진 선인사상은 중국의 요소가 결합되어 명칭도 신선사상으로 바뀌었다. 그리고 후에 도교가 종교로 성립되면서 그 주요소 가운데 하나가 되었다. 산동성 지역에서는 단군사화에 중국 전통사상의 일부가 결합되어 하나의 종교사상이 되었는데, 이런 사실은 무씨사 석실 화상석의 그림에서 확인되었다.

고조선과 중국의 활발한 교류는 문자의 전파도 가져왔는데, 고조선에는 서기전 11세기 무렵에 이미 한자를 아는 관리가 있었을 것으로 보이며, 서기전 8세기 무렵에 이르면 한자가 상당히 보급되었을 것으로 생각된다. 고조선 말기에 이르면 지방에서도 상품 교류의 서류를 만드는 데 붓이 사용되었을 정도로 서사문화가 발달했음이 근래에 경상남도 의창군 다호리의 고분 유적에서 출토된 유물에 의해 확인되었다.

고조선과 중국 사이에는 상당히 많은 주민의 이주도 있었다. 문헌에 나타난 첫 번째의 이주는 기자 일족의 이주였다. 상나라의 제후였던 기자는 상나라가 주족에게 멸망하자 그 일족을 이끌고 고조선의 서부 변경으로 이주했다. 이에 고조선의 거수국인 기자조선이 성립되었다. 그 후 중국이 춘추전국시대를 거쳐 진·한시대에 이르기까지 사회가 혼란하자 고조선과 가까운 연·제·조 지역의 중국인들이 계속 고조선 지역으로 이주해 왔다. 그들 가운데 대부분은 중국과 가까운 지금의 난하 유역에 거주했으나 일부는 한반도로 이주하여 마한과 진한의 경계 지역에 마을을 이루고 살기도 했다.

후에 서한으로부터 기자조선으로 망명한 위만은 중국 이주민들을 규합하여 기자의 후손인 준의 정권을 빼앗아 위만조선을 건립했다. 그런데 위만조선의 우거왕 때 통치에 불만을 품은 예족 28만 명이 서한으로 이주했다. 이 사건은 고조선에서 직접 일어난 사건은 아니었지만 예족은 위만조선이 건국되기 전부터 그곳에 살고 있었던 토착인들로서 원래 고조선 국민이었다. 이 사건으로 말미암아 많은 한민족이 중국의 동부 해안 지역으로 이주하게 되었다. 이런 주민의 이주를 따라 문화의 전파도 이루어졌을 것이다.

이상과 같이 고조선과 중국 사이에는 정치·경제·문화의 교섭뿐만 아니라 상당히 많은 주민의 이동도 있었다. 그런데 고조선과 중국의 교섭에 대한 고찰을 마무리지으면서 다음 두 가지 점을 지적해두고자 한다. 첫째는 고고학이나 문헌 자료에 나타난 고조선과 중국의 관계는 비교적 중요한 사건들로서 전체 가운데 일부에 불과할 것이기 때문에 그보다 훨씬 밀접하고 많은 교섭이 있었을 것으로 보아야 한다는 점이다. 둘째는 두 지역의 상호 교섭은 원래 두 지역에 존재했던 토착의 요소를 주체로 한 것이었으며, 상호 간의 영향은 그들의 정치·경제·사회·문화의 제 요소 가운데 일부에 불과할 것이기 때문에 상호 간의 영향을 과대평가하여 그것으로 전체를 설명하려고 해서는 안 된다는 점이다.

# 고조선과 북방 및 일본의 문화 교류

## 1. 들어가며

이 글은 고조선의 대외관계를 밝히는 것이 목적이다. 고조선은 국경을 접하고 있던 중국은 물론, 그 북방의 몽골·중앙아시아·시베리아 그리고 동남쪽의 일본열도와도 깊은 교류를 가졌다. 중국의 황하 유역에는 고조선보다는 다소 늦었지만 그래도 비교적 일찍이 국가가 출현했었기 때문에 고조선과는 문화적인 교류만이 아니라 정치적 교섭이나 경제교류도 상당히 활발했다. 그러나 북방의 몽골·중앙아시아·시베리아 및 동남방의 일본열도에는 고조선시대에 아직 국가가 출현하지 않았기 때문에 문화 교류가 주류를 이루었다.

고조선과 이 지역들의 문화 교류는 고조선시대뿐만 아니라 그 이전부터 시작되어 고조선을 거쳐 그 후에도 계속되었다. 그러했기 때문에 일부 학자들은 일찍부터 이 지역들에 관심을 가지고 한국 고대문화와의 관계를 밝혀보려고 노력했다. 그 결과 종래의 연구가 많은 업적을 쌓았음에도 불구하고 몇 가지의 문제점을 남겼다.

첫째, 종래의 연구는 시대 설정에 있어 고대 한국이라는 다소 막연한 개념 또는 신석기시대·청동기시대라는 고고학 연대를 사용했기 때문에 그것이 고조선과 어떤 관계가 있는지 명확하지 않았다. 이런 문제가 발생한 것은 종래에는 고조선의 강역도 확인되지 않았고, 고조선이 존재했던 시기도 분명하게 밝혀지지 않았으므로 고조선이라는 명칭을 사용하여 대외관계를 논하는 데 어려움이 있었기 때문이었을 것이다.

둘째, 종래에는 한반도와 만주 지역의 고대 유적들에 대해 과학적으로 측정한 연대가 부족했기 때문에 한반도나 만주 지역은, 중국은 물론 몽골이나 중앙아시아, 시베리아 등지보다 문화의 발전이 늦었을 것으로 믿었다. 따라서 고조선의 문화 요소와 동일하거나 유사한 문화 요소가 이들 지역에서 발견되면 그것이 이들 지역에서 고조선으로 전파되었을 것으로 보았다. 이런 시각은 한민족의 기원지가 몽골이나 중앙아시아 또는 시베리아 지역일 것이라는 견해가 나오는가 하면, 고대에 일본이 한반도에 영향력을 행사했을 것이라는 터무니없는 주장까지 나오도록 만들었다.

그러나 이제는 상황이 달라졌다. 한반도와 만주 지역의 여러 유적에 대한 과학적인 연대 측정도 행해졌고, 고조선의 실체와 그 존속 기간도 어느 정도 분명하게 말할 수 있게 되었다. 따라서 이 글에서는 고조선과 이들 고조선 주변 지역의 문화 교류가 어떤 상황에서 이루어졌는지를 밝히고자 한다. 고조선은 이미 국가 단계의 사회였는데, 이들 지역은 아직 국가 단계와는 거리가 먼 사회 단계에 머물러 있었고, 각 문화의 개시 연대도 고조선 지역이 이들 지역보다 훨씬 앞섰던 것으로 나타난다. 그러므로 이들 지역에서 고조선 지역으로 문화가 전파되었을 것이라는 종래 일부 학자들의 견해는 성립될 수 없다. 특히 일본열도는 문화의 진전이나 사회의 발전이 고조선 지역에 비해 2,000년 이상 뒤지고 있었음을 확인할 수 있다. 이 점은 고조선과 일본열도 사이의 문화 교류라는 측면만이 아니라 일본이라는 국가와 그 문화의 기원을 밝히는 데 있어서도 중요한 의미가 있을 것이다.


## 2. 고조선과 북방 지역의 문화 교류

한반도와 만주 그리고 그 북쪽의 몽골이나 시베리아 지역은 일찍부터 서로 긴밀한 문화 교류가 있었다. 사람들이 떠돌이생활을 했던 구석기시대에는 동아시아인들이 중국이나 몽골, 시베리아 지역 등을 자연스럽게 이동하면서 생활했을 뿐만 아니라 베링 해를 건너 알래스카를 거쳐 미주 지역까지 이르렀던 것으로 확인된다. 신석기시대에 이르러 대부분 지역의 사람들이 붙박이생활에 들어선 이후에도 중앙아시아로부터 중국 북부와 몽골, 북만주 등지는 유목을 하면서 이동생활을 하는 상태에 머물러 있었다. 그리고 그들은 세석기라는 공통의 문화 요소를 지니고 있었다.

이와 같이 자연환경에 의한 유목생활이라는 공통의 요소는 후대에 이르러서도 이 지역이 긴밀한 문화 교류를 갖도록 만들었다. 따라서 이 지역은 공통된 문화 요소를 많이 가지고 있었다. 그 결과 학자들은 고조선을 포함한 이 지역을 하나의 문화권으로 묶어보려고 했다. 최남선의 불함문화론(不咸文化論)이 대표적인 것이다. 즉 최남선은,

요컨대 흑해에서 카스피 해를 거쳐 파미르의 동북 갈래인 천산산맥(天山山脈)으로 하여 알타이산맥·사얀산맥·야블로노이산맥을 따라 다시 남

으로 전(轉)하여 흥안산맥(興安山脈)·태행산맥(太行山脈) 이동의 지(地), 조선·일본·류큐(琉球)를 포괄하는 일선에는 pǎrk 중심의 신앙·사회조직을 가진 민족이 분포하여, 그 종족적 관계는 차치하고 문화적으로는 확실히 일연쇄를 이루고 있었다.[1]

고 주장하면서 '밝'을 '백(白)', '불함(不咸)'이라 하여 '불함문화론'을 주장하고, 위의 지역을 불함문화권(不咸文化圈)으로 설정했다.[2] 최남선의 불함문화론은 위 지역에 거주했던 민족들의 상호 관계보다는 문화적인 면을 밝힌 것이었지만, 후에 한민족의 기원 문제를 연구하는 학자들로 하여금 위 지역을 한민족의 기원과 연결해 생각하도록 만들었다.

즉 이런 문화공통론은 민족의 기원 문제로까지 이어져 한민족은 중앙아시아나 몽골, 중국 북부 등지에서 기원했을 것으로 보기도 했던 것이다. 신채호는 한민족은 파미르고원이나 몽골에서 기원하여 동쪽으로 광명의 본원지를 찾아 이동하여 불함산(不含山 : 지금의 백두산) 지역에 정착했을 것으로 보았으며,[3] 손진태는 한민족은 만주 시베리아 종족과 가장 가까운 관계를 가지고 있다고 보았다.[4]

이병도는 한민족은 만주족·몽골족·터키족 등 우랄알타이어계의 공동 조상에서 분파된 일족이라고 보았다.[5] 김연학도 한민족은 체질의 특징이나 언어·풍속 등 기본문화에 있어서 만주족·몽골족 등 알타이족에 가장 가까워 북방아시아에 연결되기 때문에 알타이족의 한 지파(支派)

---

1 최남선, 「불함문화론」『육당최남선전집』 2, 현암사, 1973, p. 75.
2 윗글, pp. 43~76.
3 신채호 지음, 이만열 주석, 『조선상고사』, 형설출판사, 1983, p. 104.
4 손진태, 『조선민족사개론』 – 조선문화총서 11, 을유문화사, 1958, pp. 17~19.
5 이병도·김재원, 『한국사』 – 고대편, 을유문화사, 단기 4292, p. 10.

로 보아야 한다는 견해를 내놓았다.[6]

김상기는 한민족의 중심세력은 중국 북부 변경부터 만주를 거쳐 한반도에 이르렀을 것으로 보았다. 상고시대에 동이계의 종족은 중국의 변경에서 동쪽으로 이동하여, 한 줄기는 중국의 산동 방면으로 내려가서 우이(嵎夷)·내이(萊夷)·회이(淮夷)·서융(徐戎) 등이 되었고, 다른 한 줄기는 만주 한반도로 내려와서 예(濊)·맥(貊)·한(韓)을 형성했다는 것이다.[7]

김정배는 한반도에 거주했던 신석기시대인들과 청동기시대인이 다른 종족이었다고 보고, 신석기시대인들은 시베리아에 널리 거주했던 고(古)아시아족이며, 청동기시대인들은 예·맥족이었다고 주장했다.[8] 김원룡은 한반도와 만주는 구석기시대가 끝난 후 사람이 살지 않은 공백기가 상당히 오랜 기간 계속되다가 새로운 사람들이 이주해 와서 신석기시대가 개시되었는데,[9] 신석기시대의 주민들은 시베리아 지역에서 들어온 고아시아족이었으며, 이들은 후에 만주와 한반도에서 지역화한 퉁구스족인 예·맥족에게 흡수되어 한민족을 형성했을 것으로 보았다.[10]

필자는 이런 견해들에 동의하지 않지만, 종래에는 이와 같이 한민족의 기원을 북방의 대륙으로 보았기 때문에 고대 한국문화도 북방에서 유입되었을 것으로 보는 견해가 강했다. 예컨대 김연학은,

---

6   김연학, 「고고학상으로 본 한국민족」 『백산학보』 제1호, 1966, p. 148.
7   김상기, 「한·예·맥 이동고」 『동방사논총』, 서울대 출판부, 1984, pp. 355~368.
8   김정배, 『한국민족문화의 기원』, 고려대 출판부, 1973 참조.
9   김원룡, 『한국고고학개론』, 1966, p. 15.
    _____, 「한민족의 형성과 선사시대」 『한국학입문』, 대한민국학술원, 1983, p. 8.
10  윗글, 「한민족의 형성과 선사시대」, pp. 8~11.

조선족, 오환·선비족, 흉노족들은 다 알타이족으로서 중국 북방에 거주하여 있었던 북방민족이다. …… 이들 북방 민족은 다 알타이산맥 언저리에 살았던 알타이족에서 기원했으며, 그들은 유목 기마민족으로서 알타이산맥 남쪽의 초원지대를 무대로 하여, 그 동서와 남북으로 이동하면서 청동기문화를 전파했다. 그 청동기문화라고 하는 것은 예니세이(Yenisei) 강 상류의 미누신스크(Minusinsk) 지역과 바이칼 호 언저리에 발달한 것인데, 안드로노보(Andronovo)문화, 카라수크(Karasuk)문화, 타가르(Tagar)문화가 그것이다.[11]

라고 말하고, 요령 지역의 청동기문화와 오르도스(Ordos) 지역의 청동기문화는 각각 다소의 차이를 보이고 있기는 하지만, 이들은 모두 남부 시베리아 청동기문화에서 기원했을 것이라고 했다.[12] 요령 지방의 청동기문화는 알타이족이 장성(長城)지대까지 남하하고, 그 한 갈래인 조선족이 동쪽으로 이동, 요령 지방에 정착하여 발전시킨 청동기문화라는 것이다.[13]

시베리아 지역의 청동기문화와 고조선의 청동기문화를 비교해 보면 현저하게 다른 점도 있지만 부분적으로 유사성도 보인다. 고조선의 청동기로 대표적인 것은 비파형동검·조형다뉴기하문경(祖型多鈕幾何紋鏡)·선형인동부(扇形刃銅斧)·동포[銅泡 : 동구(銅釦)]·내만인동도(內彎刃銅刀)·동착(銅鑿)·동패(銅牌)·청동장식 등인데, 이 가운데 선형인동

---

11  김연학, 「청동기의 전개」 『한국사론』 13 ─ 한국의 고고학 Ⅱ·상, 국사편찬위원회, 1983, p. 111.
12  위와 같음.
13  윗글, p. 112.

부와 동포·내만인동도·동패 등은 이와 유사한 것이 카라수크 지방에서도 발견된 것으로 알려져 있다.[14]

선형인동부는 날 부분이 부채꼴로 넓어지고 자루를 끼우는 공부(銎部)가 단면 직사각형의 소켓처럼 되어 있는 것이 특징이다. 공부(銎部) 아래에 띠를 돌리고 그곳에 기하문양을 넣은 것도 있다. 이런 선형인동부 가운데 특징적인 것은 요령성 조양현 12대영자(十二臺營子)의 제1호묘에서 출토된 것과 여대시 강상묘에서 출토된 것을 들 수 있다. 이와 비슷한 동부(銅斧)가 안드로노보-카라스크문화에 존재한다.

동포는 소형의 둥근 동판을, 뒷면을 향해 약간 오목하게 휘게 하고, 그 중앙에 반원형의 꼭지를 단 것이다. 표면에 문양이 없는 것도 있고 간단한 기하문양이 있는 것도 있다. 동포는 옷이나 마구에 장식용으로 부착하여 사용되었다. 요령성 심양시 철서구(鐵西區) 정가와자 유적에서는 가죽장화의 표면에 동포가 장식된 상태로 발견되어, 이것이 장식용품이었음을 알게 해주었다. 동포라는 명칭은 중국 고고학자들이 붙인 이름이며 서양학자들은 이것을 단추와 비슷하다고 하여 청동단추(bronze button)라 부른다. 이런 동포는 카라수크문화의 특징적인 청동기이다.

내만인동도는 등이 약간 구부러지고 자루에 동물 머리나 둥근 머리가 달린 것이 특징이다. 이와 비슷한 동도(銅刀)가 중국 상나라 후기의 무덤에서도 출토된다. 고조선 지역에서는 자루에 둥근 머리나 장식문양이 있는 것이 많다는 점이 주목된다. 이런 동도는 카라수크문화의 특징적인 유물인데 러시아의 학자들은 그 등이 굽은 모양이 팔굽 같다고 하여

---

**14** 윗글, pp. 118~122.

팔굽형칼(elbow-shaped knife)이라고 부르기도 한다.

동패는 여러 가지 모양의 동판인데, 동물 조각을 한 것이 많다. 고조선 지역에서는 상당히 많은 동패가 출토되었다. 동물 조각을 한 것은 장식용으로 사용되었을 것이지만 주술적인 의미를 지니고 있었을 것으로 학자들은 보고 있다. 12대영자 유적 제1호묘에서는 사람 얼굴을 조각한 동패가 출토되었다. 이런 동패도 북방 청동기문화에서 흔히 발견되는 것으로 그 특징 가운데 하나이다.

김원룡도 고조선 지역의 청동기문화는 오르도스와 시베리아의 미누신스크, 스키트(Scyth) 청동기문화의 요소를 받아들이고 있다고 보았다.[15] 미누신스크의 청동기문화는 안드로노보기(서기전 1700~1200), 카라수크기(서기전 1200~700), 타가르기(서기전 700~200)의 3기로 나누어진다. 안드로노보문화는 중부시베리아를 중심으로 분포하며 미누신스크 문화는 그 동부에 분포되어 있는데 카라수크-타가르계의 돌널무덤은 몽골과 만주, 한반도 일대 및 러시아의 연해주 지역에서도 보인다.[16] 이런 문화의 공통성은 시베리아 문화가 몽골과 만주, 한반도 지역에 전파되었기 때문인 것으로 보았던 것이다.[17]

학자에 따라서는 고조선의 비파형동검도 북방 유라시아 청동기문화의 영향을 받아 만들어졌을 것으로 보기도 한다.[18] 그러나 그러한 견해

---

**15** 김원룡, 『한국고고학개설』 제3판, 일지사, 1986, p. 63.
   김정배도 한국 청동기문화의 기원은 시베리아와 몽골의 영향을 받았을 것으로 보았다 (앞 책, 『한국민족문화의 기원』, p. 158).

**16** Andreyev, G. I., "Problems Relating to the Shellmound Culture" Michaels ed. *The Archaeology and Geomorphology of Northern Asia*, 1964, p. 257.

**17** 위 책, 『한국고고학개설』, p. 65.

**18** 앞 글, 「청동기의 전개」, p. 123.

는 추측일 뿐이며, 비파형동검은 형태나 구조 등에서 다른 지역의 동검과는 완전히 구별되는 특징을 지니고 있고, 그것이 출토되는 무덤의 형태나 성격, 그것과 동반하여 출토된 유물 등도 다른 지역의 동검과는 현저한 차이를 보이므로, 비파형동검은 하나의 독자적인 문화권을 형성하고 있다고 보고 있다.[19]

고조선의 청동기문화 가운데는 부분적으로 북방 시베리아 지역의 청동기문화와 유사한 요소가 보이는데, 이것은 두 지역 사이에 문화의 교류가 있었을 가능성을 말해준다. 이런 점에 근거하여 종래에 일부 학자들은 고조선의 청동기문화는 시베리아 청동기문화가 전파되어 형성되었을 것으로 보았는데, 그 이유는 고조선의 청동기문화 개시 연대가 시베리아 청동기문화 연대보다 늦을 것으로 보았기 때문이었다. 김연학과 김원룡은 고조선 지역의 청동기문화 개시 연대를 서기전 1000년 정도로 추정함으로써 고조선의 청동기문화가 시베리아 지역보다 늦게 시작되었다고 보았던 것이다.[20]

시베리아의 문화가 한반도에 전파되었을 것으로 본 것은, 기본적으로 한반도의 청동기문화가 시베리아 청동기문화보다 늦게 시작되었을 것이라는 추정에서 발상된 것이었다. 그런데 고조선의 청동기문화 개시를 서기전 1000년 무렵으로 본 것은 한반도와 만주 지역에서 고고 발굴이 충분하게 이루어지지 않았던 시기의 추측에 불과했다.

종래에 일부 학자들은 중국 상나라의 청동기문화도 시베리아에서 전

---

19  박진욱, 「비파형단검문화의 발원지와 창조자에 대하여」 『비파형단검문화에 대한 연구』, 과학백과사전출판사, 1987, pp. 5~92.
　　林沄, 「中國東北系銅劍初論」 『考古學報』, 1980年 2期, pp. 139~161.
20  앞 글, 「청동기의 전개」, p. 123.
　　앞 책, 『한국고고학개설』, pp. 67~68.

파되었을 것으로 보았으나, 이형구는 카라수크의 동경(銅鏡)과 상나라의 동경에 나타난 문양과 청동기문화의 연대를 비교·검토한 후 상나라 청동기문화가 시베리아에서 기원했을 것이라는 견해를 부인했다. 그는 상나라의 기하문동경(幾何紋銅鏡)은 상나라에서 자생하여 발전했을 뿐만 아니라 오히려 시베리아에 영향을 끼쳤을 것이라고 주장했다. 따라서 고조선 지역에서 발견되는 기하문동경의 기원도 결코 시베리아가 아닐 것이라고 했다.[21]

근래에 새로운 유적들에 대한 고고 발굴이 행해지면서 과학적인 방법에 의한 각 유적의 절대연대도 얻어졌다. 고조선에서 청동기문화가 성숙한 단계에 이르렀던 비파형동검의 개시 연대가 서기전 16~14세기 무렵으로 나타났고,[22] 청동기문화가 개시된 것은 그보다 훨씬 앞서 서기

---

**21** 이형구, 「청동기문화의 비교 I (동북아와의 비교)」 『한국사론』 13 하, 국사편찬위원회, 1983. pp. 344~400.
　　이형구는 기하문동경을 중심으로 중국과 만주·한반도의 청동기문화를 살펴보고 한국의 청동기문화는 중국에서 기원했을 것으로 보았다. 그러나 한반도와 만주의 청동기문화 개시 연대가 황하 유역의 청동기문화 개시 연대보다 빠르므로 한국의 청동기문화가 중국에서 전파되어 왔다고 말할 수는 없을 것이다.

**22** 지금까지 확인된 바에 의하면 연대가 가장 올라가는 비파형동검이 출토된 유적은 길림성 영길현 성성초 유적(吉林市文物管理委員會·永吉縣星星硝水庫管理處, 「永吉星星哨水庫石棺墓及遺址調查」 『考古』, 1978年 3期, pp. 145~150·157 ; 吉林市博物館·永吉縣文化館, 「吉林永吉星星哨石棺墓第三次發掘」 『考古學集刊』 3, 1983, pp. 109~125)인데, 이 유적의 방사성탄소측정 연대는 서기전 1015±100년으로 교정연대는 서기전 1275±160년이었다(中國社會科學院考古硏究所 編著, 『中國考古學中碳十四年代數據集』 文物出版社, 1983, p. 34). 따라서 길림성 지역에서의 비파형동검 연대는 서기전 13세기 초까지 올라간다. 최근에 한창균은 요령성 지역 이른 시기 비파형동검 유적인 요령성 신금현 쌍방 유적에 관심을 가지고, 그곳에서 출토된 것과 동일한 질그릇이 나오는 요령성 여대시 우가촌 유적 상층은 서기전 1490±155년(위 책, p. 27), 여대시 장해현 상마석 유적은 1370±160년·1415±195년·1555±135년(위 책, pp. 29~30) 등의 방사성탄소측정에 의한 교정연대를 얻었으므로, 비파형동검의 개시

전 25세기 무렵이었던 것으로 확인되었다.[23] 최근에 북한에서는 단군릉을 발굴했는데 그 능에서는 왕관에 사용되었던 금동 장식이 출토되었고, 그 연대는 지금부터 5,011년 전인 것으로 확인되었다고 보도했다.[24] 이 연대를 따른다면 한국의 청동기문화 개시 연대는 고조선시대보다 훨씬 앞선 서기전 3000년 이전이 되어야 하겠다. 그러나 이 연대는 아직 학계의 검증을 거치지 않았으므로 여기서 이 연대는 제외한다.

---

연대를 서기전 16~14세기까지 올려 보아야 한다고 주장했다(한창균, 「고조선의 성립 배경과 발전 단계 시론」 『국사관논총』 제33집, 국사편찬위원회, 1992, p. 10).

**23** 한반도에서는 서기전 25세기로 올라가는 청동기 유적이 두 곳 발굴되었다. 하나는 문화재관리국이 발굴한 경기도 양평군 양수리의 고인돌 유적이다. 다섯 기의 고인돌이 발굴된 이 유적에서 채집한 숯에 대한 방사성탄소연대측정 결과는 서기전 1950±200년(Chan Kirl Park and Kyung Rin Yang, "KAERI Radiocarbon Measurements Ⅲ" *Radiocarbon*, vol. 16, No. 2, 1974, p. 197)으로 나왔는데 교정연대는 서기전 2325년 무렵이 된다. 이 유적에서 청동 유물은 출토되지 않았으나 고인돌은 청동기시대 유물이라는 것이 학계의 정설이므로 이 연대를 청동기시대 연대로 볼 수 있다.

다른 하나는 목포대 박물관이 발굴한 전남 영암군 장천리 주거지 유적이다. 이 청동기시대 유적은 수집된 숯에 대한 방사성탄소연대측정 결과 그 연대는 서기전 2190±120년(4140±120 B.P.)·1980±120년(3930±120 B.P.)으로 나왔는데(최성락, 『영암 장천리 주거지』 2, 목포대 박물관, 1986, p. 46) 교정연대는 서기전 2630년·2365년 무렵이 된다.

요령성 지역도 비파형동검보다 더 빠른 청동기문화가 있다. 하가점하층문화(풍하문화라고도 부른다)가 그것이다. 이 문화유적들 가운데 가장 연대가 올라가는 것은 내몽골자치구 적봉시 지주산 유적이다. 이 유적의 연대는 서기전 2015±90년(3965±90 B.P.)으로 교정연대는 서기전 2410±140년(4360±140 B.P.)이다(中國社會科學院考古研究所 編著, 『中國考古學中碳十四年代數據集』 文物出版社, 1983, p. 24). 이 문화가 실제로 개시된 것은 유적의 연대보다는 다소 앞설 것이므로 서기전 2500년 무렵으로 잡을 수 있다. 하가점하층문화 유적은 길림성 서부에도 많이 분포되어 있는데 이 지역은 아직 발굴되지 않았다(文物編輯委員會, 『文物考古工作三十年』, 文物出版社, 1979. p. 103).

**24** 「사회과학원의 단군릉 발굴 보고문」 『북한의 〈단군릉〉 발굴관련자료』, 북한문제조사연구소, 1993. pp. 3~13.

김교경, 「단군릉에서 나온 뼈에 대한 연대측정결과에 대하여」 위 책, pp. 42~52.

단군릉에서 출토된 금동 유물의 연대를 제외하더라도 고조선 지역의 청동기문화 개시 연대는 카라수크문화의 청동기 개시 연대보다 무려 1,200~1,300여 년이나 앞선다. 따라서 고조선의 청동기문화가 시베리아 지역에서 전파되어 왔을 것이라는 논리는 성립할 수 없다. 오히려 고조선 지역의 청동기문화가 시베리아 지역에 전파되었을 가능성이 있다. 그러나 필자는 그러한 주장을 보류하고자 한다. 왜냐하면 어떤 하나의 문화가 앞섰다고 하여 모든 문화가 앞서는 것은 아니기 때문이다. 그리고 동일한 청동기문화에서도 늦게 전달된 곳에서 새로운 기술이 개발되어 앞섰던 지역으로 재수출될 수도 있기 때문이다. 시베리아나 몽골과 고조선 지역에서는 문화적인 공통 요소가 발견되는 것으로 보아 오래전부터 두 지역 사이에 문화의 교류가 활발했음이 확실하다는 점만을 지적해두고자 한다.

고조선과 북방 지역의 관계는 청동기뿐만 아니라 여러 가지 풍속에서도 보인다. 고아시아족의 후예로 오늘날 시베리아에 거주하고 있는 길랴크(Gilyak)족 등에게는 곰 숭배사상이 있는데, 이런 곰 숭배는 신석기시대에 아시아 지역에 광범위하게 퍼져 있었던 사상 가운데 하나였던 것으로 확인된다.[25] 김정배는 시베리아에 거주했던 고아시아족의 곰 숭배를 단군사화에 등장하는 곰과 연결시키고 단군사화에 곰이 등장하는 것은 바로 고아시아족이 한반도의 선주민이었음을 알게 하는 것이며, 시베리아 지역에서 곰 숭배가 신석기시대의 문화 요소였던 점으로 미루

---

25  Hallowell A. I., "Bear Ceremonialism in the Northern Hemisphere" *American Anthropologist* 28-1, 1926, pp. 1~175.
    Okladnikov A. P., "The Bears Cult among the Neolitic Tribes of Eastern Siberia" *SA* 14, p. 8.

어보아 고조선(단군조선)은 신석기시대였음을 알 수 있다고 주장했다.[26]

그러나 그동안 발굴된 고고 자료에 의하면 한반도와 만주에는 일찍이 구석기시대부터 사람들이 거주하고 있었고, 신석기시대가 시작되면서 한반도와 만주의 거주민이 붙박이생활에 들어선 연대도 황하 유역이나 시베리아 등 다른 지역보다 늦지 않았다. 따라서 한반도와 만주의 선주민이 시베리아의 고아시아족이었다는 김정배의 논리는 성립되기 어려울 것이다.[27] 그리고 단군사화의 내용을 보면 곰이 등장한 것은 고조선을 건국한 단군왕검이 출생하기 전이므로 곰 숭배에 근거하여 고조선(단군조선)을 신석기시대로 보는 것도 성립될 수 없을 것이다.

단군사화에서 곰이 등장하는 시기는 고고학적으로 신석기시대 후기에 해당되는 것으로 추정되는데[28] 그러한 곰 숭배 사상은 그 후 고조선이 건국된 청동기시대에도 이어졌을 것이다. 따라서 곰 숭배가 등장하는 시기가 바로 고조선시대는 아니었던 것이다. 한반도와 만주의 선주민이 시베리아에 거주했던 고아시아족이었다거나 고조선은 신석기시대였다는 김정배의 주장이 성립하지 않는다 하더라도, 한반도와 만주의 신석기시대 주민들 가운데 일부가 곰을 숭배하고 있었고, 이런 곰 숭배는 당시 아시아 지역에 널리 분포되어 있던 곰 숭배와 어떤 연관을 가지고 있었을 가능성까지를 배제할 수는 없을 것이다.

이런 곰 숭배의 시원지가 어느 곳이었든 그 형성 과정에서 한반도와

---

26  김정배, 『한국민족문화의 기원』, 고려대 출판부, 1973, pp. 171~179.
27  한반도와 만주의 원주민이 고아시아족일 수 없다는 점에 관해서는 이선복이 구체적으로 언급했다.
    이선복, 「신석기 · 청동기시대 주민교체설에 대한 비판적 검토」『한국고대사논총』 1, 가락국사적개발연구원, 1991, pp. 41~65.
28  『고조선 연구』 상 제1편 제2장 제2절 「한민족의 형성과 출현」 참조.

만주 지역이 다른 곳과 어느 정도 영향을 주고받았는지를 아직은 말하기 어렵다. 그러나 신석기시대 이래 한반도와 만주 지역은 시베리아를 비롯한 아시아 여러 지역과 깊은 문화 교류를 가졌을 가능성을 시사해 주는 것으로 볼 수 있을 것이다.

한민족은 고대로부터 새에 대한 신앙도 가지고 있었다. 오늘날에도 지역에 따라서는 위 끝이 Y자 모양인 장대에 새를 깎아서 만들어 세워 놓은 솟대라는 것이 있다. 이와 같은 새에 대한 신앙은 고조선의 청동기 유물에서도 보인다. 대전에서 출토된 농경문청동기의 한 면에는 사람들이 농사를 짓고 있는 문양이 있는데, 한 사람은 따비로 밭이랑을 내고 있으며 다른 한 사람은 괭이로 땅을 파고 있다. 그리고 다른 면에는 Y자 모양으로 갈라진 나무가 있는데, 그 양쪽 가지 위에 새가 한 마리씩 앉아 마주보고 있는 문양이 있다.[29] 이 청동기에 보이는 새의 의미는 농사와 밀접한 관계를 가졌을 것으로 생각되는데 아마도 풍년을 기원하는 것이었을 가능성이 있다.

고구려 시조 주몽과 신라 석탈해 전설에도 새가 등장하며 고구려 벽화에는 세 발 달린 까마귀가 등장한다. 주몽은 유화부인이 낳은 알에서 출생했는데 부여의 왕자들이 그를 시기·질투하자 남쪽으로 망명하게 되었다. 어머니 유화부인은 주몽에게 오곡의 씨를 싸 주었는데 주몽은 그 가운데 보리씨를 잊고 떠나왔다. 그런데 주몽이 나무 밑에서 쉬고 있을 때 비둘기 한 쌍이 보리씨를 물고 와 전해주었다.[30]

신라 4대 임금인 탈해왕은 다파나국(多婆那國)의 여인이 낳은 알에서

---

29  한병삼, 「선사시대 농경문청동기에 대하여」 『고고미술』 112, 한국미술사학회, 1971, pp. 2~13.

30  이규보, 「동명왕편」 『동명왕편·제왕운기』, 을유문화사, 1987, pp. 71~72.

출생했는데, 그 알이 든 궤짝이 진한의 아진포구(阿珍浦口)에 도착한 것을 해변의 노파에게 알려준 것은 까치였다.[31] 고구려 벽화에는 발이 셋달린 까마귀 즉 삼족오(三足烏)가 많이 등장하는데, 이것은 해를 상징한다.[32] 『삼국지』「동이전」〈한전〉'변진'조에는 "큰 새의 깃털을 사용하여장사 지내는데 그것은 죽은 사람이 새처럼 날아다니기를 바라는 뜻이다"[33]라고 했다. 이것으로 고대 한민족이 새가 죽은 사람을 인도하여 하늘을 날아다닐 수 있도록 한다고 믿었음을 알 수 있다.

한민족은 고대로부터 새를 신성시하고 숭배하는 사상을 가지고 있었는데, 이와 유사한 사상을 보여주는 유물이 최근에 러시아 고분에서 발견되었다. 최근에 발견된 스키타이 계통의 돌무지무덤인 카자흐스탄의이식(Issyk) 고분에서 출토된 유물 가운데는 모자에 꽂는 금제 장식에새가 앉아 있는 것이 있었다. 새가 앉아 있는 나무는 출(出)자형으로 도안되어 있었다. 출자형으로 도안된 나무는 신라 금관에 보이는 장식과유사했다. 오늘날에도 시베리아에는 샤먼들이 소리개를 아버지로 하여탄생한다고 믿는 민속 신앙이 있는데, 이 장식은 이런 민속 신앙과 일치하는 것으로 신라 왕들의 출생 설화를 설명하는 중요한 자료가 될 것으로 보기도 한다.[34]

지금까지 살펴본 바와 같이 고조선과 몽골·중앙아시아·시베리아 지역은 문화적으로 깊은 교류를 가지고 있었다. 고조선 국민의 중심을 이룬 세력은 농경민으로서 그 문화 성격은 기본적으로 농경문화였지만 고

---

31  『삼국사기』 권1 「신라본기」 〈탈해이사금〉 참조.

32  김기웅, 『한국의 벽화고분』, 동화출판공사, 1982, p. 15·268.

33  『삼국지』 권30 「동이전」 〈한전〉. '변진'조. "以大鳥羽送死, 其意欲使死者飛揚."

34  김병모, 『한국인의 발자취』, 집문당, 1992, p. 150.

조선의 북쪽 경계인 아르군 강 유역이나 서북쪽 경계인 지금의 요서 북부 지역은 유목 지역이었다. 그리고 그곳과 연결되는 몽골이나 중앙아시아 지역도 유목 지역이었다. 유목민들은 농경민들에 비해 자주 이동하기 때문에 각 지역의 문화를 전파하는 데 크게 공헌했을 것이다. 따라서 몽골·중앙아시아 지역 유목민들은 고조선의 문화를 다른 지역에 전달하기도 했고 다른 지역의 문화를 고조선에 전달하기도 했을 것이다. 바로 이런 이유 때문에 몽골과 중앙아시아 및 시베리아 지역에서는 고조선의 문화와 유사한 문화 요소들이 많이 발견되고 있는 것으로 생각된다.

여기서 유의해야 할 점이 있다. 첫째는, 한반도와 만주·몽골·중앙아시아·시베리아 등지에서 유사한 문화 요소가 발견될 경우, 종래에는 그것들이 몽골이나 중앙아시아 또는 시베리아 지역에서 한반도와 만주로 유입되었을 것으로 보았는데, 이제는 그런 시각을 버려야 한다는 점이다. 앞에서 말한 바와 같이 종래에 그러한 견해가 통용된 것은 한반도와 만주 지역이 다른 지역에 비해 문화의 진전이 늦을 것으로 보았기 때문이었는데, 최근의 고고 자료에 의하면 한반도와 만주 지역은 결코 다른 지역보다 문화의 진전이 늦지 않았으며, 특히 청동기문화의 개시나 사회 발전은 다른 지역보다 빠른 것으로 나타나고 있다. 따라서 한반도와 만주·몽골·중앙아시아·시베리아 등지의 유사한 문화 요소는 한반도와 만주 지역에서 전파되어갔을 가능성이 크다. 둘째는, 한반도와 만주·몽골·중앙아시아·시베리아 등지에서 발견된 부분적인 문화 요소의 유사성을 근거로 이 지역 전체를 하나의 공통된 문화권으로 설정해서는 안 된다는 것이다. 일부의 유사한 문화 요소보다는 더 많은 이질적인 문화 요소들이 있다는 점에 유의해야 하기 때문이다.

## 3. 고조선과 일본열도의 문화 교류

한반도와 일본열도 사이에는 일찍이 구석기시대부터 조몬문화(繩文文化)시대와 야요이문화(彌生文化)시대를 거치면서 긴밀한 문화 교류가 계속되었다. 특히 야요이문화는 한반도로부터의 문화적 영향을 받아 형성된 것으로, 한반도로부터 일본열도로의 문화적 영향이 그 이전 어느 때보다도 강했다. 야요이문화와 교체된 고훈문화(古墳文化)도 한반도로부터 영향을 받은 한국적 성격을 지닌 문화였다.

지금으로부터 1만 년 전 이전의 구석기시대에 있었던 빙하기에는 해수면이 크게 낮아져 한반도와 일본열도가 육지로 연결되어 있었다. 이론상으로는 이 시기에 한국과 중국, 일본은 사람의 왕래와 문화의 교류가 매우 용이했던 것이다. 따라서 한반도와 일본열도를 연결하는 구석기 유적은 동해와 남해 바닥에 있을 것이라고 생각된다.[35]

지금으로부터 1만 년 전 후빙기를 맞은 이후의 신석기시대에도 한반도와 일본열도 사이에는 밀접한 문화의 교류가 계속되었다. 그러한 사실은 일본열도의 신석기문화인 조몬문화 시기에 보이는 융기문토기(隆起紋土器) · 소바타토기(曾畑土器) · 결합식조침(結合式釣針) · 석거(石鋸) · 옹관묘(甕棺墓) 등의 유물에서 확인된다.

한반도에서 융기문토기가 출토된 유적은 동삼동 · 다대포 · 영선동 · 죽곡 · 신암리 · 상노대도 · 욕지도 · 소흑산도 · 오산리 · 산달도 · 상시동굴 등으로 주로 경상남도 해안과 도서 지역에 집중되어 있고 강원도 · 전라남도 · 충청도에서는 각각 한 곳의 유적이 발견되었을 뿐이다.[36] 그런데 이

---

**35** 김원룡, 「고대 한일 관계」 『이화사학연구』 제13 · 14합집, 1983, p. 163.

**36** 임효재, 「신석기시대의 한 · 일문화교류」 『한국사론』 16 - 고대한일관계사, 국사편찬위

와 유사한 융기문토기가 대마도(對馬島) 고시타카(越高) 유적에서 출토되었는데 유적의 연대와 출토된 그릇의 모양, 문양 등이 부산의 동삼동 유적과 비슷하다. 이 유적을 발굴한 사카타 구니히로(坂田邦洋)는 이곳에서 출토된 융기문토기는 한국 융기문토기 계통이라고 결론 내렸다.[37] 한국의 신석기 유적 가운데 가장 연대가 올라가는 강원도 오산리 유적에서도 대마도 고시타카 유적에서 출토된 것과 유사한 문양의 융기문토기가 출토되었는데[38] 오산리 유적의 연대가 고시타카 유적보다 올라가므로 대마도의 융기문토기 원류는 한반도의 융기문토기였을 것이다.[39]

일본의 소바타토기는 규슈 지역을 중심으로 분포되어 일본 동부의 여러 질그릇과는 전혀 다른 독자적인 문화권을 형성하고 있다. 소바타토기 가운데 오래된 형식의 것은 태토에 활석 가루를 섞어 만든 것으로 그릇 모양의 특징은 밑이 둥글고 깊은 바리 모양을 하고 있어 한반도에서 출토되는 팽이그릇 모양을 하고 있다. 질그릇의 외부 전면에는 대나무나 식물의 가지를 잘라 만든 칼 모양 또는 막대 모양의 도구를 사용하여 톱날모양무늬·평행선무늬·마름모꼴무늬 등을 연속적으로 조합하여 기하학적인 문양을 넣었다.[40]

소바타토기의 기원에 대해서는 다소의 이견이 없지 않지만, 대체로 한반도의 새김무늬(빗살무늬) 팽이 모양 질그릇일 것이라는 데 의견이

원회, 1986, p. 5.

**37** 坂田邦洋, 『韓國隆起文土器の研究』, 昭和堂, 1978 참조.

**38** 임효재·권학수, 『오산리 유적』, 서울대 박물관 고고인류학총간 9책, 서울대 박물관, 1984.

**39** 앞 글, 「신석기시대의 한·일문화교류」, p. 10.

**40** 杉村彰一, 「曾畑土器に関する一考察」 『熊本史學』 23, 1962 참조.

모아지고 있다.[41] 소바타토기는 한반도의 평양 오야리·부산 절영도 동삼동과 영선동 조개무지·경상남도 양산군 서생면·서울 한강 유역의 암사리 등에서 출토된 토기에서 그 원형을 찾을 수 있다.[42]

한반도의 새김무늬 질그릇인들의 도일(渡日), 또는 한반도인들과 일본열도인들의 물품 교역 등에 의해 한반도로부터 새김무늬 팽이 모양 질그릇 기술이 일본열도에 전달되었을 것이다. 이런 문화 교류는 한반도에서 가까운 일본의 니시카라쓰(西唐津)를 포함한 서북규슈를 중심으로 서기전 4000~3000년 사이에 당시 일본열도의 전통적인 토기문화에 충격을 주어 소바타토기문화가 성립·전개되었던 것으로 보고 있다.[43]

신석기시대의 결합식조침은 당시에 한반도와 일본열도 사이에 어로 문화의 교류가 있었음을 알게 해주는 유물이다. 한반도에서는 오산리·동삼동·농소리·상노대도 등의 신석기 유적에서 출토되었다. 오산리 유적에서는 모두 70점의 결합식조침이 출토되었는데, 이 가운데 60점은 서기전 6000~4500년 시기에 해당하는 것이었다. 일본열도에서는 다도해 지역의 서북규슈에 밀접하여 분포되어 있는데 소바타토기와 함께 출토되기도 한다. 한반도에서 결합식조침이 출토된 오산리 유적은 그 연대가 동아시아 지역에서 가장 앞선 신석기 유적 가운데 하나이므로 일본열도의 결합식조침의 원류는 한반도였음이 틀림없을 것이다.[44]

석거도 신석기시대의 한반도와 일본열도의 교류를 나타내는 유물 가운데 하나이다. 석거는 흑요석을 이용하여 톱날과 같은 날을 만든 것으

---

**41** 『世界考古學大系』「日本 Ⅰ」, 平凡社, 1964, p. 55.
**42** 조희승, 『초기조일관계사』 상, 사회과학출판사, 1988, p. 9.
**43** 앞 글, 「신석기시대의 한·일문화교류」, p. 16.
**44** 윗글, pp. 16~21.

로 조몬문화 후기에 나타나기 시작했다. 한반도에서는 무산·웅기·유판·동삼동 등의 유적에서 출토되었는데 이 유적들은 대체로 신석기시대 중기와 후기에 해당하나 전기로 올라갈 가능성도 있다. 일본열도에서는 서북규슈의 결합식조침이 출토되는 지역과 일치한 지역에서 출토된다. 일본열도에서 이 유물이 분포되어 있는 지역이 한반도의 영향을 받은 소바타토기 출토 지역과 일치하는 점이나 그것이 출토된 유적의 연대가 한반도가 빠르다는 점 등으로 보아 일본열도에서 출토된 석거의 기원도 한반도였을 것으로 보고 있다.[45]

조몬문화에서 보이는 합구식(合口式) 옹관묘 역시 한반도에서 건너간 것이다. 이런 옹관묘는 조몬문화 중기 무렵에 나타나기 시작하여 급속하게 보급되었다. 일본열도 내에서 이 옹관묘의 원형은 북규슈에 있는데, 북규슈 옹관묘의 시원은 한반도에 있다. 옹관묘는 한반도 일부 지역에서 유행했던 독특한 매장법이었다. 특히 전라남도 나주군 반남면 신촌리·덕산리·대안리와 다시면 복암리, 영암군 시종면, 함평군 월야면, 광산구 비아면 신창리 등에 분포되어 있는 옹관무덤이 대표적이다. 북규슈에서 발견된 합구식 옹관묘에 사용된 옹관은 한반도에서 발견된 것들과 완전히 일치하는 것이었다.[46]

조몬문화 유적에서 집자리가 확인되기는 하지만 대체로 마른 고지대나 높은 대지 등에 위치하고 있었으며, 당시 사람들은 오래 정착하지 못하고 떠돌이생활을 했다. 왜냐하면 조몬문화인들은 사냥이나 고기잡이, 채집 생활을 하고 있었기 때문이었다. 이런 사실은 당시 유적에서 출토된 식료에서 잘 파악된다. 그들이 먹었던 식료를 당시 조개무지에서 찾

---

45  윗글, p. 21.
46  앞 책, 『초기조일관계사』 상, p. 10.

아보면 사슴·멧돼지·개·야생토끼·너구리·승냥이·곱등어(돌고래)·고래·족제비·수달·원숭이·오소리 등의 동물과, 꿩·매·백두루미·소리개 등의 날짐승, 그리고 바스레기(바지락)·바다와라(갯고둥) 등을 포함한 70여 가지의 조개류 등이었다.[47]

조몬시대에 매우 완만하게 발전을 해왔던 일본열도는 그 뒤를 이은 야요이시대에 이르면 고조선으로부터 강한 문화의 영향을 받으면서 이전과는 완전히 다른 사회 단계에 접어든다. 조몬문화인들은 사냥이나 고기잡이, 그러모으기의 경제생활을 했으나 야요이문화 사람들은 벼농사를 주로 한 농경과 질그릇·묘제·청동기·철기 등의 새로운 문화 요소를 가지고 정착 생활을 하는 생산경제 사회에 진입했던 것이다. 이 문화는 조몬문화를 계승하여 서서히 발전한 것이 아니라 돌연히 나타난 문화였다.

야요이문화는 고조선에서 가까운 거리에 있는 서북규슈 지방에서 시작되어 그 말기에는 홋카이도 일부를 제외한 일본열도 전 지역에 확산되었다. 야요이문화의 연대는 그 발상지인 규슈 지방의 경우 서기전 300년부터 서기 300년까지 약 600년 동안으로 보고 있다. 한반도인들이 일찍이 서기전 6000년 이전에 이미 농경과 더불어 정착 생활에 들어갔던 것과 비교하면 일본열도인들의 정착 생활은 매우 늦게 시작된 것이다. 한반도에는 서기전 2400~2300년 무렵에 이미 고조선이라는 국가가 출현하여 그 말기에 이르렀을 때 일본열도인들은 그제야 정착 생활에 들어가기 시작한 것이다. 야요이문화는 조몬문화의 요소를 지극히 부분적으로 이어받으면서 돌연 새로운 문화를 형성했는데, 질그릇·묘제·벼농

---

47  앞 책, 『世界考古學大系』 「日本 I 」, pp. 84~87.

사 등은 한반도에서 전파되었음을 알게 하는 근거들이 보인다.

질그릇을 보면 야요이문화가 시작되기 전인 조몬문화 말기의 구로가와식(黑川式) 질그릇은 조몬식 질그릇의 전통을 이어받고 있기는 하지만 상식석관(箱式石棺)·관옥(管玉)·유병식마제석검(有柄式磨製石劍)은 종래의 일본열도 조몬문화에서는 보이지 않는 것이다. 그러나 고조선의 무문토기문화(無紋土器文化)에서는 이 3가지가 한 조를 형성한 것이 크게 유행했었다. 이로 보아 조몬문화 말기의 구로가와식 질그릇 시기에 고조선의 무문토기문화가 일본열도에 전달되었고, 이것이 야요이문화 질그릇의 원류가 되었을 것임을 알 수 있다.[48]

구로가와식 질그릇 단계의 뒤를 이은 야요이문화 초기의 유스식(夜臼式) 질그릇 단계에서는 질그릇의 종류와 제작 기법이 이전에 비해 매우 다양해졌다. 이것은 고조선의 무문토기문화가 한층 강하게 영향을 주었음을 말해주는데, 유스식 질그릇에서 발견되는 소호(小壺)·대호(大壺)·고배(高杯)·각목돌대문토기(刻目突帶文土器) 등은 일본열도에서는 이 시기에 처음 출현한 것으로 고조선의 무문토기 영향을 강하게 받은 것들이다. 소호와 대호는 그릇 모양이나 제작 수법 등이 고조선의 무문토기와 같고 고조선에서 많이 출토되는 단도마연토기(丹塗磨硏土器)이다. 그뿐만 아니라 유스식 질그릇이 고조선에서 가까운 서북규슈 지방을 중심으로 분포되어 있다는 것은 이 문화가 고조선에서 전달되었음을 말해준다. 고배와 각목돌대문토기도 일본열도에서는 이 시기에 처음 나타나지만 고조선에서는 단도마연토기와 함께 출토되는 것들이다. 이로 보아 유스식 질그릇은 일본열도의 조몬문화 요소를 부분적으로 계승하면서

---

**48** 심봉근, 「야요이문화를 통하여 본 한·일문화의 교류관계」 『한국사론 16 — 고대 한·일관계사』, 국사편찬위원회, 1986, pp. 36~38.

새로운 문화인 고조선의 무문토기문화가 강하게 작용하여 형성되었음을 알 수 있다.[49]

유스식 질그릇 단계의 뒤를 이은 이타쓰케(板付) I 식 질그릇과 그 뒤를 이은 이타쓰케Ⅱb식 질그릇도 고조선의 무문토기 영향을 강하게 받았다. 그러한 영향은 질그릇 자체에서뿐만 아니라 질그릇과 함께 출토되는 유병식마제석검·석촉(石鏃)·유구석부(有溝石斧)·삼각석도(三角石刀) 등에서도 보이는데, 이런 유물들은 고조선의 무문토기 요소에서만 볼 수 있는 독창적인 것이다.[50]

고조선 말기에 고인돌무덤도 일본열도에 전해졌다. 일본열도의 고인돌무덤은 다소 양식이 다른 것도 있지만, 대부분 고조선의 고인돌무덤과 같은 양식이다. 그리고 일본열도의 고인돌무덤은 고조선처럼 전국에 분포되어 있지 않고 서북규슈 지방에만 편재해 있다. 특히 역사적으로나 지리적으로 한반도와 밀접한 관계를 맺고 있는 규슈의 가라쓰 만(唐津灣)을 중심으로 주변 지역에 분포되어 있다. 사가(佐賀) 현 북부의 가라쓰(唐津) 평야와 그 동북측인 후쿠오카(福岡) 현 이토시마 평야(糸島平野), 서남측인 나가사키(長崎) 현 북부 해안지대와 시마바라 반도(島原半島)의 고원지대, 동남측인 구마모토(熊本) 현 남부의 소평야지대 등의 다섯 지역으로 나뉘어 떼를 이루고 있다. 일본열도의 고인돌무덤에서 출토된 유물 내용은 고조선의 고인돌에서 출토된 것들과 별로 차이가 없다.

고인돌무덤이 위치한 곳은 크고 작은 강이나 바닷가의 평야를 낀 작은 구릉이나 모래구릉 또는 충적대지 위이다. 이전 시대의 조몬 유적은

---

**49**  윗글, pp. 38~46.
**50**  윗글, pp. 47~50.

대부분 하구나 해안의 산기슭 또는 산중에 위치해 있었던 것에 비해 고인돌 유적은 거의가 크고 작은 평야를 낀 대지에 위치하고 있는 것이다.

이것은 조몬문화인들이 산이나 바다를 생산장으로 하는 사냥과 고기잡이, 그러모으기의 경제생활을 했던 반면에 야요이문화인들은 평야를 생산장으로 하여 농경을 했음을 알게 해준다. 이 시기부터 일본열도에서는 벼농사가 시작되었음을 보여주는 농경 도구와 탄화된 벼 등이 출토되는데, 이것들이 출토되는 지역은 고인돌 분포 지역과 중첩된다. 이런 사실은 고인돌이 고조선에서 전달되었으며, 일본열도에서 이때부터 농경이 시작되었음을 알게 해준다.[51]

고조선에 분포되어 있는 고인돌은 대체로 탁자식·개석식(蓋石式)·기반식(碁盤式) 등으로 분류되는데, 일본열도에서 보이는 초기 고인돌은 개석식과 기반식이 섞여 있다. 이런 형상은 고조선의 고인돌 정황과 비교해볼 때, 고조선의 개석식 말기나 기반식 초기에 일본열도에 고인돌 무덤 양식이 전해졌을 가능성을 말해주는 것으로, 그 연대를 서기전 4~3세기 무렵으로 잡을 수 있을 것이다.[52]

일본열도의 벼농사도 고조선에서 전해졌다. 일본열도에서 농경이 시작된 시기에 대해서는 야요이문화 초기 단계로 보는 견해도 있으나 근래에 발견된 유적들에 의해 조몬문화 말기로 보는 견해가 우세하다.[53] 일본열도 벼농사의 기원에 대해서는 일본열도에서 자생했을 것이라는 견해, 인도나 중국 남부로부터 직접 일본열도에 전달되었을 것이라는 견해 등도 나온 바 있으나, 한반도에서 전해졌음이 명백하다.

---

**51**  윗글, pp. 58~65.

**52**  심봉근, 「일본 지석묘의 일고찰」 『부산사학』 제3집, 부산사학회, 1979, p. 62.

**53**  조희승, 『일본에서 조선소국의 형성과 발전』, 백과사전출판사, 1990, pp. 15~29.

벼는 일찍이 서기전 5000년 이전부터 중국의 남부 장강 유역에서 재배되었다는 것은 고고학적으로 입증되었는데, 이 지역에서는 만생종인 긴 알맹이 벼와 조생종인 짧은 알맹이 벼 두 종류를 모두 재배했던 것으로 확인되었다.[54] 그리고 한반도에서는 평양시 남경 유적과 경기도 일산 및 김포 등지에서 볍씨가 출토되었는데, 경기도 일산과 김포에서 출토된 볍씨는 서기전 3000~2000년 무렵의 것으로 확인되었다.[55] 이로 보아 고조선 건국 이전부터 한반도에서 벼농사를 지었음을 알 수 있다. 그런데 한반도와 일본열도에서 출토된 벼는 모두 짧은 알맹이 벼였다.

한반도의 벼와 일본열도의 벼는 기본적으로 같은 종류였으며, 벼농사가 일본열도에서 시작된 시기는 한반도에서 무문토기와 고인돌무덤 등의 문화가 일본열도에 전달되어 야요이문화가 출현한 시기와 같다. 그리고 농구를 보더라도 황해북도 송림시 석탄리 유적 2호와 4호 집자리에서 출토된 돌도끼는 일본열도의 여러 유적에서 출토된 것과 동일하며, 위의 유적에서 출토된 자귀는 북규슈의 이타쓰케 유적에서 출토된 것과 같고, 황해남도 용연군 석교리 1호 집자리에서 출토된 돌도끼는 후

---

54  중국에서 벼농사가 확인된 가장 이른 시기의 유적은 절강성(浙江省)의 하모도(河姆渡) 유적으로 그 연대는 서기전 5000년 무렵이다. 그리고 중국 남부의 전기 신석기문화인 마가빈문화(馬家浜文化)와 후기 신석기문화인 양저문화(良渚文化)에서는 모두 긴 알맹이 벼와 짧은 알맹이 벼 두 종류가 출토되었다.
浙江省文管會·浙江省博物館,「河姆渡發現原始社會重要遺址」『文物』, 1976年 8期, pp. 6~12.
河姆渡遺址考古隊,「浙江河姆渡遺址第二期發掘的主要收獲」『文物』, 1980年 5期, pp. 1~12.
윤내현,『중국의 원시시대』, 단국대 출판부, 1991, pp. 249~268·415~423.

55  임효재,『한국고대문화의 흐름』, 집문당, 1992, p. 69.
한국선사문화연구소·경기도,『일산 새도시 개발지역 학술조사 보고 I』, 한국선사문화연구소, 1992, p. 29.

쿠오카 현 히에(比惠) 유적에서 출토된 것과 같다. 그리고 함경남도 금
야 유적을 비롯한 한반도 여러 곳에서 출토된 곧은 날의 반달칼과 크기
와 모양이 동일한 것이 후쿠오카 현 다테이와(立岩) 유적에서도 출토되
었다.[56] 이런 점들은 일본열도의 벼농사가 한반도에서 이들 문화 요소와
함께 전달되었을 것임을 강력하게 뒷받침한다. 만약 일본열도의 벼농사
가 중국 남부에서 직접 전달되었다면 당시 중국 남부 지역의 문화 요소
가 일본열도에서 벼농사 흔적과 함께 발견되어야 하는데, 아직까지 그
러한 유적이나 유물은 발견되지 않았다.

　일본열도에서의 초기 벼농사 유적은 후쿠오카 시 이타쓰케, 가라쓰
시 나바타케(菜畑) 등의 유적을 비롯하여 북규슈에서 많이 발견되는데,
이 유적들에서 출토된 유물이나 유적의 구성 등은 한반도의 것과 일치
했다. 그리고 이 유적들에서는 마을을 이룬 집자리들이 발견되어 한반
도의 거주민 가운데 일부가 이곳으로 이주하여 집단마을을 형성했을 것
임을 알게 해주었다.[57] 벼의 파종부터 수확을 거쳐 조리에 이르기까지
일련의 기술은 간단한 모방으로는 얻을 수 없는 것으로, 그와 같은 생활
기술을 가진 사람들이 이주하여 마을을 형성하고 벼농사문화를 전파했
을 가능성이 있는 것이다.[58] 따라서 야요이문화시대부터는 고조선에서
일본열도에 문화만 전달된 것이 아니라 상당수 주민이 일본열도로 이주
해 갔던 것으로 보인다.

　고조선과 일본열도의 문화 교류는 청동기에서도 나타난다. 일본열도
의 청동기문화는 고조선 말기에 고조선 남부로부터 전달되어 시작되었

---

56　앞 책,『초기조일관계사』상, p. 20.
57　주 53과 같음.
58　앞 책,『世界考古學大系』「日本 II」, p. 122.

다. 일본열도에서 청동기문화가 가장 일찍 나타난 지역은 한반도로부터 무문토기·고인돌·벼농사 등의 문화 요소를 가장 일찍 받아들였던 북규슈 지방이었다. 북규슈 지방에서는 대체로 야요이문화 중기가 시작되면서 고조선의 남부 지역에서 제조된 청동기가 그대로 수입되어 사용되면서 점차 그것을 모방해서 만드는 과정을 거치게 되었다.[59] 고조선의 제품이 그대로 일본열도에 수입된 것을 학계에서는 '박재동기(舶載銅器)'라 부른다. 고조선에서 건너간 박재동기 가운데 대표적인 것은 다뉴세문경(多鈕細紋鏡)·세형동검·동과(銅戈)·동모(銅矛)·동탁(銅鐸) 등인데, 이것들을 살펴보면 다음과 같다.

다뉴세문경은 청동거울 뒷면에 2개 이상의 꼭지가 있고 가장자리에는 돌출된 띠가 둘려 있으며 기하학의 문양을 넣은 것으로 고조선에서만 만들어진 독특한 것이다. 다뉴세문경은 그 문양의 수법에 따라 조문경(粗紋鏡)과 정문경(精紋鏡)으로 나누어진다.

일본열도에서 출토된 다뉴세문경은 모두 정문경으로 그 연대는 서기전 2세기를 넘지 않는다. 다뉴세문경이 출토된 곳은 사가 현·야마구치(山口) 현·오사카(大阪)·나라(奈良) 등인데 세형동검·반환식식옥(半環式飾玉)·마제삼각형석촉(磨製三角形石鏃)·점토대토기(粘土帶土器)·흑색마연장경호(黑色磨研長頸壺) 등과 조합을 이루고 있는 경우가 많고 모두 석관묘에서 출토되었다. 아직까지 일본열도에서는 다뉴세문경을 만든 주물틀이 출토된 예가 없으며 독자적인 변천이나 이를 증명할 만한 자료도 발견되고 있지 않다. 이로 보아 일본열도에서 출토된 다뉴세문경은 모두 고조선 남부에서 만들어져 수출된 박재품(舶載品)일 것으

---

**59** 전영래, 「청동기의 비교 Ⅲ(일본과의 비교)」 『한국사론』 13 — 한국의 고고학 Ⅱ·하, 국사편찬위원회, 1983, pp. 448~512.

로 보고 있다.[60]

세형동검은 고조선 후기에 한반도에서 비파형동검의 뒤를 이어 개발된 고조선 특유의 청동기이다. 일본열도에서는 세형동검이 가라쓰·이토시마·후쿠오카 지방에서 집중적으로 출토되고 있다. 일본열도에서 출토된 가장 오랜 세형동검들은 고조선에서 만들어져 수출된 박재품이었다. 일본열도에 전달된 세형동검은 고조선에서는 다소 늦은 시기의 것으로, 서기전 2세기를 넘지 않을 것으로 학자들은 보고 있다.[61]

이후 일본열도에서는 세형동검을 조형(祖形)으로 하여 한반도에서는 볼 수 없는 일본 자체 동검이 개발되었는데, 이것들을 출현 순서에 따라 중세형(中細形)·중광형(中廣形)·평형(平形) 등으로 부른다.[62] 중세형에는 외형상으로 세형동검의 형태가 부분적으로 남아 있으나 검이 길고 커졌으며 몸체가 납작하여 판 모양이 되었는데, 중광형에서는 검이 더욱 길고 커지면서 세형동검의 특징이 줄어들기 시작하여 평형에 이르면 완전히 세형동검과는 다른 새로운 일본식 동검이 되었다.

동과·동모도 일본열도에서 출토된 초기의 것은 세형동과(細形銅戈)와 세형동모(細形銅矛)로서 고조선에서 만들어져 수출된 박재품이었으나 그것을 모방하여 중세형부터 중광형을 거쳐 광형(廣形)으로 변했다. 동과는 중국형과 한국형이 있는데 일본열도에서는 한국형만 출토된다. 한국형 동과는 중국형과는 완전히 다른 독창적인 것이므로 일본열도의 동과는 고조선에서 만들어져 일본열도에 수출된 박재품임이 쉽게 확인

---

**60** 윗글, p. 453.
**61** 윗글, pp. 459~465.
**62** 岩永省三,「彌生時代靑銅器形式分類編年再考 –劍矛戈について」,『九州考古學』 55, 1980 참조.

된다. 그러나 이것의 변형품인 중세형과 중광형, 광형은 일본열도에서 주물틀이 출토된 것으로 보아 고조선에서 건너온 박재품을 모방하여 일본열도 내에서 개발된 것임을 알 수 있다.[63]

고조선에서 일본열도로 수출된 박재동기 가운데는 동탁도 있었다. 일본식 동탁은 주로 일본열도의 긴키(近畿) 지방에서 독자적인 변천을 한 것으로 알려져 있는데, 이런 동탁의 원류도 한반도였다는 데에 학자들의 의견이 일치한다. 한반도에서 출토되는 한국형 동탁은 이른바 소동탁(小銅鐸)이라 불린다. 그런데 근래에 북규슈의 오이타(大分) 현 우사(宇佐) 시 벳푸(別府)에서 한반도에서 만들어진 것으로 보이는 소동탁이 출토됨으로써 그러한 견해의 더욱 분명한 근거를 제공했다.

소동탁은 대전 귀정동을 비롯하여 한반도 남부에서 출토되고 있다. 일본열도에서의 소동탁 분포는 비교적 넓은 지역에 걸쳐 있으나 주물틀 출토는 북규슈의 후쿠오카 지역에 국한되어 있다. 이로 보아 한국형 소동탁의 모방이 시작된 곳은 북규슈 지방이었을 것으로 생각된다.[64]

고조선 말기에 철기도 고조선으로부터 일본열도에 수출되었다. 일본열도에서 철기가 등장하는 시기는 야요이시대 전기 말부터 중기 초 사이가 될 것으로 보고 있다. 고조선에서 철기문화가 시작된 것은 서기전 8세기 무렵이나 그 이전으로 보고 있으므로 철기가 일본열도에 전달된 것은 고조선에서 철기를 사용하기 시작한 후 무려 700여 년이 지난 후가 되는 것이다. 그런데 일본 학자들은 일본열도에서 철을 생산한 시기를 대체로 서기 5세기 후반부터 6세기 초반 또는 6세기 중반 사이일 것으로 보고 있다. 일본열도에서 철을 생산하기까지는 한반도로부터 계속

---

**63**   앞 글, 「청동기의 비교 Ⅲ(일본과의 비교)」, pp. 477~499.

**64**   윗글, pp. 499~509.

철을 수입해서 사용했다는 것이다.[65] 과연 이렇게 오랫동안 일본열도에서 철을 생산하지 못하고 한반도로부터 철을 수입해서 사용했을 것인가에 대해서는 앞으로의 연구 과제로 남는다.

어떻든 일본열도가 상당히 오랜 기간 철을 한반도에 의존하고 있었다는 점은 아무도 부인하지 않는다. 야요이시대의 철기 유적 분포 상황을 유적의 밀집도에 따라 정리하면 후쿠오카 현(縣)·사가 현·오카야마(岡山) 현·오사카(大阪) 부(府)·나가사키 현·히로시마(廣島) 현·오이타 현·야마구치 현·효고(兵庫) 현·구마모토 현·가가와(香川) 현·이시카와(石川) 현·교토(京都) 부·에히메(愛媛) 현·미야자키(宮崎) 현·돗토리(島取) 현·와카야마(和歌山) 현·나라 현·시즈오카(靜岡) 현·가고시마(鹿兒島) 현·도쿠시마(德島) 현·지바(千葉) 현·시마네(島根) 현·홋카이도(北海道)·오키나와(沖繩) 현의 순서로 나타난다. 이에 의하면 일본열도의 야요이시대 철기 유적들은 한반도에서 가까운 지역에 집중되어 있음을 알 수 있다. 그리고 당시 고조선과 일본열도 간의 문화 교류 중심지 및 야요이문화 중심지는 서일본(西日本)에서는 북규슈 지역이며 긴키에서는 오사카 지역으로 나타나는데 이 가운데 가장 선진했던 지역은 북규슈의 후쿠오카 지방이었음을 알 수 있다.[66]

고조선으로부터 일본열도에 전달된 철기 가운데 중요한 의미를 지니는 것 가운데 하나는 자루식 철제도끼이다. 야요이문화 중기와 말기의 유적에서는 자루식 철제도끼가 많이 출토된다. 일본열도에서 철제도끼가 출현한 것은 이보다 앞서지만 철제도끼가 급격히 증가한 것은 야요

**65** 안춘배, 「고고학상에서 본 고대 한일교섭」 『한국민족학연구』 1, 단국대 한국민족학연구소, 1993, p. 59.

**66** 윗글, pp. 160~61.

이문화 중기부터였다. 이것은 이 시기에 철제도끼를 이용하여 나무를 찍기도 하고 나무를 다듬어 목제 농구를 만들기도 하는 일이 매우 성행 했음을 알게 해주는 것이다. 철제도끼는 대단히 중요한 식량이었던 쌀을 생산하기 위한 도구를 제작하는 공구로서 당시의 사회생활에서 매우 중요한 의미를 지니고 있었던 것이다. 고조선으로부터 이주한 사람들은 마을을 이루고 살면서 자루식 철제도끼를 이용하여 원시림으로 울창한 일본열도를 개간했던 것이다.[67]

　청동기문화와 철기문화 그리고 벼농사가 전달된 야요이문화 시기에는 이미 경제적으로 잉여 생산도 가능했고, 이에 따라 사회 구성원 사이에 빈부의 차이와 신분의 분화도 일어났을 것이다. 빈부와 신분의 차이가 일어났음은 고인돌무덤이 출현한 것에서 알 수 있다. 더욱이 고조선에서 이주해 간 야요이문화인들은 한반도에서 이미 고조선이라는 국가 조직 속에서 생활한 경험을 가지고 있었다. 따라서 이들은 정치적 권력이 있는 사회 조직이 필요하다고 생각했을 것이다. 이에 따라 여러 마을이 연맹을 맺고 추장과 같은 정치권력자가 출현한 '고을나라'[68] 단계의 사회를 형성시켰을 것이다. 그 지배 계층은 당연히 진보적인 문화와 국가 조직 속에서 생활한 경험을 가졌던 고조선으로부터의 이주민이었을 것임은 의심할 여지가 없다. 다시 말하면 야요이문화 시기에는 고조선의 이주민들에 의해 형성된 '고을나라'들이 북규슈 지역을 시발점으로

---

67　앞 책, 『일본에서 조선소국의 형성과 발전』, p. 44.
68　필자는 인류학자들이 말하는 chiefdom 단계의 사회를 한국의 고대 상황에 맞는 명칭으로 '고을나라'라 부르고 있다(윤내현, 「인류사회 진화상의 고조선 위치」, 『사학지』 제26집, 단국대 사학회, 1993, pp. 1~45 참조). 이 명칭은 일본의 경우에도 그대로 적용될 수 있을 것이다. 한국어의 '고을'이라는 말이 일본어에 '고호리'라는 말로 그대로 남아 있기 때문이다.

일본열도의 여기저기에 출현하게 되었던 것이다.[69]

한반도와 만주 지역에서는 서기전 40세기 무렵에 고을나라 단계의 사회에 진입했고, 서기전 24세기 무렵에는 고조선이라는 국가 단계의 사회에 진입했다. 일본열도는 고조선 말기인 서기전 3세기 이후에야 겨우 고을나라 단계의 사회를 향하고 있었는데, 이것도 고조선인들에 의해서였던 것이다.

그런데 한반도와 만주 지역에서는 서기전 25세기 무렵에 청동기문화가 출현했고, 서기전 8세기 무렵에는 철기문화가 출현했다. 따라서 청동기문화 개시로부터 철기문화의 개시까지는 17세기 동안이라는 긴 세월이 필요했다. 한반도에서는 고인돌무덤이나 옹관묘, 벼농사 등도 동시에 나타난 것이 아니었고 상당한 기간의 차이를 가지고 출현했다. 그러나 일본열도에서는 청동기와 철기·고인돌무덤·옹관묘·벼농사 등이 기간의 차이가 별로 없이 모두 야요이문화의 요소로 출현했다. 이처럼 일본열도에서 문화의 전개가 한반도와 다른 양상을 보인 것은, 일본열도는 바다를 사이에 두고 대륙과 격리되어 있어서 한반도에서 전개된 문화의 영향을 연속적으로 받지 못하다가 위의 문화 요소를 모두 지닌 고조선인들이 갑자기 일본열도로 다수 이주하여 새로운 문화가 출현했기 때문이었던 것이다.

야요이문화 이전에도 한반도와 일본열도 사이에 문화 교류가 없지는 않았다. 그러나 그것은 지극히 미미했는데, 조몬문화 말기부터 갑자기

---

69  앞 책, 『일본에서 조선소국의 형성과 발전』, p. 44.
위 책에서는 소국이라는 말을 사용하고 있으나 필자는 그 나라의 성격으로 보아 '고을나라'라는 말이 더 적절할 것으로 생각한다. 이후 '고을나라'들은 '소국가'로 발전했을 것이다. 한반도인들이 일본열도에 진출하여 많은 소국을 형성했을 것이라는 견해를 일찍이 김석형이 내놓은 바 있다.

고조선인들이 대거 이주하여 야요이문화와 고을나라라는 새로운 문화와 사회 단계를 출현시켰다. 이 시기에 이런 현상이 일어난 것은 고조선의 내부 사정과 관계가 깊을 것으로 생각된다. 일본열도에서 조몬문화가 야요이문화로 교체된 서기전 4~3세기는 고조선 말기로 철기가 일반화된 시기였다. 고조선에서는 서기전 8세기 무렵에 철기를 사용하기 시작하여 서기전 4~3세기에는 이미 철기가 일반화되었다.

청동기가 주로 무기나 의기(儀器)로서 지배 계층의 독점물이었던 것과는 달리 철기는 농구로 보급되어 노동능률을 크게 향상시켰다. 청동기시대까지만 해도 농구가 주로 석기였기 때문에 노동능률이 오르지 않아 토지 경작에 한계가 있었다. 따라서 개간 가능한 면적 이상의 넓은 토지는 사람들에게 가치가 없었다. 그러므로 경제적 가치가 없는 공터가 많았다. 그런데 철기가 보급되어 노동능률이 올라가면서 넓은 토지라도 개간이 가능하다는 사실을 안 사람들은 토지에 대해 새로운 생각을 갖게 되었다. 토지를 많이 소유할수록 유리하다는 토지에 대한 새로운 경제 관념이 생긴 것이다. 이에 따라 지배 귀족 사이에는 한층 더 넓은 토지를 확보하기 위해 토지 쟁탈전이 일어났다. 이런 현상은 사회를 혼란하게 만들고 기존 질서의 붕괴를 가져왔다. 고조선의 붕괴와 중국 춘추시대의 봉국제 질서 붕괴는 모두 철기의 보급과 깊은 관계가 있는 것이다.[70]

서기전 4~3세기 무렵 철기의 일반화에 따른 고조선인들의 토지에 대한 경제 관념의 변화는 그들로 하여금 미개척지로 남아 있는 일본열도

---

70 중국에서 춘추시대부터 전국시대로의 변천 과정에서 철기의 작용에 대해서는 필자의 『상주사』 참고.
윤내현, 『상주사』, 민음사, 1984, pp. 169~207.

에 관심을 갖도록 만들었을 것이다. 한반도 남부에 거주했던 고조선인들은 일본열도로 건너가 쉽게 넓은 평야를 차지하고 신세계에서 그 세력을 확대해나갔다. 이후 서기 4세기 무렵에 이르면 한반도로부터 새로운 고훈문화가 전달되며, 후에 이 고훈문화인들이 국가를 출현시키게 된다.

한반도와 일본열도의 문화 교류 흔적은 신화와 전설에서도 보인다. 『고사기(古事記)』 첫머리에 일본열도는 태초에 마치 물 위에 뜬 기름 또는 해파리처럼 바다 위를 떠돌고 있었다는 내용이 있다.[71] 태초에 땅이 물 위에 떠 있었다는 전설은 제주도 한림리 앞바다에 있는 비양도의 전설에도 보인다. 비양도는 원래 조류에 밀려 떠내려온 섬이라는 것이다. 어느 날 임신한 해녀가 해초를 캐다가 큰 섬이 떠내려온 것을 발견하고 그 섬에 올라가 소변을 보자 섬이 그 자리에 멈춰버렸는데, 이것이 비양도라는 것이다.[72] 대구 달성산의 경우는 산이 흘러왔다고 전해오는데, 이와 같이 산이나 섬이 흘러왔다는 전설은 능라도·암도·덕천산·공주산·부산(浮山)·내산 등 한반도 각지에 널리 전승되고 있다.[73]

또 『고사기』에는 이자나기 신(伊耶那岐神)과 이자나미 신(伊耶那美神)의 남매신이 일본열도와 여러 신을 낳은 전설이 실려 있다. 대지가 아직 고정되지 않고 떠돌아다닐 때 천신은 이자나기 신과 이자나미 신의 남매신에게 국토를 고정시키도록 명했는데, 남매신은 서로 남는 곳과 모자란 곳을 맞대어서 국토를 낳을 것에 합의하고 결혼하여 아와지 섬(淡

---

71 노성환 역주, 『고사기』, 예전사, 1987, p. 32·35.
72 일설에는 떠내려오는 섬을 발견하고 임신한 여자가 "저기 섬이 떠내려온다"라고 소리치자 섬이 그 자리에 멈춰버렸다고도 한다.
73 현용준, 「한·일 신화의 비교」 『제주대학논문집』 제8집 ─ 인문·사회과학편, 제주대, 1976, pp. 118~121.

路島)을 비롯한 일본열도와 40여 명의 신을 낳았으며, 마지막에 이자나미 신은 화신(火神)을 낳다가 음부에 화상을 입고 죽어 황천국(黃泉國)으로 가게 되어 남매신은 이별했다고 한다.[74] 이 전설은 천부(天父)인 이자나기 신과 지모(地母)인 이자나미 신이 결합하여 국토와 여러 신 등 만물을 생산하고 마지막에는 천지(天地)가 분리되었음을 의미하는 설화로 해석되고 있다.[75]

이와 유사한 설화의 내용이 제주도를 비롯한 한반도 전 지역의 무가(巫歌)에서 보인다. 그 내용을 간추려보면 다음과 같다. 태초에 천지는 혼합되어 하늘과 땅이 서로 맞붙어 암흑으로 휩싸여 있었는데 옥황상제 천지왕(天地王)이 해 둘과 달 둘을 보내어 천지를 활짝 개벽시켰다. 어느 날 천지왕은 마음씨 고약한 수명장자를 벌주기 위해 지상으로 내려와 총명부인과 배필을 맺어 며칠간을 동침한 후 하늘로 올라갔는데, 총명부인은 대별왕과 소별왕 형제를 낳아 이들이 이승과 저승을 차지하고 질서를 잡았다는 것이다. 이것도 천지가 분리되는 설화로서 기본적으로 일본의 천지분리설화와 성격을 같이한다고 보고 있다.[76]

한국과 일본은 생사(生死)에 관한 전설에서도 유사한 것을 가지고 있다. 『고사기』에 따르면 앞에서 언급된 이자나미 신이 화상을 입고 사망하여 황천국으로 간 후 사랑하는 처를 잃은 이자나기 신은 처를 만나러 황천국으로 갔다. 그런데 이자나미 신이 시키는 대로 말을 듣지 않은 이자나기 신은 이자나미 신의 미움을 사서 황천국으로부터 쫓겨온다. 이

---

74 앞 책, 『고사기』, pp. 37~53.
75 沼澤喜市, 「天地分る神話の文化史的背景」 『現代のエスプリ, 神話』, 至文堂, 1966, pp. 49~62.
76 앞 글, 「한·일 신화의 비교」, pp. 121~124.

자나기 신은 뒤쫓아오는 이자나미 신과 황천의 경계에서 큰 바위로 길을 막고 대결했다. 이자나미 신이 "이렇게 하면 당신 나라의 사람을 하루에 1,000명을 죽이겠다"고 말하자 이자나기 신은 "당신이 그렇게 하면 나는 하루에 1,500명씩 낳겠다"고 응수하고 두 신은 이승과 저승으로 갈라섰다.[77] 이렇게 되어 인간세계는 사람이 하루에 1,000명씩 죽고 1,500명씩 태어나게 되었다는 것이다.

제주도의 무가에도 생사에 관한 다음과 같은 내용이 있다. 동해 용왕의 딸이 여러 가지 죄를 지으므로 용왕은 그녀를 죽이려 했는데 어머니가 그녀를 삼승할망(産神)으로 세상에 보냈다. 그런데 어머니는 그녀에게 포태시키는 법은 가르쳐주었지만 해산시키는 법을 미처 가르쳐주지 못했다. 지상에 온 그녀는 자식이 없는 임박사의 처에게 포태를 시켜주었으나 해산을 시킬 수가 없었다. 임박사가 옥황상제에게 이 일을 하소연하자 명진국 딸에게 포태와 해산하는 법을 가르쳐주어 산신(産神)으로 내려보냈다. 그런데 두 처녀가 서로 산신이 되려고 싸우자 옥황상제는 꽃 가꾸기를 해서 이기는 사람에게 산신의 자격을 주겠다고 했다. 꽃 가꾸기에서 명진국 딸이 승리하여 삼승할망이 되었다. 동해 용왕의 딸은 화가 나서 말하기를 "네가 포태를 시켜 아이가 태어나면 내가 병을 주어 잡아가겠노라"고 하고는 저승으로 가고 명진국 딸은 이승으로 왔다는 것이다. 이 두 전설은 경쟁해서 승리한 자는 생(生)의 신, 즉 이승의 신이 되고 패배한 자는 사(死)의 신, 즉 저승의 신이 된다는 것으로서 기본적으로 유사성을 지니고 있다.[78]

한국과 일본은 건국신화에서도 유사성이 보인다. 『고사기』에 기록된

---

**77**  앞 책, 『고사기』, pp. 58~64.

**78**  앞 글, 「한·일 신화의 비교」, pp. 125~127.

일본의 건국신화를 보면, 아마테라스오미카미(天照大御神)와 다카기노카미(高木神)의 명에 의해 손자인 히코호노니니기노미코토(日子番能邇邇藝命)가 아메노코야네노미코토(天兒屋命)·후토다마노미코토(布刀玉命)·아메노우즈메노미코토(天宇受賣命)·이시코리도메노미코토(伊斯許理度賣命)·다마노오야노미코토(玉祖命) 등의 5반서(五伴緖)를 거느리고 구슬과 거울·칼 등 3신기(三神器)를 휴대하고 구름을 헤치고 다카치호(高千穂)의 구지후루타케(久士布流多氣)에 강림하여 나라를 세웠다고 한다.[79]

그리고 히코호노니니기노미코토가 구지후루타케에 자리를 잡을 때 "이곳은 한국(韓國)[80]을 바라보고 있고 가사사(笠沙)의 곶(岬)과도 바로 통해 있어 아침 해가 바로 비치는 나라, 저녁 해가 비치는 나라이다. 그러므로 여기는 정말 좋은 곳이다"[81]라고 했다고 한다. 여기서 히코호노니니기노미코토가 말한 한국은 바로 한반도 남부에 있었던 고조선의 거수국인 한(韓)이다. 그리고 그가 한국이 바라보이는 곳에 터를 잡은 것은 그 일족이 한반도 남부의 한으로부터 이주한 사람들이었음을 알게 해주는 것이다.

위의 건국설화는 하느님 환인의 아들인 환웅이 천부인(天符印) 3개와 무리 3,000명을 거느리고 태백산 마루에 내려와 신시(神市)를 베풀었으며, 그가 곰녀와 결혼하여 단군왕검을 낳았고, 단군왕검이 고조선을 건국했다는 단군사화 및 가야의 건국설화와 유사한 점이 많다.

---

79  앞 책, 『고사기』, pp. 166~176.
80  일본인들은 한국(韓國)을 '가라구니'라고 읽는다. '가라구니'는 가야국을 말하는데, 가야국은 한반도 남부에 있었던 한국 가운데서 일어난 나라였기 때문에 한국과 가야국을 동일시했던 것이다.
81  앞 책, 『고사기』, p. 171·176.

첫째, 천신 다카기노카미와 단군이 모두 나무와 관련된 명칭으로 되어 있다. 둘째, 천손의 강림지인 구지후루타케는 가락국의 김수로왕이 강림했다는 구지봉과 음이 비슷하다. 셋째, 구슬·거울·칼 등 일본의 세 가지 신기(神器)는 단군사화의 천부인 3개와 비슷하다. 넷째, 천손이 강림할 때 따라온 5반서는 고구려 건국 초의 다섯 부족을 연상하게 한다. 이 외에도 이보다 시대가 늦은 것이기는 하지만 일본의 건국 과정을 전하는 진무천황(神武天皇) 전설은 고구려 주몽왕과 백제 온조왕의 설화와 기본 구조가 유사하다.[82]

이상과 같이 한국과 일본의 신화나 전설 가운데 기본 구조나 발상이 유사한 점이 많은 것은, 고대에 한반도와 일본열도 사이에 깊은 문화 교류와 주민의 이동이 있었을 것임을 알게 해준다. 신화와 전설의 발상지와 전파지를 확인하기 위해서는 치밀한 검증 작업이 필요하겠지만, 대체로 학자들은 이런 신화나 전설들은 한반도로부터 일본열도에 전달되었을 것으로 보고 있다.[83] 이 신화와 전설들이 일본열도에 전달된 시기를 정확하게 밝히기는 쉽지 않다. 그러나 일본열도에 국가 단계의 사회가 출현하기 전부터 한반도로부터 일본열도에 문화의 전파와 주민의 이동이 있었음이 확실하고, 한반도로부터 이주한 사람들에 의해 일본열도는 고을나라 단계를 거쳐 문명사회인 국가 단계에 진입하게 되었으므로 위의 신화와 전설들은 한반도로부터 일본열도에 전달되어 형성되었을 것이다.

---

82　大林太良,「神武天皇傳說と百済·高句麗の建國傳說」『日本神話の比較研究』, 法政大學出版局, 1974, pp. 98~129.
83　앞 글,「한·일 신화의 비교」, pp. 135~136.

## 4. 마치며

　지금까지 살펴본 바와 같이 고조선 지역과 몽골·중앙아시아·시베리아·일본 등의 지역은 일찍부터 긴밀한 문화 교류가 있었다.

　고조선과 북방 지역의 문화 교류는 구석기시대부터 계속되었다. 최남선의 불함문화론은 이 지역의 공통된 문화 요소에 기초하고 있다. 그러한 문화적 공통성 때문에 지난날 한민족의 기원지를 몽골이나 중앙아시아, 시베리아 등의 북방으로 보기도 했다. 근래의 고고 자료는 한민족이나 한민족의 문화가 일방적으로 북방 지역으로부터 왔을 것이라는 견해를 수정하도록 만들고 있지만 고조선과 북방 지역 사이에 문화의 공통성이 많다는 점은 인정된다.

　고조선의 청동기 유물 가운데 대표적인 것은 비파형동검·세형동검·조형다뉴기하문경·선형인동부·동포(동구)·내만인동도·동착·동패·청동장식 등인데, 이 가운데 선형인동부·동포·내만인동도·동패 등은 시베리아의 안드로노보-카라수크문화에서도 유사한 것이 발견된다. 그리고 카라수크-타가르계의 돌널무덤은 몽골과 만주, 한반도 일대 및 러시아의 연해주 지역에서도 보인다. 이런 문화의 공통성은 이 지역들 사이에 문화의 교류가 빈번했음을 알게 해준다.

　고조선과 북방 지역의 관계는 풍속에서도 보인다. 고아시아족의 후예로서 오늘날 시베리아에 거주하고 있는 길랴크족 등은 곰을 숭배하고 있는데, 이런 곰 숭배는 신석기시대에 아시아 지역에 광범위하게 퍼져 있었으며 단군사화에도 등장한다. 그리고 한민족은 고대로부터 새에 대한 신앙도 가지고 있었는데, 이런 풍속이 시베리아에서도 보인다. 카자흐스탄의 이식 고분에서 출토된 유물에는 새가 출(出)자형의 나무에 앉아 있는데, 이것은 신라 금관에 보이는 장식과 유사하다. 이런 풍속의 유사성은 고조선이 몽골·중앙아시아·시베리아 지역과 깊은 문화 교류를 가졌음을 말해주는 것이다.

고조선 국민의 중심을 이룬 세력은 농경민으로서 그 문화 성격은 기본적으로 농경문화였지만 고조선의 북쪽 경계인 아르군 강 유역이나 서북쪽 경계인 지금의 요서 북부 지역은 유목 지역이었다. 그리고 그곳과 연접된 몽골이나 중앙아시아 지역도 유목 지역이었다. 유목민들은 농경민들에 비해 자주 이동하기 때문에 각 지역의 문화를 전파하는 데 크게 공헌했을 것이다. 따라서 몽골·중앙아시아 지역의 유목민들은 고조선의 문화를 다른 지역에 전달하기도 했고 다른 지역의 문화를 고조선에 전달하기도 했을 것이다. 종래에는 이런 유사한 문화는 일방적으로 몽골이나 중앙아시아 및 시베리아 등지로부터 고조선 지역에 전달되었을 것으로 보았으나 근래의 고고 자료에 의하면 고조선 지역의 문화나 사회의 진전이 이들 지역보다 앞섰으므로 그러한 논리는 성립될 수 없다. 오히려 그러한 문화 요소는 고조선에서 전파되었을 가능성이 크다.

고조선 지역과 일본열도 사이에도 일찍이 구석기시대부터 조몬문화시대와 야요이문화시대를 거치면서 긴밀한 문화 교류가 계속되었다. 특히 야요이문화는 한반도로부터의 문화적 영향을 매우 강하게 받아 형성된 것으로, 한반도로부터 일본열도로의 문화적 영향이 그 이전 어느 때보다도 강했다.

일본열도의 신석기문화인 조몬문화 시기에 보이는 융기문토기·소바타토기·결합식조침·석거·옹관묘 등은 한반도에서 전달되거나 영향을 받은 것들로서 융기문토기는 모두 규슈 지방과 대마도에 분포되어 있다. 조몬문화의 뒤를 이은 야요이문화는 벼농사를 주로 한 농경과 질그릇·묘제·청동기·철기 등의 완전히 새로운 문화 요소를 가지고 있었는데 이전보다 한층 더 강한 문화의 영향을 한반도로부터 받았다. 야요이문화는 고조선에서 가까운 거리에 있는 서북규슈 지방에서 시작되어 그 말기에는 홋카이도 일부를 제외한 일본열도 전 지역에 확산되었다.

야요이문화가 시작되기 전인 조몬문화 말기의 구로가와식 질그릇 시기에 고조선의 무문토기문화가 일본열도에 전달되어 야요이문화 초기의 유스식 질그릇과 그 뒤를 이은 이타쓰케Ⅰ식 질그릇, 이타쓰케Ⅱb식 질그릇에 강하게 영향을 주었다. 그러한 영향은 질그릇뿐만 아니라 함께 출토되는 유병식마제석검·석촉·유구석부·삼각석도 등에서도 보인다. 고조선 말기에 고인돌무덤도 일본열도에 전달되었다. 이런 문화 요소는 고조선에서 가까운 서북규슈 지역에 편재해 있다.

일본의 벼농사도 고조선으로부터 전달되었다. 일본열도에서의 초기 벼농사유적은 북규슈에서 많이 발견되는데, 이 유적들에서 출토된 유물이나 유적의 구성 등은 한반도의 것과 일치했다. 이 유적들에서는 마을을 이룬 집자리들이 발견되어 한반도의 거주민 가운데 일부가 이곳으로 이주하여 집단마을을 형성했을 것임을 알게 해주었다.

고조선과 일본열도의 문화 교류는 청동기에서도 보인다. 일본열도의 청동기문화는 고조선 말기에 고조선 남부로부터 전달되어 시작되었다. 일본열도에서 청동기문화가 가장 일찍 나타난 지역은 한반도로부터 무문토기·고인돌·벼농사 등의 문화 요소를 가장 일찍 받아들였던 북규슈 지방이었다. 북규슈 지방에서는 대체로 야요이문화 중기가 시작되면서 고조선의 남부 지역에서 제조된 청동기가 그대로 수입되어 사용되다가 점차 그것을 모방해서 만드는 과정을 거치게 되었다. 고조선의 제품이 그대로 일본열도에 수입된 것을 학계에서는 '박재동기'라 부르는데, 고조선에서 건너간 박재동기 가운데 대표적인 것은 다뉴세문경·세형동검·동과·동모·동탁 등이다.

고조선 말기에 철기도 일본열도에 수출되었다. 일본열도는 상당히 오랜 기간 철을 한반도에 의존하고 있었다. 야요이시대 철기 유적들은 한반도에서 가까운 지역에 집중되어 있었다. 철기 유적의 분포로 보아 고조선과 일본열도 간의 문화 교류 중심지 및 야요이문화 중심지는 서일본에서는 북규슈 지역이며 긴키에서는 오사카 지역으로 나타나는데, 이 가운데 가장 선진했던 지역은 북규슈의 후쿠오카 지방이었던 것으로 보인다.

청동기문화와 철기문화 그리고 벼농사가 전달된 야요이문화 시기에는 이미 사회 구성원 사이에 빈부와 신분의 차이도 일어났을 것이다. 이들은 여러 마을이 연맹을 맺고 추장과 같은 정치권력자가 출현한 '고을나라' 단계의 사회를 형성시켰을 것이다. 야요이문화 시기에는 고조선의 이주민들에 의해 형성된 '고을나라'들이 북규슈 지역을 시발점으로 하여 일본열도의 여기저기에 출현하게 되었던 것이다.

한반도와 만주 지역에서는 서기전 40세기 무렵에 고을나라 단계의 사회에 진입했고, 서기전 24세기 무렵에는 고조선이라는 국가 단계의 사회에 진입했는데, 일본열도는 고조선 말기인 서기전 3세기 이후에야 겨우 고을나라 단계의 사회를 향하고 있었던 것이다. 그 중심 세력은 고조선인들이었다.

한반도와 만주 지역에서는 청동기문화 개시부터 철기문화의 개시까지 긴 세월이 필요했고, 고인돌무덤이나 옹관묘, 벼농사 등도 동시에 나타난 것이 아니었고 상당한 기간의 차이를 가지고 있었다. 그러나 일본열도에서는 청동기와 철기·고인돌무덤·옹관묘·벼농사 등이 기간의 차이가 별로 없이 모두 야요이문화의 요소로 출현했다. 이런 현상이 일어난 것은 일본열도가 바다를 사이에 두고 대륙과 격리되어 있어서 한반도에서 전개된 문화의 영향을 연속적으로 받지 못했기 때문이었다.

일본열도의 조몬문화 말기부터 갑자기 고조선인들이 일본열도로 대거 이주하여 야요이문화와 고을나라라는 새로운 문화와 사회 단계를 출현시킨 것은 고조선의 내부 사정과 깊은 관계가 있을 것이다. 조몬문화가 야요이문화로 교체된 서기전 4~3세기는 고조선 말기로서 철기가 일반화된 시기였다. 청동기시대는 농구가 주로 석기였으나 철기시대에는 철기가 농구로 보급되어 노동능률을 크게 향상시켰다. 철기가 보급되어 노동능률이 올라가면서 토지에 대한 경제 관념이 변화했다. 토지를 많이 소유할수록 유리하다고 생각하게 되었고, 이에 따라 지배 귀족 사이에는 토지 쟁탈전이 일어났다. 철기의 일반화에 따른 고조선인들의 토지에 대한 경제 관념의 변화는 그들로 하여금 미개척지인 일본열도에 관심을 갖도록 만들었을 것이다. 고조선인들은 일본열도로 건너가 신세계에서 그 세력을 확대해나갔던 것이다.

한반도와 일본열도 사이에는 천지의 생성·신들의 탄생·생과 사·건국 등의 신화와 전설에서도 기본 구조나 발상이 유사한 것이 발견된다. 이런 사실은 고대에 한반도와 일본열도 사이에 깊은 문화 교류와 주민의 이동이 있었을 것임을 알게 해준다. 일본열도에 국가 단계의 사회가 출현하기 전부터 한반도로부터 일본열도에 문화의 전파와 주민의 이동이 있었음이 확실하고, 한반도로부터 이주한 사람들에 의해 일본열도는 고을나라 단계를 거쳐 문명사회인 국가 단계에 진입하게 되었으므로 위의 신화와 전설들은 한반도로부터 일본열도에 전달되어 형성되었을 것이다.

이상과 같이 고조선과 일본열도는 줄곧 깊은 교류를 가졌는데, 주로 고조선으로부터 일본열도로 주민 이동과 함께 문화가 전달되었다. 그리고 이들 이주민에 의해 일본열도는 점차 문명사회를 향하게 되었다.

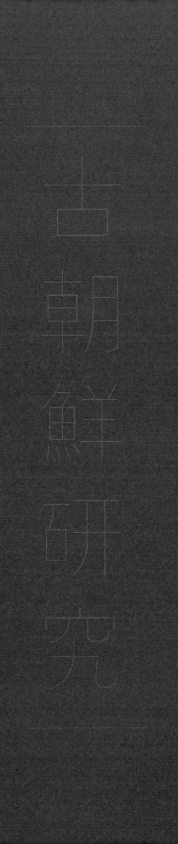

古朝鮮研究

총결

◉

고조선의 실체와 역사적 의의

필자는 고조선의 실체를 정확하게 파악하기 위해 종합적인 검토를 시도했다. 총론편에서는 고조선을 인식하는 데 있어서 기초적인 문제들이라고 생각되는 고조선 명칭의 개념, 건국과 민족 형성, 강역과 국경, 연대와 중심지 및 이 문제들을 구체적으로 인식하는 데 도움이 되는 기자조선·위만조선·한사군·창해군의 위치와 성격 등을 고찰했다. 각론편에서는 고조선의 정치(국가 구조와 통치 조직), 경제(경제 수준과 생산양식), 사회(사회신분과 생활 풍속), 문화(종교와 과학·예술), 대외관계(중국·북방·일본 등과의 관계) 등을 고찰했다.

고조선에 관한 새로운 문헌 자료나 고고 자료는 그동안 꾸준히 발굴되었다. 따라서 종래에는 말하기 어려웠던 많은 문제들이 이제는 새로운 자료들에 의해 밝혀지게 되었다. 필자가 이 책에서 고조선을 다각적으로 검토할 수 있게 된 것도 이런 새로운 자료의 증가에 힘입은 것이다. 자료의 증가는 앞으로도 계속될 전망이므로 새로운 연구 결과도 계속 나올 것이다. 앞에서 연구된 결과들을 묶어 정리하면 다음과 같다.

고조선의 국명이었던 조선은 고대 문헌에서 여러 가지 다른 의미로 사용되었다. 단군조선·기자조선·위만조선·한사군의 조선현·단군조선 안의 단군 직할국(왕기) 및 단군조선이 붕괴된 후 단군 일족의 후손들이 살았던 지역 등이 조선이라 불렸다. 이들의 위치나 지리 범위는 동일하지 않았다. 따라서 고대 문헌에 조선이라는 명칭이 등장할 경우, 그 조선은 어느 조선을 의미하는지를 먼저 확인해야 한다. 그런데 종래에는 이런 검증 없이 문헌에 등장한 조선을 모두 동일한 지리 개념으로 받아들여 사료를 해석함으로써 많은 오류를 범했다.

그러한 오류는 고조선이라는 용어의 사용에까지 이어졌다. 오늘날 학계에서는 고조선이라는 용어를 학자에 따라 몇 가지 다른 의미로 사용하고 있다. 첫째는 단군조선 → 위만조선 → 한사군 조선현 등을 포괄하는 개념이고, 둘째는 개념이 불분명한 조선 → 위만조선 → 낙랑군 조선현 등을 포괄한 것이며, 셋째는 기자조선만을 의미하는 것이고, 넷째는 단군조선만을 의미하는 것이다. 첫째와 둘째는 고조선을 근세조선(이씨조선) 이전에 있었던 '옛날의 조선'이라는 의미의 보통명사로 사용한 것이다. 셋째는 단군조선이라는 나라는 존재하지 않고 중국으로부터 이주한 기자족이 처음으로 나라를 건국했다고 보는 견해이며, 넷째는 토착인들이 세운 단군조선의 실체를 인정하고 단군조선만을 고조선으로 본 견해이다.

그런데 일반적으로 한국 사람들은 고조선을 단군조선이라는 의미로 받아들인다. 그러므로 일부 학자들이 사용하는 고조선의 개념은 한국 사람들의 일반 정서와 맞지 않다. 이런 괴리는 어디서 온 것일까? 그리고 어느 쪽이 옳은 것일까? 한국 사람들이 가지고 있는 정서는 오랜 기간의 역사 속에서 형성된 것이다. 고조선이라는 용어는 일연의 『삼국유사』〈고조선〉조에 처음 등장한다. 그 책에서는 단군조선만을 고조선이라고 했으며 단군조선을 왕검조선이라고도 부른다고 했다. 고조선은 원래 단군조선을 의미했으며, 그것이 오랜 세월을 거치면서 고유명사화된 것이다. 이것이 한국 사람들이 갖고 있는 정서다. 그런데 일부 학자들은 고조선이라는 용어가 갖고 있는 역사성을 도외시하고 자의로 사용함으로써 혼란을 야기하고 있다.

더욱이 위의 여러 조선들은 단군조선과는 지리적 위치도 다르고 성격도 다르기 때문에 고조선이라는 하나의 명칭 속에 포괄될 수 없다. 단군조선은 토착인들에 의해 건국되어 한반도와 만주를 차지하고 있었다. 반면에 기자조선과 위만조선은 중국의 망명 세력이었으며 한사군의 조선현은 중국 서한의 행정구역이었다. 이들의 위치는 지금의 난하 유역과 요서 지역이었다. 기자조선이나 위만조선, 한사군은 단군조선과 동일한 지역에 있지도 않았고 단군조선을 계승하지도 않았다. 이들은 성격이나 지리적 위치가 단군조선과는 전혀 다르다. 그러므로 고조선이라는 명칭에 이들을 포괄시킬 수 없다. 고조선은 단군조선만의 명칭으로 사용되어야 하는 것이다.

고조선의 국명이었던 조선은 아사달에서 유래되었다. 아사달은 '아침 땅'이라는 뜻이다. 고조선이 건국되기 전 한반도와 만주에는 많은 고을나라가 있었는데, 그 가운데 아사달이라는 이름을 가진 고을나라가 주변의 고을나라들을 통합하여 고조선을 건국했다. 따라서 고조선 건국 중심세력의 명칭이었던 아사달이 고조선의 국명이 되었는데, 그것이 한자로 표기되면서 조선이라고 부르게 되었던 것이다.

고조선은 사람들이 정착 생활에 들어가 마을을 이룬 후 수천 년의 오랜 기간에 걸친 마을 연합 과정 끝에 출현했다. 그동안 한반도와 만주의 고고 발굴 결과를 보면 지금부터 1만 년 전 이전에는 떠돌이생활을 하던 사람들이 서기전 8000년 무렵에는 붙박이생활에 들어가 마을을 이루었다. 이 단계에서는 마을들이 정치적·경제적·사회적으로 독립되어 있었으므로 마을사회라고 부른다. 서기전 4000년 무렵에 이르면 여러 마을들이 연맹을 맺어 고을을 이루고 정치적 지배자가 출현했다. 이 단계를 고을나라라 부른다. 서기전 2400~2300년 무렵에는 여러 고을나라 가운데 세력이 가장 강했던 아사달 고을나라가 주변의 고을나라들을 통합하여 고조선을 건국했다. 따라서 고조선은 한국사에 최초로 등장한 국가였던 것이다. 이를 표로 만들면 다음과 같다.

| 고고학 편년 | 한국의 사회 성장 | 황하 유역 |
|---|---|---|
| 구석기시대 | 무리사회 B.C. 8000 이전 | 유단사회 B.C. 8000 이전 |
| 중석기사회 | | |
| 전기 신석기 | 마을사회 B.C. 8000 | 촌락사회 B.C. 8000 |
| 후기 신석기 | 고을나라 B.C. 4000 | 촌군사회 B.C. 3500 |
| 청동기시대 | 국가 고조선 B.C. 2333 | 국가 하·상·주 B.C. 2200 |
| 철기시대 | | 춘추전국시대 B.C. 770 |

고조선이라는 국가가 출현함으로써 한민족이 형성되었는데, 이는 한반도와 만주에 거주했던 사람들이 오랜 기간에 걸쳐 통합된 결과였다. 단군사화의 내용 가운데 단군이 고조선을 건국하기 전의 내용은 한민족의 형성 과정을 말해준다. 환인시대는 떠돌이생활을 하던 무리사회 단계를 의미하며, 환웅시대는 농업을 하며 붙박이생활에 들어갔던 마을사회 단계를 의미하고, 환웅과 곰녀의 결혼은 여러 마을들이 연맹을 맺었던 고을나라 단계를 말한다. 그리고 단군왕검에 의한 고조선의 건국은

국가사회 단계에 진입했음을 말하는 것이다. 그 결과 한민족의 형성을 보게 되었던 것이다.

한민족을 형성한 주체 세력은 일찍부터 한반도와 만주에 거주했던 토착인들이었다. 한반도와 만주 지역에 부분적으로 이주민들이 들어왔을 가능성은 있지만 그들이 토착인들을 누르고 주체 세력이 되었을 가능성은 희박하다. 한민족 형성의 중심이 되었던 종족은 아사달족, 즉 조선족이었다. 조선이라는 국명은 이런 사실을 말해준다. 아사달은 종족의 명칭인 동시에 고을나라의 명칭이었는데, 고조선이 건국되면서 그것이 한자화되어 국명과 함께 민족의 명칭이 되었다. 그러므로 한민족은 외부로부터의 이주민에 의해 형성되었다거나 그 주체가 예·맥족이었을 것이라는 등의 주장은 성립될 수 없다.

고조선은 한반도와 만주 전 지역을 강역으로 하고 있었던 대국이었다. 그 강역을 구체적으로 말하면, 서쪽은 북경에서 가까운 지금의 난하와 그 하류 동부 유역에 있는 갈석산을 경계로 하여 북쪽은 아르군 강, 동북쪽은 흑룡강(때에 따라서는 연해주까지), 남쪽은 한반도 남부의 해안에 이르렀다. 서기전 16세기부터 고조선 말까지 대체로 이런 강역이 유지되었는데, 때로는 난하를 넘어 북경 서남부까지도 세력을 미쳤다. 서기전 16세기 이전 고조선 초기의 서쪽 국경은 명확하게 확인할 수 없으나 그동안의 고고 자료에 의하면 난하 유역이 중국의 영역이 아니었던 것만은 분명하며, 고조선의 세력 아래 있었을 가능성이 크다.

고조선 말기에 중국에 건립된 서한제국은 고조선과의 당시 국경을 지키기 어려워 국경선을 뒤로 물려 패수를 경계로 삼았다. 그 패수는 지금의 난하 서부 지류이거나 난하 서쪽에 있었던 어느 강이었을 것이다. 왜냐하면 당시까지의 국경은 난하 유역이었는데, 그곳을 지키기 어려워 중국 쪽으로 국경을 이동했다면 새로 국경이 된 곳이 난하의 동쪽일 수는 없기 때문이다. 고조선 말기에 지금의 요서 지역에 위만조선이 건국되어 난하 유역은 위만조선과 서한의 국경이 되었고, 고조선은 대릉하를 경계로 위만조선과 대치하게 되었다.

고조선과 중국의 국경을 바르게 이해하기 위해서는 요동의 개념과 위치를 알아야 한다. 왜냐하면 고조선과 중국의 국경 지역에 요동이 위치하고 있었던 것으로 문헌에 기록되어 있기 때문이다. 요동은 원래 극동이라는 뜻으로 중국 영토의 동북쪽 끝을 의미했다. 요동에는 두 가지 다른 개념이 있었다. 하나는 일반적 의미의 요동으로 범위가 다소 막연한 넓은 지역을 의미하는 것이고, 다른 하나는 진제국과 서한제국에 있었던 행정구역인 요동군이었다.

그동안 일부 학자들은 일반적 의미의 요동과 요동군을 구별하지 않았고, 그 지리적 위치도 고대의 요동과 지금의 요동이 동일할 것으로 믿었다. 그 결과 고조선과 중국의 국경을 지금의 요동 지역에서 찾았었다. 그러나 고대의 요동은 지금의 요동과는 위치가 달랐다. 일반적 의미의 고대 요동은 지금의 난하 유역과 요서 지역이었다. 그리고 진(秦)·한의 요동군은 난하 하류 유역으로 지금의 갈석산 서쪽이었다. 따라서 요동군은 일반적 의미의 요동의 서남부 일부를 형성하고 있었던 것이다. 진제국이 쌓았던 진장성(만리장성)은 요동군과 일반적 의미의 요동의 경계 상에 위치하고 있었다.

후에 지금의 요서 지역에 한사군이 설치되어 그곳이 서한의 영토가 되자 일반적 의미의 요동은 지금의 요하 동부 유역으로 이동했다. 그러나 행정구역인 요동군은 그대로 난하 하류 유역에 있었다. 일반적 의미의 요동은 중국의 영토가 동북쪽으로 확장되면서 그것을 따라 이동했지만 요동군은 행정구역의 개편 없이는 이동이 불가능하기 때문이었다. 그 결과 일반적 의미의 요동과 요동군은 멀리 떨어져 있게 되었다. 일반적 의미의 요동이나 행정구역인 요동군은 요동으로만 표기되는 경우가 많다. 그러므로 문헌에 요동이 등장할 경우 그 요동이 어느 요동을 말하는지를 먼저 확인할 필요가 있다.

종래에 일부 학자들은 고조선과 중국 사이에 동호가 거주하고 있었다 거나 고조선 말기에 연나라 진개의 침략을 받아 서부의 땅 2천여 리를 빼앗겼다고 믿었다. 그러나 그렇지 않았다. 고조선과 중국은 국경을 접하고 있어서 그 사이에 동호가 거주했을 수가 없다. 그리고 그 국경을 계속 유지하고 있었던 것으로 보아 연나라에게 영토를 빼앗기지 않았음을 알 수 있다. 진개의 침략이 있었고, 그로 인해 고조선이 피해를 입은 것은 사실이지만 국토는 바로 수복되었고 오히려 연나라에 쳐들어가 그 동부 땅을 빼앗아 침략에 대한 응징을 했었다.

일반적으로 고조선은 서기전 2333년에 건국되었다고 믿고 있다. 『제왕운기』에 고조선이 건국된 해는 중국의 요임금 즉위년인 무진년(서기전 2333)이라고 기록된 것에 따른 것이다. 그러나 『삼국유사』〈고조선〉조에는 단군왕검이 고조선을 건국한 해는 요임금 50년이라고도 기록되어 있어 『제왕운기』와는 50년 차이가 있다. 문헌 기록과 고고 자료를 통해 볼 때 고조선의 건국 연대는 서기전 2400~2300년 무렵이었을 것으로 추정된다.

고조선이 붕괴된 시기는 신라와 고구려 등이 독립국으로 출발한 서기전 57년과 서기전 37년보다 조금 앞선 서기전 100년대 초였을 것으로 추정된다. 『삼국유사』에는 고조선의 존속 기간이 1,908년 동안이었던 것으로 기록되어 있는 바, 이에 따르면 고조선은 서기전 400년 무렵에 붕괴되었다는 것이 된다. 그러나 『후한서』나 『삼국지』에는 단군 일족의 후손들이 서기 4세기 초까지 존속했던 것으로 기록되어 있다. 이로 보아 서기전 400년부터 서기전 100년대 사이에는 단군의 통치 능력이 약화되어 강한 거수국의 도움을 받는 말기적 현상이 나타났을 것이다.

고조선의 붕괴 원인은 대내적으로는 철기의 보급에 의한 경제 구조와 사회질서의 변화 때문이었다. 그로 인하여 통치 조직의 이완이 일어났던 것이다. 대외적으로는 위만조선의 건국과 영토 확장 및 한사군 설치 때문이었다. 이 사건으로 고조선의 서부 영토가 침략을 받자 이를 저지하기 위한 전쟁으로 막대한 국력의 손실을 가져왔던 것이다.

고조선은 무려 2,300여 년 동안 존속했다. 이 기간을 통치하기 위해서는 수십 명의 단군이 실존했어야 하는데 『삼국유사』와 『제왕운기』에서는 고조선의 건국자인 단군왕검 한 사람의 이름만 확인될 뿐이다. 그러나 『단기고사』·『단군세기』·『규원사화』 등에는 47명의 단군 이름이 실려 있는데, 이 책들에 대해서는 아직 서지학적 검토나 그 내용에 대한 분석적인 연구가 충분하지 않다. 따라서 이 책들에 실린 단군들의 사적을 사료로 채택하는 데는 문제가 있겠지만 참고로 이들의 이름과 재위 연수를 소개했다.

고대사회에서 정치와 문화의 중심지는 도읍지였다. 이 점은 고조선도 예외는 아니었을 것이다. 고조선의 도읍은 아사달·평양성·백악산아사달·장당경 등이었다. 고조선의 도읍지 위치와 천도하게 된 경위를 보면 다음과 같다. 고조선은 원래 아사달 즉 '아침 땅'이라는 명칭을 가진 고을나라였는데, 그 도읍명도 아사달로서 고을나라 이름과 동일했다. 당시 도읍은 지금의 평양이었다. 그런데 아사달 고을나라는 강역을 만주 지역까지 넓히게 됨에 따라 도읍을 지금의 요하 하류 동부 유역에 있던 요령성 본계시 지역으로 옮겼는데, 이곳이 평양성이었다. 이때 황하 유역의 나라들과 교류를 갖게 되면서 아사달을 한자로 표기한 조선(朝鮮)이라는 국명을 사용하기 시작했던 것 같다.

고조선은 계속해서 서쪽으로 영토를 넓혀 지금의 난하 너머까지 수중에 넣게 되었다. 이때 황하 유역으로의 진출을 꾀하고 황하 유역의 세력들이 팽창해 오는 것도 견제하기 위해 지금의 난하 유역으로 도읍을 옮겼는데, 그곳이 백악산아사달이었다. 그 후 기자 일족이 서주로부터 고조선의 서부 변경인 난하 하류 유역으로 망명해 왔다. 고조선은 이들을 난하 유역에 거주하게 하고 거수국으로 삼아 국경을 수비하도록 했다. 그리고 지금의 대릉하 동부 유역 북진(北鎮) 동남 지역으로 도읍을 옮겼다. 그곳이 장당경이었다.

고조선 말기에 서한의 망명객인 위만이 난하 하류 유역에서 위만조선을 세우고 서한의 외신이 되어 영토를 지금의 대릉하 유역까지 확장했다. 그 후 서한 무제는 위만조선을 멸망시키고 지금의 요서 지역에 한사군을 설치했다. 이렇게 되자 고조선은 더 이상 대릉하 동부 유역에 도읍을 할 수 없게 되어 다시 동쪽으로 도읍을 옮겼다. 그곳은 고을나라시대의 도읍이었던 지금의 평양으로서 아사달이었다.

고조선 말기에 고조선의 서부 변경에서는 중요한 사건들이 일어났다. 위만조선의 건국 및 창해군과 한사군의 설치가 그것이다. 고조선의 서부 변경인 난하 유역에는 일찍이 서기전 1100년 무렵에 서주로부터 망명한 기자 일족이 자리를 잡고 고조선의 거수국이 되어 있었다. 그런데 서기전 195년에 위만이 서한으로부터 망명한 후 오래지 않아 기자의 40여 대 후손인 준으로부터 정권을 빼앗아 위만조선을 건국했다. 위만은 서한의 외신이 되어 고조선을 침략하여 그 영토가 난하로부터 대릉하 유역에 이르렀다. 서기전 108년에 서한 무제는 위만조선을 멸망시키고, 그 지역에 낙랑·임둔·진번의 세 군을 설치한 후 여세를 몰아 고조선의 변경을 침략하여 서기전 107년에는 요하 서부 연안에 현도군을 설치했다. 난하 하류 유역의 기자 일족의 망명지는 위만조선의 건국지가 되었으며, 후에 낙랑군의 조선현이 되었던 것이다. 이 사건들로 인해 고조선의 강역은 지금의 요하까지로 줄어들게 되었다.

창해군은 한사군보다 먼저 설치되었다. 창해군은 서기전 128년에 예군 남려가 위만조선의 우거왕에게 반기를 들고 28만 명을 이끌고 서한의 요동군으로 망명하자 서한 무제가 이들을 받아들여 설치한 군의 이름이었다. 창해군 위치는 발해만 서부 연안, 지금의 창주 지구였다. 그곳에는 원래 발해군이 있었는데, 그 북부를 나누어 창해군을 설치했다가 2년 후인 서기전 126년에 폐지하고 그 지역을 발해군에 재편입시켰다.

위만조선은 부분적으로 봉국제의 통치 조직을 유지하고 있었는데, 이런 제도는 고조선의 제도가 계승된 것이었다. 예군 남려는 예족 거주 지역의 제후였다. 위만조선은 우거왕 때에 이르러 중국 망명 세력과 토착 세력 사이에 갈등이 심화되었다. 이런 정치적 갈등으로 인해 토착 세력인 예족의 제후였던 예군 남려는 그의 지역 주민들을 데리고 서한으로 망명했던 것이다. 서한 무제는 그들을 받아들여 창해군을 설치했다.

그런데 무제는 생활이 안정되기도 전에 호(胡)와의 전쟁에 그들을 징발했다. 이에 분개한 창해군의 예족은 서한 정부에 대항하여 봉기했다. 그러자 서한 무제는 창해군을 발해군에 통합시켰다. 창해군은 설치 2년 만에 폐지되었던 것이다. 창해군이 폐지됨에 따라 예족 일부는 주변의 다른 곳으로 이주했다. 창해군 설치와 폐지는 한민족인 예족이 중국 동부 해안 지역에 널리 퍼져 거주하도록 만든 사건이었다.

고조선은 지방분권적인 국가였다. 고조선에는 많은 거수국이 있었는데 부여·고죽·고구려·예·맥·추·진번·낙랑·임둔·현도·숙신·청구·양이·양주·발·유·옥저·기자조선·비류·행인·해두·개마·구다·조나·주나·진·한(韓) 등이 그것이다. 이 가운데 진국(辰國)은 단군의 직할국으로서 비왕이 통치했는데 다른 거수국들보다는 지위가 높았다. 실제로는 이보다 훨씬 많은 거수국이 있었겠지만 역사에 남을 만한 사건과 관련을 갖지 못한 거수국은 기록에 남아 있지 않기 때문에 확인할 길이 없다.

종래에는 한반도 남부에 있었던 한(韓)은 고조선에 포함시키지 않았다. 그리고 한반도 남부에는 한의 전신으로 진국이 있었다고 믿었다. 그러나 진국과 한은 모두 고조선의 거수국이었다. 진국은 단군의 직할국으로서 지금의 요동 지역으로부터 한반도 서북부에 걸쳐 있었는데, 한(韓)은 진국과 경계를 접하고 그 남쪽에 있었다. 한은 고조선이 붕괴된 후에 독립국이 되었다. 한은 한반도 남부에 위치해 있었기 때문에 고조선 말기에 있었던 고조선과 위만조선·서한제국 등의 전쟁 과정에서 피해를 입지 않았다. 따라서 고조선의 문화와 사회 성격을 비교적 많이 보존하고 있었다.

고조선 말기에 그 서부 변경인 지금의 요서 지역에 위만조선이 서고 다시 한사군이 설치되는 과정에서 그 지역에 있던 고조선의 거수국들은 요하 동쪽으로 이동했다. 이로 인해 진국은 막심한 피해를 입었고, 진국의 비왕과 귀족들은 전쟁의 피해가 적은 남쪽의 한(韓) 지역으로 이주했다. 한은 이들을 받아들여 최고지배족으로 예우했다. 진국의 비왕은 진왕(辰王 : 대왕의 의미)이라 칭하고 한의 최고 통치자가 되었다.

고조선의 거수국들은 대부분 고조선이 건국되기 전부터 있었던 각 지방의 고을나라들로서 종족을 형성하고 있었다. 단군은 각 지역의 거수들만을 통솔하고 각 거수국의 주민들은 거수들에게 위임통치했다. 각 지역의 거수들은 단군에게 일정한 의무를 이행하면서 단군을 그들의 공주(共主)로 받들었다. 고조선은 여러 거수국들로 구성되어 있었으므로 거수국제 국가 또는 봉국제 국가라고 할 수 있다.

고조선 국가 구조의 기초는 마을이었다. 마을들은 그 마을이 갖는 정치적 위치와 기능에 따라 서울(도읍), 큰마을(국읍), 작은마을(소읍)로 분류될 수 있다. 서울에는 고조선의 최고 통치자인 단군이 그 일족과 함께 거주하면서 전국을 통치했고 각 지역의 큰 마을에는 거수가 거주하면서 그의 거수국을 통치했다. 그리고 전국에 널리 분포되어 있는 작은 마을들은 고조선 국가 구조의 기층을 형성하는 것으로서 평민이나 종속농민(하호)들이 거주했다. 그러므로 고조선을 '마을집적국가'라고 부를 수도 있다. 이런 고조선의 국가 구조는 고대 중국과 비슷하다. 그것은 동아시아 농경사회 국가 구조의 일반 모형이 될 수 있을 것이다.

고조선은 신정 조직·혈연 조직·관료 조직 등이 복합된 통치 조직을 가지고 있었다. 단군은 정치적 통치자이기도 했지만 종교를 관장하는 최고 지도자이기도 했다. 단군은 한(汗, 韓)이라고도 불렸는데, 단군이라는 칭호는 종교 지도자라는 의미가 강한 반면에 한은 단순히 정치적 통치자라는 뜻이었다. 단군은 중국의 천자와 같았고 한은 왕 또는 황제와 같은 의미를 지니고 있었다. 고조선에서는 종교가 정치 위에 있었기 때문에 단군이라는 칭호가 한보다는 권위를 가지고 있었고 보편적으로 불렸다.

고조선은 신정 조직을 통해 국민들로 하여금 종교적 공동체의식을 갖도록 했다. 고조선에는 중앙에 정치적 도읍과 구별되는 종교 성지로 신시가 있었다. 이곳에는 종교의식을 주관하는 선인들이 살고 있었는데, 단군도 선인의 한 사람으로서 이들의 우두머리이기도 했다. 단군은 종교와 정치를 모두 장악함으로써 신권통치가 가능했던 것이다. 고조선의 여러 거수국에도 그 지역의 정치적 중심지인 국읍과 구별되는 종교 성지인 소도가 있었다. 그리고 각 거수국에는 하느님에 대한 제사를 주관하는 천군이 있었다. 거수국은 중앙으로부터 종교 일부를 나누어 받음으로써 종교적으로 중앙에 복속될 뿐만 아니라 종교를 통한 지역공동체의식도 형성할 수 있었다. 중앙의 단군은 종교와 정치를 모두 장악했으나 거수국에서는 종교와 정치가 분리되어 종교는 천군이, 정치는 거수가 관장했던 듯하다. 이는 거수들의 권한을 중앙의 단군보다 약화시키기 위한 조처였을 것으로 생각된다.

거수는 필요에 따라 박사를 봉하여 영토 일부를 나눠주었다. 이때에도 종교의 일부를 박사에게 나눠주어 그가 그의 봉지에서 종교적 권위를 갖도록 했다. 이렇게 고조선은 단군부터 박사에 이르는 종교 조직을 갖고 있었다.

고조선에서는 상당히 많은 거수를 단군의 아들이나 근친들로 봉했다. 고대인들에게 있어서 혈연 조직은 가장 친숙하고 믿을 수 있는 조직이었다. 따라서 정권의 독점과 유지를 위해 이를 이용했다. 다른 나라의 예를 보면 왕권이 전제화되는 과정에서 혈연 조직이 강화되었다. 고조선에서도 이와 같은 현상이 일어났다. 단군의 아들이나 근친들을 거수로 봉하는 현상은 고조선 후기로 오면서 현저했을 것이다.

고조선에는 통치를 위한 관료 조직으로서 단군을 보좌하고 행정을 총괄하며 직할국을 다스리는 비왕이 있었고, 군사 업무를 총괄하는 직책으로서 장군이 있었다. 단군의 유고 시를 대비해서 단군 생존 시에 그 뒤를 이을 태자도 봉해져 있었다. 그리고 각 분야별로 업무를 분담하여 관장하는 조선상·상·이계상 등의 중앙 관료가 있었는데, 이들 관직명의 대부분은 그 관직을 처음 맡았던 관료의 출신 씨족명이나 종족명에서 유래되었던 듯하다. 고조선의 거수국에는 대부가 있어 거수를 보좌했다. 고조선은 중앙은 물론 거수국에도 상비군이 있었으며 유사시에는 전 국민이 전쟁에 참가했다. 이런 고조선의 관직 체계와 관직명은 중국과는 매우 다른 것으로서 독자적인 성격을 띠고 있었다.

고조선의 경제 수준은 매우 높았다. 고조선은 중국 전국시대 연나라와의 전쟁에서 일시 침공을 받았으나 그것을 격퇴하고, 오히려 연나라 동부의 땅을 빼앗아 침략에 대한 응징을 했고, 서한제국은 고조선과의 국경을 지키지 못하여 뒤로 물린 바 있다. 이런 사실은 고조선의 강한 국력을 알게 해준다. 이런 국력은 그것을 밑받침할 만한 경제 기반 없이는 불가능하다.

고조선의 경제는 농업이 그 기초와 중추를 이루고 있었다. 마을사회 (전기 신석기시대) 단계부터 계속되어온 농업은 고조선시대에 이르러서는 매우 발달하여 벼·보리·조·기장·콩·팥·수수·피 등의 오곡을 비롯한 여러 종류의 곡물과 대마나 황마 같은 섬유식물이 재배되었다.

고조선시대에는 이미 많은 농토가 개간되어 있었다. 그러한 농토는 구획 정리와 관개 시설이 되어 있어서 농사짓기에도 편리했고 토지도 비옥했다. 그뿐만 아니라 청동기를 이용해 만든 후치나 가래 등의 다양한 목제 농구 이용과 소나 말 등 가축의 사역, 그리고 각 마을의 씨족공동체 전통을 기초로 한 집단노동 등은 노동능률을 높여 생산을 크게 증대시켰다. 고조선에서는 곡물이 주된 재배 작물이었는데 벼가 주곡으로 정착했을 가능성도 있다.

고조선 후기에 이르면 철기가 보급되어 농구로 활용되었다. 철제 공구를 이용하여 만든 목제 농구도 다양화되었다. 이런 농구들은 노동능률을 높이고 땅을 깊이 팔 수 있도록 할 뿐만 아니라 새로운 농토의 개간도 용이하게 했다. 철기의 보급에 따른 이런 조건들은 농업 생산을 한층 더 증대시켰다. 고조선에서는 농업과 더불어 길쌈과 목축업도 발달해 있었고 사냥과 고기잡이도 활발했다.

고조선의 조세제도는 수확의 20분의 1을 거두어들이는 것이었다. 이런 조세제도는 발달된 농업을 기초로 하고 있었다. 수확의 20분의 1은 그 비율이 매우 낮은 것이다. 중국은 서주 초기에는 10분의 1이 기본이었지만 그 후 춘추전국시대에 이르면 10분의 5 이상을 거둬들였다. 고조선이 낮은 비율의 세금을 징수하고도 유지될 수 있었던 것은 지배 귀족이 검소하여 낭비적인 생활을 하지 않았기 때문이었다. 홍익인간 이념이 정치사상에 반영되었던 것이다. 이런 조세제도를 통해 비교적 안정된 사회를 유지할 수 있었을 것이며, 이것은 고조선이 오랜 기간 존속되도록 하는 하나의 요인으로도 작용했을 것이다.

고조선의 전기와 중기는 청동기문화였고 후기는 철기문화였는데, 고조선의 발달된 청동기문화와 철기문화는 청동기와 철기 자체는 물론이고 여러 방면의 수공업을 발달시켰다. 농업과 목축업, 수공업의 발달은 결과적으로 상업의 발달을 가져와 고조선은 일찍부터 활·화살·화살촉 등의 무기와 모피 의류·모직 의류·표범 가죽·말곰 가죽 등의 사치품을 중국에 수출했다. 이런 품목들은 고조선의 대표적인 상품이기도 하고 중국인들의 기호품이기도 했다. 고조선은 황하 유역뿐 아니라 남방의 먼 곳과도 무역을 했었다.

고조선은 이런 무역을 통해 외화를 많이 보유한 나라가 될 수 있었다. 고조선시대의 여러 유적에서는 명도전·포전·반량전 등의 중국 화폐가 무더기로 출토되었다. 명도전은 한 유적에서 4,000~5,000점이 출토되기도 했다. 고조선은 상업의 발달에 따라 자체의 화폐도 사용했을 것이다. 『한서』「지리지」에 고조선에서는 절도에 대한 속죄금이 50만이었다는 액수가 명기되어 있는 것에서 이를 알 수가 있다. 고조선 지역에서 출토된 명화전과 일화전은 중국에서 출토된 예가 없으므로 고조선 화폐일 것으로 학자들은 보고 있다. 명화전과 일화전이 고조선의 화폐였다면 고조선의 화폐 단위는 화(化)였을 것이다.

고조선에는 지배 귀족과 민·하호·노비 등의 신분이 있었는데 지배 귀족은 대부분 노비의 소유주이기도 했다. 민 가운데 경제적으로 부유한 일부 호민은 노비를 소유했을 가능성이 있지만 그 수는 많지 않았을 것이다. 일반 민들은 자유농민(자경농)으로서 하호에 비해 인구도 많지 않았고, 그들의 경제 생산량은 자급자족하는 정도에 그쳤으며 국가경제에 크게 도움이 되지 못했다.

고조선 국가경제의 기초가 되는 생산 활동을 담당했던 신분은 하호와 노비였다. 하호는 지배 귀족에 반예속된 종속농민으로서 고조선 전체 인구 가운데 가장 많은 비율을 차지하고 있었다. 이들은 가족이 기초가 되어 씨족으로 구성된 마을공동체를 이루고 협동노동을 함으로써 생산을 증대시킬 수 있었다. 노비는 그 일부가 귀족들의 가사노동을 했지만 대부분은 생산노동에 종사했다. 이들은 하호와 같은 씨족공동체는 아니었으나 집단으로 수용되어 귀족의 지시와 감독 아래 공동노동을 했다. 노비의 노동에 의한 경제 생산은 노비를 소유한 지배 귀족이나 고조선의 중앙경제에는 도움을 주었겠지만, 고조선 전체 경제에서 볼 때 그 규모는 하호들에 비해 훨씬 낮았을 것이다. 고조선 경제의 기초가 된 생산은 하호들에 의한 것이었으며, 노비들에 의한 생산은 그것을 보완하는 정도였다.

따라서 고조선의 생산양식에는 노예제적인 요소가 다소 있기는 하지만 서양의 고전고대와 같은 노예제로 보기는 어려울 것이다. 고조선 각 마을의 구성원들은 비록 이주의 자유는 없었으나 마을공동체 내에서는 자유로운 생활을 할 수 있었고, 노예나 동물과는 달리 공법이 적용되는 대상이었다. 이런 점에서 노예와는 엄연히 구별된다. 따라서 고조선을 총체적 노예제 사회라고 보기도 어렵다.

고조선 사람들의 신분은 선인이라 불린 종교지도자, 제가 또는 대가라 불린 지배 귀족, 민이라 불린 평민, 하호라 불린 종속농민, 노비라 불린 노예 등으로 나뉘었다. 이 가운데 고조선 신분제도의 기본 골격은 지배 귀족·평민·종속농민이었는데, 이들은 기본적으로 씨족이 단위가 되어 있었다. 따라서 고조선의 신분제는 '씨족신분제'였다고 말할 수 있다. 고조선 사회는 신분이 다른 여러 씨족이 그들의 신분에 따라 상하로 층위를 형성하고 있었던 것이다.

이런 신분 구성은 고조선의 국가 구조와 깊은 관계를 가지고 있다. 고조선의 국가 구조는 많은 마을이 상하로 층위를 형성하여 점조직으로 연결되어 있었다. 고조선 국가 구조의 맨 아래에는 일반 마을인 소읍 또는 읍락이 있었고, 그 위에는 각 지역의 거수가 거주하는 큰 마을인 국읍이 있었으며, 그 위에는 단군이 거주하는 고조선의 서울인 아사달(또는 평양성)이 있었고, 그 위에는 고조선의 종교지도자들이 거주하는 신시가 있었다. 고조선은 이런 소읍·국읍·아사달·신시 등이 상하로 층위를 형성한 '마을집적사회'였다. 그런데 이런 여러 마을의 거주민은 씨족이 단위를 이루고 있었다. 일반 마을의 거주 씨족은 종속농민인 하호로서 피지배씨족이었고, 국읍에 거주한 씨족은 거수의 일족으로서 거수국의 지배 귀족이었으며, 아사달에 거주한 씨족은 단군의 일족인 조선족으로서 고조선의 최고 지배 귀족이었던 것이다. 평민은 귀족에서 분화되어 나온 신분으로, 하호처럼 거주 이전의 자유가 없거나 귀족의 감독 아래 농사를 짓는 등의 구속을 받지 않은 자유 신분의 자경농이기는 했지만 피지배 신분이었다. 이들은 민이라 불렸는데, 그 가운데 경제적으로 부유한 사람들을 호민이라 했다.

고조선의 종교 중심지인 신시에 거주한 종교 지도자 신분인 선인들은 동일한 씨족 집단이었는지 또는 여러 씨족을 대표한 사람들로 구성되어 있었는지 지금으로서는 분명하게 알 수가 없다. 고조선에서 가장 낮은 신분인 노예는 남자를 노(奴), 여자를 비(婢)라 불렀는데, 이들은 전쟁포로나 범법자들이었다. 노예는 사람이 아니라 짐승과 같이 재산으로 취급되었기 때문에 공법의 대상이 되지 못하여 엄격하게 말하면 사람의 신분으로 분류될 수 없는 존재다.

후기로 오면서 이런 구조에 다소 변화가 일어났다. 고조선 초기에는 각 지역의 거수들이 그 지역의 토착인들이었다. 그러나 후기로 오면서 중앙의 통치권이 강화되어 단군의 근친이 거수로 봉해지는 경우가 많아졌다. 그 결과 거수국의 국읍 가운데는 중앙에서 새로 파견된 거수 일족과 그곳에 원래 거주하고 있었던 토착 귀족이 함께 거주하는 곳이 있게 되었다. 고조선의 하호들이 거주하는 일반 마을 가운데에도 그 지역의 하호들을 관리하기 위해 귀족 일족이 와서 거주하는 곳이 있게 되었는데 이에 따라 귀족과 하호가 함께 거주하는 일반 마을이 출현하게 되었다. 그리고 중앙의 아사달과 거수국의 국읍은 규모가 커지면서 귀족에서 분화된 평민, 귀족들이 필요로 하는 물건을 만들어 공급하는 수공업자, 귀족들에게 예속된 노예 등이 함께 거주하는 현상도 일어났다.

이리하여 마을에 따라서는 신분이 다른 사람들이 함께 거주하는 주민 복합 현상이 일어났다. 그렇다고 해서 그들의 신분에 변화가 일어난 것은 아니었기 때문에 씨족신분제라는 기본틀에는 변화가 없었다. 농경이 기초가 된 한국의 고대사회에서는 이런 씨족마을이나 씨족조직, 씨족관념이 국가가 출현한 이후에도 계속해서 존속했다. 그러나 상업이 기초가 된 서양의 고대사회에서는 도시가 형성되어 도시국가가 출현하는 과정에서 씨족마을이 붕괴되고, 이에 따라 씨족조직이나 씨족관념이 와해되었다. 이 점은 한국 사회와 서양 사회가 크게 다른 점이다.

고조선 사람들은 매우 발달된 의식주 문화와 풍속을 가지고 있었다. 그들은 큰 소매가 달린 두루마기와 같은 겉옷을 입었다. 목의 깃 등은 둥글게 곡선을 이용했으며 흰색을 즐겼다. 팔에는 토시를 착용했고 머리에는 모자를 썼는데, 신분이 아주 높은 사람들은 중국 관(冠) 모양의 책(幘), 그보다 신분이 다소 낮은 사람들은 고깔 모양의 절풍이라는 것을 썼다. 고조선 사람들은 다양한 치렛거리로 몸을 치장했는데, 여러 색깔의 벽옥과 천하석·공작석·청동·구리·조개껍질·뼈·흙·사기·유리 등을 재료로 만든 구슬류, 단추·고리 등 옷에 달아매는 것과 목걸이, 귀고리, 팔찌, 가락지 등을 몸에 걸거나 끼었다.

고조선 사람들은 옷감으로 삼베·모직·명주 등을 생산했는데, 원시적이기는 하지만 방직 기계를 사용했다. 고급 모피 의류도 생산했는데 모직의류나 모피 의류는 중국으로 수출하기도 했다. 그러나 농업을 기본으로 생활했던 고조선 사람들에게는 당연히 식물성 섬유로 짠 천이 더 중요했다. 고조선에서는 길쌈하고 옷 짓는 것이 상당히 발달해 있었다.

고조선 사람들은 음식을 먹거나 마시는 데 대나무로 만든 변(籩)이나 나무로 만든 두(豆), 흙으로 만들어 구운 여러 종류의 질그릇을 사용했다. 고조선 사람들은 이미 숟가락도 사용했다. 이는 고조선 사람들이 위생적인 생활을 했음을 알게 해준다. 고조선 음식의 주재료는 벼·보리·조·기장·콩·팥·수수·피 등의 오곡이었겠지만 산나물·바다 생산물·멧짐승·집짐승 등도 부식물로 중요한 역할을 했다. 고조선 사람들은 곡물을 낟알 자체로 음식을 만들어 먹기도 했지만 가루로 가공하여 음식을 만들기도 했다. 그리고 음식은 익히거나 끓인 것이 주류를 이루었지만 시루를 이용하여 쪄서 먹기도 했다.

고조선 사람들은 이미 소금을 조미료로 사용했다. 그뿐만 아니라 소금으로 음식물의 간을 맞추었고 쉽게 변질할 수 있는 고기나 채소 등을 소금에 절여 오랫동안 보존하기도 했다. 물고기를 젓갈로 이용하는 방법도 개발되었을 것이다. 고조선인들은 술과 식초를 발명하여 사용했다. 식초는 소금과 더불어 조미료로 널리 사용되었을 것이다. 고조선의 유적에서는 뚝배기·보시기·바리·접시·굽접시·굽바리·굽보시기 등 여러 가지 그릇이 출토되는데, 그릇이 이렇게 다양한 것은 음식물의 종류가 많았음을 알게 해준다.

고조선의 농촌 주택은 지상식 건물도 일부 있었으나 대개 지하 50~60센티미터 정도로 깊지 않은 반지하 움집이었으며 직사각형이 주류를 이루었다. 집자리 바닥의 면적은 80제곱미터의 큰 것과 10제곱미터 이하의 아주 작은 것도 있었으나 20제곱미터 정도의 것이 가장 많았다. 고조선의 주택은 지붕을 짚이나 풀 같은 것으로 이었고, 그 위에 두텁게 진흙을 바른 것도 있었다. 고조선 사람들은 집자리를 단단하게 다진 후 그 위에 집을 지었다.

고조선의 농촌 집은 여러 가지 유형으로 나누어지는데, 지붕 모양은 맞배지붕·사각지붕·우진각지붕 등이었다. 고조선의 집들은 지역에 따라 차이가 있음에도 불구하고 대체로 종래의 단순한 움집에서 벽체를 겸한 기둥과 서까래식 지붕이 있는 반지하 움집으로 발전했고, 다시 벽체와 기둥이 분리되어 벽체·기둥·도리·들보·대공·용마루·주춧돌 등 여러 가지 건축 요소를 지닌 견고한 힘받이 구조의 건물이 출현했다. 건물 주위에는 흙이나 돌로 담장을 설치했다. 이런 건축 요소는 한민족 전통건축의 기본 요소를 이룬 것들로, 고조선시대에 이미 그것이 형성되었던 것이다.

고조선에서는 난방 시설에도 발전이 있었다. 화덕의 열량을 높이기 위해 2개의 화덕을 설치하기도 했고, 열을 보존하기 위해 화덕의 바닥이나 주변에 돌이나 자갈을 깔기도 했다. 그러던 것이 고조선 후기에 이르면 온돌이 출현했다. 고조선 사람들은 땅에서 올라오는 습기를 차단하기 위해 집 안에 여러 가지 시설을 했었다. 바닥을 굳게 다지고 불로 달구기도 했고, 바닥에 고운 진흙이나 조개껍질과 섞은 진흙을 바르기도 했다. 고조선 사람들은 방바닥을 굳게 다진 후 그 위에 삿자리나 명석 또는 널판자 등을 깔았으며, 천장과 벽체에 널판자를 붙이고 그 위에 자작나무 껍질로 도배를 하기도 했다. 고조선 사람들은 칸막이 시설도 했고, 집 안에 벽장 또는 저장움을 만들거나 큰 독을 두고 곡물을 저장했으며, 독립된 창고 건물을 두기도 했다.

이상의 고조선 집들은 농민들의 살림집들이다. 고조선의 지배 귀족은 이보다 훨씬 규모도 크고 시설도 좋은 지상 건축물에서 살았다. 건물의 규모도 컸고 본채와 창고가 따로 있었다. 그러나 지금까지의 발굴 자료로는 구체적인 것을 말하기 어렵고 단지 여러 종류의 기와와 막새를 사용하여 화려하고 웅장했을 것이라는 정도만 알 수 있을 뿐이다.

고조선의 마을은 가족공동체가 기초가 되어 형성된 씨족마을이었고, 씨족마을들은 고조선의 국가 조직과 사회 구조의 기초가 되어 있었다. 그러므로 고조선 사회의 공동체의식은 가족공동체와 씨족에 대한 의식이 기초를 이루고 있었다. 즉 고조선이라는 국가에 대한 의식도 가족공동체에 대한 의식의 연장선상에 있었던 것이다. 가족공동체 안에서의 서열은 씨족 안에서의 서열로 확대 연장되고, 그것은 다시 국가 안에서의 씨족 간의 신분으로 연장되었다. 가족공동체를 보호해야 한다는 의식은 씨족을 보호해야 한다는 의식으로 연장되고 궁극적으로는 국가에 대한 충성으로 나타났던 것이다.

가족공동체가 잘 유지되기 위해서는 부부 관계, 부모와 자녀 관계가 견고해야 한다. 이런 관계를 견고하게 하기 위한 내용이 당시 사회의 윤리도덕이나 법의 기초가 되어 있었다. 따라서 고조선에서는 부부 관계를 매우 중요하게 생각했다. 고조선의 부인들은 행실이 단정하고 신의가 있었으며 음탕하지 않았다. 고조선에서는 남녀를 막론하고 음탕한 행위를 하면 중죄로 다스려졌다. 동성(同姓)끼리는 결혼하지 않았다. 이런 것들은 씨족질서를 유지할 뿐만 아니라 혼인을 통해 다른 씨족과의 유대를 강화한다는 데도 목적이 있었다.

고조선에서는 부모에 대한 효도와 국가에 대한 충성을 강조했다. 한민족은 유교를 수입하기 전인 고조선시대부터 효도와 충성을 도덕과 윤리의 가장 기본이 되는 덕목으로 삼고 있었다. 효도와 충성이 으뜸가는 덕목으로 공존하게 된 것은 가족공동체의식이 국가의식으로까지 확장되어 서로가 분리될 수 없는 연장선을 이루고 있었기 때문이었다. 고조선의 국가 조직이 혈연에 기초하고 있었던 까닭이다. 후에 중국으로부터 유교가 수입되면서 효도와 충성이라는 유교의 가르침이 쉽게 한민족의 문화와 융합될 수 있었던 것은 그것들이 이미 한민족 사회의식의 핵심을 이루고 있었기 때문이었다.

고조선 사람들은 씨족마을을 이루고 살았기 때문에 부도덕하거나 법을 어긴 행위를 할 수가 없었고 해서도 안 되었다. 고조선에는 범금 8조라는 법이 있었는데, 사람을 죽이면 사형에 처하고, 상해를 입히면 곡물로써 보상하며, 도적질하면 남자는 가노가 되고 여자는 비가 되는데, 재물을 바치고 죄를 면하고자 하는 자는 각자가 50만을 내야 했다. 설사 죄를 면하여 일반 백성이 되었더라도 그와는 아무도 혼인하지 않았다. 도적질하는 사람이 없으니 대문이나 방문을 잠그지 않고 살았다.

고조선에서는 신분에 대한 차별이 심하지 않았다. 고조선은 신분제와 재산 사유제가 이미 확립되어 있어서 그 구성원들 사이에 신분이나 빈부의 차이가 있었지만 차별의식은 심하지 않았던 것 같다. 국가적인 큰 행사가 있을 때에는 신분 차별 없이 사람들이 다 같이 모여서 연일 함께 먹고 마시며 노래하고 춤을 추었다. 그리고 고조선 사회에서는 노예를 제외하고는 가장 낮은 사회신분인 하호라도 필요할 때는 그보다 높은 신분이 착용하는 옷과 모자를 빌려 착용하기도 했다.

이렇게 신분에 대한 차별의식이 심하지 않았던 것은 고조선 사회의 특성 때문이었다. 즉 국가는 가족공동체와 씨족공동체의 연장이었으므로 신분이나 재산에 차이가 있을지라도 서로가 한 핏줄이라는 혈연의식이 강했고, 또한 더불어 행복해야 한다는 홍익인간 이념이 작용하고 있었기 때문이었다. 이와 같이 신분에 대한 차별의식이 적었기 때문에 사회 갈등이 심하지 않았고, 그것은 고조선을 오랜 기간 존속하도록 한 하나의 요인이 되기도 했다.

가족공동체의식과 씨족공동체의식은 사망 후까지도 연결되었다. 사람은 죽은 후에도 영혼이 존재한다는 종교 관념과 결합되어 무덤을 가능하면 잘 꾸미려고 노력했다. 동일한 마을에 거주하던 씨족은 죽어서도 같은 곳에서 함께 살아야 한다는 생각에서 공동묘지를 만들었다. 경제적 여유가 없는 사람들은 일반 움무덤으로 자위할 수밖에 없었지만 사회 지위와 경제 여건이 허락되는 지배 귀족이나 호민은 돌무지무덤·돌상자무덤·돌널무덤·고인돌무덤 등을 만들었다.

고조선 사람들은 신의 뜻을 미리 파악하기 위해 점을 치기도 했다. 동물의 어깨뼈에 오목하게 구멍을 파고 그곳을 불로 지져서 생기는 금을 보거나 소를 죽여서 그 발굽을 보고 길흉을 판단했다. 신내림으로 점을 치는 '단골'도 있었다. 단골은 점을 쳐서 신의 뜻을 예언할 뿐만 아니라 불행과 실패를 미리 막기 위한 마법 행위도 했을 것이다. 고조선과 중국은 신에 대한 종교의식에서 상당한 차이가 있었다. 고조선의 청동기는 청동검·청동거울·청동방울·치렛거리 등이 주류를 이룬 반면에, 중국의 하·상·서주의 청동기는 무기를 제외하면 음식 그릇이나 술통, 술잔 등이 대부분이었다. 이런 차이는 종교의식의 차이에서 비롯되었다. 고조선 사람들이 청동검과 청동거울, 청동방울 등을 손에 들고 몸을 치렛거리로 치장하고 노래와 춤으로 신을 기쁘게 하려고 했던 것과는 달리 고대 중국인들은 음식과 술로 신을 대접하여 환심을 사려고 했다.

고대 문화에서 중심을 이룬 것은 종교였다. 고대의 종교는 윤리·도덕·예의·법 등이 포괄된 종합 문화였다. 이점은 고조선에서도 예외가 아니었다. 고조선 종교의 명칭은 '선교(仙敎)'였으며, 고조선의 종교가 추구했던 길은 '선도(仙道)'였고, 그 길을 가는 지도자들을 '선인'이라고 했다. 고조선의 종교는 고조선을 구성했던 여러 종족들의 수호신을 공동으로 받드는 것으로 되어 있었는데, 각 신들이 그 계보상에서 차지한 지위는 그들 종족이 현세에서 차지하고 있는 사회적 지위와 일치했다.

고조선의 최고신, 즉 국신은 하느님이었는데, 하느님은 원래 고조선 건국의 중심 종족이었고 고조선의 최고 지배족이었던 조선족(아사달족)의 수호신이었다. 그다음으로 높은 신은 곰신이었는데, 곰신은 원래 고구려족의 수호신이었다. 호랑이신은 예족의 수호신이었다. 호랑이신도 숭배의 대상이기는 했지만 높은 신은 아니었다. 이 외에도 많은 신들이 있었겠지만 기록에 남아 있지 않아 확인할 수가 없다.

고조선에서는 하느님을 광명을 뜻하는 '환님', 하나뿐인 큰 신이라는 뜻의 '한님' 등으로 불렀는데, 이것이 한자로 기록되면서 환인(桓因)이 되었던 것으로 생각된다. 고조선이 건국된 후 하느님은 한민족 전체의 신으로 받들어진 반면 세월이 흐르면서 곰신·호랑이신 등 여러 종족들의 수호신들은 민간신앙으로 전락했다.

고조선의 종교는 사람이 사회와 역사의 주체임을 천명하고 사람의 존엄성에 기초를 둔 인본주의 종교였다. 하느님까지도 사람 위에 군림하는 존재가 아니라 사람과 더불어 번영을 누리고자 하는 신인공영(神人共榮)을 추구하는 존재였다. 고조선의 종교가 추구한 목표는 모든 사람이 더불어 행복한 사회를 만드는 것이었다. 따라서 내세에 천국이나 극락에 들어가는 것을 기대하는 것이 아니라 현세를 천국이나 극락과 같은 사회로 만들고자 했다. 그러기 위해서 신과 사람은 현실에 적극적으로 참여하여 사회의 모순을 제거하고 합리적인 사회로 변화·발전시켜야 한다고 생각했다.

고조선의 종교사상은 모든 것을 화합과 조화로 보고자 했다. 서로 다른 것을 대립이나 반대의 개념으로 파악하지 않고 상호 보완하는 화합과 조화의 요소로 보았던 것이다. 그리고 사물을 구성하는 주요소는 3이며 사물이 변화하는 과정도 3단계를 거친다고 보았다. 이것은 3·1사상, 삼위일체사상 등으로 불리는데 역사는 정·반·합이라는 세 단계를 거쳐 발전한다는 변증법의 원리와도 통하는 것이다.

또한 사람이 행복을 얻기 위해서는 정신과 육체가 건강해야 한다고 생각했다. 그래서 금기를 통한 수련과 건강식을 이용한 섭생을 실천하기도 했다. 사람이 사회인으로서 지켜야 할 구체적 도덕 규범도 규정되어 있었으니 어버이에 대한 효도, 나라와 겨레에 대한 사랑과 봉사, 일을 하는 데 순리를 따르는 것, 말보다 행동을 앞세우는 것, 착한 일만을 행하며 나쁜 짓은 하지 않는 것 등이 그 골격을 이루고 있었다.

고조선은 철학과 문학, 예술도 높은 수준에 도달해 있었던 것으로 추정된다. 고조선에서 독자적인 문자를 사용했었는지는 분명하게 말할 수 없지만 그 가능성을 보여 주는 자료는 여러 곳에서 발견된다. 고조선이 독자적인 문자를 사용하지 않았다고 하더라도 일찍부터 한자가 사용되었고 서기전 8세기 이전에 상당히 널리 보급되었을 가능성이 있다.

고조선의 기록관인 신지(神誌)가 지었다는 『신지비사』의 기록 가운데 짧은 구절이 전해오는데 그 내용으로 보아 고조선에는 상당히 정리된 철학사상과 그것을 바탕으로 한 풍수지리 이론도 갖추어져 있었던 것 같다. 그리고 고조선의 서민 아낙인 여옥이 지었다는 「공후인」은 고조선에 수준 높은 가사문학이 있었음을 알게 해준다. 기록에 의하면 「공후인」과는 다른 「공후요」라는 가사도 있었다고 한다.

고조선은 음악·무용·회화·공예 등의 예술도 상당히 높은 수준에 이

르렀던 것으로 보인다. 고조선에는 공후·고 등의 현악기와 북·방울·석
경 등의 타악기, 피리 등의 관악기가 이미 존재했는데, 이것은 한민족
전통악기의 근간을 이루는 것들이다. 고조선 서민의 아낙이 공후를 타
며 「공후인」이라는 노래를 지었던 것으로 보아 당시에 음악이 널리 보
급되어 있었음을 알 수 있다. 고조선의 후계 세력인 부여·고구려·한
(韓) 등에는 사람들이 집단을 이루어 추는 춤이 있었는데 이런 춤들은
고조선의 춤을 계승한 것들이었다. 오늘날의 풍물놀이나 강강술래는 고
조선시대의 춤을 계승한 것이다. 고조선의 회화는 반구대를 비롯한 여
러 지역의 암각화와 채색 질그릇의 표면 무늬를 통해 어느 정도 알 수
가 있다. 암각화들은 매우 사실적이며 질그릇의 채색무늬는 추상적이고
환상적인 화려함을 보여준다.

　고조선의 공예는 매우 높은 수준에 도달해 있었다. 비파형동검과 세
형동검은 무기로서의 실용성뿐만 아니라 공예품으로서도 가치가 높다.
동검 외에도 동검집·청동창·청동꺾창·꺾창집·청동거울 등도 뛰어난
공예품들이다. 특히 청동거울의 뒷면에 장식된 여러 가지 섬세한 무늬
는 고조선인들의 정밀한 공예 솜씨와 도안에서의 뛰어난 재능을 보여준
다. 고조선인들의 세밀한 공예 기술은 강상무덤에서 출토된 지름 0.25밀
리미터 정도의 가는 청동실과 경상북도 영천군 어은동에서 출토된 띠고
리의 사실적인 말 모양과 호랑이 모양에서도 확인된다. 방울도 고조선
의 높은 공예 수준을 보여주고 있다. 특히 한반도 남부 지역에서 주로
출토되는 팔수형 방울은 형태가 기발하고 독특하다.

　고조선에서는 인형과 동물 조형·조각·치렛거리 등도 발달해 있었다.
중국 길림성 연길시 소영자무덤을 비롯한 여러 유적에서 출토된 인형과
동물 조형품, 조각된 뼈 등은 이런 사실을 알게 해준다. 앞에서 말한 바
와 같이 고조선의 치렛거리는 여러 가지가 있는데 구슬류와 단추·고리

등 옷에 달아매는 장신구류와 목걸이·귀고리·팔찌·가락지 등 몸에 걸거나 끼는 것들이 있었다. 치렛거리는 종류가 다양할 뿐만 아니라 재료도 다양하고 기교도 세련되었다.

고조선시대의 공예는 질그릇에서도 새로운 면모를 보여준다. 고조선시대에는 질그릇을 만드는 데 있어서 외부의 무늬보다는 형태에 치중했다. 지역에 따라 다소 차이는 있지만 공통적인 특징은 새김무늬(빗살무늬) 질그릇에서 민그릇으로 바뀐다는 점을 들 수 있다. 그릇의 아가리를 두 겹으로 하거나, 밖으로 젖히거나, 오뚝한 굽을 붙여 공예적인 아름다움을 강조하기도 했다. 이런 고조선의 질그릇은 주변의 다른 나라 질그릇과는 확연하게 구별된다.

고조선은 수준 높은 과학기술도 가지고 있었다. 고조선 지역의 사람들은 일찍이 마을사회 단계(전기 신석기시대)부터 농업의 필요에 의해 천문과 기상에 대한 지식을 가지고 있었다. 이런 자연에 대한 지식을 바탕으로 고조선시대에는 술수(術數 : 아마 점성술까지도 포함되었을 것이다)·토목 등의 기술도 높은 수준에 이르게 되었다.

고조선의 과학기술 가운데 특기해야 할 것은 청동과 철에 대한 지식과 응용 기술이다. 청동의 발명은 국가를 출현하게 하는 등 인류사회 변화에 크게 영향을 끼쳤는데 고조선 지역은 건국 전인 서기전 2500년 무렵부터 청동기를 사용하기 시작했다. 당시 사람들은 단검·도끼·거울 등 용도에 따라 구리와 주석, 아연 등의 합금 비율을 달리할 정도로 청동에 대한 높은 지식을 가지고 있었다. 청동기 주조 기술도 매우 발달하여 출토 유물을 현미경으로 관찰해보면 기포가 전혀 없고 분자의 조직이 매우 고르다. 그리고 주물틀도 돌이나 모래로 만든 것은 물론이고 밀랍틀도 사용했었다.

고조선에서는 서기전 8세기 이전부터 철기를 사용했을 것으로 추정된다. 그동안 출토된 철기를 시험분석한 결과에 따르면, 초기에는 연철을 사용하다가 서기전 7~6세기 무렵에는 선철을 사용하기 시작했으며, 서기전 3세기 무렵부터는 강철을 사용했던 것으로 나타난다. 선철과 강철의 제련법을 터득한 후에는 연철과 선철, 강철이 함께 사용되었다. 강철도 그 특성에 따라 연강과 견강으로 나누어지는데 고조선에서는 철기의 용도에 따라 그것에 알맞은 철재를 취사 선택하여 사용했다.

고조선에서는 좋은 강철을 얻기 위해 이미 열처리하는 기술도 가지고 있었다. 굳고 질긴 강철을 얻기 위해 두 번에 걸쳐 열처리를 한 철기도 발견되었다. 이런 철을 제련하기 위해서는 좋은 제철로와 송풍 장치가 있어야 하는데, 노남리 유적에서는 지금까지 서구에서 발견된 제철로보다 규모가 크고 잘 만들어진 제철로가 발견되었다. 송풍 장치는 한민족이 전통적으로 사용해온 수동식 풀무와 디딜풀무가 사용되었다. 서구에서 선철을 사용하기 시작한 것은 서기 14세기 무렵이며, 선철로부터 강철을 얻는 방법을 알게 된 것도 이 시기였다. 따라서 고조선의 철에 대한 지식이나 그 응용 기술은 세계 역사상 매우 앞선 것이다.

고조선은 도금·판금·누금·맞머리못·땜질 등의 금속 가공 기술도 가지고 있었다. 도금은 아말감 합금에 의한 수은도금법과 박도금법을 사용했으며, 판금은 얇은 금속판을 만들어 말관자나 수레 장식품 등을 제작하는 데 이용되었다. 그리고 누금은 금이나 은으로 실을 만들어 금속판에 수를 놓듯이 장식함으로써 아름다움을 돋보이게 하는 데 이용되었다. 맞머리못은 그릇이나 주전자의 손잡이 등을 몸체와 연결하는 데, 땜질은 깨지거나 뚫어진 청동기를 수리하는 데에 사용되었다.

고조선에는 상당히 수준 높은 의술도 있었던 것으로 보인다. 건강 유지와 질병 치료를 위해 쑥과 마늘을 비롯한 여러 가지 약초가 이용되었고 건강식품과 의약품의 복용과 더불어 금기수련법도 활용되었던 듯하다. 그리고 돌과 뼈, 청동 등으로 만든 침을 사용한 침술 치료법도 이미 개발되어 있었을 가능성이 있다.

고조선은 대외관계도 활발했다. 중국과는 정치 교섭은 물론 경제 교류·문화 교류·주민이 동 등 다양한 교섭이 있었다. 고조선과 중국의 정치 교섭은 서기전 2209년부터 시작되었는데 고조선의 거수국인 숙신과 고죽이 가장 먼저 문헌에 등장한다. 숙신은 제순(帝舜) 때는 물론 서주의 무왕과 성왕 때도 중국에 사신을 보냈고, 고죽은 왕자인 백이와 숙제가 상 말기에 주를 방문한 일이 있다. 서주 말기인 선왕 때는 고조선의 단군이 직접 서주 왕실을 방문하여 통혼 관계를 맺는 등 큰 환대를 받았다. 그러나 춘추시대에 이르러 중국 사회가 혼란해지자 고조선과 중국의 관계는 소원해졌다.

그러한 상황은 중국 춘추시대 초기의 패자였던 환공이 위력을 과시하기 위해 고죽을 침략함으로써 일어났다. 중국 전국시대에는 연나라의 장수 진개가 고조선의 거수국이었던 기자조선을 침략하여 조·연전쟁을 일으킴으로써 고조선과 중국의 관계는 악화되었다. 조·연전쟁에서 고조선은 연나라의 침략을 응징하고 그 동부 땅을 빼앗기까지 했지만 고조선이 입은 피해도 매우 컸다.

고조선 말기에 이르면 서한에서 고조선의 서부 변경으로 망명한 위만이 고조선의 거수국인 기자조선 준의 정권을 빼앗아 위만조선을 건국하고 서한의 외신이 됨으로써 고조선과 위만조선은 적대 관계가 되었다. 그리고 위만조선이 영토를 확장하기 위해 고조선을 침략해 들어오자 고조선은 방어를 위한 전쟁을 해야 했다. 그 후 서한이 위만조선을 멸망시켜 그 지역에 낙랑·임둔·진번의 3군을 설치하고, 그 여세를 몰아 고조선의 서부를 빼앗아 지금의 요하 서부 유역에 현도군을 설치했는데, 이때도 고조선은 서한과 큰 전쟁을 치러야 했다.

고조선과 중국은 경제 교류도 활발했다. 민간무역이 발달하지 않았던 고대사회에서는 관무역이 국제교역의 주류를 형성했는데 그것은 사신의 방문을 따라 행해졌다. 고조선에서 중국으로 수출했던 품목은 초기에는 활과 화살, 활촉 등의 무기였으나 전국시대 이후에는 모피 의류와 비휴 가죽·표범 가죽·말곰 가죽 등의 사치품이 많은 비중을 차지했다. 전국 시대에 고조선과 국경을 접하고 있었던 연나라는 고조선과의 무역으로 막대한 경제적 이익을 얻을 수 있었다. 고조선 말기에는 민간무역도 상당히 활발했던 것으로 보인다. 앞에서 말한 바와 같이 고조선 지역에서 당시 중국 화폐였던 명도전·포전·반량전 등이 대량으로 출토되는 것은 고조선과 중국 사이에 경제 교류가 활발했음을 알게 해준다.

고조선과 중국은 문화 면에서도 많은 교류를 가졌다. 두 지역의 문화 교류는 일찍이 마을사회 단계와 고을나라 단계의 유적이나 유물에서부터 확인된다. 그뿐만 아니라 전설상에도 서로 영향을 주고받았음을 알게 하는 내용이 많다. 황제(黃帝)와 큰 전쟁을 했다고 전하는 치우의 전설에는 단군사화와 고구려 언어의 요소가 보이며 상족과 진족(秦族)의 시조, 서언왕 등의 출생 설화에는 고주몽과 박혁거세·석탈해·여섯 가야의 시조·만주족 시조 등의 출생 설화와 유사한 난생 설화가 주요소로 되어 있다. 이런 설화의 유사성은 오래전부터 문화의 교류가 있었음을 알게 하는데, 한반도와 만주의 것이 중국의 것보다 내용이 원시적이어서 더 오래되었을 가능성이 있다.

고조선 말기인 전국시대와 진·한시대에는 고조선의 종교사상인 선인 사상과 단군사화가 중국에 전해져 중국 사상과 결합되었다. 진 시황제는 선인과 불사약을 구하기 위해 서불을 한반도에 파견하기도 했다. 고조선으로부터 중국에 전해진 선인사상은 중국의 민간사상과 결합되어 명칭이 신선사상으로 바뀌었다. 그리고 후에 도교가 종교로 성립되면서 그 주요소 가운데 하나가 되었다. 산동성 지역에서는 단군사화에 중국 전통사상의 일부가 결합되어 하나의 종교사상이 형성되었는데, 이런 사실은 무씨사 석실 화상석 그림에서 확인되었다.

고조선과 중국의 활발한 교류는 문자의 전파도 가져왔는데 고조선은 국명을 조선(朝鮮)이라 했던 것으로 보아 건국 초부터 이미 한자를 알고 있었으며, 서기전 11세기 무렵에는 한자를 사용하는 관리들이 있었을 것으로 보인다. 그리고 서기전 8세기 무렵에 이르면 한자가 상당히 널리 보급되었다. 고조선 말기에 이르면 지방에서도 상품 교류의 서류를 만드는 데 붓이 사용되었을 정도로 서사문화가 발달했음이 근래에 경상남도 의창군 다호리 고분 유적에서 출토된 유물로 확인되었다.

고조선과 중국 사이에는 상당히 많은 주민의 이주도 있었다. 문헌에 나타난 첫 번째 이주는 기자 일족의 이주였다. 상나라의 제후였던 기자는 상나라가 주족에게 멸망하자 그 일족을 이끌고 고조선의 서부 변경으로 이주하여 고조선의 거수국인 기자조선이 되었다. 그 후 중국이 춘추전국시대를 거쳐 진·한시대에 이르기까지 사회가 혼란하자 고조선과 가까운 연·제·조 지역의 중국인들이 계속해서 고조선 지역으로 이주해 왔다. 그들 가운데 대부분은 중국과 가까운 지금의 난하 유역에 거주했으나 일부는 한반도로 이주하여 마한과 진한의 경계 지역에 마을을 이루고 살기도 했다.

서한에서 고조선의 서부 변경으로 망명한 위만은 중국 이주민들을 규합하여 기자의 후손인 준의 정권을 빼앗아 위만조선을 건국했다. 그런데 위만의 손자 우거왕 때 그의 통치에 불만을 품은 예족 28만 명이 서한으로 이주했다. 이 사건은 고조선에서 직접 일어난 사건은 아니었지만 예족은 위만조선이 건국되기 전부터 그곳에 살고 있었던 토착인으로서 원래 고조선의 국민이었다. 이 사건으로 말미암아 한민족의 일부가 중국의 동부 해안 지역으로 이주하게 되었다. 이런 주민의 이주에 따라 문화의 전파도 이루어졌을 것이다.

고조선은 몽골·중앙아시아·시베리아·일본 등의 지역과도 일찍부터 긴밀한 문화 교류를 가졌다. 고조선과 북방 지역의 문화 교류는 구석기시대부터 계속되었다. 최남선의 불함문화론은 이 지역의 공통된 문화 요소에 기초하고 있다. 그러한 문화적 공통성 때문에 지난날 한민족의 기원지를 몽골이나 중앙아시아, 시베리아 등의 북방 지역으로 보기도 했다. 근래의 고고 자료는 그러한 견해가 잘못된 것임을 말해준다. 그러나 고조선과 북방 지역 사이에 문화의 공통성이 많다는 점은 인정된다.

고조선의 청동기 유물 가운데 대표적인 것은 비파형동검·세형동검·조형다뉴기하문경·선형인동부·동포(동구)·내만인동도·동착·동패·청동장식 등인데, 이 가운데 선형인동부·동포·내만인동도·동패 등은 시베리아의 안드로노보-카라수크문화에서도 유사한 것이 발견된다. 그리고 카라수크-타가르계의 돌널무덤은 몽골과 만주, 한반도 일대 및 러시아의 연해주 지역에서도 보인다. 이런 문화의 공통성은 이 지역들 사이에 문화의 교류가 있었음을 알게 해준다.

고조선과 북방 지역의 관계는 풍속에서도 보인다. 고아시아족의 후예로서 오늘날 시베리아에 거주하고 있는 길랴크족 등은 곰을 숭배하고 있는데, 이런 곰 숭배는 신석기시대에 아시아 지역에 광범위하게 퍼져 있었으며 단군사화에도 등장한다. 그리고 한민족은 고대로부터 새에 대한 신앙도 가지고 있었는데, 이런 풍속은 시베리아에서도 보인다. 카자흐스탄의 이식 고분에서 출토된 유물에는 새가 출(出)자형의 나무에 앉아 있는데, 이것은 신라 금관에 보이는 장식과 유사하다. 이런 풍속의 유사성은 고조선이 몽골·중앙아시아·시베리아 지역과 깊은 문화 교류를 가졌음을 말해준다.

고조선 사람들은 대부분 농경민으로서 그 문화 성격은 기본적으로 농경문화였지만 고조선의 북쪽 경계인 아르군 강 유역이나 서북쪽 경계인 지금의 요서 북부 지역은 유목 지역이었다. 그리고 그곳과 연접된 몽골이나 중앙아시아 지역도 유목 지역이었다. 유목인들은 농경민들에 비해 자주 이동하기 때문에 각 지역의 문화를 전파하는 데 크게 공헌했다. 몽골과 중앙아시아 지역 유목민들은 고조선의 문화를 다른 지역에 전달하기도 했고 다른 지역의 문화를 고조선에 전달하기도 했다. 종래에는 이런 유사한 문화는 몽골이나 중앙아시아 및 시베리아 등지로부터 고조선 지역에 전달되었을 것으로 보았다. 그러나 근래의 고고 자료에 의하면 고조선 지역의 문화가 이들 지역보다 앞섰으므로 그러한 논리는 성립될 수 없다.

고조선 지역과 일본열도 사이에도 일찍이 구석기시대부터 조몬문화·야요이문화시대를 거치면서 긴밀한 문화 교류가 계속되었다. 특히 야요이문화는 한반도로부터의 영향을 매우 강하게 받아 형성된 것으로 한반도로부터 일본열도로의 문화적 영향이 그 이전 어느 때보다 강했다.

일본열도의 신석기문화인 조몬문화 시기에 보이는 융기문토기·소바타토기·결합식조침·석거·옹관묘 등은 한반도에서 전달되거나 영향을 받은 것들로 융기문토기는 모두 규슈 지방과 대마도에 분포되어 있다.

야요이문화는 벼농사를 주로 한 농경과 질그릇·묘제·청동기·철기 등이 주된 것으로 이것들은 한반도에서 전파된 것이었다. 야요이문화는 고조선에서 가까운 거리에 있는 서북규슈 지방에서 시작되어 그 말기에는 홋카이도 일부를 제외한 일본열도 전 지역에 확산되었다.

고조선의 무문토기문화는 야요이문화가 시작되기 전인 조몬문화 말기의 구로가와식 질그릇 시기에 일본열도에 전달되어 야요이문화 초기의 유스식 질그릇과 그 뒤를 이은 이타쓰케 I 식 질그릇·이타쓰케 IIb 식 질그릇에 강하게 영향을 주었다. 그러한 영향은 질그릇 자체에서뿐만 아니라 함께 출토되는 유병식마제석검·석촉·유구석부·삼각석도 등에 서도 보인다. 고조선 말기에 고인돌무덤도 일본열도에 전달되었다. 이런 문화 요소는 고조선에서 가까운 서북규슈 지역에 편재해 있다.

일본열도에서의 초기 벼농사 유적은 북규슈에서 많이 발견되는데, 이 유적들에서 출토된 유물이나 유적의 구성 등은 한반도의 것과 일치한 다. 이 유적들에서는 마을을 이룬 집자리들이 발견되어 한반도의 거주 민 가운데 일부가 이주하여 집단마을을 형성했을 것임을 알게 해준다.

고조선과 일본열도의 문화 교류는 청동기에서도 보인다. 일본열도의 청동기문화는 고조선 말기에 고조선 남부로부터 전달되어 시작되었다. 일본열도에서 청동기문화가 가장 일찍 나타난 지역은 한반도로부터 무 문토기·고인돌·벼농사 등의 문화 요소를 가장 일찍 받아들였던 북규슈 지방이었다. 북규슈 지방에서는 대체로 야요이문화 중기가 시작되면서 고조선의 남부 지역에서 제조된 청동기가 그대로 수입되어 사용되면서 점차 그것을 모방해서 만드는 과정을 거치게 되었다. 고조선의 제품이 그대로 일본열도에 수입된 것을 학계에서는 '박재동기'라 부르는데, 고 조선에서 건너간 박재동기 가운데 대표적인 것은 다뉴세문경·세형동 검·동과·동모·동탁 등이었다.

고조선 말기에 철기도 일본열도에 수출되었다. 일본열도는 상당히 오 랜 기간 철을 한반도에 의존하고 있었다. 야요이시대 철기 유적들은 한 반도에서 가까운 지역에 집중되어 있다. 철기 유적의 분포로 보아 고조 선과 일본열도의 문화 교류 중심지 및 야요이문화 중심지가 서일본에서 는 북규슈 지역, 긴키에서는 오사카 지역으로 나타나는데 이 가운데 가 장 선진된 지역은 북규슈의 후쿠오카 지방이었던 것으로 보인다.

청동기문화와 철기문화 그리고 벼농사가 전달된 야요이문화 시기에는 일본열도에도 이미 사회 구성원 사이에 빈부와 신분의 차이가 생겨났다. 이들은 여러 마을이 연맹을 맺고 추장과 같은 정치권력자가 출현한 고을나라 단계의 사회를 형성시켰다. 야요이문화 시기에 고조선의 이주민들에 의해 형성된 고을나라들이 북규슈 지역을 시발점으로 일본열도 여기저기에 출현하게 되었던 것이다.

한반도와 만주 지역에서는 서기전 40세기 무렵에 고을나라 단계의 사회에 진입했고, 서기전 24세기 무렵에는 고조선이라는 국가 단계의 사회에 진입했는데, 일본열도는 고조선 말기인 서기전 3세기 이후에야 겨우 고을나라 단계의 사회를 향하고 있었다. 그 중심 세력은 고조선 이주민들이었다.

한반도와 만주 지역에서는 청동기문화 개시부터 철기문화의 개시까지 긴 세월이 필요했고, 고인돌무덤이나 옹관묘·벼농사 등도 동시에 나타난 것이 아니었으며 상당한 기간의 차이를 가지고 있었다. 그러나 일본열도에서는 청동기와 철기·고인돌무덤·옹관묘·벼농사 등이 별로 긴 기간의 차이 없이 모두 야요이문화 요소로 출현했다. 이런 현상이 일어난 것은 일본열도가 바다를 사이에 두고 대륙과 격리되어 있어서 한반도에서 전개된 문화의 영향을 연속적으로 받지 못했기 때문이었다.

일본열도의 조몬문화 말기부터 갑자기 고조선인들이 일본열도로 대거 이주하여 야요이문화와 고을나라라는 새로운 문화와 사회 단계를 출현시킨 것은 고조선의 내부 사정과 깊은 관계가 있을 것이다. 조몬문화가 야요이문화로 교체된 서기전 4~3세기는 고조선 말기로서 철기가 보급된 시기였다. 청동기시대는 농구가 주로 석기였으나 철기시대에는 철기가 농구로 보급되어 노동능률을 크게 향상시켰다. 철기가 보급되어 노동능률이 올라가면서 토지에 대한 경제 관념의 변화가 일어났다. 토지를 많이 소유할수록 유리하다고 생각하게 되었고, 이에 따라 지배 귀족 사이에는 더욱더 넓은 토지를 확보하기 위해 토지 쟁탈전이 일어나게 되었다. 철기의 일반화에 따른 고조선인들의 토지에 대한 경제 관념의 변화는 그들로 하여금 미개척지인 일본열도에 관심을 갖도록 만들었다. 그리하여 고조선인들은 일본열도로 건너가 신세계에서 세력을 확대해나갔다.

한반도와 일본열도 사이에는 천지의 생성, 신들의 탄생, 생과 사, 건국 등의 신화와 전설에서도 기본 구조나 발상이 유사한 것이 발견된다. 이런 사실은 고대에 한반도와 일본열도 사이에 깊은 문화 교류와 주민의 이동이 있었음을 알게 해준다. 일본열도에 국가 단계의 사회가 출현하기 전부터 한반도로로부터 일본열도에 문화의 전파와 주민의 이동이 있었음이 확실하고, 한반도에서 이주한 사람들에 의해 일본열도는 고을나라 단계를 거쳐 문명사회인 국가 단계에 진입하게 되었으므로, 이러한 신화와 전설들은 한반도로부터 일본열도에 전달되어 형성되었을 것이다. 이상과 같이 고조선과 일본열도는 줄곧 깊은 교류를 가졌는데, 주로 고조선에서 일본열도로 주민 이동과 함께 문화가 전달되었다. 그리고 이들 이주민에 의해 일본열도는 점차 문명사회를 향하게 되었다.

고조선과 주변 지역의 교섭에 관해 문헌이나 고고 자료에서 확인된 것들은 비교적 중요한 것들로서 전체 가운데 일부에 불과할 것이다. 그러므로 그보다 훨씬 밀접하고 많은 교섭이 있었을 것으로 보아야 한다. 그리고 이런 교섭은 각 지역에 존재했던 토착의 요소를 주체로 했을 것이므로 상호 간의 영향을 과대평가하지 않도록 조심해야 할 것이다.

지금까지 살펴본 바와 같이 고조선은 한반도와 만주 지역에 처음으로 등장한 국가였다. 그리고 고조선의 건국과 더불어 한민족이 형성되었다. 따라서 고조선의 정치·경제·사회·문화는 한민족 정치·경제·사회·문화의 원형이다. 고조선은 한반도와 만주 전 지역을 영토로 하고 있었던 대국이었다. 경제나 문화 수준도 매우 높았다. 대외관계도 활발했다. 그러했던 고조선은 그 후기에 철기의 보급으로 인한 주민들의 토지에 대한 경제 관념의 변화로 종래의 사회질서를 유지할 수 없게 되었다. 거기에다 고조선의 서부인 지금의 요서 지역에 위만조선이 건국되어 영토를 확장하면서 고조선을 침략했고, 또한 서한이 그 지역에 한사군을 설치히는 과정에서 고조선을 침략했다. 내부적으로 어려운 국면을 맞고 있었던 고조선은 두 번에 걸친 큰 전쟁을 치르면서 국력이 크게 손실되어 통치력을 유지할 수 없게 되었다. 고조선의 중앙 통치력이 붕괴되자 거수국들이 독립을 하게 되었다. 그 가운데 부여·고구려·읍루(이전의 숙신)·동옥저·동예·최씨낙랑국·한(韓) 등은 지리적인 재편성과 주변 세력의 통합 등을 거쳐 열국시대(列國時代)의 주역으로 등장하게 되었다. 이들은 정치적으로는 분열되어 있었지만 모두가 고조선의 후계 세력으로서 고조선 사회와 문화의 특성을 계승하고 있었다.

## 한국사 연대 도표

| 세기 | | | 전 4000년기 | 전 3000년기 | 전 2000년기 | 전 1000년기 | |
|---|---|---|---|---|---|---|---|
| 연대 | −10000 | −4000 | −3000 | −2000 | −1000 | 1 | 1 |
| 한국 | 무리사회 | 마을사회 | 고을나라 | | 고조선<br>(단군조선)<br><br>기자조선 | 위만조선 | 여러나라시대<br><br>한사군 |
| 중국 | 유단사회 | 촌락사회 | 촌군사회 | 하 상 | 서주 춘추 전국 진 | 서한 | |
| 일본 | 선 토 | 기 | 문 | 화 | 조몬문화 | 야요이문화 | |
| 유럽 | 무리사회 | 부족사회 | 추방사회 | | | 노예제<br><br>그리스 로마 | |

| | 1 | 2 | 3 | 4 | 5 | 6 |
|---|---|---|---|---|---|---|
| 1 | 1 | 100 | 200 | 300 | 400 | 500 | 600 |

여러 나라 시대
부여 · 고구려 · 읍루 · 옥저 · 동예 ·
최씨낙랑 · 한 등

사국시대 { 가야 / 신라 / 백제 / 고구려

| 한 | 사 / 동한 | 군 / 위 / 촉 / 오 | 서진 | 5호 16국 / 동진 | 남북조 | 수 |

서한  신

야요이문화    씨족정치

소국시대

노예제

민족이동

로마

| | 7 | 8 | 9 | 10 | 11 | 12 | 13 |
|---|---|---|---|---|---|---|---|

| 600 | 700 | 800 | 900 | 1000 | 1100 | 1200 | 1300 |

신라

고려

발해

요(거란)

금

원

수

당

5
대

북송

남송

율령정치

섭관(攝關)정치

원정(院政)

바쿠후(幕府)정치

집권정치

씨족정치

민족이동

십자군

봉건제

사라센 제국

| 14 | 15 | 16 | 17 | 18 | 19 | 20 |
|---|---|---|---|---|---|---|
| 1300 | 1400 | 1500 | 1600 | 1700 | 1800 | 1900 | 2000 |

| | | | | | 대한제국 | 대한민국임시정부 | 대한민국 |
|---|---|---|---|---|---|---|---|
| 고려 | | | 근세조선 | | | | 조선민주주의인민공화국 |

| 원 | 명 | | 청 | | 중화민국 | 중화인민공화국 |
|---|---|---|---|---|---|---|

| 바쿠후정치 집권정치 | | 바쿠후정치 | | | 한바쓰(藩閥)정치 | 입헌정치 |
|---|---|---|---|---|---|---|

바쿠한(幕藩)체제

| 지리상의 발견 | | | | 자유주의 | | |
|---|---|---|---|---|---|---|
| 봉건제 | 종교개혁 | 절대주의 | | 국민주의 | 제국주의 | 국제주의 |

르네상스

# 참고문헌

## 1. 문헌 사료

『고려사』
『광개토왕릉비문』
『동명왕편』
『동사강목』
『삼국사기』
『삼국유사』
『세종실록』
『신증동국여지승람』
『열하일기』
『용비어천가』
『응제시주』
『제왕운기』

『고금주(古今注)』
『고사기(古事記)』
『관자(管子)』
『괄지지(括地志)』
『구당서(舊唐書)』
『국어(國語)』
『금본죽서기년(今本竹書紀年)』
『논어(論語)』
『논형(論衡)』
『독사방여기요(讀史方輿紀要)』
『대대예기(大戴禮記)』
『대명일통지(大明一統志)』
『대청일통지(大淸一統志)』
『만주원류고(滿洲源流考)』
『맹자(孟子)』

『명사(明史)』
『박물지(博物志)』
『사기(史記)』
『사기색은(史記索隱)』
『사기정의(史記正義)』
『사기집해(史記集解)』
『산해경(山海經)』
『삼국지(三國志)』
『상서대전(尙書大傳)』
『상서(尙書序)』
『설문해자(說文解字)』
『설원(說苑)』
『성경통지(盛京通志)』
『수경주(水經注)』
『수서(隋書)』
『시경(詩經)』
『신당서(新唐書)』
『양서(梁書)』
『여씨춘추(呂氏春秋)』
『염철론(鹽鐵論)』
『요사(遼史)』
『월절서(越絶書)』
『위략(魏略)』
『위서(魏書)』
『일주서(逸周書)』
『자치통감(資治通鑑)』
『잠부론(潛夫論)』
『전국책(戰國策)』
『죽서기년(竹書紀年)』
『진서(晉書)』

『청태조실록(淸太祖實錄)』

『통전(通典)』

『한서(漢書)』

『후한서(後漢書)』

『춘추좌씨전(春秋左氏傳)』

『한비자(韓非子)』

『회남자(淮南子)』


## 2. 고고 자료

고고학·민속학연구소, 「나진 초도 원시유적 발굴보고서」『유적발굴보고』 1, 과학원출판사, 1956.

_____·_____, 「궁산리 원시유적 발굴보고」『유적발굴보고』 2, 과학원출판사, 1957.

_____·_____, 「태성리 고분군 발굴보고」『유적발굴보고』 5, 과학원출판사, 1959.

_____·_____, 「강계시 공귀리 원시유적 발굴보고」『유적발굴보고』 6, 과학원출판사, 1959.

_____·_____, 「회령 오동 원시유적 발굴보고」『유적발굴보고』 7, 과학원출판사, 1960.

_____·_____, 「지탑리 원시유적 발굴보고」『유적발굴보고』 8, 과학원출판사, 1961.

고고학연구소, 「기원전 천년기 전반기의 고조선문화」『고고민속론문집』 1, 사회과학출판사, 1969.

_____, 「서포항 원시유적 발굴보고」『고고민속론문집』 4, 사회과학출판사, 1972.

국립중앙박물관, 『송국리』 Ⅱ·Ⅲ－국립박물관 고적조사보고 제18책·제19책, 국립중앙박물관, 1986·1987.

김기웅, 『한국의 벽화고분』－한국사선서, 동화출판공사, 1982.

김양선·임병태, 「역삼동 주거지 발굴보고」『사학연구』 제20호, 한국사학회, 1968.

김용남, 「서포항 조개무지 발굴 중간보고」『문화유산』 1961. No. 3, 과학원출판사.

김원룡, 『한국미술전집』 Ⅰ－원시미술, 동화출판공사, 1973.

김재원, 윤무병, 『한국지석묘연구』－국립박물관 고적조사보고 제6책, 국립박물관, 1967.

김정문, 「세죽리 유적 발굴 중간보고」『고고민속』, 1964년 2호, 사회과학원출판사.

리기련, 『석탄리 유적 발굴보고』－유적발굴보고 제12집, 과학백과사전출판사, 1980.

사회과학원, 「사회과학원의 단군릉 발굴 보고문」, 『북한의 〈단군릉〉 발굴관련자료』, 북한문제조사연구소, 1993.

사회과학원 고고학연구소 전야고고대, 「나무곽무덤－정백동 37호무덤」『고고학자료집』 제5집, 과학백과사전출판사, 1978.

서국태, 「신흥동 팽이그릇 집자리」『고고민속』, 1964년 3호, 사회과학원출판사.

손보기,『구석기유적』 – 한국·만주, 한국선사문화연구소, 1990.

손보기,「층위를 이룬 석장리 구석기 문화」『역사학보』 35·36, 1967.

심봉근,『김해 부원동 유적』, 동아대 박물관, 1981.

윤무병·한영희·정준기,『휴암리』 – 국립박물관 고적조사보고 제22책, 국립중앙박물관, 1990.

이은창,「고령 양전동 암화 조사약보」『고고미술』 112, 한국미술사학회, 1971.

이호관·조유전,「양평군 양수리 지석묘 발굴보고」『팔당·소양댐 수몰지구 유적발굴 종합 조사보고』, 문화재관리국, 1974.

임효재·권학수,『오산리 유적』, 서울대 박물관 고고인류학총간 9책, 서울대 박물관, 1984.

임효재·이준정,『오산리 유적』 III, 서울대 박물관, 1988.

장호수 엮음,「범의구석 유적 청동기시대층(2~4기)」『북한의 선사고고학』 3 – 청동기시대 와 문화, 백산문화, 1992.

_____,「서포항 유적 청동기문화층」『북한의 선사고고학』 3 – 청동기시대와 문화, 백 산문화, 1992.

_____,「소영자 돌상자무덤 유적」『북한의 선사고고학』 3 – 청동기시대와 문화, 백산 문화, 1992.

_____,「청동기시대 짐승」『북한의 선사고고학』 3 – 청동기시대와 문화, 백산문화, 1992.

정찬영,「북창군 대평리 유적 발굴보고」『고고학자료집』 제4집, 사회과학출판사, 1974.

_____,『압록강·독로강 류역 고구려 유적 발굴보고』 – 유적발굴보고 제13집, 과학백과사 전출판사, 1983.

조선유적유물도감편찬위원회,『조선유적유물도감』 1 – 원시편, 조선유적유물도감편찬위원 회, 1988.

_____,『조선유적유물도감』 2 – 고조선·부여·진국편, 조선유적유물 도감편찬위원회, 1989.

조중 공동 고고학 발굴대,『중국 동북 지방의 유적 발굴보고』, 사회과학원출판사, 1966.

최성락,『영암 장천리 주거지』 2, 목포대 박물관, 1986.

한국선사문화연구소·경기도,『일산 새도시 개발지역 학술조사보고 I』, 한국선사문화연구 소, 1992.

허흥식 엮음,『한국금석전문』 중세 하, 아세아문화사, 1984.

황기덕,「무산 범의구석 유적 발굴보고」『고고민속론문집』 6, 사회과학출판사, 1975.

_____,「무산읍 호곡동 원시유적 발굴보고」『고고민속론문집』 6, 사회과학출판사, 1975.

_____,「황해남도 룡연군 석교리 원시유적 발굴보고」『고고학 자료집』 제3집 – 각지 유적 정리 보고, 과학출판사, 1963.

황수영·문명대,『반구대 － 울주 암벽 조각』, 동국대 출판부, 1984.

開封地區文管會·新鄭縣文管會,「河南新鄭裴李崗新石器時代遺址」『考古』, 1978年 2期.
喀左縣文化館·朝陽地區博物館, 遼寧省博物館,「遼寧省喀左縣山灣子出土商周靑銅器」
　　　　『文物』, 1977年 12期.
喀左縣文化館·朝陽地區博物館, 遼寧省博物館, 北洞文物發掘小組,「遼寧省喀左縣北洞
　　　　村出土的殷周靑銅器」『考古』, 1974年 6期.
郭大順·張克擧,「遼寧省喀左縣東山嘴紅山文化建築群址發掘簡報」『文物』, 1984年 11期.
郭沫若,『殷契粹編』, 文求堂, 昭和 12(1937).
郭若愚 等,『殷墟文字綴合』, 科學出版社, 1955.
關野貞 等,『樂浪郡時代の遺蹟』－古蹟調査報告 第4册, 朝鮮總督府, 昭和 2(1927).
金關丈夫 等,『羊頭窪』－東方考古學叢刊 乙種 第3册, 東亞考古學會, 1942.
吉林省博物館·永吉縣文化館,「吉林永吉星哨石棺墓第三次發掘」『考古學集刊』3, 中
　　　　國社會科學出版社, 1983.
吉林市文物管理委員會·永吉縣星星硝水庫管理處,「吉林永吉星星哨水庫石棺墓及遺址調
　　　　査」『考古』1978年 3期.
吉林市博物館·永吉縣文化館,「吉林永吉星星哨石棺墓第三次發掘」『考古學集刊』3,
　　　　1983.
吉林地區考古短訓班,「吉林猴石山遺址發掘簡報)」『考古』, 1980年, 2期.
羅振玉,『殷墟書契前編』卷1 藝文印書館 影印版, 民國 59(1970).
董作賓,『殷墟文字乙編』中央研究院歷史語言研究所, 民國 38(1949).
佟柱臣,「赤峰東八家石城址勘查記」『考古通訊』, 1957年, 6期.
藤田亮策,『延吉小營子遺迹調査報告』, 1943.
文物編輯委員會,『文物考古工作三十年』, 文物出版社, 1979.
方法欽,「金璋所藏甲骨卜辭」『方法欽摹甲骨卜辭三種(3)』, 藝文印書館 影印版, 民國
　　　　55(1966).
方殿春·劉葆華,「遼寧阜新縣胡頭溝紅山文化玉器墓發現」『文物』, 1984年 6期.
方濬益,『綴遺齊彝器款識考釋』, 1953.
傅斯年 外,『城子崖』中國考古報告集之一, 中央研究院歷史語言研究所, 民國 23(1934).
商承祚,『福氏所藏甲骨文字』香港書店, 民國 62(1973).
_____,『殷契佚存』, 金陵大學中國文化研究所, 民國 22(1933).
徐錫台·樓宇棟·魏效祖,『周秦漢瓦當』文物出版社, 1988.
小場恒吉·榧本龜次郎,『樂浪王光墓』, 朝鮮古蹟研究會, 昭和 10(1935).
孫守道·郭大順,「牛河梁紅山文化女神頭像的發現與研究」『文物』1986年 6期.

_____ ·_____, 「遼寧省喀左縣東山嘴紅山文化建築群址發掘簡報」『文物』1984年 11期.

沈陽古宮博物館·沈陽市文物管理辦公室, 「沈陽鄭家洼子的兩座靑銅時代墓葬」『考古學報』1975年 1期.

沈陽市文物管理辦公室, 「沈陽新樂遺址試掘報告」『考古學報』, 1978年 4期.

安志敏, 「關於我國中石器時代的幾個遺址」『考古通訊』, 1956年 2期.

楊虎, 「內蒙古敖漢旗興隆洼遺址發掘簡報」『考古』, 1985年 10期.

熱河省博物館籌備組, 「熱河凌源縣海島營子村發現的古代靑銅器」『文物參考資料』, 1955年 8期.

王增新, 「遼寧撫順市蓮花堡遺址發掘簡報」『考古』, 1964年 6期.

遼寧省文物干部培訓班, 「遼寧北票縣豊下遺址1972年春發掘報告」『考古』, 1976年 3期.

遼寧省文物考古硏究所, 「遼寧牛河梁紅山文化"女神廟"與積石塚群發掘簡報」『文物』, 1986年 8期.

遼寧省文物普查訓練址, 「1979年朝陽地區文物普查發掘的主要收獲」『遼寧文物』, 1989年 1期.

遼寧省博物館文物工作隊·朝陽地區博物館文物組, 「遼寧建平縣喇沁河東遺址試掘簡報」『考古』, 1983年 11期.

遼寧省博物館 等, 「長海縣廣鹿島貝丘遺址」『考古學報』, 1981年 1期.

遼寧省博物館·朝陽地區博物館, 「遼寧喀左縣北洞村發現殷代靑銅器」『考古』, 1973年 4期.

原田淑人 編, 『牧羊城』, 東亞考古學會, 昭和 6(1931).

李亞農, 『殷契摭佚續編』, 1950.

田廣金, 「近年來內蒙古地區的匈奴考古」『考古學報』, 1983年 1期.

_____, 「桃紅巴拉的匈奴墓」『考古學報』, 1976年 1期.

浙江省文管會·浙江省博物館, 『河姆渡發現原始社會重要遺址』『文物』, 1976年 8期.

曹汛, 「靉河尖古城和漢安平瓦當」, 『考古』, 1980年 6期.

中國科學院考古所內蒙工作隊, 「寧城南山根遺址發掘報告」『考古學報』, 1975年 1期.

中國科學院考古硏究所內蒙古工作隊, 「內蒙古巴林左旗富河溝門遺址發掘簡報」『考古學報』, 1964年 1期.

中國科學院考古硏究所, 『新中國的考古收獲』文物出版社, 1962.

中國社會科學院考古所東北工作隊, 「內蒙寧城縣南山根102號石棺墓」『考古』, 1981年 4期, 科學出版社.

中國社會科學院考古硏究所內蒙古工作隊, 「內蒙古敖漢旗興隆洼遺址發掘簡報」『考古』, 1985年 10期.

中國社會科學院考古硏究所實驗室, 「射性碳素測定年代報告(一五)」『考古』, 1988年 7期.

中國社會科學院考古研究所, 『新中國的考古發現和研究』, 文物出版社, 1984.

中國社會科學院考古研究所 編著, 『中國考古學中碳十四年代數據集)』 文物出版社, 1983.

馮永謙‧鄧寶學, 「遼寧建昌普查中發現的重要文物」 『文物』, 1983年 9期.

河姆渡遺址考古隊, 「浙江河姆渡遺址第二期發掘的主要收獲」 『文物』, 1980年 5期.

胡厚宣, 『甲骨六錄』, 齊魯大學國學研究所, 民國 34(1945).

## 3. 논저 : 단행본

국립중앙박물관, 『국립중앙박물관』, 통천문화사, 1991.

국사편찬위원회, 『고등학교 국사』, 대한교과서주식회사, 1993.

_____, 『중학교 국사』, 대한교과서주식회사, 1990.

_____, 『중국정사조선전 역주』 국사편찬위원회, 1987.

권오중, 『낙랑군연구』, 일조각, 1992.

김병모, 『한국인의 발자취』, 집문당, 1992.

김상일‧오강남‧이성은 엮음, 『한사상의 이론과 실제』, 지식산업사, 1990.

김원룡, 『한국고고학개론』, 서울대 고고인류학과, 1972.

_____, 『한국고고학개설』 초판, 일지사, 1973.

_____, 『한국고고학개설』 개정판, 일지사, 1977.

_____, 『한국고고학개설』 제3판, 일지사, 1986.

김재원, 『단군신화의 신연구』, 탐구당, 1976.

김정기, 『한국목조건축』, 일지사, 1993.

김정배, 『한국민족문화의 기원』, 고려대 출판부, 1973.

노성환 역주, 『고사기』, 예전사, 1987.

대야발 지음, 고동영 옮김, 『단기고사』, 한뿌리, 1986.

대종교, 『역해신리대전(譯解神理大全)』, 대종교.

레닌‧스탈린 지음, 편집부 엮음, 『맑스 — 레닌주의 민족운동론』, 도서출판 벼리, 1989.

리상호 옮김, 『삼국유사』, 과학원출판사, 1959.

리순진‧장주협 편집, 『고조선 문제 연구』, 사회과학출판사, 1973.

리지린, 『고조선 연구』, 학우서방, 1964.

루이스 헨리 모건 지음, 최달곤‧정동호 옮김, 『고대사회』, 현암사, 1979.

문정창, 『고조선사연구』, 백문당, 1969.

_____, 『한국고대사』 상, 백문당, 1967.

박진욱, 『조선고고학전서 — 고대편』, 과학백과사전출판사, 1988.

변태섭,『한국사통론』, 삼영사, 1986.

북애 지음·고동영 옮김,『규원사화』, 한뿌리, 1986.

사회과학원 고고학연구소,『고조선 문제 연구론문집』, 사회과학출판사, 1977.

사회과학원 고고학연구소,『조선고고학개요』, 과학백과사전출판사, 1977.

사회과학원 력사연구소,『조선전사 1 − 원시편』, 과학백과사전출판사, 1979.

사회과학원 력사연구소,『조선전사 2 − 고대편』, 과학백과사전출판사, 1979.

손보기,『한국구석기학 연구의 길잡이』, 연세대 출판부, 1988.

손진태,『조선민족사개론』− 조선문화총서 11, 을유문화사, 1958.

신채호,『조선상고사』, 인물연구소, 1982.

_____,『조선상고문화사』− 단재신채호전집 상, 형설출판사, 1987.

_____,『조선사연구초』, 을유문화사, 1987.

신채호 지음, 이만열 주석,『조선상고사』, 형설출판사, 1983.

안재홍,「삼한국과 그 법속」『한국학연구총서』2, 성진문화사, 1974.

양주동,『증정고가연구(增訂古歌硏究)』, 일조각, 1965.

유득공,『사군지(四郡志)』.

U. M. 부틴 지음, 이항재·이병두 옮김,『고조선』, 소나무, 1990.

윤내현,『상왕조사의 연구』, 경인문화사, 1978.

_____,『상주사』, 민음사, 1984.

_____,『윤내현교수의 한국고대사』, 삼광출판사, 1989.

_____,『중국의 원시시대』, 단국대 출판부, 1982.

_____,『한국고대사신론』, 일지사, 1986.

윤내현·박성수·이현희,『새로운 한국사』, 삼광출판사, 1989.

이기백,『한국사신론』, 일조각, 1977.

이기백·이기동,『한국사강좌』1 − 고대편, 일조각, 1982.

이기문,『국어사개설』개정판, 탑출판사, 1993.

이병도,『한국고대사연구』, 박영사, 1981.

이병도 역주,『국역 삼국사기』, 을유문화사, 1980.

이병도·김재원,『한국사』− 고대편, 을유문화사, 단기 4292(1959).

이병선,『한국고대 국명 지명 연구』, 형설출판사, 1982.

이상시,『단군실사에 관한 문헌고증』, 가나출판사, 1987.

이익,『성호사설』.

이옥,『고구려민족형성과 사회』, 교보문고, 1984.

이은봉,『단군신화연구』, 온누리, 1986.

이종욱,『고조선사연구』, 일조각, 1993.

_____, 『신라국가형성사연구』, 일조각, 1982.

이현혜, 『삼한사회형성과정연구』, 일조각, 1984.

이형구, 『渤海沿岸古代文化之硏究』, 대만대 박사학위논문, 1987.

_____, 『한국고대문화의 기원』, 까치, 1991.

임효재, 『한국고대문화의 흐름』, 집문당, 1992.

장광직 지음, 윤내현 옮김, 『상문명』, 민음사, 1989.

장우진, 『조선사람의 기원』, 사회과학출판사, 1989.

정약용, 『여유당전서』.

정인보, 『조선사연구』, 서울신문사, 1947.

조희승, 『일본에서 조선소국의 형성과 발전』, 백과사전출판사, 1990.

_____, 『초기조일관계사』 상, 사회과학출판사, 1988.

천관우, 『고조선사 · 삼한사연구』, 일조각, 1991.

천관우 엮음, 『한국상고사의 쟁점』, 일조각, 1975.

최동, 『조선상고민족사』, 동국문화사, 1969.

한국고고학연구회, 『한국고고학지도』, 서울대 고고미술사학과, 1984.

한국사연구회, 『한국사강의』, 한울아카데미, 1989.

한국사특강편찬위원회, 『한국사특강』, 서울대 출판부, 1990.

한백겸, 『동국지리지』.

한우근, 『한국통사』, 을유문화사, 1986.

한치윤, 『해동역사』.

홍기문, 『조선신화연구』, 지양사, 1989.

황기덕, 『조선 원시 및 고대사회의 기술발전』, 과학원출판사, 1984.

C. G. 융 지음, 이은봉 옮김, 『종교와 심리학』, 경문사, 1980.

F. 엥겔스 지음, 김대웅 옮김, 『가족, 사유재산, 국가의 기원』, 아침, 1991.

글린 대니엘 지음, 김정배 옮김, 『고고학발달사』, 고려대 출판부, 1981.

칼 마르크스 지음, 성낙선 옮김, 『자본주의적 생산에 선행하는 제형태』, 신지평, 1993.


Choi, MongLyong, *A Study of the Yongsan River Valley Culture : The Rise of Chiefdom Society and State in Ancient Korea*, Dong Song Sa, 1984.

顧炎武, 『日志錄』.

駒井和愛, 『樂浪』, 中央公論社, 昭和 47(1972).

譚其驤 主編, 『中國歷史地圖集』 第1冊 – 原始社會 · 夏 · 商 · 西周 · 春秋 · 戰國時期, 地圖出版社, 1982.

_____, 『中國歷史地圖集』 第2冊 – 秦 · 西漢 · 東漢時期, 地圖出版社, 1982.

_____,『中國歷史地圖集』第5冊－隋·唐·五代十國時期, 地圖出版社, 1982.

_____,『中國歷史地圖集』第7冊－元·明時期, 地圖出版社, 1982.

_____,『中國歷史地圖集』第8冊－清時期, 地圖出版社, 1987.

臺灣學生書局,『五千年中國歷代世系表』, 臺灣學生書局, 民國 62(1973).

大原利武,『滿鮮に於ける漢代五郡二水考』, 近澤書店, 昭和 8(1933).

大阪什字屋出版部,『滿洲及朝鮮地圖』, 大阪什字屋出版部, 大正 2(1913).

島邦男,『殷墟卜辭研究』, 汲古書院, 昭和 50(1975).

佟冬 主編,『中國東北史』, 吉林文史出版社, 1987.

董作賓,『中國年歷簡報』, 藝文印書館, 民國 63(1974).

西川權,『日韓上古史の裏面』, 上·下, 東京, 1910.

王宇信,『甲骨學通論』, 中國社會科學出版社, 1989.

王儀,『古代中韓關係與日本』, 臺灣中華書局, 民國 62(1973).

王華隆,『東北四省分縣新圖』北平文化學社, 民國 21(1932).

瀧川龜太郎,『史記會注考證』, 宏業書局 影印, 民國 63(1974).

李孝定,『甲骨文字集釋』, 中央研究院歷史語言研究所, 民國 63(1974).

任繼愈 主編,『中國道教史』, 上海人民出版社, 1990.

張惠榮·余淸逸·胡慧斌 編輯,『水經注疏』, 江蘇古籍出版社, 1989.

井上秀雄,『東アジア民族史』, 平凡社, 1974.

『曹操集』, 中華書局, 1959.

『中國歷史年鑑』, 人民出版社, 1983.

陳夢家,『殷虛卜辭綜述』－考古學專刊甲種 第2號, 中華書局, 1988.

陳槃,『不見於春秋大事表之春秋方國稿』, 中央研究院歷史語言研究所, 民國 59(1970).

坂田邦洋,『韓國隆起文土器の研究』, 昭和堂, 1978.

彭信威,『中國貨幣史』, 上海人民出版社, 1988.

平凡社,『世界考古學大系』「日本 I」, 平凡社, 1964.

黃麟書,『秦皇長城考』, 造陽文學社, 民國 61(1972).

Colin Renfrew and Paul Bahn, *Archaeology－Theories, Methods, and Practice*, Thames and Hudson, 1991.

Elman R. Service, *Primitive Social Organization*, Random House, 1962.

Hulbert, *Hulbert's History of Korea*, 1905.

James Gunner Andersson, *Children of Yellow Earth*, MIT Press, 1973.

Kwang-chih Chang, *The Archaeology of Ancient China*, Fourth Edition, Yale University Press, 1986.

Morton Fried, *The Evolution of Political Society*, Random House, 1967.

William T. Sanders and Barbara J. Price, *Mesoamerica*, Random House, 1968.


## 4. 논저 : 논문

강경구, 「낙랑칠기의 문제점」『한국상고사학보』 제14호, 한국상고사학회, 1993.

강봉원, 「'성읍국가'에 대한 일고찰」『선사와 고대』 3, 한국고대학회, 1992.

강인구, 「중국 동북 지방의 고분」『한국상고사의 제문제』, 한국정신문화연구원, 1987.

계연수 엮음, 이민수 옮김, 「단군세기」『환단고기』, 한뿌리, 1986.

고고학·민속학연구소, 「비파형단검」장호수 엮음『북한의 선사고고학』 3 - 청동기시대와
    문화, 백산문화, 1992(『고고민속』, 1966년 1호에도 실려 있음).

고고학·민속학연구소, 「청동기시대의 피리」장호수 엮음『북한의 선사고고학』 3 - 청동기
    시대와 문화, 백산문화, 1992(『고고민속』, 1967년 1호에도 실려 있음).

고홍장·동보서 지음, 윤내현 옮김, 「갈석고」『한국고대사신론』, 일지사, 1986.

국립중앙박물관, 『박물관신문』, 국립중앙박물관, 1985년 5월 1일자.

길경택, 「한국선사시대의 농경과 농구의 발달에 관한 연구」『고문화』 제27집, 한국대학박물
    관협회, 1985.

김광수, 「치우와 맥족」『손보기박사정년기념 한국사학논총』, 지식산업사, 1988.

김광억, 「국가 형성에 관한 인류학 이론과 모형」『한국사시민강좌』 제2집, 일조각, 1988.

김광진, 「고구려 사회의 생산양식 - 국가의 형성 과정을 중심으로」『보전학회논집』 3, 1937.

김교경, 「단군릉에서 나온 뼈에 대한 연대측정결과에 대하여」, 『북한의 〈단군릉〉 발굴관련
    자료』, 북한문제조사연구소, 1993.

김병모, 「신라금관을 통해 본 신수사상(神樹思想)과 신조사상(神鳥思想)」『동북아 민족의
    역사와 민속』 - 경희대 중앙박물관 시베리아관 개관기념 제2회 대륙문화 국제학술
    대회 팸플릿, 1993.

_____, 「한민족의 구성」『한민족공영체』 창간호, 해외한민족연구소, 1993.

_____, 「해방 후 고고학 성과와 재인식」『계간경향』, 1987년 여름호.

김삼수, 「고대부여의 사회경제구성과 토지사유의 존재형태」『숙명여대논문집』 7, 1968.

김상기, 「국사상에 나타난 건국설화의 검토」『동방사논총』, 서울대 출판부, 1984.

_____, 「동이(東夷)와 회이(淮夷)·서융(徐戎)에 대하여 」『동방사논총』, 서울대 출판부,
    1984.

_____, 「한·예·맥 이동고」『사해』 창간호, 조선사연구회, 단기 4281(『동방사논총』, 서울대
    출판부, 1984에도 수록되어 있음).

김신규, 「우리나라 원시유적에서 나온 포유동물상」『고고민속론문집』 2, 사회과학출판사,

1970.

_____, 「청동기시대의 짐승사냥」『고고민속론문집』 2, 사회과학출판사, 1970.

김용간·석광준, 「남경 유적에서 나온 낟알을 통하여 본 팽이그릇주민의 농업」『남경 유적에 관한 연구』, 과학백과사전출판사, 1984.

김용간·안영준, 「함경남도·량강도 일대에서 새로 알려진 청동기시대 유물에 대한 고찰」『조선고고연구』, 사회과학원 고고학연구소, 1986년 제1호.

김용남·김용간·황기덕, 「청동기시대 집자리를 통하여 본 집째임새의 변천」『우리나라 원시 집자리에 관한 연구』, 사회과학출판사, 1975.

김원룡, 「가평 마장리 야철주거지」『역사학보』 50·51 합집, 1971.

_____, 「고대 한일 관계」『이화사학연구』 제13·14합집, 1983.

_____, 「울주 반구대 암각화에 대하여」, 『한국고고학보』 9, 1980.

_____, 「전(傳) 무주출토 요령식 동검에 대하여」『진단학보』 제38호.

_____, 「청동기시대 예술과 신앙」『한국사론』 13 - 한국고고학 Ⅱ·상, 국사편찬위원회, 1983.

_____, 「한민족의 형성과 선사시대」『한국학입문』 대한민국학술원, 1983.

김정곤, 「단군신앙에 관한 경전 연구」『정신문화연구』 제32호, 한국정신문화연구원, 1987.

김정기, 「신석기시대 주생활」『한국사론』 17, 국사편찬위원회, 1987.

김정배, 「한국고대국가기원론」『백산학보』 14호, 1973.

_____, 「단군조선과 고아시아족」『한국민족문화의 기원』, 고려대 출판부, 1973.

_____, 「소도의 정치사적 의미」『역사학보』 79, 1978.

_____, 「예맥과 예와 맥」『한국민족문화의 기원』, 고려대 출판부, 1973.

_____, 「예맥족에 관한 연구」『백산학보』 제5호, 1968.

_____, 「준왕 및 진국과 '삼한정통론'의 제문제」『한국사연구』 13, 1976.

_____, 「한국의 철기문화」『한국사연구』 16, 한국사연구회, 1977.

김연학, 「고고학상으로 본 한국민족」『백산학보』, 제1호, 1966.

_____, 「단군신화의 새로운 해석」 이기백 엮음, 『단군신화논집』, 새문사, 1988.

_____, 「청동기의 전개」『한국사론』 13 - 한국의 고고학 Ⅱ·상, 국사편찬위원회, 1983.

김철준, 「한국고대국가발달사」『한국문화사대계』 1 - 민족·국가사, 고려대 민족문화연구소, 1964.

노태돈, 「고조선 중심지의 변천에 대한 연구」『한국사론』 23, 서울대 국사학과, 1991.

_____, 「한국민족 형성과정에 대한 이론적 고찰」『한국고대사논총』 제1집, 가락국사적개발연구원, 1991.

_____, 「한국인의 기원과 국가 형성」『한국사특강』, 서울대 출판부, 1990.

도유호, 「조선거석문화연구」『문화유산』, 1959년 2호.

_____, 「조선의 구석기시대 문화인 굴포문화에 관하여」『고고민속』, 1964년 2호.

_____, 「진번과 옥저성의 위치」『문화유산』, 1962년 4호.

리병선, 「압록강 중 상류 및 송화강 류역 청동기시대 주민의 경제 생활」 장호수 엮음『북한의 선사고고학』3 - 청동기시대와 문화, 백산문화, 1992.

리지린, 「고조선 국가 형성에 관한 한 측면의 고찰 - 한자 사용 시기에 대하여」 (하)『력사과학』, 1960년 4기.

문경현, 「단군신화의 신고찰」『교남사학』창간호, 1985.

문명대, 「울산의 선사시대 암벽각화」『문화재』제7호, 문화재관리국, 1973.

박진욱, 「단군릉 발굴 정형에 대하여」『북한의〈단군릉〉발굴관련자료』, 북한문제조사연구소, 1993.

_____, 「비파형단검문화의 발원지와 창조자에 대하여」『비파형단검문화에 대한 연구』, 과학백과사전출판사, 1987.

박창범·나대일, 「단군조선시대 천문현상기록의 과학적 검증」『한국상고사학보』제14호, 학연문화사, 1993.

방선주, 「한·중 고대기년의 제문제」『아시아 문화』제2호, 한림대 출판부, 1987.

백련행, 「부조예군의 도장에 대하여」『문화유산』, 1962년 4호.

사회과학원 력사연구소, 「조선사람의 기원과 인종적 특징」『조선전사 1 - 원시편』, 과학백과사전출판사, 1979.

서영대, 「단군숭배의 역사」『정신문화연구』제32호, 한국정신문화연구원, 1987.

서영수, 「고조선의 위치와 강역」『한국사시민강좌』제2집, 일조각, 1988.

_____, 「고조선의 위치와 강역에 대한 재검토」『한국상고사』 - 연구현황과 과제, 민음사, 1989.

석광준, 「평양은 고대문화의 중심지」『북한의〈단군릉〉발굴관련자료』, 북한문제조사연구소, 1993.

송기중, 「한민족의 선사와 한국어의 선사」『한국상고사학보』제6호, 한국상고사학회, 1991.

송방송, 「한국음악의 원류」『한민족』창간호, 한민족학회, 1989.

송호정, 「요동지역 청동기문화와 미송리형토기에 관한 고찰」『한국사론』24, 1991.

신선희, 「고전기 아테네의 거류외인」『서양 고대와 중세의 사회』 - 지동식박사정년퇴임기념논총』, 지동식박사정년퇴임기념논총간행위원회, 1993.

신채호, 「평양패수고」『조선사연구초』, 1926.

심봉근, 「야요이문화를 통하여 본 한·일문화의 교류관계」『한국사론』16 - 고대 한·일관계사, 국사편찬위원회, 1986.

_____, 「일본 지석묘의 일고찰」『부산사학』제3집, 부산사학회, 1979.

_____, 「청동기시대 묘제 Ⅰ (지석묘)」『한국사론』13 - 한국의 고고학 Ⅱ·상, 국사편찬위

원회, 1983.

심재훈, 「중국 고대국가 형성의 보편성과 특수성」, 『사학지』 제22집, 단국대 사학회, 1989.

안춘배, 「고고학상에서 본 고대 한일교섭」 『한국민족학연구』 1, 단국대 한국민족학연구소, 1993.

유승국, 「단군조선의 연대고증에 관한 연구」 『계간경향』 1987년 여름호, 경향신문사, 1987.

유열, 「우리 민족은 고조선시기부터 고유한 문자를 가진 슬기로운 민족」 『북한의 〈단군릉〉 발굴관련자료』, 북한문제조사연구소, 1993.

유학구, 「고조선의 위치에 대하여」 『수촌박영석교수화갑기념한국사논총』, 박영석교수화갑 기념논총간행위원회, 1992.

윤기준, 「우리나라 청동기시대 집터에 관한 연구」 ─ 지역적 특성과 그 구조를 중심으로, 『백산학보』 제32호, 1985.

윤내현, 「갑골문을 통해 본 은왕조의 숭신사상과 왕권변천」 『사학지』 제9집, 단국대 사학회, 1975.

_____, 「고대 문헌에 나타난 조선의 지리 개념」 ─ 제4차 조선학국제학술토론회 발표논문, 북경, 1992.

_____, 「고대조선고」 『중재장충식박사화갑기념논총』, 중재장충식박사화갑기념논총간행위 원회, 1992.

_____, 「고조선과 삼한의 관계」 『한국학보』 제52집, 일지사, 1988.

_____, 「고조선과 중국의 교섭」 『배달문화』 제10호, 민족사바로찾기국민회의, 1993.

_____, 「고조선시대의 패수」 『전통과 현실』 제2호, 고봉학술원, 1992.

_____, 「고조선의 경제적 기반」 『백산학보』 제41호 백산학회, 1993.

_____, 「고조선의 국가 구조」 『겨레문화』 6, 한국겨레문화연구원, 1992.

_____, 「고조선의 도읍 천이고」 『한국고대사신론』, 일지사, 1986.

_____, 「고조선의 북계와 남계」 『한민족공영체』 창간호, 해외한민족연구소, 1993.

_____, 「고조선의 사회 성격」 『한국고대의 국가와 사회』, 일조각, 1985(『한국고대사신론』, 일지사, 1986에도 수록되어 있음).

_____, 「고조선 사회의 신분 구성」 『전통과 현실』 제4호, 고봉학술원, 1993.

_____, 「고조선의 서변경계고」 『남사정재각박사고희기념동양학논총』, 고려원, 1984.

_____, 「고조선의 서변경계 재론」 『한국독립운동사의 인식 ─ 백산박성수교수화갑기념논 총』, 백산박성수교수화갑기념논총간행위원회, 1991.

_____, 「고조선의 위치와 강역」 『한국고대사신론』, 일지사, 1986.

_____, 「고조선의 종교와 그 사상」 『동양학』 제23집, 단국대 부설 동양학연구소, 1993.

_____, 「고조선의 통치 조직」 『민족문화의 제문제』 ─ 우강권태원교수정년기념논총, 우강권 태원교수정년기념논총간행위원회, 1994.

_____, 「기자신고」『한국사연구』 41, 한국사연구회, 1983(『한국고대사신론』, 일지사, 1986
　　　에도 수록되어 있음).

_____, 「삼한 지역의 사회 발전」『백산학보』 제35호, 백산학회, 1988.

_____, 「위만조선의 재인식」『한국고대사신론』, 일지사, 1986.

_____, 「은문화의 경제적 기반에 대하여」『사학지』 제10집, 단국대학교 사학회, 1976.

_____, 「인류사회 진화상의 고조선 위치」『사학지』 제26집, 단국대 사학회, 1993.

_____, 「중국 동부 해안 지역과 한반도 - 만주 지역의 상호관계」『장보고 - 해양경영사연
　　　구』, 이진, 1993.

_____, 「창해군고」『한국의 사회와 역사 - 최재석교수정년퇴임기념논총』, 일지사, 1991.

_____, 「천하사상의 시원」『중국의 천하사상』, 민음사, 1988.

_____, 「한사군의 낙랑군과 평양의 낙랑」『한국고대사신론』, 일지사, 1986.

윤무병, 「예맥고」『백산학보』 제1호, 1966.

_____, 「요동지방의 청동기문화」『한국 상고사의 제문제』, 한국정신문화연구원, 1987.

이건무, 「다호리유적 출토 붓(筆)에 대하여」『고고학지』 제4집, 한국고고미술연구소, 1992.

_____, 「청동 유물의 땜질기법」『삼불김원룡교수정년퇴임기념논총』 - 고고학편, 일지사,
　　　1987.

이기동, 「고조선문제의 일고찰」『대구사학』 12, 대구사학회, 1977

_____, 「회고와 전망 : 한국사학계 - 고대」『역사학보』 104, 1984.

이기백, 「고구려의 국가 형성 문제」『한국고대의 국가와 사회』, 일조각, 1985

_____, 「고조선의 국가 형성」『한국사시민강좌』 제2집, 일조각, 1988.

_____, 「국사교과서 개편 방향을 보고」『동아일보』, 1987년 6월 8일자.

이병도, 「〈기자조선〉의 정체와 소위 〈기자팔조교(箕子八條敎)〉에 대한 신고찰」『한국고대
　　　사연구』, 박영사, 1981.

_____, 「단군설화의 해석과 아사달 문제」『한국고대사연구』, 박영사, 1981.

_____, 「부여고」『한국고대사연구』, 박영사, 1981.

_____, 「패수고」『청구학총』 제13호, 쇼와 8(1933).

_____, 「현도군고」『한국고대사연구』, 박영사, 1981.

_____, 「현도군급임둔군고」『사학잡지』 제41편 제4호, 1930.

이병두, 「낙랑군현위치고」『한국학보』 제55집, 일지사, 1989.

_____, 「요동 · 현도군의 위치」『백산학보』 제37호, 1990.

이상시, 「규원사화의 위서론에 대한 종합적 논평」『법률신문』, 1990년 6월 25일~7월 9일자.

이선복, 「신석기 · 청동기시대 주민교체설에 대한 비판적 검토」『한국고대사논총』 1, 가락국
　　　사적개발연구원, 1991.

이송래, 「국가의 정의와 고고학적 판단기준」『한국상고사』 - 연구현황과 과제, 민음사,

1989.

이영문, 「한반도 출토 비파형동검 형식분류 시론」, 『박물관기요』 7, 단국대 중앙박물관, 1991.

이은봉, 「단군신화를 통해 본 천신의 구조」 『단군신화연구』, 온누리, 1986.

_____, 「단군신화의 종교적 의미」 『정신문화연구』 제32호, 한국정신문화연구원, 1987.

이청규, 「세형동검의 형식분류 및 그 변천에 관하여」 『한국고고학보』 13, 1982.

이필영, 「단군신화의 기본 구조 – 천신신앙을 중심으로」, 『백산학보』 제26호, 1981.

이형구, 「대릉하 유역의 은말주초 청동기문화와 기자 및 기자조선」 『한국상고사학보』 제5호, 한국상고사학회, 1991.

_____, 「청동기문화의 비교 Ⅰ(동북아와의 비교)」 『한국사론』 13 하, 국사편찬위원회, 1983.

임병태, 「고고학상으로 본 예맥」 『한국고대사논총』 1, 가락국사적개발연구원, 1991.

_____, 「영암출토 청동기용범에 대하여」 『삼불김원룡교수정년퇴임기념논총』 Ⅰ – 고고학편, 일지사, 1987.

임세권, 「청동기시대 묘제 Ⅲ(적석총)」 『한국사론』 13 – 한국의 고고학 Ⅱ · 상, 국사편찬위원회, 1983.

임효재, 「신석기시대 편년」 『한국사론』 12 – 한국의 고고학 Ⅰ, 국사편찬위원회, 1983.

_____, 「신석기시대의 한 · 일문화교류」 『한국사론』 16 – 고대한일관계사, 국사편찬위원회, 1986.

장도빈, 「국사」 『산운 장도빈 전집』 권1, 산운기념사업회, 1981.

전경수, 「신진화론과 국가형성론」 『한국사론』 19, 서울대 국사학과, 1988.

전상운, 「한국고대금속기술의 과학사적 연구」 『전통과학』 제1집, 한양대 한국전통과학연구소, 1980.

전영래, 「청동기의 비교 Ⅲ(일본과의 비교)」 『한국사론』 13 – 한국의 고고학 Ⅱ · 하, 국사편찬위원회, 1983.

_____, 「회고와 전망 : 고고」 『한국사연구휘보』 51, 국사편찬위원회, 1985.

정약용, 「강역고」 『여유당전서』, 경인문화사 영인판, 1981.

정찬영, 「기원 4세기까지의 고구려 묘제에 대한 연구」 『고고민속론문집』 5, 사회과학출판사, 1973.

_____, 「우리나라 구들의 유래와 발전」 『고고민속』 1966년 4호, 사회과학원출판사

정창렬, 「백성의식 · 평민의식 · 민중의식」, 변형윤 · 송건호 엮음, 『역사와 인간』, 두레, 1982.

조유전, 「청동기시대 연구사」 『국사관논총』 제19집, 국사편찬위원회, 1990.

조인성, 「규원사화와 환단고기」 『한국사시민강좌』 제2집, 일조각, 1988.

주보돈, 「한국 고대국가 형성에 대한 연구사적 검토」 『한국고대국가의 형성』, 민음사, 1990.

지건길, 「청동기시대 묘제 Ⅱ(석관묘)」『한국사론』 13 – 한국의 고고학 Ⅱ·상, 국사편찬위원
　　회, 1983.

천관우, 「고조선사」『고조선사·삼한사연구』, 일조각, 1991.

＿＿, 「고조선에 관한 몇 가지 문제」『고조선사·삼한사연구』, 일조각, 1991.

＿＿, 「고조선에 대한 견해」『한국일보』 1987년 4월 11일자.

＿＿, 「난하 하류의 조선」『사총』 21·22합집, 고려대 사학회, 1977.

＿＿, 「삼국지 한전(韓傳)의 재검토」『진단학보』 41, 1976.

＿＿, 「삼한의 국가 형성」 상, 『한국학보』 제2집, 일지사, 1976.

＿＿, 「삼한의 성립 과정」『사학연구』 제26호, 1975.

최남선, 「불함문화론」『육당최남선전집』 2, 현암사, 1973.

＿＿, 「조선사의 기자는 지나(支那)의 기자가 아니다」『육당최남선전집』 2, 현암사,
　　1973(월간『괴기』 제2호, 1929에 처음 실렸음).

최몽룡, 「고대국가성장과 무역」『한국고대의 국가와 사회』, 일조각, 1985.

＿＿, 「역사고고학 연구의 방향」『한국상고사』, 민음사, 1991.

＿＿, 「청동기시대 주거생활」『한국사론』 13 – 한국고고학 Ⅱ·상, 국사편찬위원회, 1983.

＿＿, 「한국고대국가 형성에 대한 일고찰 – 위만조선의 예」『김철준박사회갑기념사학논
　　총』, 1983.

최복규, 「한국과 시베리아의 중석기시대 유적과 문화」『손보기박사정년기념 고고인류학논
　　총』 지식산업사, 1988.

한병삼, 「선사시대 농경문청동기에 대하여」『고고미술』 112, 한국미술사학회, 1971.

한창균, 「고조선의 성립 배경과 발전 단계 시론」『국사관논총』 제33집, 국사편찬위원회,
　　1992.

현명오, 「고조선의 성립과 수도 문제에 대하여」『북한의〈단군릉〉발굴관련자료』, 북한문제
　　조사연구소, 1993.

현용준, 「한·일 신화의 비교」『제주대학논문집』 제8집 – 인문·사회과학편, 제주대, 1976.

홍승기, 「1~3세기의 민(民)의 존재형태에 대한 일고찰」『역사학보』 63, 1974.

황기덕, 「료서 지방의 비파형단검문화와 그 주민」『비파형단검문화에 대한 연구』, 과학백과
　　사전출판사, 1987.

황기덕·김섭연, 「우리나라 고대 야금 기술」『고고민속론문집』, 과학백과사전출판사, 1983.

황용혼, 「신석기시대 예술과 신앙」『한국사론』 12, 국사편찬위원회, 1983.

황수영, 「신라의 울주 서석」『동대신문』, 1971년 5월 10일자.

황철산, 「예맥족에 대하여」『고고민속』, 1963년 1호.

Chan Kirl Park and Kyung Rin Yang, "KAERI Radiocarbon Measurements Ⅲ"
　　*Radiocarbon*, vol. 16, no.2, 1974.

Monglyong Ch'oi, "Trade in Wiman State Formation", Edited by C. Melvin Aikens and Song Nai Rhee, *Pacific Northeast Asian in Prehistory*, Washington State University Press, 1992.

岡崎敬,「夫租薉君銀印をめぐる諸問題」『朝鮮學報』46輯.

姜念恩,「建平縣喀喇沁出土距今四千年的石磬」『遼寧文物』, 1980年1期.

谷豐信,「樂浪郡位置」『朝鮮史研究會論文集』24輯, 1987.

宮崎市定,「中國古代史概論」『アジア史論考』上, 朝日新聞社, 1976.

靳楓毅,「論中國東北地區含曲刃青銅短劍的文化遺存」上·下『考古學報』, 1982年 4期.

今西龍,「箕子傳說考」上·下『支那學』2卷, 10號·11號 大正 11(1922).

_____,「檀君考」『朝鮮古史の研究』, 1937.

_____,「列水考」『(朝鮮支那文化の研究』, 京城帝國大學法文學會第二部論集.

_____,「眞番郡考」『朝鮮古史の研究』, 國會刊行會, 昭和 45(1970).

那珂通世,「貊人考」『史學雜誌』5-5, 1894.

大林太良,「神武天皇傳說と百済·高句麗の建國傳說」『日本神話の比較研究』, 法政大學 出版局, 1974.

董作賓,「卜辭中的亳與商」『陸雜誌』6卷 1期, 民國 42(1953).

_____,「五等爵在殷商」『中央研究院歷史語言研究所 集刊』第7本, 民國 25(1936).

董展岳,「近年出土的戰國兩漢鐵器」『考古學報』, 1957年 3期.

佟柱臣,「考古學上漢代及漢代以前的東北疆域」『考古學報』, 1956年 1期.

_____,「從二里頭類型文化試談中國的國家起源問題」『文物』, 1975年 6期.

白鳥庫吉,「穢貊は果して何民族と見做すべきか」『史學雜誌』44-7, 1933.

_____,「夫餘國の始祖東明王の傳說に就いて」『白鳥庫吉全集』卷5, 岩波書店, 1970.

_____,「漢の朝鮮四郡疆域考」『東洋學報』第2卷 第2號.

三上次男,「穢人とその民族的性格」『古代東アジア史研究』, 吉川弘文館, 1966.

_____,「穢人とその民族的性格について」(1)『朝鮮學報』第2輯, 1951.

_____,「衛氏朝鮮國の政治·社會的性格」『中國古代史の諸問題』, 東京大學出版會, 1954.

杉村彰一,「曾畑土器に關する一考察」, 『熊本史學』23, 1962.

三品彰英,「濊貊族小考」『朝鮮學報』第4輯, 1953.

沼澤喜市,「天地分る神話の文化史的背景」『現代のエスプリ, 神話』, 至文堂, 1966.

松丸道雄,「殷周國家の構造」『岩波講座世界歷史』4卷, 1970.

岩永省三,「彌生時代青銅器型式分類編年再考－劍矛戈について」, 『九州考古學』55, 1980.

梁思永,「龍山文化 – 中國文明的史前期之一」『梁思永考古論文集』, 科學出版社, 1959.

楊書章 編譯〈言語比較表〉『黑龍江志稿』卷7「方言條」.

梁星彭,「關中仰韶文化的幾個問題」『考古』, 1979年 3期.

嚴文明,「黃河流域新石器時代早期文化的新發現」『考古』, 1979年 1期.

芮逸夫,「韓國古代民族考略」『中韓論文集』1, 民國 44(1955).

王國維,「殷墟卜辭中所見先公先王考」『觀堂集林』卷9 及「觀堂集林別補」40, 藝文印
　　　書館, 民國 47(1958).

王世民,「秦始皇統一中國的歷史作用」– 縱考古學上看文字 · 度量衡和貨幣的統一『考
　　　古』, 1973年, 6期.

王玉哲,「殷商疆域史中的一個重要問題」,『鄭州大學學報』, 1982.

王鐘翰 · 陳連開,「戰國秦漢遼東遼西郡考略」『社會科學輯刊』, 1979年 4期.

李元植,「徐福渡來傳說を追う」『讀賣新聞』文化面, 平成 元年(1989) 12月 28日.

林壽晉,「東周式銅劍初論」『考古學報』, 1962年 2期.

林沄,「中國東北系銅劍初論」『考古學報』, 1980年 2期.

張光直,「從夏商周三代考古論三代關係與中國古代國家的形成」杜正勝 編,『中國上古
　　　史論文選集』, 華世出版社, 民國 68(1979).

赤塚忠,「殷王朝における岳 "𡶶" の祭祀と中國における山岳崇拜の特質」『甲骨學』, 第6
　　　號, 日本甲骨學會, 昭和 33(1958).

＿＿＿＿,「殷王朝における河 "𣲷" の祭祀とその起源」『甲骨學』4 · 5合併號, 日本甲骨學會,
　　　1956.

井上秀雄,「朝鮮の建國神話」『新羅史基礎研究』, 1974.

鄭紹宗,「河北省發現的青銅短劍」『考古』, 1975年 4期.

趙承澤,「星星哨石棺墓織物殘片的初步探討」『考古學集刊』3, 中國社會科學出版社,
　　　1983.

池內宏,「眞番郡の位置について」上『史學雜誌』第57編 第3號, 1948.

津田左右吉,「浿水考」『津田左右吉全集』, 岩波書店, 昭和 39(1964).

許倬雲,「東周到秦漢；國家形態的發展」『中國史研究』1986年 4期.

胡厚宣,「殷代封建制度考」『甲骨學商史論叢』初集 (上), 大通書局, 民國 61(1972).

和田清,「玄菟郡考」『東方學』第1輯.

黃盛璋,「碣石考辨」『歷史地理論集』, 人民出版社, 1982.


A. A. Formozov, "Microlithic Sites in the Asiatic USSR", *American Antiquity* Vol. 27
　　　No.1, 1961.

Andreyev, G. I., "Problems Relating to the Shellmound Culture" Michaels ed. *The*

*Archaeology and Geomorphology of Northern Asia*, 1964.

Cho-yun Hsu, "Stepping into Civilization : the Case of Cultural Development in China", *A Conference on Early Civilization in Global Perspective*, 1980.

David N. Keightley, "Shang China is Coming of Age—A Review Ariticle" *The Journal of Asian Studies*, vol. XL no.3, 1982.

Gordon R. Willey, "Prehistoric Settlement Patterns in the Viru Vally, Peru" *Bulletin* 155, Bureau of American Ethnology, Smithonian Institution, 1953.

Hallowell A. I., "Bear Ceremonialism in the Northern Hemisphere" *American Anthropologist* 28-1, 1926.

Hyung Il Pai, "Culture Contact and Culture Change : the Korean Peninsula and its Relations with the Han Dynasty Commandery of Lelang" *World Archaeology* vol. 23 no. 3, 1992.

Jonathan Friedman, "Tribes, States, and Transformations." In *Marxist Analysis and Social Anthropology*, M. Block, ed., Malaby Press, 1975.

Joseph Needham, "Iron and Steel Production in Ancient China" In Joseph Needham ed. *Clerks and Craftsmen in China and the West*, 1970.

K. C. Chang, "Settlement Pattern in Archaeology" *An Addison—Wesley Module in Anthropology* 24, 1972.

Kent V. Flannery, "The Cultural Evolution of Civilizations" *Annual Review of Ecology and Systematics* 3, 1972.

Laboratory of Quaternary Palynology and Laboratory of Radiocarbon—Kweiyang Institute of Geochemistry Academia Sinica, "Development of Natural Environment in the Southern Part of Liaoning Province During the Last 10,000 Years", *Scientia Sinica*, Vol. 21, No. 4, 1978.

Okladnikov A. P., "The Bears Cult among the Neolitic Tribes of Eastern Siberia" *SA* 14.

William T. Sanders, "Chiefdom to State : Political Evolution at Kaminaljuyu, Guatemala" In *Reconstructing Complex Societies*, C. B. Moore, ed. Supplement the Bulletin of the Amercan School of Oriental Research, No. 20, American School of Oriental Research, 1974.

# 찾아보기

등(鄧) 52
땜질 406, 407, 433, 558

**ㅁ**

마가 80, 241, 267
마을사회 77, 109, 142, 150, 190, 223, 238,
239, 273, 275, 352, 459, 482, 534, 544,
557, 560
마을연맹체 77, 106, 110, 116, 239, 263,
284
마을집적국가 87, 238, 263, 542
마을집적사회 117, 263, 271, 272, 293, 294,
547
마한 70~72, 80, 104, 121, 123, 124, 126~
134, 157, 267, 289, 290, 302, 476~479,
483, 561
만번한 22, 179, 448
말갈 39, 101, 130
말(莫)조선 48
맞머리못(리베트) 406, 407, 433, 558
맞배지붕 318, 324, 550
맥 15~17, 19, 27~32, 34, 43~46, 56, 60,
62, 72, 86, 117, 119, 120, 130, 136, 156,
176, 181, 183, 198~200, 262, 288, 313,
441, 445, 446, 455~457, 489, 535, 540
맹자 198~200
명도전 217~219, 221, 224, 457, 458, 482,
545, 560
명화전 218, 221, 457, 545
목왕(서주) 463
목지국 131, 157, 289
무리사회 142, 150, 239, 534
무씨사 석실 466, 467, 482, 561
무왕(서주) 19, 20, 42, 51, 52, 57~60, 178,
211, 214, 314, 442~444, 452, 453, 472,

480, 559
무제(서한) 44, 56, 64, 96~101, 131, 416,
417, 450, 479, 539, 540
무천 315, 337, 340, 376, 380, 422
문왕(주) 442
미누신스크문화 492
미송리형 질그릇 65, 72, 209
밀랍틀 400, 432

**ㅂ**

박도금 406, 433, 558
박사 22, 149, 150, 159, 163, 168, 170, 171,
475, 543
박재동기 511, 513, 525, 564
박혁거세 482, 560
반고 250
반구대 유적 423, 424, 434, 556
반량전 218, 219, 221, 224, 457, 458, 482,
545, 560
발(發) 30, 31, 51, 53~55, 60, 62, 72, 86,
117, 136, 176, 216, 217, 263, 303, 304,
441, 444, 447, 454, 455, 540
발해 19, 32, 33, 40, 44, 52, 53, 98, 99, 101,
102, 181, 313, 356, 357, 384, 455, 474
배리강문화 459
백악산아사달 539
백이 33, 441, 442, 480, 559
백제 39, 40, 83, 105, 108, 109, 157, 396,
419, 478, 522
백차하 암각화 423, 424
번국 30, 63, 94
범금 8조 112, 113, 220, 248, 250, 281, 336,
345, 552
범의구석 유적 191, 192, 202, 242, 244,
245, 299, 300, 307, 310~312, 315,

329, 344, 380, 452, 517, 527, 545~547, 551, 553

지탑리 유적 79, 190, 191

진개 22, 178, 179, 180, 448, 481, 537, 559

진번(군) 19, 30~32, 38, 46~50, 56, 60, 62, 63, 72, 78, 81, 82, 86, 91~94, 100, 117, 136, 176, 181, 183, 262, 264~266, 313, 441, 449, 450, 455, 469, 474, 481, 539, 540, 559

진승 22, 185, 475

진 시황제 26, 356~358, 464, 465, 482, 560

진왕(辰王) 70, 123, 131, 132, 134, 137, 157, 289, 290, 541

진한(辰韓) 71, 72, 81, 102, 103, 104, 121, 126, 128, 129, 132, 157, 247, 248, 251~253, 267, 282, 289, 476, 478, 479, 483, 499, 561

진한(秦韓) 476~479

## ㅊ

창해군 43, 44, 455, 456, 479, 531, 539, 540

채숙 178, 443, 444

책화 80, 245, 267

천군 26, 135, 137, 143, 144, 146~148, 150, 170, 269, 270, 542, 543

철기시대 203, 209, 210, 305, 307, 527, 565

청구(국) 30, 31, 52, 53, 55, 62, 72, 86, 117, 136, 176, 178, 263, 441, 443, 444, 540

초(楚) 52, 314

촌군사회 77, 459, 534

촌락사회 77, 459, 534

최치원 71, 126, 334, 353, 385

추(족) 17, 27, 28, 30, 31, 43, 45, 46, 62, 72, 86, 117, 136, 176, 262, 441, 445, 446, 540

치우 459, 460, 482, 560

## ㅋ

카라수크문화 490, 491, 494, 496

## ㅌ

타가르문화 490, 492

탁무 422

탈해 461, 482, 498, 560

태희 214, 453

토테미즘 142

## ㅍ

파(巴) 52

판금 406, 433, 558

패강 126

패수 22, 163, 185, 474, 475, 535

패자 69

팽오 43, 44, 455~457

평민 110, 157, 165, 234, 236, 237, 240, 255, 278, 279, 284, 285, 290, 292, 293, 295, 415, 542, 546~548

포고 52

포전 218, 219, 221, 224, 457, 458, 482, 545, 560

풍류 334, 335, 353, 354

## ㅎ

하가점하층문화 114, 115, 203, 204, 420, 423, 425

하백(비서갑) 153, 363

하백(서하) 146, 152, 153, 286, 287, 362, 366, 463

하호 87, 226, 227, 234, 236~238, 240~242, 246, 247, 250, 253~256, 277~280,

고조선 연구 |하|

**초판 1쇄 펴낸 날**  2016. 1. 20.
**초판 3쇄 펴낸 날**  2023. 2. 28.

지은이  윤내현
발행인  양진호
발행처  도서출판 |만권당▮

등  록  2014년 6월 27일(제2014-000189호)
주  소  (07207) 서울특별시 영등포구 양평로21가길 19 선유도
        우림라이온스밸리 B동 512호(양평동5가)

전  화  (02) 338-5951~2
팩  스  (02) 338-5953
이메일  mangwonbooks@hanmail.net

ISBN  979-11-957049-0-3  (04910)
       979-11-953264-8-8  (세트)

이 도서의 국립중앙도서관 출판예정도서목록(CIP)은 서지정보유통지원시스템
홈페이지(http://seoji.nl.go.kr)와 국가자료공동목록시스템(http://www.nl.go.
kr/kolisnet)에서 이용하실 수 있습니다.(CIP제어번호: CIP2015035921)